西大寺古絵図の世界

佐藤 信 編

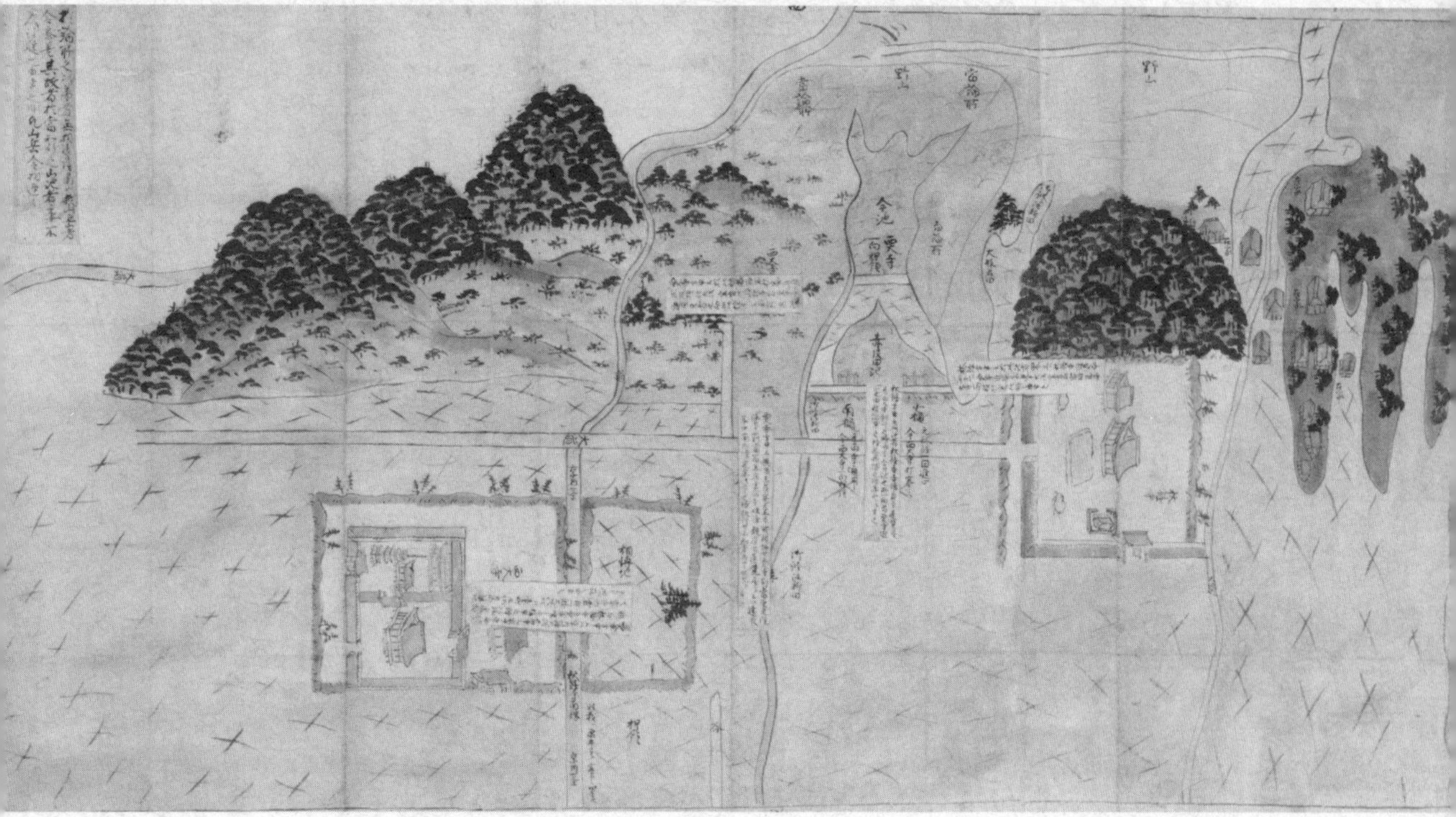

東京大学出版会

Historical Landscapes in Old Maps of Saidai-ji
Makoto SATO (ed)
University of Tokyo Press, 2005
ISBN 4-13-026208-4

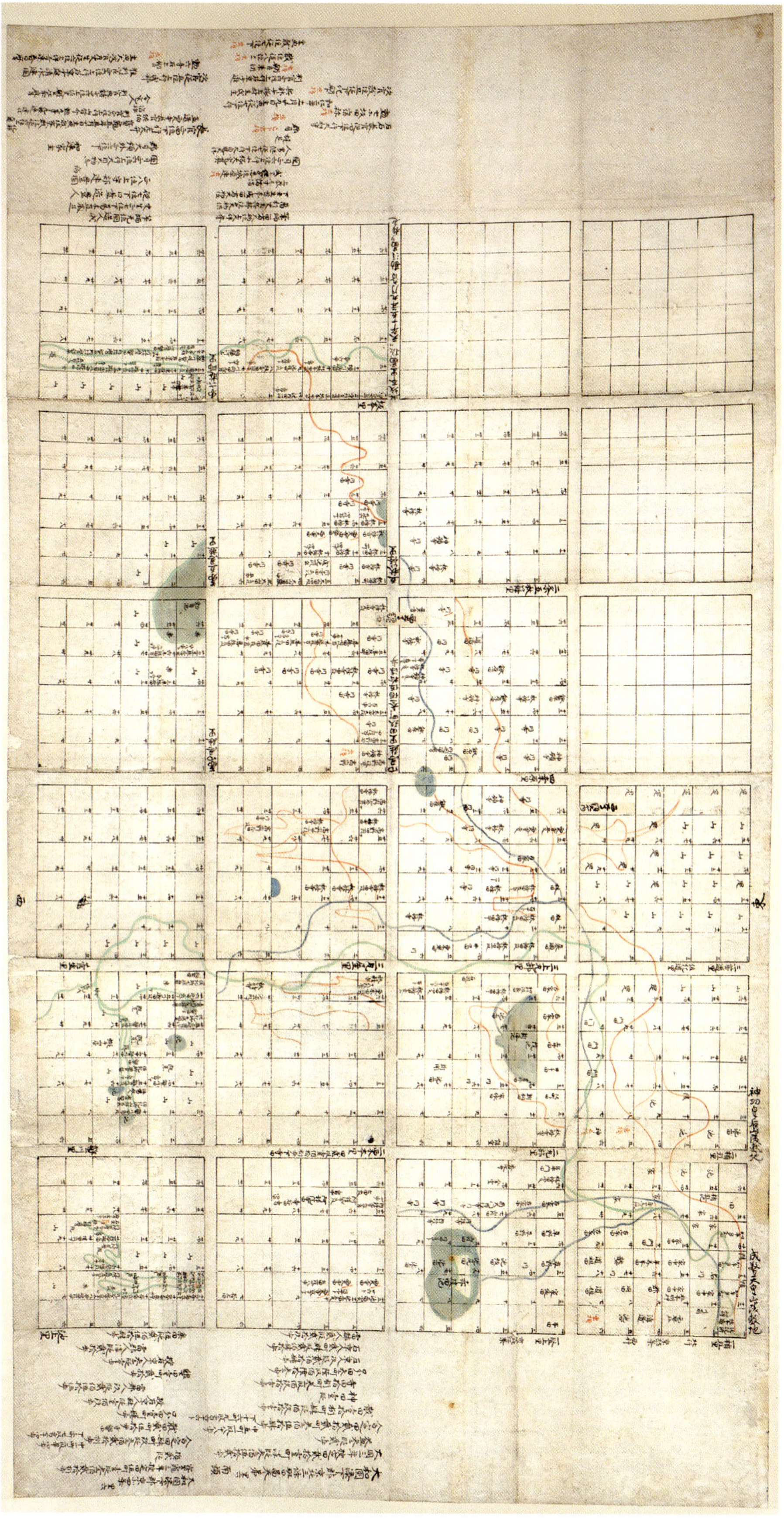

［原色図版 1］◎大和国添下郡京北班田図　西大寺　鎌倉時代

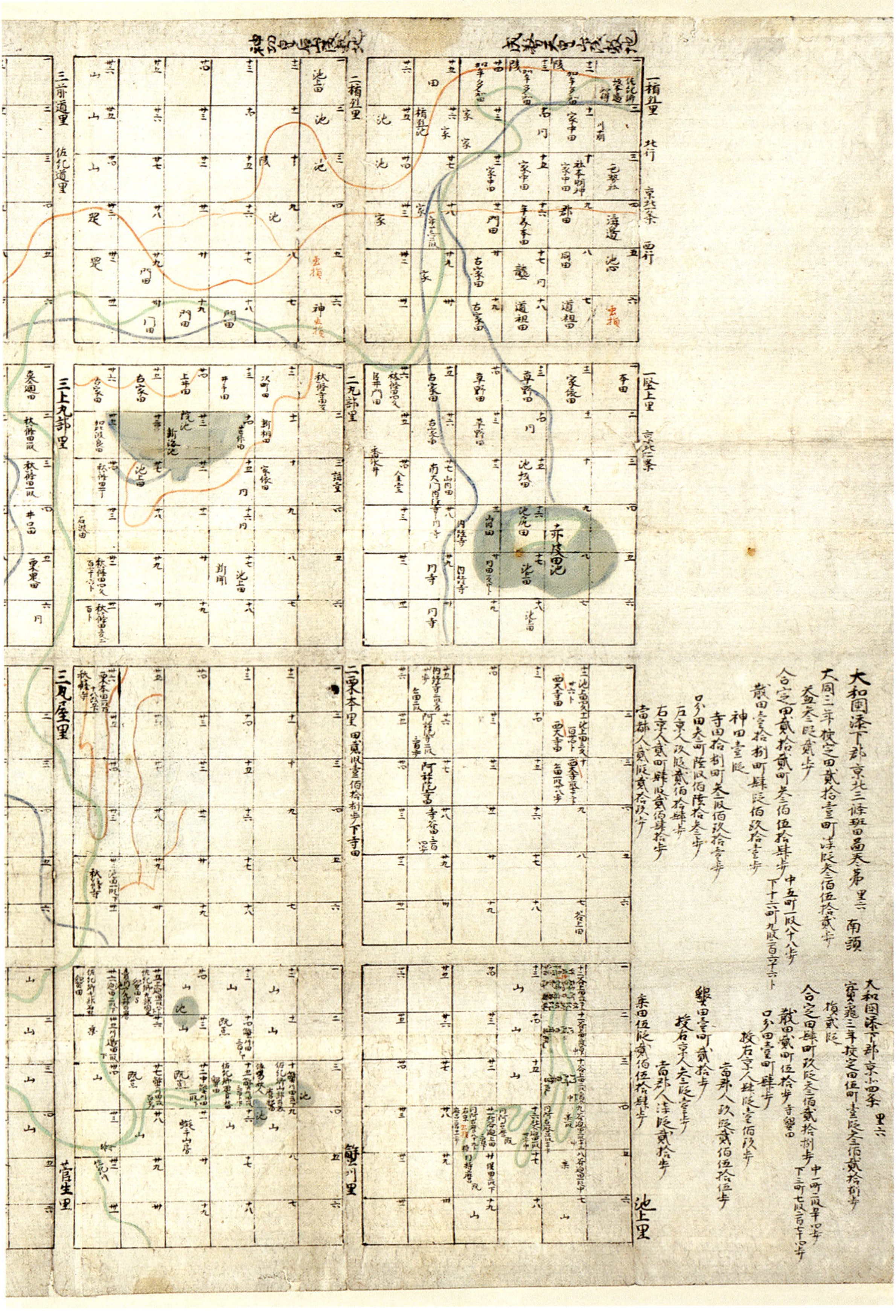

［原色図版 1］ 部分（1）

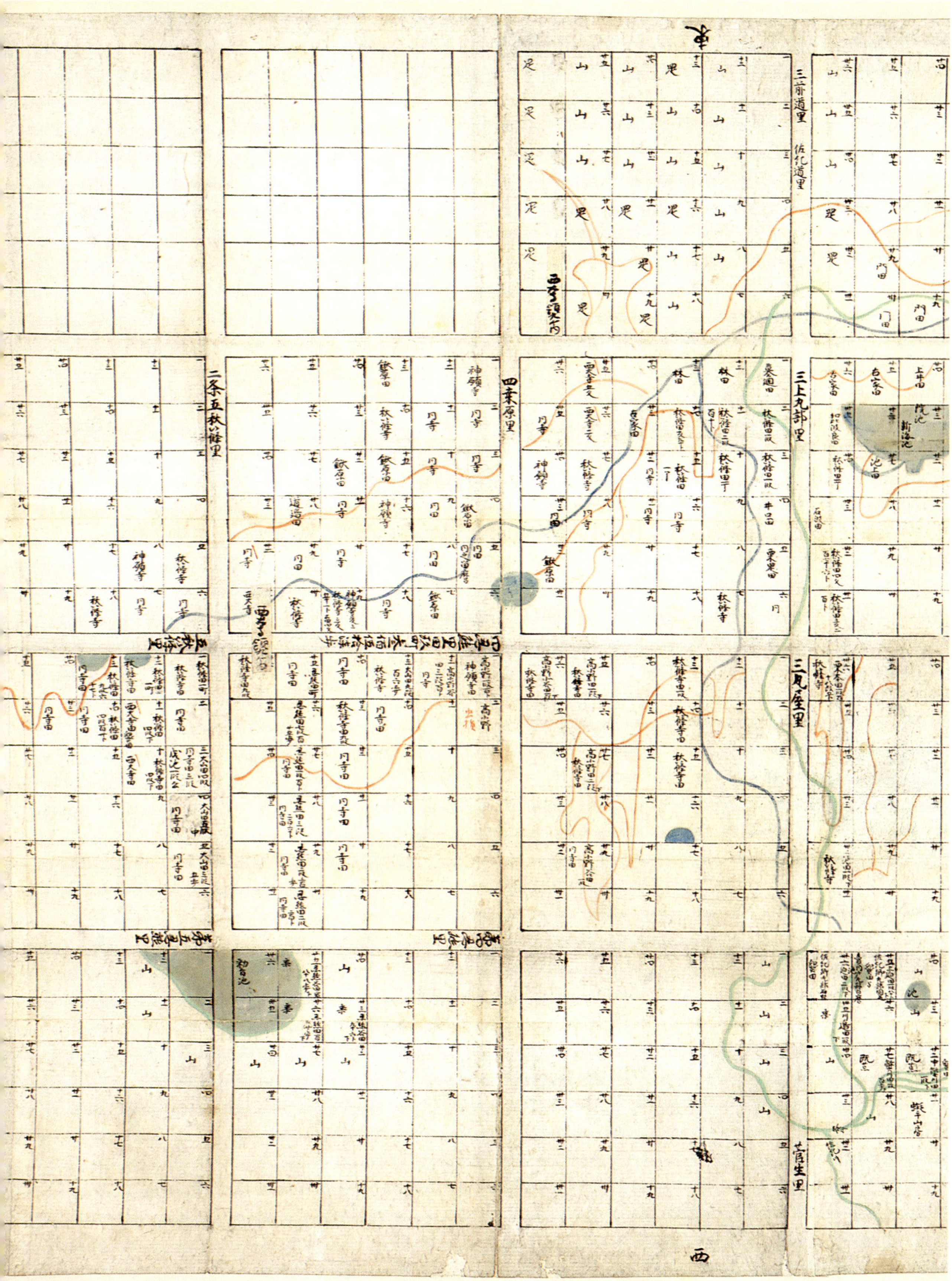

［原色図版 1］ 部分（2）

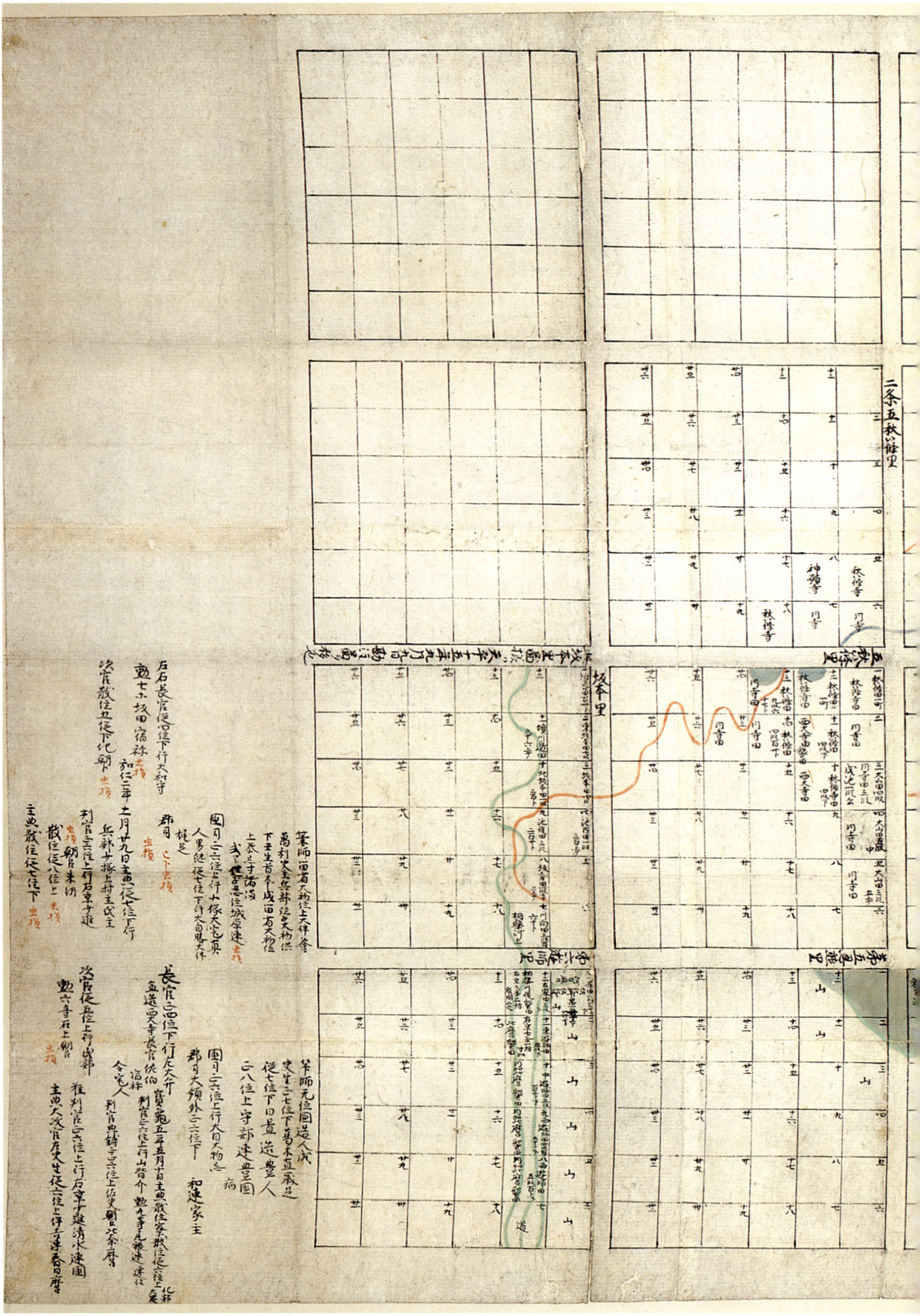

［原色図版 1］部分（3）

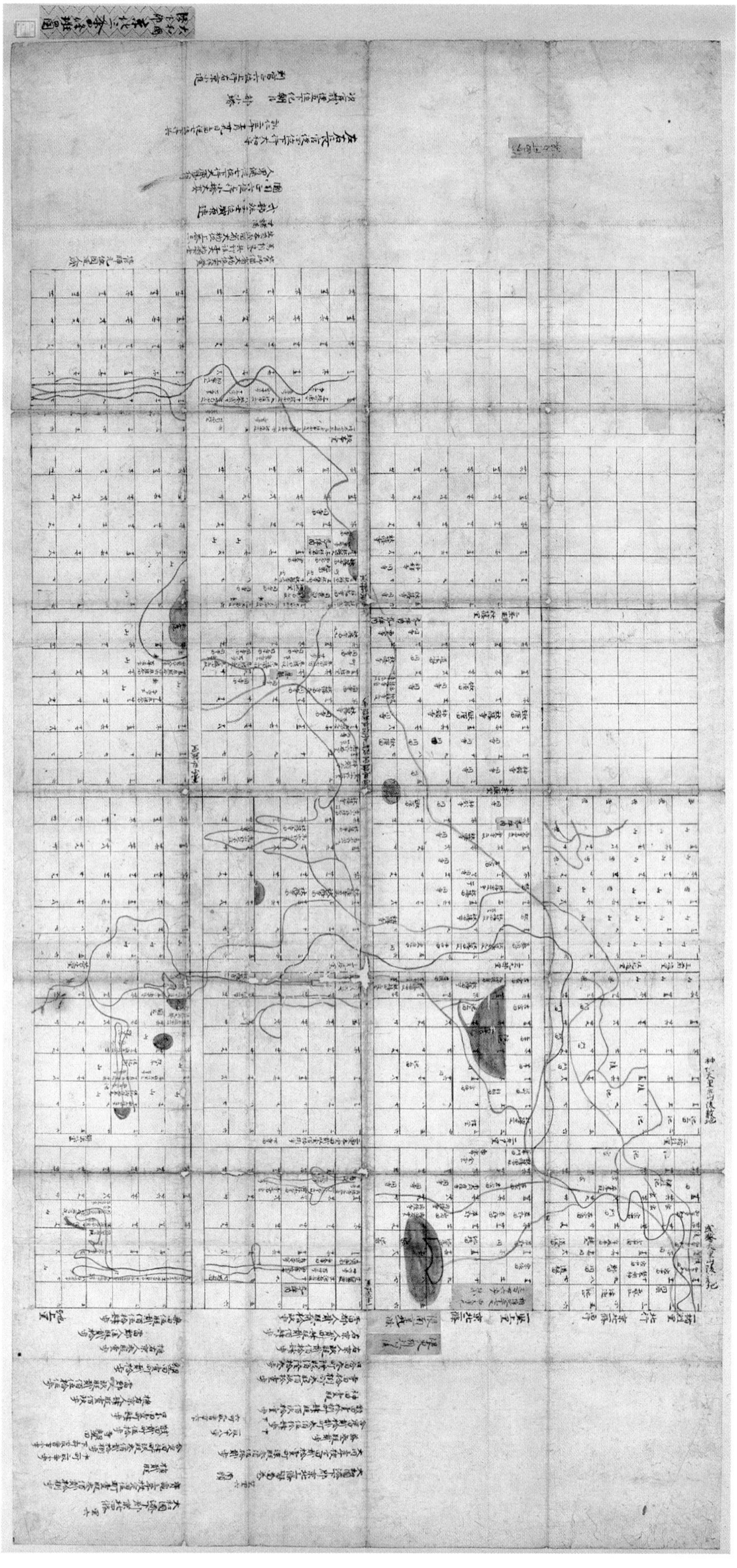

［原色図版 2］ ◎大和国添下郡京北班田図　東京大学文学部　鎌倉時代

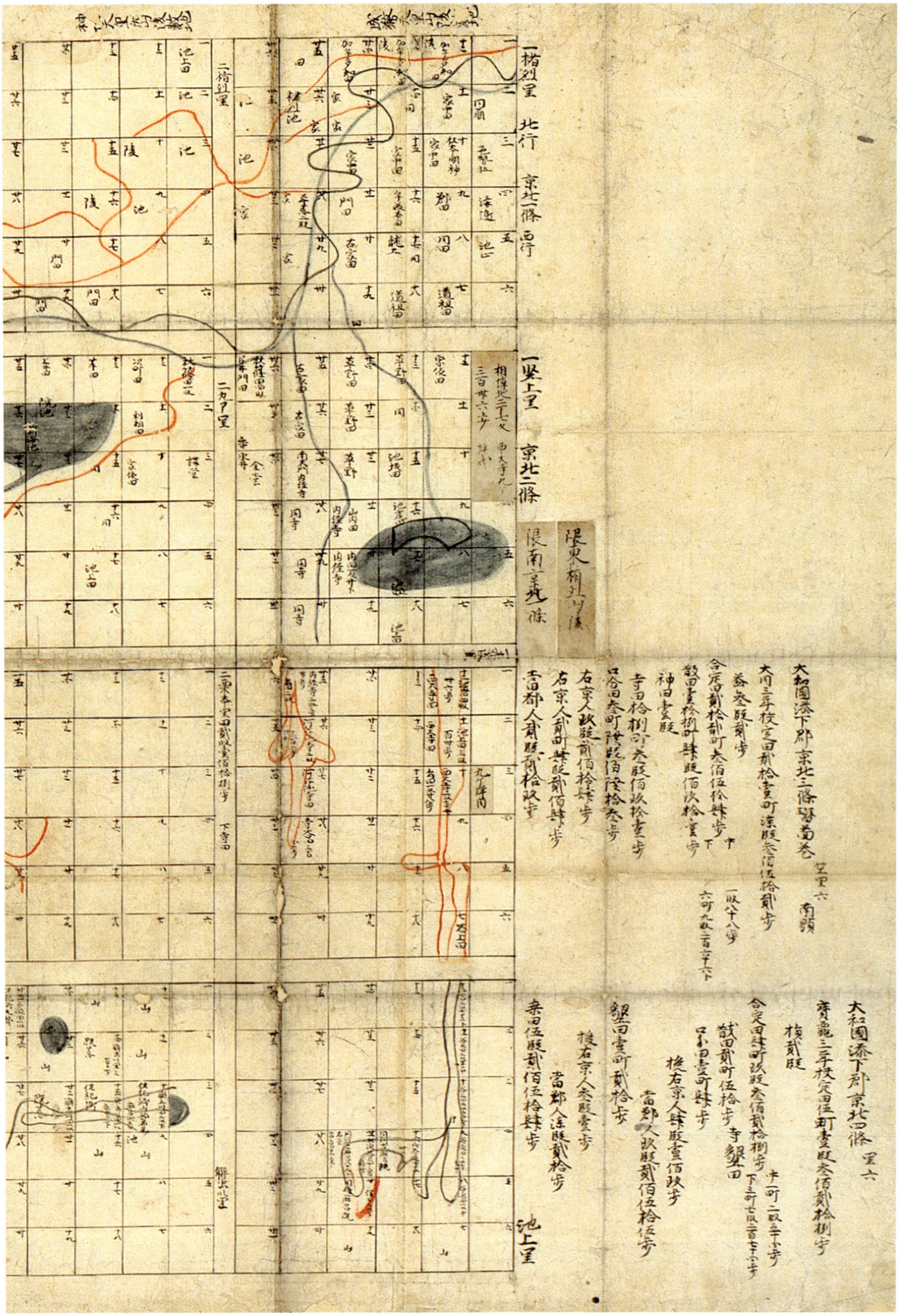

［原色図版 2］ 部分（1）

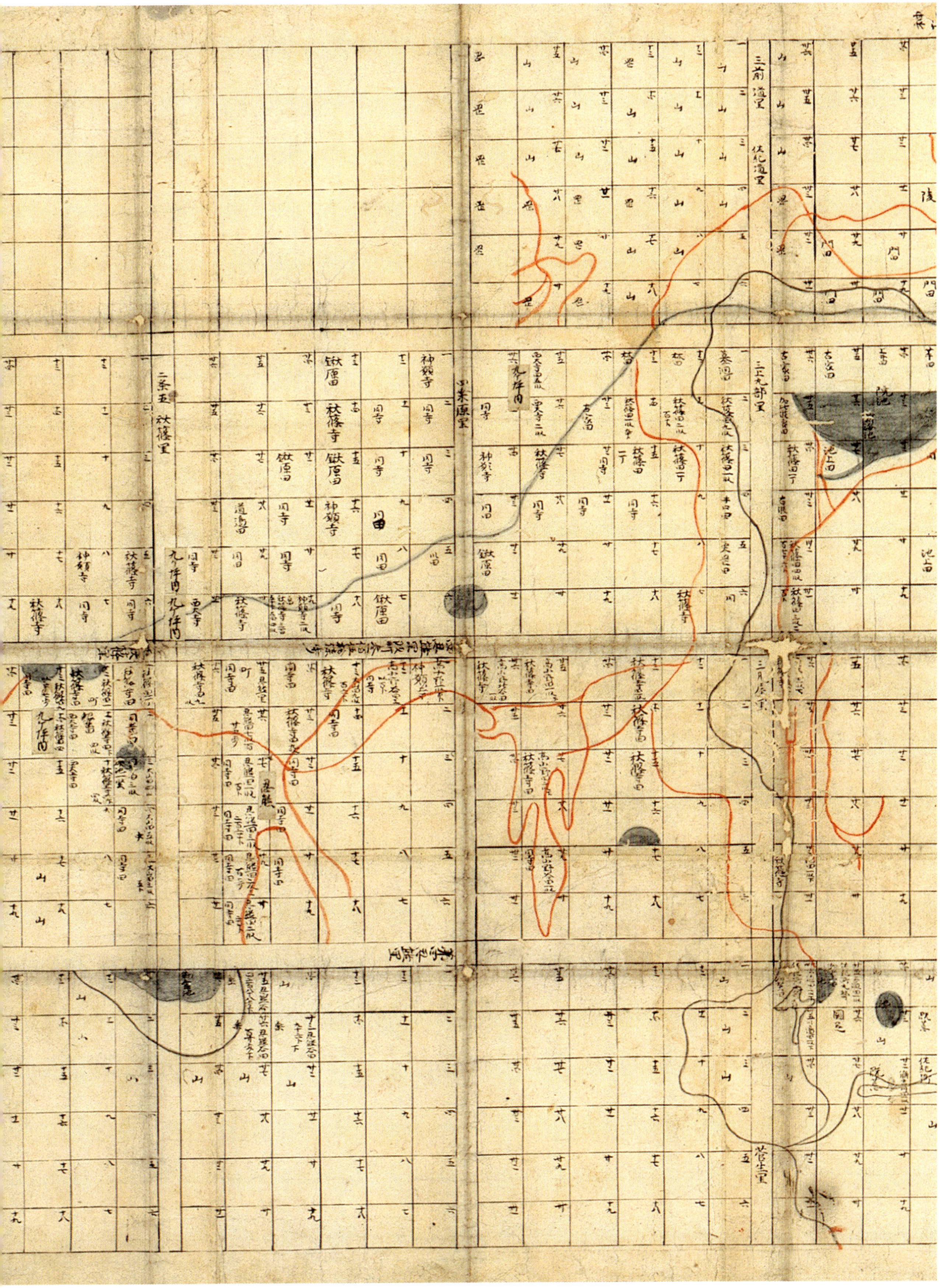

［原色図版 2］ 部分（2）

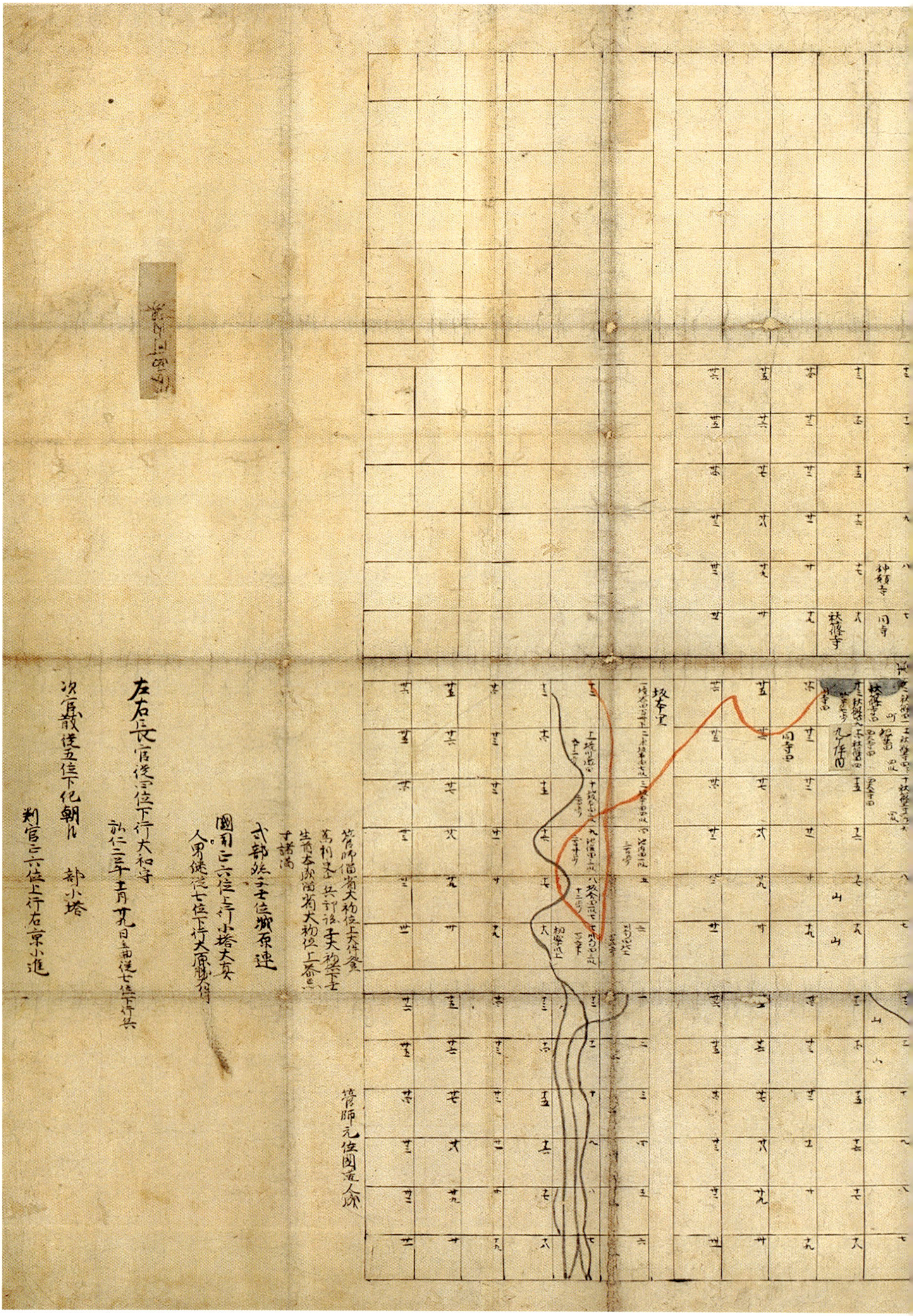

［原色図版 2］部分（3）

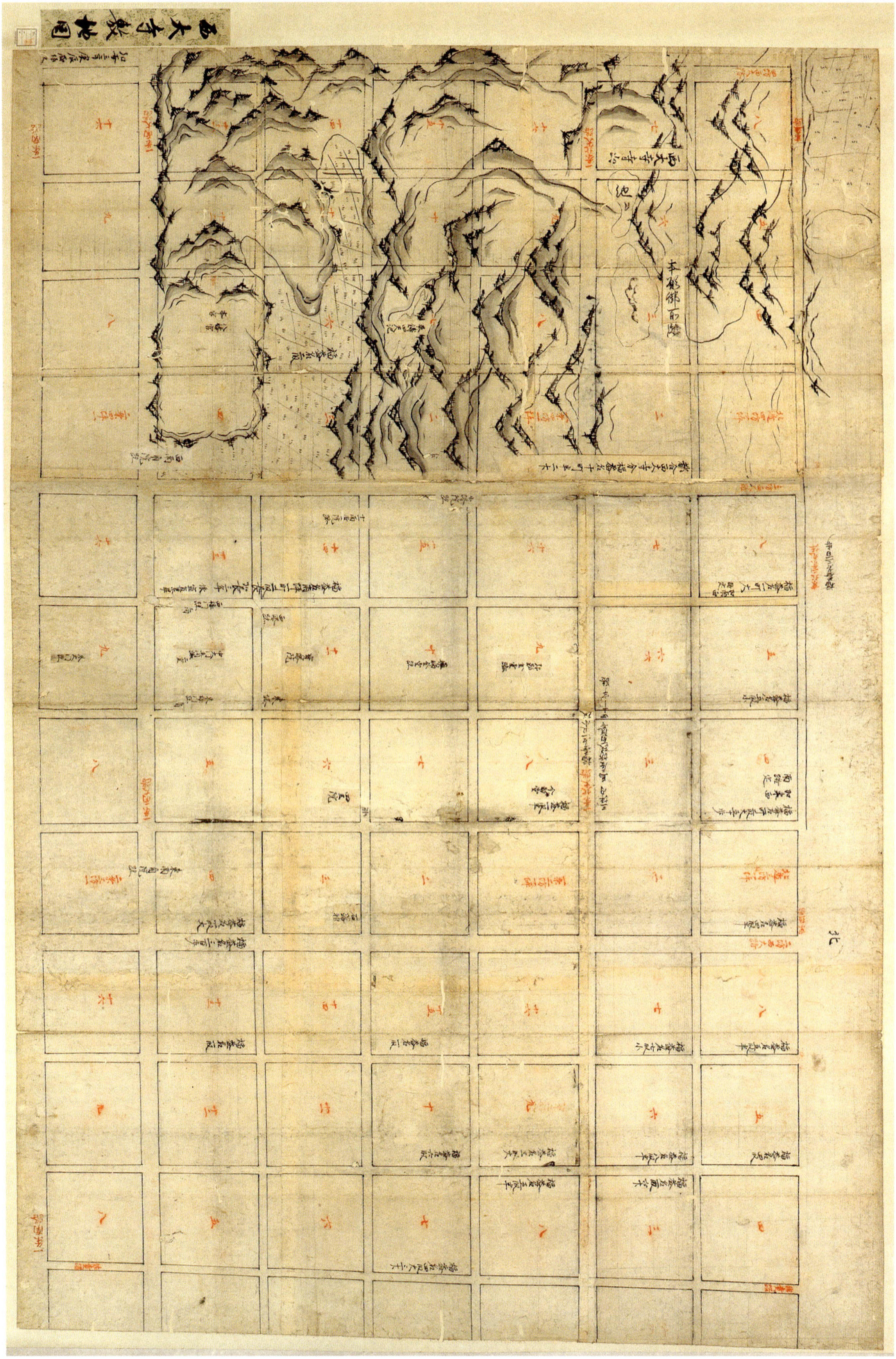

［原色図版３］◎西大寺敷地図（弘安３年）　東京大学文学部　鎌倉時代（弘安３年）

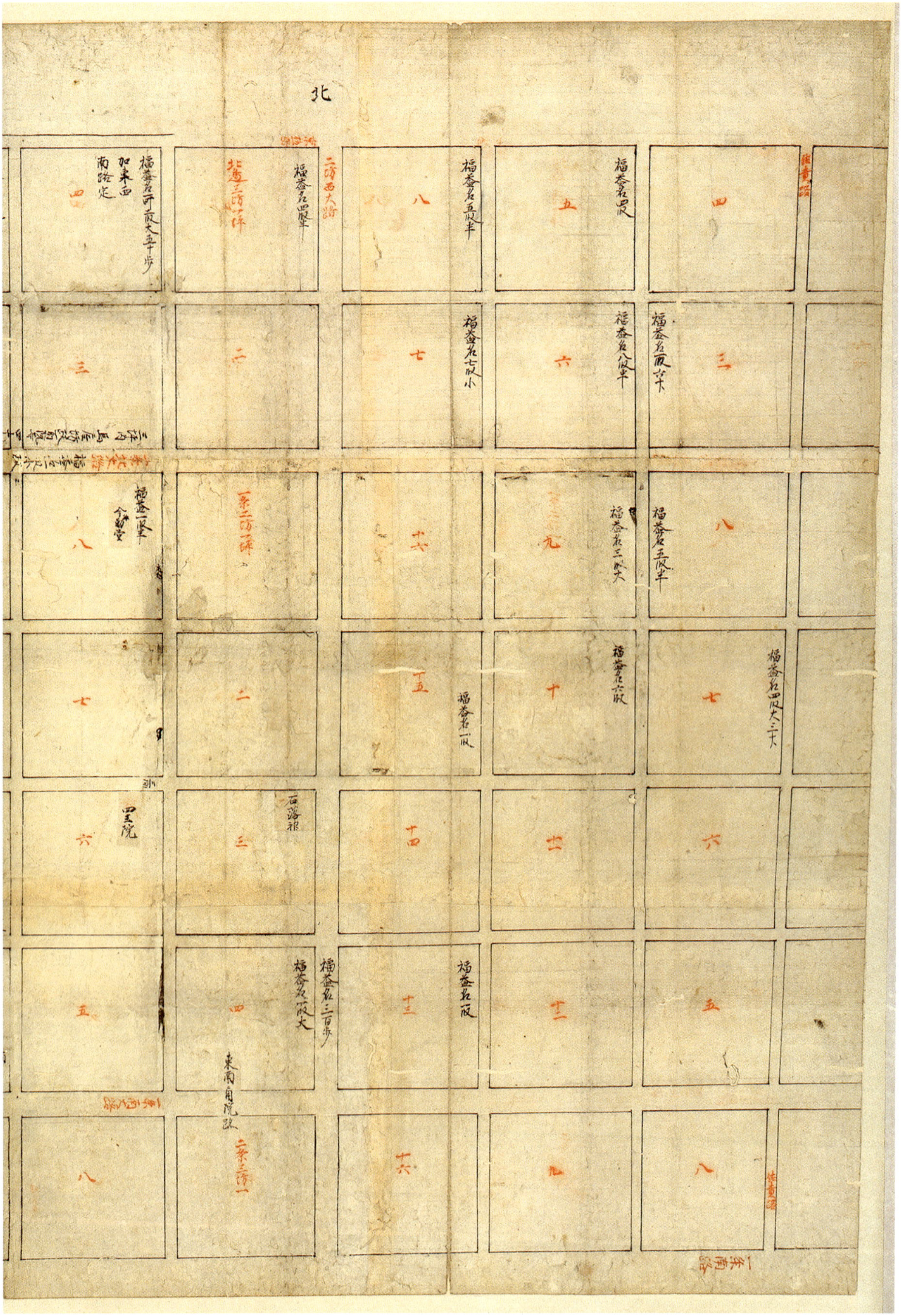

［原色図版 3］ 部分（1）

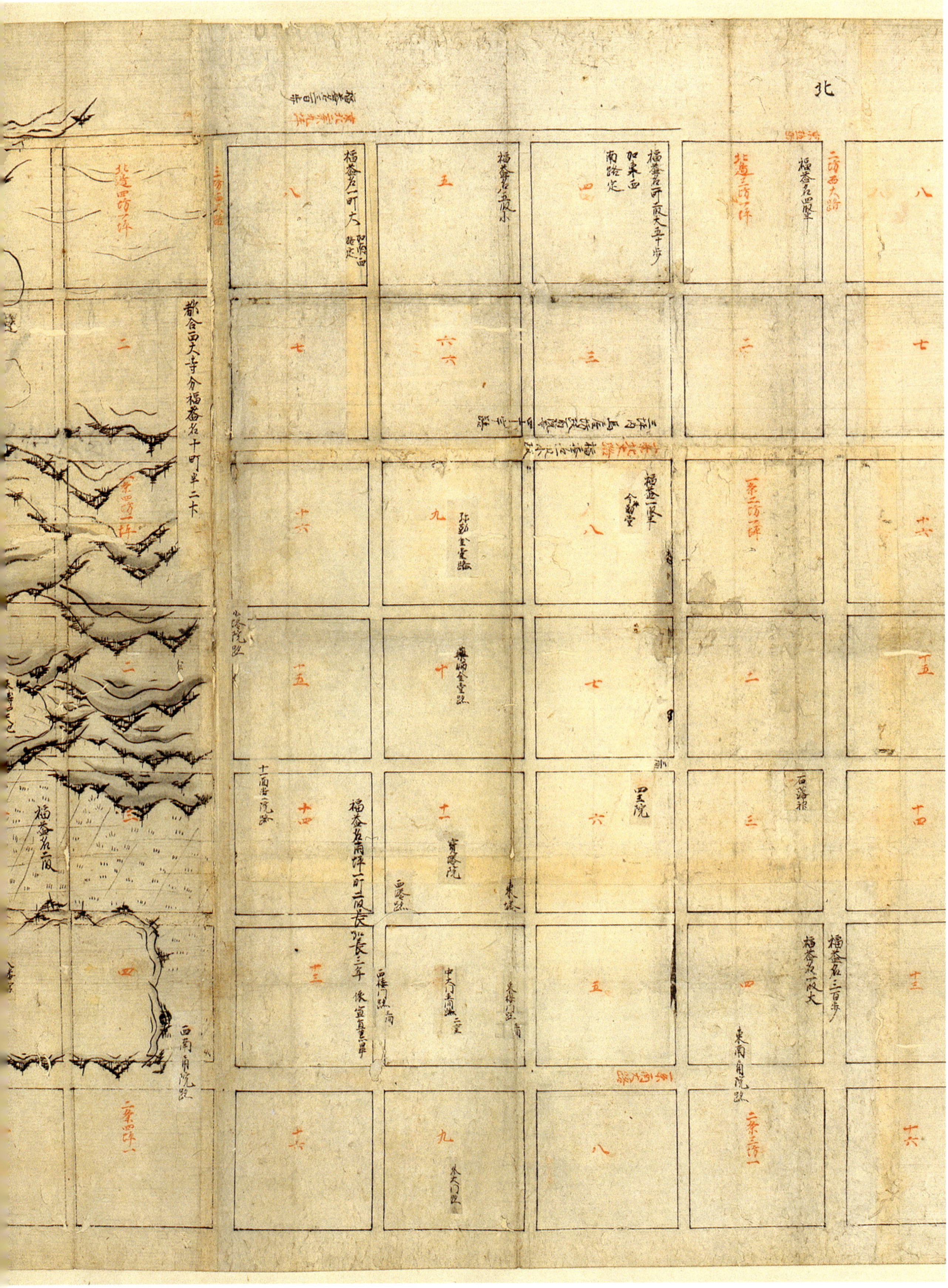

［原色図版 3］ 部分（2）

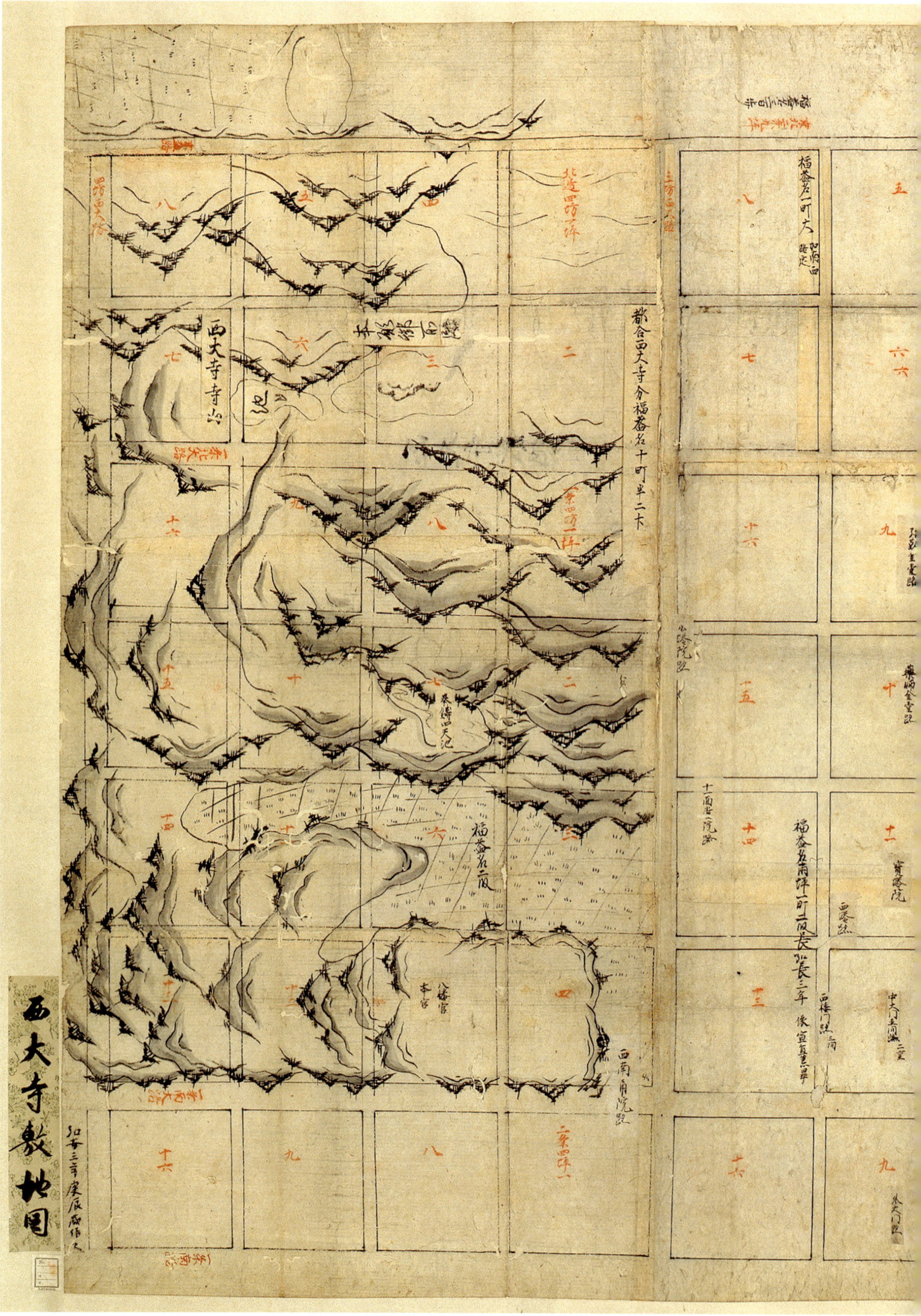

［原色図版 3］部分（3）

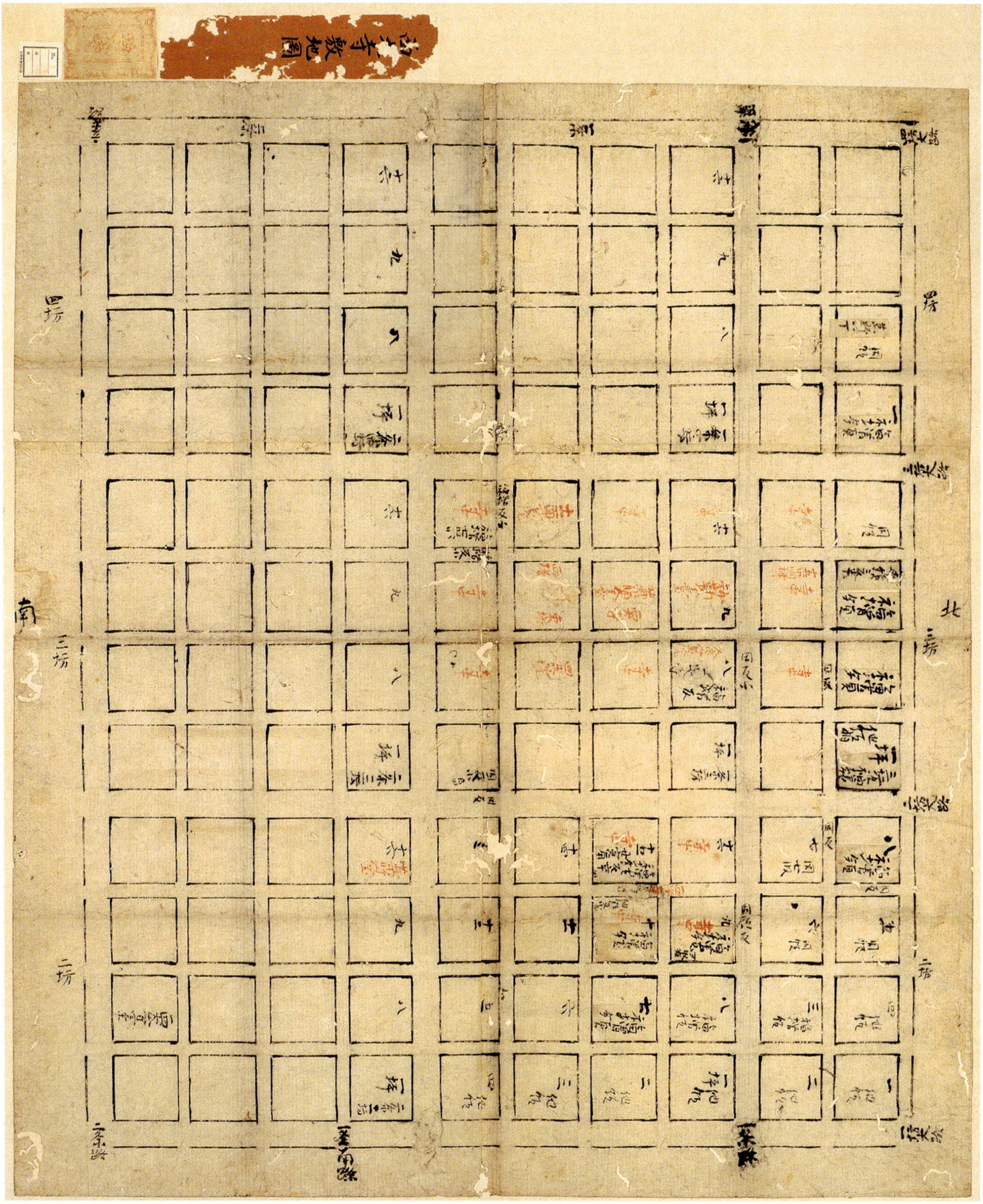

［原色図版 4］◎西大寺敷地図　東京大学文学部　鎌倉時代

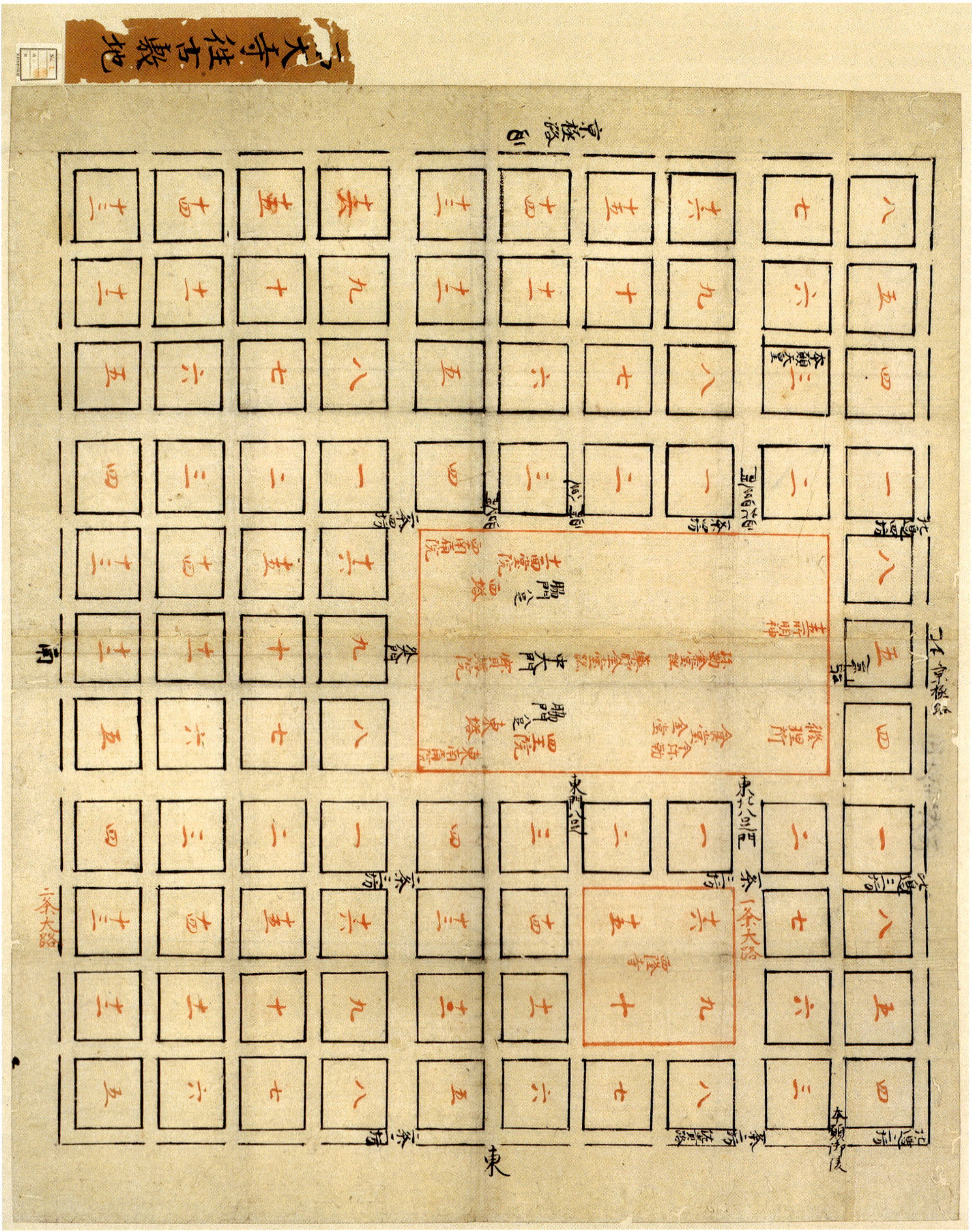

［原色図版 5］◎西大寺往古敷地図　東京大学文学部　鎌倉時代

［原色図版 6］◎西大寺敷地之図　東京大学文学部　鎌倉時代

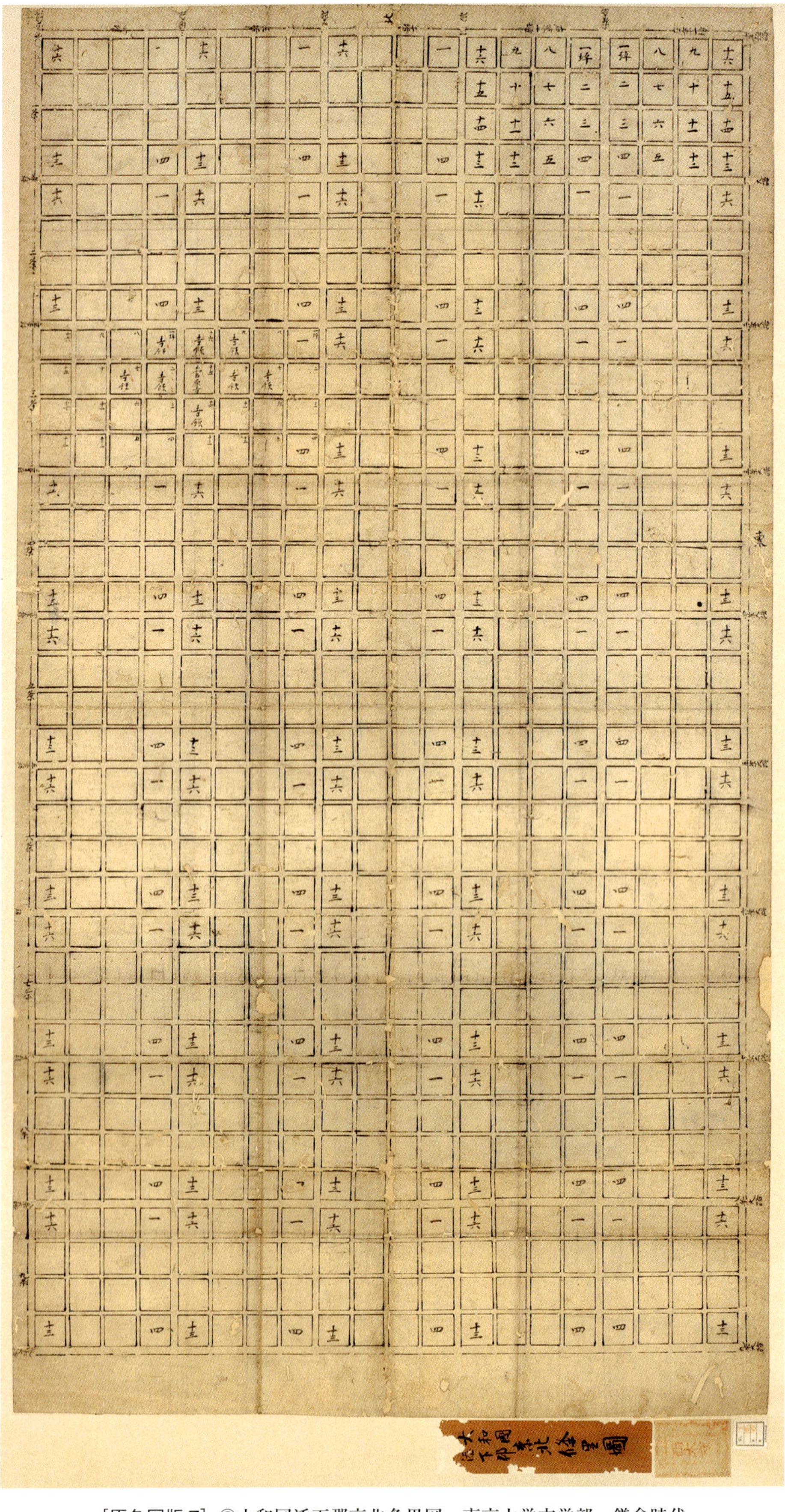

[原色図版 7]　◎大和国添下郡京北条里図　東京大学文学部　鎌倉時代

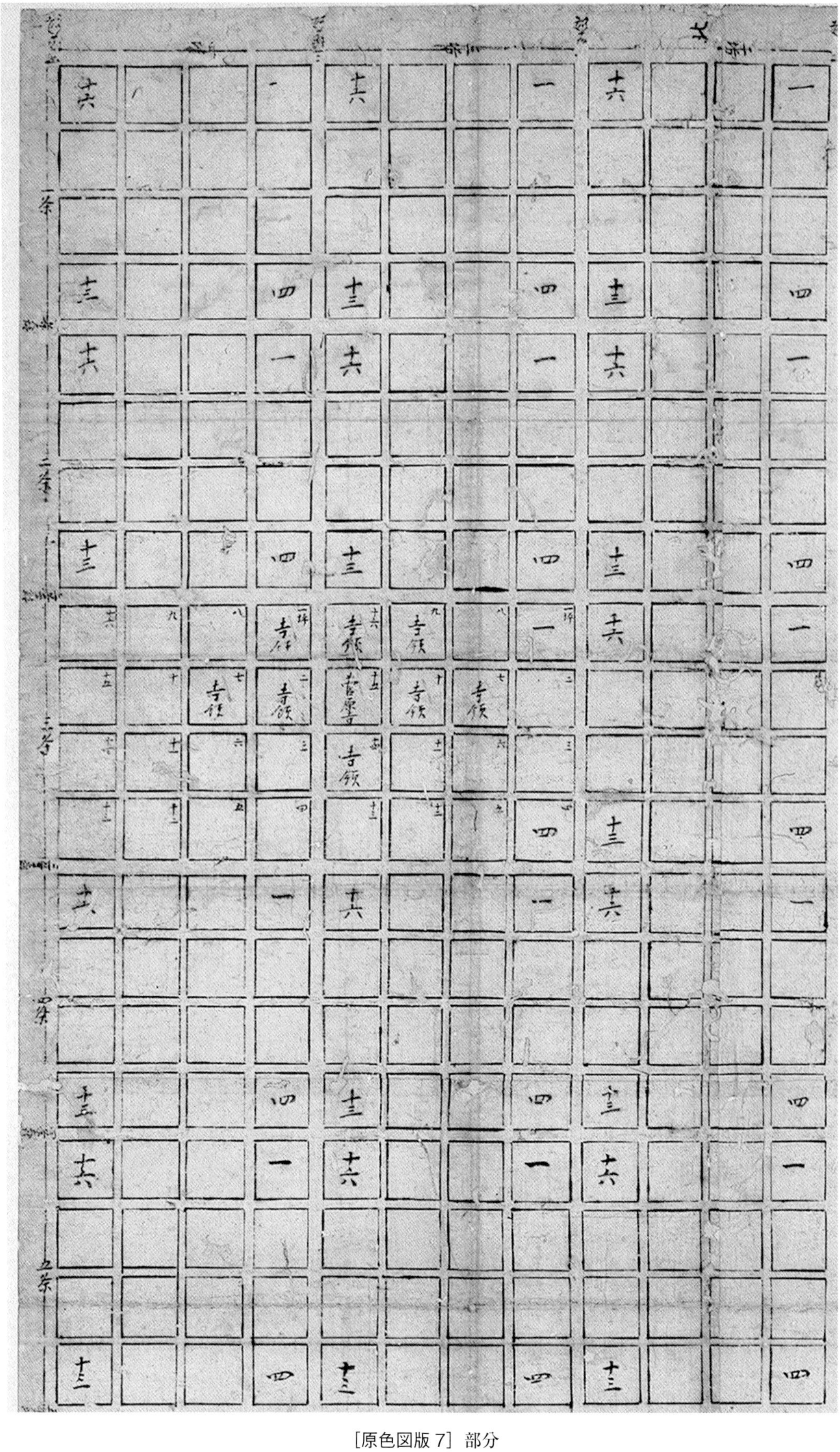

［原色図版 7］ 部分

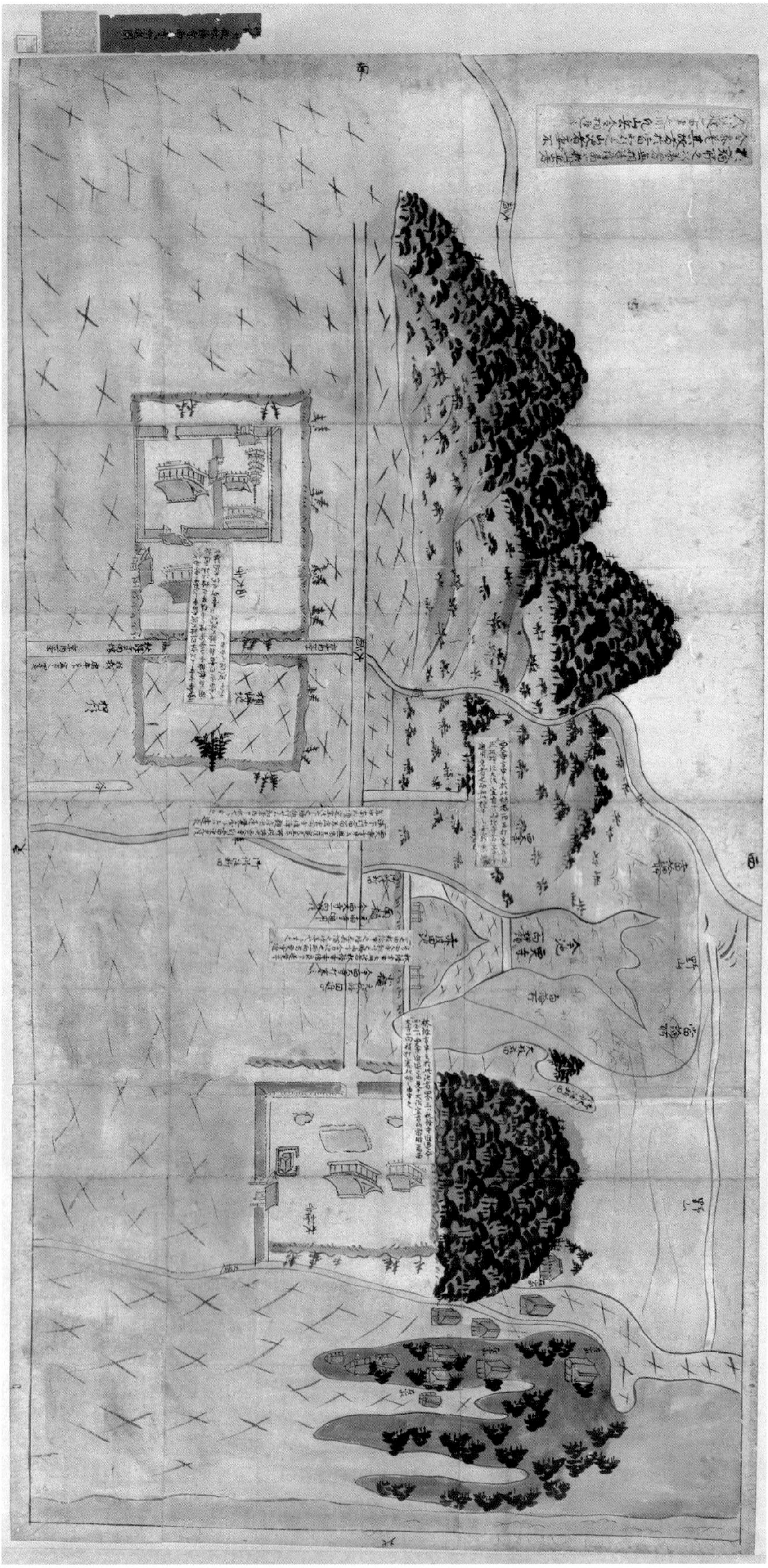

[原色図版 8] ◎西大寺与秋篠寺堺相論絵図　東京大学文学部　鎌倉時代（正安 4 年）

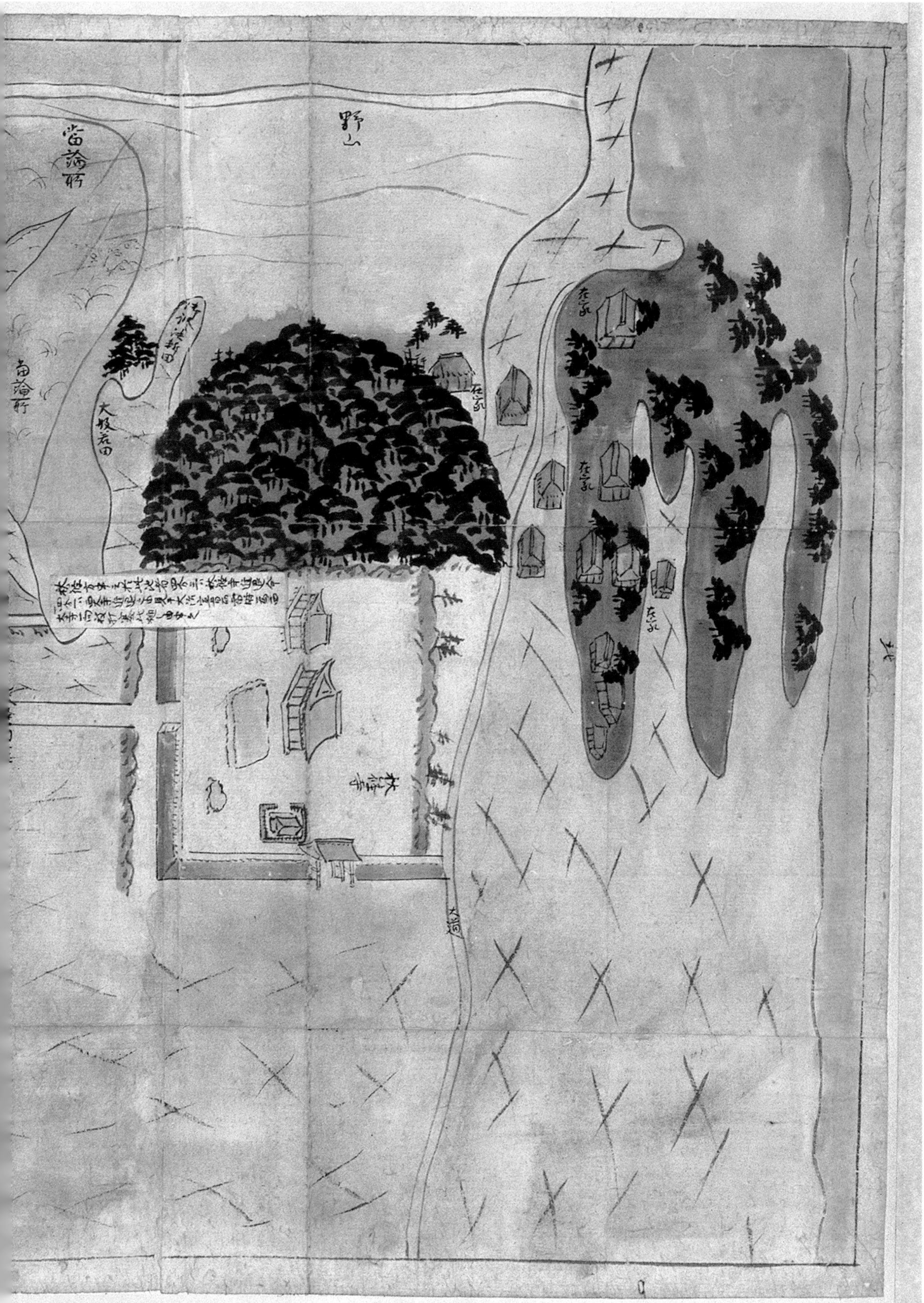

［原色図版 8］部分（1）

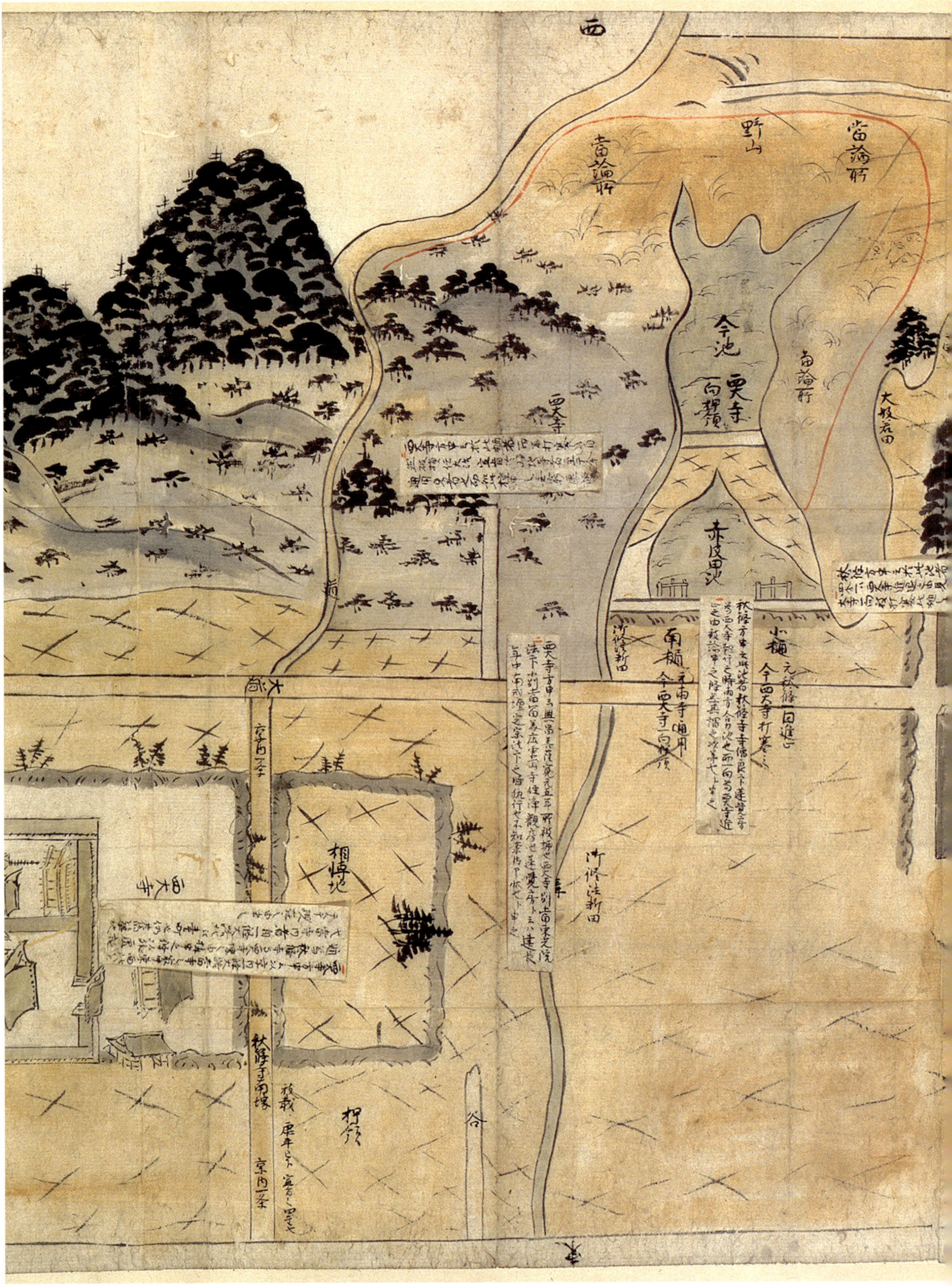

［原色図版 8］ 部分（2）

［原色図版 8］ 部分（3）

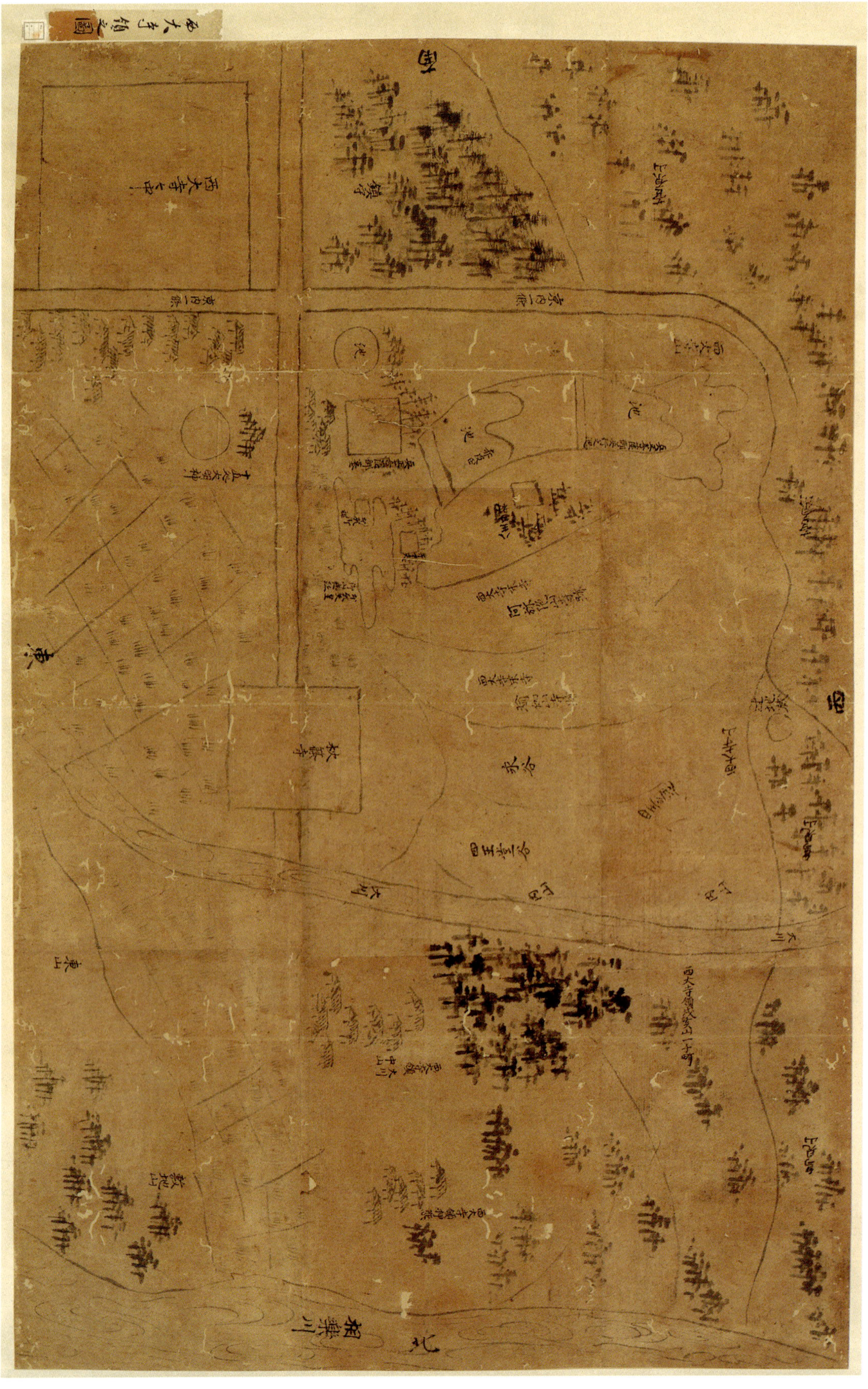

[原色図版 9] ◎西大寺領之図　東京大学文学部　鎌倉時代

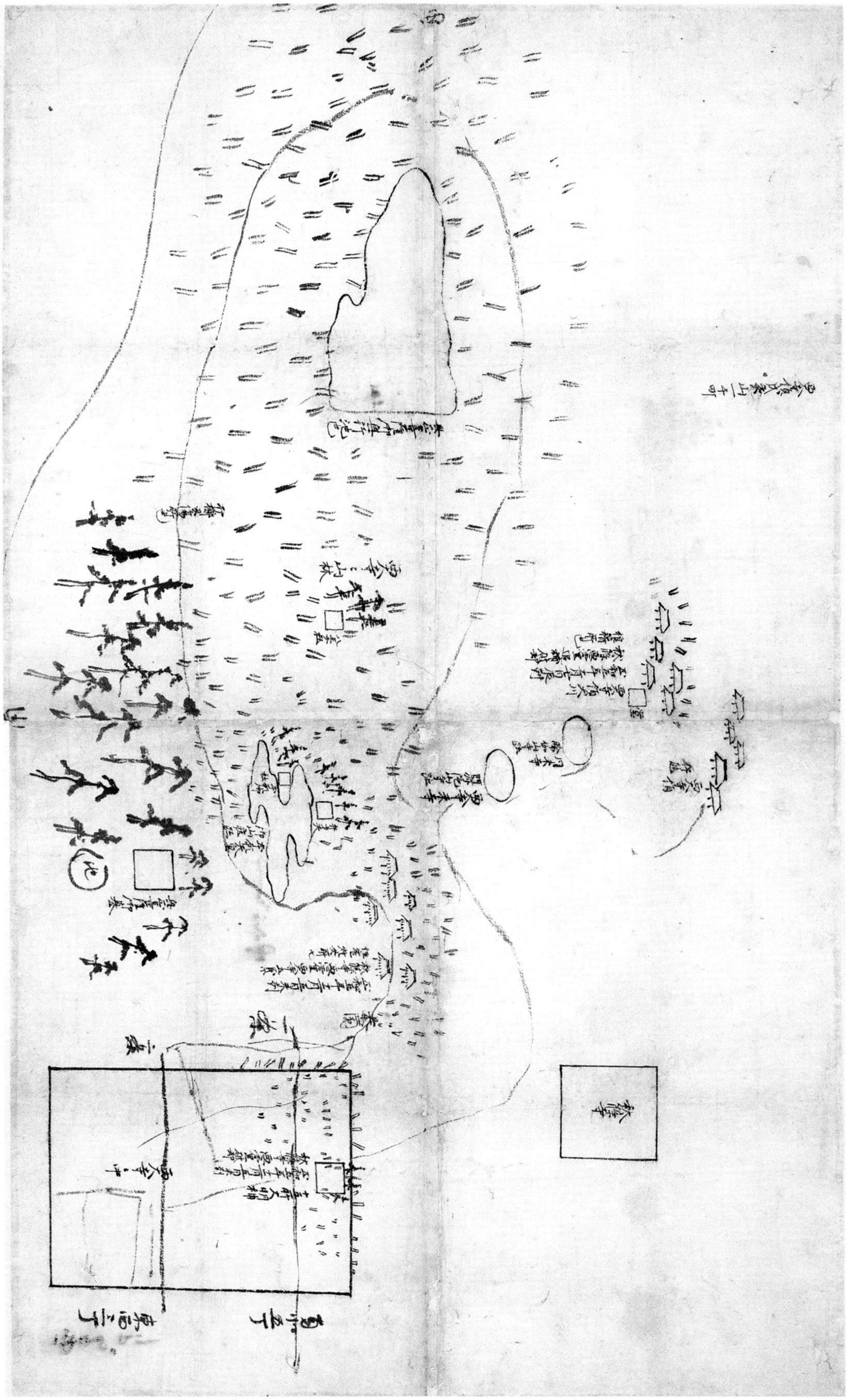

［原色図版 10］◎西大寺与秋篠寺堺相論絵図　西大寺　鎌倉時代（正和５年）

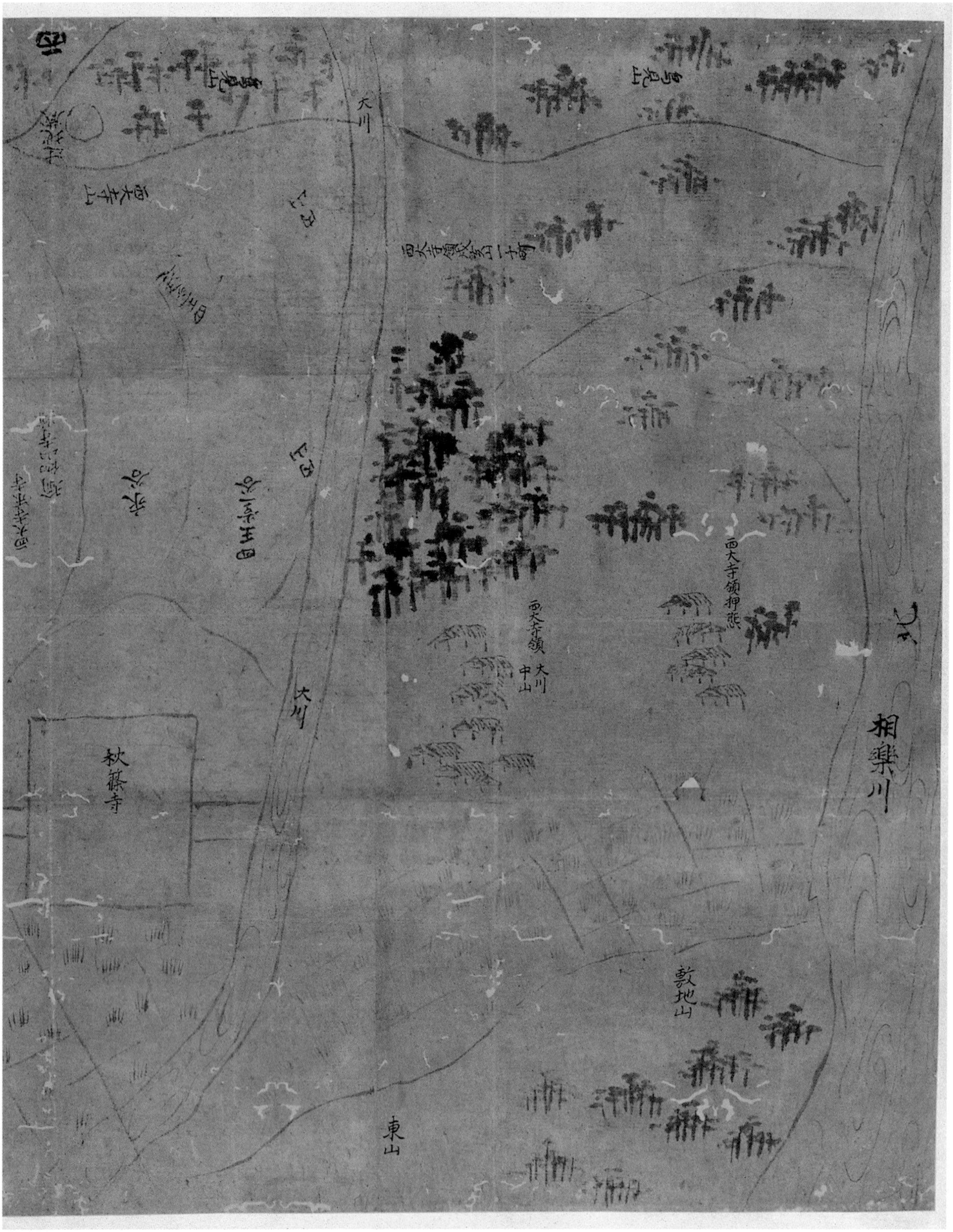

[原色図版 9] 部分（1）

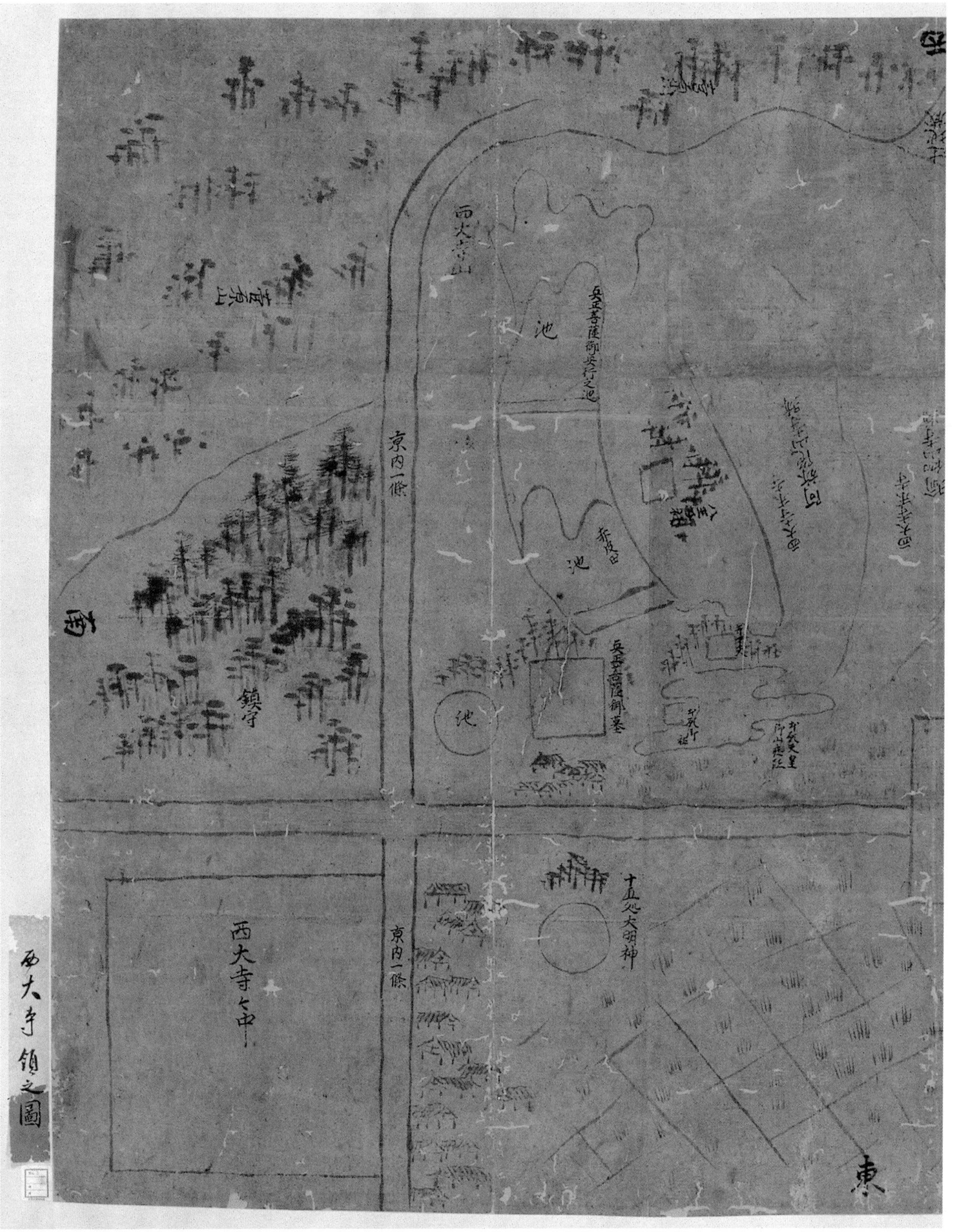

[原色図版 9] 部分 (2)

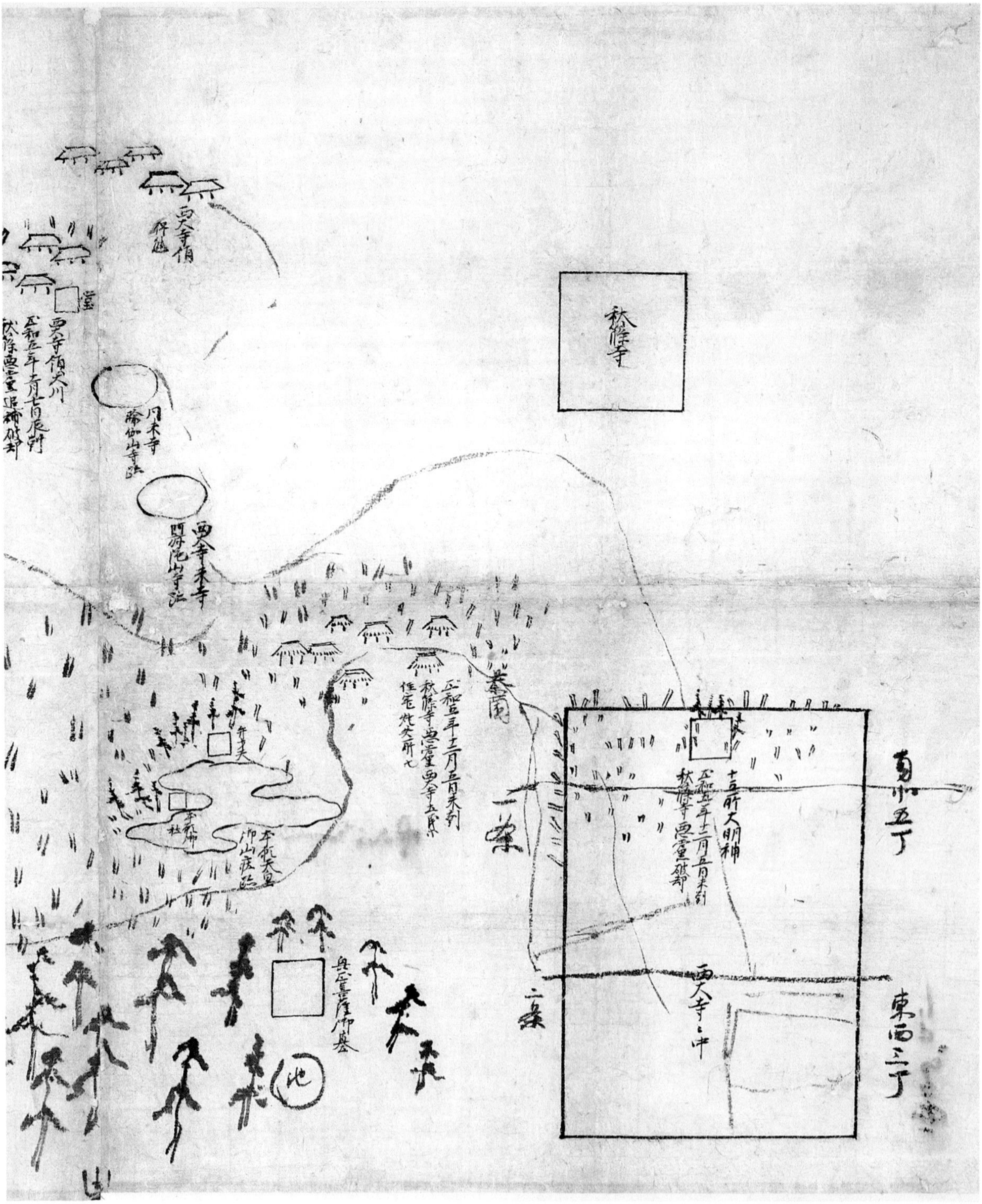

［原色図版 10］ 部分（1）

［原色図版 10］部分（2）

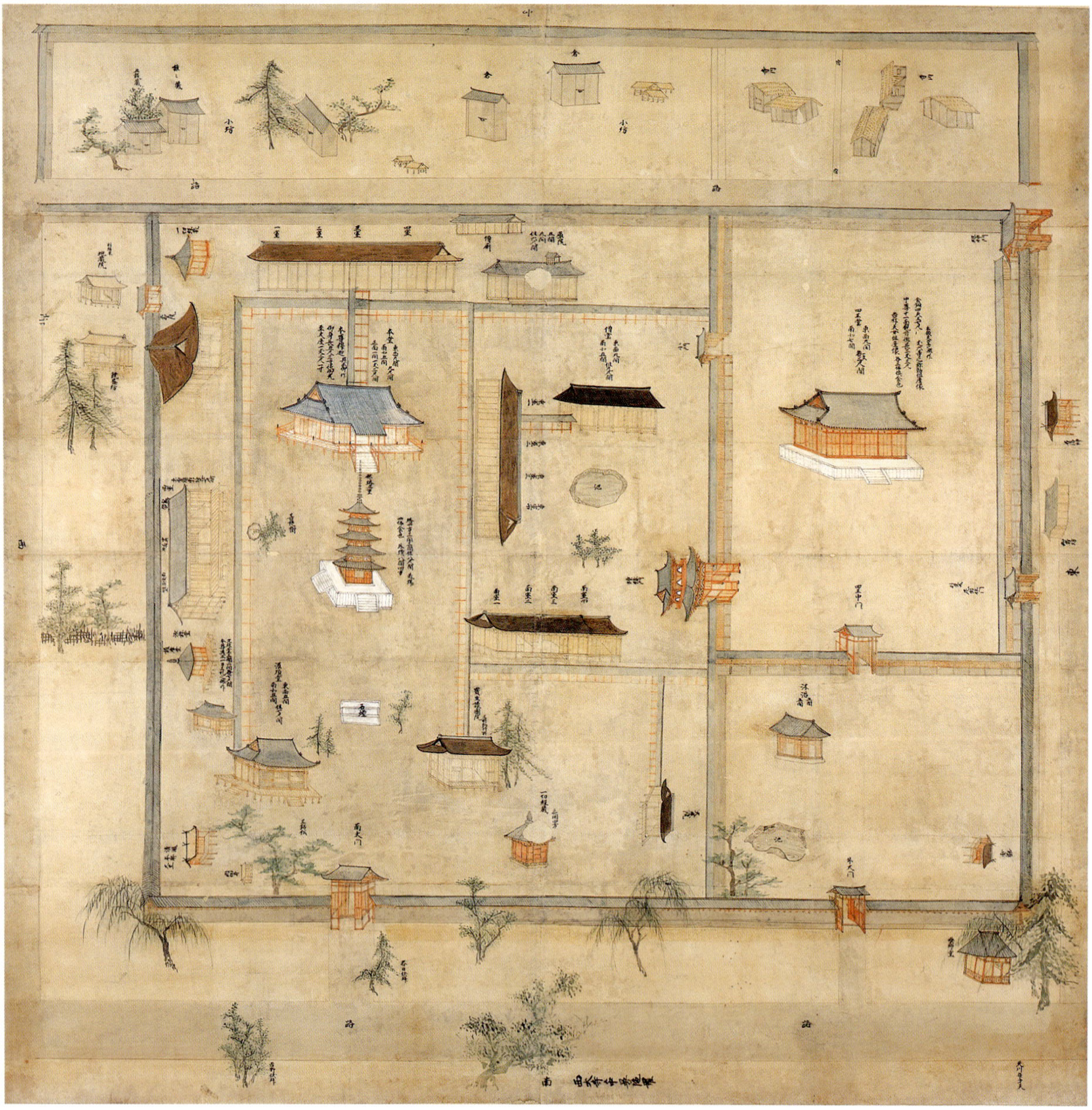

［原色図版 11］◎西大寺寺中曼荼羅図　西大寺　室町時代

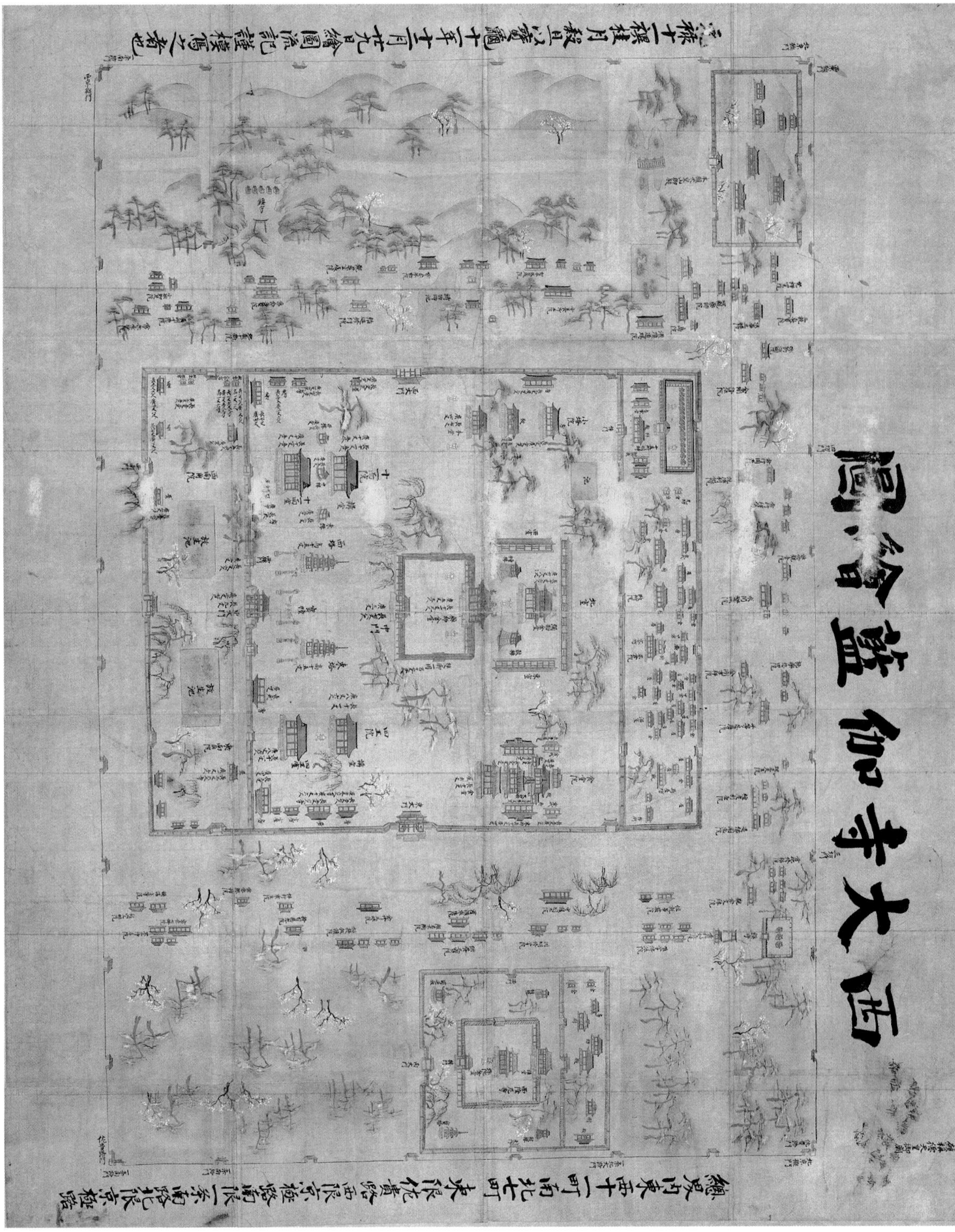

[原色図版 12] ◎西大寺伽藍絵図　西大寺　江戸時代（元禄 11 年）

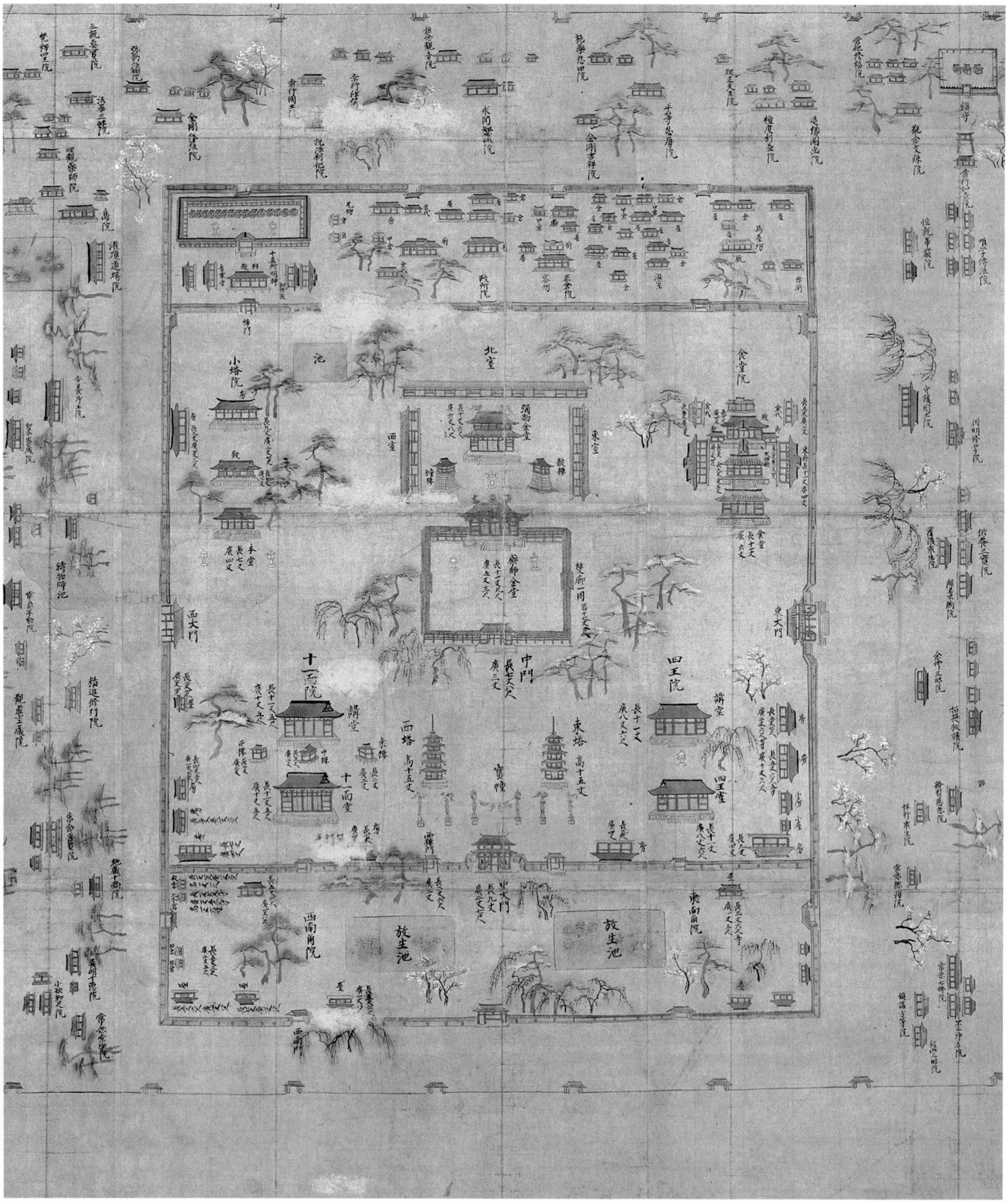

［原色図版 12］部分

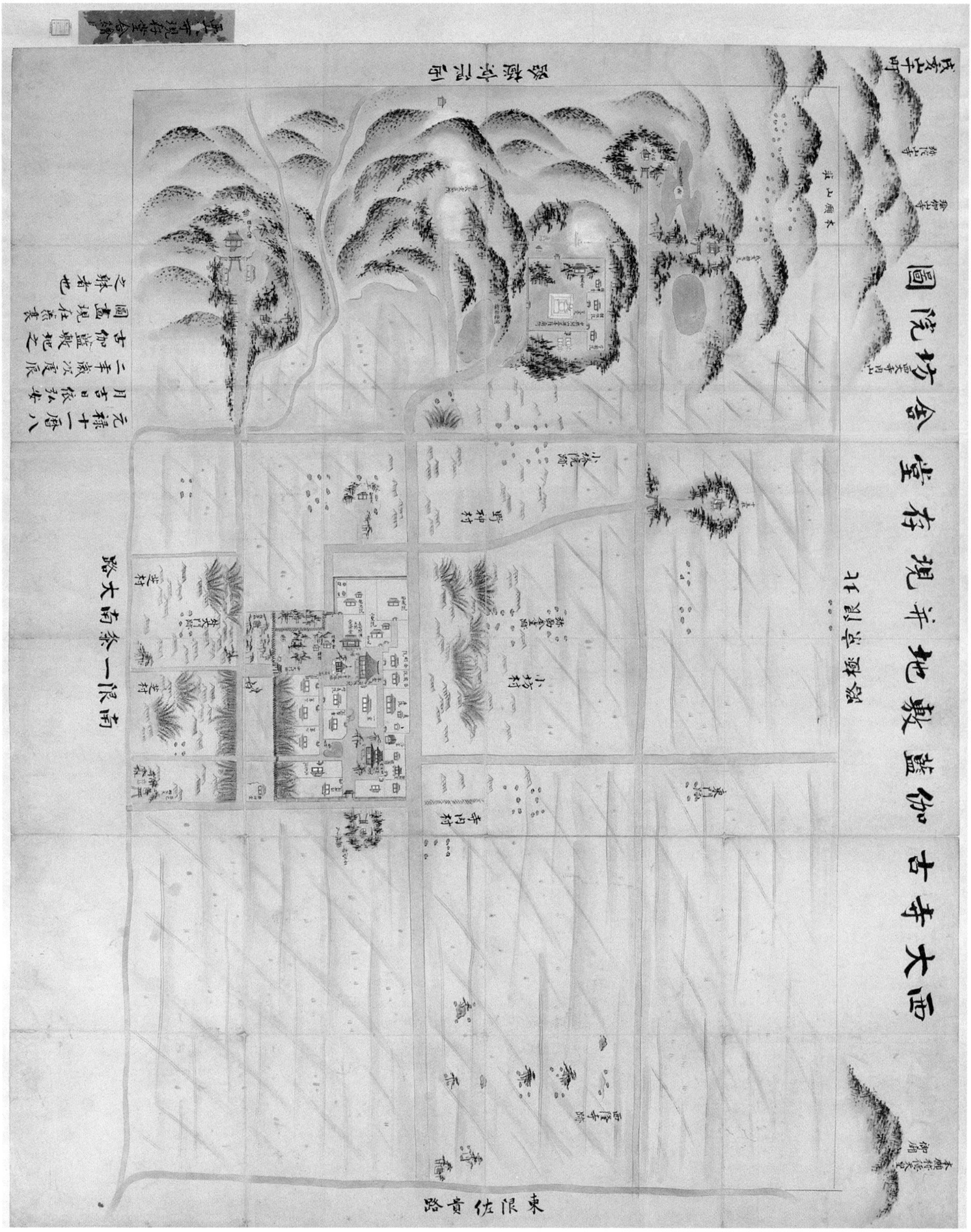

［原色図版 13］◎西大寺現存堂舎絵図　東京大学文学部　江戸時代（元禄 11 年）

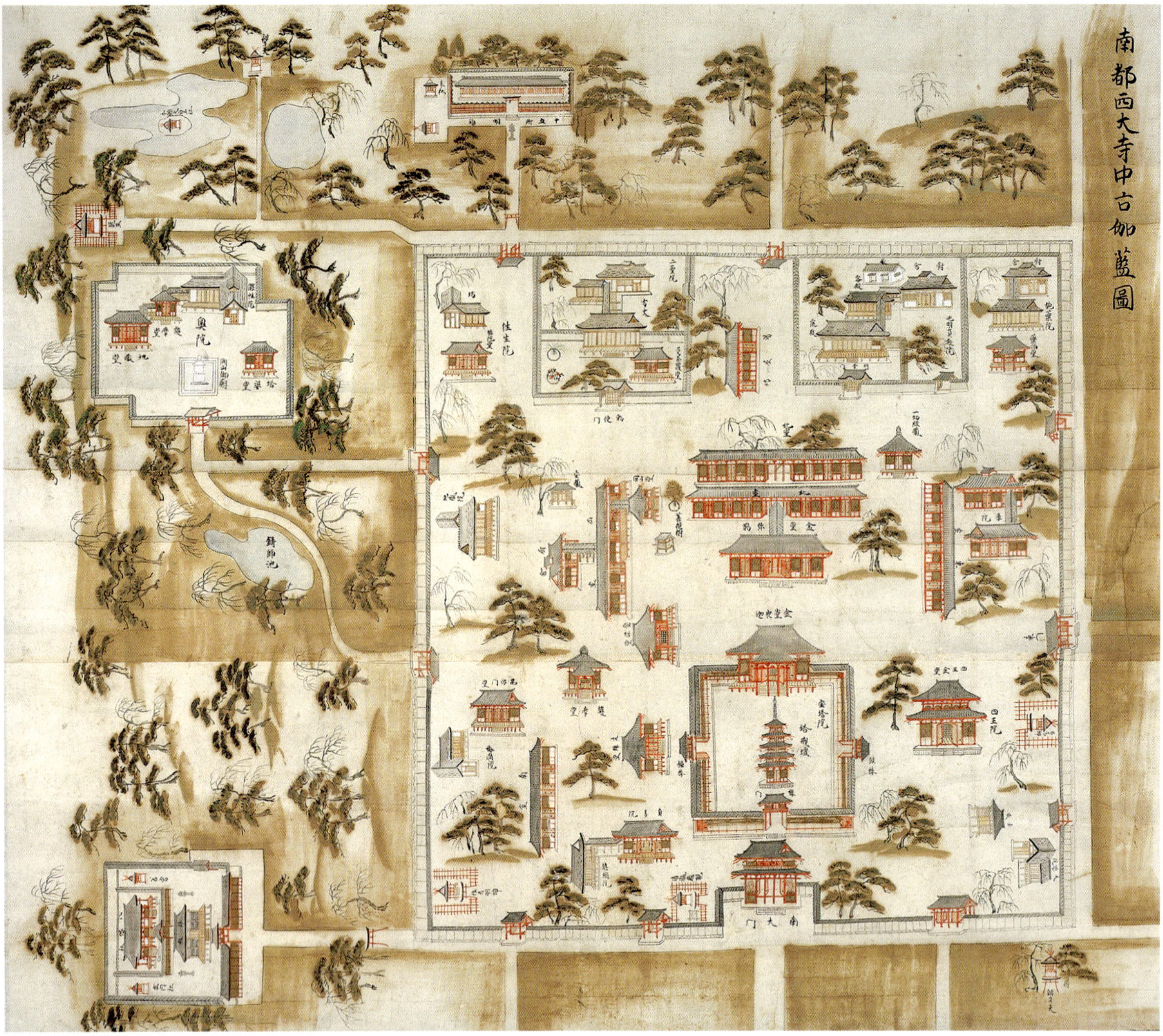

[原色図版 14] 南都西大寺中古伽藍図　西大寺　江戸時代（天保 12 年）

序

本書は、西大寺に伝わり現在は東京大学文学部と西大寺に分蔵される重要文化財の古絵図群一三幅などの西大寺古絵図群について、鮮明な原色図版を提供するとともに、関連する西大寺史料や発掘調査成果・現状地形などについての原本調査・現地調査に基づく共同研究—西大寺古絵図群による歴史景観の復元的研究—の成果を纏めたものである。

西大寺の古絵図群は、一三世紀に西大寺と秋篠寺との所領争論に際して作成されたものが中心で、古代・中世の西大寺とその周辺に展開した平城京・京北条里・伽藍・寺辺・寺領などの歴史的景観を如実に示している。古代の班田図の形態を伝える唯一の写本「京北班田図」をふくみ、古代・中世の伽藍や寺辺の具体像を生々しく描写するほか、一三世紀の所領争論の実像まで詳細に反映する史料群である。とくに、一三幅もまとまって良好な保存状態で伝えられているということでは、日本史上きわめて貴重な画像資料であるといえる。

こうした古絵図群をめぐって、幸いに所蔵者のご協力のもとに、古絵図原本や関連史料についての調査・研究を進めることができた。また、絵図に描かれた現地やこれまでの発掘調査成果についても共同で調査・研究を進め、古代・中世の西大寺をめぐる奈良の歴史景観の復元をめざした。こうして、古代史学・中世史学・考古学・歴史地理学・建築史学・古文書学・仏教史学・国語学などの多分野にわたる多角的・学際的な共同研究の成果となったことは、本書の特徴であると考える。

本書が、西大寺古絵図群をはじめとしたこれからの古代・中世の画像史料研究の多様な展開に向けて資するものとなれば幸いである。

なお、古絵図群・関連史料の調査・研究そして本書刊行に際して多大のご配慮を賜った、西大寺および東京大学文学部日本史学研究室に対して御礼申し上げたい。また、本書は、一九九九年度から四年間にわたり科学研究費（基盤研究・（A）（2））を得て進めた共同研究「古代荘園絵図群による歴史景観の復元的研究」（研究代表者・佐藤信、共同研究者全一五名）の成果を発展させたものであり、刊行に際しては日本学術振興会平成一六年度科学研究費補助金（研究成果公開促進費）の交付を受けている。

二〇〇五年初春

佐藤　信

西大寺古絵図一覧

No.	絵図名称	作成年代	法量（縦×横・cm）	形態	現蔵者	『聚影』名称	『聚影』番号	図録
1	◎大和国添下郡京北班田図	鎌倉時代・一三世紀	七九・九×一五〇・〇	紙本著色	西大寺	大和国添下郡京北班田図　一	五	二六
2	◎大和国添下郡京北班田図	鎌倉時代・一三世紀	七七・八×一六〇・五	紙本著色	東京大学文学部	大和国添下郡京北班田図　二	六	二七
3	◎西大寺敷地図（弘安三年）	鎌倉時代・弘安三年（一二八〇）	九二・三×一三三・一	紙本墨書	東京大学文学部	大和国西大寺敷地図　一	七	一八
4	◎西大寺敷地図	鎌倉時代・一三世紀	五九・一×六六・三	紙本墨書	東京大学文学部	大和国西大寺敷地図　二	九	一九
5	◎西大寺往古敷地図	鎌倉時代・一三世紀	五五・〇×六三・六	紙本墨書	東京大学文学部	大和国西大寺往古敷地図	一〇	二〇
6	◎西大寺敷地之図	鎌倉時代・一三世紀	五三・五×六〇・一	紙本墨書	東京大学文学部	大和国西大寺敷地之図	八	二一
7	◎大和国添下郡京北条里図	鎌倉時代・一三世紀	一〇四・八×五八・〇	紙本墨書	東京大学文学部	大和国添下郡京北条里図	一一	二三
8	◎西大寺与秋篠寺堺相論絵図	鎌倉時代・正安四年（一三〇二）	七八・五×一五一・八	紙本著色	東京大学文学部	大和国西大寺与秋篠寺堺相論絵図　一	一二	三二
9	◎西大寺領之図	鎌倉時代・一四世紀	八七・六×一三四・五	紙本墨画	東京大学文学部	大和国西大寺領之図	一四	三三
10	◎西大寺与秋篠寺堺相論絵図	鎌倉時代・正和五年（一三一六）	六二・二×一〇〇・五	紙本墨画	西大寺	大和国西大寺与秋篠寺堺相論絵図　二	一三	三四
11	◎西大寺中曼荼羅図	室町時代・一五～一六世紀	一八三・〇×一八七・四	紙本著色	西大寺			二
12	◎西大寺伽藍絵図	江戸時代・元禄一一年（一六九八）	一一〇・五×一三六・〇	紙本著色	西大寺			五
13	◎西大寺現存堂舎絵図	江戸時代・元禄一一年（一六九八）	一〇九・四×一三二・七	紙本著色	東京大学文学部			四
14	南都西大寺中古伽藍図	江戸時代・天保一二年（一八四一）	一〇〇・八×一〇九・〇	紙本著色	西大寺			三

凡例

「絵図名称」は重要文化財指定名称に依った。◎は重要文化財を示す。

「形態」の項の「著色」は、一種類以上の顔料が描画に使用されていることを示す。

「『聚影』名称」「『聚影』番号」の項は、東京大学史料編纂所編『日本荘園絵図聚影　三　近畿二』（東京大学出版会、一九八八）の絵図名称および番号を示す。

「図録」の項の番号は、特別陳列『西大寺古絵図は語る—古代・中世の奈良—』（奈良国立博物館、二〇〇二）の出品目録番号を示す。

西大寺古絵図の世界

目次

原色図版

序

西大寺古絵図一覧

Ⅰ　西大寺古絵図の背景

1　西大寺と奈良時代の歴史

佐藤　信

一　西大寺の創建と称徳天皇

西大寺の創建は、天平宝字八年（七六四）九月の恵美押勝（藤原仲麻呂、七一六～七六四）の乱に際して、孝謙太上天皇（称徳天皇、七一八～七七〇）が七尺の金銅四天王の造像と寺院建立を発願し、勝利ののち翌天平神護元年（七六五）に鋳造をはじめ伽藍を開いたことにはじまる（宝亀一一年（七八〇）一二月二九日「西大寺資財流記帳」）。このことは、厩戸王子（聖徳太子）が蘇我氏と物部氏との戦いの際に四天王に戦勝を祈願し、蘇我氏側の勝利を得たのち、四天王寺を創建したという物語を承けた話といえよう。

○「西大寺資財流記帳」縁起坊地第一

　夫西大寺者　平城宮御宇
　寶字称徳孝謙皇帝去天平寶字
　八年九月十一日誓願將敬造七尺金銅四
　王像兼建彼寺矣乃以天平神護元
　年創鋳件像以開伽藍也居地参拾壱町
　在右京一條三四坊東限佐貴路除東北角喪儀寮南
　限一條南路西限京極路除山陵八町北限京極路

これより前、天平宝字五年（七六一）一〇月から平城宮の改作にあたりしばらく滞在していた近江保良宮（滋賀県大津市）において、病となった孝謙太上天皇は、看病にあたった僧道鏡（～七七二）を寵愛するようになった。そして、それを諫めた淳仁天皇（七三三～七六五、恵美押勝の乱ののちに廃帝とされ、「淳仁」のおくり名は明治になって贈られた）との関係は悪化した。翌年五月に平城宮に戻る際には、淳仁天皇が平城宮内の中宮に入ったのに対して、孝謙太上天皇は平城宮の東に隣接する法華寺に入り、太上天皇と天皇が別居する状態となってしまった。この時代の太上天皇は天皇に匹敵しあるいは天皇をもしのぐ権威と権力を持っていたから、この別居対立状態は、貴族や官人たちにとって大変な政治的危機となった。とくに、孝謙太上天皇は聖武天皇と光明皇后を父母としており、天武・持統天皇嫡系の正統意識を持つ血筋上の立場にいたから、天武の皇孫ではあるが舎人親王と当麻氏の女性を父母とする淳仁天皇に対しては、孝謙太上天皇は皇位を譲ってやったという関係にあったのである。

孝謙太上天皇と淳仁天皇との対立は、ついに天平宝字六年（七六二）六月に、孝謙太上天皇が「政事は、常の祀小事は今の帝行なひ給へ。国家の大事賞罰二つの柄は、朕行なはむ」と宣言するに至った。淳仁天皇となった大炊王をもともと自分の邸宅にかかえ、その後皇太子さらに天皇へと擁立していた大師（太政大臣）の恵美押勝は、孝謙太上天皇と道鏡の政治力に危機感をつのらせた。押勝は、息子達を要職に取り立てて権力の独占につとめたが、それは逆に他氏族や藤原氏の他家から反発を受けて、孤立化していくこととなった。ついに天平宝字八年（七六四）九月、淳仁天皇のもとにあった天皇権力を象徴する鈴・印（内印）の争奪を契機に、押勝側と孝謙太上天皇側の武力衝突が起きてはじまったのが恵美押勝の乱であった。孝謙太上天皇側には、かつて皇太子時代の春宮大夫・春宮学士であった吉備真備（六九五～七七五）が参謀として加わり、授刀衛の武力のほか藤原式家の蔵下麻呂・宿奈麻呂（良継）らも兵を率いて活躍した。平城京を逃れて地盤であった近江や越前をめざした恵美押勝は、いずれも行く手を阻まれて戦いに敗れ、結局琵琶湖の湖西で一軍士に斬られて滅んだ。

恵美押勝を滅ぼし、押勝が擁立した淳仁天皇を廃してふたたび即位した称徳天皇は、寵幸する道鏡（～七七二）を重用した。道鏡は、乱直後に大臣禅師に任じられたのにつづいて、天平神護元年（七六五）閏一〇月には太政大臣禅師となって、俗界における権力をも掌握した。さらに天平神護二年（七六六）一〇月には、ついに法王となった。法王の待遇は天皇並みとされる、破格の処遇であった。また称徳天皇は皇太子時代以来信任する吉備真備を高齢ながら重用し、右大臣にまで取り立てた。ただし左大臣となったのは北家の藤原永手（七一四～七七一）であり、藤原氏をはじめとする貴族たちにも一定の配慮が為されていた。

称徳女帝や道鏡は仏教中心政策を押し進め、女帝の発願による西大寺も、二人の強力な支援のもとで国家的な造営が進められた。造西大寺司の長官には、東大寺の造営で活躍し功労のあった佐伯今毛人（七一九～七九〇）が任じられている（神護景雲元年（七六七）二月）。西大寺から出土する創建期の瓦は、もと東大寺系の技術で造られており、はじめは以前の東大寺の造営組織が西大寺の造営に動員されていったことが知られている。称徳天皇は、父聖武天皇や母光明皇后による東大寺に並び立つ西大寺の造営をめざし、天平神護二年（七六六）一二月、翌三年三月、九月、神護景雲三年（七六九）四月とたびたび西大寺に行幸して、熱心に造営を推進した。

「西大寺領之図」（原色図版9）・「西大寺与秋篠寺堺相論絵図」（西大寺本・原色図版10）によれば、西大寺の伽藍北西に位置する池のある地を「本願天皇御山荘跡」と記しており、もともと称徳天皇の山荘が北辺坊の西端にあったと伝えられている。称徳天皇は、そうした山荘が位置した平城京北西の地に西大寺を計画したことになろう。また西大寺以外にも、道鏡出身地の河内国由義宮を平城京に対する「西京」としたり（神護景雲三年一〇月）、亡くなった場所が平城宮の「西宮」であるなど、称徳天皇の西への志向が指摘できるかもしれない。

西大寺の西塔跡から出土した鎮壇具と推定される開基勝宝金銭（宮内庁三の丸尚蔵館蔵）は、天平宝字四年（七六〇）三月鋳造であり、称徳天皇が天平神護元年（七六五）九月に創鋳した神功開宝銅銭よりもさかのぼり、西塔造営が早くから進められたことを示す可能性がある。日本最初の金銭である開基勝宝は、実用的な流通銭というよりも儀礼的な性格をもつものと思われ、西塔出土例のほかには西大寺の奥之院付近から三一枚の一括出土が知られており、いずれも西大寺・称徳天皇関係の地から出土していることは注目される。

宝亀一一年（七八〇）に僧綱・西大寺で確認した「西大寺資財流記帳」によれば、天平神護二年（七六六）・神護景雲四年（七七〇）に封戸を施入した勅書や、称徳天皇時代に施入された庄家・墾田に関する内印を捺した官符群や「内裏仰事并雑継」一巻などの文書があり（官符図書第五）、西大寺の資財形成に称徳天皇自身が深くかかわっていたことが知られる。同じく西大寺が当時蔵していた文書の中に、神護景雲三年（七六九）と翌年の「献入楽器衣服帳」四巻があるのは、あるいは供養会の儀式の唐楽・高麗楽・呉楽のためのものであろうか。

称徳天皇によって右大臣に任じられた吉備真備の近親（娘か姉妹）であり、女帝側近の女官であった吉備由利は、天平神護二年（七六六）一〇月に女帝のために一切経の書写を行い、それを西大寺の四王堂に納めている。この一切経写経という大事業の背景には、当然吉備真備も大きく関わっていたと考えられる。吉備真備は、霊亀二年（七一六）から天平七年（七三五）にかけて長期にわたって唐で学び、唐の寺院の様子もよく知っていたから、称徳天皇の親任を受けてよく仕えた彼自身も、西大寺の造営に力を寄せたものと思われる。

○吉備由利願経奥書

天平神護二年十月八日正四位下吉備朝臣由利奉為

天朝奉写一切経律論書疏集伝等一部

○「西大寺資財流記帳」経律論疏第四

一部、　吉備命婦由利在四王堂進納

惣大小乗経律論疏章集伝出経録外経等一千廿三部五千二百八十二巻五百十六帙

宝亀元年（七七〇）八月に称徳天皇が亡くなると、道鏡は最大にして唯一といってよい後ろ盾を失ってたちまち失脚し、新たに皇太子となった白壁王（光仁天皇）の命により、造下野国薬師寺別当として流され、宝亀三年（七七二）に下野の地で没した。

光仁天皇（七〇九～七八一）は天智天皇の孫であり、奈良時代に続いてきた天武天皇系の皇統から天智系へと皇統が移ることとなった。『日本紀略』の藤原百川伝によれば、称徳没後の皇位継承を決める群臣会議においては、天武系の後継者を推す右大臣吉備真備たちを抑えて、左大臣藤原永手（北家）や藤原百川（式家、七三二～七七九）らの策略によって白壁王擁立が決したという。

ここに、西大寺は称徳女帝・道鏡という支援者を失ったが、つづく光仁天皇の時代にも、造西大寺司の官人は任命され続け、規模を縮小するなどしながらも造営は続けられた。そして、宝亀年間には伽藍がほぼ整ったとみられている。宝亀一一年（七八〇）一二月の「西大寺資財流記帳」には、途中で計画を縮小したにもかかわらず、国家的に営まれた西大寺の壮大な規模がよく示されている。

なお、西大寺の造営を継承した光仁天皇は、高齢（七三歳）と病気とを理由に翌天応元年（七八一）四月に皇太子山部親王（桓武天皇）に譲位しており、同年一二月になくなっている。光仁天皇の存命中をめざして、西大寺のもつ伽藍・資財の保証を図るための「西大寺資財流記帳」の作成が急がれた経緯があるのではないだろうか。

二　西大寺の伽藍と造営

西大寺は、平城京右京の一条三・四坊に計三一町の広大な寺地を占め、東方の四王堂のほかに中軸線上に薬師金堂・弥勒金堂の二つの金堂が営まれた。両金堂の規模の大きさや荘厳の妙、また堂内の仏像群の立派さは、「西大寺資財流記帳」堂塔房舎第二・仏菩薩像第三に詳しい。金堂を二つもち、はじめ八角形の七重塔が計画されたこと、そして講堂や全体の僧坊が無いことなど、それまでの奈良の寺院にはない伽藍配置であり、建築・彫刻が中国風であることが指摘されている〔太田博太郎『南都七大寺の歴史と年表』岩波書店〕。仏像に密教的なものが目立つことも、それまでの奈良時代の仏教からの変化が示されている。称徳天皇や道鏡がめざした、それまでの南都仏教と異なる仏教のあり方をそこに読みとることが出来るのではないだろうか。

また、金堂院・東西両塔・四王院のほかに、寺域には十一面堂院・西南角院・東南角院・小塔院（称徳天皇が発願した百万塔のうち十万基を安置した）・食堂院・馬屋房・政所院・正倉院などが配されていた。こうした伽藍全体の威容が「西大寺資財流記帳」には記されており、西大寺はのちに南都七大寺の一つに数えられている。近世の元禄一一年（一六九八）の「西大寺伽藍絵図」（原色図版12）は、こうした古代の西大寺の盛観をやや誇張気味に描いた想像図である。

発掘調査で明らかになった東塔・西塔の当初計画の八角基壇の規模は、径八八尺を計り、東大寺の塔（径八〇尺）をしのぐ規模を誇っていた。また、その東西の塔を飾った三彩の垂木先瓦は、奈良の大寺院の中でも珍しい遺物に属している。

西大寺に伝えられた古絵図群（今は東京大学文学部と西大寺に分蔵される）には、鎌倉時代の叡尊による西大寺再興の頃に、寺辺の所領の維持・拡大を図るなかで描かれたものがあるが、その中にも造営に関わる記載がみられる。弘安三年（一二八〇）の「西大寺敷地図（弘安三年）」（原色図版3）には、寺地西方の池に「奉鋳四天王池」（南都西大寺中古伽藍図〔原色図版14〕には「鋳師池」）と注記しており、四王堂に安置された金銅四天王像の鋳造工房が西方の丘陵部谷筋に位置したことを示唆している（今もその遺称をとどめる池が現地に残る）。

西大寺にすこし遅れて神護景雲元年（七六七）に造営が開始され、西大寺とともに営まれた尼寺の西隆寺は、ちょうど東大寺における法華寺のような位置づけをもつ。神護景雲元年八月に、従四位上伊勢朝臣老人が造西隆寺長官に任じられ、すぐに次官として従五位下池原公禾守が任じられている（『続日本紀』）。伊勢朝臣老人は恵美押勝の乱の際に昇叙された孝謙太上天皇側の軍功者であり、西隆寺の造営が、西大寺と同様に孝謙太上天皇やその恵美押勝の乱での勝利と深い関係にあったことが知られる。造西隆寺司の官人たちは、のち平城宮の修理に当たった修理司の官人へとシフトしていったことがうかがえるが、その修理司に属する官人たちが西隆寺に対して知識銭（寄付金）を進めていたことが西隆寺跡出土木簡から知られる。また、上記のことと対応するように、西隆寺から出土した軒平瓦の分析からは、はじめ平城宮系の造瓦の工人集団により組まれた造瓦体制が、西大寺系の工人集団による造瓦体制へと移行したことが推定されている〔奈良国立文化財研究所『西隆寺発掘調査報告書』一九九三年〕。西隆寺の造営に集められた知識銭の付札木簡からは、半ば強制かとも思われる造営官司官人の知識銭もある一方で、自発的な知識銭の付札もみられ、国家的な強制だけではない造営のあり方もうかがえた。ただし、東大寺大仏造立の際の行基（六六八〜七四九）とその集団の協力にみられるような、民衆の知識を動員するという姿は、史料の中に直接には見られない。

西隆寺出土木簡

○（表）修理司工丹生豊□
　（裏）　古銭卅文　　縦九二×横二七×厚三㎜　〇三二形式

○（表）修理司判官息長木人
　（裏）新銭廿五文　　八〇×一九×二　〇三二

○（表）　　　　　大炊寮助□□
　　　合□智識銭□所入□□
　（裏）□□□
　　部宿祢人五百文神護景雲二年十二月□
　　　　（八四）×（一五）×一　〇三九

三　西大寺造営をめぐる説話

西大寺の造営に関しては、いくつかの穏やかでない説話が伝えられている。『続日本紀』宝亀元年（七七〇）二月丙辰条には、東塔の心礎用の巨石を祟りのため破却して道路に捨てたことにより、称徳天皇が病を得たという話がある。この巨石は東大寺東方の飯盛山の石で、数千人の人夫でも一日に数歩しか運べず、また時に音が鳴ったといい、人を増やして九日がかりで西大寺まで運んだものであった。心礎の形に加工したものの、石の祟りを主張する呪者たちが出てきたので、石を焼き酒を注いで断片にして平城京の路面に捨ててしまった。ところが、ひと月ほどで称徳天皇が病気となり、占わせたところ石の祟りと出た。そこで数十片の石を再び西大寺地の東南の浄地に集めて、人馬に踏まれないようにしたというのである。西大寺造営の規模の大きさとともに、それが強引に進められたことがうかがえる記事といえるだろう。

『続日本紀』では、宝亀一一年（七八〇）一二月甲午条にも、左右京に対して寺を造るのに墳墓を壊してその石を転用することを禁ずる旨の勅が下されており、これも西大寺造営とかかわる可能性がある。また、西塔についても、宝亀三年（七七二）四月に落雷した際に占ったところ、近江国滋賀郡の小野社の木を伐採して塔を建てたことによる祟りとされている（『続日本紀』同月己卯条）。これも、造営用材をはるばる近江国から運んだという西大寺造営の規模の大きさと同時に、拙速で事業が追求されたことが暗示される話といえよう。

また、『日本霊異記』（下巻第三六）には、八角七重塔として計画した西大寺の東西両塔を四角五重塔に縮小したことにより、左大臣藤原永手（七一四〜七七一）が地獄で罰を受けたという（その後息子の仏教信仰によって救われたという）仏教説話がみえる。奈良国立文化財研究所による東塔跡の発掘調査の結果、塔の基壇は確かに八角から四角へと縮小変更していたことが明らかとなり、この説話が事実であったことが裏付けられている。

これらの説話からは、大規模な西大寺の造営が多くの民衆や国家財政の犠牲の上に急ぎ進められたことに対する批判がうかがえるのではないだろうか。『続日本紀』の称徳天皇評も、「太師（恵美押勝）誅せられてより、道鏡、権を擅にし、軽しく力役を興し、務めて伽藍を繕ふ。公私に彫喪して、国用足らず」（宝亀元年八月丙午条）と批判的に記している。とくに西大寺の場合、平城京の造営、東大寺・大仏の造営といった巨大な造営に続いて行われた破格の大造営であることから、以前の造営による国費の損失に駄目を押すような事業として位置づけられることになったと思われる。

奈良時代後期には、天武・持統天皇嫡系の孝謙天皇が未婚の女帝となったことによって、その後の皇位継承が大きな政治的紛争の種となった。律令制とともに勢力を伸張させ天皇の外戚の地位をめざしてきた藤原氏やその諸家（南家・北家・式家・京家）と、皇族出身の橘氏、そして大伴氏・佐伯氏といった伝統的な有力氏族たちなどの思惑が次の皇位継承をめぐって対立するなかで、橘奈良麻呂の変（七五七年）や恵美押勝の乱（七六四年）などの血なまぐさい争乱が相次ぐことになった。こうした政治的混乱に対して、仏教に頼りながら平和と安定を願うという称徳女帝の本意を離れて、西大寺の造営は、その規模の大きさゆえに、民衆や国家財政にとって大きな負担となったといえよう。

四　西大寺のその後

光仁天皇の時代には、天武系皇統やそれを推す貴族たちとの融和策もあって、称徳天皇時代以来の左大臣藤原永手らによって西大寺の造営は規模を縮小しながらも進められた。しかし、その後天智系皇統が引き続いて確立する桓武天皇（七三七〜八〇六）の時代を迎えると、西大寺造営の国家的な基盤は次第に失われていくことになる。

桓武天皇は、長岡京（七八四〜七九四）ついで平安京（七九四〜）へと遷都したが、奈良の大寺院の新京への移転を認めなかった。称徳天皇で天武系の皇統は途絶えてしまい、天皇家との結びつきは次第に希薄となり、また藤原氏との密接なつながりにも欠けていったことは、平安時代の西大寺にとって苦しい状況をもたらすことになったであろう。平安時代に、西大寺はたびたび火災にみまわれて次第に寺運が衰え、保延六年（一一四〇）の大江親通『七大寺巡礼私記』には、食堂・四王堂・塔一基のみが残ると記されるほどに至っている。

のち鎌倉時代に、西大寺は叡尊（興正菩薩、一二〇一〜一二九〇）によって律宗寺院として再興され、今日に至っている。奈良時代の遺構としては、礎石が残る東塔の基壇や四王堂の基壇の高まりがあり、そして四天王像の足下の邪鬼が、わずかながらも往時の面影をとどめているのである。

西大寺と西大寺古絵図関係年表（作成・佐藤　信）

天平宝字四年（七六〇）　開基勝宝金銭、鋳造される。

天平宝字八年（七六四）　孝謙太上天皇（称徳天皇）が恵美押勝（藤原仲麻呂）の乱に際し、金銅四天王像と寺院建立を発願。

天平神護二年（七六六）　称徳天皇、西大寺に行幸。吉備由利、称徳天皇のため一切経を書写。

天平神護三年（七六七）　造西大寺司（長官は佐伯今毛人）を任命。

宝亀元年（七七〇）　西大寺東塔の心礎の石を破砕。称徳天皇なくなる。道鏡、造下野国薬師寺別当として流される。光仁天皇即位。

宝亀三年（七七二）　道鏡、下野国で没。西大寺西塔に落雷。

宝亀年間（七七〇～八一）　西大寺の伽藍ほぼ整う。

宝亀一一年（七八〇）　「西大寺資財流記帳」を作成。

延暦一三年（七九四）　桓武天皇、平安京に遷都。

平安時代前期頃か　西大寺印作成される。

承和七年（八四〇）　常暁が唐より太元帥法を伝える。のち、太元帥法には秋篠寺の香水と壇土が用いられる。

平安時代　西大寺、しばしば火災にあう。

保延六年（一一四〇）　西大寺の伽藍は食堂・四王堂・塔一基のみ残る（大江親通『七大寺巡礼私記』）。

建久三年（一一九二）　源頼朝、征夷大将軍となる。

建仁元年（一二〇一）　叡尊、誕生。

承久三年（一二二一）　承久の乱。

仁治三年（一二四二）　円学、「太元帥法血脈」を書写。

建長元年（一二四九）　叡尊、清涼寺の釈迦如来像を摸刻し西大寺に安置。

建長三年（一二五一）　「西大寺寺本検注并目録取帳」作成される。

弘長三年（一二六三）　公家新制により七大寺の寺中の耕作が禁止される。

文永年間（一二六四～七五）　寛覚、「太元帥法秘抄」を著す。太元帥法への秋篠寺からの香水・壇土の採進を記す。

文永一一年（一二七四）　文永の役。

弘安元年（一二七八）　叡尊、西大寺別当から西大寺の経営を委ねられる。寺本所領の再建・拡大に取り組む。

弘安三年（一二八〇）　西大寺領確認のため「西大寺寺本検注并目録取帳写」を書写。幕府に没収された福益名回復のため「西大寺敷地図（弘安三年）」などを作成。叡尊の八〇歳を祝い、弟子たちが寿像を造り西大寺に安置。

弘安四年（一二八一）　弘安の役。

弘安九年（一二八六）　叡尊、自伝『金剛仏子叡尊感身学正記』を著す。

正応三年（一二九〇）　叡尊、西大寺でなくなる。

永仁五年（一二九七）　幕府から福益名が西大寺律衆に寄進される。

永仁六年（一二九八）　叡尊一門に寄進された田畠を書き上げた「西大寺三宝料田畠目録」に奥書が書かれる。

正安二年（一三〇〇）　叡尊に興正菩薩の号が贈られる。

一三世紀末　西大寺と秋篠寺が所領を交換し、両寺が「大和国添下郡京北班田図」を作成。

正安四年～嘉元元年（一三〇二～三）　西大寺と秋篠寺の相論おこる。秋篠寺が東京大学本「西大寺与秋篠寺堺相論絵図」を作成。

嘉元元年（一三〇三）　西大寺と秋篠寺の相論につき太政官牒が発給される。

正和五年～文保元年（一三一六～七）　西大寺と秋篠寺の相論おこる。西大寺が西大寺本「西大寺与秋篠寺堺相論絵図」や「秋篠寺凶徒等狼藉注文」を作成。また、空覚らが西大寺への忠節を誓い、「空覚一門連署契状」・「空覚以下一門連署起請文」を書く。

正和六年（一三一七）　相論における西大寺の主張をまとめた「西大寺目安」を作成。

室町時代末期頃　「西大寺寺中曼荼羅図」を作成。

元禄一一年（一六九八）　「西大寺現存堂舎絵図」・「西大寺伽藍絵図」を作成。

寛政六年（一七九四）　西塔跡より開基勝宝が発見される。

天保一二年（一八四一）　「南都西大寺中古伽藍図」を作成。

嘉永五年（一八五二）　北浦定政、西大寺の古絵図などから平城京の条坊を復原し「平城宮大内裏跡坪割之図」を作成。

一九世紀半ば　北浦定政、「大和国添下郡京北班田図写」を写す。

明治時代　富岡鉄斎、「大和国添下郡京北班田図写」を写す。

2 西大寺・西隆寺の造営をめぐって

舘野和己

はじめに

本稿は西大寺と西隆寺の造営の経緯と伽藍配置などについて述べるものである。ただしその全体像に触れる余裕はないので、特に発掘調査が広範囲に行われた西隆寺に関して、その調査成果を用いて重点的に説明を加えることにしたい。

一 造営の経緯

1 西大寺

西大寺と西隆寺は、ともに称徳天皇によって造営された僧・尼寺である。

西大寺造営の縁起は、宝亀一一年（七八〇）一二月二五日作成の「西大寺資財流記帳」縁起坊地第一に見える。

夫西大寺者、平城宮御宇宝字称徳孝謙皇帝、去天平宝字八年九月十一日、誓願将敬造七尺金銅四王像、兼建彼寺矣。乃以天平神護元年、創鋳件像、以開伽藍也。（後略）

天平宝字八年（七六四）九月一一日は、太師（太政大臣）恵美押勝（藤原仲麻呂）の乱が起こった日である。『続日本紀』同月乙巳（一一）条は「太師藤原恵美朝臣押勝逆謀頗泄」と乱の勃発から「是夜、押勝走近江、官軍追討」という押勝の敗走までを語る。押勝は、淳仁天皇の下で太師として権勢を振るってきたが、孝謙上皇とその寵愛を受けた僧道鏡との間に対立を生じ、追いつめられた結果、反乱に走ったものである。また四王（四天王）は仏国土を守護する神であるから、上皇の造寺・造仏の誓願は、押勝に対する戦勝を祈願したものであった。

上記縁起によれば、翌天平神護元年（七六五）に造営事業が始まったが、『続日本紀』では天平神護二年一二月癸巳（一二）条に「幸西大寺」とあるのが初見である（以下、史料は特に断らない限り出典は『続日本紀』）。ところが同寺の造営にあたる官人の任命については、神護景雲元年（七六七）二月になってようやく、従四位下佐伯宿禰今毛人を造西大寺長官、右少弁正五位上大伴宿禰伯麻呂を兼次官に当てたことが見える（同月戊申（二八）条）。長官になった今毛人は反押勝派の人物であった（宝亀八年九月丙寅（一八）条）。造東大寺司長官を務めたという彼の経歴・能力のみならず、その政治的立場がこの人事に影響していると言えよう。右の経緯からすると、天平神護二年一二月の行幸以後に造営が開始されたようにみえるが、まずは四天王像を安置する四王堂が造られ、それが完成した段階で称徳天皇を迎えたが、その後寺地が拡大されることになり、造西大寺司のもとで大規模な伽藍造営が始まったとみられている[1]。

「資財帳」官符図書第五に記された「雑書卅九巻」の中に「一巻右京職解文〈検西大寺堺内在百姓家地応／給帳天平神護二年〉」というものがある。これは西大寺地に取り込まれることになった百姓家地の代替地を給すべきことを示すから、天平神護二年には本格的に寺地の拡大計画が出てきたことを示すものである。その時期が行幸以前か以後かは直接にはわからないが、行幸が一二月も半ばになってからであることからすれば、それより以前に寺地拡張計画が立案されていたと考えられよう。

なお造寺長官佐伯今毛人は、その地位のまま神護景雲元年（七六七）八月には左大弁となり（同月丙午（二九）条）、宝亀五年（七七四）五月段階にも長官の地位にあったことが知られる（「大和国添下郡京北班田図」西大寺本・原色図版1）。一方、次官大伴伯麻呂は神護景雲元年七月に兼駿河守に（同月丙寅（一九）条）、翌年七月には兼遠江守に遷り（同月壬申朔条）、さらにその翌年には次官はそのままに、五月に員外左中弁になり（同月丙子（九）条）、八月には早くも員外右中弁に遷った（同月甲寅（一九）条）。その後伯麻呂の記事はあっても、造寺司次官のことは見えない。また神護景雲二年二月には外従五位下の飛騨国造高市麻呂と橘部越麻呂の二人を造西大寺大判官に任じている（同月癸巳（一八）条）。

こうした体制で西大寺の造営は推進されたが、その間神護景雲元年三月には西大寺法院に称徳天皇の行幸を迎え、曲水宴が行われ（同月壬子（三）条）、九月にも西大寺嶋院に行幸があり（同月己酉（二）条）、さらに同三年四月にも同寺に行幸し、今毛人以下への授位が行われた（同月辛酉（二三）条）。「資財帳」堂塔房舎第二は、金堂院に薬師金堂と弥勒金堂のあったことを伝えるが、右の授位は薬師金堂の完成によるものとみられている[2]。ところが宝亀元年（七七〇）八月四日には天皇が崩御し（同月癸巳（四）条）、一七日には東西両大寺で誦経が行われ（同月丁酉（八）条）、九月になると六七日の斎を西大寺に設け（同月癸酉（一四）条）、さらに一周忌にあたる翌年八月四日には西大寺で忌斎を設けている（同月丁巳（四）条）。これらは同寺が称徳天皇によって建立された由縁によるものである。

宝亀二年一〇月には兜率天堂（弥勒金堂）の造営による叙位があり（同月己卯（二七）条）、さらにその翌年四月には西塔への落雷の記事がある（同月己卯（二八）条）。これらによって宝亀初年までには、一応伽藍ができあがったとみてよい。しかし称徳天皇の死去は、西大寺の以後の造営に困難をもたらしたことであろう。

西大寺の伽藍は現存建物や基壇跡、「資財帳」、絵図類から復元されているところであるので、ここでは塔のみを取り上げる。「資財帳」堂塔房舎第二には「塔二基〈五重各高十五丈〉」とあり、東西両塔の存在を伝える。現在も境内には東塔の基壇・礎石が残る。宝亀元年二月丙辰（一三）条には、東大寺の東にある飯盛山の巨石（方一丈余、厚九尺）を東塔の心礎にするため、数千人で引いてきたが、日に数歩しか動かすことができず、かつ時に石が音を出した。人夫を増やして動かし、石を削りやっと据えたが、巫覡が石の祟りのことを言うので、石に柴を積んで焼き酒を注いで粉砕し、道路に捨てた。それから一月余り後に称徳天皇が病気になったので占うと、割られた石が祟りをなしたという結果がでた。そこで石を拾い浄地に置いたが、今寺内の東南隅にある数十片の破石がそれである、という話が見える。

東塔の建設が当初の計画通りに進まなかったことを物語るものであるが、『日本霊異記』下巻第三六には藤原永手が西大寺の八角の塔を四角にし、七層を五層に減らした罪によって地獄に堕ちたという説話がある。『延暦僧録』第一「従高僧沙門釈思託伝」（『日本高僧伝要文抄』第三所引）には、「景雲年勅西大寺、造八角塔様」との記事がある。両塔跡の発掘調査によって、いずれも八角の基壇跡が確認されており、当初八角で計画されたが途中から四角に変更されたことが明らかになり、『日本霊異記』と「思託伝」を裏付けた。宝亀三年四月己卯（二八）条「震西大寺西塔。卜之、採近江国滋賀郡小野社木、構塔為祟。充当郡戸二烟」によれば、当時既に西塔ができあがっていたことがわかるとともに、ここでも塔に関わって祟りが語られており興味深い。

なお東塔の現存礎石によれば一辺長は八・三メートル＝二八尺であるが、発掘調査で確認された八角基壇は径二六・七メートル＝九〇尺であり、塔高も三〇丈以上あり、東大寺八重塔に伯仲するものであったとみられている(3)。当初の計画の壮大であったことが窺われる。それを縮小したのは称徳天皇の死去が関係していよう。

2　西隆寺

西隆寺の造営については、その縁起を直接告げる史料はないが、造西大寺司官人の任命の半年後、神護景雲元年（七六七）八月二九日に造西隆寺長官に従四位上伊勢朝臣老人を（同月丙午（二九）条）、翌月四日に次官に従五位下池原公禾守を任命しており（同月辛亥（四）条）、ここで造営が開始されたと理解できる。時に伊勢老人は中衛中将・参河守、池原禾守は大外記・右平準令であったが、ともに兼任させたのである。

ところで長官の伊勢老人は、押勝の乱勃発当日の天平宝字八年（七六四）九月一一日に、従六位下から一躍従四位下に昇叙されるとともに、中臣伊勢連姓から朝臣姓を賜っている（同月乙巳（一一）条）。そして一〇月には参河守に任じられ（同月癸未（二〇）条）、さらに長官就任直前の、神護景雲元年八月一六日の改元の日に従四位上に昇叙されている（同月癸巳（一六）条）。明らかに乱時における勲功に対する行賞人事である。また彼が造西隆寺長官に任ぜられた時、参河守と共にもう一つ兼任していた中衛中将についても、その初見は天平神護元年二月に任じられた石上朝臣宅嗣であるように（同月己巳（八）条）、押勝の乱後に置かれ、歴代の任官者には乱の功績者が多いという特徴が指摘されている(4)。彼を造営の長官に据えたことは、造西大寺長官佐伯今毛人の場合と同じく、西隆寺の造営が乱と関わっていたことを反映するものと言えよう。

このように造営の時期や人事の経緯が類似し、西大寺が僧寺であるのに対し、西隆寺は尼寺であり、かつ後述のように位置も東西に隣接しており、両者は一対のものとして考えられていたとみられる。そして東大寺に対し西大寺と名付られたように、尼寺の法華寺に対応するものとして、西隆寺は造営された。これは称徳天皇と道鏡が、東大寺と深い関係にあった恵美押勝の政策に対抗しようとしたものと評価されているところである。[5]

なお『東大寺要録』巻一本願章第一の天平宝字八年九月一一日条には、西大寺造営の発願を記した後に、「実忠和尚立西隆寺別院」という記事がある。西大寺・西隆寺の建立が一体的なものであるとの見方を裏付けるものである。後者の記事については他に所見がないが、「西隆寺別院」の意味を、堀池春峰氏は「西大寺の別院としての西隆寺」と考えられている。[6]

さてその後の西隆寺については、宝亀二年（七七一）八月に僧綱と西隆寺をはじめ一二寺の印を鋳造し頒布している（同月己卯（二六）条）。これは既に西隆寺が成立し機能していたことを物語るものである。なお、同年正月、造寺長官であった伊勢老人は、皇后宮亮に任じられた際、中衛員外中将の兼任は続いたが、造寺長官については見えない（同月辛巳（二三）条）。また次官の池原禾守は神護景雲三年（七六九）六月に、大外記から修理次官に任じられたが（同月庚申（二四）条）、やはり造西隆寺次官の任についてはふれない。またこれ以後も、同司の記事は現れない。したがって西隆寺は寺印が頒布された宝亀二年八月以前に既に、一応の完成を見たと考えられる。

なお後述する西隆寺跡出土木簡には修理司の名が見えるが、神護景雲二年七月にはその長官に造寺長官であった伊勢老人が兼任されているし（同月戊子（一七）条）、造寺次官の池原禾守も同三年六月には、先述のように修理次官になっている（同月庚申（二四）条）。

その関係を図示すると、次のようである。

	造西隆寺司		修理司	
	長官	次官	長官	次官
神護景雲元・八	伊勢老人			
神護景雲元・九		池原禾守		
神護景雲二・六	伊勢老人			
神護景雲二・七	伊勢老人	池原禾守	伊勢老人（兼任）	相模伊波
神護景雲三・六				池原禾守・堅部人主
宝亀三・一一				軽間鳥麻呂
宝亀五・九				英保代作
宝亀九・三			伊勢老人	

このように造西隆寺司と修理司の人事には、深い関係が見られる。これは西隆寺造営の機能が次第に修理司によって担われるようになっていたことを示すものと考えられよう。本来修理司は平城宮の施設の修理にあたる官司であるが、勅願の西隆寺の造営がかなり順調に進んだため、その最終段階から修理司が担当するようになったという可能性も考えられよう。さらに西大寺兜率天堂を造営した英保代作が（宝亀二年一〇月己卯（二七）条）、宝亀五年九月に修理次官になったことも（同月庚子（四）条）、修理司が西隆寺のみならず西大寺とも関係あることを示唆するものである。

二　西大寺の敷地と称徳天皇陵

西大寺の寺地は「資財帳」縁起坊地第一には、「居地参拾壱町、在右京一条三四坊、東限佐貴路〈除東北角／喪儀寮〉、南限一条南路、西限京極路〈除山陵／八町〉、北限京極路」と見える。すなわち平城京の右京一条三・四坊に総面積三一町という広大な地を占め、東は佐貴路（西二坊大路）、南は一条南路、西と北は京極路に限られていたのである。しかし具体的にこれを平城京の条坊制の中にあてはめる時、北辺坊の問題も絡み、まだ解決できていない問題が残っている。すなわち右京一条の北側には北辺坊と称せられる北への張り出しが広がるため、「北限京極路」の「京極路」が一条北大路のことか、それとも北辺坊の北限の道かで見解が分かれ、さらに北辺坊の張り出しが一町分か二町かでも意見は定まらない。さらに「除山陵八町」もどこをそれにあてるか、難しい問題が残っている。

いずれも定見を持たないが、「資財帳」の書き方を単純に考えれば、奈良市『平城京条坊復元図』（図1）のように、北辺を含まずに一条三・四坊の全三二町から、東北角にあった喪儀寮一町分を除いて三一町になるということであろう。西大寺に残る鎌倉時代の「西大寺往古敷地図」（原色図版5）や「西大寺敷地之図」（原色図版6）など[7]は、北辺坊に「修理所」「修理町」などを書き、そこまでを寺院境内とするが、西大寺は嘉元年間（一三〇三―

四坊　　三坊　　二坊

図1　平城京条坊復元図

○六）に秋篠寺との間で、寺中の北限をめぐって堺相論をおこしており、秋篠寺は「京内一条大路」（一条北大路）をその南堺と主張しているのに対し、西大寺は「自一条大路北江壱町」までを寺内とする（「西大寺与秋篠寺堺相論絵図」（東大本・原色図版8）の附箋記載）。「敷地図」「敷地之図」はまさに西大寺の主張に合致する敷地を描いており、そのまま創建当初に遡らせることは問題が多い。

その点で山本崇氏が、京北班田図に見える秋篠寺と神願寺の所領の現地比定を行い、その結果から、班田図の原図が作成された八世紀末から九世紀初頭ころには、京北条里の坪付が一条北大路を基準として設定されたが、その後一二、三世紀にはその坪付が一町北に移動したと推定されたことは注目される。[8] これが成り立つとすれば、それは北辺坊の成立事情に関わると言えよう。今後のさらなる検討が望まれる。

一方山陵八町については、先のように三一町を計算すると、西大寺創建当初にはなかったが、その後「資財帳」作成時までに築かれ、その部分が寺地から除かれたものと考えざるをえない。そうであるならその築造時期は、寺地拡張計画が作られた天平神護二年から「資財帳」作成の宝亀一一年までの間ということになり、山陵の主は宝亀元年に死去した称徳天皇以外に考えられない。同天皇は宝亀元年八月四日に五三歳で亡くなったが、その日石川豊成・佐伯今毛人ら一五人が作山陵司に任じられ（同月癸巳（四）条）、早くも同月一七日に大和国添下郡佐貴郷の高野山陵に葬られている（同月丙午（一七）条）。現在称徳（孝謙）天皇陵にあてられているのは、奈良市山陵町にあり、成務天皇陵・日葉酢媛命陵にあてられる二基の前方後円墳に南接する前方後円墳の佐紀高塚古墳であるが、それは五世紀代のものであり、本当の陵墓は別の所に求めなければならない。[9]

ところで称徳天皇陵は天平一七年（七四五）九月になくなった知太政官事兼式部卿鈴鹿王の旧宅の地をもって造ったものである（宝亀元年八月戊戌（九）条）。『延喜式』諸陵寮によれば、高野陵の兆域は東西五町、南北三町であったという。すなわち一五町を占めたことになる。「資財帳」では八町であったから、残り七町は寺域外ということになろう。[10] なお『本朝皇胤紹運録』（『群書類従』系譜部所収）では高野陵を「西大寺北也」とする。

その所在については、奈良市作成の「平城京条坊復元図」では右京一条四坊の北半八町を「称徳陵兆域？」とするが、『延喜式』によれば、より広い範囲にわたっていたはずである。そこでまず確認すべきは、『続日本紀』が大和国添下郡佐貴郷とすることである。この表記が山陵築造当時のことであるなら、当然ながら京外にあたるはずである。京内には長岡・平安京遷都後も郷が置かれた形跡がないことからすると、[11] 既に平安京に遷都した後の『続日本紀』成立段階の記載としても、やはり称徳陵の兆域は京外に求めるべきであろう。

しかし一方では、山陵の一部は西大寺境内地に含まれ、また鈴鹿王の旧宅でもあったということになる。この二者の関係は、鈴鹿王旧宅が西大寺地になりその後陵墓となったという場合と、両者は別の地であったという場合の二つの可能性が考えられるが、鈴鹿王旧宅のことが見える『続日本紀』の記事は、旧宅を山陵にしたことによって、鈴鹿王遺児である豊野真人出雲・奄智・五十戸の三兄弟に授位したというものである。先に西大寺地になっていたなら、この時改めてこうした授位がなされるということはなかろう。やはりこの時旧宅が直接山陵になったとみるべきであろう。

それではその地はどこにあたろうか。可能性としては西大寺寺地の北側か西側しかない。いずれが妥当であろうか。かつて田村吉永氏は、一条四坊の西大寺寺地内から西方にかけての地に、山陵を復元された。[12] その根拠の一つは「高塚」の地名があり、現在も西大寺高塚町の名が残ることである。しかしもしも先の『本朝皇胤紹運録』に信を置くことができるのであれば、西大寺の北方にあったことになる。この問題の解決にはまた、佐貴郷の所在地を考えることにより近づくことができよう。添下郡内には『和名類聚抄』によれば、村国・佐紀・矢田・鳥貝の四郷あったことが知られる。また天平一九年「法隆寺伽藍縁起并流記資財帳」には菅原郷の名が見える。同郷は当時はあったが、『和名類聚抄』段階までに廃止されてしまった郷である。このうち村国郷は現在の大和郡山市高田町付近、矢田郷は同市矢田町付近に比定される。また鳥貝郷は鳥見郷の誤記とみられ、富雄川沿いの奈良市中町・三碓町付近にあたり、これらは西大寺近辺からははずれる。そうすると西大寺周辺にあったのは佐紀郷(佐貴郷)と菅原郷ということになり、両者の位置関係が問題になる。これらは西大寺に対し、どの方向に位置するのであろうか。

両郷の名は今も町名として残る。すなわち平城宮跡北側には佐紀町(佐紀町・佐紀東町・佐紀西町・佐紀中町など)が、そして同跡西方、西大寺の南方には菅原町(菅原町・菅原東町・菅原西町)の名が存する。菅原町には菅原寺(「行基舎利瓶記」「行基年譜」によれば行基入滅の地。現・喜光寺)や延喜式内社である菅原神社が位置する。菅原については平城京造営最中の和銅元年(七〇八)一一月に、「遷菅原地民九十余家、給布穀」(同月乙丑(七)条)という措置が取られた。これはおそらく宮内に家地が含まれることになった人たちへの対策であって、菅原は元は宮予定地内にあった地名であるが、住民の移住にともなって地名も西方へ動いたのであろう。[13] 一方佐紀町にはやはり式内社佐紀神社が御前池の東西二カ所に鎮座する。また「京北班田図」を見ると、一条三里が「前道里(佐紀道里)」となっており、明らかに佐紀にちなむ里名である。それは西大寺から二キロメートルほど北方の現山陵町に含まれる。

こう見てくると、佐紀郷と菅原郷の位置関係は、前者が西大寺の北方から東北方、後者が南方で、ほぼ現在の佐紀町・菅原町を中心とする地域が、それぞれの故地であったということになりそうである。ただしおそらく添上郡と添下郡は、下ツ道・朱雀大路を挟んでその東西に並ぶという関係であろうから、佐紀郷は現在の佐紀町のうち、東半部は除かなければならないであろう。また注意しなければいけないのは、平城京との関係である。奈良時代は当然両郷は京内にあったのではないから、佐紀郷はほぼ平城宮西半部の北側一体を中心とし、菅原郷はおそらく現在の菅原町の西側の京外、すなわち右京二・三条四坊より西の地域に比定すべきであろう。なお鎌倉時代の東京大学文学部所蔵「西大寺領之図」(原色図版9)では西大寺の西方に「菅原山」が描かれることからすると、菅原郷は京外で西大寺の西方にまで広がっていた可能性もあろう。また「京北班田図」では四条三里が「菅生里」であるが、そこは西大寺から北西へはるか三キロメートルほど離れた京外である。この地名を菅原に結びつける必然性はないと考えるが、仮に結びつくとしても、このことから西大寺のすぐ北を菅原とすることはできないであろう。

したがって、佐貴郷に含まれる山陵は、西大寺寺域内の右京一条四坊から西ではなく、北へと続く地にあったことになると考えられよう。

このように佐貴郷の検討からは、『本朝皇胤紹運録』の記載と同じ結論を導くことができたわけであり、称徳天皇陵は西大寺寺域内からその北方へとまたがり、そこに鈴鹿王の宅があったのである。

ところで鈴鹿王の宅地が京内でなく京外にあったことは、どうみるべきであろうか。本来王族・官人に班給された宅地が、京外にあったとは考えがたい。したがって京外の旧宅は、鈴鹿王の別業であったとみるべきであろう。その点で思い出されるのが、藤原武智麻呂の習宜の別業である。それは『藤氏家伝』武智麻呂伝に見えるが、天平一九年「法隆寺伽藍縁起并流記資財帳」には「添下郡菅原郷深川栗林一地」の四至中に「南限百姓家習宜池」とあることから、習宜は菅原郷内の地名であると考えられる。習宜池は永仁六年（一二九八）「西大寺三宝料田園目録」（『鎌倉遺文』一九八九三号）にも、「添下郡右京西大寺西山内一段」の注記に「字スケノ池　但池ハ今田也　石塔院ノ西谷也」と見える。

そこで岸俊男氏は、現在の菅原町や菅原寺（喜光寺）に近く、「西大寺与秋篠寺堺相論絵図」（西大寺本・原色図版10）などに見える「本願天皇御山荘跡」こそ、習宜別業であったと推測された。すなわち習宜別業が武智麻呂の死後、称徳天皇の山荘として再利用されるに至ったというわけである[14]。その地は西大寺奥院の北北西約二〇〇メートル、奈良市西大寺宝ヶ丘、条坊坪付で言うと右京一条四坊の北にあたる北辺四坊三・六坪の境界に位置する、中島のある小池（ベタ池）の周辺にあてられる。

しかしここにはいくつか問題がある。一つは称徳天皇の山荘という伝承は、いずれも秋篠寺との相論に関わる西大寺の絵図にのみ見え、鎌倉時代末の嘉元元年（一三〇三）を遡らないのであり、奈良時代にそこに山荘があったという史料的根拠はないということである[15]。したがって習宜別業と称徳山荘との関係は不明であり、習宜別業の位置をベタ池周辺に求めることもまた直接には証明できないところである。そして二つ目に、なにより岸氏が習宜別業を想定した位置は、まさに称徳天皇山陵の比定地に含まれるのであり、菅原郷ではなく佐貴郷にあたるとみられるのである。したがって称徳天皇山荘→習宜別業という想定、および後者の所在比定は、ともに成立しがたいのではなかろうか。しかし京内か京外かはわからないが、右京域の周辺に武智麻呂の別業があったことは確かである。そうであるなら鈴鹿王の旧宅（別業）が、西大寺域の北にあったとしてもおかしくはない。そして鈴鹿王旧宅が一条四坊の北にあったという先の推論の赴くところ、それこそ称徳天皇山荘比定地にあった可能性が生じてくることになる。

なお付言すれば四坊の北に一般に考えられているように南北二町分の北辺坊を想定すると、それは八町の面積になるから、それを全部兆域に含み四坊の寺域内の八町を加えると一六町になり、『延喜式』に見える兆域一五町を越えてしまう。そこでは東西五町、南北三町とあるから、そのような想定はできない。したがって具体的にどこまでを兆域とするかは不明と言わざるをえない[16]。しかし注意すべきは、先に述べたように『続日本紀』が山陵を添下郡佐貴郷と表記することである。それは京内に入る部分を含みながらも、兆域の大きい部分、ないしは中心部が佐貴郷にあったための表現であろう。あるいは京内への埋葬を禁止する喪葬令皇都条を意識して、京外に出る部分で所在を表したのかもしれない。そして佐貴郷は当然ながら、京の北郊にあったことになるが、寺域内八町と北辺坊までを含めると、その外側にまで兆域が大きく広がるとは考えがたいのである。このことは、はたして北辺坊が京内に含まれる地域として奈良時代に存在していたのかという疑問につながってくる。先の山本論文から導かれる論点と結びつくものである。そもそも北辺坊の存在を語る資料は、永仁六年の「西大寺三宝料田園目録」や、東京大学文学部所蔵の二種の「西大寺敷地図」（原色図版3・4）など鎌倉時代のものである。今後の一層の検討が待たれるところである。

一応このように考察を進めてきたが、文献史料に基づくこの推論にも問題点は残る。それは所謂称徳山荘比定地の右京一条北辺四坊六坪における発掘調査では、奈良時代から九世紀前半に至るまで、すなわち称徳天皇の死後も建物が造られ、また九世紀前半の火葬墓も見つかっていることである[17]（図2）。すなわちそこが山陵に含まれたということを明示する考古学的な資料は見いだされないのである。ただし出土瓦は平城宮軒瓦編年Ⅲ期（天平一七年〜天平勝宝年間）のものであり、称徳天皇死後の建物の様相は厳密にはわからないと言えよう。このように問題点を含む推論であって、あくまで一つの可能性に過ぎないことを強調しておきたい。

それにしても称徳天皇の山陵は所在が鎌倉時代の絵図には全く登場してこない。そのころには既にわからなくなっていたのであろう。その一方で「本願天皇御山荘跡」が出現してくる。大変興味深いところである。

三　西隆寺の寺地と伽藍配置

西隆寺の寺地は、長承三年（一一三四）五月二五日「大和国南寺敷地図帳案[18]」によって、西大寺に東接する右京一条二坊の九・一〇・

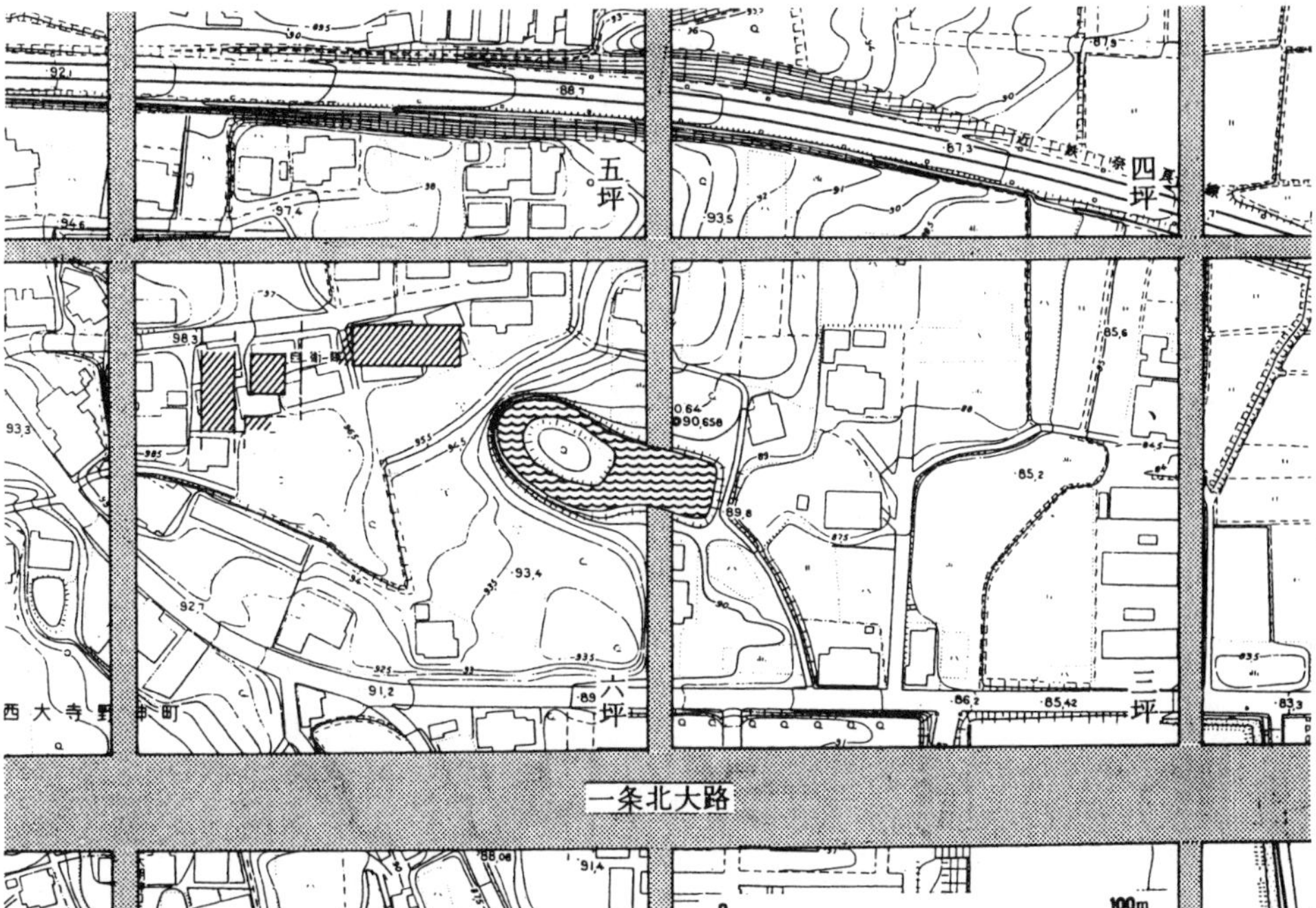

図2　「称徳山荘」比定地の奈良時代後半の遺構と条坊復元

（奈良国立文化財研究所『平城京右京一坊北辺四坊六坪発掘調査報告』1994をもとに作成）

一五・一六坪を占めていたことが知られる。そのことはやはり鎌倉時代の「西大寺往古敷地図」や「西大寺敷地図」などからもわかるところである。

その伽藍配置についても、永仁五年（一二九七）頃に作成された「西大寺敷地之図」や、元禄一一年（一六九八）「西大寺伽藍絵図」（図3）などに見えるところである。このうち特に具体的に伽藍を描く後者によれば、中央に弥陀金堂、その北に講堂を配し、前者を囲む回廊が後者にとりつく。南大門を入った東側に宝塔、西側に円通殿があり、境内の北端には東西築地塀で囲まれた中に、殿・坊・厨・房・倉などの雑舎群が建ち並ぶ一郭があった。前者によっても金堂・塔・灯爐石・南大門の位置関係が判明する。

しかし同寺は鎌倉時代、一

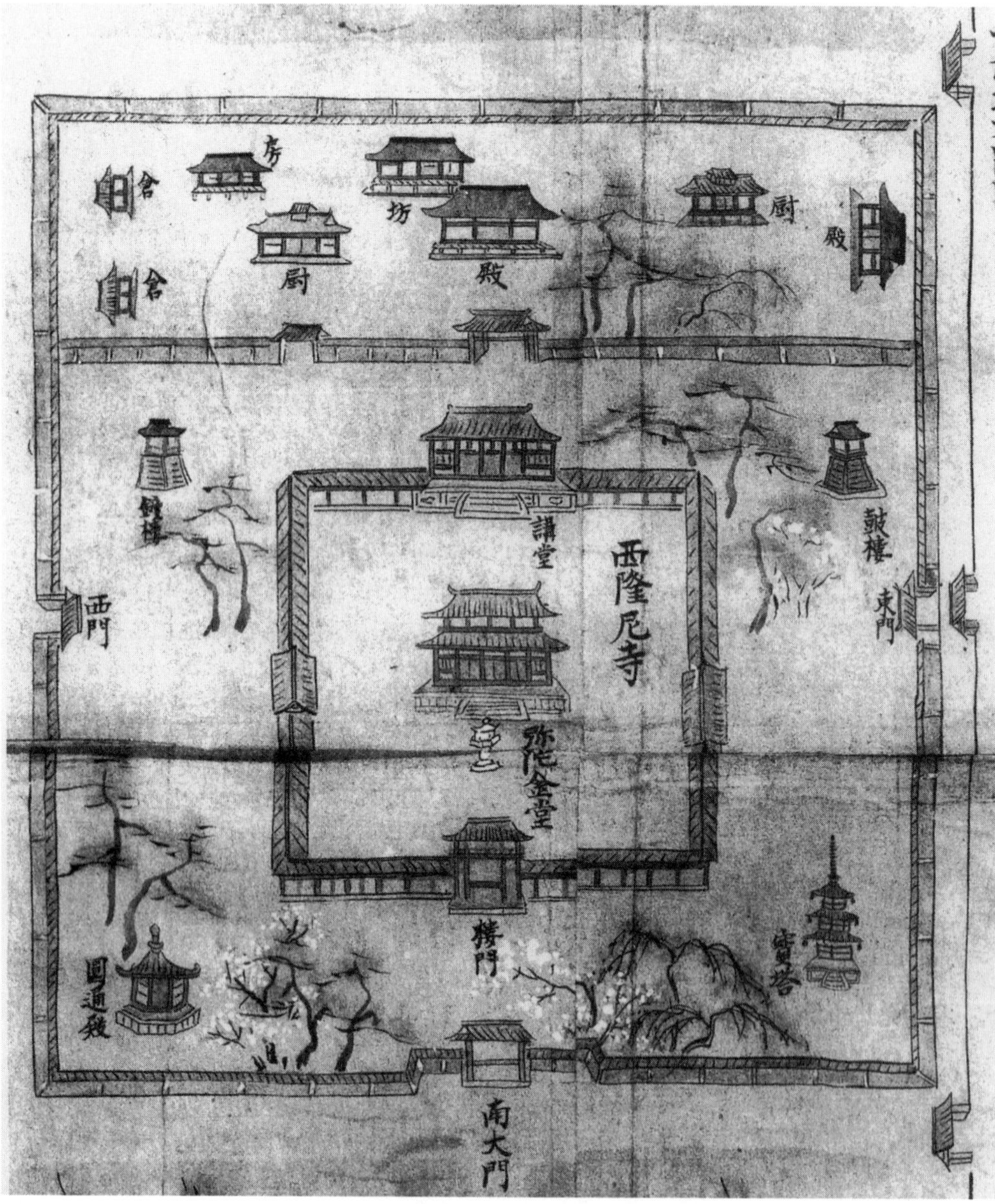

図3　西大寺伽藍絵図（西隆寺部分）（原色図版12）

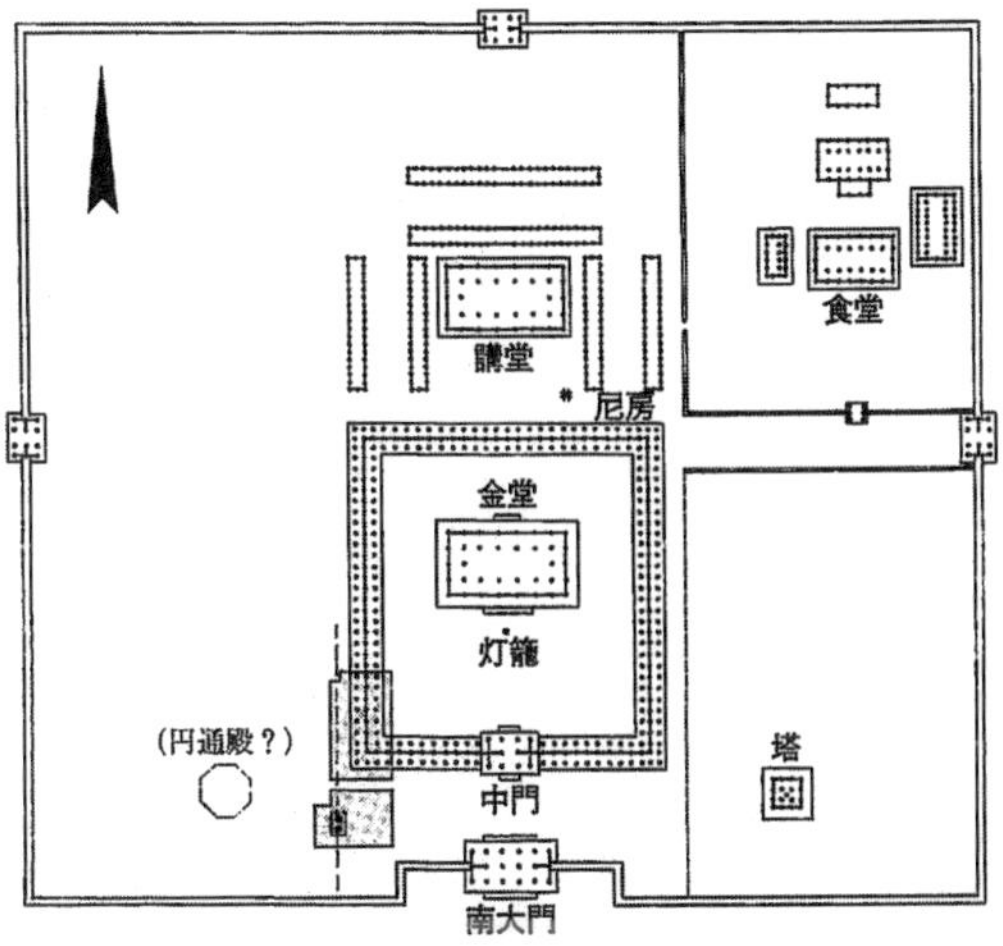

図4　西隆寺伽藍配置復元図（1：4000）
（『奈良文化財研究所紀要　2001』より転載）

三世紀中頃までには廃絶してしまい、伽藍は何も残っていない[19]。先に挙げた二図のうち、前者は既に西隆寺退転後のものであり、後者も一種の復元図であって、それをそのまま奈良時代にまで遡らせることは問題が多い。だが跡地では、奈良ファミリーなどの建物や道路が建設される前に発掘調査が行われ、かなり具体的に伽藍の様相が判明している[20]。

すなわち図4のように、伽藍中軸線を西二坊坊間西小路心に設定し、その中軸線上に金堂を置き、その周囲を複廊で囲む。金堂正面には灯籠がある。金堂院の東南方には塔を置き、寺域東北方の、東門を入った北側には食堂院を配す。講堂は金堂院の北方にあったとみられるが、確認はされていない。その東側で見つかった長大な南北棟は尼房とみられる。また金堂院の西南方には、南北に並んだ巨大な二本の掘立柱が検出され、その性格をめぐっては、幢竿支柱説と南北築地塀に開く四脚門の跡説の二案が出されている[21]。

これらの伽藍配置を見ると、もちろん正確ではないが、金堂・灯籠・回廊・塔・東門など、ある程度「絵図」に対応していることがわかる。さらに巨大な柱が四脚門の跡だとすると、それは「絵図」に見える円通殿の門の可能性がある。したがって同図は全く荒唐無稽のものではなく、西大寺に伝わった何らかの資料に基づいて描いたものと考えられよう。

四　造営の財政的基盤

両寺の造営の財政的基盤については、勅願寺という性格から、まず第一に国家からの支給があげられる。すなわち西大寺に対しては、神護景雲二年（七六八）閏六月に戸一五〇烟が施入されている（同月己酉（七）条）。西大寺への封戸施入は『新抄格勅符抄』寺封部所引の宝亀十一年十二月十日謄勅符にも見えるが、「神護景雲元年施五十戸　二年加二百戸　女帝」とあり、数字も年紀も合わない。同符はその後も宝亀一〇年（七七九）に五〇戸、延暦元年（七八二）に三三〇戸の施入のあったことを記している。「資財帳」官符図書第五は施入封戸に関わる勅書として、天平神護二年の二巻と神護景雲四年の三巻があったとする。その他、天平神護二年の「献入薗帳」一巻（薗の所在は山背国相楽郡）もあったことが知られるが、これら三者の史料は何故か、封戸の施入に関しては一致していない。

一方の西隆寺には封戸の施入記事は見えない。しかし神護景雲二年五月には「恵美仲麻呂越前国地二百町、故近江按察使従三位藤原朝臣御楯地一百町、捨入西隆寺」という措置が取られた（同月辛未（二八）条）。仲麻呂父子の没官地の施入は、同寺建立の契機に対応するものである。

ところで西隆寺跡では、木簡が出土しており、造営過程を物語る貴重な史料となっている。すなわち東門地区の発掘調査で七九点、金堂地区の調査で一点の木簡が出土した。そのうち前者は造営に伴う廃材や不用品を投棄した、二カ所の土坑状遺構から出土したものである[22]（図5）。その中には、(29)(31)〜(34)などの天平神護三年（＝神護景雲元年）から翌神護景雲二年までの、米・調塩の荷札木簡が含まれ、その造営が官物を用いた国家的事業であったことを確認できる。上記のものを含め木簡群は全体として、神護景雲年間のものを中心にして、下限は宝亀元年九月頃であると判断できよう[23]。このことは、「一 造営の経緯」で述べた西隆寺の造営過程に照応するものである。

さて、両寺造営の財源としては、第二に智識による施入がある。西大寺については、左京の荒木臣道麻呂・忍国父子が墾田百町、稲一万二千五百束、庄三区を、近江国の大友村主人主が稲一万束、墾田十町を（神護景雲元年五月戊辰（二〇）条）、土左国安芸郡少領の凡直伊賀麻呂が稲二万束、牛六十頭を（同年六月庚子（二二）条）、そして武蔵国の大伴部直赤男が商布千五百段、稲七万四千束、墾田四十町、林六十町を寄進している（宝亀八年六月乙酉（五）条）。これらはいずれも外従五位下を叙位（あるいは贈位）されている人物であり、『続日本紀』は五位以上の人のみを記載する原則であるから、彼ら以外にも寄進した人は多かったはずである。そのことは「資財帳」官符図書第五に見える「宇治鷲取献入墾田帳」などから知ることができる。

一方の西隆寺については、やはり出土木簡からその様相を窺うことができる。(37)は大炊寮助某以下数人の官人がまとめて出した智識銭に付けた付札である。また(38)〜(41)は修理司に属する官人・工が出した銭の付札であり、やはり智識銭であろう。他にも近衛府(43)〜(45)の銭の付札がある。これらに見える新銭は天平宝字四年（七六〇）鋳造の万年通宝、ないしは天平神護元年（七六五）鋳造の神功開宝、古銭は和同開珎のことであろう。さらには(35)(36)(42)などの、個人が施入した智識銭の付札とみられるものもある。このように西隆寺では智識銭の施入の多かったことが、木簡によって知られるのである。

ただし、智識銭を出したのは、多くは官人ないしは官司に関係する人であり、これらの智識が本当の意味での自発的なものであったかどうかは、また別に考えなければならない。それは二条大路木簡のなかに、中宮職から兵部卿藤原麻呂宅政所にあてた移があり、そこに「官仰給智識銭」というものが見えるからである[24]。智識銭とは言いながら、官から割り当てられているのである。その点では、銭の付札に西隆寺の造営に関係した修理司のものが多いことが注目される。称徳天皇勅願という西隆寺の性格からすると、これらの智識銭には、「官仰給智識銭」と通じるものが含まれている可能性が大きかろう。

おわりに

西大寺・西隆寺の造営をめぐって、発掘調査による知見を含めて説明してきた。その中で称徳天皇の山陵の所在に関して憶説を述べたが、あくまで推論の域にとどまっている。しかし西大寺にとって同天皇は極めて重要な位置を占めていたのであり、寺地内に一部が含まれたその山陵も、同寺の歴史にとっては欠かせないものである。さらにその問題は平城京北辺坊の実態にまで及ぶ。今後も一層の検討が望まれる

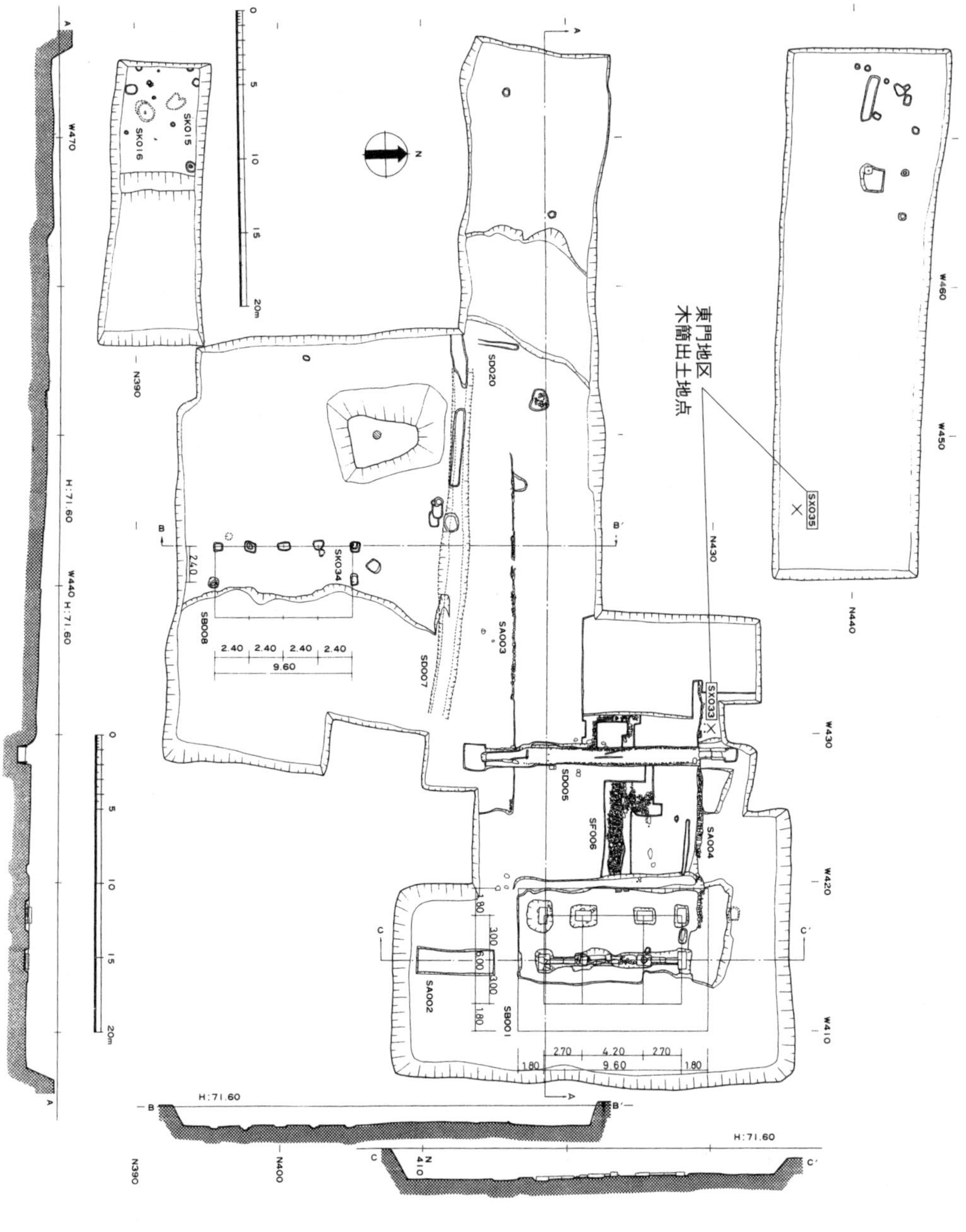

図5　東門地区遺構実測図（西隆寺調査委員会『西隆寺発掘調査報告』1976をもとに作成）

ところである。

（1）太田博太郎「西大寺の歴史」『奈良六大寺大観　西大寺　全』岩波書店、一九七三年。
（2）太田前掲（1）論文。
（3）浅野清「西大寺東西両塔跡の発掘」『仏教芸術』六二、一九六六年。
（4）笹山晴生『日本古代衛府制度の研究』東京大学出版会、一九八五年。
（5）岸俊男『藤原仲麻呂』吉川弘文館、一九六九年。
（6）堀池春峰「恵美押勝の乱と西大寺小塔院の造営」『南都仏教史の研究　下』法蔵館、一九八二年。
（7）以下絵図類の成立年代については、石上英一『古代荘園史料の基礎的研究　下』塙書房、一九九七年、第三篇第一章による。
（8）山本崇「秋篠庄と京北条里」『続日本紀研究』三二四、二〇〇〇年。
（9）なお元禄一一年（一六九八）の西大寺所蔵「西大寺伽藍絵図」（原色図版12）には西隆寺の北方に「本願称徳天皇御廟」として古墳らしきものが描かれている。これは今の称徳（孝謙）天皇陵の辺りにあたるが、もとより信じがたい。
（10）もっとも「資財帳」の八町は、条坊制における面積であり、『延喜式』に言う方一町よりは若干広くなるが、その違いがどこまでこれらの史料に反映しているかどうかは不明である。
（11）拙稿「平城京その後」門脇禎二編『日本古代国家の展開　上巻』思文閣出版、一九九五年。
（12）田村吉永「称徳天皇高野陵考」『史迹と美術』二四六、一九五四年
（13）拙稿『古代都市平城京の世界』山川出版社、二〇〇一年。
（14）岸俊男「習宜の別業」『日本古代政治史研究』塙書房、一九六六年。
（15）橋本義則「西大寺古図と『称徳天皇御山荘』」『平安宮成立史の研究』塙書房、一九九五年。
（16）もちろん『延喜式』段階の兆域が奈良時代のままであるかどうかもわからないが、そう大きな違いはなかろう。
（17）奈良国立文化財研究所『平城京右京一条北辺四坊六坪発掘調査報告』一九八四年。
（18）『平安遺文』二三〇二号。ただしこの文書名は、端裏書中の「当寺」を「南寺」と翻刻し、それに従ったものである。石上前掲注（7）論文、四五六頁。
（19）建長三年（一二五一）「大和西大寺々領検注帳」『鎌倉遺文』七三九八号、など。
（20）詳細は後掲「西隆寺の発掘調査成果について」参照。
（21）独立行政法人奈良文化財研究所『奈良文化財研究所紀要二〇〇一』二〇〇一年。
（22）釈文は、後掲「西隆寺跡出土木簡」参照。西隆寺調査委員会『西隆寺発掘調査報告書』一九七六年。
（23）天平勝宝九歳（＝天平宝字元年）以降宝亀元年九月まで、「首」と「史」に替わって用いられた「毘登」の表記が（35）に用いられている。
（24）奈良国立文化財研究所『平城宮発掘調査出土木簡概報』三〇、一九九五年。

西隆寺跡出土木簡（西隆寺調査委員会『西隆寺発掘調査報告』一九七六より）

(1)
・工所食口合六人　舎人工二人半　自進□〔豊カ〕□〔半カ〕□　□□
豊□〔氏カ〕　「つ」
宿奈万呂　斐太工三人　豊岡　□
・右件□□食口進下如件附□□〔監カ〕□□
□月廿二日□□
(二九七)・四六・五　〇一九

(2)
・大石常人謹啓　菜二連　右得人嘱請云件物⌈
□〔請カ〕莫□者仍□⌈
・□　⌊万呂謹啓　御足下　六⌈
(二六二)・三二・四　〇一九

(3)
⌊司屋作使解申請黒葛二連　□〔司カ〕附工比気
田人成申上
(二四七)・四一・四　〇一九

(4)
・南家解　申進上材事　…　⌊弐張　桙立参枝
・鼠走弐枝　檜皮□□⌈　…　⌊石勝
四年六月十四日伊□〔賀カ〕⌈
(一九六＋一二五)・(二八)・三　〇一九

(5)
・井埋役夫四人充糟一升半
・正月廿四日伊賀万呂
一三四・二六・三　〇六五

(6)
堀井六人給糟二升
正月廿二日黒全
一三二・二四・三　〇一一

(7)
運檜皮夫二人　飯五升　「∂」　廿□
一八四・二〇・五　〇一一

(8)
・左衛士生部人万呂糟⌈
・□升八合　十□□⌈
(八六)・二二・三　〇一九

(9)
・□芹□〔雇カ〕女三人　別一升二合　「9」　四年五⌈
・「□□□□」
(一六三)・二三・二　〇一九

(10)
・⌊軽部玉国年十四読文数⌈
・「□亥亥□上吾公□」
(九五)・(二一)・八　〇八一

(11)
・内匠寮頭藤原朝臣□⌈
・□□□少□秦千⌈
(一三三)・(二九)・三　〇一九

(12)
□□□□□　□□□□人
大主典　廿一日辰万呂
(二九五)・三九・四　〇八一

(13)
・⌊三合　大野二升　□
⌊□合　□□□升　若子八合
・⌊合　□〔ソカ〕人万呂一升二合　く　役夫廿四人四斗七升
⌊合　ㅊ　人長一升二合　ㅊ
(一八五)・(一四)・三　〇一九

(14)
□□升二合　真吉一升二合稲万呂二升
清成一升二合宅成女四合　□⌈
⌊□升□合　□
〇九一

(15)
□□万呂一升二合
〇九一

(16)
九月一升二合　□⌈
□□□⌈
⌊合　□万呂一升二合
〇九一

(17)　□　　伊賀［　　］升二合　　一升二合　広
　　残　　人□二升二合　家成
（表裏に「新銭」などの習書あり）
三二五・(一五)・六　○八一

(18)　　三　　　　　　　　三
□四□須々保利［　　］二
(一六四)・(一四)・八　○一九

(19)　・間食市佐官六合　次官〔従カ〕□二人一升六合
　　三郎六合
（表裏に習書あり）
・　　　　　　［　］
□升升升又升請升升［　］
・［　　］
堀　堀　堀　堀　埋　埋　埋
(一九二)・(二九)・二　○八一

(20)　間食一十七〔日カ〕□［
(六一)・(八)・三　○八一

(21)　・［　］食一十日伊賀万呂
・［　　］一合［　　］［
(一四八)・一八・三　○八一

(22)　・十九日残米二石七斗三升八合
・［　　　　］
「椙桁炎」
一五七・(一八)・六　○八一

(23)　□殿七升二合
(五三)・二五・三　○八一

(24)　二石七〔×八〕升六合
二七七・一五・五　○一一

(25)　二箇月料
(二五四)・二四・三　○一九

(26)　・〔塩カ〕□漆升陸合代
・□升
(六七)・二七・四　○一九

(27)　酒万呂川　廿三鷹人
(二五五)・二二・四　○一九

(28)　中足川　廿二鷹人
二五六・三三・三　○一一

(29)　・紀伊国日高郡南部郷戸主□□石
・〔徳カ〕□調塩三斗□□景雲二年
二〇七・二二・三　○一一

(30)　伊与国温泉郡箟原郷戸主千縫田人戸白米壱俵
一五三・二一・四　○三二

(31)　・越中国婦負郡川合郷戸主□□
・〔五カ〕□日浪米五斗　天平神護三年
二二〇・二一・二　○五一

(32)　・参河国播豆郡熊来郷物部馬万呂五斗
・　景雲元年十月十日
一六八・一九・六　○三二

(33)　・播豆郡熊来郷物部馬万呂五斗
・　景雲元年十月十日
一七四・二四・四　○一一

(34)　・［郡熊来郷中臣部広万呂五斗
・　景雲元年十月十日
(一五二)・一八・三　○五九

(35)　○田辺毘登□嶋
〔進カ〕□一百文
五三・二三・五　○三二

(36)　○秦人小勝
進五十文
五二・二三・四　○三二

(37)　・合□智識銭□所入 大炊寮助□□⌈ / □⌈
　　　・□
　　　部宿禰人五百文　神護景雲二年十二月⌈
　　　(八四)・(一五)・一　〇三九

(38)　・修理司工丹生豊□
　　　・　古銭卅文
　　　九二・二七・三　〇三二

(39)　・修理司判官息長木人
　　　・新銭廿五文
　　　八〇・一九・二　〇三二

(40)　・修理司史生太真□
　　　・　新銭十五文
　　　七八・一五・三　〇三二

(41)　・修理司民領丈部⌈
　　　・　新銭十⌈
　　　(五二)・一三・三　〇三九

(42)　・多治比⌈
　　　・一百文
　　　(六〇)・一〇・四　〇三九

(43)　・近衛府
　　　・新六百八⌈
　　　(六三)・一八・三　〇三九

(44)　近衛府
　　　一一一・二二・三　〇三二

(45)　近衛府
　　　(七七)・二〇・三　〇八一

(46)　・御像所
　　　・道料
　　　六五・一九・四　〇三二

(47)　・宇治銭用
　　　・□銭用　　　(題籤軸)
　　　(一〇〇)・二五・四　〇六一

(48)　・□倉代作用
　　　・□代作用　　　(題籤軸)
　　　(六七)・二八・四　〇六一

(49)　・□謹及解　及勝内函　函　私及及私年及
　　　勝　勝　寶　元年
　　　退□退　私　〔猪カ〕□　及
　　　謹　解　謹　解　解解私及私及私及私私
　　　・「□」卿足下
　　　「啓　楽礼乙□」
　　　(一二三)・四〇・三　〇一九

(50)　寺「浄麻呂」　船⌈
　　　(一三一)・二八・一二　〇八一

西隆寺の発掘調査成果について

1　文書・絵図に見る占地と伽藍配置

a　占地

右京一条二坊九・一〇・一五・一六坪

長承三年（一一三四）五月二五日「大和国南寺敷地図帳案」『平安遺文』二三〇二号

建長三年（一二五一）「大和西大寺々領検注帳」『鎌倉遺文』七三九八号

鎌倉時代「西大寺往古敷地図」（東京大学文学部所蔵）

弘安三年（一二八〇）頃「西大寺敷地図（弘安三年）」（東京大学文学部所蔵）

永仁五年（一二九七）頃「西大寺敷地之図」（東京大学文学部所蔵）

b　伽藍配置

永仁五年（一二九七）頃「西大寺敷地之図」（東京大学文学部所蔵）

一〇坪「西隆寺塔」（朱書）、一〇坪と一五坪の境の南辺「南大門」（朱書）、一五坪「燈炉石」四つの坪の中心「金堂」（朱書）

元禄一一年（一六九八）「西大寺伽藍絵図」（西大寺所蔵）

周囲を囲む築地塀に「南大門」「東門」「西門」あり

敷地は北寄りの東西築地塀で南北二つの区画に分かれる

南区には「楼門」と「講堂」を結ぶ回廊に囲まれた「弥陀金堂」

東南隅に「寶塔」、西南隅に「圓通殿」、東北隅に「鼓楼」、西北隅に「鐘楼」

北区には「殿」二、「坊」一、「房」一、「厨」二、「倉」二

元禄一一年「西大寺古伽藍敷地并現存堂舎坊院図」（東京大学文学部所蔵）

「西隆寺跡」に礎石の跡－南大門・寶塔・圓通殿・楼門・弥陀金堂・殿の位置に相当

2　発掘調査の成果

a　調査の歴史

調査の時期

Ⅰ期　一九七〇年代前半（一九七一年三月～七三年七月）

奈良ファミリー・銀行などの建設に伴う調査　五四三四平方メートル

Ⅱ期　一九八〇年代末～九〇年代初頭（一九八九年九月～九二年二月）

奈良ファミリーの改築・都市計画道路の敷設　六〇六七平方メートル

Ⅲ期　一九九〇年代末以降（一九九九年一月～二〇〇一年三月）

都市計画道路の延長・新たなビル　二一七七平方メートル

各時期の調査報告書

Ⅰ期　西隆寺調査委員会『西隆寺発掘調査報告』（一九七六年）

Ⅱ期　奈良国立文化財研究所『西隆寺発掘調査報告書』（一九九三年）

Ⅲ期　同『奈良国立文化財研究所年報一九九九－Ⅲ』（一九九九年）

同『同二〇〇〇－Ⅲ』（二〇〇〇年）

独立行政法人奈良文化財研究所『奈良文化財研究所紀要二〇〇一』（二〇〇一年）

奈良市教育委員会『西隆寺跡発掘調査報告書』（二〇〇一年）

各時期の主な成果

Ⅰ期　金堂・塔・東門・南面築地　木簡出土

西隆寺以前の南北坪境小路・井戸・掘立柱建物

Ⅱ期　東面回廊・北面回廊・食堂・尼房・北面築地・東面築地

西隆寺以前の池・井戸・掘立柱建物

Ⅲ期　金堂・北面回廊・金堂東南方

西隆寺以前の東西坪境小路・南北坪境小路・灯籠・巨大な柱根

b　調査成果

時期変遷

A期　古墳時代

南西～東北方向の大溝、これと直交・平行する小溝、多くの掘立柱建物

六世紀前後の水田・集落

B期　奈良時代前期～中期　西隆寺造営前の平城京宅地

四つの坪はいずれも一町以下の宅地に分割され、建物と井戸あり

いずれの宅地も建物数少なく、九坪・一五坪には池状施設あり

→この地域の特殊性か開発途上の様相か

C期　奈良時代後期　西隆寺造営期

敷地内の全建物を撤去し整地を行い、寺を造営

D期　奈良時代末～平安時代初頭　西隆寺寺域内の整備

尼房・食堂院の改修

E期　平安時代以降　西隆寺の衰退

寺地の縮小、尼房の場に倉が建つ、食堂院の廃絶

占地と伽藍配置

伽藍中軸線は西二坊坊間西小路心に設定。中軸線上に金堂あり

金堂心から東面築地までの計画寸法は四四〇尺、西面築地までは四一〇尺が妥当　→寺地の東西幅は八五〇尺

寺地の南北幅は七九〇尺　→北京極大路の路面幅が大きい分だけ狭い

金堂心から南面築地心までの計画寸法は三〇〇尺

東門心は北面回廊棟通りの延長線上で、金堂心の東四四〇尺、北一一〇尺　→東門心は一条条間北小路心の延長線上に来ない

食堂院は長期にわたる存続と、西大寺食堂院などとの位置の類似からの推定

寺地東北部に四周を築地塀で画した一院形成。

築地心々で東西八〇・四メートル（二七〇尺）、南北一一一メートル（三七五尺）

塔は回廊の東外側で寺地の南寄り、塔心は金堂心の東二五〇尺、南二一〇尺

回廊で囲まれた伽藍規模

金堂心から東面回廊棟通りまでの計画寸法は一三〇尺、北面回廊棟通りまでは一一〇尺

東西は心々で二六〇尺、基壇の出を入れると約八二メートル（二七五尺）　→寺地全体の東西幅の中央三分の一

南北二八六尺（八四・八メートル）

北面回廊は講堂に取り付かない可能性大

回廊の北側に尼房

各遺構の様相

東面築地

基底部幅六尺（一・八メートル）

南面築地

基底部幅一〇尺（約三メートル）

基壇中央に幅約一・七メートルの高まり―築地本体

北面築地

痕跡残らず

直角に曲がる高まりを残した秋篠川旧流路の侵食状況、門の礎石据付掘形とみられる土坑から推定

秋篠川旧流路はかなり早くからこの位置にあり　→奈良時代の瓦片を大量投棄

東門

秋篠川の氾濫で東側柱列は流失、他の礎石・地覆石は残存
三間一戸の八脚門と推定
桁行三間（柱間は中央間一四尺、脇間九尺）、梁行二間（柱間は一〇尺等間）
中央間南側の礎石には唐居敷とともに補修の痕跡あり

寺内道路
東門から西へ続く道路（幅約一二・七メートル）で、東門の造営に伴い造られる
中央幅約一メートル部分瓦敷　↓後にその上に厚さ約三〇センチメートルの砂と粘土の互層を積んで改修
その南北はともに東西築地塀（瓦積基壇を伴う、基底部幅五・五尺（一・六五メートル））

東面回廊
複廊、桁行一〇尺等間、梁行八尺等間
北面築地との取り付き部二間の桁行は八尺
隅を含まずに二七間に復原

南面回廊
南雨落溝と考えられる溝のその北側の高まりから推定

北面回廊
複廊、桁行一〇尺等間、梁行八尺等間
東面築地との取り付き部二間の桁行は八尺
北門の存否に両説あり

金堂
基壇積土は残存せず、凝灰岩切石列（延石）およびその抜き取り痕跡を検出
基壇規模　東西一二九尺（三八・二メートル、旧報告では三八・一メートル、一二七尺）×南北七九尺（二三・七メートル）
桁行七間（柱間は中央三間一七尺、その外側一間一五尺、最外側一三尺）、梁行三間（柱間一五尺、北側一間一三尺）、南廂（一二尺）に復原
正面中央に柱間三間分、背面中央に一間分の階段
正面（基壇縁から南八・四メートル、金堂中軸線から東へ一～一・二尺ずれる）に一基の灯籠
南面と東側に瓦敷き

食堂院
当初はすべて掘立柱建物
桁行七間（柱間二・九五メートル（一〇尺））の東西棟、梁行二間、南北廂に復原（柱間一〇尺）―「食堂」に比定
「食堂」の北に桁行五間、梁行二間（ともに柱間二・六五メートル（九尺））の東西棟―「殿」に比定
「食堂」の東西に二棟の南北棟
東―桁行五間、梁行二間（ともに柱間二・六五メートル（九尺））―「東厨」に比定
西―桁行五間以上（柱間七尺弱）、梁行二間（柱間八尺）―「西厨」に比定
「食堂」の北方に桁行推定七間（柱間七尺）、梁行二間（柱間八尺）で、東西北辺を塀で囲まれた東西棟―「大炊殿」に比定
奈良時代末から平安時代初頭にかけて大改修
「食堂」は同規模・同位置で礎石建物に
「東厨」は大規模な礎石建物に（桁行九間以上（柱間六・五尺?）、梁行二間（柱間九尺）、東西廂（九尺））―「大炊殿」か
「西厨」の位置に小規模礎石建物（桁行三間以上（柱間五・五尺）、

梁行二間（柱間七尺）、東廂（柱間七尺）
「殿」は桁行七間、梁行二間、南北廂（すべて柱間九尺）掘立柱建物と大型化
階隠あり　→床張り、周囲に縁、木階取り付け
さらに後殿あり、桁行五間、梁行二間（ともに柱間九尺）に推定
扉板を井戸枠の補強材とする改修を受けている井戸は一〇世紀まで存続　←一〇世紀後半の土器出土

尼房
桁行七間以上（柱間七尺）、梁行二間（八尺）の掘立柱東西棟
―西隆寺造営に伴う仮設的性格
後に桁行九間以上、梁行二間（ともに柱間七尺）の掘立柱南北棟に建て替え
その西に南妻柱筋を揃えたもう一棟あり

塔
長辺約六メートルの、南北にやや長い方形平面の掘込み地業のみ検出（東西南北の各辺は、六・二メートル、六・〇メートル、六・〇メートル、五・六メートル）
凝灰岩の基壇化粧か

中門・南大門
削平により遺構残存せず

出土瓦
平城宮系と東大寺・西大寺系の両者の軒平瓦あり
宝亀年間の初頭ないし前半を境に前者から後者に変化　→工人の変化
前者に関連して「理」（＝修理司）刻印瓦、後者に関連して「大」（＝西大寺か）刻印瓦あり

3　出土木簡
出土遺構
東門地区の東西道路北側の築地塀をくぐる南北溝の暗渠下部から西方にかけての土坑状遺構と、その北西にある土坑状遺構から七九点―西隆寺造営に伴う廃材や不要品を投棄
金堂基壇下層にあり西隆寺造営時に埋められた井戸から一点（50）

年代
天平勝宝元年（49）、天平神護三＝神護景雲元年（31）～（34）、同二年（29）（37）
宝亀元年九月以前（35）
（無年号）四年（4）（9）＝神護景雲四年（＝宝亀元年）か

内容―造営に関係
食料の請求・支給に関する文書　（1）（2）（5）～（9）
建築資材に関する文書　（3）（4）
食料の支給・収納に関する帳簿　（13）～（26）
役夫の就労に関する伝票　（27）（28）
紀伊からの調塩荷札　（29）
伊与・越中・参河からの白米荷札　（30）～（34）
知識銭の付札　（35）～（45）
題籤軸　（47）（48）
造営組織　（1）（3）（46）―工所・屋作使・御像所
修理司　（38）～（41）―判官・史生・工・民領

3　「西大寺資財流記帳」の書写と伝来

山口英男

一　西大寺所蔵「西大寺資財流記帳」の現状

「西大寺資財流記帳」（以下、西大寺資財帳と略記）は、奈良時代創建当初の西大寺の規模を知るうえでの基礎資料である。今に伝わる内容は、本来存在した資財帳の一部にとどまる。しかし、その中には、西大寺の敷地、諸院の構成、堂塔、仏像、経典、諸行事の衣装などが書き上げられているほか、所領等にかかわる文書の目録などもある。仏教史、美術史研究にとって不可欠の史料であるばかりでなく、平城宮の復原研究や、土地所有制度の研究など、社会経済史料としても貴重な価値を有する(1)。

西大寺資財帳の写本は、現在数点の存在が知られるが、西大寺に所蔵されている西大寺資財流記帳（以下、西大寺所蔵本と表記）が最もさかのぼる写本であり、他はその転写本ないし再転写本である(2)。ここでは、西大寺に伝来した西大寺所蔵本について、原本調査を行った結果を報告し、同本の書写年代と伝来について検討する(3)。

西大寺所蔵本は、上下二巻からなる。上巻冒頭の目録によれば、西大寺資財帳は、奈良時代に作成された段階では次の四巻十四章からなっていた。

縁起坊地第一　堂塔房舎第二
仏菩薩像第三　経律論疏第四
官符図書第五　楽器衣服第六　已上六章第一巻
幡蓋厳具第七　已上一章第二巻
金銀雑財第八
林薹鋪設第九　釜　雑器第十　已上三章第三巻
封戸出挙稲第十一　田薗山野第十二
別功徳物第十三　奴婢名籍第十四　已上四章第四巻

現存する上下二巻は、上記の第一巻（第一章〜第六章）に相当し、第四章と第五章の間で上下二巻に分けられている。

下巻の末尾には、

以前、資財起（縁脱）、自宝亀十一年九月至于同年十二月、僧綱三綱衆

僧共相商量、依本納帳、計会勘定、録顕如件、

の本文があり、宝亀一一年（七六八）一二月二九日の年紀が記され、西大寺三綱・衆僧及び僧綱の署判が加えられている。署判は自署でなく、本文と同筆で写されている。したがって、西大寺所蔵本は奈良時代作成の西大寺資財帳原本ではなく、その後の転写本であることが明らかである。同本の書写においては、誤字や脱字、もととした本の文字を読み取れていない部分、本行と細字（双行）部分の混乱、字体の不統一等が認められる。文字が空白となっている箇所などは、もととした本の痛みの状態を反映する場合があろう。

現在の装幀は、上下巻とも花文菱形格子文のある鈍色地絹表紙が付され（見返は金紙）、軸は新補紫檀軸である。表紙には、金紙の題籤（縦一三・〇センチメートル、横三・二センチメートル、上下巻とも）が貼付され、「西大寺資財流記上」（上巻）、「西大寺資財流記下」（下巻）の外題が記されている。この装幀は、西大寺文書（西大寺所蔵）のなかの「西大寺三宝料田畠目録」（永仁六年（一二九八）一二月五日、西大寺文書一〇一函一、『鎌倉遺文』一九八九三号）や叡尊書状（三月一九日付（弘長二年、一二六二）、同一〇一函三、『鎌倉遺文』八七八五号）など、重宝とされるいくつかの巻子と共通のものである。これらの調巻は昭和一四年（一九三九）の叡尊六五〇年御遠忌に際して行われた(4)。なお、下巻には、表紙のすぐ右（本文第1紙裏の左端付近）に「西大寺資財流記帳末」と書された旧題籤（縦二一・〇センチメートル、横三・八センチメートル）が貼付されている。このことから、現在の装幀が施される以前より上下二巻の状態で成巻されていたことが判明する。また、全巻にわたって裏打が施されているが、これについても、後述するように、現在の装幀がなされる以前の修補によるものと思われる。

本文の筆跡は、書写が進行するにともなう変化は認められるが、全巻同一の筆跡と認められる。本文の紙数は上巻二五紙、下巻二七紙である。一紙ごとの調査データを表1に示した。上下巻とも、紙高二八・九～二九・三センチメートル（平均二九・一センチメートル）、一紙長四八・三～四八・八センチメートルほど（継目幅〇・二～〇・四センチメートルを含む）の料紙に、天二条・地一条の横墨界を施したものが多く用いられている（料紙天辺—第一界線、第一界線—第二界線、第二界線—第三界線、第三界線—料紙地辺の間隔は、それぞれ二・〇、〇・六、二五・〇、一・五センチメートル程度）。紙長の短い料紙や、墨界のない料紙、縦界線が加えられている料紙もあるが、内容や貼継の状況からみて、こうした料紙の若干の不統一は当初の作成段階からのものと思われる。また、料紙には継ぎ直しの認められる箇所があるが、後世において料紙の加除や貼継順の変更がなされたことを示す徴証は認められない。以下、料紙の貼継状況等について問題となる箇所を、順に見ていきたい。

まず、上巻第1紙と第2紙の継目は、横墨界にずれがあり、継目幅も〇・六センチメートルと他所より広くなっていることから、継ぎ直しのなされたことがわかる。この部分の第1紙左端は切断されており、切断された文字の墨痕が僅かに残っている。この墨痕は、第2紙第2行にある「別功徳物」の文字右端と照合するとほぼ対応することから、もとは「別功徳物」と書いてあったところをその右側で切断したものと判断される。第1紙と第2紙の紙長は、先に述べた共通の料紙より第1紙は六センチメートルほど、第2紙は一センチメートルほど短くなっている。以上の点から考えて、第1紙の左端付近を書写している

表1　西大寺資財帳・西大寺所蔵本　調査データ

紙数	縦（cm）	横（cm）	所見	内容
上巻				
新補表紙	29.0	26.6	（題籤・外題）「西大寺資財流記〈上〉」	
1	29.0	42.0	新補表紙との糊代 0.8 cm．横墨界（天 2，地 1．以下，特記以外同じ）．縦墨界 1 あり（右端より10.6 cm）．左端に墨痕僅存．虫損の間隔22.2 cm（第 1 紙→第 2 紙）	（目録）→
2	29.0	47.0	虫損の間隔 20.5 cm（第 2 紙→第 3 紙）	→「縁起坊地第一」 →「堂塔坊舎第二」
3	29.0	48.2	虫損の間隔 20.2 cm（第 3 紙→第 4 紙）	
4	29.1	48.3	補筆あり．虫損の間隔19.9 cm（第 4 紙→第 5 紙）	
5	29.1	48.2	補筆あり．虫損の間隔19.6 cm（第 5 紙→第 6 紙）	
6	29.0	48.3	補筆あり．虫損の間隔19.3 cm（第 6 紙→第 7 紙）	
7	29.0	48.3	補筆あり．虫損の間隔19.1 cm（第 7 紙→第 8 紙）	
8	29.1	48.2	虫損の間隔18.8 cm（第 8 紙→第 9 紙）	→「仏菩薩像第三」
9	29.0	48.3	虫損の間隔18.5 cm（第 9 紙→第 10 紙）	
10	29.1	48.3	虫損の間隔18.3 cm（第 10 紙→第 11 紙）	
11	29.1	48.4	虫損の間隔18.1 cm（第 11 紙→第 12 紙）	
12	29.1	47.6	虫損の間隔18.0 cm（第 12 紙→第 13 紙）	
13	29.1	26.4	界線なし．虫損の間隔17.8 cm（第 13 紙→第 14 紙）	
14	29.0	48.1	右端にハガシトリ痕あり．虫損の間隔17.5 cm（第 14 紙→第 15 紙）	
15	28.9	48.3	虫損の間隔17.3 cm（第 15 紙→第 16 紙）	→「経律論疏第四」
16	29.1	48.1	虫損の間隔16.9 cm（第 16 紙→第 17 紙）	
17	29.0	47.9	虫損の間隔16.6 cm（第 17 紙→第 18 紙）	
18	29.1	48.0	界線なし，左右紙継目の糊代幅が他所よりやや広い．虫損の間隔16.3 cm（第 18 紙→第 19 紙）	
19	29.0	47.6	界線なし，左右紙継目の糊代幅が他所よりやや広い．虫損の間隔16.1 cm（第 19 紙→第 20 紙）	
20	29.0	36.7	1～5 行目のみ縦墨界（界幅 3.1 cm）あり．虫損の間隔 15.9 cm（第 20 紙→第 21 紙）	
21	29.1	47.9	虫損の間隔15.6 cm（第 21 紙→第 22 紙）	
22	29.1	48.0	虫損の間隔15.4 cm（第 22 紙→第 23 紙）	
23	29.1	48.2	虫損の間隔15.1 cm（第 23 紙→第 24 紙）	
24	29.0	48.5	虫損の間隔14.9 cm（第 24 紙→第 25 紙）	
25	29.0	6.0	左端切断（形状による）．左は下巻第 1 紙に続く（中間微欠）	
（後補紙）	29.0	5.2	下巻第 1 紙裏に貼付されている旧・題籤と同質紙か．左に新補軸あり．軸径 1.7 cm，軸長 31.0 cm	（空）
合計	29.04	1120.8	第 1 ～25紙	

紙数	縦（cm）	横（cm）	所見	内容
下巻				
新補表紙	29.1	26.7	（題籤・外題）「西大寺資財流記〈下〉」	
1	29.0	41.7	（右端裏・旧題籤）「西大寺資財流記帳〈末〉」．新補表紙との糊代0.5 cm．横墨界（天2，地1．第1～8紙同じ）．右は上巻第25紙に続く（中間徴欠）．第1・2紙継目上の文字僅かに離れる．虫損の間隔14.7 cm（第1紙→第2紙）	「官符図書第五」→
2	29.0	48.2	第1・2紙継目上の文字僅かに離れる．虫損の間隔14.3 cm（第2紙→第3紙）	
3	29.1	48.3	虫損の間隔14.0 cm（第3紙→第4紙）	
4	29.0	48.2	虫損の間隔13.7 cm（第4紙→第5紙）	
5	29.0	48.2	虫損の間隔13.5 cm（第5紙→第6紙）	
6	29.1	48.3	虫損の間隔13.1 cm（第6紙→第7紙）	
7	29.1	48.2	第7・8紙継目糊代幅広い．虫損の間隔12.8 cm（第7紙→第8紙）	
8	29.1	48.0	第7・8紙継目糊代幅広い．右端の文字が継目下に僅かに入る．虫損の間隔12.6 cm（第8紙→第9紙）	
9	29.1	48.3	界線なし．虫損の間隔12.2 cm（第9紙→第10紙）	→「楽器衣服第六」
10	29.1	48.2	界線なし．虫損の間隔12.0 cm（第10紙→第11紙）	
11	29.1	48.3	界線なし．虫損の間隔11.6 cm（第11紙→第12紙）	
12	29.2	38.3	横墨界（天1，地2．第12～20・22～25紙同じ）．縦墨界1あり（右端より1.7 cm）．右端の文字が僅かに継目下に入る．第12・13紙逆継（右紙が下，左紙が上）．虫損の間隔11.3 cm（第12紙→第13紙）	
13	29.1	48.3	第13・14紙逆継．虫損の間隔11.0 cm（第13紙→第14紙）	
14	29.1	48.0	第14・15紙逆継．虫損の間隔10.7 cm（第14紙→第15紙）	
15	29.1	48.0	第15・16紙逆継．虫損の間隔10.3 cm（第15紙→第16紙）	
16	29.2	48.1	第16・17紙逆継．虫損の間隔9.9 cm（第16紙→第17紙）	
17	29.1	47.9	第17・18紙逆継．虫損の間隔9.4 cm（第17紙→第18紙）	
18	29.2	48.5	第17・18紙逆継．虫損の間隔8.9 cm（第18紙→第19紙）	
19	29.2	48.1	虫損の間隔8.6 cm（第19紙→第20紙）	
20	29.1	48.0	虫損の間隔8.0 cm（第20紙→第21紙）	
21	29.2	36.8	横墨界（天2のみ．第1界線は二重．地界なし）．虫損の間隔7.6 cm（第21紙→第22紙）	
22	29.2	42.7	右端の文字が継目下に僅かに入る．補筆あり．虫損の間隔7.2 cm（第22紙→第23紙）	
23	29.2	48.2	虫損の間隔6.6 cm（第23紙→第24紙）	
24	29.2	48.1	虫損の間隔6.1 cm（第24紙→第25紙）	
25	29.2	48.2	虫損の間隔5.5 cm（第25紙→第26紙）	
26	29.3	47.9	界線なし．虫損の間隔4.6 cm（第26紙→27紙）	→（本文・署名等）
27	29.2	24.6	界線なし．左端切断（形状による）．虫損の間隔4.2 cm（第27紙末尾付近）	
（新補紙）	29.1	14.4	左に新補軸あり．軸径1.7 cm，軸長31.2 cm	（空）
合計	29.13	1243.7	第1～27紙	

＊横の長さには継目下糊代分を含まず．

際に、一行分（第2紙第1行に相当する行）を書き落としたことに気づき、その訂正のために、既に貼り継がれていた第1紙・第2紙の継目前後数行分を切除し、あらためて継ぎ直して誤写部分を書き直した状況が推定される。こうした例は、当初の作成段階での継ぎ直しといえる。

上巻第13紙は、紙長二六・四センチメートルと短く、墨界も引かれていない。その右の第12紙との継目には文字がかかっており、当初の作成段階からの継目と考えられるが、第12紙の紙長は共通の料紙より数ミリメートル程度短い。一方、左の第14紙との継目を観察すると、行間部分であるため継目にまたがる文字はなく、現状の継目下に入っている第14紙の右端に別のはがし取り痕が認められる。第14紙の紙長は、共通の料紙とほぼ一致する。以上から、第12紙と第14紙との間には、もと別の料紙が貼り継がれていたが、誤字や脱文等を訂正するためにその料紙を取り外し、第13紙を間に貼り継いだという経緯があったものと思われる。第12紙と、もとその左に貼り継がれていた料紙とは継目の右で切断され、同料紙と第14紙とは継目ではがし取られたのであろう。この作業は作成途上に行われたと考えられる。

上巻第18～19紙も墨界のない料紙である。またその左の第20紙は、共通の料紙と同じ墨界が施されているが、紙長が三六・七センチメートルとかなり短く、また冒頭の五行に縦墨界が引かれている（界幅三・一センチメートル）。第17紙・第18紙、第18紙・第19紙、第19紙・第20紙のそれぞれの継目幅は、〇・四～〇・五センチメートルと他所より若干広くなっており、最初に料紙が貼り継がれたのとは別の時点の貼継と考えられる。この部分は、第17紙と第20紙との間にもと存在した料紙を取り除き、第18～19紙をその間に貼り込んだのであろう。第17紙と第20紙の紙長から考えて、その際に切除されたのは、もとの第17紙左端継目の右側から、もとの第20紙の料紙右方一二センチメートルほど（四行分程度か）までと思われる。この切除がなされた時に、第17紙と第20紙との間に何枚の料紙が存在したのか、あるいは第17紙・第20紙が直接貼り継がれていたのかは不明である。この部分は「経律論疏第四」章に含まれ、一切経四部の内訳を順に記した箇所であることから、類似した記事が繰り返されるために誤写も生じやすかったと想像される。上記の継ぎ直し作業は、当初の書写段階で行われたと考えてよかろう。第20紙の冒頭五行の縦界線は、この作業にともない行の確認を行うなどの理由から引かれたものかもしれない。

上巻最終紙の第25紙と下巻第1紙については、上巻・下巻の連続とのかかわりで後述する。

下巻第7紙と第8紙の継目は、他の箇所よりやや幅広く、また継目にかかる文字の一部が僅かに継目下に入っている。継目のすぐ右側には裏打紙の継目も認められる。この箇所は、後世に裏打を施す修補作業がなされた際に、もとの継目をいったんはがし取り、あらためて貼り継がれたものと推定される。同様に、下巻第1紙・第2紙の継目も、後世の修補時に継ぎ直されているようであり、継目にまたがる文字が僅かに離れてしまっている。こうした後世の継ぎ直しは、当初作成終了時の料紙貼継を変更するものではない。虫損の痕（虫喰孔）などもその前後で変化は認められない。

下巻第9～11紙の三紙は、界線のない料紙である。しかし、第8紙と第9紙の継目には特に継ぎ直しの痕跡は認められず、文字もまたがっていることから、当初からの原継目と考えておきたい。下巻第9紙以降については、書写開始時に準備された料紙では足りなくなるなどの理由から、一律の料紙を使用するあり方がくずれているように思われる。第11紙と第12紙の継目は、第12紙が共通の料紙より紙長がかなり短く、また第12紙右端の文字がわずかに第11紙との継目下に入っていることから、第12紙への書写が進んだ時点でもとの料紙右方を切除し、第11紙と継ぎ直したのであろう。第11紙の左端に別のはがし取り痕は認められないから、第11紙はもとの左端継目の右側で切断されて、第12紙と継ぎ直されたと思われる。ただし、紙長からいえば第11紙は本来の一紙の長さそのままの可能性があり、とすると、継ぎ直し以前の第11紙の様態にはなお検討の余地がある。第12紙の右端には縦墨界が一条だけ引かれている。上巻第20紙でも述べたが、縦墨界は、料紙の切除・継ぎ直し作業にともなう行の確認といったことに関係して引かれているように思われる。

これに続く下巻第12～18紙の七紙は、やや特異な様相を示している。ここまでの共通の料紙の様態とは異なり、これら七紙は天一条・地二条の横墨界が引かれ（共通の料紙は天二条・地一条）、またそれぞれの継目（第12・13紙の継目から第17・18紙の継目まで）は、左側の料紙を右側の料紙の上に貼り継ぐいわゆる「逆継ぎ」となっている。天一条・地二条の界線は、第一界線～第二界線、第二界線～第三界線の間隔がそれぞれ二四・九センチメートル、〇・七センチメートル程度で、先に示した共通の料紙の界線を天地逆転させた形である。したがってこの七紙は、共通の料紙と同じ天二条・地一条の界線の形で通常の継ぎ方（継目の右側の料紙が上、左側の料紙が下）で貼り継がれていたものを、天地逆に用いたために、継目が「逆継ぎ」になっていると考えられる。ただ、料紙天辺～第一界線と、第三界線～料紙地辺の間隔は、それぞれ二・〇センチメートル、一・五センチメートル程度であり、これは天二条・地一条の界線を持つ共通の料紙の料紙天辺～第一界線、第三界線～料紙地辺の間隔と一致する。逆にいえば、この七紙を天地逆転させ、天二条・地一条の界線となるようにした場合、共通の料紙の界線より、行頭・行末が〇・五センチメートルほど上にずれる形になってしまうのである。このことから考えて、この部分の料紙は、料紙の天辺・地辺と横界の天地との間隔を誤って界線を引いてしまったことから、そのまま用いて行が上にずれる形となるのを避けるために、天地逆に貼り継いだのではないだろうか。

第19～25紙も、後述する第21紙を除いて、界線は天一条・地二条の第12～18紙と同じ規格である。ただその貼り継ぎは、「逆継ぎ」でなく通常の継ぎ方となっているから、第19～25紙は、第12～18紙の界線にそろえる形で調製された料紙ということができよう。ただその中で、第21紙は紙長が短く、天にのみ二条の界線がある（第一界線は引き直しにより二重）。第22紙との継目では、第22紙第一行の文字右端がわずかに継目下に入っている。第20紙及び第22紙の紙長を勘案すると、もとの第20紙左端継目右側から、もとの第22紙の料紙右方五・五センチメートルほどまでが切除され、その間に第21紙が張り込まれたものと考えられる。書写時における誤字・脱文等の訂正のための処置であろう。なお、第22紙第一行の文字右端で第21紙との継目下に入って見えなくなっている箇所の一部については、第21紙上に補筆されており、後述する裏打ち紙に書き込まれている補筆と同時期になされたものかと思われる。

下巻巻末の第26～27紙は、界線のない料紙が用いられている。筆跡・内容などから、この部分の貼り継ぎが作成段階のものであることに問題はない。書写の最終段階であることから、わざわざ界線を施すことをせずに、料紙を追加したのであろう。なお、第27紙の左端は、現状でやや出入りのある形状となっており、現装幀がなされた際に、旧軸巻き付け部分を切除したもののようである。現状で、最終行の後にほとんど余白がなく、当初作成段階においては、ある程度の余白をおいて軸に巻きつけられていたのではないかと想像されるが、その状況は不明とせざるを得ない。

最後に、上巻と下巻の関係について、料紙の状況を含めて述べておきたい。両巻は、かつては連続する一巻であった。このことは、料紙に残された虫損の痕から判明する。虫損の痕は、同形状のものが間隔をおいてあらわれるが、その間隔は巻首で広く、巻末で狭くなる。この状況を観察すると、上巻第1紙付近で、同形状の虫損痕の間隔は二二・二センチメートルほど、上巻巻尾に近い第24紙付近で一四・九センチメートルほどである。そして、同形状の虫損痕が続く状態は上巻巻尾から下巻巻首に及んでおり、下巻第1紙付近の虫損痕の間隔は一四・七センチメートル、下巻巻尾の第27紙付近で四・二センチメートルほどである。上巻巻尾と下巻巻首での虫損痕の間隔の変化が僅かであることから見て、虫損の生じた時点で上巻・下巻は連続する一巻の巻子をなしていたことは明らかである。上巻巻尾の第25紙（第24紙との継目幅を含め紙長六・四センチメートル）と下巻第1紙（表紙との継目幅を含め紙長四二・二センチメートル）とは、もとは同一紙であったと判断される。現状で、上巻第25紙の左端と下巻第1紙右端は、横墨界が接合しないことなどから、そのままつき合わせで接続する状態ではなく、料紙がほんの僅かに失われているようである。料紙の欠失幅は、同形状の虫損痕の間隔で計算すると〇・一センチメートルほどと推定される（同形状の虫損痕が上巻第25紙左端から八・九センチメートルと、下巻第1紙右端から五・八センチメートルの箇所に見られ、この付近での虫損痕の間隔を一四・八センチメートルほどとすると、欠失幅は〇・一センチメートル）。この欠失幅は料紙の長さとも矛盾しない。

かつて一巻であった状態を復原すると、巻首での虫損痕の間隔（二二・二センチメートル）から、この巻子を巻き上げた状態の直径は七センチメートル程度、巻尾虫損痕間隔（四・二センチメートル）から、巻尾に直径一・三センチメートルほどの軸が付されていたと推定される。しかし、現状では裏打が施されているために、仮に上巻・下巻を一巻に巻き上げたとすると、直径七センチメートルにはおさまらず、かなり太巻きの巻子となってしまうであろう。逆に考えれば、もと一巻であったものに裏打を施したために二巻編成に改めたという状況が推測できると思われる。したがって、現状の裏打がなされたのは、二巻編成に改められた時期と考えてよいであろう。先に記述した虫損痕は、いずれも裏打紙には及んでおらず、現状の裏打が施される以前に生じたものである。また、これらの虫損で欠損した文字を、裏打紙の上に補筆している箇所が随所に認められる。ただし、それらがどの時点、どの段階でなされた補筆であるか、今のところ判断の材料が得られていない。なお、これらとは別に、本紙と裏打双方を貫通する虫損痕も存在し、これらは裏打がなされた後に生じた虫損ということになる。

さて、以上のような原本観察によって得られる情報から、西大寺所蔵本の書写と伝来を考える上で参考とすべき知見を整理するなら、次のようなことがいえよう。

① 本書には料紙継ぎ直しの痕跡が認められるが、料紙構成は書写作成時からのものと考えて差し支えない。

② 作成時の形態は、現状の上巻・下巻が一体で一巻をなすものであった。

③ その後、虫損が生じる程度の期間を経た後、「官符図書第五」章の前で切断されて二巻に分割された。その際、現状の裏打が施されたと見られる。

④ 二巻に分割後、表紙に旧題籤が貼付されていた時期があり、また虫損による欠損文字の補筆が行われた。

⑤ 昭和十四年に現状の装幀が施された。

二　書写年代をめぐる問題

西大寺所蔵本の書写年代については、これまで鎌倉時代とする説、室町時代とする説、江戸時代（元禄年間）とする説などが示されている(5)。

平安時代後期から鎌倉時代にかけて、西大寺に西大寺資財帳が存在したことについては、西大寺の関係史料の中にいくつかの記述が見られる。次にこれらを整理し、現存の西大寺所蔵本との関係を検討してみたい。

まず、大江親通が嘉承元年（一一〇六）と保延六年（一一四〇）の二度にわたり南都を巡礼した時の記録である『七大寺巡礼私記』の西大寺の項に次の記事がある。

【史料一】大江親通『七大寺巡礼私記』
（法隆寺所蔵大乗院本、『校刊美術史料　寺院篇　上』）

四王院之金堂四天王像高七尺三寸、等身吉祥天、
斯像者、平城宮御宇宝字称徳孝謙皇帝、去天平宝字八年九月十一日、誓願造七尺金銅四天像、軍（ママ）建此寺、以天平神護元年、創鋳件像、以開伽藍云々、見縁起、

この記事は、若干の誤字脱字はあるが、西大寺資財帳「縁起坊地第一」章からの引用と考えられる。この時点で西大寺に伝存していた西大寺資財帳から、大江親通が記録したのであろう。

ついで、建久二年（一一九一）五月一九日付の西大寺領荘園注文案に書き上げられた荘園の中に、「在流記」の注記が見られる。

【史料二】建久二年（一一九一）五月一九日　西大寺領荘園注文案
（西大寺文書一〇一函二〇—二、『鎌倉遺文』五三四号）

注進　西大寺所領諸庄薗現存日記事
合
大和国
添下郡清澄庄　田畠四十六町、
十市郡坂戸庄　四町六段三百廿歩、
同郡十市庄　四町九反三百七歩、
高市郡加留庄　畠一町二段半、
宇智郡桃嶋庄　田畠一町余、
山城国
下已呂波里狛野庄　畠七町百八十歩、之内一丁一反百六十歩、左馬寮収公、
近江国
滋賀郡保良庄四十町之内　領知十四町、残国領、
摂津国
嶋下郡三嶋庄七十町　田畠領知半分、
備前国

豆田庄　田畠五十七町、
已上九箇庄、大躰有名无実、或被国領或被人領、或半分或三分之
一也、然而就庄号、注進之、
一　顚倒庄〻
大和国
添下郡瑜伽山寺
同郡阿弥陀山寺
同郡秋篠山
平群郡飽波庄　田畠三町、
山城国
羽束志庄　九町二段百二十歩、
久世庄　一町、
摂津国
豊島郡佐伯村三十町
伊賀国
名張郡須智村田一町
同郡畠川村　栗林十二町四段二百四十六歩、
近江国
栗太郡世多庄　在流記、
甲賀郡椋部郡（ママ）栗（ママ）村在流記、
滋賀郡古津庄　在流記、
野洲郡柴井庄　在流記、
甲賀郡杣　在流記、
同郡縁道杣　在流記、
播磨国
赤穂郡櫁尾塩山　二百卅五町九段百八十歩、
揖保郡越部浦上二郷水田二町七段四歩
美作国
苫田郡知和庄
安藝国
安藝〔藝〕郡牛田庄　墾田七十九町、
讃岐国
寒川郡鴨郷墾田地二町畠卅三町五段百卅九歩
塩山二百五十町　在処十二処、
塩釜一面　広四尺、厚二寸、
美濃国
城田庄　一百余町、
四王堂領、件用途長講、法花、及春秋六箇日間勤修、同法悔
過并仏聖燈油僧供料、所被施入也、
栗田庄
田畠二百余町
阿波国
板野郡水田四十七町五段三百五十三歩畠十五町二段三百歩、
武蔵国
入間郡安堵郷栗生村　田四十町、林六十町、
越前国
坂井郡赤江庄　百六十八町三段百八十歩、
越中国
射水郡榛山庄　四百六町六十四歩、

越後国
　桜井庄　三千百五十七町九段二百六十四歩、在流記、
　飛太国大野郡十町
　美濃国　在流記、一百二十町、
　　　　已上二十七処、依流記公験明白、注進之、
右依　宣旨、注進如件、
　建久二年五月十九日都維那法師暹与
　　　　　　寺主大法師俊牒
　　　　　　上座大法師定慶

　【史料二】に掲げられている諸荘のなかには、西大寺資財帳「官符図書第五」章に記載のある所領が含まれている。両者を対照させると、【史料二】の前半に挙げられている九荘のうち、大和国高市郡加留荘（加隆荘）、同宇智郡桃嶋荘、近江国滋賀郡保良荘、備前国豆田荘（大豆田荘）の四荘は、「官符図書第五」章に対応する記載がある。ただし、これらの荘について、【史料二】は「在流記」の注記をしていない。なお、摂津国嶋下郡三嶋荘も、資財帳に嶋下郡の所領に関する官符・図の記載があるので、これと対応するものかもしれない。【史料二】の後半、「顚倒荘々」として書き上げられている諸荘については、「已上、二十七処、流記・公験明白により注進す」とあり[6]、近江国栗太郡世多荘（勢田荘）、同甲賀郡椋部郡《（ママ）》栗村（椋部栗林）、滋賀郡古津荘、野洲郡柴井荘、甲賀郡杣、同郡縁道杣（緑道杣）、越後国桜井荘と、美濃国の百二十町の八処に、「在流記」の注記がなされている。これらのなかで美濃国の所領を除く七処に関しては、西大寺資財帳「官符図書第五」章に対応する記載が認められる。美濃国については同章に記載がなく、この点注目されるところである。また、「在流記」の注記はないが、大和国添下郡瑜伽山寺、同郡阿弥陀山寺、同郡秋篠山、摂津国豊嶋郡佐伯村、伊賀国名張郡畠川村栗林、播磨国赤穂郡欟尾塩山、安芸国安芸郡牛田荘、讃岐国寒川郡塩山、阿波国板野郡の水田、武蔵国入間郡の林、越前国坂井郡赤江荘、越中国射水郡榛山荘、飛騨国大野郡の十町の十三処は、西大寺資財帳「官符図書第五」章に対応する記載がある。

　以上から、【史料二】は当時確認できる種々の資料をもとに西大寺領を書き上げたものであるが、西大寺資財帳に記載のある所領であっても「在流記」の注記がなされていないことからみて、他に公験などが残っている場合には、とりたてて「在流記」の注記をしなかったと考えられる。逆にいえば、「在流記」の注記がある所領は、当時において西大寺資財帳からのみ存在の知られる所領だったのではなかろうか。一方で、西大寺資財帳「官符図書第五」章に記載があっても【史料二】に書き上げられていない所領が見られること、同章に記載がないにも関わらず「在流記」の注記がなされている美濃国の所領の例が存在することから考えるなら、【史料二】の作成にあたり参照されたのは、西大寺資財帳ではあるが「官符図書第五」章ではなく、今は伝わっていない「田薗山野第十二」章の記載だったのではなかろうか。とすれば、この時点の西大寺には、現在は第一巻しか伝わらない西大寺資財帳の第四巻も、ないしは全四巻のすべてが伝存していた可能性が考えられる。

　叡尊（一二〇一―一二九〇）の自叙伝である『金剛仏子叡尊感身学正記』（以下、『感身学正記』と略記）には、暦仁元年（一二三八）、西大寺に還住した叡尊が、四王院において最勝王経を転読した記事があり、そこに西大寺資財帳に関する記載が見られる。

【史料三】『感身学正記』暦仁元年（一二三八）八月八日の項

（西大寺所蔵延文四年（一三五九）書写本）(7)

同八日、於四王院正面礼盤上、転読最勝王経、一日終功、以経始終意、案流記之文、即知此殿最勝王経之道場、（中略）又流記曰、四王堂八角塔一基、五重、露盤未押金薄、即仏舎利可為当殿本尊之旨顕然、（下略）

『感身学正記』は、叡尊八五歳の弘安八年（一二八五）から翌年にかけて執筆されたことが跋語に記されている。その執筆に際し、あるいはそれ以前から、叡尊が西大寺資財帳を見ていたことがこの記事から判明する。記事によれば、資財帳の文を案ずることで仏舎利が四王院の本尊であるべきことが明らかであるとし、上記に続く記述の中で、同年九月上旬に八角五重石塔を立て、叡尊所持の仏舎利一粒を奉納したことが述べられている。仏舎利奉納が資財帳の理解に基づく行動であるとすれば、叡尊は暦仁元年段階にすでに資財帳を見ていたことになろう。記事の中で「案流記之文、即知此殿最勝王経之道場」とある点については、そのまま該当する文章は現存の西大寺資財帳中に見られないようであるが、「楽器衣服第六」章の末尾付近に、天井蓋二枚・褥二床・幡八流・白布綱四条を挙げて「已上、最勝王経時四王料、納漆泥辛櫃二合、」と記しているのが、あるいは関連するかと思われる。次の四王堂八角塔の記述は、「仏菩薩像第三」章の末尾付近に「四王堂／八角塔一基、五重、露盤木押金薄、」とある記述の引用である。ここで注目できるのは、現存の資財帳では「木押金薄」とする箇所を、『感身学正記』では「未押金薄」と引用している点である。意味からいえば、「未押金薄」が正しいと思われる。叡尊の見た資財帳には正しく「未押金薄」と記されていたのか、あるいは現存の資財帳と同じく「木押金薄」とあったが、叡尊が文字をあらためて引用したのか、両様に考えられるが、もし前者であれば、叡尊の見た資財帳は西大寺に現存する資財帳とは別本であった可能性が考えられる。

一四世紀初頭の西大寺と秋篠寺の相論に関する史料にも、資財帳に関わる記述が見られる（傍線は引用者）。

【史料四】嘉元元年（一三〇三）一一月二日　太政官牒案

（西大寺文書一〇二函二一一、『鎌倉遺文』二一六六九）

太政官牒西大寺

応且任本願天皇国印流記官符図書文、且依大治宣旨并今年八月院宣、檀木乳木料秋篠寺敷地内往古寺山外新林以下当山下地、当寺一円致進止、至柴薪許通用儀於秋篠寺、当寺領大和国秋篠山又号戌亥山千町事

右、得彼寺所司等去月十三日奏状偁、当寺者、孝謙皇帝勅願之仁祠也、草創年旧、興正菩薩練行之戒場也、木刃日新、蓋法水東漸之初、恵燈已挑之、昔本願聖主、手自鋳彰金銅七尺四天之霊像、擬異賊之防禦、面〔而カ〕被造立藍舎三百餘宇之紺殿、祈本朝之安泰、顕密之碩徳継踵、大小之鑽仰差肩、八宗興于世、以戒定恵為其枢鍵、三学崇于国、以毘尼蔵為其宝鑰、戒香薫世、仏法方住、仏法二宝、並依僧弘(伽)、僧宝之源、非戒不立、爰先師興正菩薩、嘉禎二年秋、専設自誓受具之正軌、再継浄戒律儀之紀(紀)綱以降、仏法紹隆者、依王法外護之力、王法継嗣者、在正法中興之化、為弘仏法偏祷王法、是以金光明経者、殊仰護国品之真説、奉資最勝講之勅願、如意輪妙行者、潜摸後七日之加持、普祝大八州之豊饒、大仁王会者、永払異国覬覦之難、為除本朝腹心之疾、儼百仏百僧之壮厳、励一年三度之講読、然間神

明者垂水月之応、仏陀者施風雲之感、則文永暦、大神宮擎法楽、新示霊詫、弘安歳、八幡宮備法味、忽現奇瑞、神兵振威、賊徒伏誅、剰陪五代之朝廷、奉授大乗之戒珠、為四輩之棟梁、忝預菩薩之勅号、算興復之僧林、都鄙一百餘所、謂顕密之弟葉、僧尼数百千人、禁殺生業之州郡一千三百七十箇所、受菩薩戒之貴賎九万七千六百餘人、凡厥徳行不可勝計、是故、関東崇重之餘、被御下知偁、甲乙輩、乱入寺門、駈使寺民、押妨寺領、掠取寺物、於禁制之処、所及殺生之漁猟、自今以後、厳加禁遏、莫令更然、若猶有違越者、注進彼輩名字、随其罪状、立可決罰云云、当寺者、天平神護元年御建立、於六十餘州各被付寺領、其内以秋篠山被付当寺、国印流記官符図書文明白也、秋篠寺者、経十六箇年宝亀十一年、於秋篠山之麓被立小寺、仮彼山之名字、称秋篠寺、然則件山者、為西大寺根本之旧領、当知行古今無改之処、彼寺輩迷寺号構奸謀、康平七年、隠秋篠山之旧名、立大山田之新号、掠申通漫之四至、擬奪当寺之一山、而四方皆籠他領之上、一寺殊申子細之間、不能管領、承徳年中、望申通用宣旨、自令棄破先符畢、而動歌康平之符、猥備叡聞之間、被召正文於彼寺、被尋案文於官庫、共以無之、旁非指南、被棄捐者也、次彼承徳通用宣旨当寺猶申子細、依不入樵夫等、大治年中、重就掠申、僅雖被下山毛通用之宣旨、当寺尚含鬱訴、相待明時之処、剰文暦以後破通用之儀、違大治符、年年林取拾壱所、面面令称私籠山、不入立西大寺樵夫、結句所残之山池等、正安以来企一円之儀、致悪行之間、於狼籍篇者、訴申関東之処、秋篠寺執行盛尊以下輩、致刃傷狼籍(藉、下同ジ)搆城郭云云、事実者太濫吹也、早停止当時悪行、宜仰聖断之由、正安四年九月被下御教書畢、至山池所務篇者、経奏聞彼寺已破大治宣旨、致違勅狼籍之上者、被停通用之儀、如元当寺可令一円領掌之由、訴申之処、究訴陳被記対問之詞、経御沙汰之刻、両方所進絵図依令参差、被差下院庁官左衛門尉紀重成、被実検之処、西大寺絵図無相違之由、令注進之上、於文殿又被召決両方之日、被尋問重成時、西大寺所申無相違之旨、重證申之、彼寺謀作之図、令露顕于此畢、次於大治通用宣旨、下地当知行之条、於文殿被召決之処、被下西大寺如大治宣旨者、秋篠寺訴申寺領四至内山池云云、宣旨小状、偏当寺領之所見也、同宣旨右状者、秋篠寺乞状也、其状曰、号西大寺別当已講覚誉之命、加制止云云、是則当寺地主当知行之所見也、同状中、遠近之輩、不憚制止、乱入四至内、伐薪焼炭云云、謂秋篠寺敷地之寺家四至内寺山事也、載于承徳元年符之上、去八月聖断被指檀木乳木料所寺山是也、此等子細、被究淵底、且任公卿評定、且依文殿勘奏、西大寺地主管領之条、裁判分明之上者、可預一円勅裁之処、猶垂国主撫民之恵、被許柴薪通用之儀、蒙院宣偁、当寺与秋篠寺相論山事、任大治宣旨、両方可通用、於下地者、西大寺領知之条、彼符面頗有所見歟、然者、檀木乳木料所寺山之外、西大寺管領下地、秋篠寺可通用之由、可令下知寺僧等給云云、此条、九皐老鶴之声恨不達天聴、一寺僧龍之思、雖非可地忍、奉優天慈之哀恤、聊休地慮之欝望、蹔応勅命令承諾者也、抑件山内当寺二箇末寺弥陀山寺瑜伽山寺者、本願天皇草創之仁祠、秋篠山同時御寄附之伽藍也、流記文明白哉、仏閣皆凌廃、礎石許相貽、下地已為当寺領之上者、同仰恩許者也、望請、天裁、重被下官符、彼秋篠山檀木乳木料秋篠寺敷地内往古寺山之外拾壱箇所、新林以下千町之柴薪、除西大寺寺山、雖通用于秋篠寺、至同山之下地并弐箇末寺旧領及谷田畠方山子等者、永為当寺一円之地、宜令進退領掌者也、然則弥瑩三聚之戒珠、普祈一天之泰平、中禁紫震之上日月不傾、大樹鎮幕之下風塵無起者、従二位行権中納言藤原朝臣冬氏宣、奉　勅依請者、寺宜承知、依宣行之、牒到准状、故牒、

嘉元元年十一月二日修理東大寺大仏長官正五位下行左大史小槻宿禰（花押）牒

従四位下行左少弁藤原朝臣（経世）

【史料五】徳治二年（一三〇七）一一月八日文殿勘文案

（西大寺文書一〇二函二―二、『鎌倉遺文』二三〇八三号）

文殿

秋篠寺越訴申山池等事

右、彼寺越訴之趣、雖多子細、件山池等秋篠寺建立以前、為西大寺領之条、国印流記帳分明也、宣旨等雖無正文、彼流記何不用証文哉、然者、就大治　宣旨、先度勅裁無相違矣、仍言上如件、

徳治二年十一月八日

（下略）

秋篠寺との相論において、西大寺資財帳を根拠とする西大寺側の主張を【史料四】嘉元元年太政官牒案から見てみよう。それによれば、西大寺は天平神護元年に創建され、各地に寺領が付された中に「秋篠山」も含まれていることは、「国印流記官符図書文、明白也」としている。これに対して、秋篠寺は一六年後の宝亀一一年に、秋篠山麓に建立されたために秋篠寺と称するに過ぎず、秋篠山は西大寺の根本寺領であると述べる。また、山内にある西大寺の末寺である「弥陀山寺」「瑜伽山寺」は、本願天皇（孝謙・称徳天皇）が草創し、「秋篠山」と同時に西大寺に寄付された伽藍であることが「流記文明白哉」としている。こうした主張を受けて、嘉元元年太政官牒は、「本願天皇国印流記官符図書文」などに任せて、西大寺が「秋篠山」を進止すべきことを命じている。秋篠寺はこれに対して越訴したが、【史料五】徳治二年文殿勘文案によれば、それらの山池が、秋篠寺の建立以前に西大寺領であったことは「国印流記帳分明也」として、秋篠寺の主張は退けられている。西大寺資財帳では、「官符図書第五」章に「田薗山野図漆拾参巻」が列挙され、「大和国九巻」の中に「一巻添下郡瑜伽山寺白紙、」「一巻同郡阿弥陀山寺白紙、」「一巻同郡秋篠山白紙、」の記載がある。また、同章に掲げる「雑書卅九巻」の中に「一巻献入阿弥陀山寺并財帳白紙及檜軸、神護景雲元年」も挙がっている。これらが西大寺の主張の根拠になったと考えられる。

ここで留意されるのは、「国印流記（帳）」及び「官符図書文」という表現である。「国印流記」は、この相論で証拠書類となった西大寺資財帳に大和国印が捺されていたことの表現と考えられる。しかし、現存の資財帳には全巻を通じて印は捺されていない。したがって、この相論に提出された西大寺資財帳は、現存の資財帳とは別本である。

ここで、資財帳に国印が押されている状態についてひととおり検討してみたい。現在存在の知られる奈良・平安時代の資財帳で、紙面に印の捺されているものとして、たとえば次のような例が挙げられる。天平一九年（七四七）の「大安寺伽藍縁起并流記資財帳」は紙面全体に「大安寺印」が、延暦七年（七八八）の「多度神宮寺伽藍縁起并流記資財帳」は巻尾の僧綱署判部分に「僧綱之印」が、貞観一五年（八

七三）の「広隆寺資財帳」及び寛平二年（八九〇）頃の作成と思われる「広隆寺資財交替実録帳」は紙面全体に「秦公寺印」が、元慶七年（八八三）の「観心寺縁起資財帳」は紙面のほぼ全体に「観心」印が、巻尾の「判収」署名部分にのみ「禅林寺印」が[8]、延喜五年（九〇五）の「観世音寺資財帳」は全体に「大宰之印」が捺されている。これらの資財帳が原本であるか写本であるか、作成・捺印の年代が何時か、捺印のなされた事情はどのようなものかといった点は、いちいち検討する必要はあろうが、資財帳の作成・提出主体（寺印・「大宰之印」）ないしはそれを受け取った主体（僧綱印・禅林寺印）の印が捺されている場合が多いといえよう。西大寺資財帳の場合、巻尾に、僧綱・三綱・衆僧が共同して「本納帳」により計会勘定して記録したと書かれており、僧綱・三綱・衆僧の署判が加えられている。したがって、原本に印が捺されているとすれば、それは西大寺印または僧綱印であったのではなかろうか。また、西大寺が平城京内にあった宝亀一一年に、資財帳が大和国に提出されることはありえないと思われる。迂遠な叙述となったが、西大寺資財帳に大和国印が捺されているとすると、それは原本作成段階のものではないと考えられる。では、西大寺資財帳に大和国印が捺された事情をどのように解したらよいだろうか。ひとつの比較的高い可能性として、西大寺は、西大寺資財帳の写しに大和国印を得ることで公証力を持つ書面とし、それをこの相論の場に提出したと考えられるのではなかろうか。

西大寺と秋篠寺の所領相論は、康平七年（一〇六四）、承徳元年（一〇九七）、大治年間（一一二六～三一）、文暦年間（一二三四～三五）、正安四年（一三〇二、乾元元年）～徳治二年（一三〇七）と、一一世紀半ばから一四世紀前期にかけて数次にわたり繰り返された。【史料四】【史料五】は、正安四年～徳治二年の相論に関するものであり、【史料四】にそれまでの相論の経過が記されている[9]。それによると、文暦年間以前の相論の過程で西大寺資財帳が取り上げられた形跡はうかがえず、正安～徳治の相論においてはじめて、西大寺資財帳が証拠書類として持ち出され、そのことがこの時の相論の結果を大きく左右したもののようである[10]。したがって、西大寺は一四世紀初頭の段階で、あるいはさかのぼって一三世紀中期から後期の段階で、西大寺資財帳の記述が秋篠寺との相論において西大寺側に有利な論拠として扱えることを認識したといえる。そして、大和国印の押捺を得て公証力を備える書類とした西大寺資財帳を、訴訟に提出したのであろう。

一三世紀後期は、西大寺律家が寺本所領の回復を推し進めていた時期であり、そのための関係資料の書写・作成が行われた。寺本所領の基本資料である建長三年（一二五一）西大寺寺本検注并目録取帳案（西大寺文書一〇一函二一、鎌倉遺文七三九八号）は、弘安三年（一二八〇）に西大寺公文所にあった同帳の原本から書写されている[11]。また、いわゆる「西大寺敷地図群」の作成が行われたのも弘安三年から永仁五年（一二九七）前後と推定され、興福寺を通じて大和国府が所蔵していた平城京図を利用して作成されたと指摘されている[12]。こうした状況の中で、西大寺資財帳の新たな写本がこの時期に作成されたことは十分に考えられる。国印の押捺も、「西大寺敷地図群」作成に見られるような大和国府とのつながりが背景となっていたのかもしれない。

「国印流記」という表現とともに、【史料四】が「官符図書文」という表現を用いていることも検討しておきたい。「官符図書文」が、西大寺資財帳の「官符図書第五」章を指し、具体的にはその冒頭に

「官符図書第五」とあることからの表現であることは疑いない。このことはひとつには、このときの相論で西大寺側が論拠とした秋篠山・阿弥陀山寺・瑜伽山寺に関する内容とは、西大寺資財帳の「官符図書第五」章の記載に限定されていたことを意味すると思われる。この点からいえば、訴訟に提出された西大寺資財帳が、資財帳全体ではなく、「官符図書第五」章、ないしそれを含む一部分だけであった可能性があろう。あるいはそれは、この時点において伝存していた西大寺資財帳が、「官符図書」章を含む第一巻だけとなっていたためではないだろうか。また、「官符図書文」という呼び方が、資財帳の中でその内容が独立していることを含意する表現であるとすると、第一巻が分割され、「官符図書第五」が下巻の巻首となっている状況と対応しているようにも思われる。仮にそうであるとするなら、このときの相論で証拠書類として提出されるまでに、あるいは提出されることにともなって、西大寺に伝存していた西大寺資財帳第一巻が上下二巻に分割された可能性も考えられると思われる。

以上、平安時代後期から鎌倉時代にかけての西大寺における西大寺資財帳の伝存・利用に関する史料を見てきたが、ここから指摘できることを最後に整理してみよう。

① 一二世紀の段階で、西大寺には西大寺資財帳が伝存していた（【史料一】【史料二】）。伝存していた資財帳は、第一巻だけではなく、第四巻も、ないしは全巻がそろった状態であった可能性がある。

② 一三世紀に、叡尊は、西大寺資財帳を実見している（【史料三】）。叡尊が見た西大寺資財帳は、現存する資財帳とは文字に異同のある別本であった可能性がある。

③ 一四世紀初頭の西大寺と秋篠寺の相論において、西大寺資財帳「官符図書第五」章の内容が、証拠書類として提出された。提出されたのは、大和国印が捺された写本で、現存の資財帳とは別本である。一三世紀中期以降、相論の時点までに、新たな写本が作成されたのであろう。提出された内容は、資財帳の一部分であった可能性がある。この時点で、西大寺に伝存する資財帳は第一巻だけであった可能性がある。また、第一巻が上下二巻に分割されたのは、この時期であった可能性も考えられる。

三　西大寺所蔵本の作成年代

さて、現存の西大寺所蔵本（以下、現存本とも表記）について、実物観察から得られる知見と、平安・鎌倉時代の史料からうかがえる状況とを照合して、その作成年代をどのように考えることができるだろうか。いくつかの場合に分けて検討してみたい。

現存本が、平安時代後期に西大寺に伝存していた資財帳そのものである可能性についてまず検討したい。この場合、大江親通が見た本、建久の荘園注文作成時に照合された本、叡尊が見た本は、いずれもこの西大寺伝存本＝現存本と考えることになろう。一四世紀初頭の西大寺・秋篠寺相論に際して、証拠書類としてこの本の写本が作成され、国印を得て訴訟の場に提出され、第一巻の上下二巻への分割及び裏打を付す修補も、この時期に行われたと考えることに問題は生じない。修補時に虫損が一定度進行していたことなどは、この想定に適合的である。この想定にとって難点となるのは、叡尊が見た西大寺資財帳に現存本と文字の異同があり、現存本とは別本の可能性があることであろう。それも、叡尊の引用が資財帳の正しい内容であり、現存本が不十分な書写の結果であるとすると、この想定はやや難しいように思われる。

次に、現存の西大寺資財帳は、平安時代からの伝存本ではなく、それをもとに鎌倉時代に作成された写本である可能性を検討したい。叡尊が西大寺の寺務を掌握し、律家による西大寺所領の回復・拡大運動が進められるのにともない、一三世紀後期の弘安～永仁頃に西大寺資財帳の写本が作成された蓋然性は高い。ただし、現存本は、一四世紀初頭の訴訟に提出された西大寺資財帳写本とは別本であるから、同時期に二本の書写が行われたと考える必要がある。たとえば、次のような経緯を想定することとなろう。すなわち、当時の西大寺に伝来していた西大寺資財帳をもとに弘安～永仁頃にまず写本が作成され、もとの本の正確な写しであることを証する大和国印がこれに捺された（先写本）。同本は、一四世紀初頭の相論に提出され、それにともなって別の写本が作成され（後写本）、これが律家に所持されて現存本となったと考えるのである。もちろん、先写・後写の別を考えずに二本同時の書写とする想定や、後写本に大和国印が捺されたといった想定もありうるであろう。このような形で作成された鎌倉時代写本が現存本であるとする場合、叡尊が見た本と現存本とは別本であると考えることが可能である。ただし、現存本が先写本・後写本いずれであるとしても、書写からさして時日を経ぬ時点で全巻に及ぶ虫損が進行していたとは考えにくいから、上下二巻分割と裏打修補は、一四世紀初頭相論時ではなく、さらに後世に行われたものと考えざるを得ない。その場合の分割・修補の時期としては、「西大寺中曼荼羅図」（原色図版11）が作成された時期（一四世紀初頭から一六世紀初頭）[13]、あるいは「西大寺伽藍絵図」（原色図版12）や「西大寺現存堂舎絵図」（原色図版13）が作成された元禄一一年（一六九八）頃など、西大寺の過去の伽藍構成への関心が高まった時期を考えることになろう。

上下二巻分割と裏打修補が、一四世紀初頭の相論にともなう証拠資料として西大寺資財帳を提出した時の作業と考えるためには、先写本の作成の後、相当の時日を経て後写本が作成されたと考える必要があるが、こうした想定は可能であろうか。弘安～永仁より前に写本が作成された機会としては、建久二年（一一九一）の西大寺領荘園注文が作成された時期（【史料二】）や、暦仁元年（一二三八）ないしそれ以前に叡尊が西大寺資財帳を見た時期（【史料三】）を考えることができるかもしれない。前者であれば、建久二年の注文作成にともない、平安時代からの伝存本をもとに写本が作成され、これを現存本と考えることになる。同本は、建久二年の荘園注文とともに保管されていたのかもしれない。叡尊・律家は、西大寺進止権掌握にともない、同本を入手したのかもしれない。暦仁元年ないしそれ以前に叡尊が見た本は、平安時代からの伝存本であったとすれば、建久二年書写本＝現存本とは別本とみなすことができる。そして一四世紀初頭にさらに別本が作成され、大和国印の押捺を得て、訴訟に提出されたことになろう。この時点で、建久二年書写本は作成後一〇〇年程度経ており、虫損の進行による裏打修補とこれにともなう二巻分割が行われたとしても、特におかしな点はない。一方、後者であれば、叡尊が西大寺に入った嘉禎元年（一二三五）頃以降暦仁元年までの間に、平安時代からの伝存本をもとに写本が作成され、これを現存本と考えることになる。しかし、この場合には、同本が叡尊所持本であったと考えざるを得ず、叡尊が見た本と現存本を別本とみなすことは難しいであろう。

なお、以上の検討によっても、現存本が鎌倉時代にさかのぼらない写本である可能性もないわけではない。一四世紀初頭の相論後に西大寺に残された写本を、後世さらに転写したものが現存本である可能性も否定できないからである。その場合の現存本の作成時期は、上述した西大寺伽藍への関心が高まった時期が想定できよう。ただ、作成後、一定期間の虫損の進行をへて、上下二巻分割、裏打修補の過程を考える必要があることからいえば、よりさかのぼる「西大寺中曼荼羅図」作成時期を考えるのが適当であるかもしれない。

以上、現存の西大寺資財帳・西大寺所蔵本の書写年代について検討してきたが、以下の時期にそれぞれ可能性があり、結果として年代を確定するにはいたらなかった。

① 一二世紀以前（平安時代からの伝存本）
② 建久二年（一一九一）頃
③ 嘉禎元年（一二三五）～暦仁元年（一二三八）
④ 弘安三年（一二八〇）～永仁五年（一二九七）頃
⑤ 正安四年（一三〇二、乾元元年）～徳治二年（一三〇七）
⑥ 一四世紀初頭から一六世紀初頭
⑦ 元禄一一年（一六九八）頃

ただ、西大寺所蔵本が鎌倉時代にさかのぼる写本である可能性が十分考えられることは指摘できたと思われる。西大寺資財帳の存在にかかわる史料を、後代のものも含めてさらに検討する必要があろう。また、以上の検討の限りでは、実物観察から得られる知見と、平安・鎌倉時代の史料からうかがえる状況のすべてを満たすのは、上記②の想定のみであった。この点については、建久二年西大寺領荘園注文案を含め、叡尊・律家による西大寺進止権掌握と西大寺に伝わった記録・文書類の伝来との関係をより具体的に明らかにすることが課題となろう。

（1） 本報告末尾に西大寺所蔵本の釈文を付載した。釈文掲載にあたっては、行や文字の配置、紙継目位置など、同本の様態を示すことにつとめ、字体も本字や常用字体等で統一することはせず、可能な範囲でもとの様態に近い字体を用いた。なお、現存する西大寺資財帳全文の釈文は、これまでに『大日本仏教全書』寺誌叢書二、『寧楽遺文』中、岩本次郎「西大寺資財流記帳　西大寺本」（『仏教芸術』六二、一九六六年）等に収録されている。

（2） 西大寺所蔵本以外の諸写本の調査結果については、後日報告の機会を持ちたい。

（3） 西大寺所蔵本の調査は、山口のほか、佐藤信・新井重行を中心に、研究メンバーが共同してこれを行った。本報告は、調査データを山口の責任で取りまとめたものである。本報告の文責は山口個人にある。

（4） 『奈良六大寺大鏡14　西大寺』（岩波書店、一九七三年）、叡尊書状の項（堀池春峰執筆）。

（5） 西大寺所蔵本の書写年代について、東京美術学校編『西大寺大鏡第一冊』（大塚巧芸社、一九三三年）は、近世の写本であり、筆跡が「西大寺伽藍絵図」（原色図版12）と同じようであるとして、元禄一一年（一六九八）に擬すべきか、とした（西大寺資財流記帳の項）。ただし、筆跡の類似の判定はかなり難しいと思われる。『国書総目録』（岩波書店、一九六五年）は鎌倉時代写とし、岩本次郎前掲論文は室町期の写本かと思われるとしている。『国史大辞典』六（吉川弘文館、一九八五年）西大寺資財流記帳の項は、鎌倉時代または室町時代の写本とされると記述する（石上英一執筆）。

（6）ただし、書き上げられている諸荘を数えると二九処になると思われ、いくつかは二七という数に含まないのか、あるいはいくつかをまとめて一処と数えるのか判断できなかった。

（7）長谷川誠編『金剛仏子叡尊感身学正記』（興正菩薩七百年御遠忌記念、西大寺、一九九〇年）

（8）多度神宮寺・広隆寺・観心寺の資財帳等については、川尻秋生『日本古代の格と資財帳』（吉川弘文館、二〇〇三年）参照。

（9）【史料四】に記されている相論については、石上英一『古代荘園史料の基礎的研究　下』（塙書房、一九九七年）第三編第一章の整理を参照。

（10）西大寺資財帳がこの相論に持ち出された時期をさらに限定するなら、嘉元元年八月の院宣が下されるまでの過程で、西大寺は資財帳に基づく主張を行っておらず、その後の同十月十三日西大寺奏状ではじめて資財帳に基づく主張を展開したと読み取ることも可能と思われる。【史料五】の文殿勘文は、新たな証拠資料として資財帳が提出されたことによる秋篠寺側の越訴に対応しているのではなかろうか。

（11）同案の末尾に「弘安三年庚辰四月廿一日、西大寺公文所シテ書写之／小目代定西在判」の注記がある。

（12）石上英一『古代荘園史料の基礎的研究　下』第三編第一章（前掲）。

（13）『奈良六大寺大鏡　14西大寺』（前掲）、西大寺中曼荼羅図の項（田中稔執筆）。

【付載】

西大寺資財流記帳　上巻

（西大寺所蔵本　西大寺文書一〇一函五）

（新補表紙外題）
「西大寺資財流記上」

西大寺資財流記帳巻第一

惣四巻

縁起坊地第一
堂塔房舎第二
佛菩薩像第三
経律論疏第四
官符圖書第五
楽器衣服第六　已上六章、第一巻、
幡盖嚴具第七　已上一章、第二巻、
金銀雜財第八
林臺鋪設第九
釜（ママ）　雜器第十　已上三章、第三巻、
封戸出擧稲第十一

…………（紙継目）…………

田薗山野第十二
別功徳物第十三
奴婢名籍第十四　已上四章、第四巻、

縁起坊地第一

夫西大寺者　平城宮御宇
寶字稱徳孝謙皇帝、去天平寶字
八年九月十一日誓願、将敬造七尺金銅四
王像、兼建彼寺关（矣）、乃以天平神護元
年、創鑄件像、以開伽藍也、居地参拾壹町、
在右京一條三四坊、東限佐貴路、除東北角喪儀寮、南
限一條南路、西限京極路、除山陵八町、北限京極路、

堂塔房舎第二

金堂院

薬師金堂一宇　長十一丈九尺、廣五丈三尺、
盖上東西金銅沓形、各重立金銅鳳形、各咋銅
鐸、盖上中間金銅火炎一基、中在金銅茄形、居銅
蓮花形、令持於金銅師子形二頭、蹈金銅雲形、又宇
上周廻火炎卅六枚、並在鋼（銅）瓦形、角隄瓦端銅華形
八枚、桶端金銅花形卌六枚、各着鈴鐸等、又四角

…………（紙継目）…………

各懸鐸、堂扇并長押、在金銅鋪肱金等、
弥勒金堂一基　二重、長廿丈六尺、廣六丈八尺、
盖東西隄瓦端、各在銅鑄枚金、又兩端金銅龍舌
十枚、桶端各着金銅葛形、又角各銅鐸、堂扇并
長押、在金銅鋪肱金等、
雙廊一周　一百十七丈二尺、　東西各軒廊、
中門一宇　長七丈八尺、廣三丈、
東西脇門二宇　各長二丈、廣二丈八尺五寸、
中大門一基　二重、長九丈、廣三丈七尺、　在鐸八口、
東西樓門二基　各長二丈六尺、廣二丈、

塔二基　五重、各高十五丈、
幢六株　二株、无鳳形、
在金銅鳳形四翼　二破、牡柱並金銅頭、
十一面堂院
檜皮葺雙堂二宇　長十一丈五尺、廣十丈五尺、蓋頭在龍舌廿八枚、
中檜皮葺樓　長五丈、廣二丈、
東西各檜皮葺樓　長二丈、廣二丈、板敷二重、
東檜皮葺僧房　長七丈、廣四丈、
西一檜皮葺僧房　長七丈、廣四丈、板敷、
西二檜皮葺小房　長三丈、廣一丈六尺、板敷

（紙継目）

西三檜皮葺僧房　長四丈五尺、廣一丈六尺、板敷、　〇コノ行、継目ニカカル、
西北檜皮葺屋　長二丈四尺、廣一丈四尺、板敷、
南檜皮葺門屋　長三丈三尺五寸、廣二丈、
西南角院
中檜皮屋　長五丈三尺、廣二丈五尺、板敷、
東南檜皮屋　長五丈六尺、廣一丈八尺、
東檜皮屋　長五丈六尺、廣一丈八尺、
南檜皮屋　長七丈、廣一丈八尺、板敷、
西檜皮屋　長五丈六尺、廣一丈八尺、
西北一草葺板倉　長一丈七尺六寸、廣一丈六尺、高一丈一尺、
二草葺丸木倉　長一丈六尺九寸、廣一丈五尺三寸、高一丈六寸、
三草葺板倉　長一丈五尺八寸、廣一丈三尺四寸、高一丈六寸、
四草葺板倉　長一丈七尺六寸、廣一丈四尺、高一丈八寸、

東南角院
南檜皮屋　長四丈四尺、廣二丈、
東檜皮倉代　長五丈、廣一丈六尺五寸、
東檜皮甲倉　長一丈七尺、廣一丈四尺五寸、高一丈六寸、
東北檜皮屋　長四丈五尺、廣一丈六尺、
北西檜皮屋　長三丈六尺五寸、廣一丈五尺、
四王院

（紙継目）

檜皮葺雙堂二宇　各長十一丈、雙廣八丈六尺、蓋頭在龍舌廿八枚、　〇コノ行、継目上ニアリ、
東南（マヽ）葺瓦房　長九丈、廣四丈、
西南檜皮葺房　長九丈、廣四丈、
東北檜皮葺房　長五丈七尺、廣三丈六尺七分、
次檜皮葺小房　長五丈六尺五寸、廣十丈六尺、
次檜皮小房　長五丈六尺五寸、廣一丈四尺、　檜皮小屋　長一丈八尺、廣一丈一尺、
小塔院
檜皮堂一宇　長七丈、廣四丈、
檜皮細殿一宇　長七丈、廣二丈、並板敷、
北檜皮房　長九丈、廣二丈七尺、
次檜皮小房　長九丈、廣一丈二尺、
食堂院
瓦葺食堂一宇　長十丈、廣六丈、
檜皮殿　長十丈、廣四丈、
檜皮雙軒廊三宇　各長三丈、中廣一丈六尺、東西二宇、各廣一丈四尺、
瓦葺大炊殿　長九丈、廣五丈、

東檜皮厨　長十一丈、廣四丈、
瓦葺倉代　長五丈、廣二丈、
西檜皮厨　長十一丈、廣四丈、
瓦葺倉代　長五丈、廣二丈、
瓦葺甲雙倉　各長二丈三尺五寸、廣一丈八尺四寸、　中間　長二丈二尺八寸、　○コノ行、継目ニカカル、

……………（紙継目）……………

馬屋房
東南檜皮屋　長四丈、廣二丈、　敷板、
草葺屋　長五丈四尺、廣一丈九尺、
草葺厩　長九丈、廣二丈、
瓦葺廁　長六丈四尺五寸、廣一丈二尺、
檜皮板倉　長一丈七尺二寸、廣一丈三尺、高九尺三寸、
檜皮屋　長五丈、廣二丈、敷板、
檜皮屋　長四丈七尺五寸、廣二丈六尺、
檜皮温屋　長五丈、廣二丈、

政所院
東南檜皮屋　長三丈、廣一丈八尺、　敷板、
次檜皮屋　長五丈、廣二丈、
東檜皮屋　長四丈七尺、廣一丈八尺、
北檜皮厨　長四丈五尺、廣一丈六尺五寸、
次檜皮厨　長四丈五尺五寸、廣一丈九尺、
檜皮政廳　長四丈六尺五寸、廣二丈、
西北草葺板倉　長一丈六尺三寸、高一丈二尺、　廣一丈六尺七寸、
西草葺厨　長五尺、廣二丈、

西檜皮板倉　長一丈八尺七寸、廣一丈五尺六寸、　高一丈二尺五寸、
西南檜皮板倉　長一丈九尺、高〔廣〕一丈七尺、　高一丈一尺八寸、

……………（紙継目）……………

正倉院
南一瓦葺甲倉　長三丈一尺、高一丈六尺、廣二丈二尺二寸、
二瓦甲倉　長三丈、高一丈六尺四寸、廣二丈五尺五寸、
三瓦板倉　長二丈九尺三寸、高一丈六尺二寸、廣一丈六尺八寸、
四瓦板倉　長二丈九尺六寸、高一丈六尺七寸、廣二丈六尺六寸、
五瓦板倉長二丈五寸、高一丈二尺八寸、廣一丈六尺、
六瓦板倉　長一丈九尺六寸、高一丈三尺、廣一丈五尺六寸、
七檜皮甲倉　長二丈六寸、高丈（ママ）二尺六寸、廣一丈六尺、
八檜皮甲倉長丈（ママ）七尺四寸、高一丈五尺五寸、高一丈三尺六寸、
九檜皮板倉　長一丈八尺、高一丈二尺二寸、廣二丈六尺一寸、
十檜皮板倉　長一丈八尺五寸、廣一丈六尺七寸、高一丈一尺寸（ママ）、
十一檜皮板倉　長一丈八尺四寸、高一丈二尺、廣一丈五尺三寸、
十二檜皮板倉　長一丈八尺五寸、高一丈八寸、廣一丈五尺、
十三中檜皮甲倉　長一丈五尺八寸、高九尺、廣一丈三寸、
十四檜皮廳　長四丈五尺、　廣一丈八尺、
十五北瓦板屋　交葺、長二丈七尺、廣一丈八尺、　敷板
十六次瓦板倉代　交葺、長四丈、高八尺、廣一丈八尺、
十七東北瓦葺甲倉　長二丈八尺六寸、高一丈六尺、廣二丈二尺二寸、
十八東檜皮屋　長四丈五尺五寸、廣（ママ）
十九東南檜皮厨　長四丈六尺、廣二丈、

……………（紙継目）……………

廿南檜皮客房　長五丈九尺三寸、廣一丈八尺四寸、　○コノ行、継目ニカカル、
廿一檜皮房　長四丈、廣一丈四尺、
廿二瓦葺屋一宇　長九丈、廣二丈、　敷板、
瓦葺佛門三宇
東南門一宇　長三丈、廣二丈、　東北門一宇　長三丈、廣二丈、
西南門一宇　長三丈、廣二丈、
離散屋倉九宇
瓦葺甲倉一宇　長二丈五尺五寸、高一丈四尺四寸、廣二丈一寸、在安量房、
檜皮板倉一宇　長一丈六尺、廣一丈三尺二寸、高九尺二寸、
草葺板倉一宇　長一丈六尺、廣一丈三尺二寸、高八尺四寸、
檜皮葺屋一宇　長四丈四尺、廣二丈、
板屋一宇　長四丈八尺、高一丈九尺、　已上、在古浄土院、
板葺甲倉一宇　長一丈六尺五寸、高一丈、廣一丈一尺、
草葺板甲倉一宇　長一丈二尺九寸、高七尺五寸、廣一丈一尺八寸、在瓦屋坊、
草葺板倉屋一宇　長一丈五尺、高九尺五寸、廣一丈一尺、在瓦屋坊、
檜皮葺屋一宇　長四丈四尺、廣一丈七尺八寸、

佛菩薩像第三

薬師金堂
薬師像一軀　居高八尺、蓮華座高七尺五寸、四王像八軀、捧座廻、着鏡五十六面、
擧身光一基　高一丈一尺、在化佛并音聲菩薩像、各着鏡七十二面、大小雑、

(紙継目)

脇侍菩薩二軀　各居高五尺八寸、以金銀雑玉等餝、座高六尺、持〔侍〕座師子形六頭坐、着鏡卅八面、　○コノ行、継目ニカカル、
擧身光二基　各高八尺五寸、各着鏡七十二面、

十一面観世音菩薩像二軀　各高六尺、左手持水瓶形、右手持桃花□念數各一貫、
圓光各一基
馬頭観世音菩薩像一軀　高六尺、
得大勢菩薩像一軀　高六尺、
不空羂索観世音菩薩一軀　高六尺、
孔雀明王菩薩像二軀　各高（ママ）尺、
摩訶摩由璃菩薩像一軀　高六尺、
梵天王像一軀　高六尺、
天帝釋像一軀　高六尺、
羅漢像三軀　各高五尺六寸、
四天王像四軀　各高五尺、　已上、壥金、各在圓光、
補陀落山浄土變一鋪　障子綸、高三尺九寸、廣三尺一寸、在金銀花形釘、紫細布縁、
佛臺一基　黒柿柱四枝、各高四尺五寸、天井長四尺二寸、廣二尺、紫細布蓋、
居足別白木机一前　高一尺六寸、長四尺、廣二尺、
敷錦褥浅緑裏　（障子高九尺廣五尺九寸紫地錦縁〔衍〕在金銅花形釘肱金〔衍〕）
薬師浄土變一鋪　障子、高九尺、廣五尺九寸、紫地錦縁、在金銅花形釘肱金、
牙床一基　涂、長九尺二寸、廣三尺八寸、高一尺一寸、金銅肱金并金銀綸、
敷土代布三條　各長一丈一尺、

(紙継目)

縁帳一條　長一丈、三副、　（ママ）基　涂、高一丈五寸、柱四枝、金銀綸、　○コノ行、継目ニカカル、
敷褥一枚　黄地錦表、浅緑絁裏、緋地錦縁、
盖一口　表紫、裏未□〔朱芳〕纈、珠縄錦縁、雑色羅□□〔地〕、長一丈、廣四尺、
小幡四流　黄地錦頭、紅纈羅身四坊、赤黒紫縁、足各四條、紫未〔朱〕芳夾纈等、長各九尺五寸、
観世音菩薩埝像亻一軀　綵色、以雑玉餝、高三尺四寸、

彩色蓮花座　六角三階花足、
圓光　金銅裁物、
居六角殿　泶、高六尺、　盖表裏柱扇等並繪、　其扇六具、裏菩薩像繪、
六角盖　泶、上居彩色鳳形、　毎縁端居鸚鵡形、懸雜玉幡
小幡六流　各長四尺七寸、　以金銅裁物并雜玉錺、
褥一枚　紫地兩面錦表、　泶(浅緑)縁裏、
居六角牙床　高一尺四寸、　長七尺、　廣五尺七寸、押金銅肱金等、
又六角小床　高七寸五分、　長五尺、　廣四尺一寸、高蘭并角等押金銀肱金等、　泶、
敷褥一枚　雲間錦表、　布裏、
金銅釋迦佛像一軀　高七寸五分、
金銅蓮華座　高二寸五分、
金銅六角机　方八寸、
足六隻　高三(寸脱)五分、
埝帝釋像二軀　各高一尺三寸、　在彩色寶盖一口、
埝神王像二軀　彩色、

（紙継目）

金銅多門天王像一軀　高七寸、　○コノ行、継目上ニアリ、
金銅摩耶夫人像一軀　高一尺一寸、
金銅花樹一根　高三尺五寸、
金銅龍形一頭長一尺三寸、　已上四種、　灌佛調度、　壁七間畫、
七佛薬師浄土
天井并柱畫音聲人雜花形等
埝般沙尸棄像一軀
弥勒堂

弥勒菩薩像一軀　居高八尺、座高一丈、寶冠着鏡一面、方三寸、
擧身光一基　高一丈二尺、　光中化佛並脇侍菩薩卅五軀、
脇侍菩薩像二軀　各居高五尺五寸、　座高八尺、寶冠着鏡各一面、　方三寸、
擧身光各一基　高一丈、
菩薩像十軀　各居高五尺、　座高七尺、
擧身光各一基　各高七尺、　已上、　並壊、　押金薄、
水精弥勒菩薩像一軀　立高一尺七寸、　金銅蓮華座并榻、　但聰形呉床、　白銅雜玉錺、　金銅擧身円光等、
六角泶殿一宇　螺鈿金銀眼(ママ)肱金押并鏁子二具、　雜玉幡六流、　長三尺六寸五分、　以白石金銅吹玉等錺、　殿殿(衍)裏着円鏡一面、
敷褥一床　緋地錦表、　雲間錦縁、　紫界辛紅纐纈裏、
泶牙床　土居并高蘭等、　押金銅肱金并裁物、　所〻在水精吹玉等、
音聲菩薩廿二軀　各居高二尺五寸、　座高一尺六寸、持雜樂器、
二軀立　高五尺、　座高五(ママ)寸、
羅睺羅像二軀　各居高一尺、　○コノ行、継目ニカカル、

（紙継目）

羅漢像一軀　高二尺、
天女像十軀　各高七尺、　座高一尺、　各持白(自佛カ)拂、
天人像十軀　各居高四尺五寸、　持寶冠、
牢度跋提神像一軀　居高四尺八寸、　座高一尺、在放光中現卌九重殿、
神王像五軀　各高六尺、
龍王像六軀　各居高四尺六寸、
胡人四口　各居高一尺、　已上九種、　並埝彩色、
金銅鼓一面　径九寸、　在木臺、
十一面堂
阿弥陀佛像一軀　居高二尺八寸、　壊金薄、　蓮花座、

擧身光一基　高四尺一寸、

脇侍菩薩像二軀　各居高座二尺三寸、蓮花座、高三尺九寸、壥金薄、

十一面観世音菩薩像一軀　高一丈一尺、壥金薄、御手懸紫石五香丸水精三種金珠、又小刀子二柄、彩色、

蓮華座高三尺八寸、𩗗形着鏡十二面、居涂涅呉床、金繪、

擧身光一基　高一丈六尺、着鏡七十八面、

不空羂索菩薩像一軀　高一丈一尺、壥金薄、御手懸紫石𥫱石白石三種念珠、彩色、蓮花座、高三尺八寸、

𩗗形着鏡十二面、居涂涅呉床、金繪、

擧身光一基　高一丈六尺、押鏡八十二面、

金剛蔵菩薩像二軀　各居高三尺、壥、座高三尺二寸、彩色、

擧身光二基　各高四尺二寸、金薄、　〇コノ行、継目ニカカル、

（紙継目）

観世音菩薩像二軀　各高五尺九寸、壥金薄、

円光二基　高各八尺四寸、彩色、蓮花形茎、

金銅毗沙門天王像一軀　高一尺一寸、坐銅礒形、高二寸、薬師金堂上坐料、

薬師佛畫像二軀　彩色、

一軀　長九尺、三副、表裏並裕、表縁紫、副綾裏緋纈、裏白絁甲纈縁、

一軀　長九尺、三副、表裏並白絁并綾等裕、夾纈并錦等縁、

薬師佛并観世音菩薩畫像一軀　彩色、三副、長九尺、裏形并裕絁綾、縁紫并夾纈等、

十一面観世音菩薩畫像　三副、長八尺八寸、裏於（形カ）并裕白絁並帛等、縁紫并夾纈等、

弥勒菩薩畫像一軀　四副、長一丈二尺、赤紫綾縁、帛裏、

納櫃二合　一長九尺、一長四尺、並白木、帛袋一口、八副、長短在別、

居白木榻一基　敷布一條、長四尺六寸、

（紙継目）

四天王畫像二鋪　並細布、紫縁、各長一丈六尺、五副、

納櫃一合　長一丈三尺、

居榻一基　長九尺一寸、敷布一條、長一丈一尺、

弥勒菩薩畫像一軀　四副、裏帛、縁表赤黒紫、裏辛紅小纈、又裏一（ママ）條、表白綾、裏帛、縁表紫綾、裏辛紅小纈、

臺一基　涅白土、長一丈四尺、蓋一枚、表黒紫緑錦、裏辛紅小纈、虵舌紫錦、縁雲間錦、小幡四流、頭并身足雑色錦、長一丈二寸、

牙床一基　涅白土、長一丈一尺二寸、廣四尺、高九寸、押金銅肱金等、褥一床、表緋地錦、緑〔縁〕珠縄錦、裏浅縁〔緑〕、

土代褥一條　表黒紫綾、裏浅緑、縁雲間錦、

佛御樻一合　長一丈、

緋綱二條　各長一丈四尺、

緑絁一條　長一丈三尺二寸、

四王堂

八角塔一基　五重、露盤木押金薄、

火頭菩薩像二軀　各高一丈一尺一寸、在擧身光、

金銅四王像四軀　各高七尺、各着大刀一柄、三柄着別綴組帯緒一条、在円光、又毗沙門天王横佩一柄、正四位上藤原朝臣是公卿奉、

金銅桙四枝、金銅文一巻、筆一管、已上三種、寺作並形也、

最勝太子像一軀　高三尺、四臂三面、従四人、

将了知大将像一軀　高三尺、従四人、

八臂那羅延天像一軀　高三尺、従六人、

（紙継目）

菩提樹神善女天像一軀　高三尺、十手、従四人、

堅牢地神善女天像一軀　高三尺、従四人、

吉祥天女像一軀　高三尺、従四人、

大辨才天女像一軀　高三尺、従四人、

已上七軀、並埝彩色、

経律論疏第四

惣一切経律論疏肆部　壹萬渫仟貳佰貳拾参巻、又雑経律参仟壹佰巻、

一部　官御齋會時、在弥勒堂、

惣大小乗経律論八百七十四部　員四千六百十三巻四百卌四帙、

大乗経四百七十四部　二千一百廿七巻　二百一帙、

注大乗経拾参部二百一巻　廿一帙、

大乗律廿五部五十六巻　五帙、

大乗論九十三部　五百廿四巻　五十二帙、

小乗経一百八十三部五百卌七巻　卌七帙、

小乗律五十三部四百四〔十脱カ〕五巻　卌五帙、

小乗論卅三部　七百十三巻　七十二帙、

右並黄紙及標〔褾〕紫淡綺帯、胡粉地金繪花軸、竹雲間帙、緋裏錦縁拾組帯、

目録二巻　黄紙、綺細〔緒カ〕胡粉、花軸、

金字弥勒経一部三巻　紫紙、金銀繪褾、珠縄緒、水精軸、織竹彩帙、緋裏拾組帯、珠縄縁、

（紙継目）

惣納渫涅厨子五基

一基　高四尺一寸五分、長四尺七寸、廣二尺三寸五分、

一基　高四尺一寸、長五尺二寸、廣二尺五寸、

一基　高四尺四寸、長五尺五寸五分、廣二尺五寸五分、

一基　高四尺一寸、長四尺七寸、廣二尺三寸五分、

一基　高四尺一寸、長四尺七寸五分、廣二尺三寸五分、

已上渫涅、以雑丹彩色、各金涅鏁子二具、居渫塗榻各一前、各在褥一枚、各橡絁覆一条、

一部　官納、在薬師堂、

惣大小乗経律論七百廿三部二千九百卅二巻二百七十八帙、

大乗経四百七十八部二千一百廿二巻　二百二帙

大乗律十四部十四巻　一帙、

大乗論十六部卅六巻　三帙、

小乗経一百八十五部　五百四十七巻　卌七帙、

小乗論一部十巻　一帙、

目録外注経十三部一百卅六巻　十七帙、

右並黄紙、綺緒、雑色花軸、雑色帙二百七十八枚、卅九枚竹雲間、表緋裏錦、縁、拾組緒、二百卅九枚紙帙、雑色絹緒、

目録二巻　黄紙、綺緒、末花軸、

雑経四百九十八巻

新翻薬師経廿二巻

十巻白木軸繪金墨帙一枚

二巻色紙青石軸彩色帙一枚

（紙継目）

十巻嘉(ママ)軸金墨繪帙一枚　○コノ行、継目ニカカル、

本願薬師経三百卅六巻

一巻色紙青石軸帙一枚

一百六十九巻朱軸金墨繪帙十七枚

一百六十六巻白木軸金墨繪帙十七枚

金剛壽命陀羅尼経九十巻

金剛般若経五十巻　帙五枚小、

惣納渫涅厨子三基

一基　高四尺五分、　長四尺七寸、　廣二尺四寸、
一基　高四尺五分、　長四尺六寸五分、　廣二尺三寸五分、
一基　高四尺、　長四尺六寸五分、　廣二尺三寸、
已上三基、並渋塗、以雑丹彩色繪、各椽純覆一條、
居渋塗榻各一前、
二基　各高二尺、長三尺、廣一尺六寸、並金銀繪、在金銅番并
蓋釘等、
敷褥并壁代十二條　白綾表、白裏、
階別置香袋二口　櫨渋、
居牙床榻二基　渋、高各三尺、長三尺七寸、
並金銅釘并肱金等、
土代褥二條　長各八尺、並甲纈表、浅緑(縁)裏、
覆二條　並表緋地錦、縁雲間珠縄錦、裏紫纈、
経樻三合　並渋、
一合　長一尺五寸、廣一尺四寸、納金剛壽命陀羅尼経、
二合　各長三尺三寸、廣二尺四寸、
一部　吉備命婦由利、在四王堂、進納、

(紙継目)

惣大小乗経律論疏章集傳出経録外経等一千廿三部
五千二百八十二巻　　五百十六帙、
大乗経四百七十五部二千二百八巻　二百十四帙、
大乗律廿五部五十七巻　五帙、
大乗疏五十八部二百八十九巻　卅三帙、
大乗章三部廿四巻　二帙、
小乗経章一百七十四部五百□(卅カ)九巻　卅八帙、
小乗律五十二部四百廿九巻　卅四帙、
小乗論廿三部百(五カ)百五十一貫(ママ)　五十三帙、
小乗疏七部七十七巻　十帙、
小乗章三部廿八巻　三帙、
集五十一部三百十三巻　三十二帙、
傳四部八十二巻　八帙、
出経廿九部九十七巻　八帙、
録外経廿八部卅八巻　三帙、
右並黄紙、綺緒、雑軸、編竹繍帙、
目録二巻　黄紙、綺緒、花軸、編竹繍帙、
惣納厨子四基　各長五尺、廣二尺四寸、高四尺一寸、並渋塗、金銀
番并金塗鏁子各二具、内各敷褥五條、居渋塗、
榻各一前、敷白地緑地兩面褥各一枚、紫地兩面覆各一條、
一部　在十一面堂東樓、

(紙継目)

惣大小乗経律論偽疑録外注疏等肆仟参佰捌拾
参巻　帙肆佰貳拾伍枚、
大乗経二千七十巻
大乗律五十七巻
大乗論四百六十五巻
已上、帙二百卌五枚、
小乗経四百七十六巻
小乗律二百九十八巻
小乗論四百二巻
偽疑経廿巻　已上、帙一百十二枚、
目録外経二百七十七巻　帙廿五枚、
目録外注経一百九十二巻　帙廿四枚、

疏一百十九巻　帙十九枚、
右並黄紙、綺緒、白并柒等軸、竹雑色繍帙、
惣納厨子八基
柒平文厨子六基　各長四尺六寸一分、廣二尺三寸三分、高四尺一寸、
敷白綾褥十五枚
居牙象榻六基　各廣五尺一寸、徑二尺七寸七分、高二尺、
橛厨子一基　押大橛、金銅肱（ママ）金釘等、廣三尺一寸五分、徑一尺五寸三分、高二尺四寸四分、
敷白綾褥二枚

（紙継目）

居榻机一前
案厨子一基　廣三尺二寸、徑一尺四寸三分、高二尺四寸八分、
敷白綾褥二枚
（敷白綾褥二枚ママ）
居榻机一前
納雑香廿九褁
雑経貳仟伍佰肆拾貳巻　在十一面堂、
大般若経貳部一千二百巻白紙、白橡褾、綺緒、涅穢芳軸、无帙、
納黒柒辛櫃四合　各長三尺三寸、廣各二尺二寸、深一尺三寸、以同黄繪花鳥蝶等形、
覆各一條表緋并緑地錦、裏縁絁、
居各白木榻足机一前長各三尺八寸、廣各二尺一寸、高一尺九寸、敷布各二条、長各四尺三寸、
大集経五十九巻　白橡紙、青色褾、綺緒、涅朱芳并銀黒繪軸、　帙六枚、

（紙継目）

法華経二部十六巻　黄紙、同褾、綺〔綺〕緒、黒柿軸、　帙二枚並麻、
最勝王経一百部一千巻　黄紙、同褾、綺緒、朱芳軸、之中白木花軸十丸、

帙一百枚　之中十枚麻、
花嚴経一部六十巻　朱芳紙、同褾、紫檀軸、　帙六枚、
十一面神咒経心（ママ）一巻
不空羂索経一巻　並紫紙、同褾、以金墨寫、水精軸、　帙一牧〔枚〕
梵網経一部二巻　紅紙、同褾、雲間緒、青色軸、
弥勒経一部三巻
二巻朱芳
一巻黄紙並浅緑標雲間緒青色軸　帙一枚、
観世音経九十四巻白橡紙、同褾、綺緒、白木花軸、　帙三枚、
十一面観世音経神咒（ママ）十五巻白橡紙、縹標、綺緒、白木花軸、帙二枚、
観音三味経八巻白橡紙、縹標、綺緒、白木花軸、　帙一枚、
不空羂索咒経十巻白橡紙、紫標、綺緒、白木花軸、帙一枚、
不空羂索神咒心経十七巻白橡紙、紫標、綺緒、帙一枚、
観世音菩薩如意摩尼陀羅尼経三巻滅紫紙、同標、綺緒、白木花軸、

（紙継目）

観世自在菩薩如意心陀羅尼咒経二巻滅紫紙、紫標、綺緒、白木花軸、
不空羂素〔索〕策心咒王経二巻浅黄紙、緑標、緒緒（ママ）、白木花軸、
不空陀羅尼自在王呪経一巻　白橡紙、緑標、綺緒、白木花軸、
已上八巻、帙一枚、
如意輪陀羅尼経三巻　白橡紙標、綺緒、白木花軸、　帙一枚、
方廣経三巻黄紙、緑標、綺緒并金墨繪軸、　帙一枚、
観世音菩薩授記経九巻白橡紙、縹標、綺緒、白木花軸、　帙一枚、
不空羂索真言経廿八巻　黄紙、白橡標、綺緒、以金銀墨繪軸、　帙三枚、

海龍王経四巻黄紙、同標、綺緒、白木軸、　　帙一枚、

十一面并不空羂素〔索〕菩薩稱名経一巻

四分律一部六十巻葉藁紙、縹標、綺緒、金銀墨繪軸、　　帙六枚、

厨子七基并渫埿、

二基各長二尺五寸、廣一尺一寸、高二尺一寸、以金銀繪、所〻居水精玉、角別押金銅肱金、内敷褥各二條、表兩面錦、裏布、

居渫牙床机各一前各長二尺八寸、廣一尺五寸、高一尺五寸五分、

居白木榻足机各一前各長三尺二寸、廣一尺七寸五分、高一尺五分、

敷細布各一條　長各四尺、

…………（紙継目）…………

一基長三尺九寸、廣一尺六寸三分、高三尺、以雜丹繪、角別押金銅肱金、打花形釘、着金埿鏁子二具、

居渫埿榻足机一前長四尺四寸、廣二尺一寸、高一尺八寸、角別押金銅肱金、又角於在金銅□□〔形〕

一基　長二尺五寸、廣一尺四寸、高二尺四寸五分、角別押金銅肱金、打花形釘、金埿鏁子二具、

白(ママ)居木机一前　長三尺五寸、廣一尺八寸五分、

敷褥一床白地兩面表浅緑纈裏長三尺五寸、廣一尺八寸五分、

覆一條　黄地錦表、浅緑纈裏、拾組二条、長各二丈二尺、

二基各長四尺一寸、廣一尺五寸、高三尺四寸、並以金銀繪、着純銀子一具、破、金銅鏁子一具、内敷褥各三枚、表白綾、裏帛、

覆二口　一口表縹地錦、裏辛紅纈、一口表青地錦、裏辛紅纈、

居床二基　各長五尺八寸、廣二尺五寸、高一尺一寸、彩色花足、

敷褥二床　各表滅紫地錦、裏浅緑、雲間縁、長廣床同、

六角渫殿二宇各高六尺、長六尺五寸、廣三尺五寸、宇楯張赤紫綾、錦縁、盖上立鳳形一頭、椽端別座花玉、懸玉幡六流、長五尺、七寸、糸幡四総、盖裏着花鏡一面、基呉床一基、着金銅肱金、敷紫褥一床、錦縁、浅緑裏、居床一前、埿胡粉、敷錦褥一床、裏浅緑、

一基長三尺九寸、廣一尺七寸、高三尺、以雜丹繪、着鏁子一具、金銀肱金、

覆一口表緋地鳥形錦、裏浅緑纈、

居彩色花足床長五尺六寸、高一尺二寸、廣二尺三寸、

敷褥一條　表緋地錦、裏浅緑、雲間縁、

…………（紙継目）…………

居紫土埿六角床長八尺、廣五尺、高一尺、押金銅肱金、

敷褥一條表紫綾、裏浅緑、錦縁、

紫土埿六角殿一宇　高六尺一寸、廣三尺四寸、

懸幡六流各長五尺五寸、頭白地錦、身紫三坊足五條糸、着鈴四口、枚金一枚、又懸糸抹幡四條、付合子雜玉等、

殿裏着花鏡一面　経〔徑〕六寸五分、

経辛櫃七合

四合墨渫長各三尺三寸、廣二尺二寸、深一尺三寸、以同黄繪花并鳥蝶等形、

居各白木榻足机一前　長各三尺八寸、廣二尺一寸、高一尺九寸、

敷布各二條　長各四尺二寸、

覆各一條　緋并緑地錦表、緑絁裏、

二合赤渫長各三尺二寸五分、廣二尺二寸、深一尺四寸、一合着鐵鏁子一口、並金堂料、

居白木机各一前長各三尺八寸、廣二尺一寸、高一尺三寸、

覆各一條　白地錦表、生絁裏、

一合赤渫小、長一尺三寸、廣八寸、深四寸、牙床、以金銀繪山水雲鳥等形、

居榻足渫埿机一前　長二尺一寸、廣一尺三寸、高二尺、以同黄繪草堂形、着金銅鏁子一具、

敷褥一枚　緑地錦表、浅緑絁裏、以縹帯二条固、

…………（紙継目）…………

覆一條　二副、長五尺九寸、紫緑表、浅緑甲纈裏、固縹帯一條、長九尺、

已上、在十一面堂、

西大寺資財流記帳　下巻

（西大寺所蔵本　西大寺文書一〇一函六）

（新補表紙外題）「西大寺資財流記下」
（旧題籤墨書）「西大寺資財流記帳末」○第一紙右端裏ニ貼リ付ケラル、

官符圖書第五

勅書官符等陸拾壹巻

勅書六巻

二巻施入封戸　天平神護二年、納通分物文、

一巻白紙及表綺緒繪軸在内印、

一巻辛紅紙及表綺緒黒柿軸无印、

三巻施入封戸　神護景雲四年、納施藥料文、

一巻辛紅紙及表綺緒檜軸无印、

一巻赤紙及表珠縄緒水精軸　无印、

一巻黄紙縹表綺緒檜軸　无印、

一巻獻入薗帳　白紙及表、綺緒、檜軸、在内印、天平神護二年山背國相樂郡、

願文一巻獻入薬院水田在備前國黄丹紙、黄表、珠縄緒、神護景雲四年、无印、

官符十六巻

二巻獻入庄家并墾田　神護景雲元年、○コノ行、継目ニカカル、

……………………………………（紙継目）……………………………………

一巻攝津國嶋下郡　在内印、

一巻越前國坂井郡　在内印、並白紙及表、檜軸、

九巻獻入庄家墾田山林奴婢等　神護景雲二年、

二巻獻入庄家并墾田在内印、在越前國坂井郡、

一巻買庄家并墾田　在内印、在越前國坂井郡、

一巻獻入粟林在内印、在近江國甲可郡、

一巻獻入墾田在内印、　在讃岐國多度郡、

一巻獻入庄家并葦原在内印、在河内國更占郡、

一巻獻入庄家并墾田在内印、在近江國滋賀粟〔栗〕太二郡、

已上七巻、白紙及表、檜軸、

一巻獻入奴婢在内印、白紙及表、綺緒、浾軸、京及諸國、

又枚文一張納奴婢　神護景雲二年、在越中國印、

四巻獻入稲塩山奴婢　神護景雲三年、

一巻獻入封戸并應出擧稲在内印、

一巻獻入稲應出擧　在内印、

一巻取塩木山案在内印、在讃岐國、

……………………………………（紙継目）……………………………………

一巻獻入奴婢案在内印、已上白紙及表、綺緒、浾軸、

一巻取塩木山案在内印、在播磨國、白紙及表、綺緒、浾軸、神護景雲四年、

已上廿二巻、褁黄紙帙、

雑書卌九巻

四巻獻入樂器衣服帳

一巻白紙黄表紫緒大羕轆轤軸在官印、神護景雲三年、

一巻副唐樂高麗樂　神護景雲三年、

一巻呉樂和装束治道、庇持、皷鉦盤打、笙吹等衣服、白紙、檜軸、神護景雲四年、

一巻同樂呉装束白紙、檜軸、神護景雲四年、

一巻檢律斐太麻呂所獻墾田飛驒國解文白紙及表、檜軸、寳龜二年、

又國解文一枚、

一巻美作國解文墾田地文圖白紙、黄表、綺緒、檜軸、神護景雲二年、在國印、
一巻宇治鷲取獻入墾田帳白紙及表、檜軸、在國印、神護景雲四年、
在近江國甲可郡、
一巻獻入阿弥陀山寺并財帳白紙及檜軸、神護景雲元年、
一巻僧綱牒検國墾田地等在印并白紙廿二枚、神護景雲元二年、

（紙継目）

一巻獻入壬生宅継女之奴婢帳白紙、神護景雲三年、
一巻獻入人〻奴婢等手實白紙、天平神護三年、
一巻右京職解文検西大寺堺内在百姓家地應給帳、天平神護二年、
一巻武蔵國墾田文圖　寶龜九年、在國印、
一巻同國林地帳　寶龜九年、在國印、
一巻若狭國焼塩所帳　在國印、
一巻近江國四郡田籍　寶龜七年、
　已上十六巻、褁黄紙帙、
一巻越前國庄〻財墾田帳六道〔通〕、景雲三年、
一巻越中國没官物并田籍五道〔通〕、景雲三年、
一巻同國稲田帳　景雲四年、
一巻同國田籍　自景雲二年至寶龜元年、
一巻越後國水田并墾田地帳景雲三年、
一巻同國田籍帳庄〻副景雲三年、
一巻頸城郡大領高志公舩長田圖　同年、
一巻同國鶉椅庄田勘定帳寶龜九年、
一巻諸國解文田沽買券　十五紙、

（紙継目）

　已上九巻、在國印、
一巻田畠地等獻納解文　卅四枚、
一巻雑物獻納解文　九十六枚、
一巻内裏并人〻獻雑物書九十三枚、
二巻内裏仰事并雑継
一巻　六十三枚、
一巻　卅六枚、
一巻太政官符并案　五十五枚、
一巻太政官省〻符并案　卅一枚、
一巻諸國諸寺雑券文　卅八枚、
五巻入寺僧沙弥帳
一巻五十枚　一巻七十二枚
一巻七十一枚　一巻五十七枚
一巻廿四枚
一巻衆僧公驗帳用紙六十一枚、捺治郡〔部〕省印、寶龜十年以往者、
田薗山野圖渫拾参巻

（紙継目）

寺院一巻白絁二副長五尺、京職所造、
大和國九巻
一條高市郡加隆庄圖白布、
二條宇治郡桃嶋庄　白布一、白紙一、
二條宇太郡甘良村栗林白絁一、白布一、地味得、
一巻同郡茅原庄、白紙、无實、
一巻添下郡瑜伽山寺　白紙、

一巻同郡阿弥陀山寺　白紙、
一巻同郡秋篠山　白紙、
山背國四巻
二巻相楽郡泉木屋並白紙、
二巻葛野郡葛野池白布一、白紙一、
攝津國三巻
一巻嶋下郡穂積村白紙、二副、長四寸、在内印、
一巻豊嶋郡佐伯村和諸乙并布勢夜恵女等獻白布、
一巻同地高志和麻呂所獻　白紙、

（紙継目）

河内國一巻更占郡渚濱庄地在内印、白絁、
伊賀國三巻
二巻名張郡栗林圖並紙、副文圖、國印、一枚白紙、
一巻同郡杣図　白紙、
近江國十三巻
六巻滋賀郡保良庄圖一巻絁、在内印、五巻白紙、
一巻栗太郡勢多庄圖白紙、
一巻甲可郡椋部栗林白絁、在内印、
一巻滋賀郡古津庄圖白紙、
一巻同椋部庄田圖宇治鷲取所獻、白紙、
一巻野洲郡柴井庄紙、在國印、
一巻甲可郡杣圖白紙、
一巻同郡緑道杣圖　白紙、
播磨國二巻

一巻印南郡庄圖土師年足所獻紙、在國（ママ）
一巻赤穂郡塩山　白絁、在内印、

（紙継目）

美作國五巻大庭郡田地二巻布、三巻紙、並在國印、　○コノ行、継目ニカカル、
安藝國安埶〔藝〕郡牛田庄圖二巻布一、紙一、並在國印、
讃岐國二巻
一巻寒川郡塩山白絁、坂本毛人所獻、在内印、
一巻多度郡田地白絁、高志和麻呂所獻、在内印、
阿波國坂〔板カ〕野郡庄二巻一白布、一紙、在内印、栗〔粟〕凡直國継所獻、
丹波國舩坂杣圖一巻　白紙、
備前國大豆田庄一巻　白紙、上道廣成所獻
武蔵國入間郡榛原庄一枚　布、在國印、
越前國九巻
一巻坂井郡子見庄白紙、内印、
二巻同郡高屋庄一布、内印、一紙、在國印、
三巻同郡赤江庄一布、在國印、一白絁、二副、无印、一布、白、
一巻同郡馬立綾部　合三（ママ）庄圖白絁、在内印、
一巻同郡牛立庄白絁、在内印、
一巻江沼郡本堀庄白紙、

（紙継目）

越中國四巻　○コノ行、継目上ニアリ、
二巻射水郡榛山庄　一紙、在國印、一布、在國印、
一巻同郡中野庄　印（ママ）、在國印、
一巻新川郡佐味庄紙、在國印、

越後國七巻
一巻頸城郡櫻井庄　印（ママ）、在國印、
一巻同地津村庄　紙、在國印、
一巻蒲〔蒲〕原郡鶉橋庄一布、一紙、並白、
一巻同庄紙、在國印、
一枚同郡槐田庄紙、在國印、
一巻高志郡三枝庄　白紙、
斐太國大野郡田地三巻　一布、二紙、並在國印、
樂器衣服第六
呉樂器二具
庇二枚寺所作、
治道二面　一面黒色、一面赤色、
師子二頭　一頭大、官納、一頭小、寺買、　○コノ行、継目ニカカル、

（紙継目）

師子兒四面各頂在鋪、
呉公二面
一面桐白、在赤紫綾山形、押金銅裁物鳳鸖並雲
形縁、
一面壥、赤黒紫山形、押金銅裁物鳳形縁、
金剛二面　一面桐、在金銅宇受、一面壥、在金髪纏並宇受、
鉦盤二口　在緒、
迦樓羅二面　一面桐、一面壥、並在金銅宇受、
崐崘二面　一面桐、一面壥、並在金銅宇受、
呉女二面　一面桐、在金銅簪、一面壥、在草形、押金簿、

力士二面　一面桐、一面壥、並在金銅宇受、
婆羅門二面
一面桐、在馬髪頂、押金銅裁物、廻宇受、三頂押鋪、
一面壥、在青皮毛、押金頭裁、廻宇受、三頂押鋪、
太孤二面一面桐、一面壥、並頂在白馬髪并押枚金、
太孤兒四面　二面桐、二面壥、並在頂黒馬髪、押板金、　○コノ行、継目ニカカル、

（紙継目）

酔胡王二面一面桐、虎皮廻赤紫綾冠、以金墨繪鳳并草形等、錦堺、一面壥、青皮廻黒紫綾冠、綺堺、
酔胡従十六面　八面桐、八面壥、並在頂枚金、
已上、納櫃三合、　涂埿二合、白木一合、
呉皷六十具　卌具官納、廿具大宰帥家納、
已上、以寳龜二年潤三月十七日造伎樂引（ママ）獻入、
呉樂衣服二具呉裝束、
治道二人
緑地錦頂隠二條、〻別龜甲錦縁着、緋絁裏、黄糸総也、緋地花形錦、襠裲二具、縹絁裏着赤紫綾比〻良、紺絁袍二領、木根涅〔染〕絁裏、細布衫二領、緋絁袷袴二腰、帛裏、
雲間錦脛裳二具、生絁裏、備緋絁結緒各二條、紫絁勒肚巾二條、帛裏、
白橡布袜二兩、破、
白橡細布幞子二條、栫幡二流、錦首緋絁旒、
庇持四人
赤紫絁袍四領、帛裏、着雲間錦袖継浅（ママ）縁絁裏、細布衫四領、着緋絁袖、帛裏、帛
袷袴四腰、大口、帛勒肚巾四條、白橡布袜四兩、白橡細布
幞子二條、

（紙継目）

笛吹二人

緑絁袍二領、帛裏、細布衫二領、紫絁袖、帛裏、帛袷袴二腰、大口、

帛勒肚巾二條、白橡布袜二兩、破、白橡細布幞子二條、

皷撃廿人

冠廿四口、皀、

赤紫綾袍四領、〻別浅緑絁裏、緋絁袍十六領、帛裏、袖着、浅緑絁裏、細布

衫廿領、四領着緋絁袖、十六領着紫絁袖、並帛裏、帛袷袴廿腰、大口、帛勒肚巾廿條、

白橡布袜廿兩、破、雲間錦皷懸緒廿條、緋絁裏、十条着緋糸、十条着黄糸総、

白橡細布幞子六條、

鉦盤撃二人

緑絁袍二領、帛裏、細布衫二領、紫絁袖、帛裏、帛袷袴　二腰、大口、

帛勒肚巾二條、白橡布袜二兩、破、雲間錦鉦盤懸緒

二條（ママ）、着縹絁裏、緋糸総、白橡細布幞子二條、

師子頭二

布衫四領、布冠四條、白橡布衫四領、破、已上、便褁兒幞子、

尾幡二具、〻別員三流、〻別黒紫綾一条、緋絁一条、黄絁一条、在子褁、○コノ行、継目ニカカル、

（紙継目）

師子兒四人

紫絁頂隠四條、〻別雑色緋九條、黒紫綾一條、赤紫綾二条、緑絁二條、浅緑纈一條、緋臈纈二條、緋絁一條、鋪六枚、

黒紫綾袍四領、〻別帛裏、着大襟、緋地錦、袖亀甲錦、腋主雲間錦、細布衫四領、緑絁

袷袴四腰、〻裶四具、〻別雑色裶十二条、黒紫綾二條、赤紫綾二条、緋臈纈四、橡臈纈四條、鋪十二枚、

緋絁勒肚巾四條、帛裏、白橡布袜四兩、破、白橡細布撲〔幞〕子二條、

○一呉公人

紫絁頂隠二條、〻別雑色裶九條、黒紫綾一條、赤紫綾二條、緑臈纈絁二條、緑絁一條、緋臈纈二條、緋絁一條、鋪六枚、

黒紫綾袍二領、〻別帛裏、袖着雲間錦、浅緑絁裏、小襟大襟緋地錦、肩垂副亀甲雲間錦、緋糸総、袖雑色、蚍舌

廿四條、黒紫綾四條、赤紫綾四條、緋絁八條、紫絁四條、黄絁四條、緑絁下幡二條、纈廻蚍舌廿六條、黒紫六條、赤六條、緑絁四條、縹六條、菫四條、緋絁下幡一条、

鋪卌七枚、細布衫二領、着帛袖、緑袷袴二腰、〻別襴継雲間錦、緋地錦

亀甲錦副笛袋二具、〻別緋絁裏、口継紫綾、雑色蚍舌卌四條、赤紫十一條、縹十條、黄十一條、緋十一條、鋪十二枚、

白橡布袜二兩、破、白橡細布幞子二條、

金剛二人

紫絁頂隠二條、〻別雑色緋九条、黒紫綾一條、赤紫綾二條、緑纈二條、緑絁一條、臈纈二條、緋絁一條、鋪六枚、

緋地花形錦袍二領、〻別帛裏、袖着緑地錦紫地錦、小袴〔襟〕大襟斑地錦、腰雑色緋十二条、黒紫綾二条、赤紫綾

二條、緋臈纈四條、白橡臈纈四條、鋪十二牧〔枚〕、紫下衣二領、着紫緋裁交欄、帛裏、細布衫一領、緑

袷袴二腰、帛裏、紫勒肚巾二條、雲間錦脛裳二具、生絁

裏、備緋結緒各二條、白橡布袜二兩、破、白橡細布幞子二條、

迦樓羅二人

紫絁項隠二條、〻別雑色緋九條、黒紫綾一条、赤紫綾二条、緑絁三条、緋臈纈二条、緋絁一条、鋪六牧〔枚〕、

（紙継目）

緑絁地錦袍二領、〻別帛裏、袖着紫地錦緋地錦浅緑絁裏、小襟大襟緋地錦、肩覆一条、亀甲錦雑色緋十五條、〻別

紫纈五条、緋臈纈五条、緑纈五條、天衣二条、〻別副三色紫纈緋臈纈緑纈等、鋪廿枚、腰雑色緋十二条、黒紫綾二条、赤紫綾二条、緋臈纈四条、白橡

臈纈四條、鋪十二枚、紫下衣二領、着紫緋裁交欄、帛裏、細布衫二領、緑袷袴二

腰、紫勒肚巾二條、雲間錦脛裳二具、備緋絁結緒各二條、白橡

布袜二兩、破、白橡細布幞子二條、

崐崘二人

紫絁項隠二條、〻別雑色裶九條、黒紫綾一條、赤紫綾二條、緑纈二條、緑絁一條、緋臈纈二條、緋絁一条、鋪六牧〔枚〕、

斑地山形錦袍二領、〻別帛裏、袖着紫地錦、赤地錦、浅緑裏、小襟大襟緋地錦、胥雑色裲十二條、黒紫綾十
二條、赤紫綾二條、緋臈纈四条、白橡臈纈四條、鋪十二枚、紫下衣二領、着紫緋裁交欄、帛裏、細布衫
二領、緑袷袴二胥、帛裏、紫勒肚巾二條、雲間錦脛
裳二具、備緋纈緒二條、白橡布袜二兩、破、白橡細布幞子
二條、

呉女二人

紫絁項隠二條、〻別緋絁裏、鋪六枚、雲間龜甲錦袍二領、〻別着縹絁裏、
袖小襟大襟緋地錦雲間錦、赤紫下衣二領、帛裏、細布衫二領、浅緑
袷袴二胥、着雲間錦欄継、帛裏、裳二胥、〻別裁交紫黄絁、便着浅緑下裳、紫紗領
巾二條、〻別二副、白橡布袜二兩、破、白橡細布幞子二條、

力士二人

紫絁項隠二條、〻別雑色裲九條、黒紫綾一條、赤紫綾二條、緑纈二條、緑絁一條、緋臈纈二條、緋絁一條、鋪六枚、
緋地花形錦袍二領、〻別帛裏、袖着紫地錦斑地錦、小襟大襟斑地錦、胥雑色裲十二条、黒紫綾二条、赤紫

……………………（紙継目）……………………

綾二条、緋臈纈四條、白橡臈纈四条、鋪十二枚、紫下衣二領、着紫緋裁交欄、帛裏、細布衫二領、緑　○コノ行、継目上ニアリ、
袷袴二胥、帛裏、紫勒肚巾二條、雲間錦脛裳二具、〻別生絁
裏、備緋絁纈緒各二條、白橡布袜二兩、破、白橡細布幞子二條、

金剛力士桙持四人

黄絁袍四領、帛裏、着小襟、腋圭雲間並緋地錦、細布衫四領、紫袷袴四
胥、紫勒肚巾四條、白橡布袜四兩、破、紺布作髪四頭、
白橡細布幞子〔四脱〕條、

婆羅門二人

紫絁項隠二條、雑色緋九條、黒紫綾一條、赤紫綾二條、緑絁三条、緋臈纈二條、緋絁一条、鋪六枚、

斑地山形錦袍二領、帛裏、着緋地鋪小襟大襟、細布衫二領、紫絁袷
袴二胥、帛裏、雲間龜甲胥垂二具、〻別緋絁裏、着雑色裲十二條、黒紫綾
二条、赤紫綾二條、緑絁四条、緋臈纈四條、鋪十二枚、紫勒肚巾二條、帛裏、天衣二條、〻別副三色紫
絁臈纈縹臈纈絁等、帛洗物二條、白橡布袜二兩、破、白橡細布
幞子二條、

大孤二人

紫絁項隠二條、〻別雑色裲九條、黒紫綾一條、赤紫綾二條、緑絁三條、緋絁三条、鋪六枚、
龜甲錦袍二領、〻別帛裏、袖着緋并斑地錦、縹絁裏、小襟大襟欄、緋地錦帯、緋絁鋪十二枚、
細布衫二領、〻別着帛袖、緑絁袷袴二胥、〻別欄継雲間、

大孤兒四人

紫絁項隠四條、雑色緋九條、黒紫綾一條、赤紫綾二條、緑絁三條、緋絁三條、鋪六枚、
赤紫綾袍四領、〻別帛裏、袖着縹絁裏、小襟雲間錦、大襟袖継欄廻緋地錦、肩垂雲間錦、裏緋絁、着縹帯

……………………（紙継目）……………………

一條、鋪廿五枚、細布衫四領、〻別帛小襟、紺地袴四胥、〻別口継雲間錦、帛裏、白橡
布袜四兩、破、白細布幞子二條、

酔胡王二人

雲間錦項隠二條、〻別緋絁、裏黄糸総、龜甲雲間錦袍二領、
領別帛裏、小襟大襟緋地錦、袖継雲間錦、帛汗衫二領、細布衫二領、帛袷袴
二胥、布袜二兩、破、白橡細布幞子二條、

∩｜酔胡十六人

項隠十六條、八條別黒紫綾、緋絁裏、八條別赤紫綾、緋絁裏、紫絁袍四領、〻別帛裏、小襟腋圭雲
間錦、袖継緋地錦、帛汗衫四領、細布衫四領、帛袷袴四胥、布
袜四兩、破、白橡細布幞子二條、

緋絁(袍脱)四領、二領〻別帛裏、着小襟袖腋圭雲間錦、二領〻別帛裏、着小襟袖腋圭緑地錦、帛汗衫四領、
細布衫四領、帛袷袴四腎、布袜四兩、破、白橡細布
幞子二條、緑絁袍四領、二領〻別着帛裏、小襟袖腋圭緋地錦、二領〻別着帛裏、小襟袖腋圭緋地錦、(ママ)
帛汗衫四領、細布衫四領、帛袷袴四腎、布袜四兩、破、
白橡細布幞子二條、
黄絁袍四領、〻別浅緑裏、着小襟袖腋圭緋地錦、帛汗衫四領、細布衫四
領、帛袷袴四腎、布袜四兩、破、白橡細布幞子
二條、

呉樂衣服卌八具　和装束、

庇持四人

(紙継目)

衫四領、二領紫紗、二領緋紗、　半臂四領、並緋地錦雲間絁襴、　襖子四領、二領藍染
臈纈表、帛裏、二領纈臈表帛裏纈、汗衫四領、並帛、　袜四領(兩)、破、並細布、　袴四腎、
並帛綿、

鼓撃卅人

衫卅領、廿領紫紗、廿領緋紗、
半臂卅領、十六領緋地錦、身雲間絁襴、一領緋地錦、身紫臈纈襴、六領緋地錦、身紫羅臈纈襴、一領白地両面身紫羅襴、
八領白地、両面身緋臈纈襴、六領白地、両面身紫羅臈纈襴、二領白地、両面身紫臈纈襴、襖子卅領、十領藍染臈纈、四領纈臈纈、
六領緋臈纈、廿領紫臈纈、汗衫卅領、並帛、綿袴卅腎、並帛、袜卅兩、並細布、破、

笛吹二人　(衫二領脱カ)一領紫紗、一領緋紗、
半臂二領、一領緋地錦、身紫羅臈纈襴、一領白地、両面身紫羅蒴〔臈〕纈襴、
襖子二領、並藍染臈纈表、帛裏、
汗袴二腎、並帛、袜二兩、破、

鼻廣履廿八兩、靴履廿八兩、廿五両皺文、三両皀皮、

大唐樂器一具

箏一面　桐、納緑地錦袋一口、
琴柱十三枚　納辛紅刺物袋一口、
琵琶一面　紫檀槽、
黄楊撥一枚　已上、納緋地錦袋一口、
箜篌一張　洙湼銀平文、樫鐵子十六枚、白地錦嚢裏赤地刺物
方響一臺

(紙継目)

鎚二枝　鹿角、　納白地錦袋一口、
斑竹合笙一口　洙湼嚢、納袋一口、縹緑縫、
班竹竿一口　洙湼嚢、納袋一口、縹緑地錦長縫、
篳篥二口　一小、一大、　納緑地羅縫物袋一口、
簫一口　納緋地錦袋、並尺、
斑竹尺八一口　納辛紅地羅縫物袋一口、
斑竹横笛一口　納辛紅地羅縫物袋一口、
銅鈸子一具　片破、
嗔面頭一面　桐、
鞨鼓一面　腔以金曇〔墨〕繪、納黄袋一口袷、
腎鼓一面　洙湼腔以金墨繪、納黄絁袷袋一口、
鶏樓一面　以金墨繪、納黄絁袷袋一口、
(ママ)罰二枝　湼烟子、納滅紫地袋一口、
倒鼓一柄　洙湼柄、納黄絁袷袋一口、
揩鼓一面　洙湼腔、

古樂皷三面　一二三並彩色腔、
犬鼓一面　舟〔丹〕地彩色腔、　今脩理之、
百子一連　由師木、破、
革帯卅六條　金埿并金洙、裏錢(ママ)、
靴鞜廿兩　七兩皀皮、十三兩皺文、　以上、納辛櫃五合、

……（紙継目）……

木太刀二柄　唐洙琴一面納緑地錦袋一口、　○コノ行、継目ニカカル、

唐樂器

篁篌六面並桐　四大、二小、　各納黄絁錦袋、
琵琶六面　各在紫檀撥、
三面紫檀槽　唐、　各納紫錦袋、
一面木節槽　納黄袷袋、
二面桑槽　納黄袷袋、
箏六面並桐、　各納黄錦袋、
方響六臺　並黒柿、各在鎚二柄、面別鐵貝十六枚、　並納黄袷袋、
笙六管在笙刀、　各納夾纈袷袋、
横笛六管　惣納黄袷袋、
尺八八管　惣納黄袷袋、
大篳篥六管
小篳篥六管　已上十二管、納黄袷袋、
銅鈸子六具　各着夾纈緒、
百子六連　並案、　納黄袷袋、
腎皷六面　各納黄袷袋、
鞨皷六面　各納黄袷袋、

鶏樓六面　各在桴、　各納黄袷袋、
鞀皷六面　各納黄袷袋、

……（紙継目）……

楷皷六面　各納黄袷袋、　○コノ行、継目上ニアリ、
大皷六面　各在桴、　各納紺細布袷袋、皆破、
古樂皷一具　一二三大一、桴二、　各納紺細布袷袋、
羅陵王装束一具
冑一頭　銀装、　面一面　金装、
絁甲一領　縹地金装生絁裏、
木釼一口金装、着緋絁緒、五綵派目貫、
桙一竿　着鐏、　紫袍一領緑裏、
緑襖子一領帛裏、　帛汗衫一領
帛袴一腎着綿、　袴奴一腎緋地、兩面生絁裏、
紫攝腎一條緑裏、　彫履一兩
已上、納辛櫃十合　一洙埿、九白木、

唐樂衣服具

袍卅四領　廿二領袷、不入綿、廿領単衣、　雑色
七領　赤紫紗、古、今相替緋紗、
五領　緋紗、
五領　表緋東絁、裏并紐帛、
二領　表黒紫東絁、裏緑、
二領　表赤紫綾、裏緑、
三領　表赤紫東絁、裏緑、小破朽、
六領　表緋東絁、裏緑、

（紙継目）

一領　表赤地甲纈、裏浅緑、今相替表縹地夾纈、裏帛、
二領　表黒紫緑下上二一綾裏、
一領　表黄地甲纈、裏帛、今相替縹地夾纈、裏帛、
半臂卌四領
十三領　表白地甲纈、裏白絁、襴并緒紅刺物、
六領　表白地甲纈、裏白絁、襴并緒緑雲間、
四領　表縹地甲纈、裏白絁、襴并緒紅刺物、
一領　表縹地甲纈、裏白絁、襴并緒重間、今相替表浅緑夾纈、裏絁、襴浅緑纈、
二領　表白地甲纈、裏絁、襴并緒浅緑甲纈、
二領　表縹地甲纈、一裏白絁、一裏絁、襴并緒緑刺物、
四領　表白地甲纈、二裏白絁、二裏絁、襴并緒縹地甲纈、
二領　表白地甲纈、裏絁、襴并緒緑刺物、
襖子卌四領　並不入綿、
三領　表白地甲纈、裏帛、
五領　表縹地甲纈、裏帛、
六領　表黄地甲纈、裏帛、一領相替表緋地錦、裏帛、

（紙継目）

四領　表緑絁、裏帛、　一領　表黒紫綾、裏緑、　○コノ行、継目ニカカル、
二領　表縹地甲纈、裏浅緑、
一領　表辛紅絁刺物、裏緑、
五領　表紅刺物、裏帛、　二領　表赤地甲纈、裏浅緑、
四領　表辛紅地刺物、裏帛、
一領　表赤地甲纈、裏帛、今相賛〔替〕表緋絁、裏帛、大口、

汗衫卌四領　並帛、
袴卅六襨卅六（マ マ）襨入綿、四襨无綿、二襨今造、
褌卌四襨　四襨作袴二襨、見卅襨、
高麗樂器一具
箜篌一面　以金銀繪、
横笛二口　大皷一面　彩色、面徑三尺、
又一面　徑三尺七寸、在臺、　小皷五面
百子一連　滅紫木、久破、
銅鈸子一具　二口、　蘊志麻理𦱳笠二盖　各㿝羅衣、
止理蘊冠二頭　各緋地錦表、
大宿獨冠二頭　各白絁表、
小宿獨冠二頭　各㿝絁、

（紙継目）

納蘊理二面　帽子四條　○コノ行、継目上ニアリ、
犬師子一頭　頂在白木角形、
大小尊頭二頭　後垂紺布、
駒形二疋　一疋白頭、上覆緋地錦、一疋赤頭、上覆雲間錦、　日影二縵黒赤紫羅蚫舌、
振皷二柄　並彩色、　金塗大鈴五口
小刀三柄　彩色玉壺一襨
桙四枝　廣幡二流　一白地、虎形繪、一白地、鷹形繪、
緋絁末額八條　長各五尺、　草履十六兩　破、
已上、納洣涅辛樻二合　敷洗布二条、固絁綱二條、
高麗樂衣服具
袍卅領　廿四領大、六領小、

六領緋紗　五領紫紗

二領　表黒紫綾、裏緑、　二領　表赤紫絁、裏緑、

一領　表赤紫綾、裏緑、　四領　表緋東絁、一裏緑、三裏帛、

一領　表赤紫東絁、裏纈、　已上、大、

六領緋紗　小、古、

半臂廿六領　廿一領大、五領小、

九領　表白地甲纈、裏白絁、欄并緒辛紅刺物、

二領　纈地甲纈表、白絁裏、欄并緒辛紅刺物、

二領　表白地甲纈、裏白絁、欄雲間、

二領　表白地甲纈、裏白絁、欄并緒緑刺物、一領相替表白地甲纈、裏生絁、欄浅緑雲間、

（紙継目）

三領　表白地甲纈、裏絁、欄并緒纈甲纈、　○コノ行、継目ニカカル、

一領　表黄地甲纈、裏絁、欄并緒辛紅刺物、

一領　表纈地甲纈、裏白絁、欄并緒纈甲纈、

一領　表浅緑地甲纈、裏白絁、欄并緒辛紅刺物、

已上、大、

二領　表白地甲纈、裏白絁、欄并緒浅緑雲間、一領相替表白地夾纈、裏生絁、欄浅緑夾纈、

一領　表浅緑地甲纈、裏絁、欄并緒緑雲間、

二領　表黄地甲纈、裏緑、欄并緒○浅緑雲間、

已上、小子料、

袷襖子廿四領　十八領大、之中入綿一領、六領小、

一領　表白橡刺物、裏帛、

三領　表黄刺物、裏帛、

二領　表辛紅刺物、裏帛、

三領　表白絁甲纈并雑色、裏帛、

一領　表赤紫綾、裏緑、

一領　表纈地甲纈、裏帛、

一領　表纈地甲纈、裏帛、

四領　表黄地甲纈、裏帛、

一領　表赤紫東絁、裏緑、

一領　表浅緑、裏帛、入綿、

（紙継目）

一領　表緋絁刺物、裏緑、今相替表紅刺物、裏帛、

已上、大、

三領　表黄地甲纈、裏帛、一領替表櫨地刺物、裏緑、綿、

一領　表黒紫東絁、裏纈、

一領　表緋地刺物、裏緑、今相替表紅刺物、裏帛、

一領　表辛紅刺物、裏帛、

已上、小、

帛汗衫卅領　廿四領大、六領小、

帛褌卅𦊆　廿四𦊆大、六𦊆小、　六領帛袴廿八𦊆　廿二𦊆大、六𦊆小、

大小尊袴二𦊆　緑大纈、

納帳外乗樂人服

袍二領　一緋紗、一緋絁、並単、

袷襖子一領　表黒緋地刺物、裏帛、

帛襖一𦊆呉大口、呉装束、　納洡樻二合、

天井盖二枚　表赤紫細布并虵舌、裏辛紅細布、長各一丈四尺、廣四尺四寸、

褥二床　各表赤紫細布、裏夾纈細布、緑黒紫、長各一丈三尺八寸、廣四尺五寸、

幡八流 各白、身紫、椽赤黒紫、足各四、各長一丈四尺六寸、廣一尺五寸、

白布綱四條

一條 長七丈五尺、 一條 長七丈一尺七寸、

一條 長七丈二寸、 一條 長七丈八尺一寸、

……（紙継目）……

已上、最勝王経時四王料、納洙埿辛櫃二合、

高机十三前

四前 漆洙埿、各長五尺、高四尺一寸、廣二尺五寸八分、

四前 白土埿、長各四尺、高三尺五寸五分、廣一尺九寸四分、

五前 白木、長各四尺、高三尺五寸、廣一尺九寸五分、

以前、資財起（縁脱）、自寳龜十一年九月至于同

年十二月、僧綱三綱衆僧共相商量、依本納

帳、計會勘定、録顕如件、

寳龜十一年十二月廿九日 少都維那脩行満位證瓊

第一巻 上座傳燈法師位勝傳

大寺主傳燈法師位長良

都維那傳燈満位恵訴

小寺主脩学満位奉寵

小都維那傳燈満位芬恵

鎮 大鎮傳燈大法師位普照

少鎮脩学満位恵融

可信

脩学法師位

脩学大法師位

脩学大法師位光適

僧綱 威儀師傳燈大法師位性泰

……（紙継目）……

大僧都弘耀 威儀師傳燈法師位仁秀 ○コノ行、継目ニカカル、

少僧都 従儀師傳燈満位満栢

少僧都永厳 従儀師傳燈満位希耀

律師 従儀師傳燈満位常不退

律師 衆僧

律師 傳燈大法師位憬善

律師善栄 脩行法師位徳印

傳燈満位勝杓

傳燈満位花稲

傳燈満位正道

傳燈満位天宗

傳燈〔住〕位守泰

傳燈満位仙憬

傳燈住位三明

脩學入位愧仁

4　西大寺と秋篠寺

石上英一

はじめに

平安時代後期から鎌倉時代の大和国の西大寺の歴史は、その北に位置する秋篠寺との関係を無視して考えることはできない〔石上英一、一九九七〕。また、秋篠寺の歴史も、西大寺との関りなしには語ることができない。そして、一〇世紀末以降に南都興福寺の末寺・所領となった西大寺と対抗した秋篠寺の歴史は、秋篠寺が担った内裏における正月の太元帥御修法にかかわる香水・壇土採進と諸賦課を抜きにしては語ることができない。そこで、西大寺所蔵荘園絵図群の歴史的性格を考える前提として、西大寺と秋篠寺の関係について概観することにしたい。

一　秋篠寺の創建と善珠

1　創建

秋篠寺の創建の年月日を直接に示す史料は残されていない〔福山敏男、一九七八。工藤圭章、一九七八〕。しかし、宝亀一一年（七八〇）六月に、光仁天皇（和銅二年（七〇九）生、天応元年（七八一）一二月二三日歿。在位、宝亀元年（七七〇）正月一日～天応元年（七八一）四月三日）が、秋篠寺に封一百戸を当代に限って施入したことが見えるので（『続日本紀』宝亀一一年（七八〇）六月戊戌（五日）条）、これ以前に創建されていたことが知られる。

大和国添下郡佐紀郷の秋篠地区を居地とする氏族には、秋篠氏がいた。秋篠氏の祖は、土師宿禰安人（秋篠安人。天平勝宝三年（七五一）生、弘仁一二年（八二一）正月一〇日歿）で、延暦元年（七八一）五月二一日に居地（大和国添下郡佐紀郷の秋篠）の名により秋篠宿禰の姓を賜り、延暦九年（七八九）一二月三〇日に秋篠朝臣の姓を賜った。これは、桓武天皇（父は光仁天皇。天平九年（七三七）生、（延暦二五年（八〇六）三月一七日歿。在位、延暦元年（七八一）四月三日～

延暦二五年（八〇六）三月一七日）の母高野新笠の母が土師真妹であったための優遇策であった。土師氏は、菅原朝臣（居地は大和国添下郡の菅原。菅原道真の祖）、秋篠朝臣、大枝朝臣（山城国乙訓郡大枝村。土師真妹の一流）、土師宿禰（和泉国大鳥郡土師郷）の四流となった。

秋篠安人は、少内記、大外記を経て、参議となり右大弁、尋で左大弁を兼ね、東宮大夫（春宮は平城天皇の皇太弟神野親王）も務め、従三位にまで至った。秋篠安人は桓武天皇の信任厚い貴族であった〔長岡篤、二〇〇一〕。また、秋篠安人は、『続日本紀』『弘仁格』『弘仁式』の編纂に当った。

通説〔長岡篤、二〇〇一、等〕の如く、秋篠寺（法号、内経寺）は安人流の土師氏（後、秋篠氏）の氏寺として、光仁天皇即位の宝亀元年（七七〇）以降に建立されたと推定される。宝亀一一年の秋篠寺への封戸施入は、土師氏への優遇策であった。

2　秋篠寺の発展

興福寺の学僧善珠（養老七年（七二三）生、延暦一六年（七九七）四月一六日寂）は、延暦一六年（七九七）正月一四日に僧正に任ぜられた（『日本後紀』延暦一六年正月辛丑（一四日）条）。それは、皇太子安殿親王が故早良親王の亡霊に悩まされて病となったとき、般若経転読により病を癒した功によるとされている（『扶桑略記』延暦一六年（七九七）正月一六日条）。

安殿親王（宝亀四年（七七四）生、天長元年（八二四）七月七日歿）は、父は桓武天皇、母は藤原良継の女の乙牟漏である。安殿親王は、延暦四年一一月に皇太子となり、大同元年（八〇六）五月一八日に即位（平城天皇）し、大同四年四月、弟神野親王（嵯峨天皇。延暦五年（七八六）生、承和九年（八四二）歿。在位、大同四年（八〇九）～承和九年（八四二））に譲位して太政天皇となったが、弘仁元年（八一〇）九月、重祚をはかり平城宮で挙兵し敗北し出家した（薬子の変）。早良親王（天平勝宝二年（七五〇）生、延暦四年（七八五）一〇月歿）は、父は光仁天皇、母は高野新笠である。早良親王は、桓武天皇の弟で皇太子となり、藤原種継暗殺（大伴・佐伯氏の謀反とされる）に関ったとして、延暦四年（七八五）一〇月に逮捕され（廃太子）、死去した。早良親王は、非業の死により怨霊となったとされる。故早良親王の怨霊を鎮めるため、延暦一九年（八〇〇）に、崇道天皇の号が追贈された。

善珠が延暦一六年四月二一日に入寂すると、皇太子（安殿親王）は善珠の形像を図いて秋篠寺に安置した（『扶桑略記』）。直木孝次郎によれば、秋篠寺は非天武天皇系の寺院（桓武天皇は天智天皇系）で、早良親王の怨霊を鎮める法会が土師氏に関わる寺として善珠により行われていたので、善珠の歿後もそれを続けるために善珠の画像が安置されたのではないかとされている〔直木孝次郎、一九六八〕。

また、延暦一七年（七九八）一一月には、秋篠寺に大和国添下郡の荒廃公田二四町と旧池一処が施入された（『類聚国史』巻百八十二、延暦一七年一一月壬申（二七日）条）。山本崇により、荒廃公田は、「京北班田図」（西大寺本・原色図版1、東大本・原色図版2）に記載される京北三条三里・四里の二四ヵ坪の一円所領（現在の押熊・中山地区）、旧池は、同じく「京北班田図」に描かれる京北四条四・五里の勅旨池（現在の二ツ池がその名残）であるとされている〔山本崇、二〇〇〇、四～五頁〕。荒廃公田とは、国家所有の田で、以前に耕作されていたが当時は荒廃していた田である。旧池（フルイケ）は、当該の荒廃公田の灌漑用に築造されていた池である。

延暦二四年（八〇五）には、善珠の弟子であった興福寺僧常楼（天平一七年（七四五）生、弘仁五年（八一四）一〇月二二日寂）が、桓武天皇の願いにより秋篠寺に住した（『日本後紀』弘仁五年（八一四）一〇月乙丑（二二日）条）。常楼は、法華経・般若心経の読誦に優れていたとされる。善珠を継ぐ興福寺の学僧で、のち西大寺に住する常騰（天平勝宝二年（七五〇）生、弘仁六年（八一五）九月四日寂。少僧都、梵釈寺別当、崇福寺検校）も、秋篠寺に住していたことがある。

大同元年（八〇六）三月一七日に桓武天皇が歿すると、三月二三日に初七斎が京下諸寺で行われ、四月一日に誄、七日に山城国紀伊郡柏原山陵への葬送が行われた。ついで、四月八日に三七斎が山陵で、四月一五日に四七斎が近江国崇福寺等で、四月二二日に五七斎が大安寺と秋篠寺で、四月二九日に六七斎が崇福寺で、五月六日に七七斎が平安宮寝殿で行われた（『日本後紀』大同元年三月・四月・五月の諸条）。秋篠寺で五七斎が行われたのは、桓武天皇と秋篠寺の関係の深さを示すと言われている〔直木、一九六八〕。

大同三年（八〇八）七月二〇日に秋篠寺木工長上一人が停止されているので（『日本後紀』大同三年（八〇八）七月庚子（二〇日）条）、この頃までに、秋篠寺の造営は、大方、終了していたと考えられている〔長岡、二〇〇二〕。

嵯峨天皇の代となり、弘仁三年三月に秋篠寺に封一百戸が施入された（『日本後紀』弘仁三年（八一二）三月丙寅（八日）条）。

延暦六年（七八七）には秋篠寺別当（俗別当）が見え（延暦六年六月二六日東大寺使解。正倉院御物出納文書（『大日本古文書』二五。『平安遺文』四二八五号））、元慶八年（八八四）には左大臣源融が秋篠寺検校として見える（元慶八年一一月一三日僧綱牒案。東南院文書（『大日本古文書』東大寺文書之一。『平安遺文』四五四七号））。封戸の施入、別当・検校の設置を見ると、秋篠寺は、南都諸大寺に準ずる地位を有していたことがわかる。

二　常暁の太元帥法将来

1　常暁の太元帥法将来と修法の始まり

元興寺僧常暁（貞観八年（八六六）一一月三〇日寂）は、留学僧として承和五年（八三八）六月に入唐し、揚州（揚子江北方の大運河沿いの要衝）で、文瑑より太元帥法を伝授された。太元帥法は、太元帥明王を本尊とし、国家守護、玉体安穏を祈念する修法であった。

常暁は、承和六年（八三九）八月に帰国した。常暁は、承和七年（八四〇）六月三日、唐より将来した太元帥明王像（画像）と秘法（太元帥法の経典類）を山城国宇治郡小栗栖の法琳寺に安置し、同寺を太元帥法の修法院とすることの許可を太政官より得た。同年一二月には、平安宮の内裏常寧殿（内裏の後宮域の中心殿舎）で、太元帥法が常暁により修されたと伝える。

常暁は、太元帥法を毎年正月八日から一四日までの七日間、宮中で修することを願い、承和一三年（八四六）五月に上奏し（承和一三年五月一日常暁太元法初奏状。「入唐根本大師記」）、ようやく仁寿元年（八五一）一二月三〇日に太政官より許され、翌二年正月より后町（平安宮内裏後宮。中心が常寧殿）で修することになった（「太元帥法縁起注申状」所引貞観一八年（八七六）寵寿（第二代太元別当）奏状）。

太元帥法の修法（太元帥御修法）は、貞観八年（八六六）からは、治部省（平安宮の西南部）で修されることになった。太元帥御修法は、長暦二年（一〇三八）までは治部省で、のち平安宮内の諸所で行われた。

太元帥法の宮内での勤修は、承和元年（八三四）正月に空海が始めて中務省で行い、翌年正月から毎年正月八日〜一四日の行事となった御修法（御七日御修法、真言院御修法）に倣ったものである。後七日御修法では、玉体安穏・鎮護国家が祈念され、道場で御衣加持、内裏（清涼殿など）で香水加持が行われた。御衣加持は、玉体安穏のために天皇の衣を加持する修法であり、香水加持は、御修法結願後に導師が香水を殿上で加持し御前などに灑ぐための修法である。

2　太元帥法勤修と秋篠寺

①太元帥法の次第

鎌倉時代の太元帥法の次第は、『太元帥法血脈』（東京大学史料編纂所所蔵）などにより、概略、次のように紹介されている〔永村真、二〇〇〇〕。

修法の道場には、中央に大壇（東向き）が据えられ、南側に息災護摩壇（災害苦難を止息し、煩悩罪業を滅除する）、北側に調伏護摩壇（五大明王〈不動明王など〉等の法を修して怨敵悪魔を調伏する）・十二天壇（災害消除、国土安泰）・聖天壇（歓喜天供養）が並ぶ。天蓋と幡で覆われた大壇には、仁明天皇が承和七年に造らせたと伝えられる各百具の剣と弓箭が置かれ、東に十八面卅臂像（顔が一八、腕が三〇）、東北に一面四臂像、東南に六面八臂像の三種の太元帥明王像が掲げられた。壇場には、導師のほか伴僧一五名が勤めた。大壇では、太元帥明王を勧請して供養・念誦が、毎日三度、七日間二一度なされる。息災護摩壇供・調伏護摩壇供も二一度なされる。また、大壇では、毎度、念誦に次いで御衣加持が行われる。さらに、最後の三日間は、日に三度、御衣加持に次いで香水加持が行われる。

修法が結願すると、勅使に御衣・香水・巻数（修法の種類・度数、読誦した経・陀羅尼の遍数、祈祷文を記した願主への報告文）が渡された。

②太元別当

宮中での太元帥法の修法の導師（大阿闍梨。太元帥阿闍梨、太元阿闍梨、太元別当とも称される）は、宣旨により補任された。

常暁の後は、その法脈に連なる法琳寺の僧等が第二四代宣覚（嘉承元・二年（一一〇六・一一〇七）勤修）まで代々務めた。第二五代良雅（天仁元年〜天永三年（一一〇八〜一一一二）勤修）以降、仁海（天暦五年（九五一）生、永承元年（一〇四六）五月一六日寂。東密小野流祖。曼荼羅寺（随心院）開基）の法流を承ける真言僧が補任されるようになる。かくして、太元帥法は、仁海、成尊、範俊、良雅、厳覚へと相承された。太元帥阿闍梨補任の次第は、東京大学史料編纂所所蔵『太元帥法秘抄』（文永年中（一二六四〜七五）、理性院流の寛覚が著して師観俊に進覧し、のち弟子が加筆）・同所蔵柳原家本謄写本「太元秘記」（『柳原家記録』所収）に記されている。

太元帥阿闍梨は、さらに厳覚から宗意（承保元年（一〇七四）生、久安四年（一一四八）五月一九日寂）に伝えられた。宗意は、山城国山科の安祥寺（九世紀中葉に、仁明天皇女御藤原順子創建。恵運開基）の中興の祖とされ、東密三十六流の一つ安祥寺流の祖であり、この安祥寺流に太元帥法が相承されることになった。一方、第三〇・三三代賢覚（承暦四年（一〇八〇）生、（保元元年（一一五六）三月一六日寂。保延二年（一一三六）～久安二年（一一四六）、久寿三年（一一五六）勤修）が、醍醐寺に理性院を開創し、理性院流の祖となったので、理性院流に太元帥法が相承され、第四八代行厳（嘉禎二年（一二三六）九月一七日寂。理性院五世。寛喜二年（一二三〇）～嘉禎二年（一二三六）勤修）まで、理性院流の僧が太元帥阿闍梨にしばしば補任されることとなった。

養和二年（一一八二）～元暦二年（一一八五）は宗意の弟子の安祥寺別当実厳（元暦二年五月一四日寂）が第三九代太元帥阿闍梨を務め、嘉禎三年（一二三七）から実厳の孫弟子の成厳（応保元年（一一六一）生、延応元年（一二三九）正月二二日寂）が第四九代となり、理性院流の第五六代信耀（元亨二年（一三二二）一一月二八日寂。元応二年（一三二〇）～元亨二年（一三二二）勤修）を間に挟んで、第六二代興雅（延文元年（一三五六）～永和二年（一三七六）勤修）まで、安祥寺の別当・留守職が代々太元帥阿闍梨を勤めた。

③秋篠寺の役割

常暁については、秋篠寺に参籠したとき井戸で鬼神を見て、のち、その鬼神が太元帥明王であることが唐でわかったと伝えられる（秋篠寺所蔵「秋篠寺縁起」『大和古寺大観』五、岩波書店、一九七八年）。そのゆえに、毎年正月の太元帥御修法においては、秋篠寺の井（香水井）から汲み上げた香水と、本尊（薬師如来）座下から採り息災護摩壇と調伏護摩壇の護摩炉に塗る土を、平安宮内の太元帥御修法の壇所に送った。

『太元帥法秘抄』により、太元帥御修法における秋篠寺の役割についてみておこう。

『太元帥法秘抄』遣取秋篠寺香水并壇土事によれば、香水と壇土の採進は、次の次第で行われる。

一、遣取秋篠寺香水并壇土事

正月五日、衛士二人、持　宣旨参別当坊、別当成副下文賜之、兼有酒肴、六日後夜、下向彼寺、於彼寺与飯酒令饗応、又有免田一段大、所当米五斗、餅五十枚給之、七日寅時、汲香水、去年十二月一日、曳標於閼伽井、取壇土、彼寺乾角壇土取之、香水入白瓷瓶、壇土入籠、令彼寺辺人夫持之、自山城国境以来、衛士持之、当初自境以来取夫、令荷之云々、七日中、持参御壇所、以土加塗両壇護摩炉、以香水入白瓷大瓶、以紙裹口置之、

そして、右の「遣取秋篠寺香水并壇土事」に続く記事には、文書を引載して、香水壇土将進の次第がより詳細に示されている。正月の採進に先立ち、前年一二月に香水・壇土（壇塗土、炉土）採進を秋篠寺に命じる官宣旨が下される。その例として、承安四年（一一七四）一二月二日官宣旨の写（傍書により寛喜元年（一二二九）官宣旨（全文は「太元秘記」収載。『鎌倉遺文』三九〇六号）も示される）が、収載されている。官宣旨の宛先は、秋篠寺香水預所となっている。

宣旨案

左弁官下　大和国秋篠寺香水預所

応早採進香水并壇塗土等事

右、自明年正月八日、被始行八省御斎会太元法所料、依例早令採

進者、預宜承知、早令《依件》進之用途有限、不得延怠、
承安四年《寛喜元》十二月二日大史中原在判《紀朝臣在判》
右中弁藤原朝臣在判《左少弁平朝臣在判》

次いで、当年正月五日に官宣旨を持った衛士（官使）が太元師阿闍梨（太元別当。秋篠寺別当を兼ねることが多かったと思われる）の坊に赴く。

別当は宣旨に副える秋篠寺（香水預所）宛の下文を発給する。『太元師法秘抄』には、次のような承安五年（一一七五）正月五日太元別当尊実下文の写が収載されている。

下文案
下　秋篠寺香水預所
応早採進香水并炉土事
右、自来八日、可始行太元御修法之所持也、早依　宣旨、且任先例、可採進之状如件、寺宜承知不得延怠、故下、
承安五年正月五日
別当法橋上人位在判

なお、「太元秘記」には、右の下文と似た寛喜二年正月六日別当下文字（『鎌倉遺文』三九二〇号）が収載されている。

衛士は官宣旨と太元別当下文を持って正月六日夜に秋篠寺に至り、正月七日朝、香水を汲み白瓷瓶に入れ、壇土を採り籠に入れる。採集地について、『太元師法秘抄』では「彼寺乾角壇土取之」とある。正月七日、秋篠寺は、香水・壇土の送文を付して衛士を送り出す。

さらに、『太元師法秘抄』には、次のような、秋篠寺からの香水・壇土の送り状となる承安五年正月七日秋篠寺送文の写が収められている。

寺家送文案
進上
香水一瓶
塗壇土一籠
右、進上如件、
承安五年正月七日　堂童子秦国重
香水預
都維那教元
寺主法師静厳
上《大》座法師仏慶

衛士は、七日中に宮内の壇所に戻る。壇土は、二つの護摩炉に加え塗られ、白瓷大瓶に入れられた香水は大壇の導師の座の右脇に安置された。

秋篠寺からの香水・壇土の採進は、延久二年（一〇七〇）一一月一七日寂明注進状（「太元宗勘文」所引）にも見える。常暁が太元師阿闍梨であった時期でなければ、秋篠寺を太元師明王示現の地とし、示現した井戸の水を玉体安穏をはかる香水に用いることはなかったであろうから、香水の採進の慣行は太元師御修法勤修の当初からの行事で

あったと推定される。

また、ある時期から、太元別当が秋篠寺の別当を兼ねていたと推定される。秋篠寺は、香水・壇土採進の聖なる地として、寺家三綱の上に太元別当を戴くことになったのである。

太元帥御修法においては、壇場荘厳、壇供、饗膳（僧等の食事）、酒肴（俗人の食事）などに様々な物資が必要となる。それら諸賦課には、『太元帥法秘抄』の記すところ（一三世紀初めの状況か）を要約、列記すれば、次の如きものがある。

A　壇供御明等　米（播磨国）・油

B　太元法所召物

　諸司所課（掃部寮、内蔵寮）、行事所沙汰、蔵人方沙汰、永宣旨召（諸国から徴発）、諸司切下文（大蔵省・民部省・大膳職・大炊寮が諸国から徴発）、図書寮（紙、墨、筆）、左右京職（人夫）

C　秋篠寺沙汰（香水、壇土、人夫四人、小餅、続松、筵）

D　比良保沙汰（続松、人夫）

E　守護（検非遣使庁、武家）

F　酒肴　（官使（香水使の衛士など）の饗応は秋篠寺）

G　饗膳　秋篠寺は正月一一日夕から一四日夕まで七度分、大阿闍梨・伴僧等の膳（年内に米を運上）

H　御修法中自所運上物　秋篠寺　餅一〇枚、炭一〇〇籠、続松八〇把

また、右の一覧にも要目を示したところであるが、秋篠寺の名がでてくる記事に次の如きものがある（〇を付したのは、筆者による標目）。

〇秋篠寺沙汰

一、秋篠寺沙汰

香水　壇土　七日済之、人夫四人、修中在之、

小餅七十枚　続松七十把　筵四枚、八日済之、

〇饗膳支配

一、饗膳支配事　朝夕二度

「寛喜記云、七日夕南堂院、九条領云々、」

自八日朝至于十日朝并五ケ度　寺辺

十日夕　比良

十一日　九条「寛喜記云、自十一日朝十四日朝七ケ度秋篠云々、」

自十一日夕至于十四日夕并七ケ度　秋篠

大阿闍梨御料、伴僧行事一人、供所行事一人、并十五前、此外、客料少々有用意、

（裏書）

「寛喜記云、秋篠饗料、御佃所当米二石五斗、年中ニ運上云々、」

「先師延(延命院観俊)御記云、

南堂院者、法琳寺内堂也、料田在九条辺云々、所当五果許歟云々、

宇治田一丁、所当三果云々、

比良庄、十果許歟云々、

秋篠寺、所当廿果許歟云々、小栗栖佃二丁、一丁者目代分也、

小栗栖所当
天福御記□六石云々、
別当得分廿余果歟、
又為此等之役、修中大阿闍之伴僧等毎日二ケ度供膳勤之云々、」

○運上物

一、御修法中自所運上物事

寺辺　薪百束

秋篠　餅千枚　炭百籠　続松千把

比良　炭十二籠　続松五十把

「寛喜記云、秋篠続松八十把　味噌水餅七十枚　炭ノ筵四枚云々、

　比良続松五十把、七日運上、御菜少々云々、

別符《宮》山薪百把、七日弁進之云々、

この秋篠寺の賦課に関する三つの記事は、整理すればC・F・G・Hの諸賦課に対応する。そして、続松・炭は秋篠山の用益と、人夫は秋篠寺の寺辺の作人と、米・餅は秋篠寺の寺辺所領の御修法料田と、それぞれ関わる。御修法料田は、正安四年（一三〇二）に秋篠寺が作成した「西大寺与秋篠寺堺相論絵図」（東大本・原色図版8）において、今池から東行する満の北側に沿った地の二ヵ所（赤皮田池堤の東南（南樋の東方）と、さらに東方の秋篠寺と西大寺の中間の位置）に所在地が記入されている。この堺相論絵図に北へ勢力を伸そうとする西大寺に対するかのように秋篠寺の勢力域の南面に御修法料田が配されていることは、太元帥御修法の料田が秋篠寺所領の不可侵の象徴となるものであったことを示している。

また、香水・壇土採進の聖地としての秋篠寺に関わって、東大本「西大寺与秋篠寺堺相論絵図」には、伽藍の中央に壇土採取の金堂基壇、東門（秋篠寺所蔵「秋篠寺伽藍図」（『西大寺古絵図は語る』）、官吏門（官吏である衛士の出入門）とある）とその西南に香水閣が描かれている。

三　秋篠寺の作成した絵図

1　一一～一二世紀における秋篠寺の所領拡張

一一世紀以降、興福寺の末寺である西大寺と、法琳寺、真言宗小野流ついで安祥寺の配下の寺となった秋篠寺は、所領相論で対立するようになった〔石上、一九九七〕。

西大寺文書の嘉元元年一一月二日太政官牒写（『西大寺古絵図は語る』図版35・東京大学所蔵影写本。「西大勅謚興正菩薩行実年譜」（『西大寺叡尊伝記集成』）所収本には西大寺文書と小異がある）に引用される嘉元元年一〇月一三日西大寺所司等奏状によると、康平七年（一〇六四）・承徳元年（一〇九四）・大治年中（大治五～六年。一一三〇～一一三一）に秋篠寺と西大寺の所領相論があったことがわかる[1]（表1参照）。これらの相論では、秋篠寺の寺領四至（四周）、秋篠山の領有権（下地進止）と用益権（山毛通用）が争点となった。

秋篠寺は、のちに、「西大寺与秋篠寺堺相論絵図」に「被載　康平己下　宣旨之四至也」と右京一条北大路の北側に記すように、康平七年に、秋篠寺南堺が右京一条北大路と定められたと主張する（東大本）。一方、西大寺は、このとき秋篠寺が秋篠山を占拠しようとしたが実現されなかったと主張する。また、承徳元年には、西大寺が秋篠山の用益について通用の権利を得たと、西大寺は主張する。また、大治年中の相論では、秋篠山は西大寺と秋篠寺の共同の用益（山毛通用）とな

った。

ところが、西大寺によれば、文暦以降（一二三四～）、秋篠寺は、通用のきまりを破り新林一ヵ所を占拠したという。一一～一二世紀において、秋篠寺が寺辺所領の編成を進め、南方（西大寺の北辺）に進出し、また秋篠山の用益を拡大していったことが、西大寺所司等奏状の記述からわかる。

2　京北班田図に描かれた西大寺との所領交換

弘安元年（一二七八）に西大寺別当乗範より叡尊に西大寺の進止権が委譲され（田中、一九九三。松尾剛次、二〇〇三。大石雅章、二〇〇四）、叡尊と律僧は、西大寺寺本（寺中・寺辺）所領の確保に乗り出した（表1参照）。

叡尊は、すでに、寛元五年（一二四七）、今池（現代のあやめ池（上池・下池）あたり）を築造したと伝える。

秋篠寺は、正安四年に作成した「西大寺与秋篠寺堺相論絵図」（東大本）に、相博（土地交換）があったことを記す。しかしながら、その相博地は、秋篠寺が絵図に描いて主張する右京北辺三坊三・六・七坪の地ではなく、その北に接する京北二条一里一・二・三坪の地であった。ここは、秋篠寺と西大寺の間の谷の南側の丘で、もとから西大寺の所領が散在しているところであった。「京北班田図」（西大寺本・原色図版1、東大本・原色図版2）は、この相博を描いた図である。「京北班田図」作成の際には、古代の班田図や田図を利用した京北条里区の集成図が利用された。三条図は弘仁二年（八一一）班田図、四条図は宝亀五年（七七四）班田図、一条図・二条図は八世紀末～九世紀初の班田図から派生した図である。

秋篠寺周辺に散在する九か坪の西大寺田二町七段三三六歩（約三町、三坪分）が秋篠寺の領有とされ、そのかわりに、京北二条の一里一・二・三坪が西大寺の所領とされる相博が、一三世紀後半の時期に両寺により行われたのである。二つの相博図は、西大寺本が西大寺作成、東京大学本が秋篠寺作成と推定される。

3　西大寺与秋篠寺堺相論絵図（東大本）と別当光誉の寺領確保策

正安四年（一三〇二）、西大寺は秋篠寺の狼藉を幕府に訴え、九月に御教書が下され、後宇多院の院庁において審理が行われた。その時、秋篠寺が提出したのが「西大寺与秋篠寺堺相論絵図」（東大本）である。当時の太元別当は、安祥寺流の第五四代光誉（正安三年（一三〇一）～正和五年（一三一六）勤修。安祥寺留守職）であった。

絵図によると、相論の焦点は、今池の周辺の秋篠山の領有権であった（秋篠寺の主張では、絵図に論所として朱線で囲まれる地域の領有権）。同時に、赤皮田池（アコタイケ。現在の西大寺北小学校の地）の水利権、相博地の所在位置などが相論の対象とされていた。裁判では両寺の提出した絵図に対する現地調査が行われた。

なお、絵図（西を天、南を左とする）には、西大寺の堂舎が描かれている。正安四年（一三〇二）の絵図に見える西大寺の伽藍の堂舎は、秋篠寺が描いたものなので再現性に問題はあるが、概ね次のように考えられる。まず、伽藍の南半部の西側区画は、西側の築地塀が「西築墻」（「西大寺興正菩薩御入滅記」『西大寺叡尊伝記集成』）、五重塔が宝塔院（旧東塔。仁平三年（一一五三）修造、建保六年（一二一八）千僧供養）、塔の東北の瓦葺建物が宝生護国院（一一八三年（弘安六）上棟）、塔の北の茅葺のように見える建物が光明真言堂（のち本堂）、

表1　西大寺の所領（1064～1322年）

西暦	和暦	対象	所領に関わる事柄	史料
1064	康平７年	秋篠山・西大寺北方	秋篠寺が寺領占定を行い四至を定め，秋篠山，一条北大路以北の領有を主張する．太政官牒または官宣旨（康平之符）が下される．西大寺は，異議を申立て，秋篠寺による秋篠山管領は実現せず．	嘉元元年11月２日太政官牒写
1097	承徳元年	秋篠山	秋篠山の相論．秋篠寺は，康平７年符を破棄し，西大寺との秋篠山通用（共同利用）の宣旨を望み，秋篠山は西大寺と秋篠寺との通用とすべしのと宣旨が下される．西大寺はなお秋篠寺の秋篠山利用に異議を唱える．	嘉元元年11月２日太政官牒写
1126－31	大治年中	秋篠山	秋篠山の相論．秋篠寺は西大寺が別当覚誉の命令で秋篠山に乱入して薪を伐り炭を焼くと非難する．再度，山毛通用を命じる宣旨が下される．	嘉元元年11月２日太政官牒写
1134	長承３年５月25日	寺本所領	西大寺寺本の敷地，勅免田畠を調査する．西大寺別当は覚誉．	長承３年５月25日西大寺西隆寺敷地等注文案
1219	建久２年５月19日	寺領	西大寺三綱，建久２年３月22日宣旨（新制17か条）の第10条に応じて寺領を西大寺別当雅円に報告する．	建久２年５月19日西大寺領諸荘園注進状案
1234	天福２年６月	宝塔院領	宝塔院持斎僧（叡尊）に始めて所領寄進（新井荘）が行われる．	西大寺塔僧房通別三宝料田畠目録
1234－	文暦以降	秋篠山	秋篠寺は，大治の宣旨に反して，林11か所を囲い込み西大寺樵夫の入山を妨害する．	嘉元元年11月２日太政官牒写
1235	嘉禎元年	宝塔院領	叡尊，右京一条四坊二坪の地300歩の寄進を尊円より受ける．これ以降，建治２年までの叡尊らへの右京北辺・一条・二条，西大寺山，秋篠郷の田畠等の寄進は49件（７町８段220歩），建治３年より永仁６年まで79件（77件７町３段295歩）となる．	西大寺塔僧房通別三宝料田畠目録
1247	寛元５（宝治元）年	秋篠山・寺本所領	叡尊，今池を築造する．	西大寺与秋篠寺堺相論絵図（東京大学本）
1247	宝治元年	福益名	福益名，幕府に没取される．	西大寺塔僧房通別三宝料田畠目録
1251	建長３年	寺本所領	西大寺寺家，寺本所領の検注を行い，検注帳を作成する．	建長３年西大寺寺本検注并目録取帳案
1252	建長４年２月９日	寺本・秋篠郷	西大寺寺家，四王堂・弥勒金堂免田注文を作成する．	建長４年西大寺四王堂弥勒金堂免田注文案
1263	弘長３年10月17日	寺中田畠	興福寺寺辺新制により，七大寺の伽藍内耕作が禁止される．	弘長３年10月17日太政官牒（大乗院文書）
1263－	弘長３年～	寺中田畠	西大寺，新制に従い，寺中田畠の耕作を停止する．	弘安３年西大寺敷地図，建長３年西大寺寺本検注并目録取帳案
1276	建治２年11月10日	宝塔院領	叡尊，宝塔院止住衆僧の所領についての置文を作成する．	西大寺塔僧房通別三宝料田畠目録
1278	弘安元年７月18日	寺本所領	西大寺別当乗範，叡尊に西大寺の進止権を与える．	弘安元年７月18日西大寺別当乗範置文案，（弘安元年）７月18日乗範書状

1280	弘安3年	福益名	西大寺，福益名図を作成する．	弘安3年西大寺敷地図
1280	弘安3年4月21日	寺本所領	建長3年西大寺寺本検注并目録取帳を転写する．	建長3年西大寺寺本検注并目録取帳案
1280	弘安3年11月	福益名	宝塔院領として，福益名名代所として摂津国柴嶋宮原北方荘内4町8段120歩を買得する．	西大寺塔僧房通別三宝料田畠目録
1297	永仁5年12月14日	福益名・宝塔院領	幕府，福益名を正月後七日如意輪陀羅尼中僧料として宝塔院に寄進する．	西大寺塔僧房通別三宝料田畠目録
1298	永仁6年12月5日	宝塔院領	鏡恵，西大寺塔僧房通別三宝料田畠目録を作成する．	西大寺塔僧房通別三宝料田畠目録
1298	永仁6年8月10日	西大寺	幕府，御教書を下して，西大寺及び末寺（関東祈祷寺）への守護代・地頭・御家人の濫悪を禁止する．	永仁6年9月9日六波羅施行状案
1298－	正安以来	秋篠山	秋篠寺が秋篠山一円進止を企てる．西大寺は幕府に訴える．	嘉元元年11月2日太政官牒写
1302	正安4年9月	秋篠山	秋篠寺との相論について，幕府より朝廷の裁許を得るべしとの御教書が下される．	嘉元元年11月2日太政官牒写
1302	正安4年9月以降	秋篠山	西大寺，後宇多院に訴える．	嘉元元年11月2日太政官牒写
1303	嘉元元年8月16日	秋篠山	西大寺に秋篠山は檀木乳木料所・秋篠寺往古寺山の外は西大寺の下地進止と秋篠寺の柴薪通用を認める院宣が下される．	嘉元元年11月2日太政官牒写
1303	嘉元元年10月13日	秋篠山	西大寺，太政官に，檀木乳木料所・秋篠寺往古寺山の外，11か所の新林を含めた秋篠山は，西大寺寺山を除いて秋篠寺と通用であるがその下地と弥陀山寺・瑜伽山寺跡，さらに谷谷の田畠と山子（樵）は西大寺の支配であることを認められるよう申請する．	嘉元元年11月2日太政官牒写
1303	嘉元元年11月2日	秋篠山	太政官は，檀木乳木料所・秋篠寺往古寺山の外，11か所の新林を含めた秋篠山は，西大寺進止であり，柴薪は秋篠寺と通用であると定める．	嘉元元年11月2日太政官牒写
1303	嘉元元年12月8日	秋篠山	秋篠寺の違勅狼藉追補の院宣が幕府に下される．	（正和6年正月）西大寺目安案
1304	嘉元2年	秋篠山	六波羅探題が秋篠寺の狼藉人を追補する．	（正和6年正月）西大寺目安案
1307	徳治2年11月	秋篠山	後宇多院の評定，11月8日の文殿勘文により，秋篠寺の越訴を棄却する．	徳治2年11月8日文殿勘文案
1316	正和5年11月～12月	大川・忍熊，西大寺山，西大寺寺本	11月3日，秋篠寺に大川・忍熊の抑留されている年貢を収納すべきとの院宣が下り，11月7日，秋篠寺は大川・忍熊の百姓を追補し，12月5日に十五所明神拝殿を破壊し寺辺郷民屋を焼き樹木を伐採する．12月18日，11月3日宣旨の召返しが定められ，12月10日六波羅探題の使の実検の報告が行われた．12月19日院評定で11月3日院宣の召返が定められた．	（正和6年正月）西大寺目安案
1316	正和5年12月23日	大川・忍熊，西大寺山，西大寺寺本	西大寺寺僧空覚等，西大寺長老宣瑜に秋篠寺方に同意しない旨の起請文を差し出す．	正和5年12月23日空覚一門連署起請文
1317	正和6年正月	西大寺寺本所領	正月14日・17日，秋篠寺，西大寺寺辺郷を襲う．	（正和6年正月）西大寺目安案
1317	正和6年正月	大川・忍熊，西大寺山，西大寺寺本	西大寺，秋篠寺との相論の目安を作成する．	（正和6年正月）西大寺目安案

1317	文保元年6－7月	西大寺山，西大寺寺本	秋篠寺，6月6日に冷松を刈り取り，6月7日に今池の樋を打破し，樵夫・寺民を襲い，6月29日に寺辺郷を襲い，十五所明神神木と茶薗を刈り取り，7月11日に福益名田畠を点札を立て樹木を刈り取り，7月16日に鎮守八幡神田に点札を立てる．	文保元年7月西大寺注文案
1317	文保元年7月	西大寺山，西大寺寺本	西大寺，6～7月の秋篠寺の悪行を（西大寺別当に）報告する．	文保元年7月西大寺注文案
1322	元亨2年9月25日	秋篠山	後醍醐天皇，西大寺律家に秋篠山とその谷々田畠の領有権を認める．	元亨2年9月25日後醍醐天皇綸旨

注　1）「宝塔院領」とは，叡尊ら律僧の所領．
　　2）大乗院文書（国立公文書館所蔵）以外は西大寺文書及び東京大学所蔵西大寺荘園絵図．
　　3）京北班田図による相博については表に掲げていない．
<参考>小林剛「西大寺における興正菩薩叡尊の事蹟」『仏教芸術』62

表2　西大寺の堂舎（9～13世紀）

西暦	和暦	堂舎に関わる記事	史料
846	承和13年12月11日	西大寺講堂（薬師金堂）焼亡．	続日本後紀承和13年12月戊寅条
927	延長5年10月	西大寺塔火災．	日本紀略延長5年10月□□日条
928	延長6年7月11日	西大寺塔に落雷，焼亡．	扶桑略記延長6年7月11日条
962	応和2年8月30日	大風雨により西大寺食堂1宇顛倒．	日本紀略応和2年8月30日条
1011	寛弘8年3月20日	西大寺塔実検文を奏聞する．	小右記寛弘8年3月20日
1048	永承3年閏正月20日	西大寺鐘を興福寺に移す．（これ以前に鐘楼例壊か）	造興福寺記
1118	元永元年	西大寺は大破．	中右記元永元年4月28日条
1138	保延4年12月29日	西大寺別当済円，西大寺四王堂・食堂（弥勒金堂）修造の功で権律師に補せらる．	僧綱補任保延4年条，三会定一記大治5年条，西大寺別当次第
1153	仁平3年5月14日	前西大寺別当覚珍，西大寺塔（東塔）修造などの功で権律師に補せらる．	興福寺別当次第権別当覚珍条
1206	建永元年5月29日	覚芸，忠恵の西大寺東大門造営の功の譲りで権律師に補せらる．	三長記建永元年5月29日条
1218	建保6年12月6日	西大寺塔千僧供養．	法隆寺別当次第範円条
1234	文暦元年	尊円，西大寺宝塔院に持斎人6口を置き三密行（手に契印を結び，口に真言を唱え，心に本尊を観ずる修行）を修することを企てる．	感身学正記文暦元年条
1235	嘉禎元年正月16日	叡尊，西大寺宝塔院に止住す．	感身学正記嘉禎元年条
1238	暦仁元年8月8日	叡尊，8月5日に西大寺に還住し，この日，四王堂の前で最勝王経を転読す．	感身学正記暦仁元年条
1238	暦仁元年8月	叡尊，一室の北に牀を構えて僧堂に擬す．	感身学正記暦仁元年条
1245	寛元3年11月25日	西大寺真言堂（塔の西南）造営の功成るにより文殊菩薩像を安置し落成供養を修す．	行実年譜寛元3年条
1247	宝治元年正月	叡尊，西大寺内に厨（五間四面，西二間仮僧堂）を造る．	感身学正記宝治元年条，行実年譜
1249	建長元年5月5日	叡尊，釈迦如来像（現，西大寺本堂本尊）を四王堂に安置する．	感身学正記建長元年条，西大寺釈迦如来像造立銘
1251	建長3年	西大寺寺本検注并目録取帳に僧坊（北僧房）領見ゆ．	建長3年西大寺寺本検注并目録取帳案
1260	文応元年	叡尊，西大寺内に夏安居の堂舎を造るために，東大寺内古坊を年内に遷しおわる．	感身学正記文応元年条

1262	弘長2年正月25日	叡尊，北条実時寄進の宋版一切経を四王堂に安置する．ついで，26日，宝塔院に安置する．	感身学正記弘長2年条
1264	文永元年9月4日	叡尊等，一室において始めて光明真言を修す．	感身学正記文永元年条
1276	建治2年11月10日	叡尊，宝塔院領の置文に十二間僧房（北僧房）を護持すべきことを記す．	西大寺塔僧房通別三宝料田畠目録
1277	建治3年11月15日	叡尊，笠間禅尼摂取発願の両界曼荼羅を四王堂に奉懸す．笠間禅尼，両界曼荼羅相応の堂舎の建立を発願す．	感身学正記建治3年条
1278	弘安元年2月9日	叡尊，宝生護国院の造営を始める．	感身学正記弘安元年条
1278	弘安元年7月	これより先，叡尊等，宝塔院を修造す．また，陀羅尼堂（真言堂）修造の企てあり．	弘安元年7月18日西大寺別当乗範置文案
1278	弘安元年11月	護摩堂を建立す．	行実年譜弘安元年条
1279	弘安2年	律僧衆議により，新房（西室）建立を始める．	感身学正記弘安3年条
1280	弘安3年6月26日	叡尊，新房（西室）に移住す．	感身学正記弘安3年条，弘安3年9月12日西大寺西僧房造営同心合力奉加帳
1283	弘安6年2月18日	宝生護国院上棟．両界曼荼羅安置．	感身学正記弘安6年条
1283	弘安6年4月	願信房覚実，宝生護国院并護摩堂毎日仏聖灯油料を寄進す．	西大寺塔僧房通別三宝料田畠目録
1283	弘安6年12月10日	亀山上皇，宝生護国院行幸．	感身学正記弘安6年条，兼仲記弘安6年12月10日条
1284	弘安7年9月4日	叡尊，僧堂始を行う．	感身学正記弘安7年条
1290	正応3年8月27日	叡尊の葬送に，沙弥堂（西室の南，塔の西），北僧坊，脇門，北四足門，東八足門，西築墻見ゆ．	西大寺興正菩薩御入滅之記
1298	永仁6年以前	増信房，右京一条三坊八坪内字湯屋垣内の畠1段を湯木料として寄進す．	西大寺塔僧房通別三宝料田畠目録

〔参考文献〕福山敏男「西大寺の創建」『日本建築史研究』続編，1971年

東側区画との間の築地の門が脇門（「西大寺興正菩薩御入滅記」）と見られる。伽藍南半部の東側区画の瓦葺建物が四王堂で、北の門が北四足門（「西大寺興正菩薩御入滅記」）である。北側区画（土塁の南側）の瓦葺建物が食堂を改造した弥勒金堂（保延四年（一一三八）修造）、東土塁の門が東八足門（「西大寺興正菩薩御入滅記」）である（表2参照）。

裁判の結果は、嘉元元年（一三〇三）八月一六日院宣、ついで一一月二日太政官牒（西大寺文書、嘉元元年一一月二日太政官牒写）によれば、秋篠寺の寺山（秋篠寺の西側の山丘）以外の秋篠山は西大寺領（西大寺による下地進止）であり、山毛（山林用益）は秋篠寺と通用するべしとのものであった。しかし、西大寺の主張する、秋篠山地域の田畠と山子も西大寺の進止であるとの主張については、あいまいなところが残ることになった。そして、西大寺は、秋篠山の山林と田畠を利用する周辺の百姓への支配を進め、秋篠寺との対立が深まっていった。

3　別当光誉による再度の寺領確保策

正和五年（一三一六）、秋篠寺は、別当光誉の従兄弟の子である日野俊光が後伏見上皇の院執権であったことを利用して（かつ、光誉の弟子光海は俊光の子であった）、一一月三日に院宣を得て大川・押（忍）熊の百姓を追捕し、十二月五日に西大寺寺本に侵入した(2)。大川・押熊の百姓は、秋篠寺にとっては、寺領の田畠・山林の耕作・用益に従う在家であったが、彼らの中には、西大寺の作人となる者があった。西大寺・秋篠寺周辺の僧俗の住人は、田畠耕作・山林用益を通じて、両寺と関係を持つ者が少なくなかった。

西大寺は直ちに院に訴えた。一二月七日に院宣が六波羅探題に下され、六波羅探題は現地に実検のための使を派遣した。その調査の際に西大寺が被害の状況を報告するのに作成したのが、「西大寺与秋篠寺堺相論絵図」（西大寺本・原色図版10）である。

正和六年（一三一七）正月にも紛争は収まらなかった（（正和六年正月）西大寺目安案）。また、文保六年（一三一七、二月三日改元）六月に秋篠寺による実力行使があったと西大寺は主張している（文保元年七月日西大寺訴状案(3)）。

正和五年（一三一六）～文保元年（一三一七）の相論の結果は不詳であるが、元亨二年（一三二二）には西大寺戌亥山（秋篠山）の進止権は西大寺律家にありとの後醍醐天皇綸旨が下されている。元亨二年の時点では、秋篠寺の進止権の争点は、秋篠寺と西大寺のいずれにあるのかではなく、西大寺の律家方と白衣方（寺僧）のいずれにあるかに移っているので、文保元年の頃に、秋篠山の支配権は西大寺にありと承認されたのである。

おわりに

西大寺寺領絵図群には、西大寺と秋篠寺の所領相論の過程で秋篠寺が作成した二点の絵図、京北班田図（東京大学本）、西大寺与秋篠寺堺相論絵図（東京大学本）が含まれている。

多くの史料を残した、西大寺と秋篠寺との所領相論の背景には、西大寺が叡尊とそのあとを継ぐ長老に率いられた律僧の集団（のち律家と称される）により所領の再編・拡張を進めたこととあわせて、太元帥御修法の香水・壇土採進の聖地としてまた料所としての秋篠寺の重要な地位があったことを確認しておかねばならない。

また、同時に、太田順三によって検討されているように、西大寺や秋篠寺の宗教活動とは別に、西大寺・秋篠寺周辺の住人の地域社会形成の動向もあったのである〔太田順三、一九七八〕(4)。一四世紀以降の秋篠川流域の住人と耕地の動向については、太田の分析に学び、太元帥法の聖地としての秋篠寺の寺勢の動向の分析と合わせて、再度検討を行う必要があろう。

なお、本論は、展覧会「西大寺古絵図は語る」に伴い、二〇〇二年九月二九日に奈良国立博物館で開催された奈良博物館講座での講演の口述原稿を整形したものである。したがって、展示図録の『西大寺古絵図は語る』に収載される絵図の解説や諸論考を前提とする概説となっていることをご了解願いたい。

（1）　嘉元元年一一月二日太政官牒所引嘉元元年一〇月一三日西大寺所司等奏状（『西大寺古絵図は語る』図版35は、次のような構成になっている（〔　〕は記述の概要を示す）。

Ⅰ　西大寺の活動と功績

1　西大寺の二つの由緒

①孝謙天皇勅願の寺としての伝統

〔四天王による護国〕〔伽藍建立〕〔学問興隆〕

②興正菩薩（叡尊）練行の戒場としての再生

〔嘉禎二年（一二三六）秋、自誓受具の正軌を設け、浄戒律儀の紀綱を継ぐ〕

2　王法と仏法

①仏法弘布のために王法を祷る

②三会の厳修

〔最勝会〕〔如意輪法〕〔仁王会〕

③元冦祈祷の功績

〔文永の役〕〔弘安の役〕

3　叡尊の功績と幕府の崇敬

①叡尊の功績

〔五代朝廷での戒律布教〕〔謚号勅賜〕〔受戒〕

②禁制の関東下知状の獲得

〔幕府の崇敬を得る〕

〈関東下知状〉「甲乙の輩、寺門に乱入し、寺民を駈使し、寺領を押妨し、寺物を掠め取り、禁制の処において、殺生の漁猟に及ぶ所は、今より以後、厳しく禁遏を加へ、更に然らしむることなかれ、若しなお違越あらば、彼の輩の名字を注進し、其の罪状に随ひて、立に決罰すべし」

Ⅱ　秋篠山相論

1　秋篠山領有の根拠

①西大寺の建立と所領

〔寺領〕

〔秋篠山の領有は資財帳に明白〕

②秋篠寺の建立

〔秋篠寺は、宝亀一一年創建〕

③西大寺の秋篠山領有権と秋篠寺による侵害

〔秋篠山は西大寺の根本の旧領で当知行〕

〔秋篠寺による秋篠山の侵害〕

2　康平・承徳・大治の相論

①康平七年（一〇七四）相論

〔秋篠寺の寺領四至の占定〕

〔西大寺の抵抗により秋篠山の占拠は実現せず〕

②承徳元年（一〇九七）相論

〔官宣旨により西大寺は秋篠山通用の権利を得る〕

〔秋篠寺は康平七年の官宣旨によるべしと主張〕

③大治（大治五〜六年、一一三〇〜一）相論

〔秋篠寺、秋篠山の山毛通用の宣旨を得る〕

3　文暦以後

〔西大寺、時を待つ〕

〔秋篠寺、通用の儀を破る。新林十一か所を占拠〕

Ⅲ　御宇多院での裁判

1　西大寺、幕府へ訴える

①幕府へ訴える

②正安四年九月、幕府から朝廷に訴訟すべしとの御教書を下される

〈御教書〉「秋篠寺執行盛尊以下の輩、刃傷狼藉を致し、城墎を構ふと云々、事、実ならば、太だ濫吹なり、早く当時悪行を停止し、聖断を仰ぐべし」

2　後宇多院庁での訴訟

①西大寺、院庁へ訴える

〈西大寺申状〉「彼の寺、已に大治宣旨を破り、違勅狼藉を致すの上は、通用の義を停められ、元の如く、当寺をして一円領掌せしむべし」

②院文殿での審理　1

〔訴陳〕

〔両寺提出の絵図が矛盾〕

③院庁官による現地での実検

〔院庁官紀重成による絵図に基づく現地での実検〕

〔院庁官紀重成は、西大寺所進絵図は相違なしと報告〕

④院文殿での再審理　1

〔院庁官紀重成は、西大寺の申し分が正しいと証言〕

〔秋篠寺所進絵図（東京大学本西大寺与秋篠寺堺相論絵図）は謀作とされる〕

⑤院文殿での再審理　2

〔大治の山毛通用宣旨に基づく審理〕

〔西大寺の主張1　秋篠山は「寺領」とされている〕

〔西大寺の主張2　西大寺別当覚誉による当知行〕

〔西大寺の主張3　秋篠寺の所領は四至内の寺山であり、これは嘉元元年八月院宣で言うところの檀木乳木料所としての寺山である〕

⑥文殿勘奏

〔審理の結果を文殿は、文殿勘奏により評定に報告〕

⑦公卿評定

⑧後宇多上皇の勅裁を賜り院宣を蒙る

〈西大寺の主張〉「これら子細、淵底を究めらる、かつは公卿評定に任せて、かつは文殿勘奏に任せて、西大寺地主管領の条、裁判分明の上は、一円（管領）の勅裁に預かるべし」

〔勅裁が下る〕「なお、国主は撫民の恵を垂れ、柴薪通用の義を許さる」

〈嘉元元年八月十六日院宣〉「当寺と秋篠寺相論の山の事、大治宣旨に任せて、両方下地を通用すべし」

⑨西大寺の対応

〔秋篠寺の所領であることがあきらかな檀木乳木料所の寺山の外は西大寺が下地を管領し、秋篠寺は山毛通用の由を寺僧等に伝えよとの決定であった〕

〔我々の願いは天聴に達しなかったが、しばらく院宣に従うことにした〕

Ⅳ　西大寺の朝廷への奏上

1　朝廷への奏上

2　西大寺の主張

「件の山内、当寺二箇末寺弥陀山寺・瑜伽山寺は、本願天皇草創の仁祠、秋篠山は同時御寄附の伽藍なり、流記文に明白か、仏閣、みな凌癈し、礎石ばかり相ひ貽れり、下地は已に当寺領たるの上は、同じく恩許を仰ぐ者なり、望み請ふらくは天裁、重ねて官符を下され、彼秋篠山檀木乳木料秋篠寺敷地内往古寺山の外、拾壱箇所新林以下、千町の柴薪は、西大寺寺山を除きて、秋篠寺に通用すといへども、同山の下地ならびに弐箇末寺旧領及び谷田畠、方方山子らに至りては、永く当寺一円の地として、進退領掌せしむべきものなり」

（2）　（正和六年正月）西大寺目安案（永島福太郎『大和古文書聚英』天理時報社、一九四三年、翻刻）は、次のような内容である。

○副進文書
A嘉元元年（一三〇三）八月一六日院宣案（西大寺宛）
B嘉元元年一一月二日太政官牒案（西大寺宛）
C（嘉元元年）一二月八日院宣案（西大寺宛）
D（嘉元元年）一二月一〇日施行状案（Cの施行）
E文殿勘状案
F文殿勘状案　一通は徳治二年一一月八日
G嘉元二年正月二〇日関東下知状案
H嘉元二年一〇月三日関東下知状案
I（正和五年）一二月七日院宣案
J正和五年一二月一〇日武家状案（六波羅下知状案）
K（正和五年）一二月一九日院宣案（西大寺宛）
L（正和五年）一二月一九日院宣案（葉室頼藤宛）
M（正和五年）一二月一九日院宣案（六波羅宛）

Ⅰ　秋篠山の領有権
①西大寺は孝謙天皇御願寺、関東（鎌倉幕府）帰依の寺
②秋篠山は西大寺領
③秋篠山についての秋篠寺の濫訴
④嘉元元年八月一六日院宣（A）・同年一一月二日太政官牒（B）は、秋篠山檀木乳木料所と秋篠寺敷地内往古寺山の外の一一ヵ所の千町の柴薪は、西大寺寺山を除いて秋篠寺と通用であるが、秋篠山の下地と二つの末寺（阿弥陀山寺・瑜伽山寺）旧領・谷々田畠・山子は西大寺一円地として領掌すると定めた。
⑤秋篠山は西大寺進止であることは明白。

Ⅱ　嘉元元・二年の秋篠寺の違勅狼藉
①嘉元元年八月院宣（A）・同年一一月太政官牒（B）に反して、秋篠寺は違勅狼藉を行った。
②嘉元元年一二月八日院宣（C）により、武家に違勅狼藉の追捕を命じた。
③嘉元二年正月二〇日関東下知状（G）・同年一〇月三日関東下知状（H）により六波羅探題は狼藉人を配流に処した。

Ⅲ　正和五年一二月、同六年正月の狼藉
①秋篠寺別当光誉（安祥寺別当留守職。太元別当。伏見上皇の院執権日野俊光の父と従兄弟）と弟子光海（俊光の子）は、縁者俊光を頼んで、奉行葉室頼藤と院宣（正和五年一一月三日）を掠め取った。その院宣には、「秋篠寺領の大川・忍熊の紀藤次・佐藤三男等に、年貢を弁済させよ」とあった。
②一一月七日、別当光誉は、執行盛尊以下悪党を遣わして大川・忍熊等処々において百姓らの住屋を追捕し財物を奪取し神社・庵室や在家を壊し荒廃させた。
③一二月五日には、重ねて、西大寺に侵入し鎮守十五所明神拝殿を破壊し寺辺郷民住屋を焼き払い、寺内外の樹木と山林の木を伐り取った。さらに、堂舎・僧堂（律衆の僧坊）を焼き払おうとした。
④西大寺が院に訴えたところ、二条師基が奉行となり院評定が開かれ、一二月七日に院宣（I）が武家（六波羅探題）に下され狼藉の実検が命じられた。
⑤一二月一〇日、六波羅探題は御教書を秋篠寺に下し、狼藉の次第を使（長清・忠国）に実検させた。
⑥一二月一六日、六波羅探題は、実検の結果を院に報告した。
⑦さらに、西大寺の本寺である興福寺の学侶・衆徒も院に奏聞した。
⑧一二月一八日、院で評定があり、光誉が掠めとった院宣を返却させることが院執権日野俊光及び六波羅探題に命じられた（KL）。
⑨西大寺所司は、秋篠寺の行為が違勅狼藉であることについては六波羅探題が奏聞して明かになったのであるから、すぐに違勅院宣を下されるべきであると申上した。また、興福寺の衆徒も重ねて奏聞した。しかし、今に至るまで違勅院宣は下されていない。
⑩（正和六年）今月（正月）一四日夜、秋篠寺は、西大寺に押し寄せ、郷民の物を奪取した。
⑪（正和六年）正月一七日夜、秋篠寺は、郷民の住宅を焼き払った。

⑫前代（後二条天皇）のときの違勅悪行、当代（花園天皇）の違勅狼藉と、悪行は絶えないのは、御裁定が誤りに及んだためである。

Ⅳ　奉行葉室頼藤は不適任

①執権日野俊光が光誉の縁者であるので、奉行葉室頼藤は、西大寺に異議をとなえている。

②秋篠寺の罪科を二条師基に訴えた。二条師基は西大寺の縁者ではなく、無道なことはしていない。奉行の間の二度の一二月七日院宣（Ｉ）・一二月一九日院宣（ＫＬ）は、院評定を行い下されたもので公正である。なぜ、二条師基を奉行から外し裁判を延引するのか。二度の院宣による措置と矛盾している。

③奉行葉室頼藤は、光誉が執権の縁者であるので申状を謀作して評定を経ず密かに院宣を下して西大寺所領を荒廃させたので、適任ではない。

Ⅴ　再度の院宣を賜ることの申請

1　奉行の交替

秋篠寺の狼藉は、六波羅探題の院への報告にも興福寺の官符衆徒（二〇人の寺住衆徒。衆徒の代表）の書上（院への申状）にも明かであり、直ちに処罰すべきところまだ行われていない。その上、秋篠寺の申状を採用し、奉行を交代させ（二条師基から葉室頼藤へ）あらためて理非を審理すべきことを指示されたのは、これまでの御裁定と矛盾する。

2　経緯

①今回の御裁定で正否を明かにすべきことは二点ある。第一は、光誉が不知行の地を当知行と称して、縁者を頼んで葉室頼藤と正和五年一一月三日院宣を掠め取り、西大寺領大川・忍熊を荒廃させたことである。

②第二は、正和五年一二月五日以降、連日西大寺寺中に打入り、（寺辺の）民屋を焼き払い資財を奪い十五所明神拝殿を破壊し、寺中寺外の樹木と山林五十余町の山木を伐り取ったことである。

③大川・忍熊は西大寺領であり嘉元元年勅裁以降西大寺が一円領掌していることを院宣（Ａ）・太政官牒（Ｂ）や悪行狼藉の次第を副えて訴えたところ、院宣が六波羅探題に下され、警護と究明が命令された。六波羅探題が使（長清・忠国）を派遣し実検させた。大川・忍熊が荒廃の地となったこと、西大寺に寄せ来り放火し山木を伐り取ったことなどを使が報告し、六波羅探題が院に奏聞した。

④さらに、興福寺寺務一乗院良信が制止しようとしたが秋篠寺が従わなかったことは、良信注進状・学侶書上・衆徒書上を以って奏聞した。

⑤そこで評定があり、一二月一九日、（光誉が）不知行の地を当知行として院宣を騙し取ったこと、さらに（一一月七日の）放火、伐取山木など悪行が明かであったので、一二月一九日に一一月三日院宣の召返の院宣（Ｌ）が葉室頼藤に下された。

⑥一二月一九日、併せて、院宣（Ｍ）を下し、「西大寺と秋篠寺の大川・忍熊に関する相論のことについて、光誉は西大寺領を当知行と称し院宣を申し受け、放火等に及んだことは六波羅探題の使の報告に相違ない、狼藉を行うことは許されない。よって十一月三日院宣を召返す。もしなお狼藉があれば罪科に処すことを光誉に言い伝えよ」と指示した。これは、道理を尽くした裁定であり、この外にさらに正否を判定する必要はない。

3　狼藉の継続

①大和国は守護を置かず、興福寺の官符衆徒が守護に准じて検断を行っている。そこで、興福寺衆徒は秋篠寺の狼藉について書上を三度上奏している。諸国の例では、守護の注進がなくても処罰している。なぜ衆徒書上を無視するのか。

②召返の院宣（Ｍ）では、「もしまた狼藉に及ばば、罪科に処す」とあるのに、秋篠寺はこの院宣に従わず、大川・忍熊土民には西大寺に随わないよう指示し、衆徒の検断を妨害している。

③その上、昨冬（正和五年一一・一二月）、今春（正和六年正月）、放火・奪取などの悪行を続けやめない。違勅狼藉なので、西大寺は重ねて申状を提出し、興福寺衆徒も書上を提出している。

④重い罪科を遁れ難いのに、誤りのない奉行（二条師基）を訴えたり、嘉元元年の聖断（院宣（Ａ）・太政官牒（Ｂ））にまで及んで正否を裁定するように申上している。このようなことを取上げてはいけないのに、秋

篠寺側の姦謀の申状を取上げ、奉行を交代させ、審理の開始を命じられた。これは堪え難い措置である。

⑤これにより兇徒は狼藉をはたらき、西大寺の律僧は修学の便宜を失った。このために西大寺と律宗は滅亡しようとしている。

⑥衆徒の書上も六波羅探題の奏聞も西大寺雑掌の申状と同じことを述べている。疑われることないように。光誉の悪行は遁れ難い。

4　違勅狼藉に処することの要求

嘉元の例に従い、直ちに六波羅探題に命じて秋篠寺の悪党を遠流に処していただきたい。

（3）　文保元年（一三一七）七月日西大寺注文案（『西大寺古絵図は語る』図版40）は、左記の如くである。

秋篠寺凶徒等悪行狼藉条々事

一、放火追捕以下悪行狼藉重置之間、被下断罪　院宣於関東○之武家、○召御注進之處、彼凶徒等相語處之悪党等、去六月六日夜、乱入寺領伐取冷松事

件松者、極楽寺開山長老、為道路往反人、所令植置給也、

一、同七日、打破○寺池樋切落池水、令渇用水事、

件池者、興正菩薩、為人為〔寺〕處、始行被〔被〕構也、

一、奪取樵夫等所持物、打擲寺民、都不入立山○中之間、云日用之薪、云牛馬之草、忽以闕乏、為寺為處、為難○第一儀事、

一、同廿九日、重数多人勢押寄寺辺郷民等住宅、運取米銭以下資財雑物等、○又屋敷之内、所種植之物、悉引取事、

一、同日、鎮守神木伐取事、

一、為極楽寺開山長老御沙汰令植置処茶薗并柿等数百本悉伐払、忽成荒野事、

一、七月十一日、関東御寄進福益領内之（田畠ニ立点札并）樹木数千本伐取事、

一、同十六日、当寺鎮守八幡神田、（字神墓、）立点札事、

一、彼凶悪之餘、為焼払寺中寺外、相語處々悪党等之由、自方々告示間、僧俗之劬労、昼夜都無休之時事、

右、日々夜々、悪行雖難儀事、以前条々簡要如斯、

文保元年七月　日

（4）　西大寺文書の正和五年（一三一六）空覚以下一門連署起請文（『西大寺古絵図は語る』図版39）には、次のように書かれている。

敬白　天罰起請文事

右、起請文、元者、就西大寺与秋篠寺堺相論事、沙弥空覚・同舎弟僧英実、称令秋篠方同意、自西大寺被入注文之由風聞、此条無跡形不実候、縦雖以後御奉向西大寺於致狼藉者、不可令同心合力候、所詮者、於向後者、空覚已下一門之輩、各致外護之忠勤、更不可存等閑之儀、若向後向当寺於現不忠之輩者、放一門之儀、可加形罰候、仍各加判形候、若背此旨候者、

（神文略）

正和五年十二月廿三日一門連署

沙弥空覚（花押）

西大寺長老（宣瑜）御方次第不同

（以下、十二名署判略）

これによると、正和五年秋・冬の相論において、空覚等が秋篠寺に通じたとの疑いをもたれていたことがわかる。西大寺・秋篠寺の寺辺に住し、両寺の周囲と秋篠川流域の耕地及び秋篠山（西大寺寺山）を用益していた作人でもある寺僧は、個別の利害に応じて、西大寺と秋篠寺の双方に通じる場合があったことがうかがわれる。

【参考文献】

石上英一『古代荘園史料の基礎的研究』下、塙書房、一九九七年

大石雅章『日本中世社会と寺院』清文堂出版、二〇〇四年

太田晶二郎「善珠の筆蹟」『太田晶二郎著作集』二、吉川弘文館、一九九一年（初出、一九六三年）

太田順三「西大寺の領域支配の確立と絵図」『続荘園制と武家社会』吉川弘文館、一九七八年

太田博太郎『南都七大寺の歴史と年表』岩波書店、一九七九年

工藤圭章「秋篠寺の歴史」『大和古寺大観』五、岩波書店、一九七八年

佐伯良謙「日本唯識教の建設者善珠」『仏書研究』二二・二三号、一九一六

年八月・十月）
田中稔『日本中世史料論考』吉川弘文館、一九九三年
直木孝次郎「秋篠寺と善珠僧正」『奈良時代史の諸問題』塙書房、一九六八年（初出、一九六三年）
長岡篤「秋篠氏の研究」『日本古代社会と荘園図』東京堂出版、二〇〇一年（初出、一九七二年）
長岡篤「草創期の秋篠寺をめぐって」同書（初出、一九七八年）
永村真「修法と聖教」『中世寺院史料論』吉川弘文館、二〇〇〇年（初出、一九九八年）
西村貞「秋篠寺古今記」『大和文華』一二・一三号、一九五三年一二月、一九五四年三月
福山敏男『奈良朝寺院の研究』綜芸舎、一九七八年（初版、一九四八年）
堀池春峰「善珠」『日本歴史大辞典』六、河出書房、一九五八年
堀池春峰「善珠」『国史大辞典』八、吉川弘文館、一九八七年
『平城村史』平城村史編集委員会、一九七一年
松尾剛次『日本中世の禅と律』吉川弘文館、二〇〇三年
山本崇「秋篠庄と京北条里」『続日本紀研究』三二四号、二〇〇〇年四月
東京大学史料編纂所『日本荘園絵図聚影』三近畿二、東京大学出版会、一九八八年
奈良国立博物館『西大寺古絵図は語る』二〇〇二年九月
奈良国立文化財研究所『西大寺叡尊伝記集成』奈良国立文化財研究所史料二、一九五六年

5 叡尊とその時代

五味文彦

はじめに

叡尊は建仁元年（一二〇一）に誕生してから正応三年（一二九〇）に亡くなるまで、ほぼ一三世紀の鎌倉時代の社会を生きた。その間、承久の乱が起き、蒙古襲来があるなど、大きな政治・社会の変化を体験し、真言律宗の布教に尽くす一生を送っている。

興味深いことに、叡尊は自らの軌跡を振り返って自伝を著わしている。弘安九年（一二八六）に成った『金剛仏子叡尊感身学正記』であるが、このような自伝はかつて著わされることがなかった[1]。重源が自分の行った作善の数々を記した『南無阿弥陀仏作善集』のみがわずかに近い作品であるが、これは作善に限定されており、本書のような出生からの軌跡をつづったものではなく、自伝とはいいがたい[2]。

このように自伝を著わすようになったのは、自らが生きてきたことの意味を真摯に問うた結果であり、この時代の自我意識や歴史意識のあり方がよくうかがえよう。そのなかで叡尊は自らの一生を三つに時期区分している。

最初は「生育肉身章第一」で、建仁元年（一二〇一）の出生に始まる時期である。次は「修成法身章第二」で、建保五年（一二一七）の一七歳の時に醍醐山叡賢を師として出家してから、嘉禎二年（一二三六）の三六歳の時に東大寺で自誓受戒を覚盛らと行うまでの時期。そしてさらに「興法利生章第三」で、ここから本格的な叡尊の真言律宗の活動が始まっている。

この三つの時期区分に沿って叡尊の生きた時代を探ってみようと思うが[3]、その際、同時代を生きた一遍との比較も試みたい。一遍は叡尊に遅れること三八年、一二三九年に誕生し、一年ほど早くに亡くなっている。この二人の歩みを比較しながら、生き方を考えよう。一遍には弟子の聖戒が描かせた『一遍聖絵』が存在する。自伝とは違って、一遍の近くにあった聖戒が一生を描いた僧伝であるが、具体的で生なる形での記述からなっているので比較にたえうる素材である[4]。

一　生育肉身

最初の出生から出家にいたる時期であるが、この時代は大和では重源を中心にした南都の復興がほぼなり、その復興なった興福寺の学侶の慶玄の子として叡尊は生まれている。「五月、大和国添上郡箕田の里（近年敬田院と号す）に託生す。父は興福寺の学侶慶玄（源氏より出づ）、母は藤原氏なり」と書き出している。

そのままでゆけば、興福寺の僧として歩むことになったろうが、母が七歳になったときに亡くなったのが、歩む道を変えたようである。兄弟が多く経済的に耐えられないことから醍醐寺の近くの小坂の巫女に育てられるようになったといい、孤児として育てられたとある。おそらく養母は亡き母の縁者であろうが、この時の体験が叡尊の一生に大きな影響をあたえたことは疑いない。

というのも一遍もまた母の死を契機にして出家の道を歩んでいる。

十歳にて慈母におくれて、始て無常の理を悟り、ついに父の命を受け、出家をとげて、法名を随縁と申しけるが、建長三年の春、十五歳にて僧善入とあひ具し、筑前大宰府の聖達上人の禅定を問ひ給ふ。

一遍の父は伊予の武士河野氏であり、母の死に遭った一遍は父の命で出家している。また『沙石集』の著者無住も「愚老幼少より、親き人に養はれて、父母の養育かつてなし、棄子のごとくなりしかど」と記している。

この時代は家が様々な場で形成されており、そこでは父や母を早くに失った孤児は決定的に不利な状況にあった。自ら独自の道を切り開くことは難しく、与えられた条件において模索する以外には生きてゆく手立てがなかったのである。

そうしたなかで叡尊は、養母の巫女の家にやって来る様々な人々と出会ったことであろう。当時、京では法然による浄土宗の信仰が広がっており、大和では貞慶が弥勒信仰を訴えるなど、新たな信仰を求める動きが活発化していた。

やがて醍醐寺に童として入り、一六歳のときに父と再会をとげるが、故郷を離れて出家の意思を固めることになる。その契機になったのは、下醍醐の清瀧宮に籠っていた時の霊夢であったという。夢に巫女が現われ、「金剛王院に行き沐浴すべし」と語ったことから、真言を学ぶにいたったとある。親鸞が夢の告げで浄土宗を志したように、中世人にとって夢は神仏からのメッセージであった。

こうして醍醐寺の叡賢を師として出家した。出家者の叡尊の誕生である。承久の乱直前の建保五年（一二一七）のことで、時に一七歳であった。

二　修成法身

出家したからといって、すぐに真言の勉学にのみいそしんだわけではなく、ここから青春の彷徨の時代が始まる。時代は承久の乱をはさんで西国の社会は流動化が進んでおり、混迷する乱後の政治の世界の立て直しがはかられ、信仰の世界でも模索が続いていた。

宗教者のなかには、宋に渡る人物が急速に増えていた。戒律の勉学をしてきた俊芿は建保六年（一二一八）に泉涌寺を再興し、『閑居友』の著者の慶政上人や、禅宗の明全・道源・弁円らも次々と宋に渡っている。だが「資緑の乏欠」に悩む叡尊にそれはかなわぬことであった。醍醐・南都・高野山各地を訪れるのが精一杯であり、それも援助を求めての旅であった。

そうしたなかで未曾有の飢饉である寛喜の大飢饉の惨状を見聞し、戒律を保つことができず、地獄に堕ち、魔道に堕ちる僧らの姿を見た。この付近の事情を物語っているのが『春日権現験記絵』の巻十六の第四段に見える、貞慶の弟子の僧都璋円が魔道に落ちた話である。

璋円はある女性に憑いて種々のことを語った。春日大明神は、いささかでもその存在を知っていれば、どんな罪人でも他方の地獄にはやらずに、春日野の下の地獄に入れ、そこで毎日、第三御殿より地蔵菩薩が灑水器に水を入れて注ぐならば、その一滴の水が罪人の口に入って苦痛がなくなるといったことなどを語ったという。

これとほとんど同文の話が『沙石集』巻一の「和光ノ利益甚深ナル事」や『地蔵霊験記』などにも見えている。

この璋円は建暦元年（一二一一）に維摩会の竪義を勤め、貞応二年（一二二三）に講師を勤めた学生であり、「法相宗系図」に、「角院・小輔僧都」と見える貞慶の弟子である。その璋円が魔道に落ちたのは、『聖誉抄』によれば、璋円は薬師寺に良い学生がいると聞いてそこに通ううちに、寺中の女性との間に関係を持って「落堕」し、多くの娘をもったといい、その一人が中宮寺の尼信如であったとする。璋円は娘に「六帖名目」という抄物を作って与え、金を取ってこれを閲覧させるのを業にさせたともいう。

こうした僧らの動きを見るなかで、叡尊は戒律の重要性を強く意識するようになった時、出会ったのが東大寺の尊円上人である。尊円は東大寺・西大寺・大安寺・海龍王寺に持斎僧を置いて戒律の復興を志していた。叡尊はこれを伝え聞いて西大寺の六人の持斎僧となることを求め、それが契機となって、戒律の復興を志す人々と知り合い、強い絆で結ばれていった。そしてついに嘉禎二年（一二三六）になって興福寺の覚盛のほか、円盛・有厳らとともに、自誓受戒という方法で、受戒を遂げたのである。

戒律を戒師から授けられるのではなく、自誓により戒を受けるこの方法については批判もあったが、叡尊は勉学と同志的な結合を通じてこれの達成をはかった。おりしも興福寺の大衆が蜂起したことに端を発して、大和に地頭が幕府により置かれるという騒然たる雰囲気のなかで決行されており、そこには一揆的な強い意思が認められる。

こうした一揆的な結合はこの時期から広く見られるが、その一つに連歌の場がある。無住の『沙石集』巻五末の二に、次のような連歌の風景が描かれている。

毘沙門堂に、花の比、連歌ありけるに、「薄紅になれる空かな」と云ふ句、難句にて、二、三十句返りて、興もなかりけるに、「天飛ぶや稲負鳥のかげ見えて」

花下の十念、その座にありけるが、天飛ぶやとうちいだしたりければ、あは付け候ひぬるはと心はやく云ひける、

こうした毘沙門堂や法勝寺などでの花下の連歌には、この話に見える花下の十念や、「ある時、遁世の初心の輩、連歌し侍りしに」といった遁世者や修行者も広く参加していたが、その参加者は平等性が貫かれており、松岡心平氏はそこに一揆的なつながりを指摘している。(5)次の連歌の話もそうしたことをよく物語っていよう。

南都の興福寺に、四人寄り合ひて連歌する寺僧ありけり。人これを四天王と云ふ。ある時、その中の一人、「我らをば四天王とぞ

人はいふ」としたりけるを、其の中の一人、これを付く。「ただし毘沙門なしとこそ見れ」

四人共に貧しき僧なるべし。

この興福寺の連歌の四天王のような結びつきと、叡尊らの自誓受戒による結びつきとには共通性が認められる。その点からすると、鎌倉幕府の評定衆によって合議政治が形成され、『御成敗式目』が制定されたのもまた、御家人の評定会議での一揆が母体にあったと指摘できよう。(6)

三　興法利生

こうして戒律の復興を広く人々に勧めてゆくことになったが、それとともに各地では新たな信仰の運動が広がっていた。浄土宗は嘉禄の法難を経て全国的に広がりを示しており、親鸞による新たな展開も見られるようになっていた。鎌倉では勧進上人の浄光の手により大仏が造られている。また大陸から曹洞宗をもたらした道元は、山城に興聖寺を創建し、坐禅を通じての正法の興行を志したが、これは戒律を通じて正法の再興を訴えた叡尊と共通する動きであったといえよう。道元は叡山の僧の迫害により越前に移ったが、叡尊は大和の西大寺を中心にして民衆の教化に意を注ぐことになったのである。

叡尊は畿内近国の各地に赴き、授戒を行うなか、比丘や比丘尼となる人々が多く生まれたが、彼らが手足となり叡尊の活動を助けるところとなった。建長元年（一二四九）に清涼寺の釈迦如来像を摸刻している。西大寺に安置しているが、それにはまことに多くの人々が結縁している。西大寺に寄進された田地を書き上げた「三宝料田畠目録」（西大寺文書）からは、天福二年（一二三四）の持斎僧の寄進に始まり、大和の各地の田畠が次々に寄進されているのがわかるが、寄進者はその比丘や比丘尼であり、寄進されたのは一反から二反といった小規模な田畠であった。

実はそうした小規模な田畠の百姓的土地所有権がこの時期になって広く成立するようになっていたのである。畿内近国では村を中心とした結びつきが強まっていた。たとえば和泉国の唐国村では百姓と刀禰との間で年貢や公事の負担のあり方についての契約が結ばれている。各地では村人により池が造られ、和泉の池田荘箕田村の名主・百姓は梨子本池に新池を造ることをめぐって松尾寺と契約を交わしている。(7)西大寺が秋篠寺との間で争った際に描かれた絵図に見える「今池」もまた同様なものであった。(8)

こうしたなかで百姓が手にした百姓的土地保有の環境とリンクして、叡尊の活動は展開していったのである。建長三年（一二五一）には西大寺の寺辺の田畠の検注帳が作成され、後年の西大寺の経済的基礎も築かれることになった。(9)

他方で、叡尊の弟子のなかでも忍性は、文殊の信仰を強く抱き、社会的弱者である非人の救済を積極的に行ったことから、その忍性の活動を通じて叡尊の律宗は非人を始めとする都市の民衆の信仰を獲得するようになった点も重要である。延応元年（一二三九）に叡尊に帰依した忍性は、文殊の功徳を非人に及ぼす強い願いを抱き、その翌年から諸国の非人に授戒してその救済に尽くす律宗の活動の先鞭をつけるとともに、さらに関東に下って律宗を東国に広め、その課程で叡尊を関東に迎え入れることに奔走し、幕府の帰依を獲得する道を切り開いたのであった。(10)

いっぽう一遍は、出家して聖達上人から「文字」を学ぶようにいわれ、肥前清水の華台上人の弟子に入って、智真という法名をあたえられると、そこで文字を学んだ。その後、聖達上人の下で修行すること一二年、そこに弘長三年（一二六三）に父の死に遭ったため、いったん郷里に帰って俗塵に交わることもあったという。

この頃、大陸からの影響を受けて各地には都市的な場が生まれ、民衆の動きが活発になるにつれて、宗教活動も活発になっていた。叡尊の律宗や、大陸から伝わった禅宗も大きな影響をあたえた。こうしたなかで一遍は悩んだ末、ある境地に達する。

ある□□輪鼓地におちてまはりやみぬ。これを思惟するに、まはせばまはる、まはさざればまはず、われらが輪廻も又かくのごとし。三業の造作□よりて、六道の輪廻たゆる事なし。自業もしとどまらば、何をもてか流転せん。ここにはじめて心にあたて生死のことはりを思ひしり、仏法のむねをえたりき。

このように輪鼓の止まるのを見て仏法の奥旨を悟ったという。これは次の段落から見て、輪鼓とあるのは実際の遊びの際のものではなく、夢でのことであったらしい。

恩愛をすてて無為にいらんには、ただし今一度師匠に対面のこころざしありとて、大宰府へおもむき給ふあひだに、聖戒も出家をとげて、あひしたがひたてまつりき。彼輪鼓の□夢□見給へる□□

世をわたりそめて高ねのそらの雲
絶ゆるはもとの心なりけり

こうして一遍もまた夢の告げを得て、聖としての念仏勧進のための本格的な道を歩むことになったのである。

四　東国はこれ仏法の初道

叡尊の「興法利生章第三」の時期は嘉禎二年（一二三六）から亡くなるまでの五四年におよぶのでさらに分けて考えると、その時期の第一の画期は、弘長二年（一二六二）の六二歳の時の鎌倉下向である。この二年前に朝廷の後嵯峨上皇の近臣であった中納言藤原定嗣が訪れ出家の戒を授けたことが契機となって、前年には京の西山に浄住寺を律宗寺院として整備していた事情もあり、幕府の金沢実時や北条時頼の強い招請にも応じることになった。

これにより幕府の首脳者の帰依を受けた。幕府は建長四年（一二五二）に朝廷から宗尊将軍を迎えて、新たな体制の構築をめざしていた。禅宗を導入して建長寺を建てて護国の寺院としていたが、さらに撫民政策を展開するにあたっては、戒律の再興と民衆の救済を勧める律宗の運動は好ましいものであった。各地に都市的な場が生まれ、民衆の活動が盛んになっていった時代状況に応じて、律宗の考えが社会秩序の再編に役立つものと考えられたのであろう。

また大和に帰った翌年には後嵯峨上皇に授戒するなど、幕府や朝廷の後援をえて広範な活動を展開するところとなる。こうして叡尊は上からの布教活動や民衆教化に乗り出してゆき、蒙古襲来に際しては敵国降伏の祈祷を行い、西大寺では光明真言講を開き、般若寺では文殊像の供養を行い、伊勢神宮や石清水八幡に詣でては神祇信仰と結ぶなど多彩な活動を行った。これらの活動については多くの研究が触れるところでもあり、ここでは省略したい。

叡尊と同じように一遍も鎌倉に入って布教を志したが、一遍の場合は召されてのものではなかった。

一遍は文永八年（一二七一）から各地の修行の旅に出ている。東国の霊地である善光寺に詣でた後、伊予の窪寺に籠って「交衆をとどめて、一人経行し、万事を投げすてて、もはら称名す」こと三年の月日を送った。そこで「ながく境界を厭離し、すみやかに万事を放下して、身命を法界につくし、衆生を利益せんと思ひたち給ふ」境地に達し、続いて観音影現の地である菅生の岩屋に籠って、その境地を霊夢で確信した後、文永一一年に伊予を出て天王寺に赴くのだが、ここで「十種の制文を収めて如来の禁戒をうけ、一遍の念仏を勧めて、衆生を済度しはじめ」たという。

さらに高野山を経て、熊野参詣に赴き、本宮の証誠殿の前で祈っていた時、阿弥陀仏の権現である山伏が現われ以下のように告げられたという。

阿弥陀仏の十劫正覚に、一切衆生の往生は南無阿弥陀仏と決定するところ也、信・不信をえらばず、浮・不浄をきらはず、その札をくばるべし。

以後、建治元年（一二七五）から京・伊予・九州をめぐり、再び厳島・備前の福岡市を経て、二八〇余人を出家させるなどし、続いて京の因幡堂から、さらに信州に足をのばし、佐久の伴野市での別時念仏では紫雲が漂う奇瑞が起き、ついに小田切の里では踊念仏を創始する。やがて奥州に祖父の墳墓を訪ね、常陸に逗留することになった。

このように各地の武士の館や市を勧進の場として信仰をひろめていったが、そこには都市的な場の成長が見られ、また多くの社会的な弱者の存在も広がっていた。『一遍聖絵』にはそうした弱者の姿がよく描かれているが、こうした都市の民衆の信仰を獲得するなかで、律宗と時宗とは競合するところとなり、常陸にあった一遍も、鎌倉入りを考えるに至ったのである。常陸は忍性が布教の場としてそこから鎌倉に入って幕府の信仰を獲得した地であり、親鸞もまたここにあって鎌倉入りをめざしたことがあった。浄土宗は既に入って勢力を広げており、「なごへの一門、善光寺、長楽寺、大仏殿立てさせ給て」と『日蓮遺文』には記されている。

『海道記』が「東国はこれ仏法の初道なれば、発心沙弥の故に修行すべき方なり」と記しているように、新たな仏教信仰は鎌倉の布教を試金石として競って入ってきたのである。一遍が、弘安五年（一二八二）に、決意して鎌倉入りをし、今後の布教の成否を試そうとしたのには、その意味があったろう。

聖のたまはく、鎌倉いりの作法にて、化益の有無をさだむべし。利益たゆべきならば、是を最後と思べきよし、時衆にしめして、

三月一日、こぶくろざかよりいりたまふに、

このように決意して鎌倉に入ったのだが、それを制止され、鎌倉の外は御制の地ではないということから、近くで念仏すると鎌倉中の道俗が群集したという。では一遍はどうして小袋坂（巨袋坂）から鎌倉に入ったのであろうか。

一般に鎌倉には稲村ガ崎の方から入るのが普通である。『海道記』は「申の斜に由比浜におちつきぬ。暫く休てこの所を見れば、数百艘の船ども、縄をくさりて大津の浦に似たり。千万宇の宅、軒を並べて大淀の渡にことならず。御霊の鳥居の前に日をくらして後、若宮大路より宿所につきぬ」と記し、『東関紀行』にも「その中にも由比の浦といふ所に、阿弥陀仏の大仏をつくり奉るよしかたる人あり。やがていざなひてまゐりたれば、たふとく有難し」とある。

一遍にやや遅れて鎌倉に来た後深草院二条の日記の『問はずかたり』も「明くれば鎌倉に入るに、極楽寺といふ寺へ参りて見れば、僧のふるまひ都に違はず。なつかしくおぼえて見つつ、化粧坂といふ山を越えて鎌倉の方を見れば、東山にて京を見るには引き違へて、階などのやうに重々に、袋の中に物を入れたるやうに住まひたる、あなものわびしと、やうやう見えて、心留まりぬべき心地もせず」と記している。

おそらくその入り口に極楽寺があることがここを避けた一つの理由と考えられる。極楽寺に組織された人々との争いを回避しようとしたのではなかったか。他方、小袋坂を通るならば、すぐに鶴岡八幡宮に出るが、後に一遍は本地を阿弥陀仏とする石清水八幡に詣でているので、この時に鎌倉の鶴岡八幡に参って東国で信仰をひろめる祈りをささげたかったのかもしれない。

しかし小袋坂は鎌倉と北条氏の別荘がある山内庄とを結ぶ切通の坂であれば、最も大きな理由は、鎌倉幕府の実権を握る北条氏に直接に信仰を訴えようとして、あえて小袋坂を通ることを考えたことがあげられよう。当日は「今日は大守山内へいで給事あり。このみちよりはあしかるべき」という忠告を受けていたのにも関わらず、強行しようとしたことがその点を物語っており、それもあって『一遍聖絵』は、この場面で太守の一行と一遍とが対峙している風景を描いている。

だが鎌倉入りは制止されてしまった。とはいえ鎌倉入りには失敗したものの、逆に幕府の後援をえずして念仏勧進をひろめる道が模索され、その後の時宗の発展をもたらすことになった。弘安五年（一二八二）三月に片瀬の浜の地蔵堂で板屋の舞台を設けて踊り念仏を行うと、紫雲がたち、花が降る奇瑞がおき、以後、こうした奇瑞はしばしば起きたという。

東海道を上る一遍の遊行の旅は、「美濃・尾張をとおり給に、処々の悪党ふだをたてていはく、聖人供養のこころざしには、彼道場へは往詣の人々にわづらいをなすべからず」というように、悪党が往来の安全を保証したという。

おわりに

叡尊の最後の画期は、弘安三年（一二八〇）の八〇歳の時に寿像が造られ西大寺に安置されたことである。これは弟子たちが八〇歳の賀を祝って、仏師善春に作らせた叡尊の肖像であるが、これに関する記事は『学正記』には見えない。現存する寿像の胎内に納められた文書や記録から知られるもので、それだけに重要な意味があったと考えられる。

この寿像にはそれまでの叡尊の事跡を語る多くの記録が納められており、以後、『学正記』を記すなど自らを語ることが多くなり、また多くの教誡を示すようになった（『興正菩薩御教誡聴聞集』）。

他方で、次々に権力者の要望にも応えている。宇治橋の勧進造営を託されると、宇治川の網代の破却を条件にしてこれを引き受け、さらに朝廷と幕府からの懇請にあうと、宿老らの反対も押し切って四天王寺の別当にもなっている。おそらくこうした権力者との結びつきは、今後の律宗の成長を願ってのものであろう。

一遍は晩年にも広く各地を旅した。尾張の甚目寺から、近江の関寺、京の四条京極の釈迦堂・七条の市屋道場、桂、丹波の篠村、穴太寺、丹後の久美浜、但馬の久美、因幡、伯耆の大坂、美作一宮、摂津の天王寺、住吉、河内の太子御廟、大和の當麻寺、山城の石清水八幡、淀の上野、摂津の天王寺、尼崎、兵庫の光明寺、播磨の教信寺、書写山、備中の軽部、備後の一宮、安芸の厳島、伊予の菅生、繁多寺、大山祇神社、讃岐の善通寺、阿波の大島の里、淡路の福良、二宮、志筑天満宮、このように各地を回った後、兵庫の観音堂で臨終の床につく。

つねに我が化導は一期ばかりぞ、とのたまひしが、所持の書籍等、阿弥陀経をよみて、手づから焼き給ひしかば、伝法に人なくして、

一遍は生涯にわたって布教の旅を志し、こうして最期にはすべてを焼いてしまっている。これは叡尊との大きな違いであるが、あるいは一遍が五〇歳という年齢で亡くなったことと関係があるかもしれない。もう少し永く生きていれば、また違っていたであろう。あるいは叡尊が晩年に四天王寺の別当になるなどの生き方を見て、それとは違った方向を目指したのかもしれない。

しかしこうした対蹠的な生き方となったにしても、共通しているのはこの時代に見られる、自己表現の強烈さである。叡尊は弟子に託す形で、一遍は一切を捨てる形で、その生き方を人々示したのであった。

(1) 長谷川誠編『興正菩薩御教誡聴聞集　金剛仏子叡尊感身学正記』(西大寺、一九九〇年)に所収。

(2) これに少し遅れて関東の僧無住が、『雑談集』のなかで「愚老述懐」という形で自伝を語っているが、無住のこの自伝にはあるいは叡尊の影響があったのかもしれない。叡尊は関東に下ったとき、尾張の長母寺に宿泊しているが、その前後から無住は長母寺の住持となり、また律宗を学んで大和を遊学していたからである。なおこれ以後、自伝は多く著されるようになる。

(3) 叡尊については、和島芳男『叡尊・忍性』(『人物叢書』三〇、吉川弘文館)参照。

(4) 『一遍聖絵』については、『日本絵巻大成』別巻『一遍上人絵伝』(中央公論社、一九七八年)による。

(5) 松岡心平『宴の身体』(岩波書店、一九九一年)。

(6) 五味『書物の中世史』(みすず書房、二〇〇三年)。

(7) 五味「鎌倉後期・在地社会の変質」(佐藤信・五味編『土地と在地の世界を探る』山川出版社、一九九六年)。

(8) 西大寺与秋篠寺堺相論絵図(東大本・原色図版8)

(9) 建長三年大和西大寺領検注目録(西大寺文書『鎌倉遺文』七三九八号)

(10) 忍性については、和島前掲(3)書参照。

6　西大寺聖教について

月本雅幸

一

寺院所蔵の聖教類の調査研究は大正年間から開始されたと言ってよい。まず、聖教類の調査について言えば、大正三年からの醍醐寺聖教調査がその最も早いものであり、現在も継続中である(1)。これに次いで行われたのが、高楠順次郎（一八六六～一九四五）による聖教調査（財団法人啓明会の補助事業、大正八年～一二年）である。これによって東寺宝菩提院三密蔵、東寺観智院金剛蔵、青蓮院吉水蔵、栂尾高山寺、大通寺、石山寺経蔵（現校倉聖教か）、石山寺塔頭蔵（現深密蔵か）、仁和寺御経蔵、仁和寺塔中蔵が調査され、「財団法人啓明会事業報告書」（昭和六年度）によれば

粟田青蓮院「吉水蔵目録」三巻、御室「仁和寺御経蔵目録」一一巻、江州「石山寺深密蔵目録」一四巻、栂尾高山寺「法鼓台聖教目録」二二巻、「東寺金剛蔵目録」四七巻

が昭和五年一二月に完成したという(2)。

第二次大戦後には、昭和三〇年頃からの奈良国立文化財研究所（現在は奈良文化財研究所）による諸寺の調査が開始され、以後、各地の寺院で聖教調査が実施されるようになった。そしてその成果は高山寺、石山寺、東寺、醍醐寺、大覚寺、青蓮院、三千院、興福寺等の目録の刊行という形で結実している(3)。

聖教類の研究（聖教類を使用した研究、聖教類それ自体の性格・機能に関する研究）は従来、国語学、日本史学の双方から行われて来たと言ってよい。国語学の側からは聖教に記入された古訓点の研究、漢字片仮名交り文の研究、変体漢文の研究、仮名字体の研究、漢字字体の研究、聖教に引用された古辞書の研究、さらに紙背仮名文書の語学的な研究が行われて来た。これらのうちの最初のものは大矢透「仮名遣及仮名字体沿革史料」（明治四二年、国定教科書共同販売所）である。これは古訓点に使用された片仮名の字形と仮名遣を調査し、その時代による変遷を実証したものとして著名である。

また、日本史学の側では、奥書を利用した研究、紙背文書の研究、聖教の成立・性格・機能に関する研究等が行われたと筆者は考えるが、近年の諸研究のうち、次の二つは注目されるものである。

永村真「『法会』と『聖教』―寺院史料論の一齣―」(『日本女子大学文学部紀要』平成五年、『中世寺院史料論』(平成一二年)に改題所収)

上川通夫「中世史料論の試み」(『史林』七九巻三号、平成八年)

筆者がこの二つに注目したのはここで聖教の定義がなされているからであり、永村氏は聖教を「経律論(印度で撰述され漢訳された仏典で、中国撰述の疑経を含む)それ自体を除いて、学侶が修学の過程で書写し撰述した、経律論や疏釈の抄出、法儀の次第、「口伝・秘決」に及ぶ冊子・巻子」とされたのに対し、上川氏は「寺院社会内で教義・行法に関して記録したもので、僧尼の修学や宗教活動の実践に際して活用され、かつ師弟間における原本授受または書写伝授によって法脈継承を根拠づける文献。」とされた(上川氏の「聖教分類試案」では「写経」「版経」「疏釈」「儀軌」を聖教に含めている)。

漢訳仏典(経律論)を聖教に含めるか否かがここでは問題とされており、それぞれに根拠はあるであろうが、従来国語学では漢訳の経律論、儀軌、中国撰述の注釈書等も聖教に含めて考えてきた。従って筆者も漢訳仏典等を含めて聖教とする立場に立つ。

今後の聖教類研究の課題としては日本史学・国語学・仏教学(4)それぞれの側からの研究を相互に参照して、自らの分野の研究に生かすことが挙げられるだろう。特に国語学の側では教義の具体的内容、寺院の組織、法会に関する知識を仏教学や日本史学の研究成果から学ぶことが必要であり、逆に聖教に記入された訓点の具体的内容や言語的性格については他の分野に情報を提供できるであろう。

さて、本稿で述べる西大寺聖教の調査研究はまず、昭和三四年頃からの奈良国立文化財研究所による調査があるが、その成果は目録の形では刊行されていない。然るに平成七年度からは元興寺文化財研究所による調査が実施され、平成七〜九年度科学研究費補助金基盤研究(B)(2)研究成果報告書「奈良市・西大寺所蔵典籍文書の調査研究」(研究代表者　稲城信子)として目録が刊行された。この調査は西大寺聖教を研究する上で極めて重要なものであり、成果としての目録は今後の研究に必須のものである。また、稲城信子氏の論文「中世律宗における聖教の伝授―西大寺所蔵聖教類の奥書から―」(『戒律文化』創刊号、平成一四年、「戒律文化研究会」(平成一三年九月一〇日)における研究発表に基づく)はこの元興寺文化財研究所の調査の成果として注目すべきものであり、ぜひとも参照されるべきものである。以下、この目録[以下「科研報告書」と略記]並びに稲城氏の論文[以下「稲城論文」と略記]に基づき、また若干の筆者自身の知見を加えて西大寺聖教について述べることとする。

二

次に西大寺聖教の構成について述べよう。「科研報告書」や稲城論文によると西大寺聖教の本体は八六箱、七五五三点(経箱は一〜九二箱、また別箱あり)を算する。この他に南宋・磧砂版の「大般若経」が六〇〇巻、南宋・思渓版の「大般若経」が六〇〇巻、元版一切経三六八五帖が別置されるという。さらにこれ以外にも聖教が伝存する模様である。(5)

また、同様に「科研報告書」によれば、西大寺聖教の本体を内容から大別すると

（1）仏典
（2）律宗関係聖教
（3）真言関係聖教
（4）神道（三輪流）関係聖教
（5）灌頂関係
（6）法会・作法・次第・法則類
（7）その他（講式・説話集など）

となるとする。右のうち（3）真言関係聖教と（5）灌頂関係、（6）法会・作法・次第・法則類とではかなりのものが重複するようにも思えるが、今は姑くこの分類に従っておくこととする。それらの中では（6）のうちの作法、次第といったものに分類されるものが最も多いと見られる。

さらに、「科研報告書」によれば、写本については書写の時期、版本については刊行の時期で聖教を分類すると次のようになるという（この他中国の南宋版本が一点、明版本が二点ある）。

	写本	版本
奈良時代	一九	
平安前期	一	
平安中期	○	
平安後期	一	
平安末期	七	
鎌倉前期	一四	
鎌倉中期	一六	一五
鎌倉後期	一○九	五
南北朝時代	九六	二三三
室町前期	九一	
室町中期	七○	
室町後期	一八六	四
室町末期	一四三	九
江戸前期	八二八	六一
江戸中期	二八五六	二二○
江戸後期	二三四一	九四
江戸時代（未詳）	二	一二
明治時代	一三三	五一
大正時代	一八	一
昭和時代	一四	

これから次のようなことが明らかになる。まず、第一に西大寺聖教が写本を中心としたものであるという点である。これは当然のことのようにも見えるが、筆者の経験から言えば、全体で七五○○点ほどある中で、版本が六○○点ほどというのは極めて少ない数字だと考えなくてはならない。「科研報告書」や稲城論文によれば、版本としては南北朝時代の春日版と江戸時代の戒律関係のものが多いというが、言うまでもなく江戸時代には極めて多くの仏書が刊行されており、例えば真言関係で言えば高野版などがあって、比較的小さな寺院にもまとまって伝存しているのを見ることができる。とすれば西大寺のような大寺院には当然多数が伝わっているはずであって、同寺の聖教にそれ

らが比較的少ないとすれば、それは別置されているか、或いは何らかの事情・理由があってのことかと思われるのである。

第二には奈良時代・平安時代のものが極めて少ないこと、また鎌倉時代のものも必ずしも多くはないことである。一般に平安時代までの聖教を所蔵する寺院はごく少数に限定されるものである。西大寺に奈良・平安時代の聖教がほとんど伝わらないことは、同寺が創建時の隆盛にもかかわらず、後に衰えた時期のあったことを反映していると見なければならない。また、鎌倉時代のものも必ずしも多くないことは、叡尊による西大寺の復興を念頭に置けば、筆者にとっては予想外のことであったが、これも叡尊時代の聖教が何らかの事情（経蔵の火災、また他に持ち出されたことなど）によって、失われた可能性を考えなければならないだろう。他の寺院の例を見れば、院政期に守覚法親王によって教学の隆盛を見た仁和寺の御経蔵聖教では総計一〇四四一点（暫定的な数値、以下同様）のうち二三一・五％に相当する二三四六点が鎌倉時代の書写・刊行になるものによって占められている。鎌倉初期に明恵（高弁）によって復興した高山寺経蔵については、鎌倉時代のみの点数は統計がないが、総計一一五六一点の聖教のうち、五二・〇％に相当する六〇〇七点が鎌倉・室町時代の書写・刊行になるものによって占められている。これと対比する時、西大寺聖教の鎌倉時代の書写・刊行になるものの点数と全体に占める割合（一五九点、二・一％）は相当に少ないと見なければならない。

第三には圧倒的に江戸時代のものが多く、かつ真言関係のものが非常に多いことである。中でも作法、次第の類が極めて多いことが注目される。[6] 詳細な数値を示す用意はないが、前述の「科研報告書」に挙げられた「（3）真言関係聖教」「（5）灌頂関係」「（6）法会・作法・次第・法則類」で概ね七割を占め、さらに広義の真言関係聖教はその大半に及ぶと筆者は考えている。よく知られているように、真言関係の聖教には「秘抄」「金玉」「異水」「西院流八結」等の尊法の集成があり、広く用いられて来た。西大寺聖教にも例えば第八一箱には「秘鈔」、第六五箱には「金玉」があって、江戸時代に盛んに書写されたことを物語っている。しかし、江戸時代の聖教の割合が高いからといって、西大寺聖教の史料的価値が低いということにはならないであろう。これは稲城論文にも指摘されていることであるが、江戸時代の聖教にも本奥書、本刊記という形で中世以前のデータが残されており、これらを詳細に検討することによって種々の問題が明らかになることが予想される。このような検討を本論でも行うべきであるが、今はその余裕がなかった。今後の考察を期することとする。

三

最後に西大寺聖教から特に重要と考えられるものの中で、「科研報告書」や稲城論文に詳述されていないもの三点を取り上げておきたい。その第一は「金光明最勝王経」（百済豊虫願経）（特）一〇巻である。これは天平宝字六年（七六二）書写になり、各巻の末尾には次のような願文が記されている。

維天平宝字六年歳次壬寅二月八日菩薩戒弟子百済豊虫奉為　二親敬写法華経一部金光明最勝王経一部金剛般若経一巻理趣般若経一巻本願薬師経一巻合廿一巻荘厳既了　伏願憑斯勝因奉資冥助永庇菩提之樹

長遊般若之津　又願上奉聖朝恒延福寿下
及寮采共尽忠節　又豊虫自発誓言弘済沈淪
勤除煩障妙窮諸法早契菩提乃至伝灯无
窮流布法界聞名持巻獲福消災一切迷
方会帰覚路

これによれば、百済豊虫（伝未詳）が両親の菩提のために法華経、金剛般若経、理趣般若経、本願薬師経と共に書写したのがこの最勝王経だということになる。この資料については、国語学の立場からそこに加えられた訓点（白点）についての春日政治博士の研究がある。春日博士は全文の訓点を解読され、『西大寺本金光明最勝王経古点の国語学的研究』（昭和一七年、岩波書店。再刊昭和四四年、勉誠社。さらに「春日政治著作集別巻」として再刊、昭和六〇年、勉誠社）に全文の訳文、写真を示された。本書は早い時期に訓点資料の全文の解読と体系的記述を行ったものとして著名であり、またその記述は現在の日本語史研究者にとってもなお有益なものである。

平安時代の訓点資料の総数はどれほど少なく見積っても五〇〇〇点ほど、恐らくは数万点に及ぶものとも見られるが、九世紀の資料はそれほど多くはない。築島裕博士によれば、平安時代初期（九世紀）の訓点資料は加点の年紀のないものも含めて一八〇点であるという(7)。この「金光明最勝王経」の訓点は九世紀の資料の中で最も重要なものであり、春日博士の研究の公刊から六〇年を経過しても、なおこの位置は変化していない。取り分け、その頃の訓点資料としては異例なほど白点が明確に残っていて剥落していない。また、加点の密度も高く、その鮮明と詳細さは九世紀の訓点資料の中で随一と言って過言ではない。このような訓点資料の中で最も重要な資料が西大寺に伝存していることは意義深いことである(8)。

ただし、春日博士が公にされたのは八三〇年頃の訓点（白点、ヲコト点は第二群点）のみであり、実はこれ以外にも別種の白点が七種程あるという(9)。さらに余り密度は高くないものの、全巻にわたって朱点（ヲコト点は喜多院点）も記入されており、これは巻一〇朱書奥書の

永長二年三月六日辰時点了

に対応していて、永長二年（一〇九七）に加点されたと見られる。これらの訓点についても今後詳細な調査が行われ、その結果の公表されることが期待されるのである。

なお、本書の他、西大寺所蔵の古訓点資料としては「大日経」七巻［特］（天平神護二年写、長保二年（一〇〇〇）加点）、「不空羂索神呪心経」一巻［特］（奈良時代写、寛徳二年加点）(10)が著名である。

第二に、「七喩三平等十无上義」（一巻、仮題）を取り上げる（一一—七）。これは「科研報告書」には「四分律行事鈔」とあるものであるが、原本を検するに「四分律行事鈔」ではないばかりか律関係のものでもなく、むしろ文中に「七喩」「三平等」「十无上」等の語が見えることなどを総合して、筆者はこれを「法華経」関係の問答体によるものと見ている(11)。また本書には首題・尾題がないが、首尾は欠けておらず、全体が完存しているものと見られる。本書には全巻に白書による訓点（仮名、ヲコト点・第四群点）がある。加点の時期は八五〇年頃と判断される。また、朱書の訓点が全九紙のうち第四紙の途中まで記入されている（仮名、ヲコト点・喜多院点）。この朱書の加点の時期は一一世紀と判断される。

次に本書の一部分を訓点と共に解読して示す。なお、白点のみを示

し、朱点は省略する。原本の仮名は片仮名で、またヲコト点は平仮名で示すこととする。原文に語を補った場合には括弧の中に入れて示した。

答(ふ)、論(に)云(はく)、七種(の)具足煩悩(の)染性(の)衆生の為に七喩を説(くと)云(ふ)。故に凡夫も又有学(なりと)云フ。聖人毛‖(傍訓「モ」もあり)此の執を発《(おこ)》ス(か)故に聖人にモ通すとは云フ[也《(不読)》]。(一～二行)
又大乗の凡夫の人カ‖大乗の法説(ける)を聞く時に、大乗に非《アラ》サ(る)を取《と》(り)て第一止‖(ヲコト点「と」もあり)毛‖謂イ皮ム‖[也《(不読)》]。(一二～一三行)

右の例のうち、二重傍線を付した箇所は訓点ではなく本文に万葉仮名、片仮名を使用したもので、このことは本書が日本の撰述になるものであることを示している。片仮名の発生の時期が八〇〇年頃であることなどを勘案して、本書の書写の時期は加点の時期とほぼ同じ八五〇年頃と考えられる。漢字に万葉仮名、片仮名を混用した片仮名交り文の古い例は少なく、本書は国語学上貴重な例である。東大寺図書館にほぼ同時期の「七喩三平等十无上義」(八五〇年頃書写、朱点あり、加点時期は書写とほぼ同時)があるが、本書はこれと形式、内容の両面でよく似たものであり、注目されるのである。

第三には「一切経陀羅尼」七九帖(一～三箱)を取り上げたい。これは巻一から巻七三までの一具のものと、それとは別に巻五、一五、三五、四九、五二、五七の六帖が現存する。

(巻一奥書)(一―一)正和五年(一三一六)丙辰十月十二日於大覚寺
書之/宗英

(巻二奥書)(一―二)元徳二年(一三三〇)十一月十日於大安寺奉
書之/為過去幽霊離苦得楽乃至法界平等利益矣/沙弥
宗英

(巻二紙背識語)建武元年(一三三四)甲戌十一月廿三日寅剋於西大寺二
聖院/点之了/尊密/上至有頂天下斉無間極(ママ)/
普及於一切平等利衆生

本書は撰者未詳であり、全七三巻で完結するものか否かも明確でない。内容は文字通り一切経から陀羅尼のみを抜き出したものである。いずれも鎌倉時代後期の書写になり、朱点(声点)、墨点(仮名)が記入されている。本書の伝本は稀であり、まとまって伝来していることが判明するのは西大寺のみである。本書は奥書に大覚寺、大安寺、西大寺で書写されたことが記されていることから、真言宗、真言律系統で用いられたものであり、これが現在西大寺に伝わることは、同寺において現在に到るまで尊重されて来たことを示すものであろう。本書が西大寺の教学の中でどのように利用されたのかは今後解明されるべき課題である。

以上、簡略に西大寺聖教について述べたが、同寺の聖教の研究はまだ始められたばかりなのであって、今後、日本史学、仏教学、国語学の各方面から詳細に調査されるべきであろう。

(1) その成果は「醍醐寺聖教文書目録」として平成一二年から刊行が開始されている。
(2) 高楠による調査が実施された聖教箱にはその多くに蓮弁形の朱印を捺した紙片が貼付され、調査年月が記入されている。しかしどうした事情か、この高楠による調査の目録は調査対象の寺院には残されなかったようで、広く使用されるには到っていない。僅かに「東寺金剛蔵目録」の転写本が東京大学史料編纂所に所蔵されるばかりである。

(3) それらの目録は例えば次のようなものである。

「高山寺経蔵典籍文書目録第一～第四・索引」　昭和四八～五七年
「石山寺の研究　一切経篇」　昭和五三年
「石山寺の研究　校倉聖教・古文書篇」　昭和五六年
「石山寺の研究　深密蔵聖教篇上・下」　平成三～四年
「東寺観智院金剛蔵聖教目録一～二一」　昭和五〇～六一年
「大覚寺聖教目録」　平成四年
「青蓮院門跡吉水蔵聖教目録」　平成一一年

(4) 近年急速に仏教学でも聖教類に対する関心が高まっている。例えば次のようなものが開催されたことはそのことをよく表している。

日本印度学仏教学会第五四回学術大会特別部会「写本研究の現在」（平成一五年九月六～七日）

(5) 「科研報告書」には「今回調査した典籍類は、西大寺に所蔵される全容を示すものでなく、灌頂資料・書籍など未調査のものも大量に残されているという」と述べる。

(6) このことは「科研報告書」にも「この中で圧倒的に多いのは、灌頂関係、次第・作法類であり、大半は、江戸期に書写された資料である」と記述がある。

(7) 築島裕『平安時代訓点本論考　研究篇』二六頁、平成八年。ただし、この一八〇点という数は同博士が直接調査された訓点資料の点数であり、間接的な情報によるものは含まれていない。

(8) ただし、この資料が何時から西大寺に伝わっているのかは明らかではない。

(9) 『西大寺本金光明最勝王経古点の国語学的研究』研究篇二〇頁。

(10) この資料については次の研究がある。

小林芳規「西大寺本不空羂索神呪心経寛徳点の研究―釈文と索引―」（『国語学』第三三輯、昭和三三年）

(11) 本書には表紙があり、「顕第十／事鈔上箱入／六巻内第五／行事鈔□□抄物四」と判読される外題があるが、これは何らかの理由で他の書の表紙が混入したものと思われる。

付記

本論の執筆、原本の調査に当っては西大寺当局の格別の御配慮を賜った。また、本論は稲城信子氏を中心に行われた科研の調査報告書、また同氏の御高論に多くを拠っている。厚く御礼を申し上げる次第である。

7　西大寺文書にみえる院宣と綸旨

近藤成一

はじめに—院宣・綸旨研究の課題

院宣は上皇の、綸旨は天皇の意思を伝える文書であるが、いずれも書状様式であり、しかも上皇・天皇自身ではなくその侍臣により執筆・署名されたものであることが、史料として遺されたものを利用する場合の障害となる。つまり書状様式であるから原則として年付けを持たず、年次が自明ではない。また上皇・天皇の名前が記されないから、発給主体を直接に知ることはできず、年次と署名している侍臣により推定しなければならない。しかし上皇・天皇とその侍臣との関係はまだこれから究明しなければならない課題だし、そもそも草書・行書で記されている院宣・綸旨の署名・花押を解読すること自体が実は一定の研究を必要としているのである。

本稿では西大寺文書にみえる院宣・綸旨のいくつかを取り上げることにより、院宣・綸旨研究の一部とすると同時に、その解読・分析により西大寺文書の内容の一端を瞥見することとしたい。

一　十一面堂本尊勧請

まず次の四通の文書を取り上げることにしよう。

A（案文一〇三函二号一①・**一〇三函二号二①**）

追言上
寺領之内、用懈怠之地、可令尋沙汰給候、随被注申、忩可被申関東之由、被仰下候也、重恐謹言、

十一面堂御本尊可被安置当寺四王院、於彼尊像前、被講讃夏中最勝王経、可被祈申御願之由、
院宣所候也、仍言上如件、光泰誠恐謹言、

正応二年
十一月九日　中宮大進光泰奉

進上　西大寺上人御房

B1（正文一〇一函一二号一〔図1〕・案文一〇三函二号一②）

十一面堂可令執務給者、依
院宣言上如件、光泰誠恐謹言、
　　正応二年十一月十五日　中宮大進（花押）
　進上　西大寺上人御房

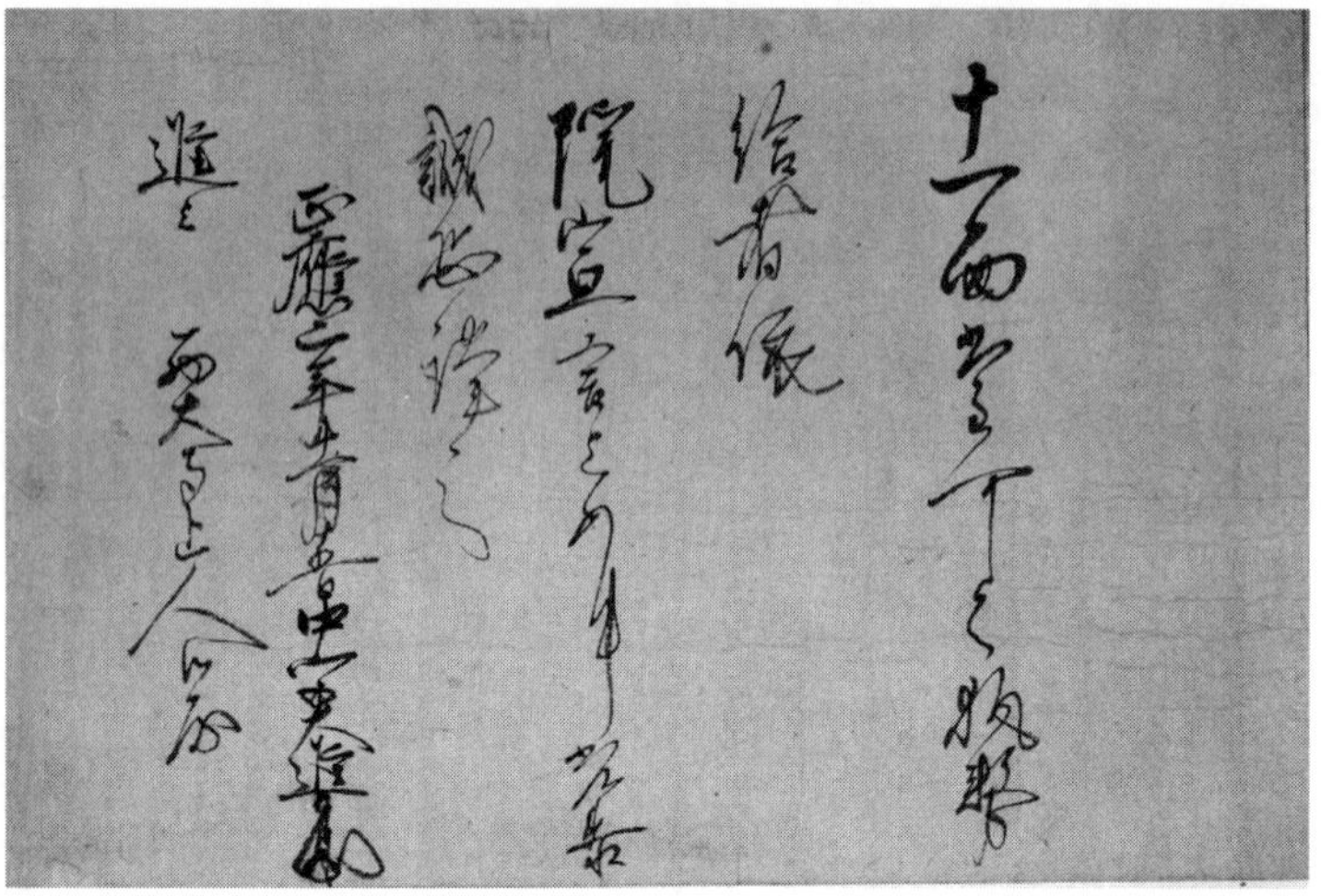

図1

B2（案文一〇三函二号一③・一〇三函二号二③＋三①・一〇三函二号五）

追言上
寺領目六一帋被遣之、於彼尊像前可被講讃恒例夏中最勝王経、以竹野庄已下寺用、所被充其供料也、田楽装束已下恒例臨時庁役、悉被停止之、向後更不可被充催、可令存知此旨給之由、同被仰下候也、重謹言、

C（案文一〇三函二号四）

鳥羽院御願十一面堂顛倒之後、造営未企、叡情雖無怠、冥慮又難測、縦雖有土木之営、非無人民之煩歟、西大寺仏法殊繁昌、護持有其憑、安置彼本尊十一面観自在尊於当寺四王院、各令凝薩埵恭敬之精誠、可被祈国土泰平之御願者、依
院宣言上如件、光泰恐惶謹言、
　　正応三年正月廿一日　中宮大進有判奉
　進上　西大寺上人御房

D（案文一〇三函二号二②）

十一面堂被移西大寺作事去年有沙汰、已雖被安置本尊於当寺仏前、執行禅基僧都猶致濫訴候之間、為断未来之煩、重被下委細　院宣候也、殊可令致国土安穏之御祈祷給候、光泰恐惶謹言、
　　正月廿一日　光泰状
　西大寺上人御房

以上の四通のうち正文が残るのは**B**の本紙のみであり、他は案文である。複数の案文を有するものもあるので、A・B・C・Dの符号の次に出典を記し、その中で底本に用いたものをゴチック体にした。

これらの文書は、西大寺四王堂所在の十一面観世音菩薩立像（木造・漆箔・像高五九〇・八糎）が元来は鳥羽院御願十一面堂の本尊であり、それが西大寺四王堂に安置されるに至ったゆえんを示すものである。この鳥羽院御願十一面堂とその本尊については、米山徳馬氏の研究がある(2)。氏は『覚禅鈔』十一面上に(3)「種子／仏舎利／香薬〈白檀・龍脳〉／宝篋印経／菩提場荘厳陀羅尼／法身偈〈梵本〉／已上、白河十一面料、依鳥羽院宣勘之云々、勧修寺法務」と見えることを指摘している。鳥羽院の院宣により十一面観音の材料について検討したというのであるから、これが鳥羽院御願十一面堂本尊の建立に関する記事である可能性が高い。また十一面観音に「白河」の地名が冠されているのであるから、十一面堂が建立されたのは白河の地と考えられる(4)。氏はまた十一面堂の呼称が安置の本尊によるものであって別に寺号を付していないことに注目し、同様の例として、長承三年（一一三四）供養の待賢門院御願一字金輪堂、保延六年（一一四〇）供養の鳥羽院御願炎魔天堂、天養元年（一一四四）供養の鳥羽院御願孔雀明王堂、久安二年（一一四六）供養の鳥羽院御願大仏頂堂、久安四年（一一四八）以前供養の僧正覚宗本願尊星堂をあげ、鳥羽院御願十一面堂の造営も同時期と考えている。

十一面堂の執行について、米山氏は、『尊卑分脈』が藤原清隆の養子として記す隆雅に「十一面堂執行」の注記があること(5)と、『平戸記』寛元二年（一二四四）七月十一日条に「十一面堂執行顕延法橋」が見えることをあげている。『平戸記』には同年一一月六日・一〇日条にも関連記事が見え、顕延が紀伊国木本庄預所職をめぐって定顕律師と相論したことがわかる(6)。米山氏はこの記事により木本庄を十一面堂領と解しているが、関連記事の全体を読むと、顕延が十一面堂執行であることと彼が木本庄預所職を知行していることとは各別のことと判断すべきと思われる(7)。十一面堂領としてはむしろ、米山氏があげられた『吾妻鏡』文治二年（一一八六）三月一二日条所掲の「関東御知行国々内乃貢未済庄々注文」の越後の項の大面庄に「鳥羽十一面堂領」、佐味庄に「鳥羽十一面堂領、預所大宮大納言入道家」と注記されているのを採るべきであろう。また「生桑寺大般若経裏打文書」のうちにある裁許状断簡には、「如道盛所進建久八年□□十一日当国惣図田帳者、十一面堂領竹野新庄内八百□□八反四丈領家御分、預所江大夫判官公朝入道、地頭所□□町八反、本庄藤太兼俊明還、六町六反二丈藤新大夫成□□本主兼俊等地頭之由所見也」と見える(8)。

さて、前記の四通の文書によると、正応二年（一二八九）一一月九日、十一面堂本尊を西大寺四王院に安置し、夏中、尊像前において最勝王経を講讃し、御願を祈ることが命じられた（A）。同月一五日には、十一面堂の執務が西大寺長老叡尊に委ねられた（B1）。また夏中最勝王経講讃の供料に筑後竹野庄以下の寺用が充当された（B2）。年を越して正月二一日、十一面堂の作事を中止し、その本尊を西大寺四王堂に安置することが改めて確認された（C）。CとDは同日付けで、差出も宛所も同一であるが、Cが中宮大進藤原光泰の奉じた院宣であるのに対して、Dは光泰が院宣発給の事情を説明した添状であろう。Dによれば、十一面堂本尊が西大寺四王堂に安置されたことを不満として十一面堂の執行禅基が訴訟を起こしたことに対して院宣が発給されたものであるという。

一応は右のように理解できるのであるが、いくつか問題がある。

一つは、「西大寺塔僧房通別三宝料田畠目録」に次の記載が認められることである。

筑後国竹野庄　年貢百十石、彼納定、
越後国佐味庄　年貢卅五貫文、当時請料也、本ハ三百石也、

山城国飯岡庄　年貢莚三十枚
尾張国青山庄　年貢代銭五貫文
丹波国吉美庄　年貢香五斗、本ハ五石也、
已上五个国五所雖有余庄、有名無実故略之、
正応元年十一月九日、鳥羽院御願十一面堂御本尊、為　当御代勅願、被奉安置於当寺四王院、仍彼以庄薗等、灯油仏聖料田、同御施入、其上夏中最勝王経講讃中僧食料、永代被施入之、中宮大進藤原光泰朝臣奉也、

これによれば、十一面堂本尊が西大寺四王院に安置されたのは正応元年一一月九日ということになり、Aと一年の相違がある。これについて、『西大寺叡尊伝記集成』[9]の解題は、「西大寺塔僧房通別三宝料[10]田畠目録」は永仁六年（一二九八）に記された原本そのものであるから、これの示す正応元年を正しいとすべきで、Aの年記が正応二年となっているのは伝写か何かの誤りであるとする。それに対して和島芳男氏は、Aに関連するBの年記も正応二年であり、さらにまたA・Bの奉者である藤原光泰が中宮大進に任じられたのは正応二年四月二九日のこと[11]なので、Aの年記は正応二年が正しく、「西大寺塔僧房通別三宝料田畠目録」が正応元年と記しているのを誤りとする[12]。和島氏はBを案文によって検討されたが、これには正文も伝来しており、しかも書下年号であり、これの年記が正応二年であることは間違いない。和島氏の見解に従うべきであろう[13]。

つぎの問題は、『西大寺勅謚興正菩薩行実年譜』がCを正応元年のものとしていることである。前記のように藤原光泰が中宮大進に任じられたのは正応二年四月二九日であるが、そもそも文永五年（一二六八）一二月六日亀山天皇の中宮西園寺嬉子に今出河院の院号が宣下されてから正応元年八月二〇日に西園寺鐘子が伏見天皇の中宮に冊立されるまで中宮職は置かれていないから、正応元年正月二一日の時点では中宮大進に在任する人物はいない。また正応元年は四月二八日に弘安一一年が改元されたものであるので、「正応元年正月廿一日」という表記は少なくともその日に書かれたものとしてはありえない。したがってCの年記は一〇三函二号四に収める案文の示す「正応三年」の表記が正しく、『西大寺勅謚興正菩薩行実年譜』は「三年」を「元年」と誤読したものと判断すべきである。ちなみにCの日付が正応三年正月二一日であるならば署名している「中宮大進」は藤原光泰であってよい。光泰はこの翌年三月二五日までこの官に在任したからである。

つぎにA・B・Cの発給主体について、『西大寺勅謚興正菩薩行実年譜』はこれを亀山法皇とする[14]。和島芳男氏（注12）や石井進氏（注8）はこれに従っている。しかし一〇三函二号一に収められたA・B1・B2の書継案文の端裏書には「後深草院十一面堂領御寄附西大寺事」と記され、かつA・B1にはそれぞれ「後深草院」「同」の肩書が付されており、『大和古文書聚影』[15]および『鎌倉遺文』[16]もA・Bを後深草上皇の院宣としている[17]。確かに院宣・綸旨の発給主体は文書の上には明示されないから、決して自明ではないのである。ここでは、A・B・Cの奉者である藤原光泰の立場を検討することにより、彼が誰の意志を奉じたのかについて考えることにしよう。

光泰は正応二年正月一三日、三六歳で蔵人に補され、翌年六月八日蔵人を辞して右少弁に任じられた。以後、左少弁・権右中弁・右中弁・左中弁・右大弁と昇進し、永仁三年（一二九五）六月二三日、弁を辞して蔵人頭に補された。二年後の永仁五年一〇月一六日、四四歳で

蔵人頭を辞して参議に任じられたが、二ヵ月後の一二月一七日に参議を辞退して官歴を終えている。光泰が奉じた院宣・綸旨の大部分は光泰が蔵人・弁官に在任中のもので、治世の主は後深草上皇と伏見天皇であった。特に正応三年二月一一日に後深草上皇が出家した後の伏見親政の時期については、書止文言に「天気」を含むことにより発給主体が伏見天皇であることが確認されるものがすべてで、この時期に光泰が伏見天皇以外の意志を奉じたと判断される例は確認できない。

A・B・Cの院宣に光泰は「中宮大進」と署名しているけれども、彼は同時に蔵人の職にあり、蔵人として院政の主後深草上皇の院宣を奉じたものと考えられる。蔵人・弁官は、元来は彼らの固有の職務に関する指示を受けるために、院政を行う上皇に伺候し、院宣を奉じた。しかし彼らは上皇のもとに日常的に伺候することにより、その用務全般に関して院宣を奉じるようになったものと思われる。

ただし問題は残る。A・B・Cの内容が鳥羽院御願十一面堂に関することであることは、その発給主体が亀山法皇である可能性を残すからである。鳥羽上皇の遺跡はその娘八条院に継承され、承久の乱後には後高倉院の娘安嘉門院に継承されたが、弘安六年（一二八三）九月四日に安嘉門院が没した後は、亀山上皇が幕府と折衝してその管領権を取得したと考えられてきた。B2には竹野庄に田楽装束以下の恒例・臨時の庁役が付随していたのを停止する旨が記されているが、この「庁役」は旧八条院庁に対する役を指すものであろう。

また院宣を受け取った叡尊が亀山法皇と関係の深いことも無視できない。弘安七年二月二七日、当時院政を主宰していた亀山上皇は、叡尊の請により宇治川の網代を停止した。また同年の九月には叡尊を四天王寺別当に補している。四天王寺別当職をめぐっては延暦寺と園城寺との長年の紛争があり、前年の正月には延暦寺衆徒が禁中に濫入して後宇多天皇が亀山上皇の御所に避難する事件が起きていた。この問題の解決のために幕府は「浄行持律の仁」の補任を求め、それを受けて亀山が指名したのが叡尊であったのである。

そういう事情があるにもかかわらず、なおA・B・Cを後深草上皇の院宣と考える余地は残されているであろうか。

実は安嘉門院の遺跡は確かに幕府の裁定により亀山の管領下に置かれたけれども、安嘉門院は姪の室町院の存命中はその管領とし、室町院の死後に亀山に譲ることを遺言していたので、安嘉門院の遺跡がその死後ただちに亀山の管領となったことについて室町院は不満をもち、後深草に接近していた(18)。そして正応三年一一月二六日に至り、亀山は「和睦の儀」により室町院に歓喜光院および同領・蓮花心院および同領・旧八条院庁分領内一〇箇所を分け進めているので、亀山の旧安嘉門院領に対する管領は決して安定しておらず、室町院との間で相論となっていたと判断される(19)。

また叡尊に帰依していたのは亀山のみのことではなく、後深草もまた同様であった。弘安七年の宇治川の網代停止以後、叡尊の勧進により進められた宇治橋の修造は二年余を経て竣工したが、弘安九年一一月一九日に行われた宇治橋の供養には、後深草・亀山両上皇が相並んで臨幸している。

とすると、後深草は当代の名僧叡尊の権威を利用して、亀山の旧八条院領管領に楔を打ち込む意図をもって鳥羽院御願十一面堂本尊の興行をはかったとは考えられないであろうか。

時は正に後深草院政の絶頂期であった。A・Bが発給された正応二年の四月二五日には伏見天皇の皇子胤仁が皇太子に立てられて皇統が後深草の子孫に伝えられていくことが確定していたし、一〇月九日には幕府の将軍も後深草の皇子久明に交替した。翌年二月一一日、後深草は子孫の行く末に安心して出家し、治世を伏見天皇に譲る。一方の亀山は後深草に先んじて正応二年九月七日に出家していたが、これは後深草とは対照的に、子孫の行く末への望みを断ち切られた失意によるものである。正応三年三月一〇日に起きた浅原為頼による伏見天皇暗殺未遂事件は背後に亀山法皇の存在も取り沙汰され、亀山を一層不利な立場に追い込んだ。そしてこの年の末に亀山は旧安嘉門院領の一部を室町院に割譲するところに追い込まれる。このような政治状況を考えれば、**A・B・C**の発給主体が後深草上皇であることは、十分に可能性のあることであると考えられる。

十一面堂本尊に関しては、さらに五通の院宣・綸旨がある。

E（案文一〇三函二号六①）

後宇多院
十一面堂事、本尊已安置当寺之上者、寺領不可各別、如元、早致管領、
講讃夏中最勝王経、可被奉祈　御願者、
院宣如此、仍執達如件、
　正安四年正月廿一日　大蔵卿判
　　西大寺信空上人御房

F（案文一〇三函二号六②）

伏見院
十一面堂御本尊事、影　叡願、先年被奉渡当寺之上、寺領不可各別、
早如元致管領、講讃最勝王経、殊可被奉祈御願者、
院宣如此、仍執達如件、
　徳治三年十月八日　判
　西大寺信空上人御房

G（正文一〇一函一二号二〔図2〕）

十一面堂寺務事、任正応之　勅裁、如元致管領、可令抽御祈忠給之由、
院宣所候也、仍執達如件、
　元弘二年二月十三日　権大納言（花押）奉
　覚律上人御房

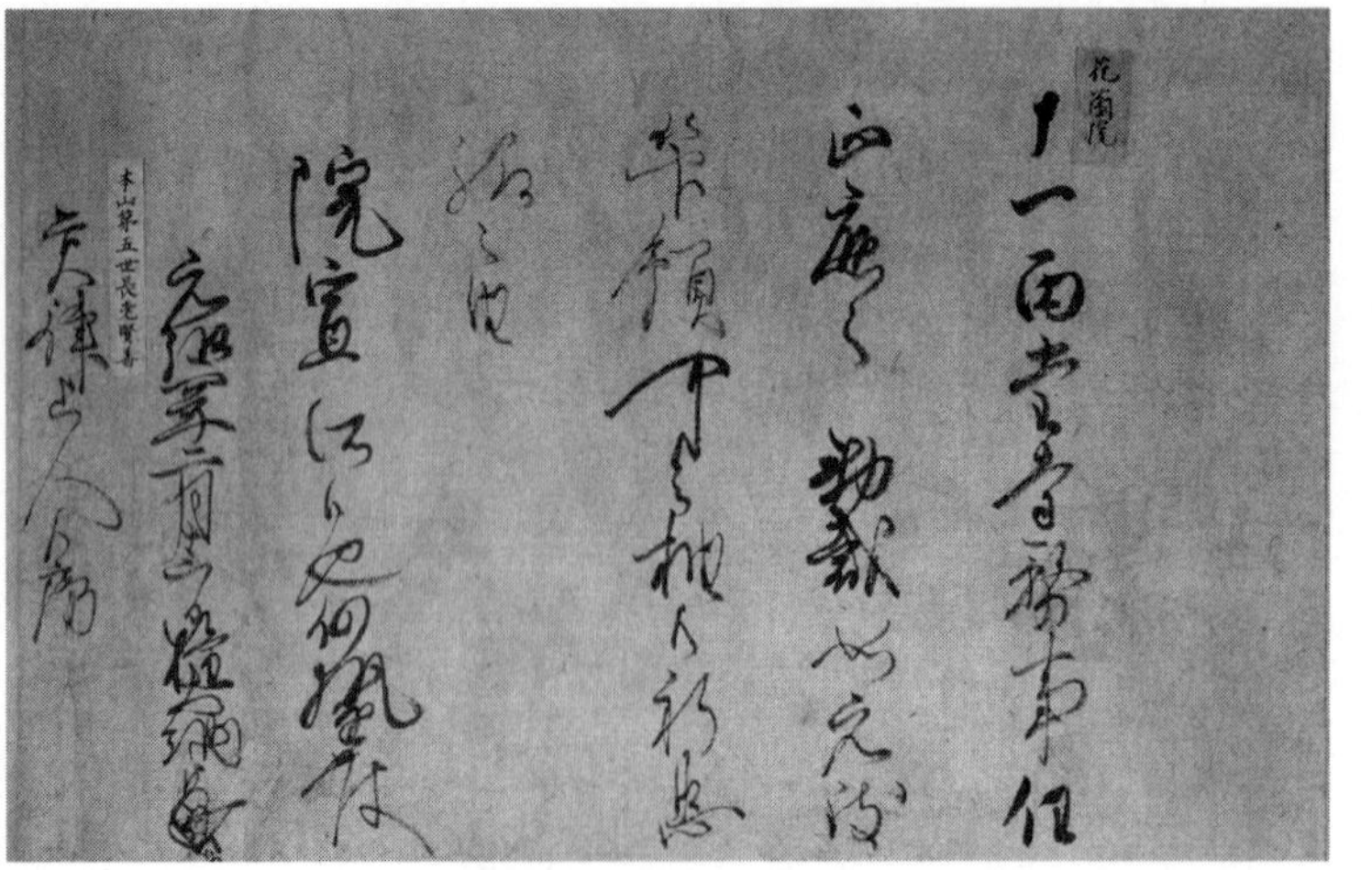

図2

H（正文一〇一函一二号四）

十一面堂事、任代々勅裁、当寺管領不可有相違、可令専御祈祷給之由、
院宣所候也、仍執達如件、

（異筆）「建武三丙子」十月廿六日　隆蔭

西大寺覚律上人御房

I（正文一〇一函一〇号二）

当寺十一面堂領等、止方々妨、任先例、可被致興行之沙汰者、
天気如此、仍執達如件、

正平七年十一月廿三日　勘解由次官（花押）奉

西大寺長老

EとFは一紙に書かれた書継案文である。いずれも十一面堂本尊が西大寺に安置されたことを根拠として十一面堂領の管領を西大寺二世長老信空に認めたものである。底本はEの肩に「後宇多院」、Fの肩に「伏見院」と注し、その発給主体を示している。Eに署名している「大蔵卿」は中御門経継で確かに後宇多上皇の側近である[20]。Fの奉者は花押しか署していないし、案文なので花押の形状もわからない。E・Fがそれぞれ後宇多・伏見の院宣でよいとすると、正安四（一三〇二）年正月二一日は後宇多院政期、徳治三（一三〇八）年一〇月八日は伏見院政期であるから、対立する皇統に属する後宇多と伏見がいずれも治天の君として西大寺律衆の十一面堂領管領を安堵したことを示している。

G・Hは十一面堂の寺務を西大寺長老に安堵したものであり、Iも十一面堂領の興行を西大寺長老に命じたものである。Gが発給された元弘二年（一三三二）二月一三日の時点では上皇は持明院統の後伏見上皇と花園上皇しかおらず、Gの発給主体は後伏見上皇とみなすべきであるが、書下年号で「元弘」を用いている。元弘年号は後醍醐天皇が用いたもので、幕府は元弘改元を無視して改元以前の元徳年号を用いつづけているが、元弘の変で後醍醐が失脚したあとを受けて践祚した光厳天皇の朝廷は、幕府と協調関係にあるにもかかわらず、年号使用に関しては幕府と方針を異にし、元弘年号を用いている。Hは足利尊氏が後醍醐を破って入京し光明天皇を擁立した直後のものであり、発給主体は治天の光厳上皇である。

Iは観応の擾乱により南朝が攻勢に転じた時期のものである。足利尊氏が一時南朝に投降したことにより崇光天皇と皇太子直仁親王は廃された。南朝は攻勢を強めて尊氏・義詮父子を攻撃するとともに光厳・光明・崇光三上皇と直仁親王を拉致した。一方南朝から離れた尊氏は崇光の弟後光厳を天皇に擁立する。Iは北朝三上皇が南朝に拉致され後光厳天皇が践祚した正にその年のものである。正平年号を用いているので南朝後村上天皇の綸旨ということになる。

二　竹野庄と志楽庄

筑後国竹野庄は十一面堂本尊が西大寺四王堂に移されたことにより、尊像前で夏中最勝王経を講讃するための供料として後深草上皇から西大寺長老に寄進されたものであった。つぎに竹野庄の南北朝期の動向を示す綸旨J〜Q八通を掲げよう。K2はK1の、M2はM1の、N2はN1の封紙である。

J（正文一〇一函九号一）

筑後国竹野庄地頭職、為光明真言之料所、々被付寺家也、可令存知者、

天気如此、仍執達如件、

　　元弘三年六月廿九日　式部少輔（花押）

　西大寺長老

K1（正文一〇一函八号二）

筑後国竹野新庄四个郷事、先度被仰了、任高時法師知行例、可令致管領給者、

天気如此、仍執達如件、

　　十二月廿二日　左中将具光

　西大寺長老

K2（正文一〇一函八号三）

　西大寺長老　左中将具光

L（正文一〇一函九号二）

筑後国竹野庄内古国府并未納堀切等事、止高良山衆徒等濫妨、任高時法師知行例、可被管領之旨、

天気所候也、仍執達如件、

「（裏書）建武二年乙亥」

　　十二月廿六日　右中将宗房

　西大寺長老方丈

M1（正文一〇一函九号三〔図3〕・案文一〇四函二二番一）

丹後国志楽庄内春日部村、為筑後国竹野庄替、可被知行者、

天気如此、仍執達如件、

　　正平七年後二月十三日　右衛門権佐（花押）

　西大寺長老

M2（正文一〇一函九号五〔図4〕）

　西大寺長老　右衛門権佐光資

N1（正文一〇一函一〇号四・案文一〇四函二二号二）

丹後国志楽庄内春日部郷事、止方々妨、可被全管領者、

天気如此、仍執達如件、

　　正平八年六月廿六日　右中弁（花押）

　西大寺長老

N2（正文一〇一函一〇号五）

　西大寺長老　右中弁光資

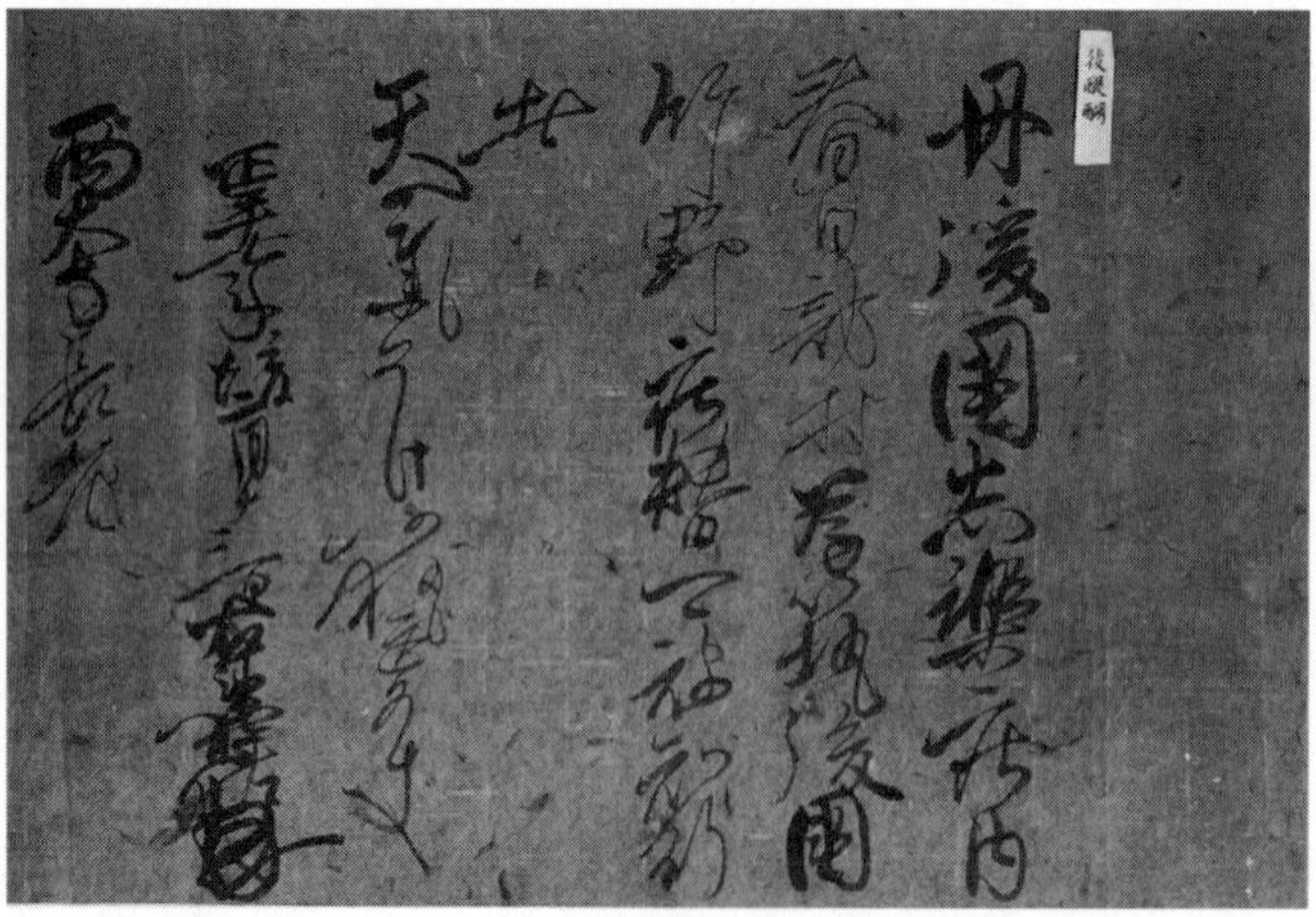

図3

図4

O（正文一〇一函一〇号六）

筑後国竹野庄地頭職、止方々妨、可令沙汰居西大寺雑掌於庄家之由、
可有御下知之旨、
天気所候也、以此旨可令申沙汰給、仍執達如件、
　　九月廿一日　右少弁兼頼奉
　謹上　清少納言殿

P（正文一〇一函一〇号七）

筑後国竹野庄地頭職、任先度　勅裁、知行不可有相違者、
天気如此、仍執達如件、
　　正平八年十月九日　右中弁（花押）

　　西大寺長老上人御房

Q（案文一〇三函六号一四）

（端裏書）「竹野綸旨案、被成下国、」
筑後国竹野庄地頭職、止方々妨、可令沙汰居西大寺雑掌於庄家之由、
可有御下知之旨、
天気所候也、以此旨可令申沙汰給、仍執達如件、
　　正平八年十月九日　右中弁光資
　謹上　清少納言殿

Jによれば鎌倉幕府滅亡直後の元弘三年（一三三三）六月二九日、竹野庄の地頭職が光明真言料所として西大寺長老に寄進された。Kに竹野新庄四箇郷を北条高時知行の例に任せて西大寺長老に知行させると見えるので、おそらく竹野庄地頭職と竹野新庄四箇郷が同一実体を指し、鎌倉期に得宗領であったものが幕府滅亡により没収され、西大寺長老に寄進されたものであろう。Jの奉者「式部少輔」は岡崎範国で、蔵人として後醍醐天皇の綸旨を奉じたものである。Kは『大日本史料』第六編之一に元弘三年（一三三三）のものとして収載されている。しかし奉者の中院具光は建武元年（一三三四）五月二〇日に職事に補されているので、具光が綸旨を奉じたのは職事の職務によるものと考えるべきである。とするとこの綸旨の年記は建武元年かその翌年でなければならない[21]。さらにその一年後となると建武政権が解体しているからである。Lは日付裏書に「建武二年乙亥」と記されている。竹野庄内所領に対する高良山衆徒等の濫妨を停止し西大寺長老の管領を認めたものである。

Mは竹野庄の替わりに丹後国志楽庄春日部村を知行させることを西

大寺長老に認めた後村上天皇の綸旨である。またNは志楽庄春日部郷にたいする濫妨を停止し西大寺長老の管領を安堵した後村上天皇綸旨である。志楽庄春日部村が西大寺領となったのは当時優勢であった南朝の綸旨によるものであった。その後南朝は衰退に向かうが、志楽庄春日部村は西大寺領として安定し、この所領の経営に関する文書が西大寺に多く残されている[22]。

ただし西大寺は志楽庄春日部村を替わりとすることによって竹野庄を手放したわけではないようである。P・QはMの翌年、Nとは三ヵ月余を隔てるに過ぎない時期に発給された後村上天皇の綸旨であるが、竹野庄を西大寺長老に安堵し、雑掌に対する沙汰付を命じている。PとQは同日付けでともに葉室光資を奉者としている。Qの宛所の「清少納言」は征西将軍宮懐良親王の側近五条頼元で、つまり征西府に対して筑前国内所領の下地沙汰付が命じられているのである。Qは案文であるが、端裏書には「竹野綸旨案　被成下国」と記されている。Oは無年号であり奉者の「右少弁兼頼」が南朝の弁官と推測されその補任時期等を知ることが困難なため、発給年次を確定することがまだできていない。文面はQと同文である。

三　戊亥山検断

西大寺は文暦二年（一二三五）に叡尊が入寺する以前は興福寺末寺であり、興福寺僧が西大寺別当に補任されていた。しかし叡尊の入寺以後は宝塔院を拠点として叡尊を衆首とする律僧集団が形成され、叡尊とその後継者の地位は長老と呼称された。つまり興福寺末寺として別当に統括される寺僧と長老指導下の律僧が同じ西大寺の内に共存す

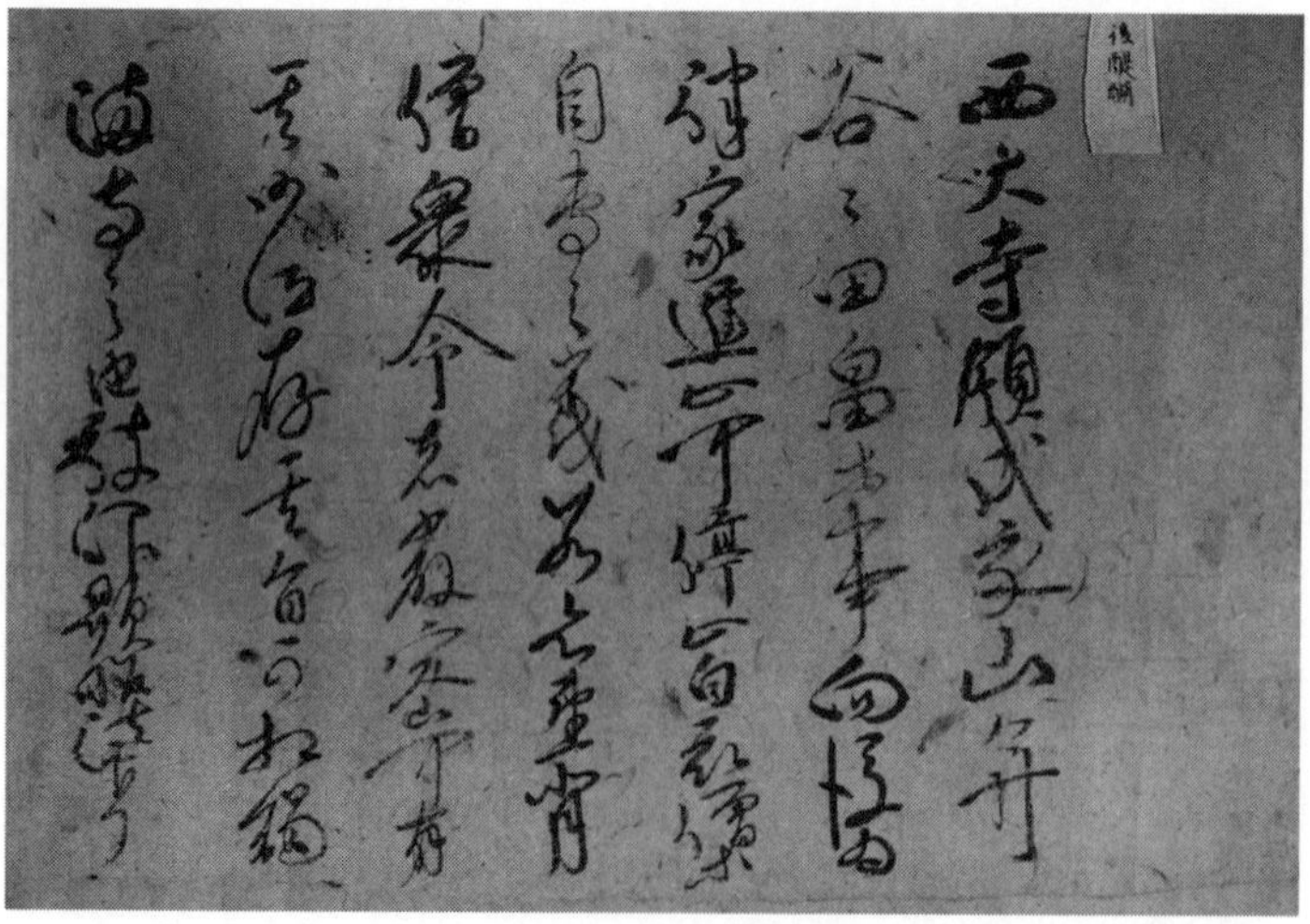

ることになった。寺僧が白衣僧、律僧が黒衣僧などと呼ばれるのは、その着衣の特徴によるものである(23)。

さてつぎに掲げる**R・S・T**の三通は戌亥山に対する白衣僧の自専を停止して律家の進止とすることを定めたものである。

R1（正文一〇一函七号一〔図5〕）

西大寺領戌亥山并谷々田畠等事、向後為律家進止、可停止白衣僧等自専之義、若令違背僧衆命者、厳密可有其沙汰、存其旨可相触満寺之由、被仰顕昭法印了、可被存知之旨、
天気所候也、仍執達如件、
　　九月廿五日　木工頭季房
　浄覚上人御房

R2（正文一〇一函七号二〔図6〕）

　浄覚上人御房　木工頭季房

S1（案文一〇三函六号四）

当寺領戌亥山并谷々田畠等事、向後為律家之進止、可停止白衣僧等自専之義、若令違背僧衆命、厳密可有其沙汰、存其旨可被相触満寺者、
天気如此、仍執達如件、
　　元亨三癸亥九月廿五日　木工頭季房
　西大寺別当法印御房

S2（正文一〇一函七号四〔図7〕）

　謹上　西大寺別当法印御房　木工頭季房

T（案文一〇三函六号五）

当寺領戌亥山并谷々田畠等事、　綸旨如此、被仰下之趣委悉也、向後殊可存此旨之由、可被相触白衣僧等之由、別当御房仰所候也、仍執達

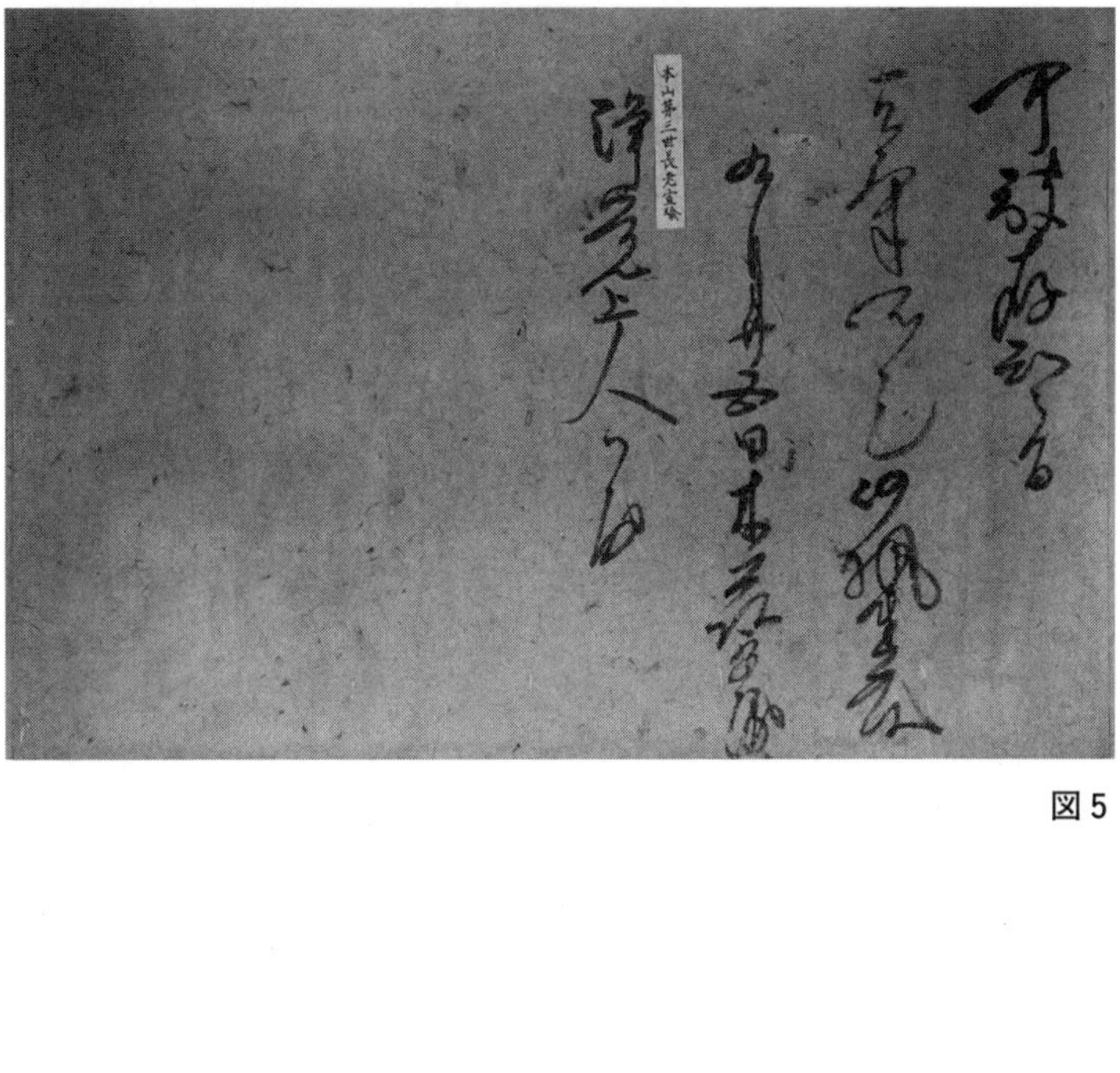

図5

如件、

元亨三
九月廿七日　少別当勝乗

西大寺沙汰人御中

RとSは同日に発給された同趣旨の綸旨であるが宛所が異なる。Rの宛所である「浄覚上人」が西大寺三世長老宣瑜であるのに対して、Sは西大寺別当顕昭に宛てたものである。両者の文面を子細に比べて見ると、Sの方は「当寺領の戌亥山と谷々の田畠等のことについて、

図6

図7

今後は律家の進止として、白衣僧等の自専を停止する。もし僧衆（律僧）の命に違反したならば厳密に処罰する。その旨を寺中すべてに知らせよ」というものであるのに対し、Rの方はこれとほとんど同じ文面を記した後に「……ということを顕昭法印に命じた。その旨ご承知おきいただきたい」という文言を加えている。つまり基本となる綸旨はSの方でRはSを発給したことを関係者に告知するという性格のものなのである。またSの発給を受けてその二日後にTが発給された。これは綸旨の趣旨を白衣僧に伝達することを命じた西大寺別当顕昭の御教書である。

　R・Sの奉者を務めた万里小路季房の木工頭在任は、元亨二年（一三二二）六月一七日〜同年一二月二五日の間である。[24] したがってR・Sの年記は元亨二年でなければならない。したがってS1とTに付されている「元亨三」の付年号は年記を誤ったものとみなさなければならない。またR1とR2はともに正文でありR2はR1の封紙であろうが、S2が正文であるのに対してS1は案文であるから、S2は今は失われているS1の正文に対応する封紙と考えるべきであろう。S1の宛所に上所「謹上」が欠けているのも書写の際の誤脱と考えたい。なお元亨二年（一三二二）九月二五日に綸旨を発給させた主体は疑う余地なく後醍醐天皇である。

　ついでに西大寺敷地四至内ならびに戌亥山谷々田畠等の検断に関する延文元年（一三五六）の後光厳天皇綸旨を掲げておこう。

U（案文一〇三函六号六①）

西大寺敷地四至之内并戌亥山谷々田畠等検断事、玄真上人任申請旨、被申綸旨候条、不可有子細候、且元亨勅裁分明歟、得其意、申御沙汰候哉、恐々謹言、

延文元丙申
六月十六日　範宗

V（案文一〇三函六号六②）

当寺敷地戌亥山谷々田畠四至内等検断事、止方々煩、寺家可令進止候由、
天気所候也、仍執達如件、

延文元丙申
九月十八日　左中弁時光
西大寺長老上人御房

W（案文一〇三函六号六③）

当寺敷地戌亥山等四至内検断事、度々執申公家候了、而無相違被申綸旨候条、尤神妙候、此上事、向後定不可有子細候哉、恐々謹言、

八月十二日　範宗
西大寺長老上人御房

U・V・Wは一紙に書写された書継案文であるが、Vが後光厳天皇綸旨であり、UとWは綸旨の発給に関連する西大寺別当範宗の書状である。

四　敦賀津升米

徳治二年（一三〇七）から五ヵ年を限り、越前国敦賀津升米が西大寺四王院・醍醐寺・祇園社三方の修造のために寄附された。その沙汰に関する院宣が延慶二年（一三〇九）に発給されている。そのことを示すのが次のX・Y・Zである。

X（案文一〇三函二号八③）

関東御施行案
越前国敦賀津升米事、去徳治二年未歳、限五箇年、所被寄附西大寺四王院
并醍醐寺祇園社三方修造也、早任　院宣可致沙汰之由、可令下知之状、
依仰執達如件、

延慶二年酉歳三月十四日　陸奥守在御判

相模守在御判

越前々司殿

Y（案文一〇三函二号八②）

六波羅殿御施行案
西大寺申越前国敦賀津升米事、去三月十四日関東御教書如此、任被仰
下之旨、可致沙汰之由、可令下知之状如件、

延慶二年酉歳四月廿五日　前越前守御判

越前国守護代

Z（案文一〇三函二号八①）

院宣案、施行叡覧事、
敦賀津升米間事、関東并六波羅施行等、経　叡覧、被返遣之由、被
仰下候也、恐々謹言、

延慶二
五月二日　頼藤奉

西大寺上人御房

X・Y・ZはZ・Y・Xの順に書写された書継案文であるが、いま日付の順に並べ直した。Xは越前国敦賀津升米について院宣の通りに沙汰することを命じた関東御教書である。宛所の越前前司は六波羅北方大仏貞房であり、貞房は関東御教書を受けてその施行状として越前守護代宛にYを発給している。そしてZはX・Yを上皇の叡覧に備えた上で西大寺長老に返し遣わすことを伝えた葉室頼藤の奉じた院宣である。西大寺に直接宛てられたのはZであり、Y・Xはそれに付随する文書であるから、この順に書写されたのであろう。Xの関東御教書は院宣にもとづいて発給されたのであるが、その院宣が次に掲げるaであると思われる。

a（案文一〇三函二号一〇）

院宣案
西大寺四王院并醍醐寺祇園社三方修造料所敦賀津升米間事、信空上人
申状副雑掌解具書等、如此、子細載于状候歟、可被申関東之由、
院御気色候也、頼藤誠恐頓首謹言、

正月廿三日　頼藤奉

進上　伊豆前司殿

b（案文一〇三函二号九）

西園寺殿御施行案
西大寺四王院并醍醐寺祇園社三方修造料所敦賀津升米間事、二条前中
納言奉書副信空上人申状・具書、如此候、仍執達如件、

正月廿四日　在御判

相模守殿

aは西大寺四王院・醍醐寺・祇園社三方の修造料所たる敦賀津升米に関する西大寺長老信空の申状を幕府に伝えることを命じる院宣であるが、直接の宛所は「伊豆前司」となっている。そしてbがaを幕府に伝えるために発給されたものであることは明らかで、この宛所の「相模守」は執権北条師時を指す。院宣を幕府に伝えるのに経由地となっているのは言うまでもなく関東申次西園寺家である。aの宛所の「伊豆前司」は西園寺公衡の家司であり、[25] bは公衡の御教書と考えるべきである。bはaを「二条前中納言奉書」と呼んでいる。「二条前中納言」はもちろんaの奉者葉室頼藤の呼び名である。頼藤は正安三年（一三〇一）一〇月一五日に権中納言を辞すが、同日按察使に任ぜ

られ、乾元元年（一三〇二）一二月三〇日に民部卿に遷任する。嘉元四年（一三〇六）四月五日に民部卿を止められてから延慶三年（一三一〇）九月四日に大宰権帥に任ぜられるまで官をもたないので、この間「前中納言」と呼称されるのは妥当である。また頼藤は徳治三年（一三〇八）九月八日に院政を開始したばかりの伏見上皇の伝奏に補されているので、aとZは頼藤が伝奏として治天の君伏見上皇の仰を奉じたものであると考えてよい(26)。

関東御教書Xは伏見上皇院宣aに基づいて発給されたものであったが、伏見上皇院宣aも西大寺長老信空の申状を受けて発給されたものであった。さらに根源を言えば、信空の申状も敦賀津雑掌の申状を受けたものである。おそらく徳治二年（一三〇七）以来五ヵ年を限り西大寺四王院・醍醐寺・祇園社三方の修造料所として認められた越前国敦賀津升米について現地の雑掌の沙汰が滞るような事態があり、雑掌は長老に訴え、長老は院に訴えた。訴訟の趣旨は幕府をして敦賀津升米の沙汰を事行かしめることを求めるものであった。それゆえに幕府が六波羅に命じ六波羅が越前守護代に命じた文書が院の叡覧にも備えられ、さらに訴訟もとの西大寺長老にも伝達されたのである。六波羅御教書を受けた越前守護代の敦賀津沙汰人宛の施行状の案文も残っているのでcとして掲げる。

c（案文一〇三函二号七）

西大寺申越前国敦賀津升米事、今年三月十四日関東御教書、去月廿三日六波羅殿御施行、今日到来如此、早任被仰下之旨、可致沙汰之由、可下知之旨候也、仍執達如件、

　延慶二年五月九日　季氏奉判

敦賀津島辻子左近允殿

敦賀津升米についてはあと二通ほどの院宣が残されているので次に掲げておこう。

d（案文一〇三函六号七）

敦賀津升米山僧濫妨間事、忩可被尋申座主宮候、於大講堂造営料所者、被改付気比社分候了、非当寺分之由、被　仰下候也、恐々謹言、

　六月三日　頼藤

　西大寺長老

e（案文一〇三函六号一二）

越前国敦賀津升米、石別壱升雑物百分壱、為祇園社神輿造替料所、自今六个年所被寄付也、早令知行、急速可致其沙汰之由、可令下知者、院宣如此、悉之、以状、

　正和五年後十月十五日　判

　晴喜法印御房

eは正和五年（一三一六）の年記が記されているが、当時の治天の君は前々年に父伏見法皇より政務を譲られた後伏見上皇であるので、後伏見上皇院宣と考えてよいであろう。dの年記は不明であるが、奉者の葉室頼藤は、花園天皇が後醍醐天皇に譲位し後伏見院政が停止され後宇多院政が再開された文保二年（一三一八）に出家しているので、おそらくはそれ以前に後伏見上皇の仰を奉じたものであろう。

おわりに

以上、西大寺文書にみえる院宣・綸旨のいくつかを見てきた。はじめに述べたように院宣・綸旨研究の課題は年記と発給主体の確定であ

るが、その作業を行うことは、院宣・綸旨を本来それが機能した場に置くことであった。それを行うために現在は西大寺文書のあちらこちらに散在している正文・案文を抽出し系統づけなければならなかった。その作業を通して見えてきたのは、今日、西大寺に伝えられている古文書の何倍もの文書がかつては存在したことであり、現在の西大寺文書はその断片であること、しかも断片となった後に相当整理の手が加えられていることである。しかし文書一通一通の本来それが機能した場を復元することを通して、その文書に関連して現在は失われているけれどもかつては存在したに違いない文書を想定することがある程度は可能であろう。その作業を積み重ねながら、失われたものを含む西大寺文書の全体像とその歴史的変遷に可能な限り迫ることが、これからの課題であると考えている。

(1) 文書番号は奈良文化財研究所作成の仮目録による。そのうち函・号までは文書原本に貼付されたラベルに記入されているが、それ以下の漢数字は同仮目録により、丸囲み算用数字は本稿が仮に付した。一〇三函二号二と同三は接続する。

(2) 米山徳馬「西大寺四王堂安置の十一面観音像の造立年代」『史跡と美術』第一三輯一四一号、一九四二年。

(3) 米山氏は編目を「十一面下」としているが、『大日本仏教全書』により訂した。

(4) 米山氏は『覚禅鈔』の記事のみをもって十一面堂の場所を白河とするのは証拠薄弱とし、さらに『明月記』寛喜元年一二月二二日・二三日条に蓮華蔵院の焼亡が記され、そこに「次二条南十一面堂、風不吹而滅了」と見えることから、十一面堂が河東二条南にあり、蓮華蔵院の南に位置していたと推定する。ただし『奈良六大寺大観　第十四巻　西大寺全』(岩波書店、一九七三年)における十一面観世音菩薩立像の解説(長谷川誠氏執筆)では、『明月記』に見える「二条南十一面堂」が鳥羽院御願十一面堂とは別物である可能性も考慮しており、鳥羽院御願十一面堂の所在・創建・沿革の詳細を不明とする。

(5) 『新訂増補国史大系　第五十九巻　尊卑分脈第二篇』(吉川弘文館、一九五九年)五〇頁。

(6) 『大日本史料』寛元二年七月一〇日・一一月六日条に関連史料を収める。なお七月一〇日条に収録された高松宮所蔵「雑要抄」には御願寺として「十一面堂〈鳥羽院御願〉」が見える。

(7) 『東大寺続要録第九寺領証文篇』(東大寺所蔵『東大寺要録』)には、本来「縁起章第二」の入るべき部分に竄入」に収める一〇月五日付け左中弁顕朝奉綸旨は、東大寺衆徒の欝訴により顕縁の木本庄預所職を止めたことを東大寺に伝達したものである。『史料綜覧』(第五冊一七五頁)は文永八年(一二七一)一〇月五日の条にこの文書を採用しているが、奉者藤原顕朝が左中弁であったのは寛元三年(一二四五)六月二六日から同五年一二月八日のことである(『弁官補任』による)。またこのような内容に綸旨が発給されるのは、院政を行う上皇の不在を示しているので、寛元四年正月二九日の後嵯峨天皇の譲位以前でなければならない。結局この文書の年紀は寛元三年ということになる。

(8) 『大分県史料　25　諸家文書補遺』(大分県史料刊行会、一九六四年)所収「生桑寺大般若経裏打文書」三五号。『石井進著作集　第一巻　日本中世国家史の研究』(岩波書店、二〇〇四年)一六四頁参照。

(9) 奈良国立文化財研究所編、大谷出版社、一九五六年。

(10) より正確には、文永一一年(一二七四)に原形が作られたが、その後追記が加えられ、永仁六年(一二九八)に今の形にまとめられた。

(11) 藤原光泰の官歴は『公卿補任』永仁五年による。

(12) 和島芳男『叡尊・忍性』吉川弘文館、一九五九年。

(13) 和島氏は『西大寺叡尊伝記集成』の見解について、「西大寺塔僧房通別三宝料田畠目録」の撰録は院宣の九年後であるので、「その撰録の際にこそ年記をあやまることがありがち」と述べている。

(14) 亀山が出家して法皇となったのは正応二年九月七日なので、『西大寺勅諡興正菩薩行実年譜』がCを正応元年にかけながら亀山を法皇とするのは矛盾である。Cの年次が正応三年であれば、この点の矛盾は解消する。
(15) 永島福太郎編、奈良県図書館協会、一九四二年。
(16) 竹内理三編、東京堂出版、一九七一—九七年。
(17) 両書ともCは収録していない。
(18) 宮内庁書陵部所蔵、年月日未詳（弘安六年頃）、後深草上皇自筆消息。
(19) 「東寺観智院金剛蔵聖教」第二八〇箱二一号所収正応三年一二月二六日亀山法皇院宣案。本文書は、伴瀬明美「鎌倉時代の女院領に関する新史料—『東寺観智院金剛蔵聖教』第二八〇箱二一号文書について—」（『史学雑誌』第百九編第一号、二〇〇〇年）により紹介された。
(20) 拙稿「両統迭立期の院宣と綸旨」鎌倉遺文研究会編『鎌倉時代の政治と経済』東京堂出版、一九九九年。
(21) 中院具光は、建武二年（一三三五）八月に北条時行を破って鎌倉に入った足利尊氏に上洛を命じる勅使をつとめているが、その年の一二月に京にもどって綸旨の奉者をつとめることは不可能ではないであろう。
(22) 『宮津市史　史料編第一巻古代・中世・考古』（宮津市役所、一九九六年）にまとめられている。
(23) 田中稔「西大寺における『律家』と『寺僧』—文和三年『西大寺白衣寺僧沙汰引付』をめぐって—」『仏教芸術』六二、一九六六年。田中『中世史料論考』吉川弘文館、一九九三年に再録。
(24) 『公卿補任』元徳二年の藤季房の項には、「元亨二六十七木工頭、（中略）同十二月廿五遷任勘解由次官」と記される。元亨二年一二月二八日に後醍醐天皇の綸旨を奉じた季房は、「勘解由次官季房」と署名している（「藤崎八幡宮文書」）。
(25) 『公衡公記』延慶三年一〇月二三日条（広義門院御着帯記）に「家司前伊豆守師康」と見える。
(26) 葉室頼藤の経歴は『公卿補任』による。なお頼藤は応長二年（一三一二）正月一三日に大宰権帥を止められるが同（改元して正和元）年一二月三〇日に還任、翌（正和二）年九月六日に大宰権帥を止められる。そして正和四年一二月一五日に按察使に任ぜられ、正和五年閏一〇月四日に権大納言に任ぜられるので、厳密に言えば、応長二年正月一三日から同年一二月三〇日までの間と正和二年九月六日から同四年一二月一五日までの間も「前中納言」と呼ばれうる。

8　平安・鎌倉期における寺辺所領の形成と展開

——山城国貞観寺を事例に——

野尻　忠

はじめに

平安・鎌倉期における寺辺所領の様相を示す史料としては、西大寺荘園絵図群がよく知られている。古代の有力寺院の通例にもれず、西大寺もかつては日本全国に荘園を有していた。称徳天皇御願になる西大寺は天平神護元年（七六五）に創建され、宝亀一一年（七八〇）の「西大寺資財流記帳」[1]によれば、遠くは安芸国・越後国にまで「田園山野」を所有していた。ところが、平安時代以降それら所領の多くは退頽していき、一二世紀末には伽藍地をかろうじて残すのみとなっていた。建久二年（一一九一）五月一九日の「西大寺領諸荘園注進文」[2]によれば、そこに列挙された荘園はすべて「有名無実」「顛倒庄々」とされている。一二世紀前半にすでに西大寺が荒廃していたことは『七大寺日記』[3]や『七大寺巡礼私記』[4]に見え、それより以前の一〇世紀には興福寺の末寺となっていたことも知られている。

寺本所領（西大寺では伽藍地およびその寺辺郷を総称して「寺本所領」と呼んでいた）を残すのみとなった西大寺は、その所領を維持することに大きな力を注ぐようになる。その際に、利害関係をめぐって激しく対立したのが、西大寺のすぐ北に所在する秋篠寺であった。西大寺と秋篠寺との間には、平安時代以来、所領をめぐってしばしば相論が起こっていた。その過程で、古くは西大寺の所領であった土地（または西大寺がそのように主張していた土地）が次第に秋篠寺に浸蝕されていくようになり、西大寺はこれらの所領の回復に努めていた。西大寺に伝来した一一点の中世荘園絵図は、この所領回復運動のなかで順次形成されていったものであった[5]。

さて、ここで西大寺荘園絵図群の特色を一つとりあげるならば、一定の範囲内についての絵図がいくつも作成されたということがあるだろう。寺院敷地と寺辺所領を描いた絵図ばかりがこれだけまとまって残存する西大寺荘園絵図群は、極めて特異な史料群である。西大寺荘園絵図群を理解するにあたっては、中世荘園絵図に関する一般論から迫ることももちろん重要であるが、もう一つの視点として、中世寺院における寺辺所領のあり方からの追究というものがあると考えられる。

このような問題関心から、本稿では西大寺以外の中世寺院をとりあげ、その寺辺所領の形成と展開を追っていくことを試みる。具体的には、西大寺とよく似た歴史をたどった寺院、すなわち古くは全国に荘園を有しており、次第に勢力が後退して他寺院の末寺同様になりつつも、寺辺所領を懸命に維持しようとしていた寺院として、山城国紀伊郡の貞観寺をとりあげたい。貞観寺の存在はよく知られながら、その所領運営についてはこれまであまり注目されていないように感じる。そこで、まずは基本的な寺史を押さえながら、平安・鎌倉時代における所領の形成と展開について考察していく。

一　貞観寺の創建と所領の形成

1　貞観寺の創建

年表（表1）に見られるように、貞観寺は、はじめ嘉祥寺の西院として建立された。嘉祥寺とは、嘉祥三年（八五〇）に没した仁明天皇の菩提を弔うため、おそらくは同年中に、文徳天皇が建立した寺院である。したがって、嘉祥寺は仁明天皇の眠る深草山陵（山城国紀伊郡深草郷）の近くに建立されたものと推定される。その後まもなく、仁寿年間（八五一〜八五四）に、ときの文徳天皇に男子（のちの清和天皇）が誕生した事を記念して、藤原良房と僧真雅の協力により嘉祥寺西院が建立される。名称からすると嘉祥寺の西側の地に建立されたものであろう。この西院が、貞観四年（八六二）七月二七日に貞観寺と号されることとなったのである。

その後、貞観年間を通じて貞観寺には次々と土地が施入され、広大な所領が形成されていったほか、貞観一四年には嘉祥寺に認められていた年分度者三人が貞観寺に配置替えとなり、同一六年には定額寺となるなど、その勢力は隣接する嘉祥寺を圧倒するようになっていった。その背景には、良房と真雅の並々ならぬ熱意があったようである。貞観一四年に良房が没した後、その意思は藤原基経に受け継がれた。所領形成の到達点を示すと考えられる「貞観寺田地目録」（史料1）に署名しているのは、晩年の良房ではなく、基経と真雅である。

さて、その「貞観寺田地目録」によれば、貞観寺は寺地周辺の所領のほか、日本全国に荘園を有していた。遠く東は武蔵国、西は伊予国まで、偏りなく全国的に所領を展開していたと言えるだろう。[6]

2　寺辺所領の形成

勢力が最も大きかった時期の貞観寺およびその所領の状況はおおよそ右述の通りであるが、本稿でとりあげるのは、「貞観寺田地目録」や他の史料から判明する貞観寺の寺辺所領である。田地目録には、山城国に所在する所領として、1寺辺畠、2岡田地、3鳥羽地、4浅水田の四つが挙げられている（史料1-1）。2・4についてその所在地を特定することは困難だが、3については紀伊郡に鳥羽郷があり、後述の「山城国本公験案」からも復元できるように、貞観寺の西方約三キロメートルに所在した、まとまった所領であったと考えられる。

問題の1寺辺畠については、田地目録以外にもこれに関する史料が豊富に存在し、所領の形成過程をかなり明らかにすることができる。[7]その史料群（山城国本公験案）について以下で見ていこう。

京都大学には「貞観寺文書」と名付けられた影写本が所蔵されてい

表1　貞観寺略年表（九世紀）

年代	西暦	月　日	記　　事	出　典
嘉祥3年	850		仁明天皇没。深草陵を築く。嘉祥寺建立	『続後』『文徳』
仁寿2年頃	852		良房、真雅と図って嘉祥寺西院を建立	『三実』貞観16年3月23日条
貞観元年	859	3月19日	嘉祥寺に年分度者三人を賜う	『三実』貞観14年7月19日条、『三代格』
貞観3年	861	12月27日	美濃国長友庄、貞観寺に施入	貞観寺田地目録
貞観4年	862	2月7日	岡田地、貞観寺に施入	貞観寺田地目録
		7月27日	嘉祥寺西院を貞観寺とする	『三実』貞観14年7月19日条、『三代格』
		9月8日	美濃国若女庄・越前国田宮庄、貞観寺に施入	貞観寺田地目録
		10月15日	乙訓郡田地、貞観寺に施入	平134
		10月23日	浅水田、貞観寺に施入	貞観寺田地目録
貞観5年	863	6月11日	秀良親王家、紀伊郡田地を貞観寺に施入	平136
		8月15日	文室宮田麻呂の田地（近江国諸郡）を貞観寺に施入	『三実』同日条
		12月13日	紀伊郡田地、相博により貞観寺に入る	平141
貞観6年	864	3月4日	遠江国長上郡田地（内蔵寮領）を貞観寺に勅（詔）施入	『三実』同日条
		4月2日	丹波国辛鍛治庄、貞観寺に施入	貞観寺田地目録
		4月9日	美濃国枚田庄、貞観寺に施入	貞観寺田地目録
		9月8日	鳥羽地、貞観寺に施入	貞観寺田地目録
		10月9日	美濃国若女庄・長友庄、貞観寺に施入	貞観寺田地目録
貞観7年	865	3月23日	淳達、紀伊郡田地を貞観寺に施入	平146
		9月5日	伊賀国田地を貞観寺に施入	『三実』同日条
		9月14日	遠江国長下郡田地を貞観寺に勅施入	『三実』同日条
		10月28日	遠江国長上郡空閑地百六十町を貞観寺に施入	『三実』同日条
貞観8年	866	正月20日	美濃国多芸郡空地を貞観寺に勅施入	『三実』同日条
		12月22日	深草陵の四至改定。西限が貞観寺東垣となる	『三実』同日条
貞観9年	867	2月29日	諸国七箇庄を貞観寺に施入	貞観寺田地目録
		5月15日	美濃国多芸庄、貞観寺に施入	貞観寺田地目録
貞観14年	872	3月9日	貞観寺田地目録作成	貞観寺田地目録
		7月19日	嘉祥寺年分度者三人を貞観寺に配置換え	『三実』同日条、『三代格』
		9月2日	藤原良房没	『三実』同日条
貞観16年	874	3月22日	貞観寺に大斎会を設く	『三実』同日条
		9月21日	貞観寺に定額僧十六口を置く	『三実』同日条
貞観18年	876	8月29日	貞観寺に座主を置く	『三実』同日条
元慶2年	878	2月5日	嘉祥寺を定額寺とする。但し貞観寺座主三綱の検知を受ける	『三実』同日条
元慶3年	879	正月3日	真雅没	『三実』同日条
元慶4年	880	12月10日	清和太上天皇崩御後七日法会	『三実』同日条
元慶6年	882	12月4日	清和太上天皇周忌供養法会	『三実』同日条
元慶7年	883	12月5日	貞観寺年分度者の試度日時を改定	『三代格』

＊出典の略称は以下の通り．『続後』＝『続日本後紀』，『文徳』＝『日本文徳天皇実録』，
『三実』＝『日本三代実録』，『三代格』＝『類聚三代格』，平＝『平安遺文』．

史料1　貞観寺田地目録

「貞観寺領等根本目録二巻」

貞観寺田地目録帳事
合漆佰伍拾伍町漆段捌拾貳歩
熟田三百廿七町七段二百卌二歩
荒田百卌八町三段八十六歩
未開地二百七十一町六段一歩
畠八町百十三歩
山城國田地十九町七段百六十二歩
寺邊畠二町六段
承平三年[illegible]
右件地[illegible]
一町　有檜皮葺板敷屋一宇五間　檜皮葺甲倉一宇　刑部丞高階常河所進
三段　基範王奉沽
五段　秦秋鷹奉沽　上座延祚法師私買奉施入自願千手佛悔過燈新
六段　在林村畠代　元淳達師地
二段　故右大臣所施入
罡田地六町八段二百八十三歩　在紀伊郡
熟田三町二段五十四歩
地二段二百廿九歩
已上大領掃部豊成所進依民部省去貞観四年二月七日符施入
地三町三段二百六十歩
熟二町
荒一町三段二百六十歩
已上畠故右大臣施入
鳥羽地九町二段二百卌九歩　在同郡　内蔵寮地
熟田三町一段二百六歩
畠一町八段百卌四歩
荒地四町二百八十九歩

熟田九十五町一段百六十四歩
未開地七十一町八段百九十六歩
已上内蔵寮庄依太政官去貞観六年三月四日符施入
高家庄地十二町九段三百廿四歩　荒　在長下郡
已上清原池貞一身田依太政官去貞観七年九月十四日符施入
越前國庄一處
田宮庄地十一町九段百七十九歩　在坂井郡
熟田十一町六段九十一歩
荒地三段八十八歩
已上庄太政大臣家地依民部省去貞観四年九月八日符施入
伊賀國庄一處　在阿拝山田伊賀等郡
比自岐庄地七町四段三百十四歩
熟田六町一段三百五十歩
荒地一町二段三百廿四歩
已上散位日下部氏継所進依太政官去貞観七年九月五日符施入
丹波國庄一處
辛鍛治庄熟田廿町　在桑田郡
已上故大納言源朝臣定賜田依太政官去貞観六年四月二日符施入
信濃國庄一處
大野庄地百二町二段　在筑摩郡
熟田十町三段百五十六歩
荒十一町二段五十四歩
未開八十町六段百五十歩
武蔵國庄三處　地百卌四町六段二百卌八歩
山本庄地九町七段三百歩　在高麗郡
熟田二町二段二百六十歩
荒七町五段卌歩
弓削庄地四町一段廿歩　在多摩郡

已上依太政官去貞観六年九月八日符施入
淺水田一町熟 戒本料在乙訓郡
已上内藏寮田依民部省去貞観四年十月廿三日符施入
美濃國庄五處　地三百三町一段二百卌五歩
多藝庄地百卌町在多藝郡
熟田十二町
未開地百廿八町田代
八十町故右大臣家地依太政官去貞観九年五月十五日符施入
六十町不破郡権少領宮勝十二月麿所進空閑地依太政官去貞観
八年正月廿日符施入
若女庄地十六町九段百六十二歩在安八郡
熟十三町二段三百五十歩
荒地三町六段百七十二歩
田七町二段二百五十歩荒地三町六段百七十二歩
已上太政大臣家地依民部省去貞観四年九月八日符施入
田六町
已上安八郡大領守部秀名所進男氏岑任大領之料依太政
官去貞観六年十月九日符施入
長友庄地百十六町二段八十三歩在同郡
熟田六十町
未開地五十六町二段八十三歩
已上権博士守部廣嶋所進荒廢空閑地依太政官去貞
観三年十二月廿七日同六年十月九日符両度施入
栗田庄熟田十五町在大野郡
枚田庄熟田十五町在方縣郡
已上両庄故大納言源朝臣定賜田依太政官去貞観六
年四月九日符施入
遠江國庄二處　地百七十九町九段三百廿四歩
市野庄地百六十七町在長上郡

熟田一町九段三百卌歩
荒二町一段卌歩
廣瀬庄地卅三町五段二百八十八歩在入間郡
治田卅一町五段二百八十八歩
畠一町四段
林五段
下毛野國庄一處
小野庄地十四町二段三百歩在芳賀郡
熟田八町九段三百歩
荒田五町三段百廿歩
備後國庄一處
深津庄地九十五町
濵六町
山八十九町
伊豫國庄一處
荸津庄田卌九町五段百卌一歩在伊豫郡
已上七箇庄故右大臣以去貞観九年二月十九日所施入
右田地目録勘録如件
貞観十四年三月九日都維那傳燈滿位僧勢保
寺主傳燈法師位承俊
上座傳燈法師位延祚
僧正法印大和尚位真雅
別當參議右大辨従四位上兼行讃岐権守藤原朝臣家宗　左大史正六位上大春日朝臣安永
従三位守大納言兼行左近衛大将行陸奥出羽按察使藤原朝臣基経

史料1-1 貞観寺田地目録（部分）

山城國田地十九町七段百六十二歩

寺邊畠二町六段

右件地壹町捌段之内建立遍照寺壹町弐段貳佰捌拾歩建立之[illegible]延喜二年五月十[illegible]
承平二年[illegible]一[illegible]年仍[illegible]彼寺此[illegible]已[illegible]一段二百歩[illegible]

一町　有檜皮葺板敷屋一宇五間　檜皮葺甲倉一宇　刑部丞高階常河所進

三段　基範王奉沽

五段　秦秋麿奉沽　上座延祚法師私買奉施入自願千手佛悔過燈新

六段　在林村畠代　元淳達師地

二段　故右大臣所施入

罡田地六町八段二百八十三歩　在紀伊郡

熟田三町二段五十四歩

地二段二百廿九歩

已上大領掃部豊成所進依民部省去貞観四年二月七日符施入

地三町三段二百六十歩

熟二町

荒一町三段二百六十歩

已上畠故右大臣施入

鳥羽地九町二段二百卅九歩　在同郡　内蔵寮地

熟田三町一段二百六歩

畠一町八段百卅四歩

荒地四町二百八十九歩

已上依太政官去貞観六年九月八日符施入

淺水田一町熟　戒本料　在乙訓郡

已上内蔵寮田依民部省去貞観四年十月廿三日符施入

表2　「貞観寺文書」の構成

	年　代	西暦	文書名	翻　　刻	仁和寺文書函号番
1	貞観6年9月8日	864	太政官牒写	平145	塔44函55号
2	貞観6年正月21日	864	紀伊郡司解写	平143	塔44函55号
3	貞観4年10月15日	862	太政官符写	平134	塔44函55号
4	貞観5年9月2日	863	民部省勘文写	平136	塔44函55号
5	弘仁8年8月11日	817	紀伊郡司解写	平43	塔44函55号
6	延喜16年8月19日	916	調安宗施入状写	平214	塔44函55号
7	延暦19年6月21日	800	紀伊郡司解写	平18	塔44函55号
8	貞観7年3月23日	865	淳達施入状写	平146	塔44函55号
9	貞観5年12月13日	863	貞観寺相博状写	平141	塔44函55号
10	貞観14年7月19日	872	太政官符写	（『類聚三代格』 巻二）	塔44函30号
11	元亨3年3月11日	1323	御室御教書案	『福井県史』資料編2	塔44函48号2番
12	文和2年8月29日	1353	定我譲状案		塔44函48号1番
13	（応永4年） 2月6日	1397	守融書状案		塔44函48号3番
14	徳治2年8月30日	1307	覚経契状案	『福井県史』資料編2	塔44函48号4番
15	正和元年9月7日	1312	御室御教書案		塔44函48号6番
16	正和元年11月30日	1312	御室御教書案		塔44函48号7番
17	正和元年9月7日	1312	御室御教書案副状		塔44函48号5番
18	（正和元） 11月30日	1312	御室御教書案副状		塔44函48号8番

凡例　「塔」は塔中蔵を示し，44函55号は10紙からなる巻子本である．

塔44函48号は，包紙にくるまれた一結の文書群で，おそらく上から順に枝番が付けられている．

1～9が「山城国本公験案」である．


る。これは仁和寺に所蔵される貞観寺関連文書の一部を影写したもので、「山城国本公験案」もこのなかに収められている。表2は、影写本「貞観寺文書」に収載される文書を一覧にしたものである。「山城国本公験案」は一巻の巻子として存在し、九～一〇世紀の土地証文の写しが九通収められている(8)（表2の1～9）。この九通の文書から復元される貞観寺の所領のうち、紀伊郡八条～十条の部分を概念図で示したのが図1である(9)。以下、表2に沿って文書一点ごとに簡単に内容を整理しておく（史料の引用は省略。『平安遺文』を参照のこと）。

1　貞観寺宛ての太政官牒。上鳥西里、上鳥里、須具田里、跡田里などに所在する土地を貞観寺に施入する内容。

2　ある個人が内蔵寮に土地を売却した券文。1と同じ坪付を示しており、この土地の所有者は個人→内蔵寮→貞観寺と変遷したことがわかる。土地証文として1とともに貞観寺にもたらされた。「貞観寺田地目録」にみえる「鳥羽地」に当たると考えられる（面積同一、官符の日付一致などによる）。

3　貞観寺に、紀伊郡と西接する乙訓郡の土地を施入することを命ずる、民部省宛て太政官符。乙訓郡に所在することからすると、田地目録にいう「浅水田」に相当するのかもしれない。

4　貞観寺に施入された観音堂灯分料田畠を民部省が勘じた民部省勘文。本来は貞観寺にもたらされる性格の文書ではないが、何かの必要があって案文を作成したのだろう。深草里、飯浪里に所在する八段の土地は「寺辺畠」の一部であろう。

5　個人間の土地売買証文で、貞観寺とは直接関連しない。しかし、深草里卅三・卅四坪という坪付は寺辺畠として妥当であり、のちにこの土地が貞観寺の所有に帰したとき、歴代の売券（手継証文

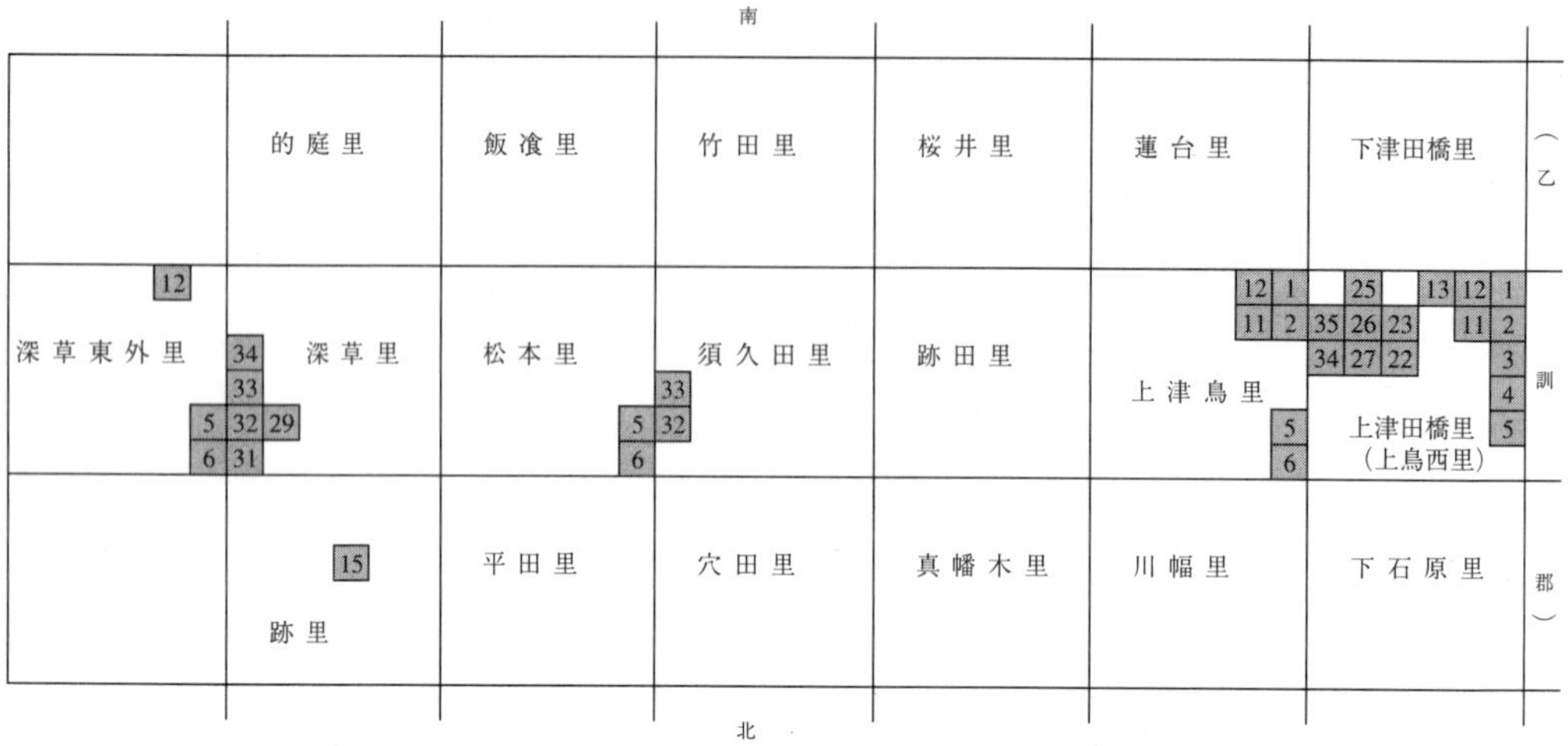

図1　紀伊郡条里模式図（部分）

の形か）の一つとして貞観寺に入ったものであろう。

6　関連文書のなかでは唯一の一〇世紀の文書。調安宗という人物が貞観寺に松本里の土地を施入したことを示す。

7・8　両者は同じ深草東外里一二坪の土地売買に関する券文で、途中不明な部分もあるが、次のような所有者変遷が判明する。

城原連三仲→錦部連姉→（途中不詳）→僧淳達→貞観寺

田地目録に、寺辺畠六段が「元淳達師地」であるとの記載があり、これと一致する。

9　貞観寺が土地交換により跡里一五坪に畠を得たことを示す文書。

以上のように、ここには、貞観寺の所領のうち山城国に所在するものに関する売券等が収められている。九世紀の初頭から前半にかけて、貞観寺は天皇（勅施入）・官司（内蔵寮）・貴族・僧侶・その他俗人を問わず様々な階層から土地の施入を受けたり、また売買を行ったりして土地を集積し、寺辺所領を形成していった。肝心の貞観寺の所在した坪付は未詳だが、仁明天皇陵との位置関係などから、深草東外里の中央から北東あたりにあったと考えてよいであろう[10]（図2）。

深草里						深草東外里					
6	7	18	19	30	31	6	7	18	19	30	31
5	8	17	20	29	32	5	8	17	20	29	32
4	9	16	21	28	33	4	9	16	21	28	33
3	10	15	22	27	34	3	10	15	22	27	34
2	11	14	23	26	35	2	11	14	23	26	35
1	12	13	24	25	36	1	12	13	24	25	36

仁明天皇陵

図2　貞観寺周辺条里概念図

二　平安・鎌倉期の貞観寺をめぐる状況

さて、その後に貞観寺がたどった歴史については、不明な点が多い。特に、全国に形成されていたはずの所領に関しては、全くその後の展開を追うことができない。ただ寺辺所領が鎌倉時代まで存続していたことは明らかで、それについては2で述べる。そこで以下では、可能な限りにおいて、一〇世紀以降の貞観寺がとりまかれていた状況について、紹介していきたい。

1　一〇世紀以降の貞観寺

貞観寺は真雅が建立したことから分かるように、真言宗の寺院である（真雅は貞観二年には東寺長者となり、同一八年には僧正まで上った高僧であった[11]）。したがって、建立当初から、東寺を頂点とする山城国所在真言宗寺院の体系に組み込まれたであろうことは容易に想像できる。鎌倉時代以降には仁和寺との関係が深くなっていくが、平安時代の限られた史料からは仁和寺との結び付きは見出せず、東寺との関係が若干確認できるだけである（後述）。

表1で見たように、貞観寺には貞観一八年八月に座主が置かれた。以降は、この座主職に就いた者が寺院組織と所領の運営権を握ったものと考えられる。そこで、現在知られる限りで貞観寺座主職に就いた人物を、その着任日時とともに次に挙げてみたい（表3[12]）。

表のとおり、一二世紀までの史料から検出できた貞観寺座主は八名であるが、このうち、②・③・⑥・⑦の四人は、のちに東寺長者となっている。例えば、寛平二年に座主に就いている②聖宝は、一七年後の延喜七年に東寺長者となっており[13]、⑦貞誉は貞観寺座主に就任してから一二年後の天慶七年（九四四）に、東寺長者となっている[14]。つまり、一〇世紀前半においては、貞観寺座主職は、のちに高位に上りつめることになる真言宗僧の多くが経験する主要なポストだったと見られるのである。しかしながら、それが一〇世紀後半以降の東寺長者の経歴として史料にほとんど表れないところを見ると、貞観寺が真言宗教団に占める位置の低下、ひいては貞観寺の衰退という現象を想定することができよう。

また、一〇世紀初頭には、貞観寺の寺辺畠に割り込むようなかたちで、道澄寺なる寺院が建立された[15]。あまり大きな寺院ではなかったようだが、延喜一七年（九一七）に鋳造され現在は奈良県五條市の栄山寺に所蔵されている梵鐘によって、その名をよく知られている。鐘銘によると道澄寺は藤原道明（藤原南家。武智麻呂の五世孫）によって建立されたという。貞観寺建立に重要な役割を果たした藤原良房は北家の人物であり、北家寺院の寺辺所領に南家の菩提寺が建立されたという現象はそれ自体が面白いテーマであるが、それはひとまず措き、ここでは所領を奪われるような形になっても、それが

表3　貞観寺座主一覧

	名	年月日	出　典
①	恵宿	元慶九年（885）12月29日	『真雅伝記』
②	聖宝	寛平2年（890）8月11日	『扶桑略記』
③	観宿	延喜17年（917）年以前	『東寺長者補任』
④	済高	延長3年（925）以前	『僧綱補任』
⑤	延憲	延長3年（925）閏12月4日	『貞信公記』
⑥	蓮舟	承平3年（933）以前	『東寺長者補任』
⑦	貞誉	承平2年（932）3月7日	『東寺長者補任』
⑧	最覚	治承4年（1180）以前	『仁和寺諸院家記（恵山書写本）』

さして問題とならなかったという点に注目したい。

貞観寺創建を主導した良房・真雅ともすでにこの世を去って二〇年以上が経ち、良房ののちに藤原北家を継いだ基経は、自らが貞観寺の北に建立を計画した極楽寺のほうに力を注ぐようになっており、結果として貞観寺の勢力は衰えていった。そのような折、道澄寺の建立は延喜三年（九〇三）に始まり、数年で伽藍が整った。そしてあしかけ三一年を経た承平三年、貞観寺は寺辺畠に建立された道澄寺の存在を既成事実として認めざるをえなくなったのである（田地目録の書き込み記載による。史料1-1）。

その後の貞観寺は、天皇や摂関家の庇護を受けていた一時の権勢を失い、徐々に衰退していった。次に貞観寺が史料上に現れるのは、一一世紀末になってである。東寺末寺として、他の末寺とともに法会に参加している史料がいくつか残存する[16]。そのうちの一つ康和三年（一一〇一）の灌頂に関するものを史料2に掲げる。その他にも一一世紀末に貞観寺の存在を確認できる史料はいくつかあるから[17]、貞観寺がこの時点で東寺末寺として存在し、教団のなかにおいてそれなりの役割を果たしていたことは間違いない。

2　仁和寺との関係

「貞観寺田地目録」をはじめ、仁和寺所蔵の貞観寺関連文書には、ほぼ例外なく「仁和寺心蓮院」の蔵書印（朱）が捺されている。心蓮院とは、一二世紀半ばにはその存在を確認できる[18]、仁和寺の主要な院家である。結論から言うと、貞観寺は一四世紀に心蓮院と深く結び付き、その結果として文書が仁和寺に伝来することになったのである。一二世紀までは仁和寺との関係をほとんど見出せない貞観寺が、いかにしてその影響下に入ることになったのか、これも材料は少ないのであるが、以下に整理してみたい。

影写本「貞観寺文書」に収載される中世文書のうち、最も古い年紀をもつのは、徳治二年（一三〇七）八月三〇日「覚経契状案」（14）である（表2および後掲史料を参照）。これによると、貞観寺およびその所領は、真乗院の院主であった弇助から、覚経の手を経て俊玄に譲り渡されたという。真乗院も仁和寺の主要な院家であり、一二世紀末、宜秋門院任子の御願によって創設されたという[19]。弇助はその四代目の院主であった。覚経の経歴は不詳で、『仁和寺諸院家記』にも登場しない人物であるが、上記のような所領相伝の様相からすれば、弇助の弟子にあたるか、または非常に関係の深い人物であったことが想定される。最終的に貞観寺の譲与を受けた俊玄は、真乗院とはあまり関係を持っていないが、仁和寺の僧であり、一四世紀前半頃に心蓮院の院主となっている。また同じく仁和寺の院家であった法勝院の院主も一時期務めていたという[20]。

以上のようにして、貞観寺は心蓮院僧である俊玄の手に渡った。真乗院の弇助が貞観寺を摂領した事情は不詳だが、彼は東寺長者まで歴任した人物であるから、何らかの経緯でこれを掌握する機会を得た可能性は充分に想定できる。そのような事情もあって、貞観寺は真乗院の代々の院主に相伝されるのではなく、弇助との個人的な関係によって「別相伝」として覚経から俊玄へと伝えられたのだろう。

元亨三年（一三二三）三月一一日御室御教書案（11）は、心蓮院律師に対し、仁和寺御室が「貞観寺別当職」などを知行する旨を伝える御教書であり、心蓮院が貞観寺を摂領することが正式に認められていたことを示すものである。ここでいう心蓮院律師とは、俊玄であろう。

史料2　結縁灌頂讃衆請状（『東寺文書』）

東寺末寺
　可被参仕来廿五日恒例結縁讃衆事
　金剛峰寺奉　醍醐寺奉
　神護寺奉　禅林寺奉
　円成寺奉　勧修寺奉
　貞観寺奉　遍照寺奉
　円堂院奉
　右、依例請定如件
　　康和三年十二月十一日
　大阿闍梨法務法印権大僧都経範

史料3　貞観寺文書11〜18

貞観寺文書11

（端裏書）御室御教書　元亨三年

貞観寺別当職
并越前国河和田庄、
常荒年貢卅果・佃拾
五果、可令知行給之由
所候也、仍執達如件。
　　　　元亨三年三月十
一日　法印成専
　謹上　心蓮院律師御房

貞観寺文書12

（端裏書）定我法印譲状貞観寺
　貞観寺座主職事
右、為別心蓮院故法印□□
文書等、永所奉譲与内大臣
禅師守融也、第々相承不
有相違之状、如件
　文和弐年八月廿九日法印定我
　　　　　　（草名）

貞観寺文書13

（端裏書）応永四丁丑宮内卿僧都御房　守融
　貞観寺奉行職事　守融
貞観寺領深草
名田、被致奉行
年貢内、於五分壱
者、可為奉行得分　候也、恐々謹言
　二月六日　守融
宮内卿僧都御房

貞観寺文書14

（端裏書）契状案書遣真乗院／徳治二八卅
貞観寺在寺領等并大和国石見庄者、自故真
乗院前大僧正竊助相副調度文書、為別相伝、
覚経法印譲得也。覚経譲与俊玄。而今此
本公験・次第手継・代々長者宣等、所渡進院家
也。但俊玄為御門徒一期之間者、覚経法印跡
所帯貞観寺・石見庄・氷上勅旨・河和田給知行領掌不可有子細。若寄
事於左右、自院家被致違乱者、所渡進之
文書等、悉可返給之者也、仍契状如件、
　徳治弐年八月卅日　法印（草名）

貞観寺文書15

（端裏書）貞観寺

御教書案

貞観寺所司等与嘉祥寺相論分田事、訴陳之趣、
雖子細□、所詮
為貞観寺之古跡之条、所司立申之旨、
旁非其寄カ、此上早可令領掌
給之由、御室御気色所候也、仍執達
如件、

正和元年
九月七日　法印禅隆
謹上　真乗院僧都御房

貞観寺文書16

（端裏書）御室御教書案

貞観寺所司等申、嘉祥寺違
背御下知、令抑留由事、被尋
石山僧正公之御房、一切無抑留之儀候由、
土民等掠申子細□□□可□、所詮
任裁許之旨、可従貞観寺□所勘
之由、厳密可令下知土民給之旨、
御気色所候也、恐々謹言

正和元年
十一月卅日　禅隆
真乗院律師御房

貞観寺文書17

（端裏書）真乗院

貞観寺与嘉祥寺
相論事、御室御教書
案如此、早可令知行
給之由、可申上給候也、恐々
謹言

正和元
九月七日　権大僧都（草名）
謹上　心蓮院法印御房

貞観寺文書18

（端裏書）貞観寺与嘉祥寺相論事

嘉祥寺違背御下知、
令抑留由事、重御教書
案如此、早令有御下知之
由候也、恐々謹言

十一月卅日　（草名）
心蓮院御房

心蓮院院主は定我以降、定澄→守融→永盛と四代つづけて貞観寺座主を務めていることが確認でき、[21]俊玄が個人的つながりにより手中に収めた貞観寺およびその所領は、以後、数代の間ではあるが心蓮院院主に伝領されることになったと推定される。この間に蓄積された文書が、仁和寺所蔵貞観寺関連文書の骨格をなしているものと思われる。

三　貞観寺寺辺所領の展開

1　正和元年（一三一二）嘉祥寺との相論

ここで再び嘉祥寺が登場する。嘉祥寺については、貞観寺よりさらにも増して史料が少なく、その実像を描くことは困難なのであるが、平安時代末期に仁和寺末寺となり、鎌倉時代まで存続したことは明らかである。『仁和寺諸院家記（恵山書写本）』によれば、嘉祥寺は仁和寺の院家であり、顕耀（文治五年（一一八九）二月一〇日没）が初代の院主となっている。[22]『仁和寺諸院家記（心蓮院本）』には、嘉祥寺に関して「遠所別院」との朱による書き込みがあり、[23]また顕耀に関しては「嘉応比人」との注記があるから、[24]嘉祥寺は嘉応年間（一一六九～七一）頃に顕耀が入って仁和寺の遠所別院となったことがわかる。しかし、院家としては顕耀の次の行耀まで二代しか存続しなかったらしく、その後の動向は不詳である。ただ、以下に述べる貞観寺との関係からすると、貞観寺と同様に仁和寺の強い影響下にあったことは間違いないようである。

ここで注意しておかなければならないのは、貞観寺を「別相伝」した俊玄は、貞観寺座主を務めていないという事実である。貞観寺座主を代々務めるようになるのは定我以降である。実は、俊玄の時代には、貞観寺の摂領者は真乗院である、と御室側では認識していたようなのである。これも以下で紹介する文書の内容によって判明する。

そこで次に、表2に示した「貞観寺文書」のうち、鎌倉時代のものでまだ触れていない15～18の検討に入りたい。ここで話題となっているのは、正和元年（一三一二）に貞観寺と嘉祥寺の間で起こった所領相論である。文書の作成年月日順に見ていこう。

15は、仁和寺御室から真乗院に対して発給された御教書の案である。貞観寺と嘉祥寺の間で相論となり、貞観寺から訴えのあった土地については、貞観寺の古跡であることが明らかであるから、今後とも相違なく貞観寺が領掌すべきである、と述べられている。つまり、両寺の間で係争になった案件を裁定しているのは仁和寺であり、両寺とも仁和寺の末寺またはそれに準じる強い影響下にあったことがこれにより判明する。しかも、この裁定を仁和寺御室は真乗院に伝えており、御室は貞観寺が真乗院の配下にあると認識していたのである。

この御教書を受け取った真乗院は、その写しを作成して心蓮院に伝達したものと思われる。17は、真乗院が御教書の写しを心蓮院に送る際に添えた、送り状である。宛名となっている心蓮院法印とは俊玄であろう。したがって、貞観寺について御室は真乗院の所有と認識していたが、事実上管理していたのは心蓮院であって、真乗院としては御室御教書案を心蓮院に伝達する必要があったのである。

嘉祥寺との相論は、以上のように一旦は裁定が下ったのだが、二ヵ月後に再び問題となる。16・18はこのときの再裁定を伝える文書である。16の御室御教書案は、嘉祥寺が九月の裁定に従わず、貞観寺分の年貢を抑留していることを貞観寺が御室に訴え出たのに対し、先の下知どおりに執り行うべきことを述べた、御室の裁定文書であり、18は御教書案の副状である。

貞観寺と嘉祥寺は隣接し、両寺の間で、このような土民等の動きと絡んだ年貢抑留の相論は、（全く根拠はないが）頻繁に起こっていたのではないかと想像する。規模は異なるが、平安時代末から鎌倉時代にかけて行われた西大寺と秋篠寺との所領争いを彷彿とさせるように思う。西大寺が訴え出た先は、周辺寺院の多くを末寺化していた興福寺であった。貞観寺は仁和寺に訴えたのであり、最も有効な裁定を得るべく、各寺院が状況に応じた行動をとっていたのである。

2　鎌倉時代における貞観寺寺辺所領の所在

前項でとりあげた、嘉祥寺との間で問題となった土地については、その所在地を示す史料が残っていない。しかし、隣接する両寺院が争ったことからすれば、遠く離れた土地ではなく、寺院敷地の周辺に所在した土地であって、図1の概念図で言えば、深草里あたりに所在したものと考えるのが穏当であろう。

ところで、貞観寺は当時、どの程度の寺辺所領を有していたであろうか。また、九世紀に集積した所領のうちどの程度を中世まで維持していたであろうか。結論は出ないのだが、参考となる史料があるので、これをもとに若干の考察をしておきたい。

宮内庁書陵部所蔵の「九条家文書」には、山城国紀伊郡に関わる文書が多数残されている。その中には、一三世紀初頭の作成と見られる条里坪付図も含まれており、坪付図には一反ごとの所有者も記入されている。ただ、紀伊郡の各里の坪付図が完全に残っているわけではなく、貞観寺の敷地や所領が含まれていると予想される肝心の深草里・深草東外里の部分は欠失している。しかし、この条里坪付図のなかに

須久田里

一 五反　諸陵 西 三反　日吉 二反　安楽寿院	十二 安楽寿院	十三 日吉	廿四 七反　日吉 三反　祇園領	廿五 祇園領	卅六 八反半　川 一反半　作
二 日吉	十一 三反　清水仏生田 七反　日吉	十四 同田	廿三 日吉田	廿六 日吉田	卅五 皆川原
三 五反　三反 二位殿 一反 安楽寿院 二反　修理職 三反　右馬寮	十 五反　安楽寿院 五反　東寺田 東	十五 同田	廿二 同	廿七 同	卅四 六反　川一反 日吉 七反　安楽寿院
四 五反　川原 安楽寿院 五反　公方二位殿 角院号	九 大台山穀倉田 二反　日吉 七反　斎宮田 一反　日吉	十六 二反　祇園 八反　安楽寿院	廿一 安楽寿院	廿八 一反　貞観寺 一反　日吉南 一反　薬院 二反　角院 五反　日吉	卅三 八反　安楽寿院 二反　二位殿御領
五 一丁内 四反　主水田 三反　左馬寮 三反　平野	八 五反　日吉西 五反　同 東	十七 此内一反川成 五反　日吉 五反内 川大 安楽寿院 此坪内二反 提木中堂（堤本カ）	廿 二反　日吉 三反　同 三反　修明門院 二反　祇園金堂灯油田	廿九 三反 一反半　修明門院 五反半	卅二 一反　安楽寿院 五反　証菩提院 一反　日吉 三反　安楽寿院
六 安楽寿院	七 五反　日吉西 五反　安楽寿院 東	十八 五反　日吉西 二反　蓮光院 二反　左京職 一反　日吉 東	十九 二反　いなり中 二反　きよ水 二反　ひよし 五反　あんらく寿院	卅 二反　日吉南 一反　二位殿御領 一反半　諸陵 一反半　戒浄寺 四反　日吉 北南　畠川二反	卅一 二反　清水法花堂 八反　安楽寿院

図3　山城国紀伊郡条里坪付図（須久田里）

一ヵ所、貞観寺の所領が見える。それは、深草里から西方に一里おいた先の須具田里二八坪で[25](図3)、ここに一反だけだが貞観寺領が記されている。残念ながら、九世紀の「山城国本公験案」に見られる坪付でこれに該当するものはないが、図1のうち「貞観寺文書」1・2によって示した須具田里三二・三三坪は二八坪に隣接する坪であるし、数百年の間には様々な興亡があっただろうことを想定すれば、貞観寺の寺辺所領は、衰微しながらも可能な限り維持されていたと言えるだろう。

おわりに

以上、平安京の南郊に所在した貞観寺の所領の展開について、検討してきた。史料紹介に終始してしまったが、その作業も意味あるものと考え、稿を起こした次第である。以下に、本稿で述べてきたことを、ごくおおまかにまとめておく。

九世紀半ばに、天皇・摂関家等の強い意向のもと建立された貞観寺は、創建当初から隆盛をきわめ、大量の所領を集積した。しかし、清和天皇・藤原良房ら建立に携わった人々の没後、国家的な庇護を失って衰退の時期を迎える。平安時代を通じて東寺末寺、真言宗教団の一寺院として活動し、鎌倉時代には仁和寺との関係が深まっていった。所領に関しては、おそらく平安時代のうちに各地の荘園は退転し、寺辺所領を残すのみとなっていたことであろう。鎌倉時代には、寺辺所領をわずかに残していることや、隣接する嘉祥寺との間で所領をめぐって相論を展開していることが知られる。つまり、小寺院とはなりつつも、否、そうであるからこそ、寺辺所領の維持には最大限の努力をし、寺院経営を実現していたのであった。

最後に、本稿は西大寺による寺本所領の形成と展開を理解する一助となれば、という考えからスタートしたが、貞観寺に関する検討のみに終始してしまった。しかし、貞観寺およびその寺辺所領がたどった歴史過程は、西大寺のそれと通じる面があると思う。本稿が研究の進展に寄与するところがあれば幸いである。

(1) 『寧楽遺文』中巻(東京堂出版、一九六二年訂正初版)三九五頁〜。
(2) 『鎌倉遺文』五三四号。
(3) 『校刊美術史料』寺院編上巻(中央公論美術出版、一九七二年)。
(4) 奈良国立文化財研究所編『七大寺巡礼私記』(奈良国立文化財研究所史料第二二冊、一九八二年)。
(5) 石上英一「西大寺荘園絵図群の研究」(『古代荘園史料の基礎的研究下』塙書房、一九九七年)。
(6) 田地目録に掲載される荘園のうち、施入年月日の判明するものには美濃国の荘園が多いという特徴がみられる。藤原良房がのちに「美濃公」と称されるようになったことと関係があるだろう。
(7) 竹居明男「嘉祥寺と貞観寺」(『日本古代仏教の文化史』吉川弘文館、一九九八年。初出一九八三年)を参照。
(8) 九通の文書は原本ではなく写しであり、一〇枚の紙を継いだ料紙に九通の文書が追い込み式に記されている。付論を参照。
(9) 原図には九条家文書の中世条里図を用いた(『日本荘園絵図聚影 二 近畿一』東京大学出版会、一九九二年)所収)。「三 貞観寺寺辺所領の展開」を参照のこと。
(10) 野尻忠「栄山寺鐘銘をめぐって—道澄寺小考—」(『東京大学日本史学研究室紀要』四、二〇〇〇年)。図2も同論文より転載。
(11) 真雅の経歴については、「故僧正法印大和尚位真雅伝記」(寛平五年六月三日作成。長谷寶秀編『弘法大師伝全集』附録〔一九三五年〕一三〜一四頁）に詳しい。この史料の性格に関しては、小山田和夫「『故僧正法印大和尚位真雅伝記』と『日本三代実録』真雅卒伝について」（『日本歴史』三六三、一九七八年）を参照。

(12) 表3の作成にあたり、竹居明男「嘉祥寺と貞観寺」（注7論文）に掲載の表を参考にした。ちなみに、貞観寺別当を経験した人物には、陽邦（『左経記』長元元年（一〇二八）八月一四日条）、能算（『為房卿記』寛治四年（一〇九〇）五月二八日条）、済暹（『中右記』嘉保二年（一〇九五）一二月二八日条）などがおり、このほか貞観寺に住した僧として、延鑑（康保二年（九六五）頃。『東寺長者補任』）、仁海（長元六年（一〇三三）頃。『東寺長者補任』）、隆源（応徳三年（一〇八六）七月以前、上座に任。『平安遺文』一二四九号文書）などが確認でき、このうち延鑑と仁海はのちに東寺長者となっている。

(13)『東寺長者補任』巻一、延喜九年（『続々群書類従』史伝部）。

(14)『東寺長者補任』巻一、天慶七年。

(15) 野尻忠「栄山寺鐘銘をめぐって—道澄寺小考—」（注10論文）。

(16) 康和三年（一一〇一）一二月一一日、長治元年（一一〇四）、天仁三年（一一一〇）、天永二年（一一一一）、天永三年の法会参集交名（いずれも「東寺文書」書に所収）に貞観寺がみえる。この部分については、横内裕人「仁和寺御室考」（『史林』七九—四、一九九六年）を参照した。

(17) 応徳三年（一〇八六）七月東寺領伊勢国川合荘文書進官目録案（『平安遺文』一二四九号）・『中右記』嘉保二年（一〇九五）一二月二八日条（以上は注12も参照）、寛治五年（一〇九一）七月東寺別当時円請文案（『平安遺文』一二九七号文書）。

(18)『仁和寺諸院家記（心蓮院本）』（『仁和寺史料』一（奈良国立文化財研究所、一九六四年））一六一頁によると、心蓮院の「元祖」とされる世毫法印は仁平三年（一一五三）五月四日に没している。

(19)『仁和寺諸院家記（恵山書写本）』（『仁和寺史料』一）二三三〜二三四頁。

(20)『仁和寺諸院家記（心蓮院本）』（『仁和寺史料』一）一八九頁。

(21)『仁和寺諸院家記（恵山書写本）』（『仁和寺史料』一）二五一頁。

(22)『仁和寺諸院家記（恵山書写本）』（『仁和寺史料』一）三一四頁。なお、ここには嘉祥寺を「貞観寺西院」とする注記があるが、これは貞観寺がはじめ嘉祥寺西院として建立されたことを誤認して記したものであり、正しくは嘉祥寺は貞観寺の東方に所在したと思われる。現在、京都市伏見区にある嘉祥寺は江戸時代に再興されたものであり、平安・鎌倉時代の嘉祥寺跡は付近の善福寺境内にあるという（西田直二郎「嘉祥寺址」（『京都史蹟の研究』吉川弘文館、一九六一年））。

(23)『仁和寺諸院家記（心蓮院本）』（『仁和寺史料』一）一五二頁。

(24)『仁和寺諸院家記（心蓮院本）』（『仁和寺史料』一）二一〇頁。

(25)『図書寮叢刊　九条家文書　三』（宮内庁書陵部、一九七三年）一七九頁。図3も同書より転載。

付論　「貞観寺文書」の性格と現状

京都大学文学部には「貞観寺文書」と称する影写本が所蔵されている。大正八年に仁和寺において影写されたもので、『国書総目録』にもこの名で掲載されている。影写本「貞観寺文書」に収載される文書は本論表2に示したとおりで、文書番号1〜9の文書は『平安遺文』に翻刻されている。ところが、竹内理三氏はこれらを『平安遺文』に収載するにあたり、文書内容ではなく所蔵者に重点をおき、「仁和寺文書」として収載した。『仁和寺文書』と名付けられた影写本は東京大学史料編纂所に所蔵される（全一七冊。昭和初年に作成）が、これをすべて検索しても「貞観寺文書」にはほとんど出会えない。この点は注意しておく必要がある。

さて、たしかに影写本『仁和寺文書』のなかに貞観寺文書はほとんど含まれないのだが、一紙だけ収録されているものがある。それは「山城国本公験案」の第七紙であり、『仁和寺文書』第一二冊（昭和七年影写）にこれのみがなぜか断簡として影写されている。このことはすなわち京都帝国大学が影写本「貞観寺文書」を作成した当時と、東京帝国大学が影写本『仁和寺文書』を作成した当時では、仁和寺における架蔵状況が異なっていたことを示しているが、そのような現象の起こった事情については明らかにすることができないので、ここでは『平安遺文』を利用するにあたっての注意を喚起するにとどめておく。

影写本「貞観寺文書」に収載された文書は、表2の仁和寺文書函号番の項に示したように、現在（奈良国立文化財研究所が一九七九年に写真撮影した時点）では仁和寺塔中蔵の44函55号・33号・48号として保管されている。本稿を作成するにあたり、奈良文化財研究所に所蔵される仁和寺文書の写真帳を調査したところ、原本は現在でも京都大学影写本「貞観寺文書」が作成された当時とほとんど変化のない状態で保管されていることがわかった。

「貞観寺文書」には一八点の文書が含まれる。このうち最初の九点が「山城国本公験案」で、一〇点目が貞観一四年七月一九日太政官符写（『類聚三代格』巻二に所収の同日付太政官符と同内容）、そして一一点目以降の八点が中世文書である。鎌倉時代の文書が六点あるが、いずれも『鎌倉遺文』に収録されていない。

さて、表2の1～9の文書は一巻の巻子として存在し、一紙目の右端裏には「山城国本公験案」と書かれている。「山城国本公験案」として残っている土地証文は、平安時代に作成された原本ではなく写しである。しかも追い込み式に書き込んでいった案文集の形態をとっている。いずれの時代かは特定できないが、所領の証文として蓄積されていた文書の写しを作る、という作業が行われた。明確な根拠があるわけではないが、現在のこっている「山城国本公験案」は、紙背文書や料紙の状態から鎌倉時代以降の作成と推測している。もし中世の作成となれば、原本の作成から数百年の時をおいて写しを作る必要が生じたわけで、その背景を探る必要も生じてくる。この点については、本論「三　貞観寺寺辺所領の展開」で述べた嘉祥寺との相論と関連づけることも可能であろう。すなわち嘉祥寺の濫妨を裁定者である仁和寺に訴え出るにあたり、寺辺所領有の正当性を主張するための証拠書類として写しを作ったという見方である。本文書群が作成された時期や目的については他にいくつもの可能性が考えられ、それを明らかにするためには「山城国本公験案」の紙背文書を検討することなどを通じ、中世の貞観寺をめぐる状況をさらに明確にする必要がある。

そして、中世における貞観寺の状況を明らかにするための材料は、まだ他にも仁和寺文書のなかにある。奈良文化財研究所の『仁和寺文書』写真帳によると、仁和寺には影写本「貞観寺文書」に収められた以外に、たくさんの貞観寺関連文書が所蔵されていることがわかる。すなわち、塔中蔵44箱の49～54号には、およそ二五通ほどの未紹介文書があるのである（いずれも東京大学史料編纂所影写本『仁和寺文書』には収められていない）。本論では影写本所収の文書以外には触れなかったが、今後の精査と釈文の発表が待たれるところである。

9 荘園遺跡の出土文字資料よりみた在地情勢

新井重行

はじめに

宝亀一一年（七八〇）に原本が作成された「西大寺資財流記帳」には、西大寺の所領に関する文書が列挙されており、八世紀末の時点で西大寺が日本各地に所領を展開していたことが確認できる。これらのうち「資財帳」にその成立年が記されているものからは、西大寺が道鏡政権下にその多くを形成したことが知られる。

また、「資財帳」には田地の施入者が記されているものがあり、その成立の契機をうかがうことができる。施入者が記されていない所領においても『続日本紀』神護景雲元年（七六七）五月戊辰条にみえる荒木道麻呂・忍国の施入した墾田は、越前国坂井郡に存在したという見解[(1)]や、『同』宝亀八年（七七七）六月乙酉条にみえる大伴部直赤男の施入になる墾田は武蔵国入間郡榛原荘にあたるという指摘がある[(2)]。また鷺森浩幸氏は、西大寺の越中国所領は、その成立事情は判然としないものの、恵美押勝の乱にともなう没官田であった可能性が高いと指摘する[(3)]。

これらの西大寺所領についてはすでに浅香年木氏・藤井一二氏らによる論及がある[(4)]。浅香氏は西大寺の北陸所領の特徴として、越前国では東大寺領と競合するという制約があり、それまで東大寺が所領をほとんど持たなかった越中・越後など北方へ所領を展開したことを指摘している。藤井氏は、西大寺への施入地には「庄家」の付属する墾田地が多いことに着目し、西大寺の所領が道鏡政権下の献物叙位政策を梃子にして、政治的進出をはかる在地勢力に強く依存するかたちで設定されたと推測する。

両氏の指摘は首肯できるものであるが、さらに検討を要する点もある。例えば、浅香氏の指摘については、越前国坂井郡のように東大寺領・西大寺領が限られた範囲に集中して存在する場合はどのように理解すべきかが新たな問題となろうし、藤井氏の指摘については、その前提となる在地社会の構造を検討する必要があろう[(5)]。

以上のような関心から、本稿では八・九世紀の荘園周辺の在地情勢について検討したい。ただし、西大寺所領の経営を具体的に知ることのできる史料はほとんど残存していないため、荘園遺跡からの出土文字資料、および東大寺の北陸荘園関係の史料を素材とすることにする。とくに越前国には同郡内に東大寺・西大寺の所領が近接して存在しており、東大寺領の経営に関する史料から得られる在地情勢を参考にすることは許されよう。

一　足羽郡における郡支配の様相

初期荘園の経営構造に関する研究は、東大寺領北陸荘園の文書の検討を中心に進められてきた。小口雅史氏による一連の研究はその到達点と評価できる(6)。

氏によると、東大寺の荘園経営の特徴は律令制的行政機構に大きく依存している点にあり、その手法は東大寺関係者を国―郡の行政機構に送り込んで荘経営に専当させるというものであった。また、東大寺から現地へ派遣される田使は、荘の所有者である東大寺の代弁者にすぎない管理者的性格の強い存在であり、実際に現地で賃租の交渉などに従事するのは専当郡司を中心とした郡の行政機構であった。

氏の理解は在地首長制の枠組みに依拠し、実務者として郡内を把握する郡領の存在を高く評価している点が特徴の一つであり、例えば桑原荘が荒廃した理由を荘の所在する坂井郡の郡領の協力が得られなかったことに求めている。

ところが郡領に関する近年の研究では、郡領が実際には終身官とは考えられないこと、八世紀の前半の時点ですでに一郡内には郡領候補者が複数存在し、譜第に認定されるために競い合う状況があったことなどが指摘されており(7)、小口氏の想定する郡司のあり方について再検討することも無駄な作業ではないであろう。

越前国の東大寺領は、仲麻呂派国司の主導下で寺地の圧迫をうけ経営が衰退した時期があるが（第二期、以下に用いる時期区分は小口雅史注（6）A論文による）、道鏡政権に替わると政府の庇護の下で経営の回復が図られた（第三期）。第三期の初めには第二期に寺地でありながら百姓に班給された田地を検勘し、改正・相替などを行って寺地の回復に努めている。東南院文書には、第三期の寺地回復運動のなかで百姓に田地等の改正を認める旨を記して提出させた伏弁状が三通伝存している。これらの伏弁状を提出したのは①別鷹山②額田国依③道守男食の三名で(8)、いずれも郡司解として作成され、国判を得ている(9)。

これらのうち、①・②と③とでは記載内容に大きな違いがある。（いま①と③を掲げる。）

【史料1】「足羽郡司解（別鷹山伏弁状）」（『東南院』二―一六八～一六九）

足羽郡司解　申伏辨人事
　別鷹山　部下上家郷□戸主
　所訴田八段西南四條七桑原西里八坊栗川庄所
右人申云、以去天平勝寳元年八月十四日、郡司判給大領外正（五脱カ）
位下生江臣安麻呂・擬主帳无位槻本公老等、鷹山親父豊
足已畢、以同年五月、寺家野占寺使法師平栄・造寺司史
生大初位上生江臣東人・国使醫師外従八位下六人部東人・郡司擬主
帳槻本老等、寺家野占畢、而以天平寳字二年二月廿二日、国司

守従五位下佐伯宿祢美濃麻呂依郡判給畢鷹山此乎、寺田勘使佐官法師平栄・造寺司判官上毛野真人・国司史生紀朝臣真木等、宛直買取、而為寺田、件田申、以天平寶字四年、校田朝使石上朝臣奥継授己名治田、又以天平寶字五年、田班（マヽ）国司介高丘連枚麻呂亦授己名、今国司検勘図并券文、寺地占事在前、今竹山所給在後、加以所給直、而所進寺田、更己名付申事、竹山誤、無更申述所、仍注伏辨状進如件、謹解、

天平神護二年九月十九日伏辨別鷹山

大領正六位上生江臣「東人」　主政少初位下大宅「人上」

少領外従八位下阿須波臣「東麻呂」　主政外少初位下出雲「部赤人」

（国判を略す）

【史料2】「足羽郡司解（道守男食伏弁状）」（『東南院』二―一七一～一七二）

足羽郡司解　申伏辨人事

道守男食　部下草原郷戸主

『道守庄』

合田伍段貳伯洡拾貳歩　西北一条十一上味〔岡里〕□□廿［　］

右人申云、件田所奏如寺図、伏辨〔如〕□件者、郡依申状、収伏辨手實状申上、謹解

〔天平〕□□神護〔二年〕□□［　］伏辨道守男食

大領正六位上生江臣「東人」　主政少初位下大宅「人上」

〔主政〕□□外少初位下出雲部「赤人」

（国判を略す）

記載の特徴として①・②は大領生江東人・少領阿須波東麻呂の署名を有し、伏弁の内容も寺地としての成立から天平宝字五年の班田時に口分田として誤給されるまでの経緯・それに関係する校班田使・寺使の人名などを非常に詳細に記すのに対し、③は東人の署名はあるものの東麻呂の署名を欠き、伏弁の内容も「寺図の通りである（件田所奏如寺図）」と結果を簡単に記すにすぎないという点が挙げられる[10]。

さらに内容を比較すると、別鷹山の場合は過去の校班田時に己の口分田として登録されたことを主張しているが、これは東大寺に対して校班田使（国司）の処分であることを強調し、自らの責任を軽減するためであると考えられる[11]。ところが道守男食の場合には、過去の校班田時の処分には一切触れておらず、「寺図」（国司の「図并券文」ではない）の記載を全面的に承認する形で伏弁がなされている点で大きく異なり、このような記載内容の違いの背景には、両者の在地社会における立場の違いが予想される。

別鷹山は後掲の【史料3】「阿須波東麻呂解」にみえる別竹山と同一人物で、東麻呂の指揮下で田領として田地の勘検に従事しており、東麻呂とともに東大寺領の圧迫に関与した人物である[12]。一方、道守男食は草原郷に本貫をもつこと[13]、かつて安都雄足の指揮下で活動していた道守徳太理[14]と同族であるとみられること、および先述の伏弁状の簡略さなどを考え合わせると、東大寺および足羽郡内の寺領経営に大きな役割を果たした生江東人との結びつきを思わせる。

これらの伏弁状が、東大寺田のうち口分田として誤給された田地の改正を東大寺側に保証するものであることを考えれば、上記の人物間の伏弁状の違いは、東大寺―生江東人による把握の度合いに関わるものと考えられる。すなわち、別鷹山・額田国依は阿須波東麻呂の強い人格的規制下にあったと考えられ、そのために東大寺に対して自らに

責任のないことを殊更に強調した伏弁状を作成する必要があったのに対し、生江東人の人格的規制下にあった道守男食は寺の主張を受け入れる旨の簡便な伏弁状で事足り、また束麻呂の署名も必要としなかったと理解できる[15]。

さきの事例からは、郡領の及ぼしうる人格的な規制力に地域差があることが知られるのであるが、このことを推測しうる他の史料として足羽郡司の過状が挙げられる。これは東大寺が第三期初めの寺地回復運動のなかで、当時の足羽郡大領生江東人・少領阿須波束麻呂それぞれに対して、東大寺に不利益となる行為に対する勘問を行い提出させたものである。

【史料3】「阿須波束麻呂解」（『東南院』二―一七四～一七五）

足羽郡少領阿須波束麻呂解　申過状事

一　預郡家佃　勅旨御田陸町受漑寒江之沼水　元来公私共用之水者

『道守庄』　専當少領阿須波束麻呂

右、件　御田之水、依東大寺道守野庄所妨停不堪佃状、附散仕五十公諸羽、申上国府、即依諸羽申状、下国符称、喚草原郷人宇治智麻呂進者、郡依符旨、進上其智麻呂、此過、

一　東大寺栗川庄所田堺未勘事

『栗川庄』

右、部下野田郷百姓車持姉賣辞状云、寺家庄所使取己口分田捌段、不令佃愁者、仍勒班田時、書生委文土麻呂・田領別竹山二人宛使、令勘虚實、発遣所在口分、斯土麻呂等申云、正認東西之畛、彼此相違者、仍未与判断、此過、

以前二條事、注顕申送如件、謹解、

天平神護二年十月廿日足羽郡少領外従八位下阿須波臣束麻呂

ここには、①束麻呂が専当していた「御田」[16]のための用水が東大寺道守荘所によって妨げられているという訴えを散仕五十公諸羽に付して国府へ進上したところ、国府から道守荘の水守である宇治智麻呂を召喚せよとの符が下され、束麻呂が智麻呂の身を国府へ進上したことについて、②東大寺の栗川荘において百姓車持姉売から東大寺側が口分田を使用させないという訴えをうけた束麻呂が、書生委文土麻呂・田領別竹山に命じて虚実を勘ぜしめたが、いまだに判断を下していないことについて、それぞれ自らの過ちと認める旨が記されている。

①については、束麻呂の訴えに応じて国府は直ちに智麻呂の召喚を決めたようであるから、束麻呂は名指しで智麻呂の妨害を訴えたのであろう。智麻呂については、同時期に作成された生江東人の過状である「生江東人解」[17]に「宇治知麻呂事」という項があり「知麻呂は東人が私的に依頼した道守荘の水守であるが、国司に罰せられたことについては関知していない」と答弁していることから、このとき国司―束麻呂と東人の間には互いに連携はなかったことが分かる。

足羽郡の郡領は天平宝字三年の時点では生江氏に独占されていたが[18]、天平宝字三年に越前国守となった藤原薩雄らの主導で、生江氏と対立関係にあった阿須波氏を少領へ登用し、勅旨田の専当郡司として東大寺に対抗しようとしたとの指摘がすでになされている[19]。おそらく東人は仲麻呂派国司によって国―郡の行政機構から疎外されていたのであろう。

また②については、百姓が東大寺による口分田の妨害を訴えた先が大領生江東人でなく、少領阿須波束麻呂であった点が注目される。この点について「東人が在地においては一応東大寺派の人間、束麻呂が

国衙に連なる人間と目されていることを示している」（小口雅史注（6）A論文五八六頁）という評価もあるが、先の検討を参考にすれば、このとき百姓が二人の郡領の立場を考慮して自己に有利な方を選択したとは想定しがたく、このとき東大寺側を訴えた車持姉売は東麻呂によって人格的に規制された存在であり、そのため東麻呂に訴えたと推測される[20]。

本節では、天平神護初年の東大寺による寺地回復運動の過程で作成された文書の検討から、仲麻呂政権下における大領と少領の不連携を看取できると同時に、郡領が部内に等しく人格的規制力を持つわけではないことがうかがえることを指摘した。

前者の指摘は、仲麻呂政権下という特殊な事情を背景とするもので注意を要するが、後者についてはそのような特殊な状況下であるがゆえに当時の社会構造が先鋭化したものと考えられる。ここで確認した郡領のありかたは従来の一般的な郡領のイメージとは大きく異なっており、その再検討を迫るものであるといえる。

二　上荒屋遺跡出土木簡の検討

次に荘所遺跡である蓋然性が高く、まとまった数の木簡が出土している上荒屋遺跡を採りあげて、遺跡周辺の社会構造について検討したい（図1・2）。

上荒屋遺跡は金沢市の南西郊外に位置しており、古代においては越前国加賀郡（加賀国の成立後は、加賀国石川郡）に属していた地域である。八～一〇世紀の遺構としては、建物・倉・柵・河川に敷設された船着き場状遺構・条里溝とされる溝などが存在し、集中して出土す

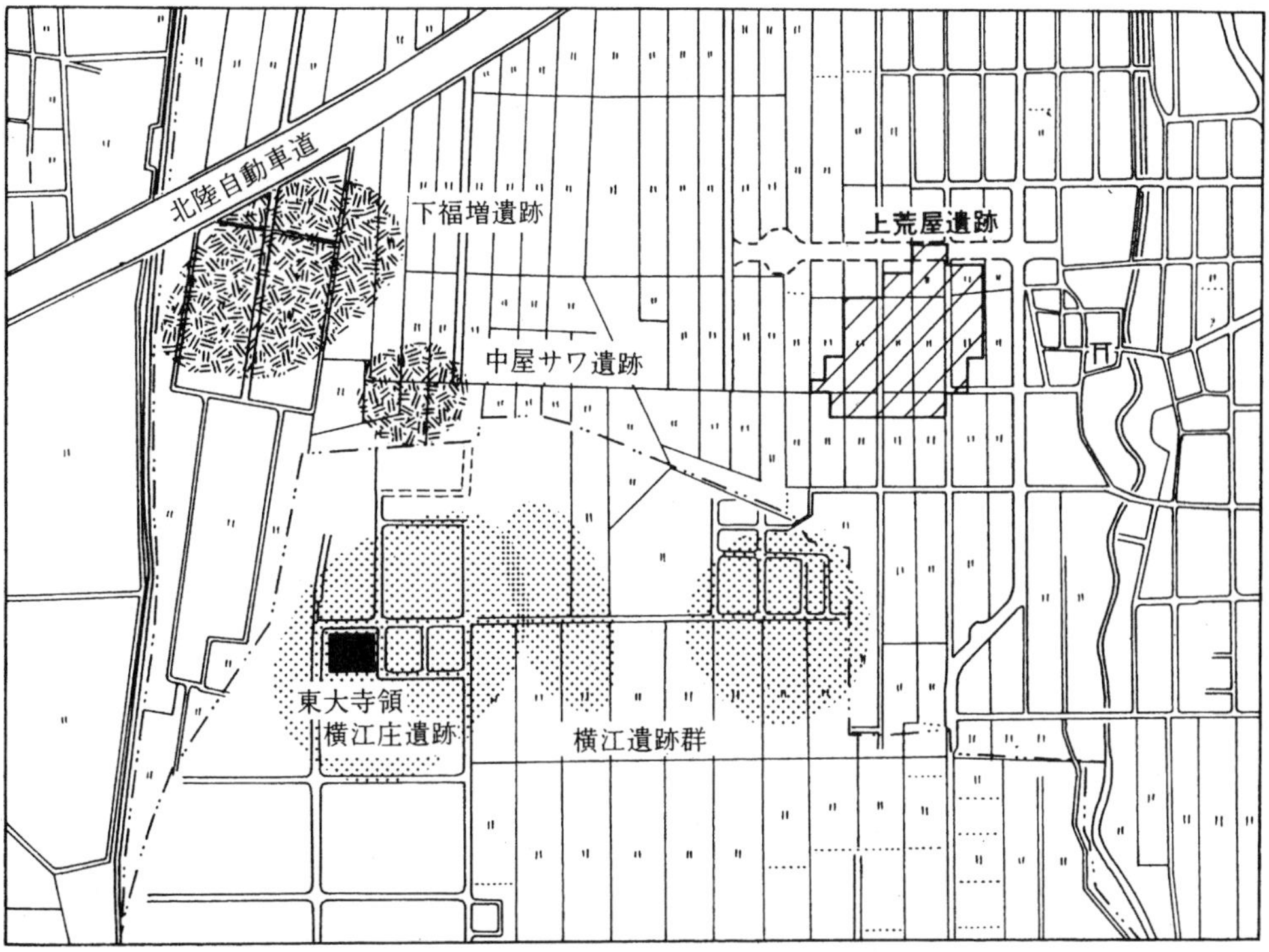

図1　上荒屋遺跡とその周辺（『上荒屋遺跡（二）』金沢市教育委員会, 1993より転載）

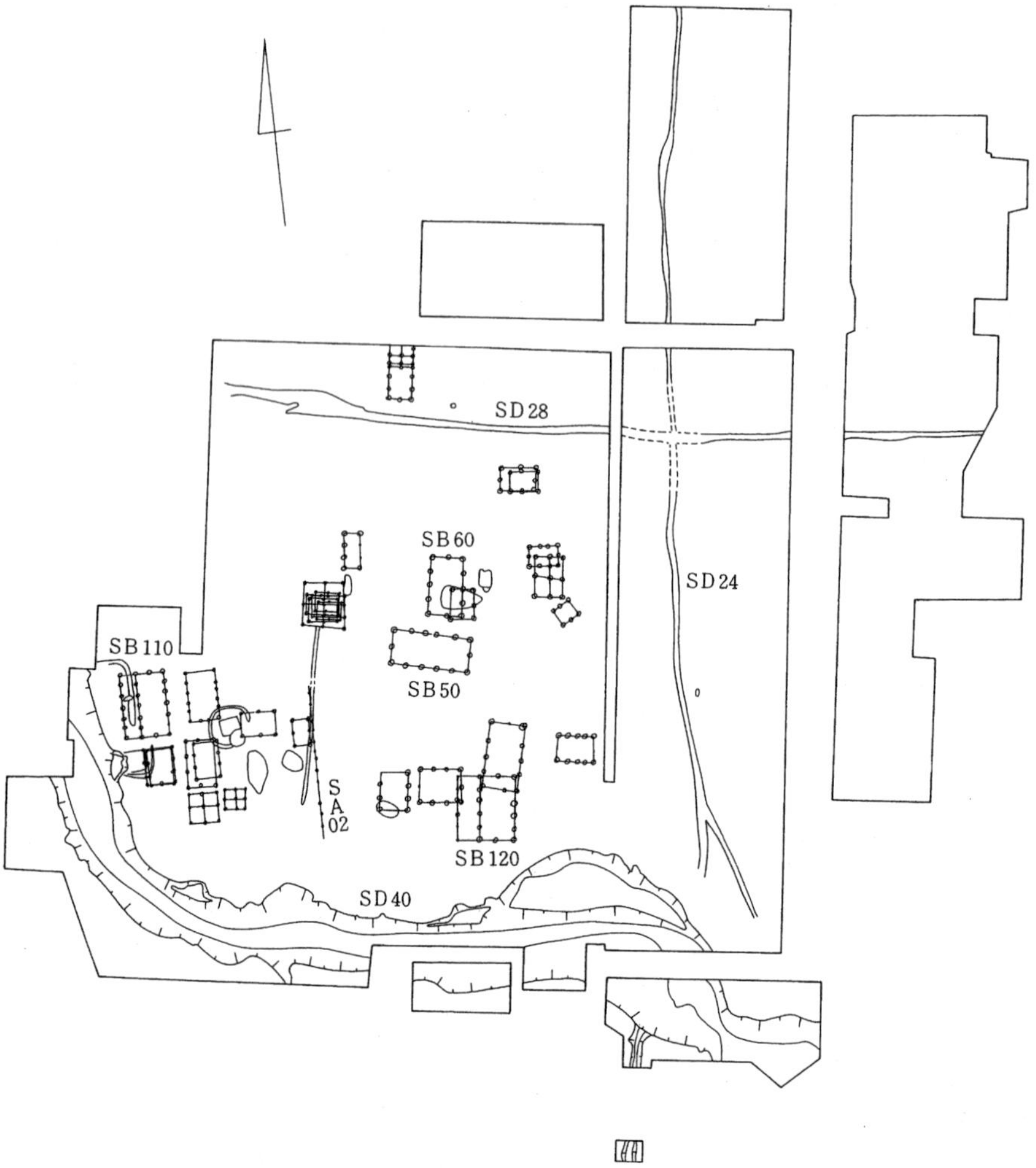

図2　**遺構配置図**（奈良・平安）
（『上荒屋遺跡（二）』金沢市教育委員会，1993より転載）

る墨書土器から①「田宮」段階（八世紀中～後期）、②「綾庄」段階（～九世紀初期、主要建物の建て替えにより、さらに二時期に分類される）、③「東庄」段階（～九世紀前半）の三時期に分けて考えることができる。

当遺跡の南西には、延暦一六年頃に朝原内親王家の荘園として成立し、弘仁九年に東大寺に献納された横江荘の荘所とされる横江荘遺跡が存在する。横江荘遺跡からは、荘家とされる建物群・整然と配置された正倉群などが確認されており、当遺跡との関連が指摘されている[21]。

木簡はすべて河川（SD四〇）からの出土である（図3）。SD四〇は調査区の南辺を東から西に流れ、一〇〇メートルほどのところでほぼ直角に北へ流路を変える。幅約八メートル、深さ約二メートルの規模で、複数の船着場状遺構も確認されており、物資輸送のための人工河川である可能性が指摘されている。

続いて出土木簡を内容によって分類する。木簡番号は報告書のものを用いた（釈文は一部改めた箇所がある）。

まず、米の荷札については「人名＋

表1　上荒屋遺跡出土木簡

号数	出土地区	出土層位	年代	一次利用	二次利用	備　考
1	E 8	下層	東庄以前	荷札（黒）		船着場状遺構
2	E 8	下層	東庄以前	荷札（黒）		船着場状遺構
3	E 8	下層	東庄以前	帳簿？		船着場状遺構
4	E 8	上層	東庄段階	付札（種籾の付札）		種籾の付札
5	E 8	上層	東庄段階	付札（種子札）		種子札
6	E 7	上層	東庄段階	荷札		
7	E 8	下層	東庄以前	封緘		
8	E 8	下層	東庄以前	付札（種子札）		種子札
9	E 8	下層	東庄以前	荷札（黒）		
10	E 8	下層	東庄以前	文書？		
11	E 8	下層	東庄以前	帳簿		
12	E 8	下層	東庄以前	帳簿		
13	E 8	下層	東庄以前	荷札（白）		
14	E 7	上層	東庄段階	帳簿		出挙帳簿
15	E 8	下層	東庄以前	帳簿？		
16	E 8	上層	東庄段階	付札（種子札）		種子札
17	E 7	上層	東庄段階	？		（船着場状遺構）
18	E 8	下層	東庄以前	荷札（黒）		船着場状遺構
19	E 8	下層	東庄以前	荷札（白）		船着場状遺構
20	E 8	下層	東庄以前	荷札（白）		船着場状遺構
21	E 8	下層	東庄以前	帳簿		船着場状遺構
22	E 8	下層	東庄以前	荷札（黒）		船着場状遺構
23	D 9	上層	東庄段階末期	文書		天安元年（857）
24	D 9	上層		荷札（白）		
25	D 9	下層		帳簿	習書	
26	D 9	下層		習書		
27	D 9	上層	東庄段階初期	帳簿		「庄」の字形より年代を判断（報告書）
28	D 9	下層		習書		
29	D 9	下層		荷札		
30	C 9・D 9	下層・下層	東庄段階	？	習書	
31	D 9	下層		？		
32	D 9	下層		？	習書	
33	D 9	下層		？	習書	
34	D 9	下層	東庄以前	荷札（黒）		
35	D 9	下層	不明	荷札（黒）		
36	D 9	下層	不明	荷札（白）		
37	D 9	下層		付札（種籾カ）		種籾カ
38	C 9	下層	東庄段階	付札		
39	C 9	下層	東庄段階	？		
40	C 9	下層	東庄段階	付札		「蓮花種」
41	C 9	下層	東庄段階	荷札（白）		
42	B 9	下層	東庄段階	付札		
43	B 9	下層	東庄段階	付札		
44	B 9	下層	東庄段階	？		
45	B 9	下層	東庄段階	？		
46	D 9	下層		付札		
47	D 9	下層		荷札（白）		
48	E 9	下層		習書		
49	B 9	下層	東庄段階	習書		
50	E 9	下層		荷札（黒）		
51	C 9	下層	東庄段階	？		
52	B 9	下層	東庄段階	坪並表		坪並表
53	D 9	下層		荷札（白）		
54	C 9	下層	東庄段階	？		
55	B10	下層	東庄段階	帳簿		
56	B10	下層	東庄段階	付札（種籾カ）		種籾カ
57	C 9	下層	東庄段階	（曲物の側板外面）		

『上荒屋遺跡（二）』金沢市教育委員会，1993を参考に作成した．

木簡の年代については，可能な範囲で記入したが，遺構によっては年代区分が困難な箇所がある．

　B・C区の下層は8・9世紀の遺物主体の層・上層は10世紀の遺物主体の層

　D・E区は中世の小河川により上下層に8・9世紀の遺物が混在

　E 7・8区は墨書土器「東庄」の出土が上層を主体とすることからの推定

　E 9・D 9区は，年代区分が困難

上荒屋遺跡出土木簡釈文

（主要なものを掲げるに留めた。分類には形状・記載内容からの推定も含む。釈文は『木簡研究』一三・一四をもとに一部改変した。（数字）は木簡番号を示す。）

○米の荷札

【白米】

（13）「諸上白米五　（七二）×一八×二　〇一九
（19）「津守久万呂五斗」　一二四×一七×五　〇五一
（20）「秋万上白米五斗」　一四二×一八×四　〇五一
（24）・「八作万呂五斗」
　　・「二月十五日□」　二一一×二五×五　〇五一
（36）・「浄公上白米五斗」
　　・「　『欠二升』　」　一四〇×一四×四　〇五一
（41）「□人五斗」　一四四×一四×四　〇五一
（47）「法師万呂米五斗」　一五一×一四×五　〇五一
（53）「⌈　⌋五斗」　一五七×一八×六　〇五一

【黒米】

（1）「品治部君足黒五斗二升」　一二〇×一五×四　〇五一
（2）「荒木佐ツ麻呂黒五斗二」　一二四×一五×五　〇五一
（9）「度津日佐万呂黒五斗二升」　一四五×二〇×二　〇五一
（18）「春日千麻呂黒五斗二升」　一一三×一六×二　〇五一
（22）「⌈　⌋酒人黒米五斗一升」　（一一〇）×一八×三　〇五九
（34）「山人上黒米五　（八七）×二〇×四　〇一九
（35）「山人上黒米五斗」　一五〇×一九×九　〇五一
（50）「針真黒五斗二升」　一三〇×一六×五　〇五一

○種籾の付札

（4）・「＜酒□〔月カ日カ〕籾」
　　・「＜奉　」　一一〇×二〇×五　〇三三
（37）「＜福マ仁加□〔忍〕一石」　一六〇×三〇×七　〇三三
（56）「＜壱斛一斗三升」　一三七×二四×五　〇三三

【種子札】

（5）「＜大根子籾種一石二斗」　一七五×一八×五　〇三三
（8）「＜□〔許〕庭一石二斗」　一七八×二〇×五　〇三二
（16）「＜富子一石二斗　（一〇六）×一六×三　〇三三

【参考】

（40）「□月八日蒔料蓮花種一石　（一三〇）×一八×九　〇一九

○帳簿

（14）・□□〔別〕万呂十一束　石勝十一束
　　□□〔悪都カ〕十一束　足羽家十一束
　　⌈　⌋十一束　黒子女十一束
　　・今日受二斗三升　（一五〇）×二九×三　〇八一

（21）春日千万呂　、坂本吉人　、国覓八千万呂」
　　（二四七）×一〇×七　〇一九

（55）　、別止万呂　、服マ安万呂二人
　　万呂　、福継　、三田万呂　」
　　（一六一）×（二五）×四　〇八一

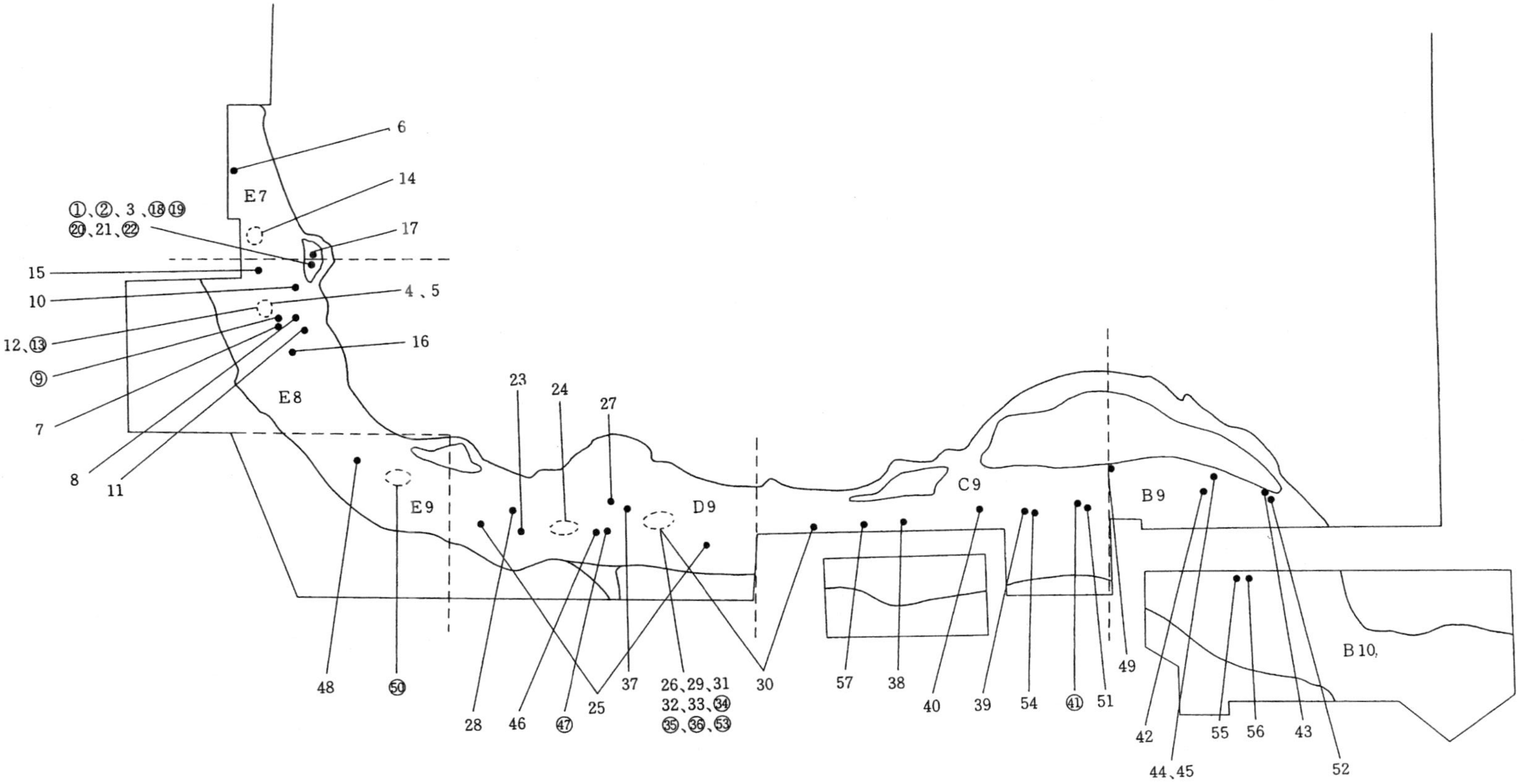

図3　木簡出土状況図（丸囲み数字は白（黒）米付札）
（『上荒屋遺跡（二）』金沢市教育委員会，1993より転載）

（白米・黒米）＋数量」という書式を持ち、貢進者の本貫地は記さないこと、数量は白米五斗、黒米五斗二升の例が多いことなどの特徴[22]がある[23]。貢進者の本貫地を記さない簡便な書式の荷札は、当遺跡で廃棄されていることから検収の際の資料として用いられたと考えられる。これらの米が五斗（＝一俵、端数は黒米の精白代と考えられる）という規格性をもって納入されていることは、それ以前の段階で収納米が五斗に調整されたのち、当遺跡に運ばれていることを示している。また、調査区内には大量の物資を貯蔵できるような倉庫は確認されていないことから、当遺跡は物資の検収を行ったのち河川を利用して積み出すための集積地の役割を果たしていたと考えられる[24]。

米の荷札とともに種子札（種籾の付札）が出土している点も注目される[25]。種子札の出土は、この場所で種籾が消費されたことを示している。平川南氏によれば[26]、これまでに知られる種子札の出土地は、ほとんどが郡家関連施設であり、郡司が稲の品種を管理し、安定した収穫を図っていたという。また、種稲は出挙されたことが『続日本紀』天平神護三年（七六七）二月辛卯条に「淡路国頻旱乏種稲、転播磨国加古印南等郡稲四万束、出挙百姓」とあることより確認できる。郡司による種稲の分与は大王より賜与された種稲の分与を象徴し、在地首長としての権限に深く関わるものであった。

右の指摘によれば、当遺跡で消費された種籾も出挙された可能性が高いと考えられる。なお出挙に関しては、一四号木簡が注目される。この木簡は「東庄」段階のもので、「人名＋十一束」という書式を持ち、六人分の人名が記されている[27]。「束」という単位からは穎稲であることがわかり、種籾とは直接関係しないが、出挙の際に使用された帳簿と考えられ、当遺跡での出挙の実施を裏付ける。裏面の表記は単位が「斗・升」で表記されているが、これが一連の記載であるとすれば、『類聚三代格』大同元年（八〇六）八月廿五日官符が参考となる。同官符は正税出挙稲以外の糙化を禁じたものであるが、本文中に延暦一七年（七九八）には正税出挙は穀で給し穀で納めることとしたが、すべて穀の状態にしては種子を弁じがたいため、延暦一八年に本稲は穎稲で納め利稲は穀で納めることに改めたとあることから、本木簡の裏面記載は利稲の収納を示す記載の可能性がある[28]。

なお類似の記載様式を持つ出挙帳簿木簡として、福岡県井上薬師堂遺跡二号木簡・兵庫県山垣遺跡五号木簡などがあり（図4）、これらは一回の貸付（あるいは納入）を記録したカードとして使用されたと考えられる[29]。

上荒屋遺跡の木簡の検討からは、当遺跡は物資の集積地であったこと、同時に稲の品種を管理し種稲の分与を行うという郡領に比肩しうる有勢者が存在し、出挙経営も行っていたことが指摘できる。また、郡家とは異なる場所で出挙の実施が確認されることは[30]、当遺跡が単なる物資の集積地としてだけでなく、種稲の分与を行う在地支配の拠点としての役割も有していたと評価できる。

上に述べたような経営体の存在は東大寺領荘園においてもうかがうことができる。

【史料4】「丸部足人愁状」（『大日本古文書』二五―二六九）

丸部足人頓々々死罪々々謹解　中尊者御足下
足人正身常御馬従仕奉思、然有不令依生江臣古万呂、
御産業所他人使乍足人・安人等、然者郡司取放
雑役令駈使甚無仮、加以阿支太城米綱丁邏入、

兵庫県山垣遺跡出土木簡（五号木簡）

・「□□年正月十一日秦人マ新野□□□貸給

秦人マ新野百□〔束カ〕□本田五百代　同里秦人マ志比十束

同マ小林廿束□□墓垣百代　秦人マ加比十五束

伊干我郡嶋里秦人マ安古十一束　竹田里春マ若万呂十束　○」

・「秦人マ身十束

間人マ須久奈十束　合百九十六束椋□〔留カ〕稲二百四束　別而代□物八十束□〔勘カ〕新野貸給

□□　并本□四百八十束　○」

697×57×8　011

山垣遺跡五号木簡（表面）

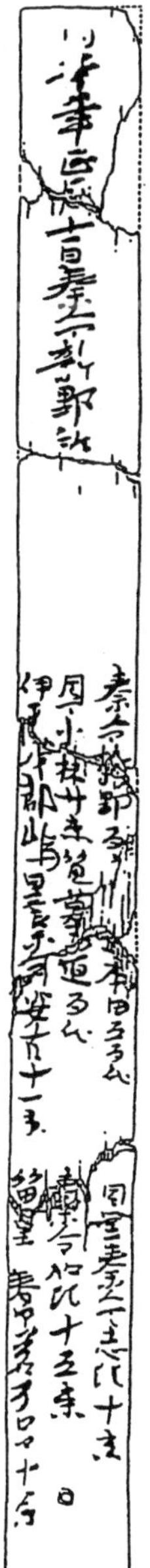

福岡県井上薬師堂遺跡出土木簡（二号木簡）

「□〔寅カ〕年白日椋稲遺人

黒人赤加倍十　竹野万皮引本五

山ア田母之本廿

日方□□〔ツ呉カ〕之倍十

木田支万羽之本五　」

446×45×7　011　7(2)

図4　帳簿木簡の例

（山垣遺跡：釈文は『木簡研究』20，1998．図は『山垣遺跡』兵庫県教育委員会，1990より転載．井上薬師堂遺跡：釈文は『木簡研究』22，2000より転載）

由此京米不持参上、仍具注愁状、附物部安人、頓々々々、
死罪々々、謹解、

天平宝字四年三月十九日丸部足人謹愁状

この文書は丸部足人が安都雄足に宛てた書状で、生江古万呂によって雄足の産業所から疎外されていること、郡司によって雑役に使役されていることなどの理由から、雄足への米の運上ができないことを述べたものである。

櫛木謙周氏は郡司によって徴発されたことを重視して、営田主体と郡司との間で労働力をめぐる競合関係が生じているものと評価しているが[31]、郡司による徴発は足人に時間的な余裕がないこと（「無仮」）の理由として述べられたもので、運米のできない理由としては、むしろ生江古万呂によって足人が産業所の運営から疎外されている点に注目すべきであろう。

足人は安都雄足との私的関係から越前国からの運米に和雇されたと考えられており、のち造石山院所での物資輸送にも雇用される人物である[32]。生江古万呂は雄足の私的な産業所を管理する在地の人間であり、足人は雄足の命令を受けた者であるにも関わらず経営から疎外されていることから、経営に従事しているのは在地性の強い集団であることが確認できる。

なお安都雄足私田においては、産業所の下部機構である「所」において秦広人ら在地での管理者が、出挙本稲を利率五割で借貸し、それをさらに利率十割で私出挙することにより差額を得ていたことはすでに小口氏による指摘がある[33]。このような経営のあり方は上荒屋遺跡周辺の様相と類似すると言えよう。物資の集積と出挙経営とは一見相反するかに見えるが、荘に関わる収穫物は俵に調整されて本主のもとに送られ、管理者は自己の立場を利用して出挙経営を行っていたとすれば矛盾なく理解できる。

筆者は前稿において、税の納入の帳簿と考えられる木簡の検討を通して、郡家や郡のクラ周辺における徴税形態として、令制下の郡や里とは必ずしも一致しない集団が徴税の単位として存在することを指摘した[34]。

ここまでの検討で、荘の経営においても在地性の強い経営単位が存在することが確認できた。すなわち郡家周辺と荘所周辺の社会構造は、いずれも経営を共にする在地性の強い集団を基盤とする点で似通っており、一での結論をあわせれば、郡内に複数存在する郡司層が、各々の人格的規制力を及ぼしうる経営単位を強固に把握し、農業経営を行うという郡の構造が確認できるのである[35]。

三　西大寺所領との関連

ここで前節までの検討をふまえ、「はじめに」で触れた「西大寺資財流記帳」にみえる所領について再び述べたい。

すでに鷺森氏によって整理されているように[36]、「資財帳」のみからでは成立事情の明らかでない荘は二〇ヵ所弱に上る。これらについて氏は所領の認定手続きを詳細に検討し、寺院所領には寺田（不輸租であり、班田のたびに政府・国司により認定され、田籍（田図）が作成される）と墾田（輸租であり国司が随時認定する）とがあり、両者は厳密に区別されていることを明らかにしたうえで、「雑書」の項にある「一巻越中国没官物并田籍〈五道〔通〕／景雲三年〉」という記載

をもとに、越中国の没官田が恵美押勝の乱にともなう没官田であることを推定し、越前・越後などに所在する田籍をもつ所領の多くも成立事情を同じくする可能性を指摘している。

しかし、「雑書」の項には「一巻同（越中…筆者注）国田籍〈自景雲二年／至宝亀元年〉」という記載もあり、越中国の没官田籍と同時期の田籍が別に存在していることから、没官田が越中の所領の一部であること、および「没官」の記載がそれ以外の田地と区別するために記されていることが推測され、「没官」の記載のない田籍についても没官田の存在を想定することは難しいであろう(37)。

すると次に問題となるのが、これらの田地がいかなる契機で西大寺に施入されるに至ったかという点である。この点について、東大寺領の例ではあるが次の事例が参考になる。

前述の第三期における改正・相替・買得地を報告した「越前国司解(38)」によれば、足羽郡大領生江東人は東大寺に「功徳分」として墾田を進上している。この行為は、東大寺領の経営に深く関わっていた東人が、第二期において、かつて私功力で開き東大寺へ進上した溝を私的に流用して開墾を行っていたが、第三期になり寺田回復の機運を感じると、当該の墾田を東大寺へ進上し譴責を免れたものであると考えられる(39)。

このような状況が越前国のみで起こっていたとは考えがたく、在地有勢者の中にはかつて仲麻呂派国司の協力によって得た墾田などを放棄することで譴責を回避しようとした者も多く存在したのではなかろうか。仲麻呂の一族もしくは仲麻呂派国司の墾田の開発・経営を負っていた有勢者が、その周辺に自らの墾田を開発することは十分にあり得たと思われる。

「雑書」の項に記載された帳簿の多くが、神護景雲二・三年にかけて作成されたものであることは、神護景雲元年が天平宝字五年の班田の次の班田年にあたることと関連すると思われる。このうち国別の田籍を持つ所領、すなわち所有権の移動に政府の介在が認められる場合については、班田に先立つ校田作業において、恵美押勝の乱以後に所有が放棄された没官田以外の墾田が多く政府に報告され、その一部が西大寺へ献入されたものである可能性を指摘したい。

むすびにかえて

本稿では一で東大寺の北陸荘園関係の史料から、二で荘所遺跡と考えられる上荒屋遺跡の木簡から当時の在地情勢を検討し、郡領は一郡内に等しく規制力を持つとは考えにくいこと、郡内には郡領層に属する有勢者と人格的支配によって結ばれた経営体が複数存在することなどの点を明らかにした。また三では成立の契機が不明な西大寺の所領のうちに、恵美押勝の乱後に譴責を逃れるために所有が放棄された墾田が含まれる可能性を指摘した。最後に残された課題について触れておきたい。

本稿で述べたような社会構造が、当時の郡一般にも存在していたとすれば、郡内にある複数の経営体が郡領の任用や郡務の運営とどう関わるかという点が問題となろう。須原祥二氏は、八世紀において一郡内には複数の郡領候補者がおり、一定の期間で持ち回り的に郡領に任じられるという状況を想定されたが(40)、上記の足羽郡の事例は、「持ち回り」という語から連想される平和的な輪番のようなものではなく、時として在地社会における対立関係を背景とした競合があることを示している。今後はその「持ち回り」の内実についての検討が必要である。

また、郡領の任用関係法令を詳細に検討した山口英男氏は、八世紀後半に銓擬基準が実務能力を重視する方向へ変化すること、九世紀初頭に副擬郡司（正員外擬任郡司）を導入したことで、郡務ごとにそれを担当させる郡司を擬任していくことによって、郡務を分掌的に処理する形態が成立したことなどを指摘している。(41)従来の郡領任用に関する研究においては、国擬段階での国司の働きかけという視点が充分に評価されていないと思われる。(42)【史料3】に阿須波束麻呂が御田経営の専当少領として表れるように、国擬には新たな開発などの事業に応じて郡領を選択的に任用する側面もあったと評価できるのではなかろうか。この背景には、天平勝宝年間から顕著になる専当制の施行(43)および天平勝宝四年に官物欠失に関係する郡司の解任を認めたこと(44)などが関係していると思われる。これらの問題点については今後の課題としたい。

（1）　橋本裕「荒木臣道麻呂の墾田」『律令軍団制の研究（増補版）』吉川弘文館、一九九〇、初出一九七八。

（2）　原島礼二「大伴部直赤男と西大寺」『埼玉県史研究』一、一九七八。

（3）　鷺森浩幸「八世紀における寺院の所領とその認定」『日本古代の王家・寺院と所領』塙書房、二〇〇一、初出一九九五。

（4）　浅香年木「北陸の庄田について」『古代を考える16』一九七八。藤井一二「律令田制と荘園の成立」『初期荘園史の研究』塙書房、一九八六。

（5）　なお原島礼二氏は、西大寺への施入の契機として国司との関係を重視し、西大寺領が顕著に存在する国の国司を例示して、彼らが反仲麻呂勢力であったことを指摘しているが（注（2）論文）、国司と施入者の関係等については触れられていない。

（6）　小口雅史A「初期荘園の経営構造と律令体制」『奈良平安時代史論集』上、吉川弘文館、一九八四。同B「安都雄足の私田経営」『史学雑誌』九六―六、一九八七、など。

（7）　須原祥二A「八世紀の郡司制度と在地」『史学雑誌』一〇五―七、一九九六。同B「郡司任用制度における譜第資格」『日本史研究』四八八、二〇〇三。

（8）　①別鷹山（『大日本古文書　家わけ第十八　東大寺文書（東南院文書）』二―一六八～一六九、以下『東南院』と記す）②額田国依（『東南院』二―一七〇～一七一）③道守男食（『東南院』二―一七一～一七二）。

（9）　いずれも本文には「足羽郡印」が、国判部分には「越前国印」が捺されている。

（10）　③は年紀の一部を欠くが、このときの改正は天平神護二年十月廿一日付「越前国司解」（改正・相替・買得の目録、『東南院』二―一八七～二四四）に反映されていることから、この三通は同時期に作成されたものとしてよい。「越前国司解」によって、③の田地の所在は「西北一條十一上味岡里卅六」であることが分かるが、田数については③には「伍段貳伯涞拾貳歩」とあるのに対し「越前国司解」では「伍段壹伯捌拾歩」とあり、一致しない。

（11）　額田国依についても、天平勝宝五年の校田使、天平宝字五年の班田使の処分を記していることから、同様に考えてよい。

（12）　額田国依についての詳細は不明であるが、東大寺の妨害を阿須波束麻呂に訴えた車持姉売（後述）と同じく野田郷に本貫を持つ人物である点に留意しておきたい。なお足羽郡には額田郷が存する。

（13）　足羽郡には「草原三宅」があり（『大日本古文書』四―二七五）、これは道守荘所を指すと考えられていることから（小口雅史『日本古代土地経営関係史料集成』同成社、一九九九、同文書の解説）、草原郷には道守荘経営の拠点が存していたと思われる。なお後述の宇治智麻呂も草原郷に本貫を持つ。

(14)「足羽郡下任道守徳太理啓」『大日本古文書』四―三六四・「道守徳太理啓」『大日本古文書』四―四一五。

(15) 三通の伏弁状が同時期に作成されたと考えられること、阿須波束麻呂は天平神護二年(七六六)十月廿一日付「越前国司解」作成まで、他の改正田の確認作業にも従事したと思われること、天平神護二年十月廿日に後述の過状を提出していることなどから、この間に阿須波束麻呂が道守男食の伏弁状に限って署名を得られない状況であったことを想定する必要はない。また、例えば別鷹山については一度東大寺が買得していることがとくに問題視され、詳細な調査が行われたというような、案件の内容による調査の差を想定することも一応は可能であるが、これらが誤給された口分田の改正を目的とする以上はいずれの場合も最終的には国司による認定が行われるはずであり、この想定は当たらないだろう。道守男食の伏弁状は生江東人の主導下で東大寺の意向によって書類上の形式を整えるために作成されたものと考えられる。

(16) この御田の理解についての諸説は小口雅史注(6)A論文に詳しい。

(17)『東南院』二―一七二〜一七四。

(18) 天平宝字三年五月一三日付「生江臣国立解」(『大日本古文書』四―三六六)。

(19) 亀田隆之「用水をめぐる地方豪族と農民」『日本古代用水史の研究』吉川弘文館、一九七三。小口雅史注(6)A論文。大洞真白「越前国足羽郡司に関する一考察」『続日本紀研究』二九一、一九九四。

(20) 律令の規定では、訴訟はまず郡司に訴えることになっているが(公式令63訴訟条・および『令義解』の注釈など)、郡司は笞罪の決罰権を与えられており(獄令2郡決条)、これは一般に族長の持っていた決罰権を縮小しつつ継承したものと理解されている。なお郡司の持つ裁判権が伝統的隷属関係に基づいている点については、大町健「律令法と在地首長制」(『世界史における地域と民衆(続)―一九八〇年度歴史学研究会大会報告―』一九八〇)を参照。また、時代がやや遡るが『日本書紀』大化元年(六四五)八月庚子条にみえる「鍾匱の制」にみえる訴訟手続きには、「伴造」「尊長」へまず訴え「伴造」「尊長」は裁きの結果を上奏することが規定されていることから、伝統的に民衆の意見は族長が集約するという認識が存在していたことは認めてよいと思われる。

(21)『上荒屋遺跡(二)』金沢市教育委員会、一九九三。

(22) ただし黒米五斗(三五号)・五斗一升(二二号)の例も存する。

(23) この書式を持つ荷札は「東庄」以前の段階に多く見られる傾向があるが、年代を特定できない木簡もあり、時期による遺跡の性格の変化については判然としない。なお「東庄」段階では後述の種子札が多く見られる傾向がある。

(24) このようなあり方は、富山県じょうべのま遺跡に類似する。同遺跡の性格については中村太一「港津の構造―じょうべのま遺跡に関する一試論―」『古代交通研究』六、一九九七参照。

(25) 種子札の特徴として、形状は上部に切り込みを持ち下端を尖らせる〇三三形式のものが多く、数量は一石であることが多い。五号は「大根子(おおねこ)」、八号は「許庭(こば)」、一六号は「富子(とこ)」という品種と推測されている。また四号の釈文について報告書では「酒人月朔」とされているが、「朔」字は五号と比較すると「籾」と判読でき、種籾の付札と考えられる。

(26) 平川南「種子札と古代の稲作」『古代地方木簡の研究』吉川弘文館、二〇〇三、初出一九九九。

(27) 類似の記載様式として、二一号・五五号のように人名のみを記し、合点が付された帳簿の例がある。一四号にみえる人名「別止万呂」は五五号にもみえる。

(28) ただし、この出挙は私出挙である可能性が高いと思われる。なお『続日本紀』天平宝字五年(七六一)二月戊午条に、加賀郡少領道公勝石が大量の私出挙を摘発されたことが記されている。

(29) 拙稿「郡雑任の再検討」『史学雑誌』一一二―二、二〇〇三。
(30) 越前国加賀郡家としては、石川県戸水C遺跡（金沢市戸水町・御供田町）・千木ヤシキダ遺跡（金沢市千木町・疋田町）などが想定されている。「古代地方官衙遺跡関係文献目録」『埋蔵文化財ニュース』八一、一九九六。
(31) 櫛木謙周「国衙徴発力役の構造と変遷」楠瀬勝編『日本の前近代と北陸社会』思文閣出版、一九八九。
(32) 小口雅史注（6）B論文。
(33) 小口雅史注（6）B論文。
(34) 前掲注（29）拙稿。
(35) 郡務において郡領が規制力の比較的弱い共同体をも把握できることの背景には、前述の「阿須波束麻呂解」において、束麻呂が国符によって人格的規制力をもたないと思われる宇治智麻呂を召喚したように、国司―郡領という律令行政機構に基づいた指揮権・決罰権があると考えられる。
(36) 鷺森浩幸注（3）論文。
(37) 鷺森氏は田籍が没官田の施入というかたちで成立した所領について作成された可能性を指摘しているが（ただし越中国田籍と没官田籍との関係はわからないとする）、越中のみに存する「没官」の記載は、やはり一般の田籍と区別するための注記と考えるべきであろう。
(38) 『東南院』二―一八七〜二四四。
(39) 小口雅史注（6）B論文。
(40) 須原祥二注（7）A論文。
(41) 山口英男「郡領の銓擬とその変遷」『日本律令制論集』下、吉川弘文館、一九九三。
(42) 例えば山口氏は前掲論文において、八世紀には国司が国擬者に対する責任を回避する態度をとったと理解している。
(43) 専当制については、すでに吉岡眞之氏による検討があり（「『延暦交替式』二題」『古代文献の基礎的研究』吉川弘文館、一九九四、初出一九七八）、律令体制の矛盾に対応する形で随時設定されたもので、令制の連帯責任主義とは異なる制度であると考えられている。
(44) 『続日本紀』天平勝宝四年（七五二）一一月己酉条「勅、諸国司等欠失官物、雖依法処分、而至於郡司未嘗科断。自今已後、郡司亦解見任、依法科罪。雖有重大譜第、不得任用子孫」。

II　西大寺古絵図をめぐる考古・地理

1 平城京右京北辺坊考

井上和人

はじめに

北辺坊とは、平城京右京一条二〜四坊に北接して、南北（条坊）二町分の条坊が設定された部分をいう。「右京一条北辺○坊（北辺坊）」の呼称は、一三・一四世紀頃の古文書や絵図にあらわれるが、奈良時代の文献史料にはみられない。北辺坊と同様に、都城の形制としては変則的な状況を見せる左京二〜五条の五、六、七坊の張り出し部分は、関野貞により「外京」と仮称された[1]。この外京は、興福寺や元興寺などの寺地の確保のために、平城京造営当初から設定されたものとみられる。しかし、北辺坊については、平城京の造営計画当初の時点において、寺院などをことさらに配置した形跡はない（図1）。

この北辺坊の設定の経緯について、かつて私は、奈良盆地に広範に展開する条里地割（大和統一条里）の設定年代を追究する作業の一環として、若干の考察を行ったことがある[2]。そこでは、京北条里地割と平城京条坊地割との接点をめぐり、いくつかの視点からの分析をこころみた。その後、発掘調査の成果として、北辺坊の北縁とされる遺構の報告が行われたが、その見解にはいくつかの検証すべき問題点が残されていると考える。旧稿では簡略にすまさざるをえなかった西大寺関連絵図や遺存地割に関するいささかの分析も合わせて、北辺坊の実態についての考察を重ねることにしたい。

西大寺および東京大学に所蔵されている、一三世紀から一四世紀に描かれた荘園図群のうち「敷地図」と分類される図に[3]、北辺坊は、平城京右京二坊から四坊の北に接して、南北二町幅の、周囲に直線道路を伴う方格の条坊区画として示されている（図2）。また同時期に作成された「西大寺塔僧坊通別三宝料田畠目録」（「西大寺田園目録」）をはじめとする田券文書に、「一条北辺○坊○坪」などとする坪表示が記載されている。しかしながら、平城京の研究史上では、北辺坊の実在性に疑義が呈されることが少なくなく、一九〇一年に『平城京及大内裏考』を著した関野貞は、その中で「北辺の地は京城経略の時之を設けしにあらずして後に西大寺の北辺に於て之を置きしならん」と述べ(4)、平城京の諸問題について関野説に批判を挑んだ喜田貞吉も、北辺坊は奈良時代の終わりに二町を延拡したが、これは平城四至外であり、都制としては認められないと論じた(5)。また昭和四一年に大井重二郎は『平城京と条坊制度の研究』の中で、「平城都制が一条北大路以北に北辺を形成することは経営当初の構想にはなく、爾後にも亦なかったと確信する」とし、北辺は西大寺の寺領区画の便宜として用いた呼称であったのだと断言する(6)。いっぽう、北辺坊の存在を認める立場にあっても、敷地図に図示された南北二町幅の区画を考える場合と、南側の一行だけであったとみる説、それに、近年の発掘調査の成果によるとして、一（条坊）町より南北幅が若干広い一行分の区画であったとする説など、さまざまな理解のありようのあることが知られる。

しかし、近年の『大和国条里復原図』(7)の成果にも明らかなように、少なくとも北辺坊の南一行では、条坊地割がかなり明瞭に遺存している状況がみとめられる。ということは、平安京にならい中世になって潤色されたものだとする見方(8)や、後世における寺領田券面などの上だけで有効であればよい、単なる便宜的なものであったとするような見方(9)は当たるまい。区画の南北幅が一町であったのか、二町幅であったのかはさておいて、平城京が廃絶されるとほどなく旧京域の

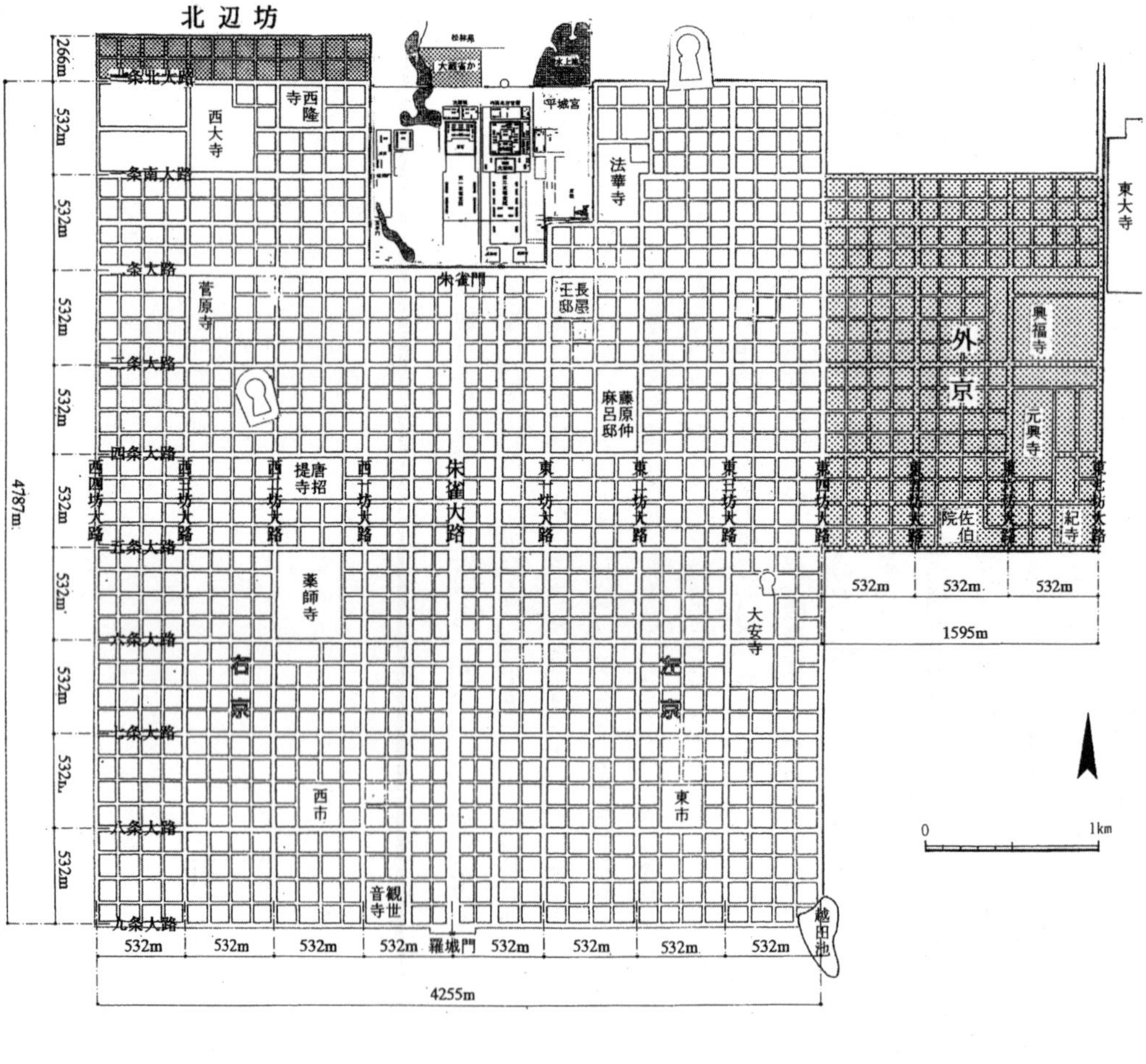

図1　平城京全体図

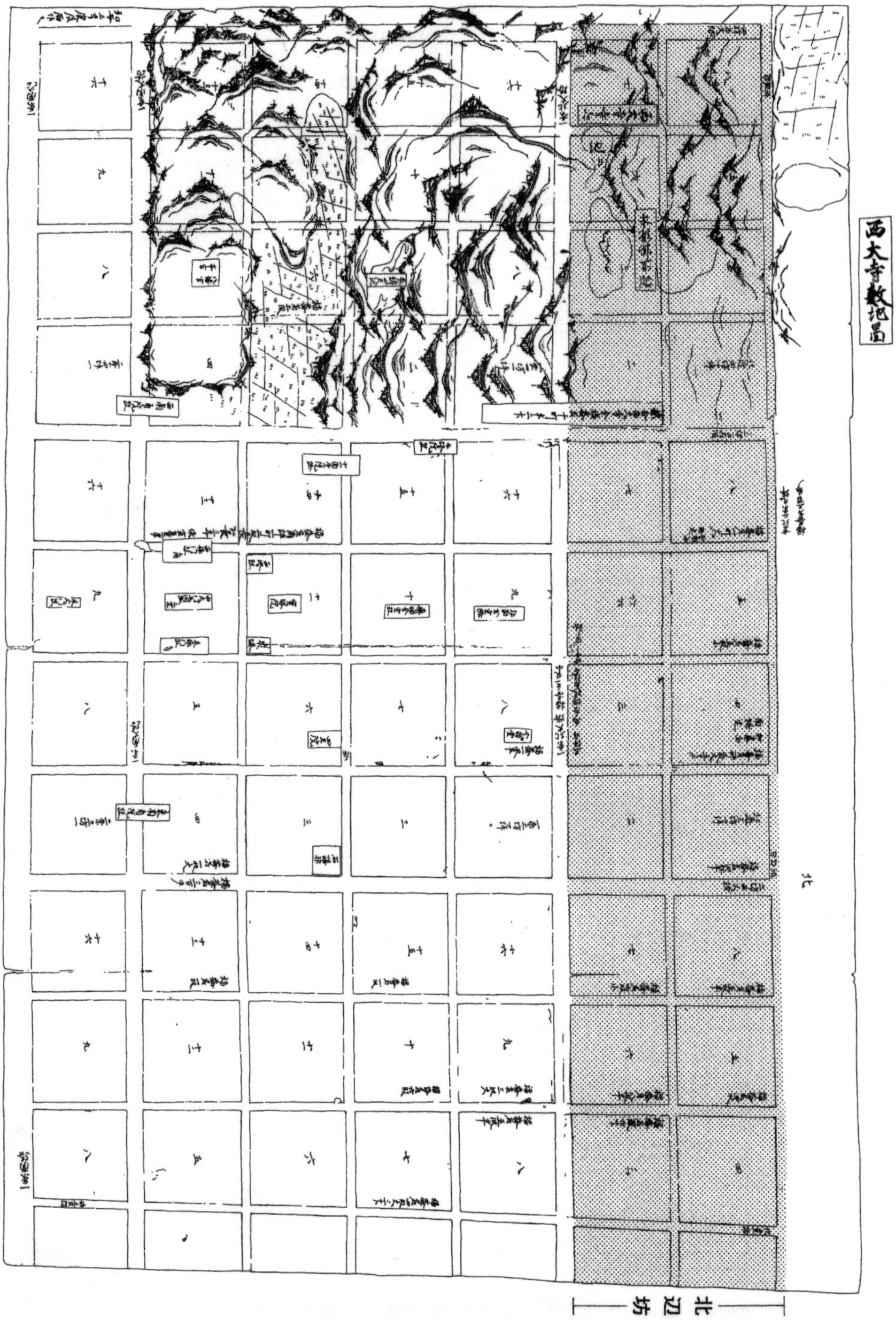

図2 「西大寺敷地図（弘安三年）」（井上による筆写図）

道路部分などが田畑に変じたことなどを考えると、北辺坊の条坊の造営を可能にした営力を平城京時代以外に想定することは難しい。しかもそれが和銅年間の平城京造営当初の計画段階ではなかったとすれば、平城京時代の後半、七六〇年代に平城京右京の北端、一条二～四坊の一帯で大規模に実施された大寺院の建設、西大寺と西隆寺の新営に関わるものであったことを考えてみる必要がある。

さて、前述したように、近年、発掘調査の成果に基づくとして、北辺坊は南北二(条坊)町幅ではなく一町強の幅の一行だけの区画であり、その設定は、平城宮に北接する地域に所在する大蔵省の区画造営をはじめとする奈良時代後半期における平城京北辺地域一帯を対象とした再整備事業にかかわるものとする見方が提示されている。この新たな考説では西大寺、西隆寺の造営もその一環に含まれるとするのである。私は事実関係の理解も含めて、妥当な見解ではないと判断しているが、まずこの点についての検証作業を行うことにする。

一 右京一条北辺二坊四坪検出の「道路遺構」＝「北辺北端路」説批判

平成三年から五年にかけて、右京一条北辺二坊三坪、四坪の境付近で、秋篠川河道付け替え工事にともなう発掘調査が奈良県立橿原考古学研究所によって実施された。この調査では「奈良時代に人為的に開削された」とされるH字形に連なる大溝が確認された(図3)。『平城京右京一条北辺二坊三坪・四坪発掘調査報告』[10](以下では「報告書」とする)では、これがおおむね東西方向をとる道路跡と判断し、条坊上の規格的な位置に合致しない、つまり北辺坊の南一行と南から二行目(以下「南二行」と表記する)の坪境東西小路想定ラインよりもやや北に位置するものの、北辺坊の北端を画する道路であるとしている。そうであるとするならば、「報告書」でも指摘するように、北辺坊は南北幅が一(条坊)町強という変則的な規模であったことになり、西大寺の寺域復元にも興味深い視点を提起することにもなるが、しかし、私はここで展開されている論証の過程には少なからぬ疑義が残されていると考えており、それゆえ「報告書」の結論には従いがたい。

「報告書」によれば、このH字形大溝は幅三メートル前後、深さは北側の東西溝SD〇八が一・二メートル、北から南に続きさらに東方に曲流する南側のSD〇七が二メートル強とされ、断面形はV字形に近い(図4)。いずれの溝にもかなりの量の奈良時代の土師器、須恵器が埋没しており、その時期は平城宮Ⅲ～Ⅴ期つまり奈良時代中頃から末期にかけてのものである。付近で確認した掘立柱建物の柱堀形の深さから推定して、調査地の遺構面は奈良時代の地表面から一メートルほど削平されているとみられており、これらの溝はいっそう深いものであったことになる。「報告書」では「奈良時代の後半には四坪部分に条坊とやや方位を異にする大規模な溝が掘削され」たと述べながらも、SD〇七のほぼ東西方向部分の流路とSD〇八を東西道路の南北側溝ととらえ、溝心々約二〇～二三メートルの、大路クラスの「条坊道路に匹敵するもの」であるとする。

以上の検討を前提にして、「報告書」では北辺坊の復元的考察を進める。まずこの「道路状遺構」の「施行基準」を問題とし、平城宮の北側に想定されている松林苑、大蔵省との関連に注目して、「道路状遺構」の設定は「平城京の道路心心を基準とする通常の条坊施行とは異なることは明らかであ」り、「推定大蔵省の区画の設定法とよく似ている」のだとする。

平城宮の北方に設定された松林苑と称する広大な苑地の区画については、一九七八年に発見されて以来、橿原考古学研究所による継続的な発掘調査により、次第にその内実が解明されつつある。一九九〇年に刊行された発掘調査報告書『松林苑跡Ⅰ』(11)では、天平一二年に恭仁京へ遷都する以前は平城宮の北側すべてが松林苑として使われていたが、天平一七年の還都後は「くずれたままになっていて松林苑の大部分は修理して使うことは無く、その一部宮に接した部分を区画して使われたもの」とし、この区画が、もともとこの部分にあった大蔵省を、あらためて築地塀で囲って一区画を形成したのだとする。そして平城宮北面大垣（築地塀）と「松林苑南大垣」、それに西面築地、東面築地からなるこの区画の「範囲は東西三七五メートル、南北約二四〇メートル、つまり一二五〇尺と八〇〇尺で、もとよりかなり企画・設計されていた」と述べている。この所見を受けた形で、「報告書」は、一条北大路の南側にある西隆寺の築地東北隅心から件の「北辺北端路」の南側の溝（「報告書」では「SD〇八」とあるがSD〇七のことであろう。）の「南肩まで北へおよそ一五六メートルである」とし、そのさらに「南側に築地もしくは柵の存在を考えれば一条北大路の南築地との間隔は五〇〇尺の間隔に近くなるのではないか」と考え、これが築地（大垣）心々間距離を基準として区画の設定が行われている（推定）大蔵省と似ている。従って、この道路の設定も、（推定）大蔵省区画の設定

図3　北辺三坊の調査地・西隆寺伽藍配置・一条北大路遺存地割　1：5400

に密接に関連するというのである。

しかしながら、この一連の考説にはいくつかの問題がある。ひとつには（推定）大蔵省の区画の規模であるが、東西については、西面築地についての正確なデータ（国土座標値）を知り得ないが、かりに三七五メートルであるとすると、一二五〇尺ではなく、一二六七尺（一尺＝〇・二九六メートル）ないし一二六九尺（一尺＝〇・二九五五メートル）であり、また一二五〇という数字がさほど完好な値とも思えない。また南北距離は平城宮北面大垣[12]、松林苑南大垣[13]とも築地遺構が調査されており、国土座標による測量成果から、その心々間距離は二三九・六メートルと計測しうる。これは八〇九ないし八一〇尺ほどであり、これを八〇〇尺とみることは、たとえば平城宮内の多くの区画が±一〇尺などという雑駁な精度で設定されてはいない状況を参考にすると、無理であるといわなければならない。つまり、少なくとも、この局面からは、（推定）大蔵省の区画の設定が築地心々間距離を基準とするという原則は認められないのである。第二点として、西隆寺の東北築地[14]心とＳＤ〇七との間隔を取り上げているのであるが、まずこの距離一五六メートル

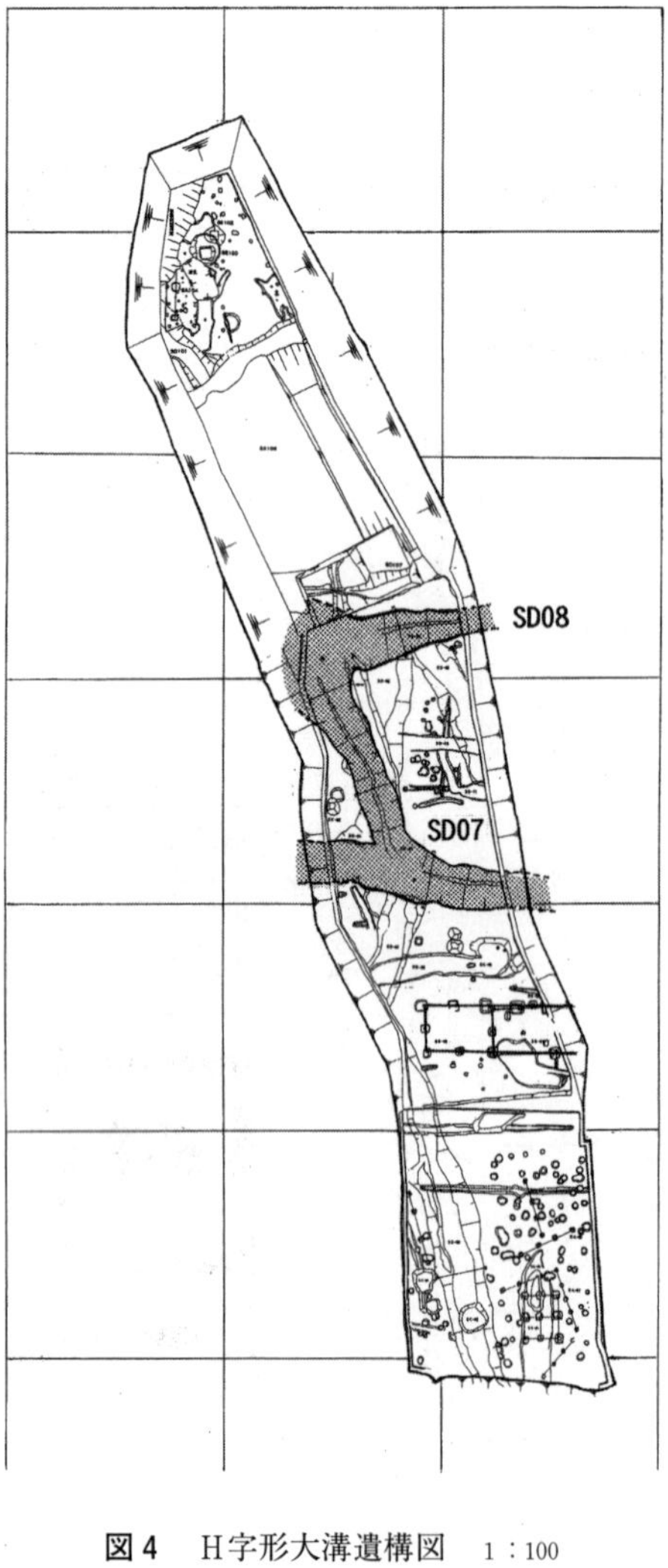

図4　H字形大溝遺構図　1：100

（正確には、SD〇七の南肩はかなり偏向しているので、一五五・八～一五八・三メートルをはかる）をして五〇〇尺とみることはおよそ無理というべきであり、また、未確認の（築地などの）遺構を想定して、そこから五〇〇尺という完数尺を措定することは仮定に仮定をかさねることになり、およそ論証の根拠とはみなしえないのではあるまいか。なお、西隆寺の築地塀とSD〇八の間には、条坊設定の基準である一条北大路が介在しており、これを無視しての設定が行われたとは考えがたい。何よりも不可解であるのは、天平一七年（七四五）の還都後二〇年以上も後の神護景雲元年（七六七）に造営が開始された西隆寺の施設を基準に設定されたのであれば、当然のこととしてSD〇八を含むH字型溝そして北辺坊の設定も七六七年以降のことになるのであるが、ここにおいても「報告書」の論述は矛盾をきたしている。

「報告書」では、この大溝は「奈良時代の後半」に掘削されたとみているが、これはSD〇七、SD〇八から出土した土器が「平城京Ⅲ期～Ⅴ期に致《ママ》るものである」ことを根拠としている。「この場合、溝の掘削時期は平城京Ⅲ期以前となしうるだろう」とし、「時期的には、やはり推定大蔵省の築地修築の時期と合致する」というのである。平城京の条坊道路の側溝の調査例は少なくないが、平城京造営当初に掘削された側溝であっても、出土土器に限ってみると、奈良時代後半のものに限られるという例が多くを占める。いうまでもなく、たとえばある溝から平城宮Ⅲ段階の土器が出土したとすれば、その遺構の埋没時期が平城宮Ⅲ段階以降であることを示すだけであり、掘削時期を「平城京Ⅲ期」以前に限定するものではない。また、とりわけ溝遺構の場合、一つには人為的な浚渫により、あるいはまた流水の自然営力により、いったん堆積した土砂が排除されることは通有の現象であり、従って、件の大溝が奈良時代の後半に掘削されたという判断は、その可能性はありうるものの、不適切であることを指摘しなければならない。つまり、この大溝（群）が奈良時代当初にすでに存在していた可能性すら否定しきれないのである。

さらに指摘を重ねるならば、「報告書」が平城京北辺の「再整備」を裏付ける論拠にもみなしている松林苑の存続時期に関する所見についてである。前述のように、天平一七年の還都以後、松林苑が廃絶され、それに伴い「大蔵省」区画の充実化がはかられたとする判断が、「北辺坊北端路」ひいては北辺坊造営の前提とも考えられている。しかし、果たして、松林苑は奈良時代後半期には機能していなかったのであろうか。『松林苑Ⅰ』によると、松林苑廃絶時期の根拠は、「外郭西面築地の崩壊年代を七六五年頃」とする点におかれている。これは西面築地の落下した瓦面直上から出土した二点の遺物、つまり平城宮SK二一九出土土器（平城宮Ⅳ段階）に類似する須恵器坏片（三分の一個体）と「奈良時代中頃に比定できる」土馬片に基づく。しかし、この判断は妥当なのであろうか。ひとつには〝天平一七年（七四五）以後は廃絶されていた〟と記述しているにもかかわらず、「崩壊」の年代ではあっても、七六五年までの二〇年をどのように評価しようというのであろうか。その点はさておき、限られた範囲での調査での、数少ない遺物に依拠するあやうさはともかくとして、廃絶されたはずの松林苑の中枢部分である内郭の内部およびその周辺からは、藤原宮所用瓦に混じって、軒丸瓦六三一六A型式（瓦編年平城宮Ⅲ段階後半）や六三一六J型式（現在は六三一六G型式に分類している：平城宮Ⅲ段階後半）、軒平瓦六七二一C型式（平城宮Ⅳ段階）など、奈良時代後半期（七五〇～七七〇年代頃）に位置づけられている瓦が出土している。最近の松林苑内郭についての発掘調査（第五九次調査：一九九六年度）[15]でも、軒丸瓦六三一六Ｄａ型式の出土が報告されており、この瓦が使用されていたとする桁行九間以上、梁行四間に復原されるこの内郭内の大規模な礎石建物は「平城宮還都後も補修が行われ」、「建物の存在する内郭という区画も還都後の一定期間、存続していた」と考えられるようにもなっている。すなわち、松林苑は天平一七年の還都以後も厳然と存続していたのである。「大蔵省」の区画としての築地塀の整備は、その屋根に使用された軒瓦が軒丸瓦六二二五型式と軒平瓦六六六三型式が主体であったことからも、平城宮内で還都直後に繰り広げられた大極殿や朝堂院の大改造[16]と連動するものとみるべきなのであり、北辺坊の造営と関連づける積極的な状況は目下みとめることはできず、ましてや還都後二〇年を経過した時期の西大寺、西隆寺の造営と一連のものととらえることは、およそ適当ではあるまい。

最も基本的な疑問を呈するならば、件の変形Ｈ字形溝を道路側溝とみなしうるのかということであろう。ＳＤ〇七にしてもＳＤ〇八にしても、東西溝とはいいながら、かなり方向がふれている。とくに南側のＳＤ〇七では、南北方向での位置をみると、南肩の西端は調査区の東端での北肩とほぼ重なる。平城京の条坊道路と側溝の数多くの調査例の中で、このようなありようを示す事例は他になく、浸食あるいは削平作用による変形を斟酌しても、この遺構を、直線性を保持すべき条坊道路に擬することには相当の無理があると考える。

「報告書」では、Ｈ字形の溝が北辺坊の北端路であるということの論拠として、上述した遺構そのものの分析あるいは平城宮に北接する松林苑や大蔵省の造営との関わりの他にも、いくつかの観点からの証明を試みようとしている。たとえば、「北端路」が検出された同じ東西ライン上に、東西方向にわずかながら連なる遺存地割が存在することを指摘している。その東端が「大蔵省」西面築地塀の近くにあり、そこから二坊の調査地点をすぎて四坊にいたるまで「道路状遺構」が残っているとする。なるほど該当地付近の地形図をみると、指摘される位置に断続的に連なる水田地割がみとめられるものの、この周辺では同様に東西に連続する遺存地割列が少なくない。あるいは調査地点から真東に三七〇メートルの地点で一九七八年に行われた発掘調査（奈良国立文化財研究所第一一二―四次調査：北辺三坊一坪）[17]では南北幅三四メートルの調査地内で、「道路状遺構」のあるべき部分に、平安時代のはじめに廃絶した井戸跡が検出されている（図3参照）。

またこの一連の地割の東端と目されている、日葉酢媛陵古墳の南側のくぼんだ地形（図5中のＡ）と調査地の東に遺存する東西地割が、かつて「秋篠川に通じる運河とそれに連なる道路遺構」と推定され、「大蔵省への物資運搬という観点から重要」であると指摘されている[18]ことも援用するのであるが、「運河」だとすれば、東西わずか四〇〇メートルあまりの距離で五メートル以上もの高低差のある流れであったということになり、上流、つまり大蔵省区画側によほど豊かな水源がないかぎり水運を実現することは困難と考えられ、現実的な想定ではない。またこの東西方向のくぼんだ地形以南の一帯は一五世紀中頃から一六世紀後半にかけて記録にあらわれる超昇寺氏の居城、超昇寺城[19]の城域にあたっており、その北側を画する堀であった可能性もある（図5）。これらの点から、調査地点に関わるとする遺存地割を積極的に評価することはむずかしいと考える。

「報告書」では西大寺古図についても言及する。その中で北辺坊を南北二町幅として図示する「西大寺敷地図（弘安三年）」（原色図版3）

図5　超昇寺城跡周辺図　1：4800

をとりあげて、

①信憑性については、すべて秋篠寺と西大寺の相論に関連したものであるとの指摘があり、全面的な信頼を置くことはできない。

として、二町幅の北辺坊は否定するものの、「西大寺敷地図（弘安三年）」の上端左の部分、北辺四坊五坪の北側に描かれている「赤皮田池」は、その周辺の地形表現とともに正確に表現されているとする。そして「大和国添下郡京北班田図」では京北条里の南界が「赤皮田池」の南を通っているので、「赤皮田池の南にある丘陵末端部が、古図作成の時期と考えられる鎌倉時代に京北条里と平城京北辺坊との境界と認識されていた」と考え、そうであるとすると、

②大きな問題は一条北大路の北に二町分の条坊を設けることができないことである。

とし、北辺坊の実態は、調査で確認した道路状遺構を北端路とする一町よりやや南北幅の広い一区画幅であったというのである。「西大寺敷地図（弘安三年）」の二町幅の図示の理由については、

③そもそも北辺坊という名称は、弘仁九年、嵯峨天皇によって宮殿、門号などの名称を唐風に改めた時に授けたものらしい。

④したがって平城京に仮にその区画があったとしても、北辺坊という名称はなかったと考える方がよく、少なくとも名称に関して「西大寺敷地図（弘安三年）」は平安京の呼称の影響を受けている。

⑤西大寺と秋篠寺の相論絵図の研究からは、北辺坊が南北一町であったという推測がなされている。

かくして、「平城京右京の一条北大路の北側に作られ、後世、「西大寺古図」などで北辺坊と呼ばれた区画は、平安京北辺坊にみられるような二町分の区画ではなかったが、「西大寺敷地図」では平安京の条坊

と京図が影響して二町分の区画を描いた」と説明するのであるが、私は以下の理由から、妥当な見解ではないと考える。

①にいう西大寺古図—西大寺荘園図群については明治時代以来の研究の蓄積があるが、近年の研究成果によると、「西大寺敷地図（弘安三年）」などの敷地図群は、平城京図を基図としているところに特徴があり、西大寺側が大和国国衙所蔵の平城京の諸図を利用して作成したものとみなされている。[20]しかも秋篠寺との寺領相論の展開する一四世紀初頭以前に作成されたものであり、相論とは関係がないと考えられている。つまり、敷地図には本来一町（強）幅であった北辺坊を二町区画であるとの虚構を表現する必然性はみとめられないのであり、後述するように、絵図に基づく限りでも、その地積表記からみて、南北二（条坊）町幅の条坊区画が実在したと理解すべきと考える。

また、赤皮田池の位置を問題とするが、「京北班田図」では池の南端は条里区画南一行目の中ほどやや南寄りに描かれる。京北条里の南辺が従来からいわれているような平城京一条北大路の北一（条里）町であるとするならば、池の南端は北辺坊の南二行目の中にあることになり、現地形から復元される位置関係にほぼ一致することになる。いっぽう「西大寺敷地図（弘安三年）」での池は確かに二町幅の北辺坊区画の北側に描かれている。この赤皮田池は明らかに後で描き込まれたものであるが、遺存地割からみる赤皮田池は、二町幅の北辺坊を地形図上に復元した場合一〇メートルないし二〇メートルほど条坊区域にはいりこむ程度であり、「報告書」の指摘とは逆に、条坊二町幅であったとみても特に問題はないことになる。

③に指摘される弘仁九年の唐風名称への改変については、北辺坊が改称の対象であった根拠がどこにあるのか、不可解である。[21]

⑤で引用する研究[22]では、敷地図や相論図に西大寺の寺地が一条北大路の北側一町に及んでいることからの推測とされている。しかしこれはあくまでも西大寺の伽藍中枢部が所在した場所＝寺地の範囲のことであり、敷地図などにみる寺領は寺地の北側をふくめて周囲の条坊区画地域に展開している。後論するように、一一～一四世紀段階に関わる史料ないし絵図には、北辺坊には西大寺所領以外にも、「他領」が存在するのであり、かりに西大寺領が及ばないからといって、そこが北辺坊区域ではないことの根拠とはみなしえない。

以上、発掘調査で検出した遺構についての評価をめぐって、やや長い検証作業をこころみた。『平城京一条北辺二坊三坪・四坪発掘調査報告』ではいくつかの重要な観点が提示されているものの、その論証の過程と結論には従いがたい多くの問題点が残されているのであり、北辺坊が一（条坊）町強幅の規模であったとする想定は成り立ちがたい。

二　西大寺の寺域と北辺坊

さて、北辺坊のありようを考察する上で重要な視点となるのが、西大寺の寺域についての理解である。明治年間の関野貞、喜田貞吉の研究以来、多くの研究者によりさまざまな寺域案が提示されているが、まだ確定的な見解を共有するには至っていないと考えている。西大寺は称徳天皇の誓願により建立された寺院である。造営は天平神護元年（七六五）に着手され、神護景雲三年（七六九）の頃には伽藍の大部分が完成していた。西大寺の寺地については宝亀一一年（七八〇）に勘録された「西大寺資財流記帳」[23]に、

居地参拾壱町　在右京一条三四坊　東限佐貴路除東北角喪儀寮

南限一条南路　西限京極路　北限京極路除山陵八町

とある。従来、この寺地表記を巡って

①佐貴路がいずれの平城京条坊道路に相当するのか。

②「喪儀寮」の占地の規模は何町であったのか。

③南限とされる一条南路をどの条坊道路に当てるのか。

④北限の京極路をどこに考えるのか。

⑤山陵八町を記載通りに除くのか、除かないのか。

などの点で見解の相違がみられ、したがって寺地三一町の場所も諸説に分かれている[24]（図6）。各説ともに相応の論拠が示されているが、すべてを紹介し検証することは避け、すでになされているいくつかの研究史の叙述[25]にゆだねることにしたい。ここでは北辺坊の実在性についての二、三の新たに明らかにしえた事実関係を示し、それをもとにして北辺坊のありようを追究し、あわせて西大寺寺域について再考を試みたい。

1　遺存地割の復原

従来、北辺坊に関わる遺存地割は昭和三〇年代の航空写真をもとに奈良文化財研究所が作成した地形図（図7）あるいは、橿原考古学研究所の編集になる『大和国条里復原図』[26]を基礎資料として検討されてきた（図8）。それらの地形図によれば、前述したように、北辺坊の南一行目では条坊地割が比較的明瞭にみとめられるものの、南二行目については、そこが「京北班田図」に表示される京北条里区の最南の坪方格列が想定される場所でもあり、『大和国条里復原図』には、条里地割の復元線が図示されている。しかし、条里の遺存地割そのものが図中に明瞭に示されているわけではない。

北辺坊の南二行目においては、すでに昭和三七年（一九六二）の航空写真撮影時点で工場や住宅がかなり存在しており、旧来の地割が確認しがたい部分も少なくない。そこで、大正七年（一九一八）に当時この地域の所属していた生駒郡伏見村役場が作成した「大字西大寺字限地図」（図9）を参照して、詳細な地割を復原してみたところ、いくつかの重要な状況が明らかになった（図10・11）。

北辺坊の中で、河川の浸食作用が著しい場所あるいは丘陵地や急な傾斜地をさけた、地形が比較的安定している右京二坊北辺を中心とした範囲でみると、まず東西方向の状況では、

①北一条大路の遺存地割がほぼ東西に連なる。

②北辺坊条間小路は四坊一坪、二坪の間で幅一五メートルの水田区画として遺存し、それより東にあっては、地割の北縁線の延長が水田畦畔として五坪にわたって連続し、秋篠川に至る。このうち、三坊二坪の北辺ではおよそ半分が字「向田」と字「勘定」の字境に一致する。

③南二行目に位置する字「向田」、「エンズ」、「焼尾」、「瓦釜」の北辺は、わずかに蛇行しながらも東西に一直線に連続する。

次に南北方向をみると、

④かねてより指摘されているように、西三坊大路の道路遺存地割は、幅がおよそ二〇メートルの水田地割として、南一行、二行を南北に連なる。

⑤南一行目では、図示した範囲のすべての南北条坊道路は、地割として完全に残っている。そのうち、西四坊坊間東小路以外の四条については、それぞれ一定の幅のある地割として遺存している。

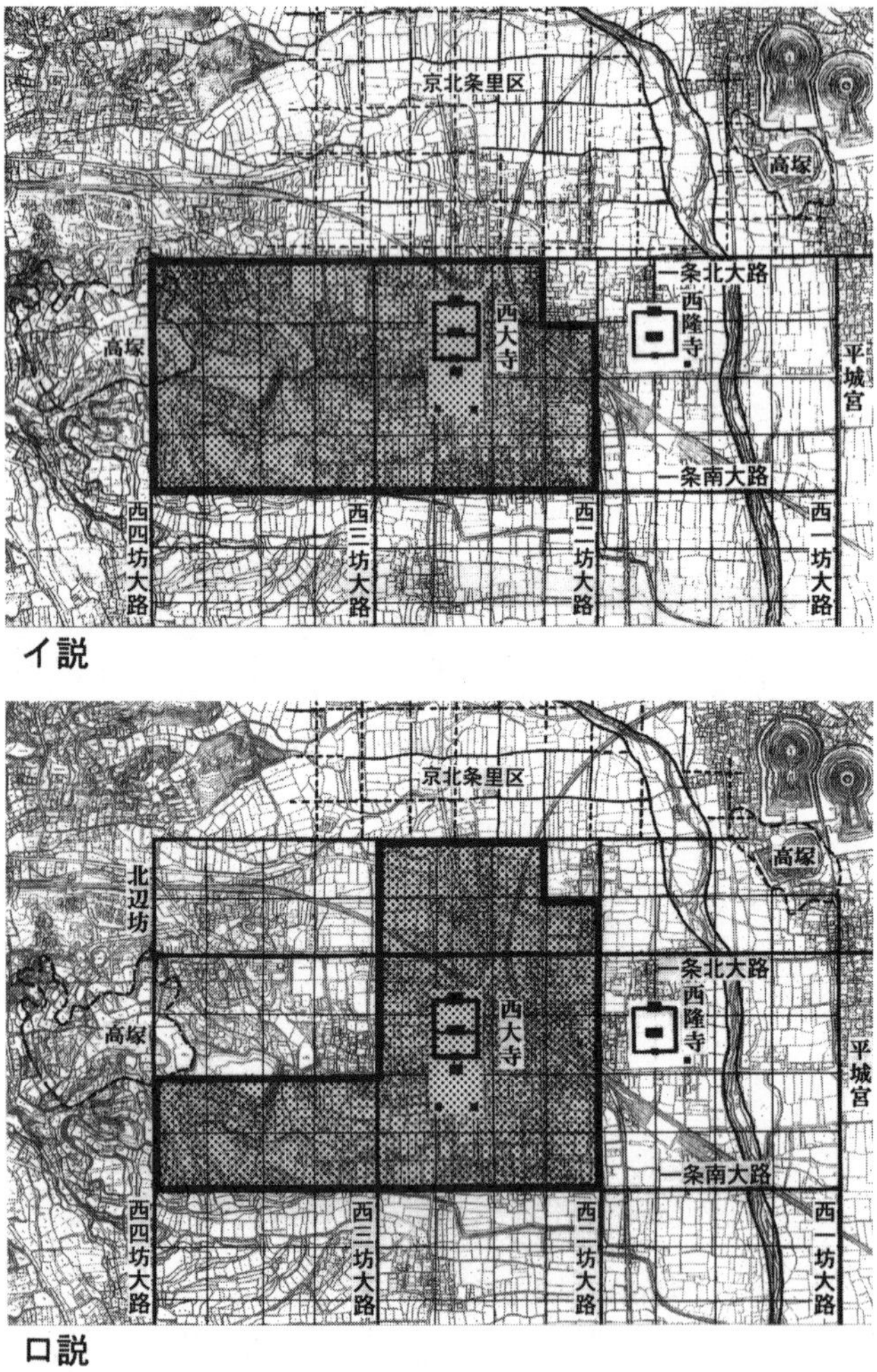

図６－１　西大寺寺域諸説１

⑥南二行目では西二坊大路、西三坊坊間路、西三坊坊間西小路、西三坊坊間東小路がほぼ完全に畦畔の地割として確認でき、西四坊坊間東小路も一部条坊地割が遺存している。さらにいずれにあっても、一部あるいは大半の部分が幅をもった地割としてみとめられる。

⑦いっぽう、以北に隣接した地域に比較的安定した方格地割として遺存する京北条里地割の南北界線の南への延長部分も、北辺坊南二行目の条坊地割の遺存地割の中に存在している状況をみてとれる。京北条里の坪付でいうと、図10の範囲では一里一条三坪・四坪境、同四坪・五坪境、同五坪・六坪境南北畦畔がそれであるが、いずれも完全には辿りがたい状態にある。こうした条坊地割と条里地割が混在していることの意味については後段で言及する。

⑧南北方向の条坊道路地割では、大部分が字境と一致している。

以上のような状況を考えると、北辺坊の条坊地割が南一行だけでなく、二行目まで確実に遺存しているといって間違いなかろう。この点をさらに補強する事実として、③に指摘した東西に連続する字境線は、この地域が奈良市に合併されるまでは生駒郡伏見町と添下郡平城村の町村境（同時に郡境。さらに以前においては西大寺村と秋篠村の村境）であった[27]。また、この東西地割を境にして以北では明らかに条里地割と判断される水田地割が卓越していることを指摘しておこう。興味深いことに、この条里地割地域では条里坪境が字境と一致する部分は、かなり限られており、遺存状況のよい方格地割の二〇辺長のなかでわずか七・六%にすぎない。いっぽう北辺坊の図示した範囲の二七辺を例にとると条坊地割と字境の一致率は五六%であり、まったく重ならない一条北大路部分を除外した二二辺では七〇%に及ぶ。これらと比較するために、西大寺の寺域の南方にあたる右京三条三坊の状況でみると、条坊一六ヵ坪で合わせて四〇辺長の一致率は六二・六%であり、北辺坊地区に近似していることが知られる。こうしたことから、遺存地割の分析を通じる限り、南北二町幅での北辺坊、つまり「西大寺敷地図（弘安三年）」に表現されている条坊方格地割は現実に施工されていたと判断して差し支えないと考える。

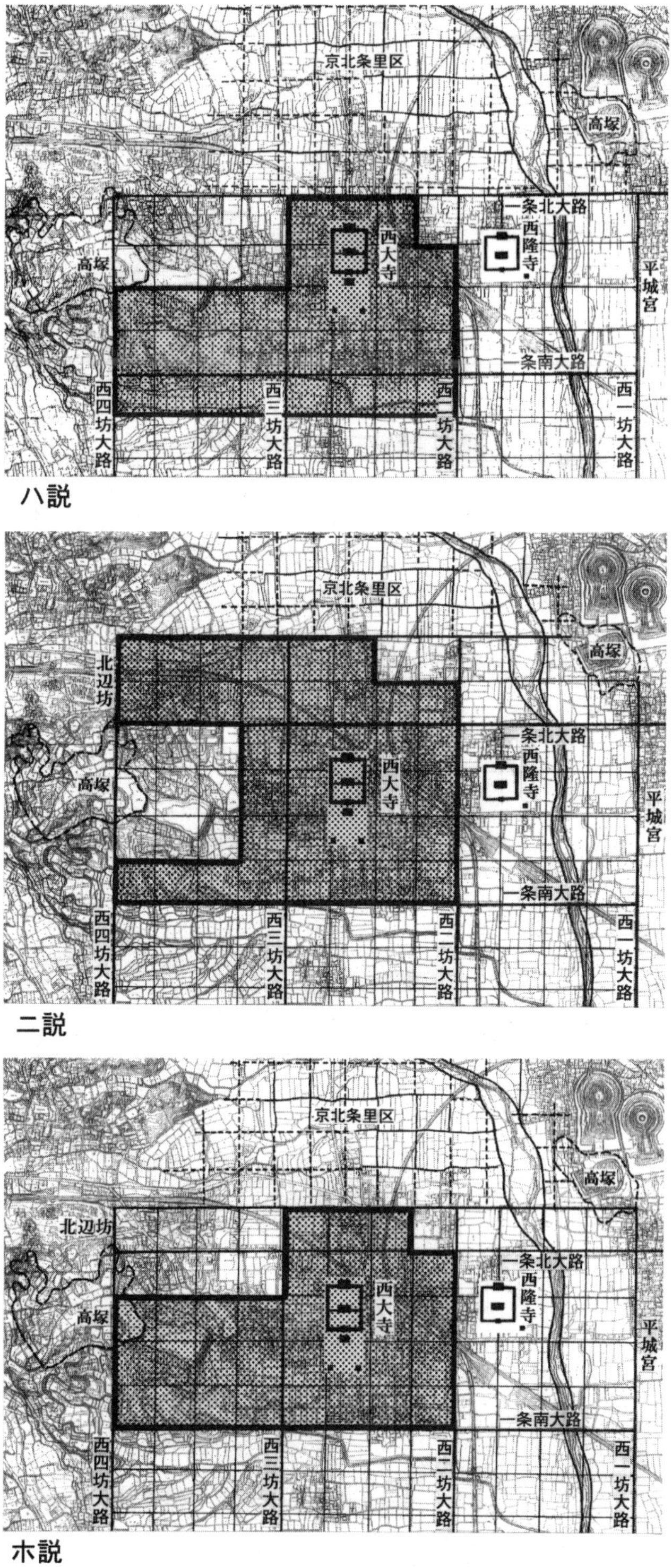

図6-2　西大寺寺域諸説2

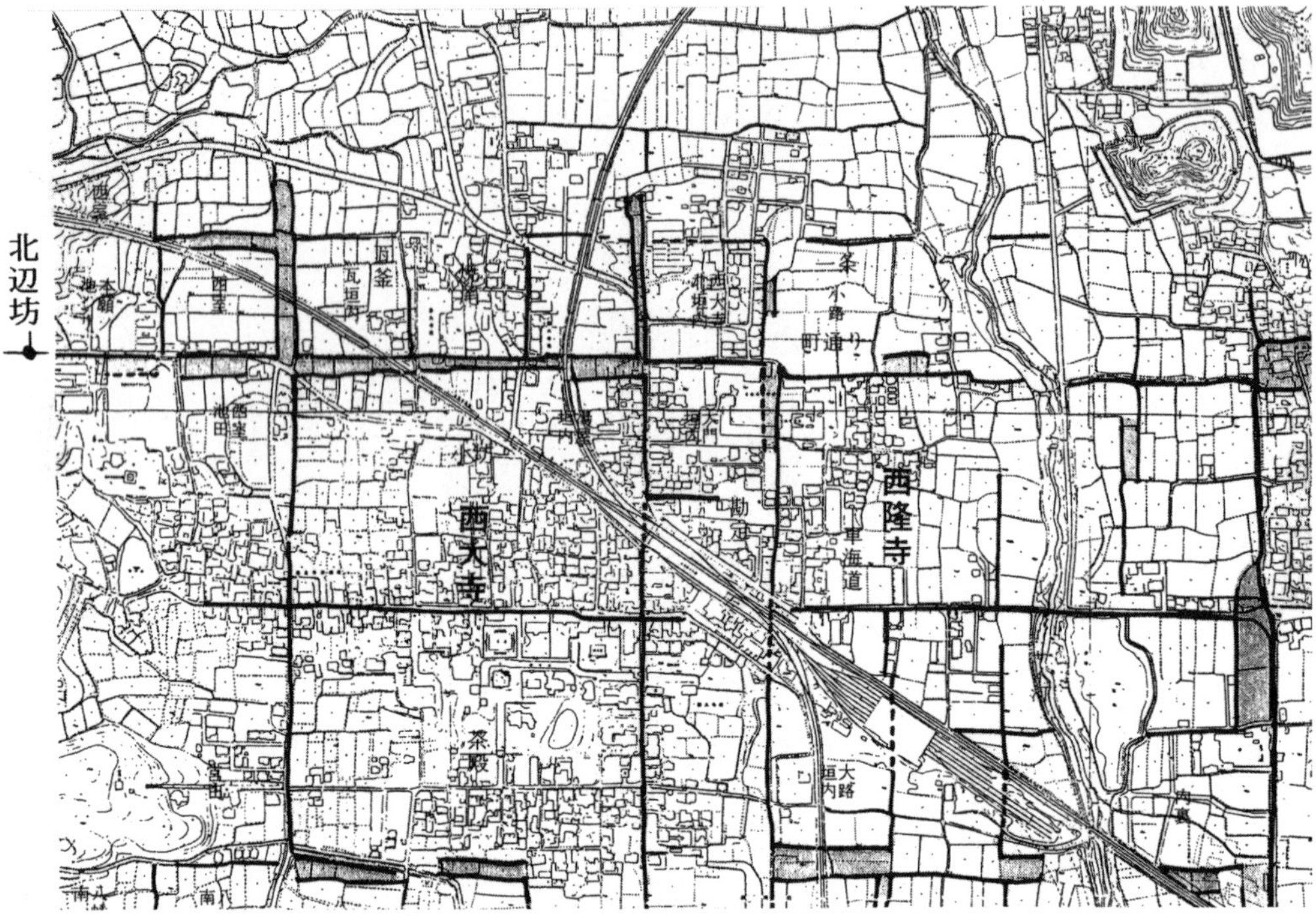

図7　『遺存地割・地名による平城京復原図』（奈良市編，1974）より

図8　『大和国条里復原図』（橿原考古学研究所編，1987）より

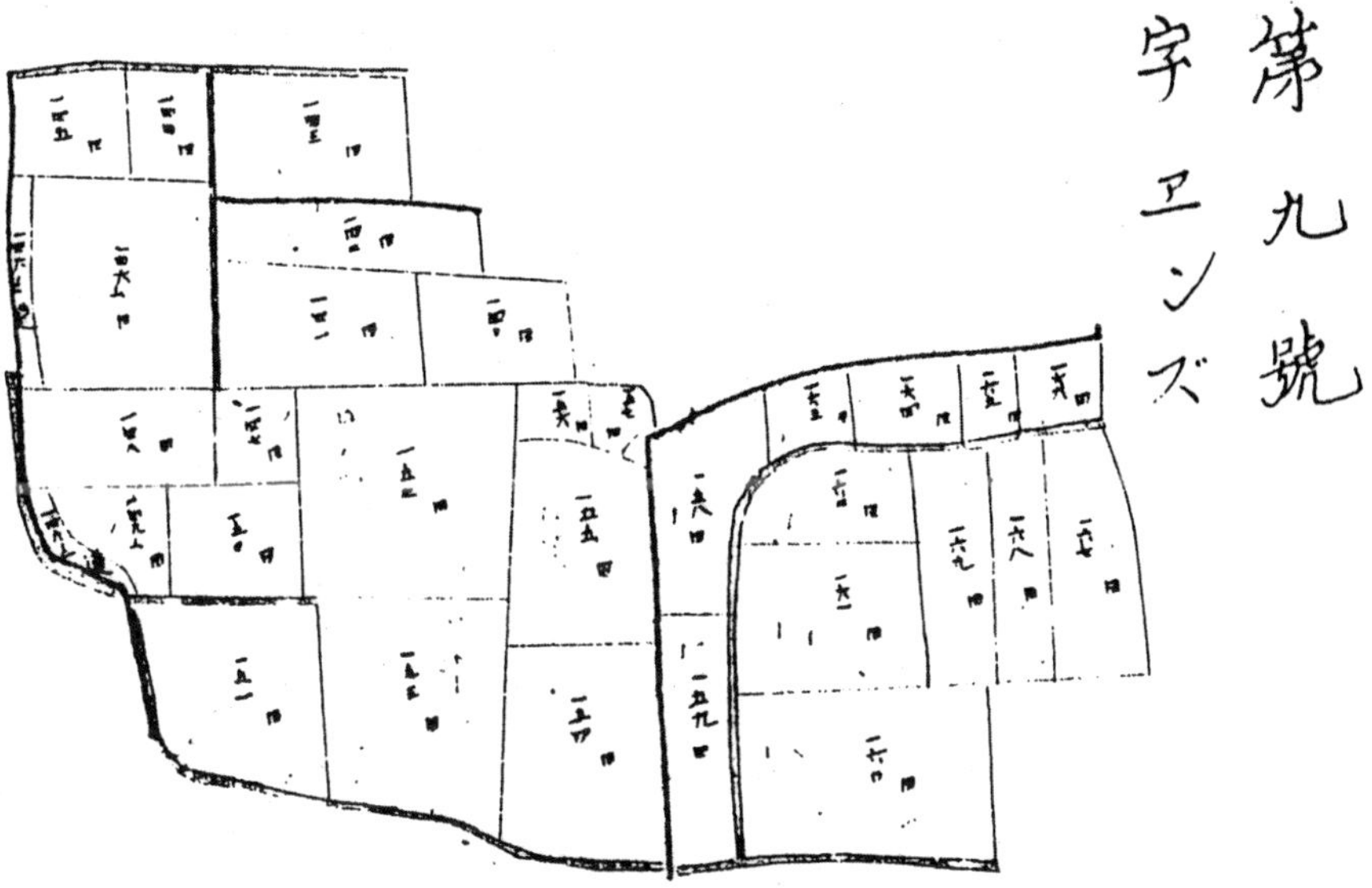

図9　『大正七年改調大字西大寺字限図』（生駒郡伏見村役場）より（部分）

2　北辺坊の発掘調査

さて、北辺坊の規模が、遺存地割の上からみると南北二（条坊）町幅であることが確認されたのであるが、では北辺坊地区の造営時期を確かめることは可能であろうか。先に私は北辺坊の造営の契機を奈良時代後半、天平神護元年（七六五）の称徳天皇の発願により推進された西大寺、西隆（尼）寺の造営にともなうものであるという予測を述べた。それは、八世紀初頭の平城京造営時点に、この変則的な条坊区を設定する必然性が認められないこと、平城京廃絶後には条坊道路を伴う街区の建設の必要性は考えがたいこと、そうであるとするならば、北辺坊に近接する右京北部域で、政治、宗教政策に強力な専権を発動した称徳・道鏡政権の象徴的存在であった西大寺、西隆寺の伽藍が奈良時代の後半に至って新たに造営されたという事実こそ、もっとも関わりが深いと考えたからである。

しかし、北辺坊の造営年代を史料の上から推測することは難しい。先に、一節で、発掘調査で検出した溝が北辺坊北端に関わるとする見解の是非を論じた。結果として、その可能性はないという私見を提示するに至った。その中で、「北端路」が通じていると想定されていた地点で平安時代初頭に廃絶された井戸跡の調査事例を紹介した。ここで、その他に北辺坊地区で実施されたいくつかの発掘調査の成果を閲してみよう。

〔A　一条北大路の発掘調査〕

平成一一年に行われた、一条北大路と西三坊大路の遺存地割と目されている東西方向と南北方向の地割列が交差する地点での発掘調査（奈良市教育委員会第四三〇次）[28]では、幅が六メートルを超す東西溝が確認された（図12）。断面形でみるとこの溝は三段になっており、

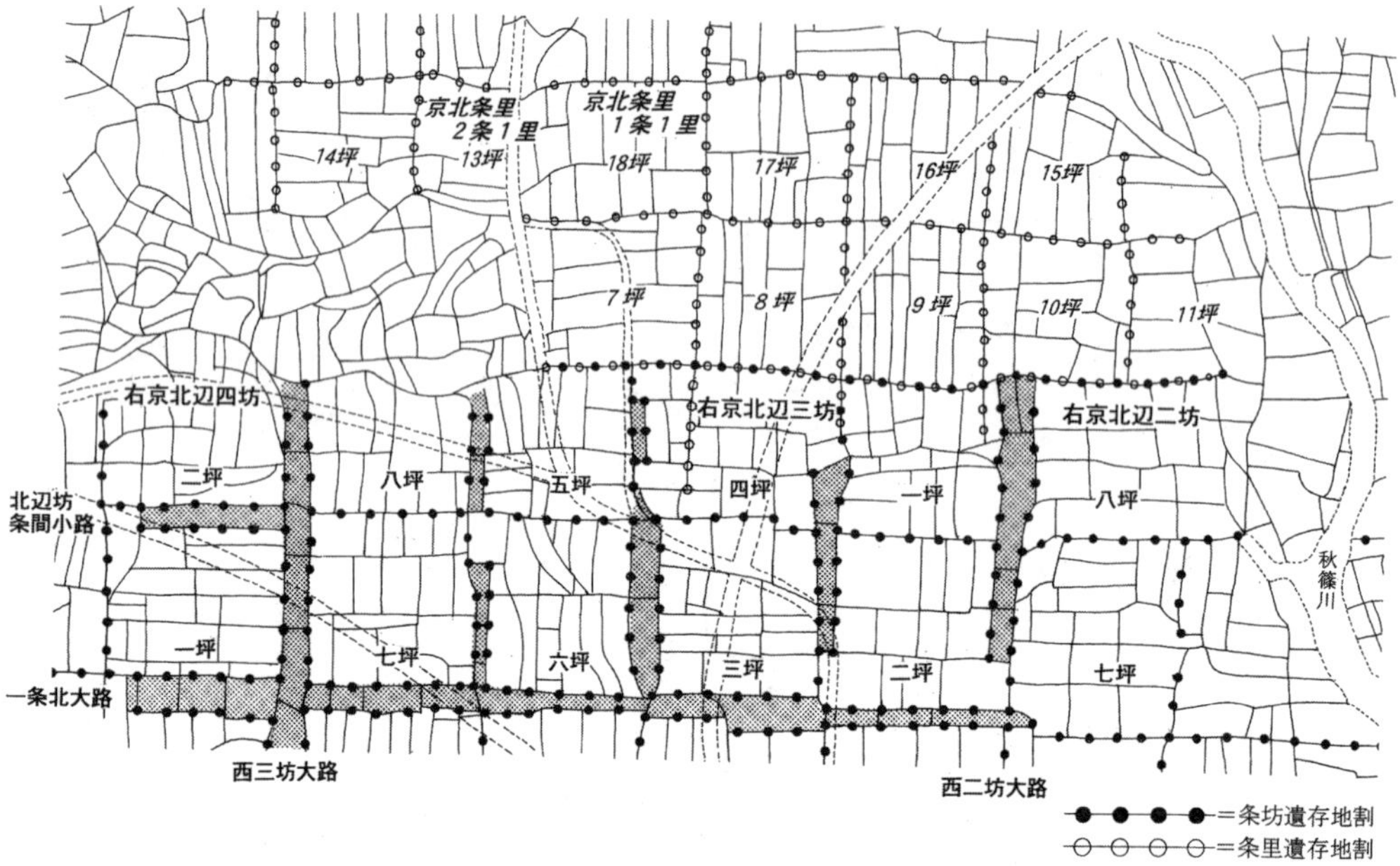

図10　右京二・三・四坊周辺地割復元図

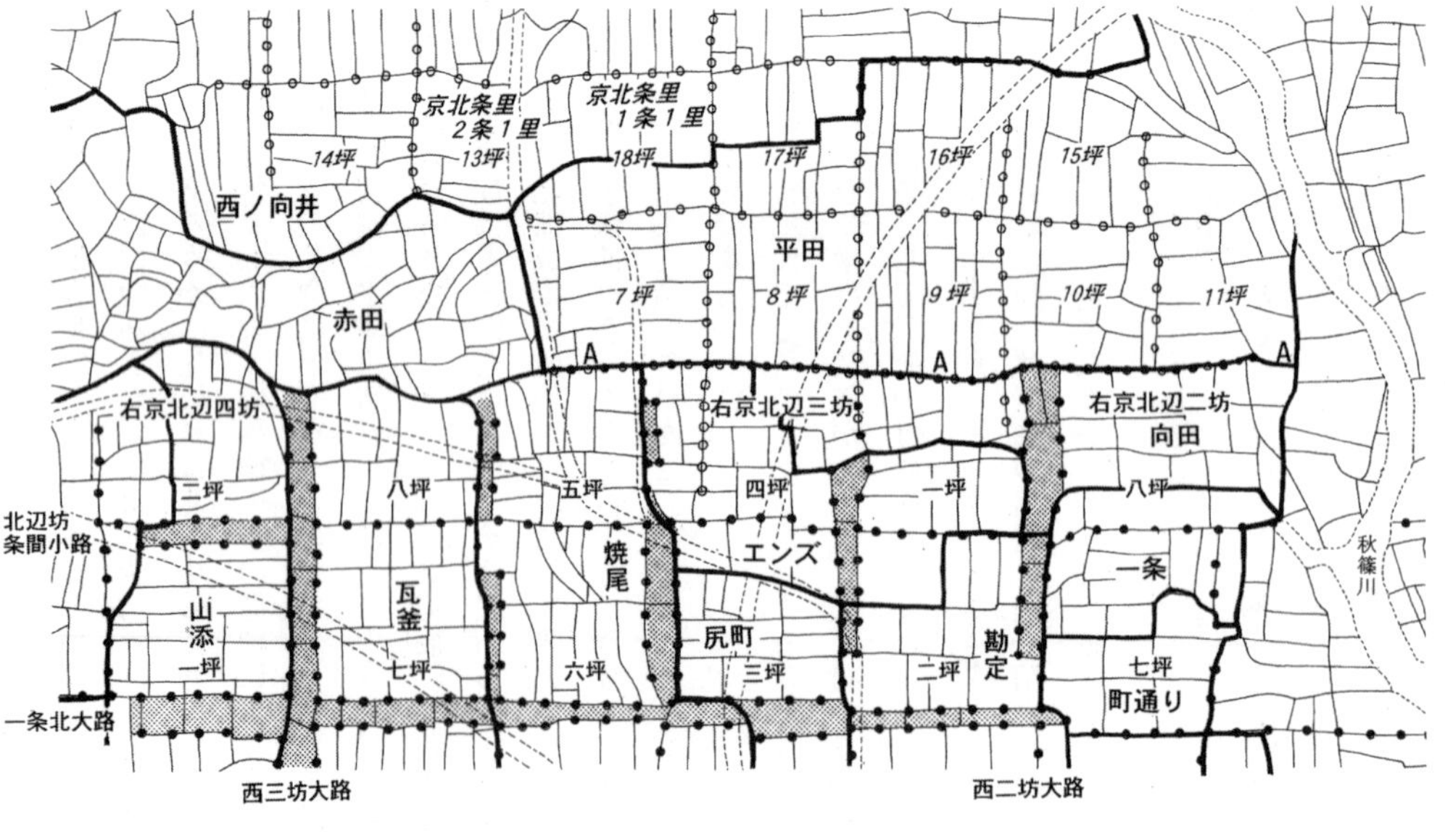

図11　右京北辺坊周辺小字境界線

最深部分での深さは一・五メートル。堆積土は三層にわかれ、最上層からは奈良～室町時代の土器片などが出土した。この東西溝は、一条北大路の遺存地割の北縁ラインに重なる位置にあるものの、報告書では「想定された一条北大路心より約一五・八メートル北にあ」るので、条坊道路の北側溝とみるには道路の復元幅が広くなりすぎることから、「一条北大路の北側築地塀に伴う雨落溝の位置に相当する」と判断されている。この雨落溝が築地の南北いずれの側のものであるかについては確言されていないが、私はこれとは別の判断が可能と考える。

北一条大路の遺存地割は先にも言及したように、右京二坊から四坊にかけて明瞭に認められる。地割の南北幅は比較的安定しており、いくつかの地点での計測値を平均すると二〇メートルほどとなる。しかし、この位置は上記報告書でもいうように、本来の平城京の条坊造営規格からみるとかなり北に偏している。発掘調査では、少なくとも室町時代までは存続していたことが明らかにされたが、一四世紀に作成されたいくつかの「相論図」にもこの東西道路は描かれている。では、この道路が奈良時代に造営されたものではなく、以後の時期の開削になるものかという問いに対しては、そうではないことを物語る状況を指摘することができる。

北一条大路の遺存地割を通観すると、遺存状況の良好な右京四坊の東一行と二坊東三行での座標値から計出される方位のフレはN〇度一四分二二秒Wであることがわかる。このフレの度合いは、たとえば朱雀大路の造営方位N〇度一五分三九秒W[29]とほぼ同じであり、平城京条坊遺構としても不自然ではない。また、右京一条二坊九坪の北側にこの一連の地割の一部が残るが、九坪の北辺では西隆寺の寺域を区画する築地塀の位置が発掘調査で確かめられている（図3参照）。この成果に従えば、西隆寺北面築地心から遺存地割南縁までは五・一メートル、同様に遺存地割の中心までは一七・三メートルであり、右京一条二坊の北半に造営された西隆寺の北に接して東西に通じる条坊道路としてふさわしい位置、規模であるといえる。つまり、この遺存地割の示す北一条大路は少なくとも西隆寺の造営された奈良時代後半には存在していたことは確かである。

〔B　右京一条北辺二坊二・三坪の発掘調査〕

昭和五三年に右京一条北辺二坊二・三坪で奈良（国立）文化財研究所が第一〇三—一六次として実施した調査では、検出された遺構群は三時期に区分されている[30]。一期の遺構群は奈良時代初めのものとされ、桁行七間、南庇付きの東西棟掘立柱建物を中心にしていくつかの建物と塀が整然と配置されている。二期には、一期の建物をすべて廃して、二・三坪の坪境小路があらたに開削され、各坪内に掘立柱建物や井戸が配置される。三期の建物はいずれも小規模で、一、二期の建物群が正方位に合わせて造営されていたのに対して、建物方位の偏向がやや強い。この時期の掘立柱建物の掘形に奈良時代末期の土師器片が埋まっていたことから、三期のはじまりは奈良時代末期あるいは平安時代の始めころに想定されている（図13）。

一期については、二期に坪境南北小路が通じることから、少なくとも（条坊の）二坪にまたがる敷地だと見られるので、平城京造営当初から北辺坊が整備されていたとの評価もみられるが、左京二条五～七坊（外京）の京域に北接する京東条里域での発掘調査の所見を参考にすると、必ずしも「条坊」が設定されていたとはいいきれない[31]。二期のはじまりの時期は特定しがたいが、あらたにつくられる坪境小路の東西側溝の心々間距離が約六メートル（二〇小尺）であることは、旧稿で指摘したように、平城京造営当初ではなく、すくなくとも和銅六年（七一三）以降の設定になるものであることを示している。[32] このことをもってただちに北辺坊の造営が奈良時代後半の年代であったとの証左とはできないが、右京北辺二坊二・三坪において、北辺坊条坊区画の造営が平城京創都の時より遅れた時点であり、しかも平城京時代の中であった可能性を示唆する発掘調査の成果は確認しておく必要がある。

〔C　右京北辺三坊七・八坪の発掘調査〕

平成七年に奈良市教育委員会が実施した第三二二次調査。調査した八一五平方メートルの範囲からは古墳時代の掘立柱建物七棟や塀、溝などの古墳時代、四世紀後半期とされる遺構群のほかに、奈良、平安時代の遺構群が確認されている[33]（図14）。奈良時代の遺構は桁行六間の掘立柱建物（SB一二）など三棟の東西棟、桁行五間の南北棟（SB一〇）が整然と配置されており、SB一〇は南接するSB一一と一体の建物で、間に馬道をおく長大な南北棟になる可能性も指摘されている。SB一〇、SB一二ともに柱間間隔は三メートル（一〇尺）等間の比較的大規模に属する建物であり、一般の住宅地ではないことを推測させる状況を示している。

平安時代の遺構とされるのは桁行三間・梁行二

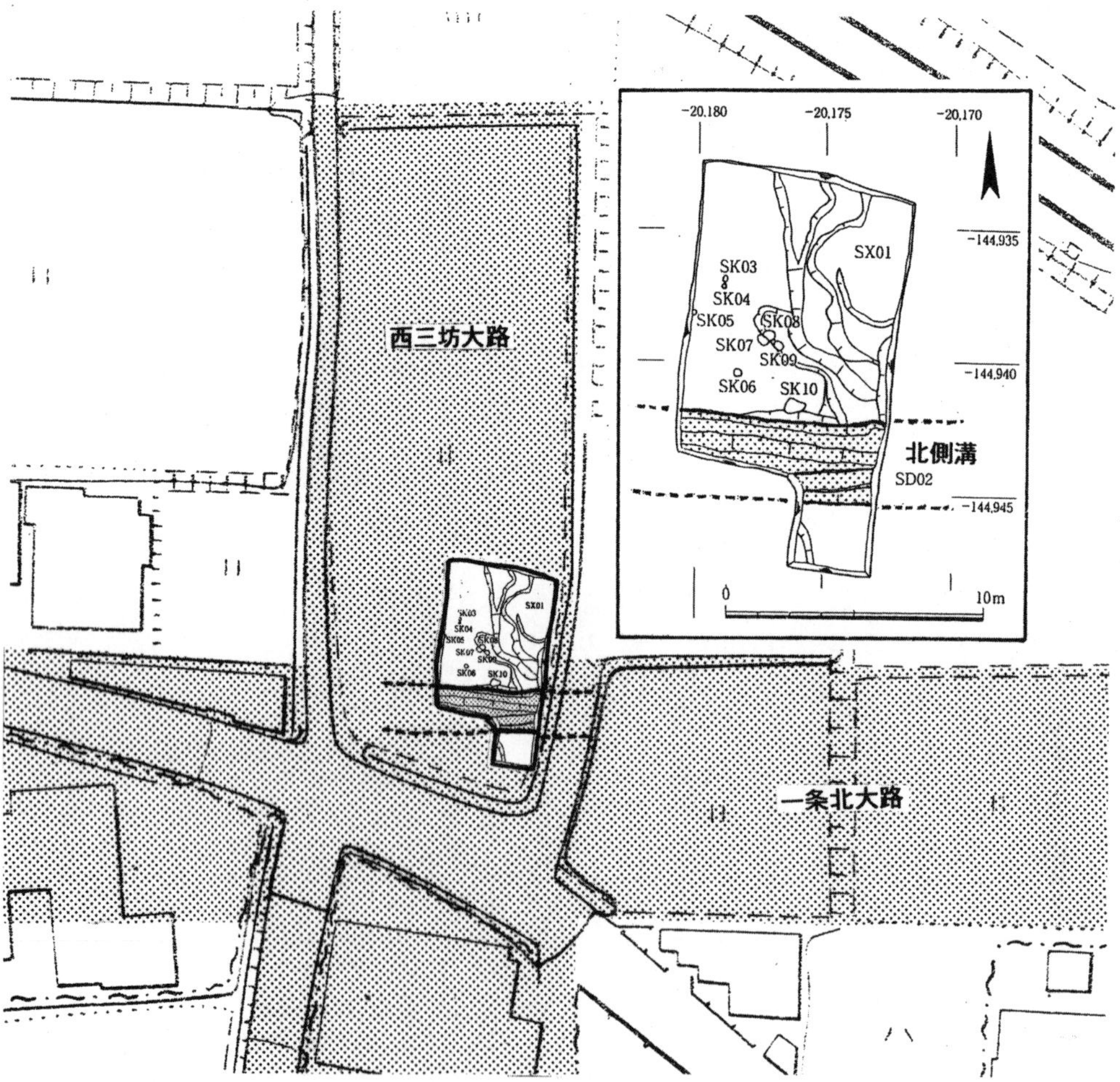

図12　一条北大路の発掘調査（奈良市教育委員会，第430次，1999）

間の側柱建物と二間×三間の総柱建物が東西に並ぶ掘立柱建物群で、それぞれのちに五メートルほど東に位置を移して立て替えられている。この時期には鉱滓、鞴の羽口、スサ混じりの炉体片、瓦などの埋まった複数の土坑が側柱建物のすぐ南に所在している。遺構の所属時期は、建物の場合は柱堀形ないし柱抜取り穴から出土した土器の所属年代から判断されている。

この調査地は、先に述べた北辺坊の遺存地割の中で、南一行と二行目の坪境に当たる。調査地の西六〇メートルには北辺坊条間小路の地割が明瞭に遺存しており、その状況からみると、遺存地割の北縁線の東への延長がこの調査地のすぐ北を通ることがわかる。つまり、この調査地は北辺坊条間小路の道路想定位置にあることになる。奈良時代の建物の柱堀形からは八世紀末の土師器、須恵器が検出され、いっぽう平安時代の建物の柱堀形から出土したのは八世紀末から九世紀初頭の土器片であるので、奈良時代の建物の解体時期は奈良時代末期ないし平安時代初頭とみてよかろう。奈良時代の建物群は、重複状況から判断すると、おそらく奈良時代の中でも後半期にこの場所に造営されたと考えられる。それ以降、平安時代初めから（二時期の建物群が存続する）ある時期までは、少なくとも北辺坊条間小路想定位置を含めて以南は一体の敷地として利用されていたとみなければならない。あるいは占地は七、八坪にまたがっていた可能性もあるが、既述のように、七・八坪境には道路北縁の位置を踏襲するとみられる遺存地割が水田畦畔として確認される。ここには、しかし、発掘遺構が示すところによると、奈良時代後半から平安時代初めのころに条坊道路は通じていない。件の遺存地割としての畦畔は、第三二二次調

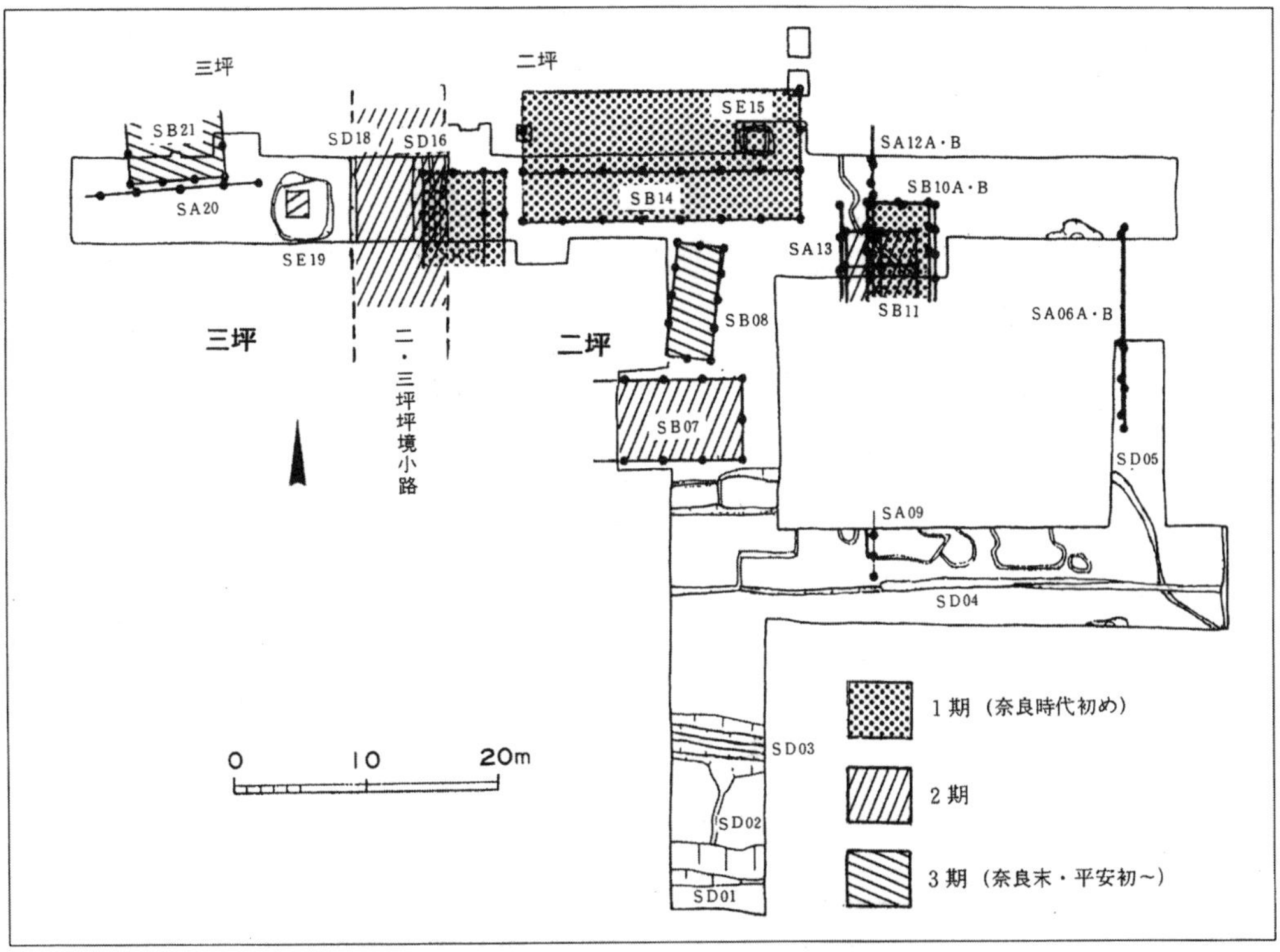

図13　右京一条北辺二坊二・三坪の発掘調査

（奈良国立文化財研究所，第103－16次，1978）

査区の北端の北一・五メートルにある。そこから調査区内で検出された大規模な南北SB一〇の北妻までには、約七メートルの空閑地が存在するとみられる。従って、遺存地割は条坊道路ではなく、道路北縁の位置に合わせて作られた何らかの区画施設を反映しているのかもしれない。

第三二二次調査で確認された建物群のうち、奈良時代、おそらくは後半に造営された建物群は、西大寺に関わる施設である可能性が高いと考える。いっぽう、平安時代初め頃に営まれた遺構群は、奈良時代の終わり頃から、およそ南北四〇〇メートル幅の低平地をはさんだ北の丘陵地にその存在を明らかにしはじめる秋篠寺の造営事業との関わりを想定してみたい。天平神護元年（七六五）から始められた西大寺伽藍の造営は宝亀末年（七八〇）頃には完了する。神護景雲四年（七七〇）の称徳天皇薨去後も造営事業は継続するが、平城京廃都後は西大寺は急速に衰えていったと考えられている。それに対して、秋篠寺は、創立の経緯こそ分明ではないが、奈良時代末期から平安時代初期にかけて政官界で重きをなした参議従三位秋篠安人に代表される秋篠氏と桓武天皇の深い関わりようから、桓武天皇の時代に秋篠寺が着々と経済的基盤を強化し、寺院として確立したと考えられている[34]。この時期と第三二二次調査区での平安時代初期遺構群の存続時期は重なり、しかもここで鋳造作業が行われていた事実は、寺院造営整備に際して、周辺に展開していたであろう仏具や建築金具など金属製品の生産工房との関わりを想定させる。西大寺荘園絵図群の中で、一四世紀初頭に繰り広げられた西大寺と秋篠寺の所領相論に際して、秋篠寺側が作成し院庁に提出した「西大寺与秋篠寺堺相論絵図」（東大本・原色図版8）には、一条北大路以北の北辺坊南一行部分の長方形の区画に「相博地」と記しており、本来秋篠寺領であったものを、ある時期に西大寺の別の所領と交換した土地であることが主張されている。この相論では院庁での裁判の結果、秋篠寺側の主張は退けられる結果となったが、秋篠寺の認識は、発掘調査の成果が示唆しているようなこの土地に関する過去の歴史の推移を示していると評価するのは憶測にすぎようか。

以上三地点での北辺坊に関連する発掘調査の成果を検証した。いずれも南北二長幅の北辺坊の存在あるいは造営時期を明確にするものではないが、興味深い状況を示している。後段でさらに検討を加えるが、今後の発掘調査による、さらなる解明の余地は十分にあり、期待するところが大きい。

3　田券文書と「荘園図」

北辺坊の南二行目の実在性について、古文書あるいは絵図史料の側面から検証しておこう。永仁六年（一二九八）の西大寺の所領目録である「西大寺田園目録」には、一条北辺についてみると、二坊七坪、三坊二・六・七坪、四坊二・三坪内の所領の面積表示に関する記述がある。したがって、「目録」に記録された（条坊）坪は、いずれも南一行に限られるが、坪の番付は当然南二行に及んでいたと考えられなければならない。

「はじめに」において若干言及したように、西大寺及び東京大学に所蔵されている一〇点あまりの西大寺関係中世絵図は、石上英一により「西大寺荘園図群」として把握すべきものと提唱されている[35]。その中に「敷地図」と称される様式の図が含まれるが、北辺坊の条坊区画はこの「敷地図」群に表現されている。「西大寺往古敷地図」（原色

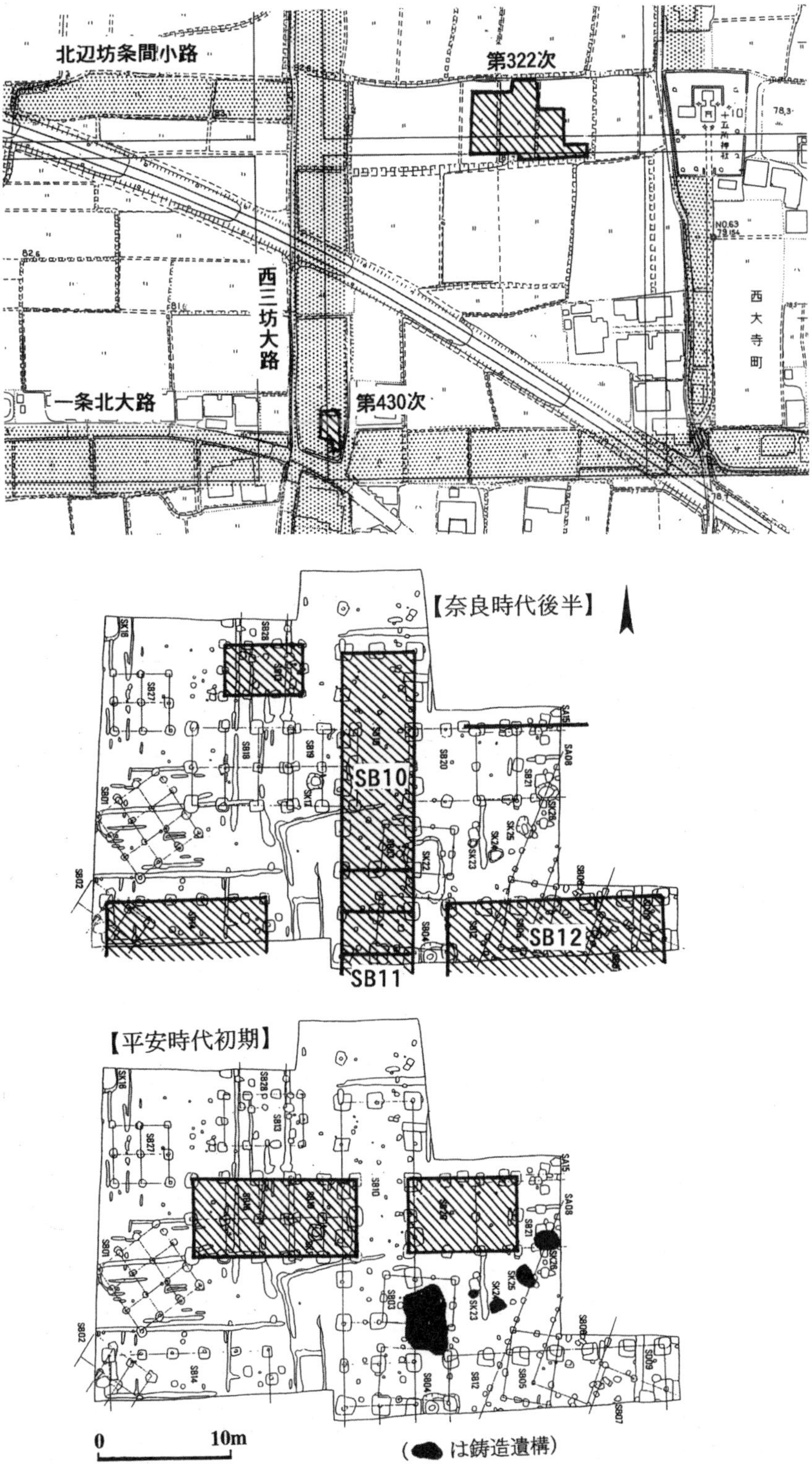

図14　右京北辺三坊条間小路想定地の発掘調査

（奈良市教育委員会，第322次，1995）

図版5・図15）によれば、弥勒金堂、薬師金堂を中心におき、東塔、西塔、四王院、修理所などの堂舎名を記した東西三町、南北五町の寺域区画が、周辺の条坊配置とともに図示されているが、寺域南北五町のうち、一条北大路以南が四町とあることから、北辺坊の規模を南北一町とする推論もある(36)。この点について、「西大寺敷地之図」（原色図版6・図16）を見ると、「寺中」と「寺領」とがあり、「寺中」と表記された（条坊）坪は東西三町、南北五町である。これが「西大寺往古敷地図」では三町×五町の一つのまとまった区画として表現されている範囲に合致する。つまり「寺中」とは「境内地（かつては築垣をめぐらしていた）」を示すと考えてよかろう。いっぽう「西大寺敷地之図」では、「寺領」は三町×五町の「寺中」をとり囲むように分布しており、北辺坊南二行の三坊のすべてと二坊の五・八坪は「寺領」と記載されている。

西大寺荘園図群の中で、一四世紀初頭に秋篠寺と繰り広げられた所領に関する一連の訴訟事件に際して秋篠寺側が作成した「西大寺与秋篠寺堺相論図」（東大本・図17）には、すでにふれたように、西大寺寺地と「京内一条」を挟んだ北の一画を「相博地」としており、その東、西、北側にはなんら区画表現はなく、「相博地」区画の内側と

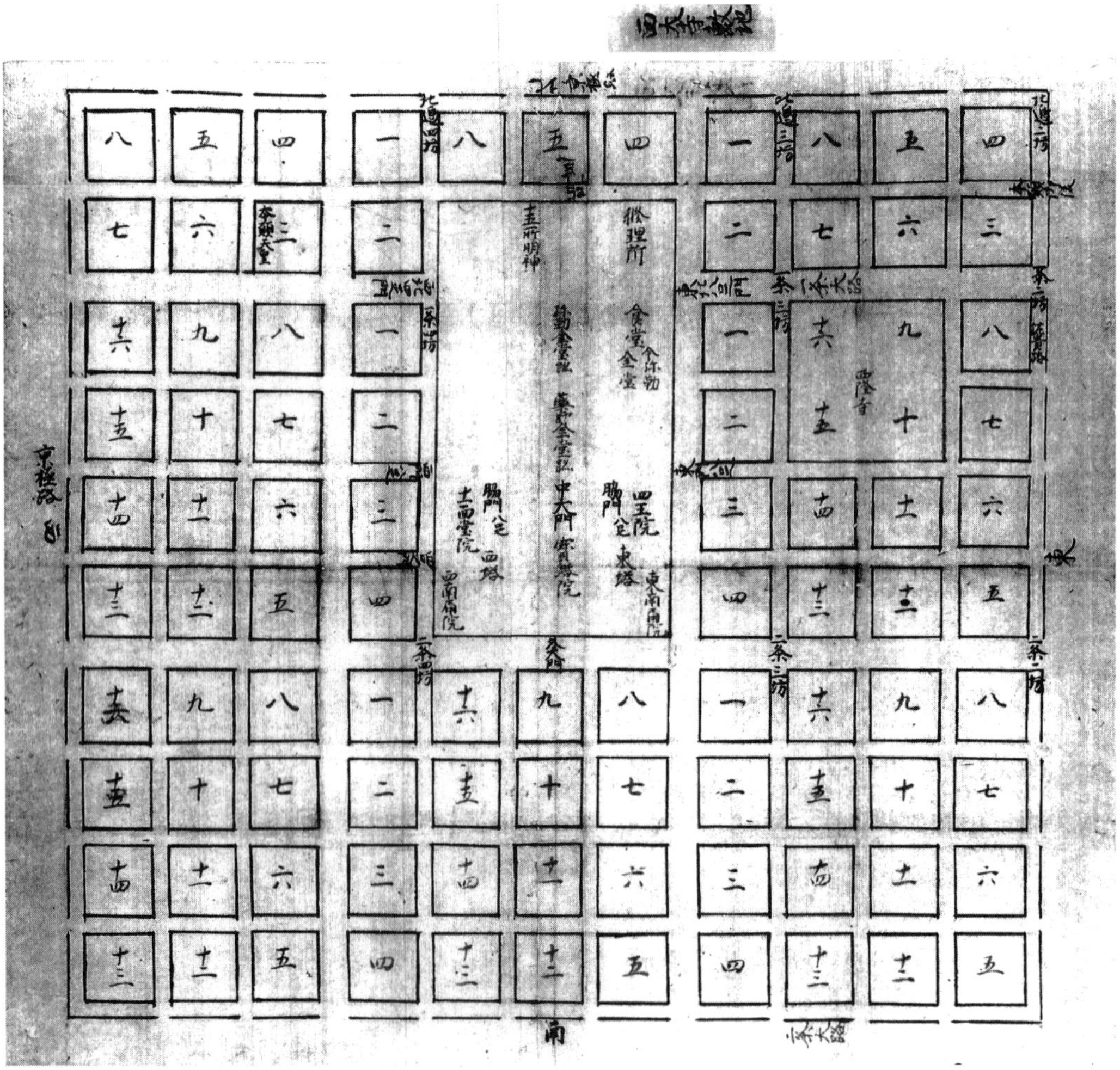

図15　「西大寺往古敷地図」

同様に、水田地帯と思われる×印で表現されている。「京内一条」の南側も西大寺寺地以外は、条坊地割地域であるにもかかわらず、一面×印で描かれており、区画表現はなされていない。この他の二つの相論図、「西大寺与秋篠寺堺相論絵図」（西大寺本）と「西大寺領之図」にあっても、条坊や条里地割の表現は度外視されているのであって、これらの相論図の表現をして、北辺坊が南一行だけであった根拠とみなすことはできないだろう。

また「西大寺敷地之図」（図16）の図中、北辺一条三坊四坪、つまり南から二行目にあたる場所に「寺領　一丁二反大五十歩　東南路加定」との記載がある。これについては「西大寺敷地図（弘安三年）」にも同じ北辺一条三坊四坪に「福益名　一町二段大五十歩　加東西南路定」、同八坪に「福益名　一町大　加東西路定」との記述が見られる（図18）。この二ヵ所の「坪」では、その坪の東、西あるいは南側に「路」としての地割が当時（一三世紀頃）の理解として存在していたと考えるのが妥当であろう。事実、現存地割の観察においても、この四坪の西側の南北小路の道路痕跡が帯状の地割として確認され、南側についても（条坊）坪境の東西ラインとして地割に残っていることを確認しうる。また地積の数値からみると、四坪は一町二段大五〇歩とあり、これは一町（三六〇〇歩）＋二段（七二〇歩）＋大（二

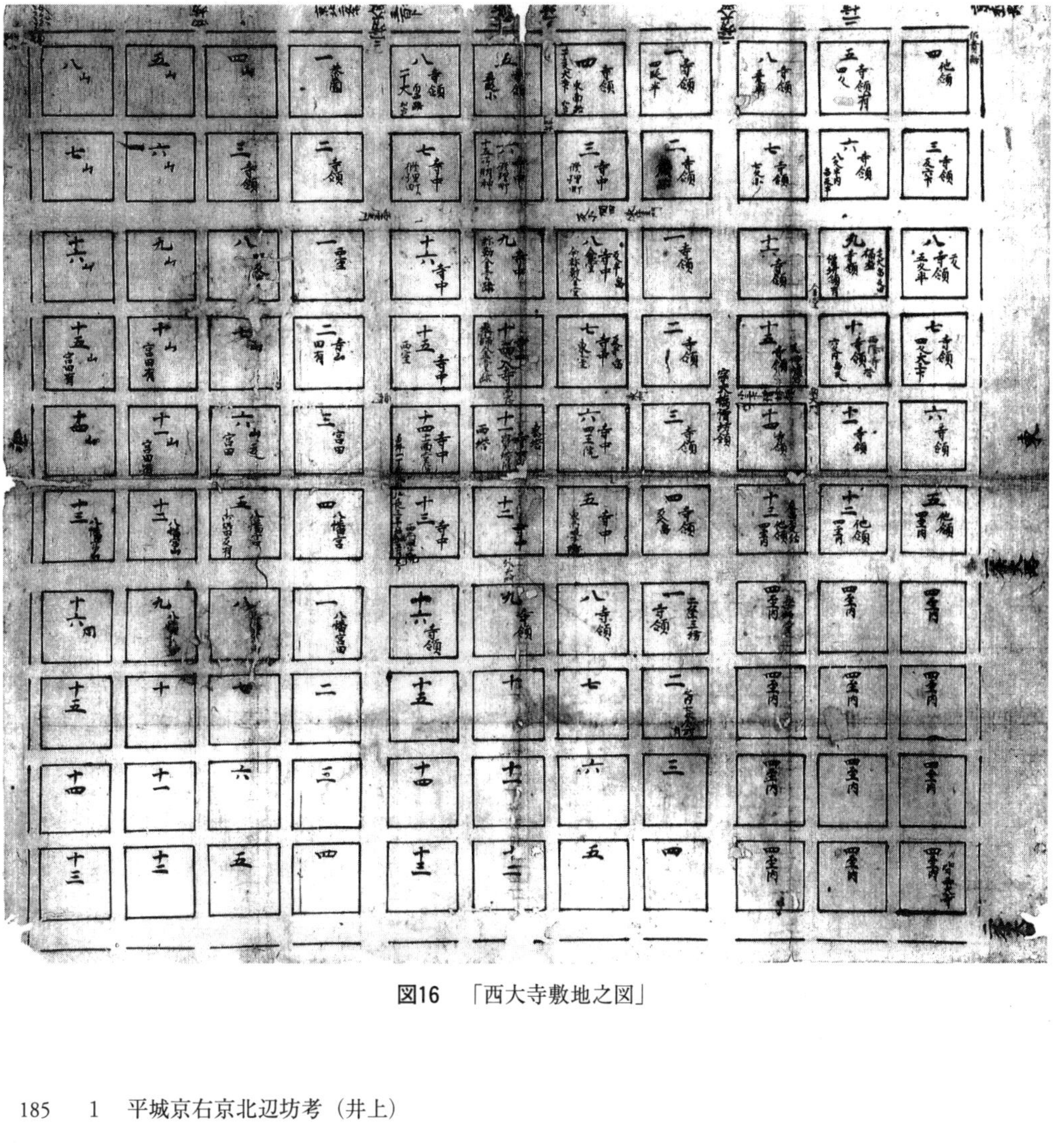

図16　「西大寺敷地之図」

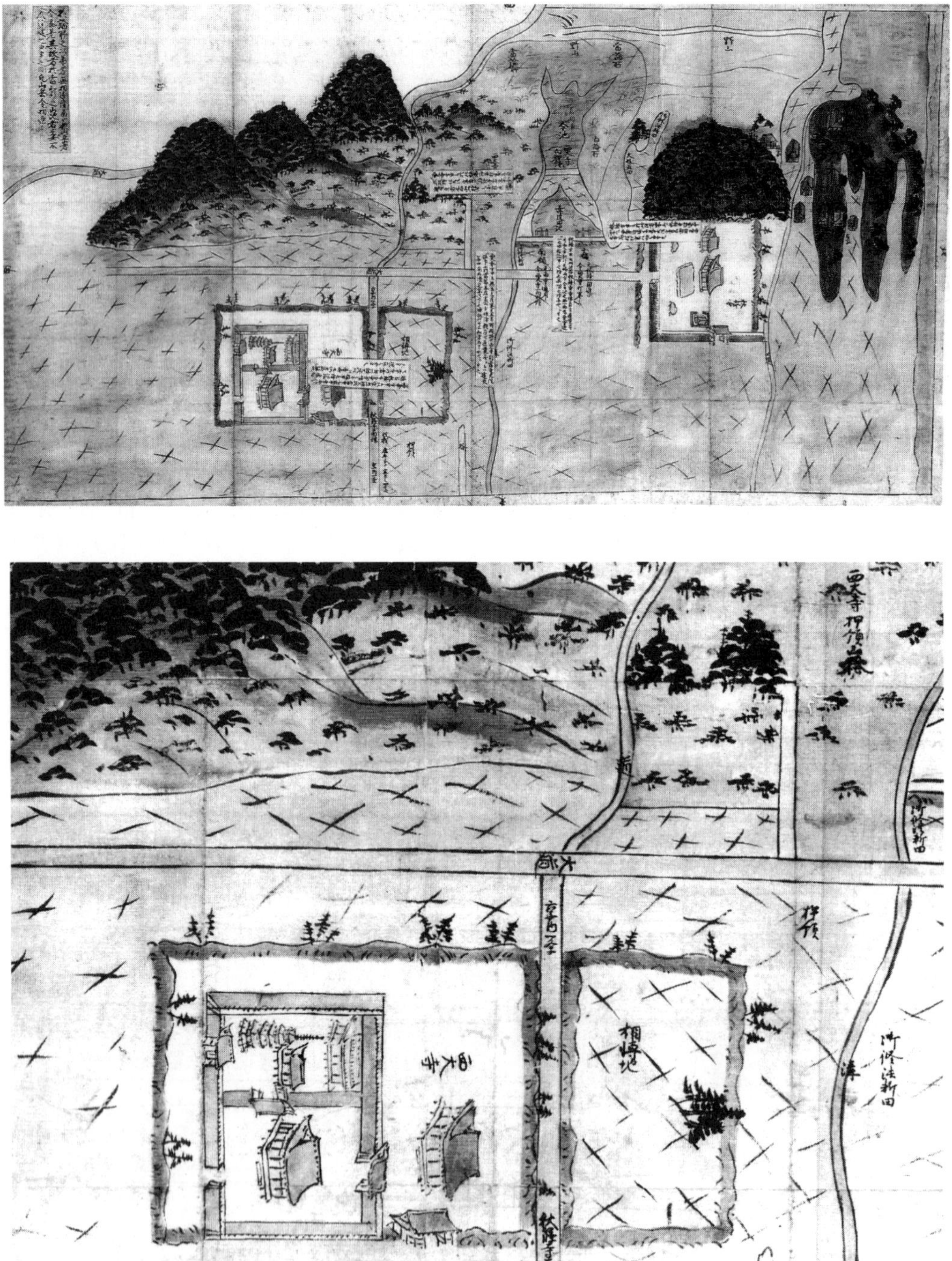

図17　「西大寺与秋篠寺堺相論図」(東大本)(上：全体図　下：部分図)

四〇歩）＋五〇歩＝一町＋一〇一〇歩となる。「西大寺敷地之図」が作成された一三世紀後半における尺度の実長は確かではないが、かりに一尺＝三〇センチメートルであったとし、四坪が正方形の方格であったとすれば、一辺がおよそ一二二・二メートルの大きさとなる。これが京北条里区の一方格であるとした場合、この隣接地域で明らかに条里とみとめられる京北条里一坊の南二、三行の遺存地割の中で比較的安定した直線を維持している二一ポイントで計測すると、一辺の平均長は一〇六・一メートルほど（東西方向での平均長は一四ポイント・一〇五・一メートル、南北方向七ポイント・一〇八・一メートル）となり、一二二・二メートルにはとうてい及ばないことがわかる。つまり、実際には条里地割であるにもかかわらず、あえて平安京北辺坊の形制をこの地に虚構として措定したとするならば、土地所有関係にあって最も重要な地積についても、あたかも条坊地割に則っているかのように道路部分をも捏造した上で数字の複雑な操作をしたということになろうが、そうした手法が公的に通用したとは考えがたい。

　これら敷地図に示されている北辺坊が虚構であるという論説を再び閲すると、「都制としての北辺坊は存在せず」と最も強く主張している大井重二郎がその主たる根拠とするのは、長承三年（一一三四）の「諸寺々領注進案断簡」（「大和国南寺敷地図帳案」）[37]に記載される西大寺領に関する記事である。そこに記録される西大寺領は右京一条三坊の五坪から十二坪に至る一二坪区画であり、北辺坊は含まれていない。大井も指摘するように、それから一二〇年を経た建長四年（一二五二）の「西大寺本検注目録」（「西大寺々本検注并目録取帳（大和西大寺々領検注帳）」建長三年）[38]には西大寺の領域が格段に拡張された様子が示されている。これによると、長承三年段階に比べると、一

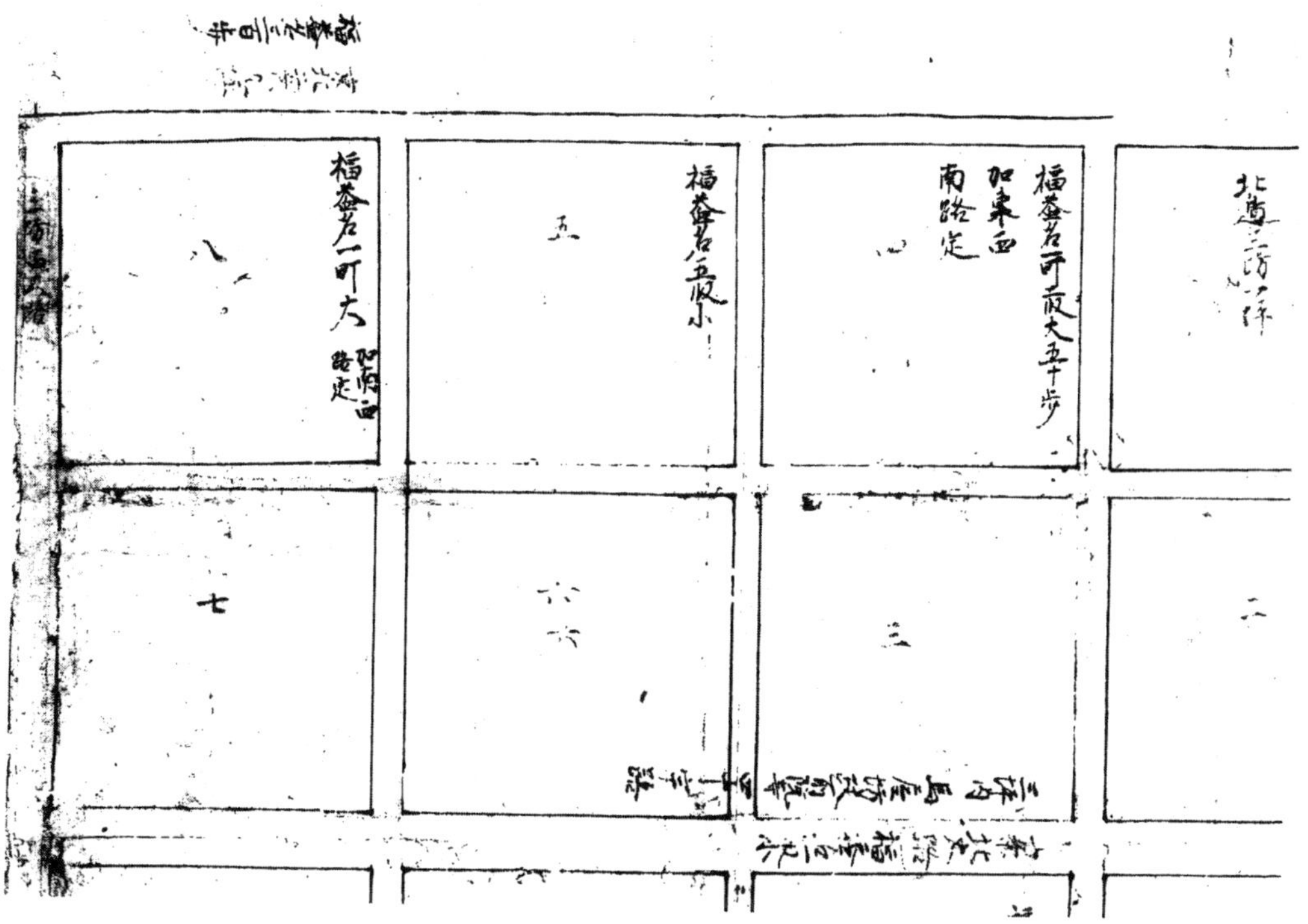

図18　「西大寺敷地図（弘安三年）」（北辺坊部分図）

条南大路の南一町通りに四町を加え、北辺坊域では二坊北辺で四町、三坊北辺は八町、つまり三坊北辺の全域、四坊北辺で三町など、合わせて一五町が増加している（図19）。

「西大寺本検注目録」（「西大寺々本検注并目録取帳」）には西大寺北辺坊領が明記されているにも拘わらず、大井は、なおも、「北辺の語は平城京当時の文書に見えるものなく、平城都制が一条北大路以北に北辺を形成することは経営当初の構想になく、爾後にも亦なかったと確信する」といい切るのである。私も、長承三年の「諸寺々領注進案断簡」（「大和国南寺敷地図帳案」）に記録されるのは間違いなく西大寺領であったとみる。しかし、だからといって北辺坊が存在していないことにはならない。逆に、そこが西大寺以外の所有であったことを示すものとの解釈も可能であろう。先に検討したように、そこ（＝右京三坊北辺）の地は、おそらくは九世紀初頭前後の時期から秋篠寺領であり、ある時点で西大寺と「相博」つまり所領交換がなされた場所とみることができるのではないだろうか。一四世紀初頭の西大寺、秋篠寺の所領相論に際して秋篠寺が提出した「西大寺与秋篠寺堺相論絵図」を分析した石上英一は、一条北大路以北の三坊北辺南一行の区画を「相博地」とする秋篠寺の主張は「事実に基づくものではない」と評するが[39]、同じ西大寺荘園図群の「京北班田図」の分析を通じて石上が明らかにした「一三世紀後半に、西大寺と秋篠寺により行われた相博」地として指摘する京北二条一里一・二・三坪と、この三坊北辺南一行は、その一部が境を接する位置関係にある（図20）。つまり、三坊北辺の「相博地」は歴史的事実だったと考えられるのである。西大寺と相博が行われるのは長承三年（一一三四）以後、建長四年（一二五二）までの間であり、石上の言う一三世紀後半にほぼ重なる時期にあたる。このように考えれば、大井重二郎をはじめとする論者のとる北辺坊非在説はその論拠の大半を失うことになる（図21）。

4　京北条里地割と北辺坊条坊地割

ここで京北条里地割と北辺坊条坊地割との関わりようについて言及しておく必要がある。前段でふれたように、秋篠寺がある時期に西大寺と相博した北辺坊南一行にあたる右京一条北辺三坊三・六・七坪の一画は、石上が指摘した同じく西大寺との相博の対象になった京北条里二条一里一・二・三坪と一部が連続する地所であった。しかし、北辺坊が南北二（条坊）町幅であったとすれば、後者の京北条里とされる三ヵ坪は、北辺坊南二行目に位置する。たとえば京北二条一里一坪は、条坊では北辺三坊八坪と重なる位置にあたり、「西大寺敷地図（弘安三年）」に「福益名一町大　加東西路定」との記載のみられる条坊方格の表現されているその場所なのである。この輻輳した状況をどのように理解すべきなのであろうか。

先に地積図などをもとにして復元した遺存地割を再度分析してみよう。一条北大路に関わる発掘調査事例Aの項で指摘したように、平城京右京における一条北大路について、検出した東西溝（＝私見によればこれが一条北大路の北側溝）は、奈良市教委の前掲報告書によれば「想定された一条北大路心より約一五・八メートル北にあ」るとされる。平城宮西面大垣に開く玉手門、佐伯門の発掘調査の成果に基づく国土座標値などから試算すると、一条北大路の遺存地割は、平城京の原則的な設定基準からすると、およそ六メートルほど北に偏在している[40]。この一条北大路遺存地割と、右京北辺四坊一・二坪間に明瞭にみとめられる北辺坊条間南小路の遺存地割との心々間距離は、ほぼ

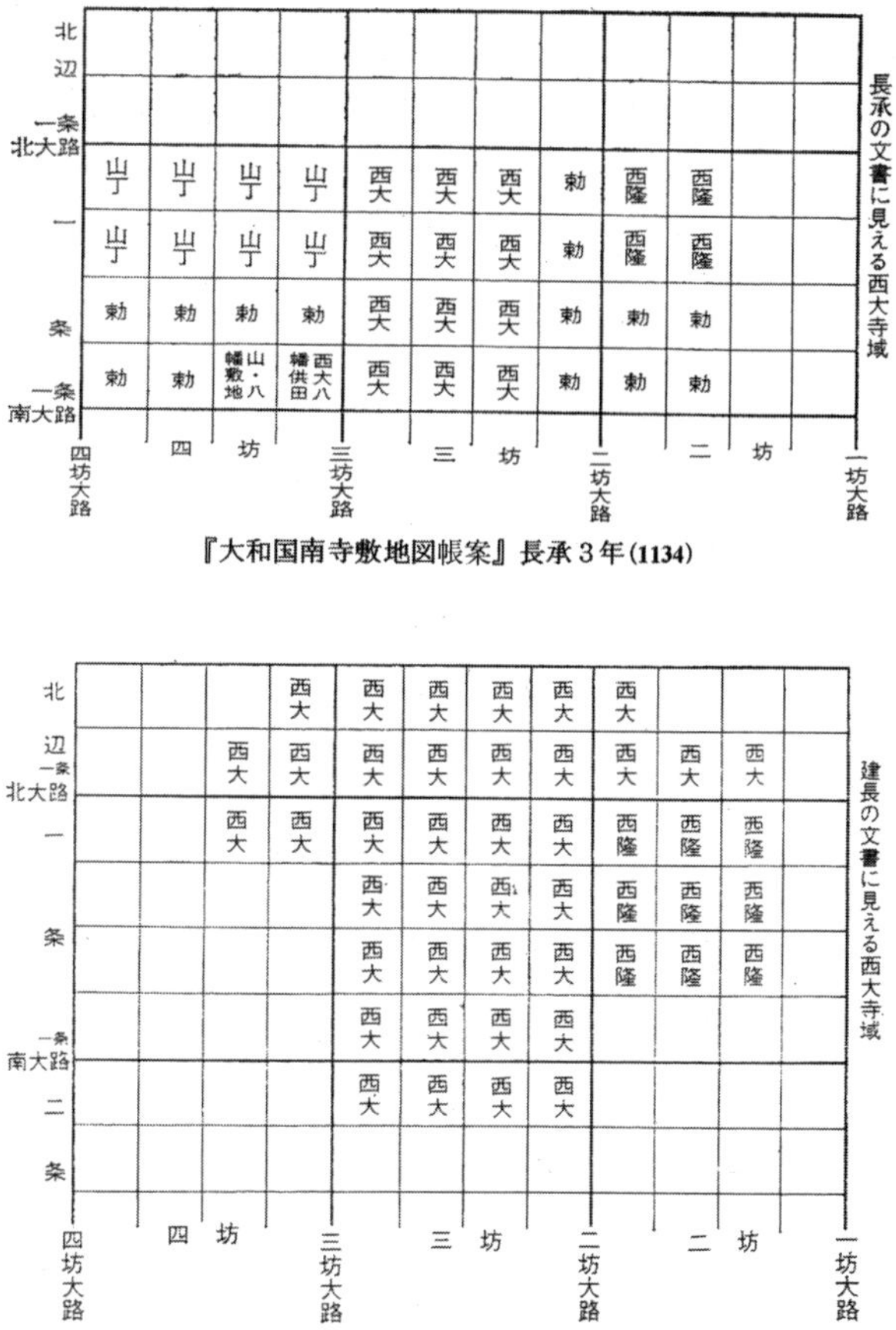

『大和国南寺敷地図帳案』長承３年(1134)

『西大寺本検注目録』（『大和西大寺々領検注帳』）建長３年(1251)

図19　大井重二郎『平城京と条坊制度の研究』(1966) より

一三三メートルあり、条坊一坪の規格通りである。

旧稿で論じたように、平城京周辺地域に展開する京東条里、京南路東条里、京南路西条里それに京北条里は、平城京造営以前には一連の条里地割であり（図22）、平城京条坊は左京北京極の条坊基準線を京東条里の北端線に合わせて設計されていると判断される。[41] 京南条里では路東と路西条里とでは南北方向で一条一町の齟齬があり、その食い違いは平城京域の北つまり、今検討の対象としている右京の北辺にも続いている。従って京北条里区の初発線は一条北大路の北一（条里）坪にあるということが明治期の関野貞の研究以来、定着した理解となっている。条里一坪（町）の一辺の規格は通説に従って約一〇九メートル、条坊の一坪（町）の規格は約一三三メートルであるので、計算上では京北条里の最南の坪列は北辺坊の南一行の北寄り二四メートル（＝一三三メートル―一〇九メートル）の部分と南二行目の南寄り八五メートル（＝一〇九メートル―二四メートル）の部分と重なる、という理解が生じるのである。その場合、従来、条里地割のラインは一条北大路の中軸線つまり条坊道路設定基準線と一致するという前提に立脚してきた。

前述したように、平城京造営以前には路東条里が施工されていたと考えている左京域では、かつて検討したように、条里の起点（北端にあたる東西ライン）は平城京の北端条坊計画線＝平城宮の北端計画ラインと一致していると判断される。ところが、ここで検討の対象としている右京域北側でみると、条里の基線は一条北大路の遺存地割の北縁から約二〇メートルほどの位置にある（図23）。つまり、左京域と比べるとおよそ三六メートル（＝二〇メートル＋一条北大路の条坊規格上の北への偏在値六メートル＋遺存地割平均幅二〇メートル／二）北へずれていることになるのである。このことを整合的に説明するには、まず

①京北条里地割の設定が平城京廃絶後のある時点にあるという想定がありうる。

その場合、京北条里の南辺をどこに見いだすかという点が問題となるが、先に指摘した北辺坊の北縁、つまり旧西大寺村と秋篠村の村境となっている東西線（図11中のA）とみれば、北辺坊の地割と以北の条里地割とが截然と区分できるかに映じる。しかし、この点についても既述のように、北辺坊南二行目の遺存地割には、明らかに条坊痕跡と判断される地割ラインと、北の条里地割域から連続する南北方向の畦畔とが混在している状況を見てとれる。また同様に京北条里の設定を平城京廃都後のことと仮定し、その南辺ラインを北辺坊南二行の中（計算の上では、北辺南一行と二行の間を東西に通じる条間小路条坊計画線の北五メートル〈＝（一〇八＋二〇＋二〇／二）－一三三〉【一〇八メートルは、前記のように、京北条里の南辺に近い部分での条里地割一坪区画の南北辺長の平均値】）とすると、では、何故にこの南二行の場所に北辺坊条坊地割が遺存するのかという疑問が解消しない。

従って、条里地割は北辺坊の南側、北側を通じて、平城京造営以前にすでに存在していたのであり、その上に重ねる形で平城京条坊を設定し、さらに遅れて北辺坊を設定したのだとみるのが最も妥当であろう。平城京廃絶後の歴史の推移の中で、北辺坊の特に南二行部分には北側の条里の地割が部分的に伸長してきた結果、条坊地割と混在する状況が生じたと理解する。そうとすれば、

②平城京造営以前に存在した条里地割ラインが、あるべき位置にはなく、三六メートル北にずれた位置にあった

という事態を考えざるを得ない。京東条里および路東条里の始発線が左京北京極＝平城宮北辺の条坊基準線であったことと比べると、右京北辺の場所での条里ラインと三六メートル食い違っていたことになるのであるが、本来東西に一直線に連なるべき地割線が、ここでのようにかなりの食い違いをみせる現象は、実は大和統一条里の中の他の地域でも確認されている。

これも旧稿で指摘したように、平城京の西南方にある額田部丘陵をめぐっては、八世紀後半に作成された「額田寺伽藍并条里図」が残されている。この図に描写された条里方格線と現地形との関係を分析すると、丘陵を挟んで西側と東側とでは三六～四四メートルの食い違いが認められる[42]。また岩本次郎の指摘によれば、平群郡の富雄川流域では川を挟んだ東西で六・〇六～三五・五九メートルずれており[43]、秋山日出雄は、奈良盆地東南部にある馬見丘陵周辺の条里について、「丘陵の南方においては畦畔線が連続するのに、それより北方に連続する馬見丘陵東・西の水田は（中略）約半町の阻誤をきたしている」という事実を報告している[44]。

こうしてみると、平城京北辺地域で想定される条里ラインの食い違いも、大和統一条里にあっては特に奇異な現象ではないといえよう。そしてこの齟齬の要因は、他の地域でも指摘される、設定測量の阻害要因としての自然地形の存在、すなわちここでの場合は秋篠川の流路であったと推定する(45)。つまり、平城京造営に際して右京一条北大路を設定する時に、原則としては従前から存在していた条里東西線を条坊設定基準線とするべきであったが、左京域や右京一坊の秋篠川流域以東と比べると三六メートル北に偏在していたために、条里地割線を条坊基準線として利用しえなかったと考えるのである。一条北大路の(遺存地割の)位置が左京域に比べるとおよそ六メートル北に偏しているこの理由は不明だが、先行条里地割の大幅な北偏に関わる事態であるかもしれない。

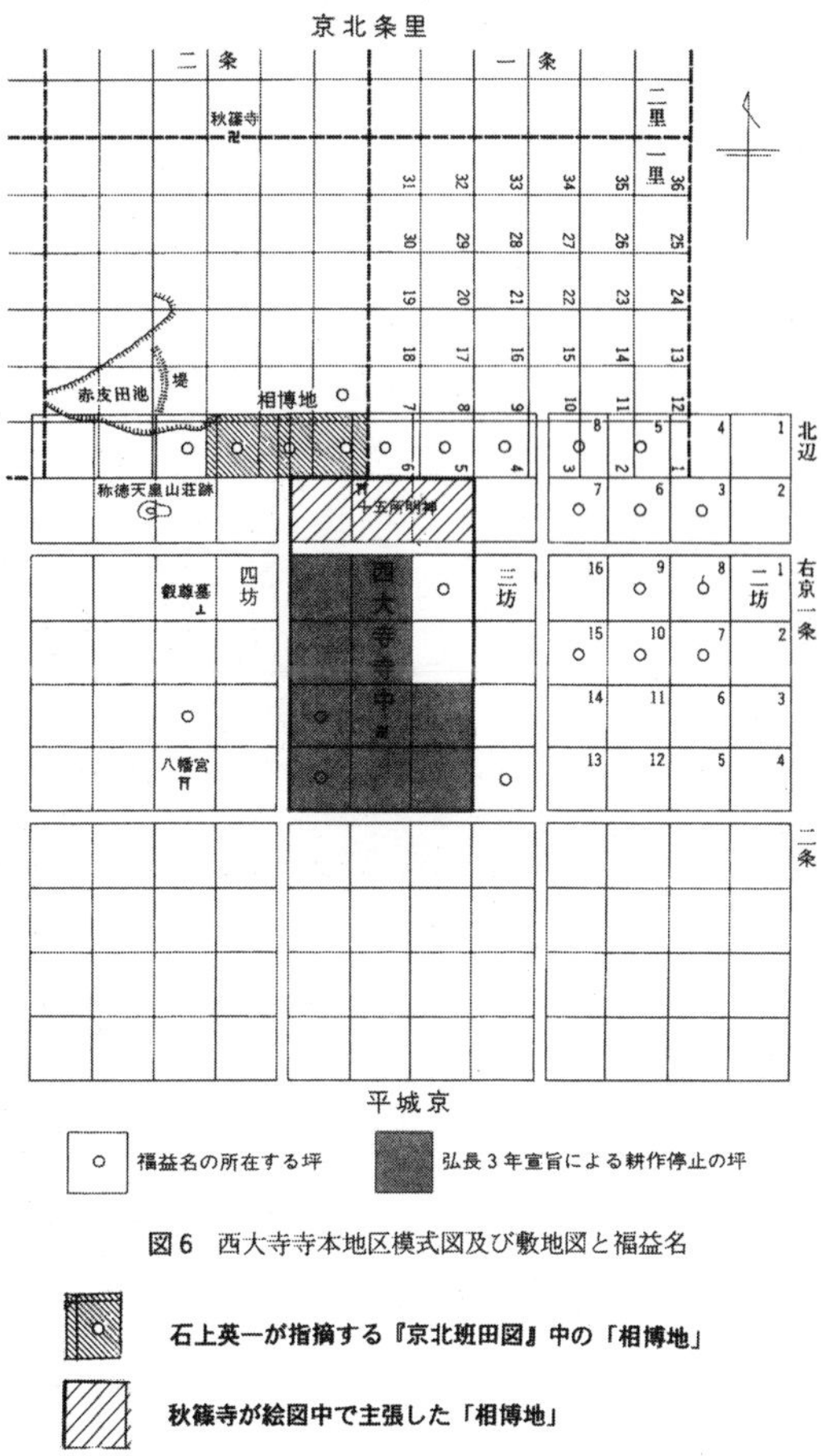

図6 西大寺寺本地区模式図及び敷地図と福益名

図20 「西大寺与秋篠寺堺相論絵図」(東大本)の「相博地」の位置(石上英一,注3文献所掲図に加筆)

5 西大寺寺域の変遷(図24)

さて、以上に述べきたったことをもとにして、年代を追いながら、平城京右京北域の推移のありようを、条里地割、西大寺の寺域、北辺坊を視点において辿ってみよう。

【平城京造営以前】

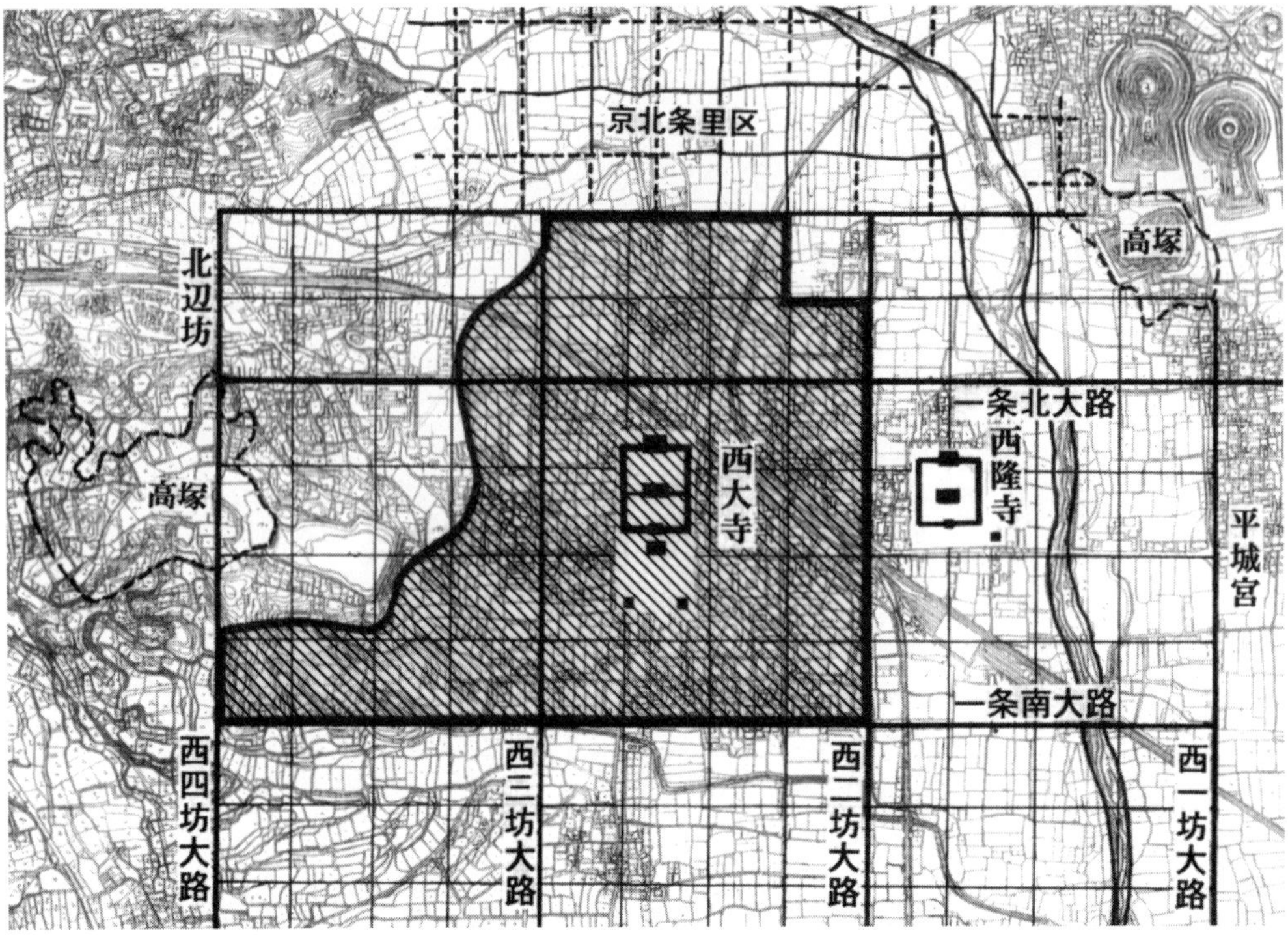

図21　宝亀11年（780）の西大寺寺域31町（井上試案）

おそらく七世紀後半のことと考えているが、奈良盆地の広範な地域に施工された大和統一条里の北縁地域の一画に位置していたこの地域に条里地割が施工される。のちに京北条里域となる部分の、少なくとも南端部分にあたるこの地域には現実に条里地割が施工されていた。しかし、秋篠川の流路を境にして以東と以西では南北におよそ三六メートルの食い違いがあった。

【和銅三年（七一〇）平城京遷都当時】

和銅三年の遷都を目指して遂行された平城京造営に際して、右京は一条北大路を北京極とする条坊制が施行された。ただし、一条北大路は、平城宮周辺の条坊計画規矩からすると北におよそ六メートル偏在する位置に造営された。のちに西隆寺寺域になる場所で検出された右京二坊における一条条間北小路や一条における西二坊坊間東小路などが、本来あるべき条坊計画線から一〇メートル前後ずれた位置に設定されていることは、この一条北大路の偏在に関連する事象であると推定されるものの、現段階では十分な解釈を見いだしえない。

【宝亀一一年（七八〇）】

さきに掲げた「西大寺資財流記帳」に記載された三一（条坊）町の寺域。伽藍の造営が竣工した時点での寺域であり、さまざまな説のあることはすでに述べた。寺域北限が「京極路」とされていることから、北辺坊の有無についての見解の相違が、まず各説の違いを生じるゆえんになっている。すでに明らかにしたように、遺存地割からみると、明らかに北辺坊は南北二（条坊）町幅に設定されていたと考えてよい。では、この北辺坊の造営年代は如何。このことを考える手がかりとして、発掘調査事例Cの知見に注目したい。ここでは既述のように、奈良時代の末期に廃絶されたとみられる整然と配置された大規模な掘立

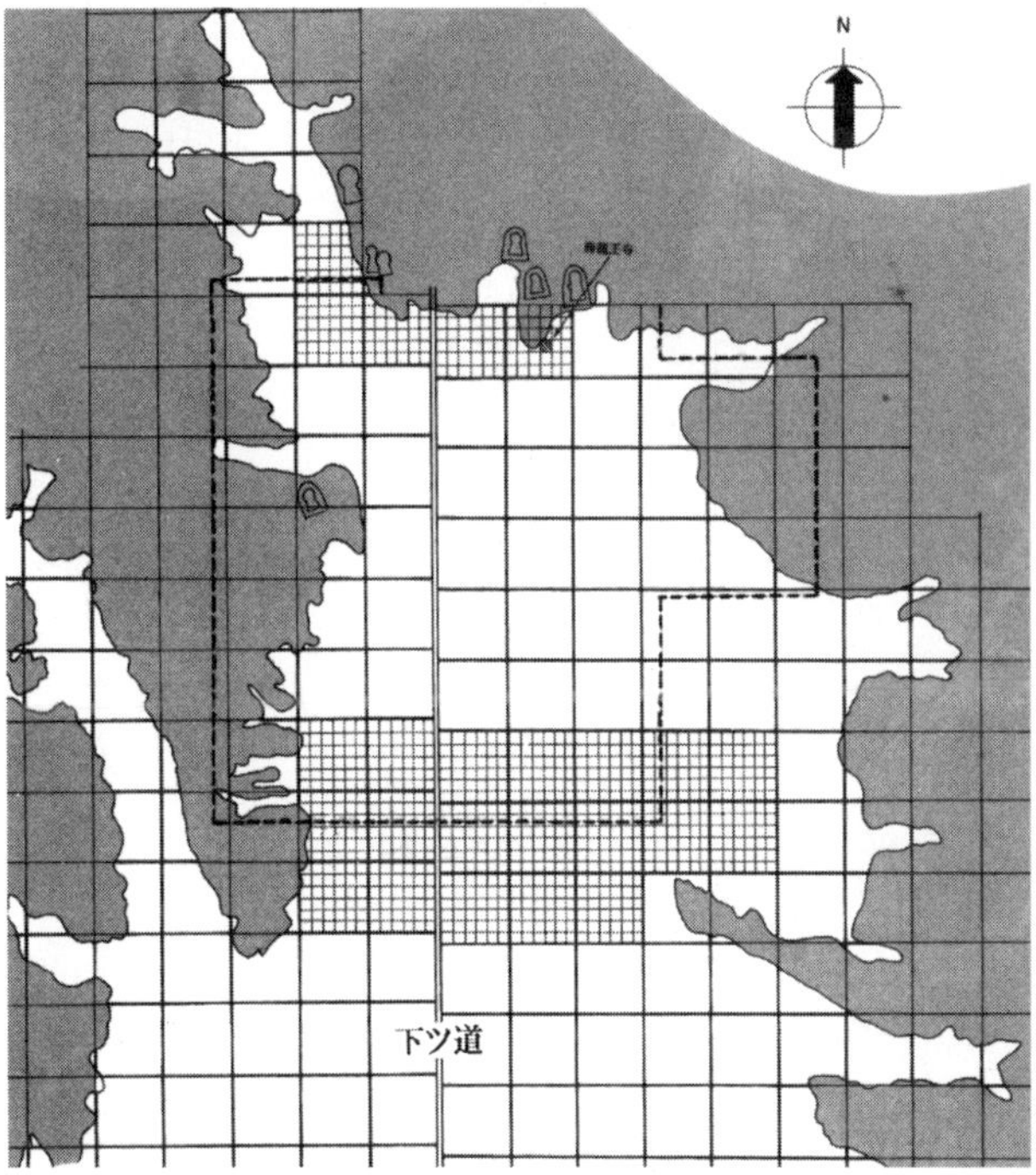

奈良盆地北部における平城京造営以前の（条里）方格地割概念図（点線は平城京）

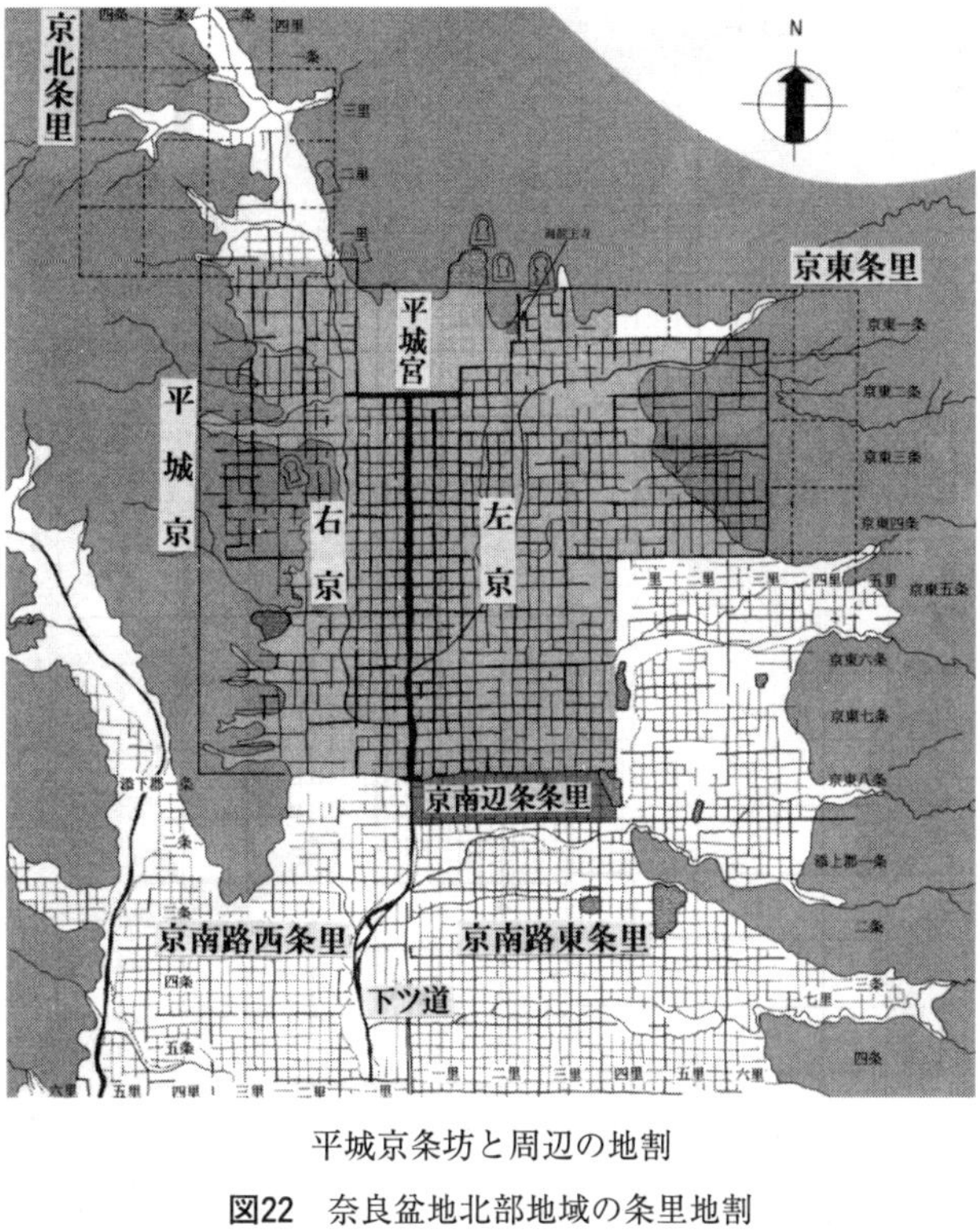

平城京条坊と周辺の地割

図22　奈良盆地北部地域の条里地割

柱建物群が検出されている。建物の耐用年数を考慮すると、おそらく奈良時代後半になって造営されたと判断して差し支えないと考える。つまり、この場所が宅地ないし建物を伴う何らかの施設が営まれる場所として開発された時期を奈良時代後半の一時点に求めることができるのである。建物配置状況は一般の居宅とは考えがたく、その上、この場所が神護景雲元年（七六七）から造営事業が始められた大寺院、西大寺の伽藍中枢部に北接する場所であることを考えると、北辺坊そのものの造営も、西大寺造営に付随したものであったとみることは、十分な蓋然性を伴う解釈とみなしていいのではないか。そのように判断すると、宝亀一一年（七八〇）に「西大寺資財流記帳」が作成された時点での「京極路」は北辺坊南二行目の北縁線であったことになる。

寺域記載のうち、北辺坊の理解に次いで大きな違いがみられるのは山陵八町についての見解である。「除山陵八町」とある点について、これを字義どおり寺域から除外するか、そうではなく、たとえば関野貞のように「伽藍の敷地は流記及続日本紀の記事の如く一條の三四坊の地全体を占め唯東北喪儀寮の一角を欠きし者の如し即東西八町南北四町総て三十二の坪の内より喪儀寮の一町を減ずれば恰も流記の居地三十一町に相当するごとくなるべし但此四至内には山陵八町あれば之を除外せしなり」と断じ(46)、また大井重二郎のように、「西大寺背後の山地四坊全部を寺中として取り扱った。四坊の一部には山陵八町を含む計算であるが、

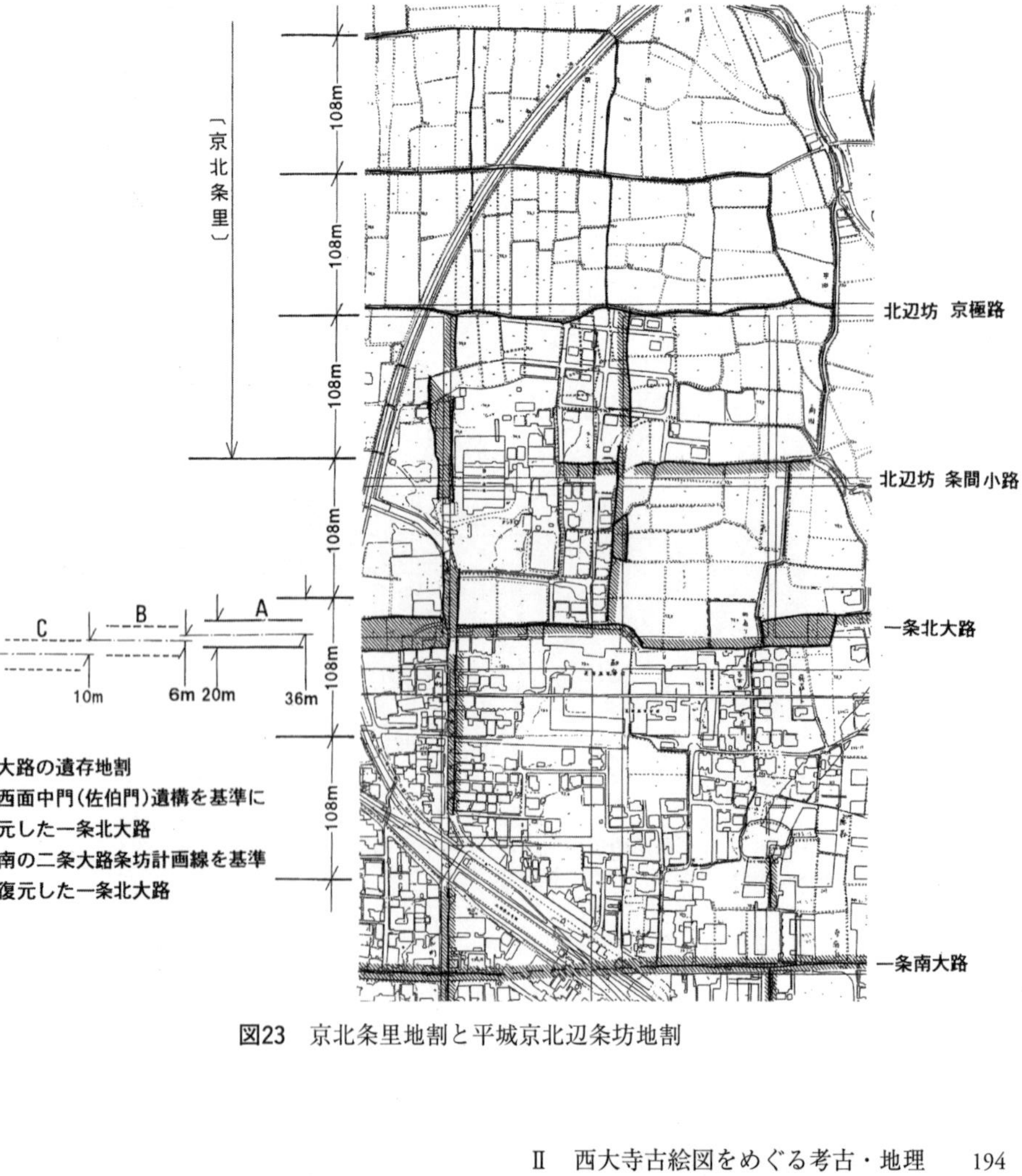

図23　京北条里地割と平城京北辺条坊地割

もとより西大寺域と区別する必要があるので「資財帳」には除と註記した。この「除」は別の観点からすれば、山陵八町を「含」と同義語である」[47]とのいささか不可解な理由付けで寺地に含めるかに関わるが、いっぽうで、東北隅の喪儀寮を除外する点では諸説一致していることを鑑みると、山陵を除かないというのは論理的一貫性を欠き便法にすぎるといわざるをえまい。

この山陵八町は、すでに指摘されているように、『延喜諸陵式』にみる称徳天皇陵一五町の一部であり、『続日本紀』宝亀元年（七七〇）八月戊戌条にみえる、称徳天皇山陵造営に際して豊野真人出雲ら鈴鹿王の子息達が旧宅を「山陵と為」したことに対して叙位を受けたとの記事に関わる場所であると考えられる。大井重二郎などが指摘するように、長承三年の「諸寺々注進案断簡」（「大和国南寺敷地図帳案」）に記載される右京一条四坊の北半を占める「山丁」八町が山陵を踏襲しているとみるのも一案であるが、「西大寺敷地図（弘安三年）」や「西大寺敷地之図」あるいは現地形をみると、右京一条四坊の大半は起伏に富んだ丘陵地帯であり、八町の境界が条坊の坪区画に正しく則ったものであったかどうか疑問に思う。すでに指摘されているように、一条四坊の西辺には字名「高塚」があり、京外西方のかなり広い範囲に及んでいる。この字「高塚」こそ、称徳陵北域の一五町を反映すると考えられているのであるが、地積図によると、字「高塚」は、京内では右京一条四坊の西辺のうち一五坪の半ば以上の範囲と一四坪、一六坪の一部分にかかる程度であり、八町にはとうてい及ばない。往時の「高塚」の領域は明らかにしがたいが、「山陵八町」は、この字「高塚」が京内に入る部分を中心にした不定形の八町の領域ではなかっただろうか。

以上の考察に基づくと、西大寺創建当時の寺域三一町は、図6に紹介した西大寺寺域各説の中で、山陵の範囲の形状を度外視すれば、北辺坊南北二町幅を前提とした大岡実の提示した案であったということになる（図21参照）。

【平安時代初期】

八世紀末以降、西大寺の寺勢は急速に衰微する。右京北辺三坊七・八坪での発掘調査（事例C）での知見や、秋篠寺所進の「西大寺敷地図」に一条北大路以北の北辺坊区画が、かつて秋篠寺領であったことが主張されていることなどから、秋篠寺が勢力を充実させる桓武朝および桓武天皇死後ほどない時期にいったん秋篠寺が進出したと考える。

【長承三年（一一三四）】

八世紀後半の創建当初には壮大さを誇った西大寺伽藍は、九～一一世紀にかけて破壊や焼亡のために次第に衰微していった。当時、興福寺の末寺となっていた西大寺は、一一世紀の頃から所領を北方へ拡大させようとの動きがみられるようになる。長承三年の「諸寺々領注進案断簡」（「大和国南寺敷地図帳案」）に記載されるこの時期の西大寺領は、伽藍中枢部の周辺の一二（条坊）町の範囲に限られる。

【建長四年（一二五二）】

「西大寺本検注目録」に記載された西大寺領。既述のように、長承三年時点に比較すると寺地は周辺にかなり拡大し、「西隆寺」と記載された九ヵ坪を合わせると四七町に及ぶ。西大寺領としてのこの四七坪区画に加えて、中枢伽藍の南西にあたる右京一条四坊六坪を中心とした一画に所在する西大寺鎮守社である八幡神社とその所領も、一条四坊の南一行周辺の九ヵ坪に及んでおり、創建当初の寺域をもはるかにしのぐ広さとなっている。

三　北辺坊造営担当官司＝修理司について

以上に論述したように、北辺坊の条坊設定を奈良時代後半の西大寺、西隆寺の造営にともなうものと考えたが、その造営実施機関について一考を呈しておきたい。結論をまず述べておくと、北辺坊造営の担当官司は修理司であったと推定する。

一九六七年に実施された西隆寺跡の発掘調査に際して、東門地区で検出した土坑から一一点におよぶ知識銭にかかわる木簡が出土した。そのうちの四点は「修理」官人の個人施入の知識銭付札であった。

38・修理司工丹生豊□
・古銭卅文

39・修理司判官息長木人
・新銭廿五文

40・修理司史生太眞□
・　新銭十五文

41・修理司民領丈部　□
・　新銭十　□

『続日本紀』には神護景雲二年（七六八）七月戊子条に、「造西隆寺長官」である従四位上伊勢朝臣老人を「修理長官」に兼任させ、「修

図24-1　西大寺寺域の変遷１
（造営以前の状況も含む）

理次官」には右兵衛佐従五位下の相模宿禰伊波を任ずるとある。また「造西隆寺次官」である従五位下池原公禾守は翌神護景雲三年六月に「修理次官」を兼任した。以後、宝亀五年（七七四）九月四日に外従五位下英保首代作を「修理次官」任じるまでの間、「修理」官に関する記事が見られる。西隆寺跡出土木簡により、「修理」官の本司名が「修理司」であることが明らかになったのである。『西隆寺発掘調査報告』で、東野治之氏、今泉隆雄氏は修理司の職掌、機能について考察し、「両寺（西大寺と西隆寺のこと―井上註）造営にともなう京城西北部の条坊の整備などにあたったのではなかろうか」との考えを示した。[48] ここで言う「京城西北部の条坊」についての具体的な記述はなされていないものの、北辺坊を念頭においていたのではないかと推察する。ところが、今泉氏は、その後、松原弘宣氏や森郁夫氏の研究をうけて「（修理司は）宮内の修理担当の官司と考える」として、前説を改めるにいたった。[49]

松原氏の修理司に関する考察は、平安時代初期に宮殿の修理機関として設置された令外の官である「修理職」の機構、機能、性格を明らかにする作業にあたり、その前史として、奈良時代における律令政府の造営機関、修理機関を検討する過程で試みられたものである。[50] 松

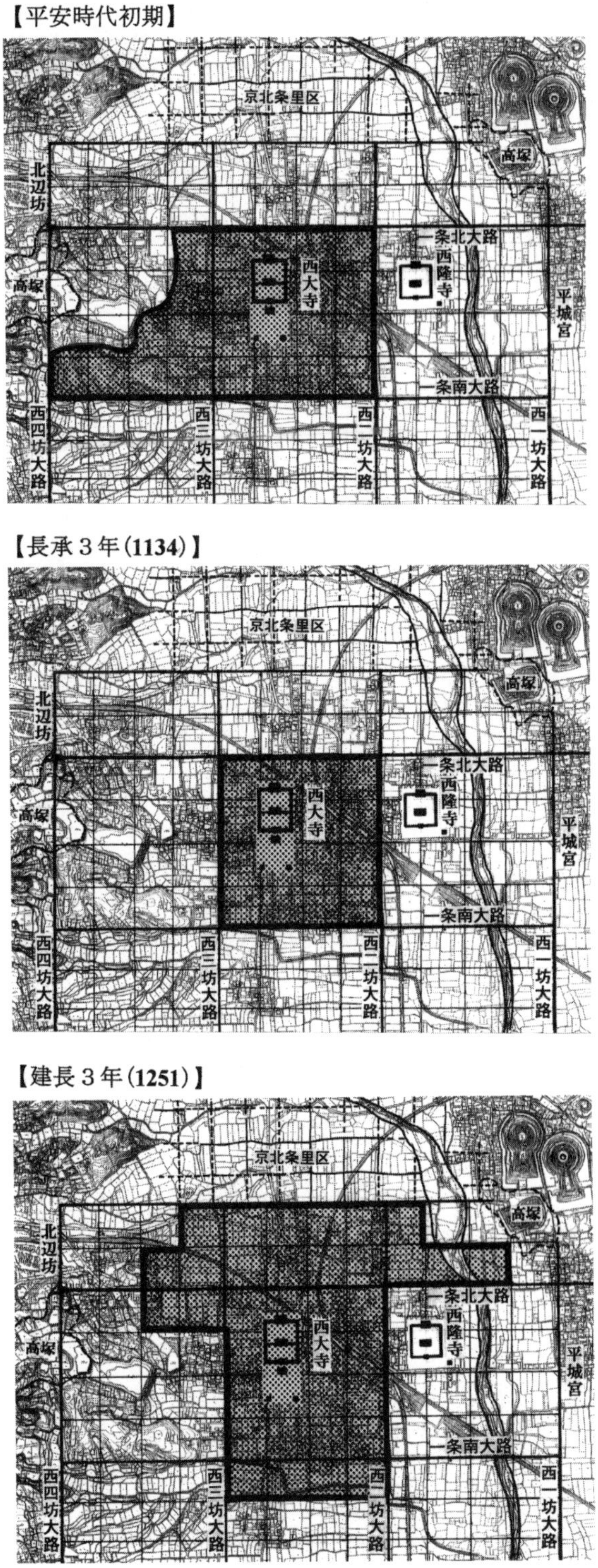

図24-2　西大寺寺域の変遷２

（〜1251）

原氏は、先の『西隆寺発掘調査報告』の東野氏（と今泉氏）の説く、京城西北部の条坊整備のために設置されたとする点には従うことができない、とする。その理由として、

①西大寺・西隆寺造営以前の東大寺や唐招提寺などの造営に際して、外京部分を含めての条坊整備のために修理司あるいはそれに相当する官司は設置されていない。

②西大寺、西隆寺造営に際しての京城西北部の条坊とは北辺坊が想定されるが、岸俊男氏によると、北辺坊・外京の設置は平城京造営の初めから計画されていたとされる。とすれば、西大寺、西隆寺の造営に伴っての条坊整備の必要はなかった。

③西隆寺造営に修理司が参加していることを以て、北辺坊の条坊整備と結びつけることはできない。

④東野氏（および今泉氏）の、宮内営繕のための機関としてすでに造宮省がおかれていたので、宮内修繕のために修理司が設置されたとは考えにくいとした見解に対しては、造宮省は造営業務が主なもので、宮内修繕業務は本来のものでなく、むしろ派生的機能であると考えられるので、修理司は宮内修営のため設置された可能性がある。

との反証をあげたうえで、松原氏は、

（a）平安時代初期に設置される修理職は造営職の職務を受け継いでいる。

（b）平安京造営に際して造宮職は宮殿造営と条坊造営の両方を行っていたと考えられる。

（c）造宮省が廃止されて後に、宮内修理を行う「修理職」と条坊整備を行う「修理左右城使」が設置されるに至った。

と論じて、こうしたことよりすれば、修理司は西大寺・西隆寺造営を契機として宮内・京内の修理一般をつかさどるために設置されたものとしている。しかし、「何故に、称徳朝になって修理業務を主とする令外の官＝修理司が設置されたのであろうか」という自らの問いかけには、それまでの宮内修理業務は造宮省が派生的機能として果たしていたが、当時造宮省は冗官化していく傾向にあったとする説明を加える。しかしながら、西大寺、西隆寺の造営と宮内、京内の「修理一般」との間に、前者を契機として後者が新設される必然性はみいだしがたいのではあるまいか。

また、松原氏のあげた反証の中で、③と④は確実な因果関係を示すものでなく、必ずしも有効な根拠とはなりえないと考えるが、①と②にも問題がある。東大寺が造営されたのは天平勝宝年間前後のことであるが、寺地はすべて平城京の条坊域の外側に設定されたのであり、条坊の整備とは直接の関わりのないものであった。唐招提寺は天平宝字年間に造営が開始されたと考えられる。寺地は当初、右京五条二坊の四町を占めていたが、その地は『唐大和上東征伝』などによれば、「故新田部親王の旧宅」地であり、「没官地」であったとも伝えられており、寺院造営にともなって条坊整備が必要とされた場所とは考えられない。

これらに対して、西大寺、西隆寺の同時造営は、合わせて三五町にもおよぶ大規模なものであり、しかも京域外に広大な寺地を占めた東大寺とは異なり、京内に占地したものであった。つまり、東大寺や唐招提寺とは前提とする条件が著しく異なっていたことを考えなければならない。

次に②であるが、北辺坊は平城京造営の初めから計画されていたと

する岸俊男氏の説を引いて、それを是認している。岸氏は、藤原京において宮域の北になお二条＝四（条坊）町の余地があり、平城京の北辺坊はその遺制であるとしていた(51)。しかし、藤原京に関する近年の調査研究の成果は、岸氏が想定した京域をはるかに超える規模であったことを明らかにしており(52)、藤原京にあって北辺坊的な条坊区域はもはや考えがたい。こうした点からみても、北辺坊に関する岸氏の見解は確実な根拠に基づくものとは言いがたい。

以上のように、松原氏の反証は成立しがたいと考えざるをえないし、修理司が、松原氏の言うように、西大寺、西隆寺造営を契機として設置されたものとするのであれば、それが「修理一般」にとどまらず、むしろ北辺坊の造営を管轄していたとみても不都合はないと考える。

森郁夫氏の「修理司」に関する見解は、平城宮出土の「修」、「理」、「司」などの刻印瓦の検討を通じてのものである(53)。森氏によると、

①刻印の文字の正体は（「佟」…修の異体字・「理」）の一群と、「亻丨」、「冬」（いずれも修の略体字）、「里」（「理」の略体字）、「司」の一群との二群に区別される。

②二群にわけた修理銘瓦のうち、後者の一群については「修理司」としてまとめることができる。それらは出土状況から奈良時代後半の瓦であることが明らかであり、「続日本紀」にみえる「修理司」が神護景雲二年に存在する記事と矛盾しない。

③前者の一群には「司」銘をもつものはみられないが、「理」の刻印をもつ軒丸瓦六一三三D（東大寺式）型式を検討すると、遅くとも天平勝宝年間のものとすることができ、「修理」官は天平末年から天平勝宝年間にはすでに存在していたものと考えてよい。

とされる。さらに森氏は、

（a）奈良時代において「修理」官が瓦の製作にきわめて深いかかわりを持っていたこと。

（b）天平初年からさほど遅くない時期に「修理」官が設置された可能性は充分考えられ、その職掌は宮城内の修造を本務としたものと考えられる。

（c）平安時代に入ってから設置された修理職や修理左右坊城使に関する史料によれば、「修理」官の職掌は京城内に及んでいたことがわかる。

などの考察を展開した上で、「修理官の任務が宮城内の修理工事全般にわたっていたのか、あるいは築地、大垣という特定の構築物に限っていたのか、という点で今後の検討を要するであろう。仮に「修理」官の職務の大半が築地・大垣に関する面に向けられていたとしたならば、京域内の破損修理の内容も大路・小路に沿った築地の補修が主要な部分をしめたとすることも可能である。」と結論している。森氏の考察はあくまでも刻印瓦のありかたをめぐって行われたのであるが、ただ「修理」官の職掌が瓦に直接関係する部分に限られるかどうかは現在得られる出土資料からでは不分明といわざるをえない。

今泉氏は松原氏や森氏の見解をうけて、「神護景雲二年に特に修理官司として修理司が設置された」とする理解を示しており、それ以前の宮内の日常的な修理は、明証はないが、造宮省が担当してきたものの、神護景雲の頃、東内の造営で繁忙であったために、主に宮内の造営あるいは修理のための官司である修理司が造西隆寺司をもとに組織されたとの理解を示した。

西隆寺については、先の『西隆寺発掘調査報告』（一九七六）以後も、各種の開発行為に伴う発掘調査が実施されている。とくに一九八

九年から一九九一年にかけて、伽藍中枢地域や食堂院と推定される地域を対象とした広い範囲に及ぶ調査が行われた。その成果は、『西隆寺発掘調査報告書』にまとめられているが、その中で、舘野和己氏は、西隆寺の造営過程を考察するのに際して、修理司の機能についての興味深い見解を述べている[54]。

先にもふれたように、神護景雲元年八月に造西隆寺司長官になった伊勢朝臣老人は、翌神護景雲二年七月に造西隆寺司長官を兼ねたままで修理長官に任じられる。その際、修理次官に補されたのは従五位下右兵衛佐の相模宿禰伊波であったが、翌神護景雲三年六月には神護景雲元年八月に造西隆寺司次官となった大外記従五位下池原公禾守が、左大史外従五位下堅部使主人主とともに修理次官に任ぜられた。このように修理司の長官、次官に、造西隆寺司の官人と重なるものがいること、また体制としては文献上から造西隆寺司がみえなくなるのに替わって修理司が登場してくることから、舘野氏は、西隆寺造営の機能が造西隆寺司から次第に修理司によって担われるようになったと理解できるのではなかろうかと述べる。そして修理司が（京城西北部の）条坊整備に関係したとみる積極的な根拠はなく、森郁夫氏が明らかにしたように修理司が宮内の修理にあたったことは確実であるから、「あるいは西隆寺の造営がかなりの早さで進んだことを受けて、西隆寺造営の最終段階から修理司が替わって担当するようになったとも考えられる」としたのである。

西隆寺造営の職掌が神護景雲二年以後のある時期に修理司に引き継がれた、つまり造西隆寺司が修理司の機構に吸収されたとみる舘野氏の考説は、あるいは妥当であるかもしれない。しかし、その理由が「西隆寺の造営がかなりの早さで進んだことを受けて」というだけでは、説得力にやや欠ける。官職を兼ねることは当時少なくなかったとはいえ、初代の造西隆寺修理司長官が着任後一年を経ずして、おそらくはこれも初代と考えられるが、修理司長官を兼務することになったのであり、しかもその翌年には次官を増員して次官二名体制をとるという組織の拡充がはかられている。さらに、舘野氏も指摘するように、造西隆寺司長官兼修理司長官であった伊勢老人は、寺院の造営という観点からいえば格段に大規模で、かつ最重要であった西大寺の造寺司長官であった佐伯今毛人よりも高位であったことからも、修理司は、寺院造営にとどまらない、より重大な権能の要求される官司であったといえまいか。その長官、次官の任命の時期、そしてことさらな造西隆寺司首脳との関係の緊密さなどを考慮すると、修理司が単に宮内の造営あるいは宮内の修理のための官司であったとみることは、過小な評価ではないかと考える。

「右京一条北辺〇坊」と称されることになった条坊域の造営は、和銅年間の遷都に際しての造都以来例のなかった、新たに京域を拡張造営する事業であった。本来平城京条坊の造営は造平城京司が担当したが、平城京創都の時の造営事業でその任は終えている。つまり、神護景雲年間の時点には条坊造営を担当すべき官司は存在していなかったのである。そこで、西大寺、西隆寺の造営に伴う北辺坊京域の新設に当たって、その一時的な造営を担当する官司として、修理司が設置されることになると考えるのであるが、造西隆寺司の長官、次官をそのまま長・次官に兼任させているので、修理司は、今泉氏のいうように、造西隆寺司の組織の一部を割いて組織されたものであろう。あるいはこの時に、森氏が指摘したように、従来からあったと推定される「修理」官を拡充して「修理司」としたのかもしれない。そして従来の「修理」の職掌に北辺坊造営という新規事業を付加し、組織的には北辺坊造営の直接の原因となった西隆寺の造営機関に密接に組み込まれたと考えることも、あながち不当であるまい。

おわりに

以上論じたように、平城京右京北辺坊は、いくつかの観点から、確かに実在した条坊区域で、その設定の時期は平城京時代の中にあり、それは西大寺、西隆寺の造営に直接関わるものであった(55)。そしてその造営実施機関は修理司であったと考える。北辺坊設定の理由は、奈良時代後半に至って、右京北域に伽藍中枢部を置く大規模な寺院、西大寺と西隆寺を造営するに際して、その広大であるべき寺地を確保するためであったと考えられよう。

設定当初は南北二坪幅の北辺坊のうち三坊のほとんどは西大寺の寺地であったが、平安時代初頭に、そこに秋篠寺が進出してくる。一三世紀の頃になると、西大寺は再び北辺坊地区に寺領を拡大するが、この時、北辺坊南二行目は古代以来の京北条里区に相当することから、土地表示は時として条里の範疇で処理されることがあった。実際に当該地に条坊の地割と条里の地割が混在する事実はそうした状況を裏付けるものであろう。ただし、この判断は、まだ十分論証しつくしたものではなく、山本崇が指摘する、京北班田図の坪付が実態とは異なり、とくに京北条里三里、四里では明らかに一町南にずれるという状況(56)

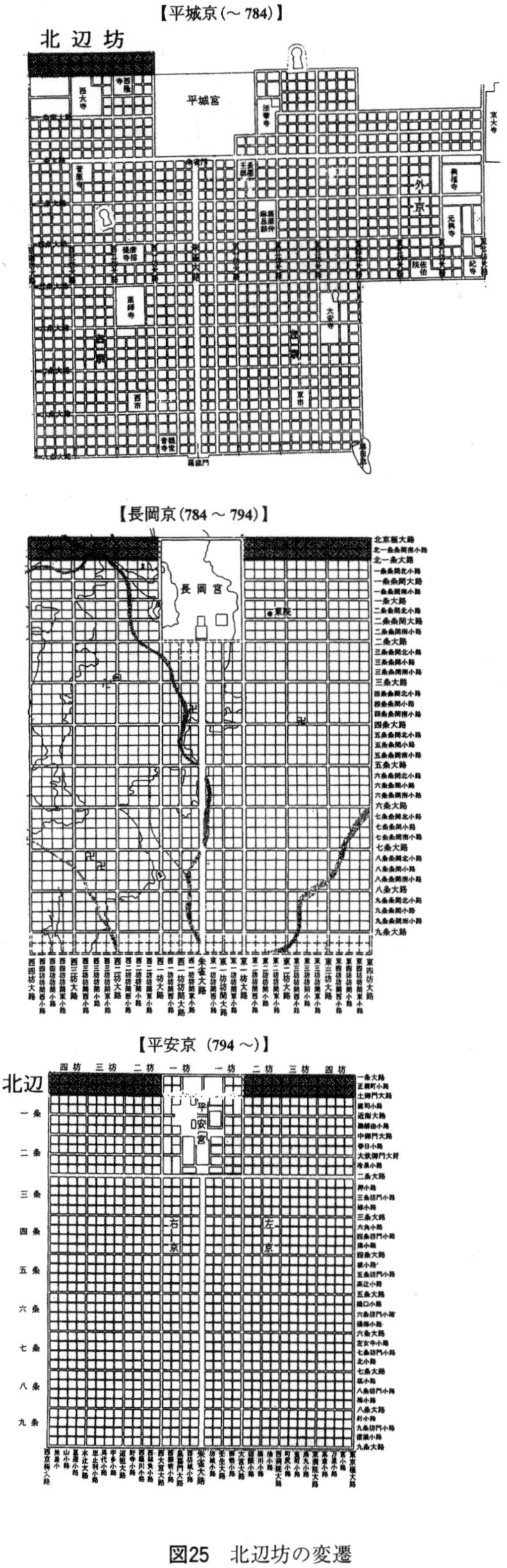

図25　北辺坊の変遷

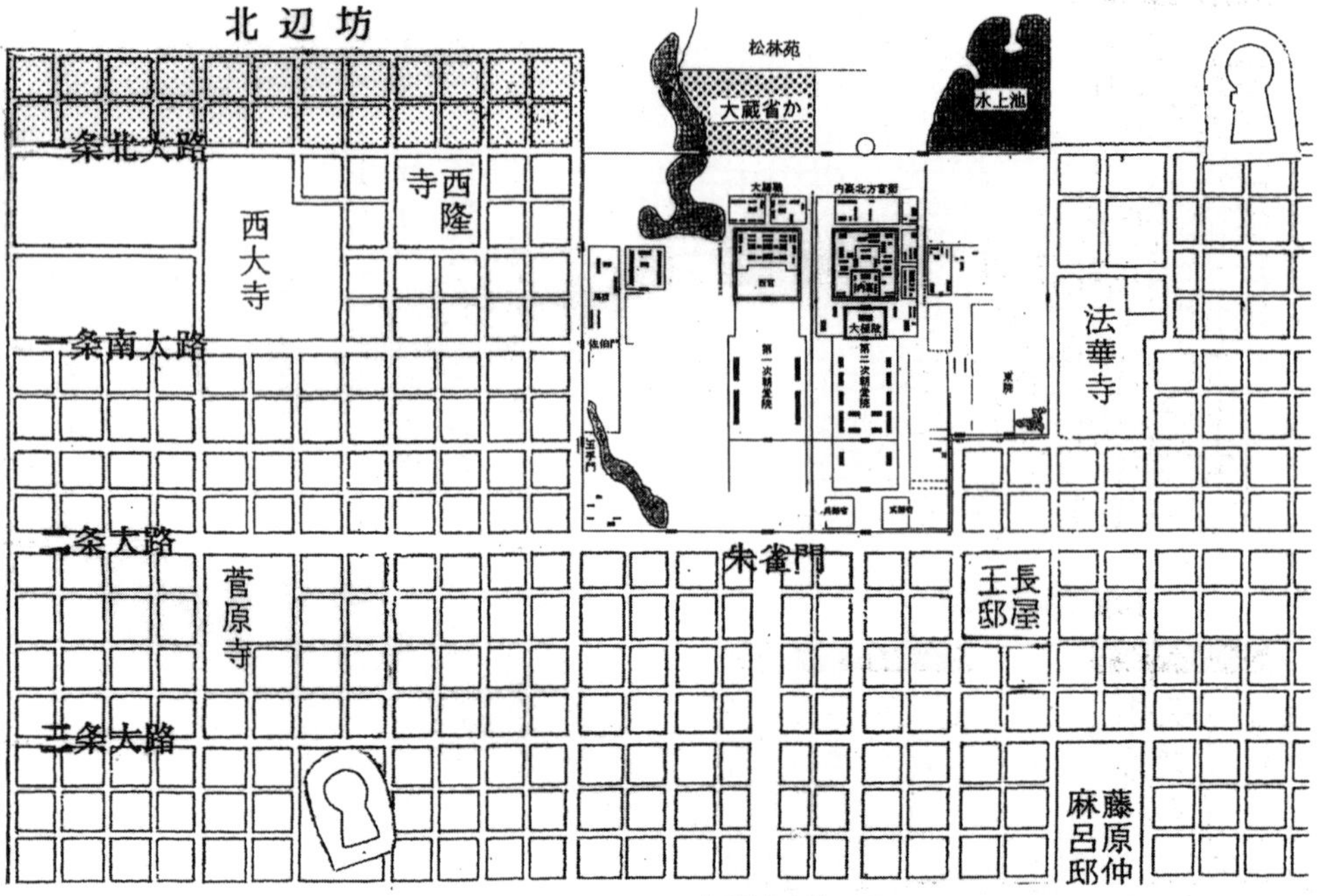

【平城京】

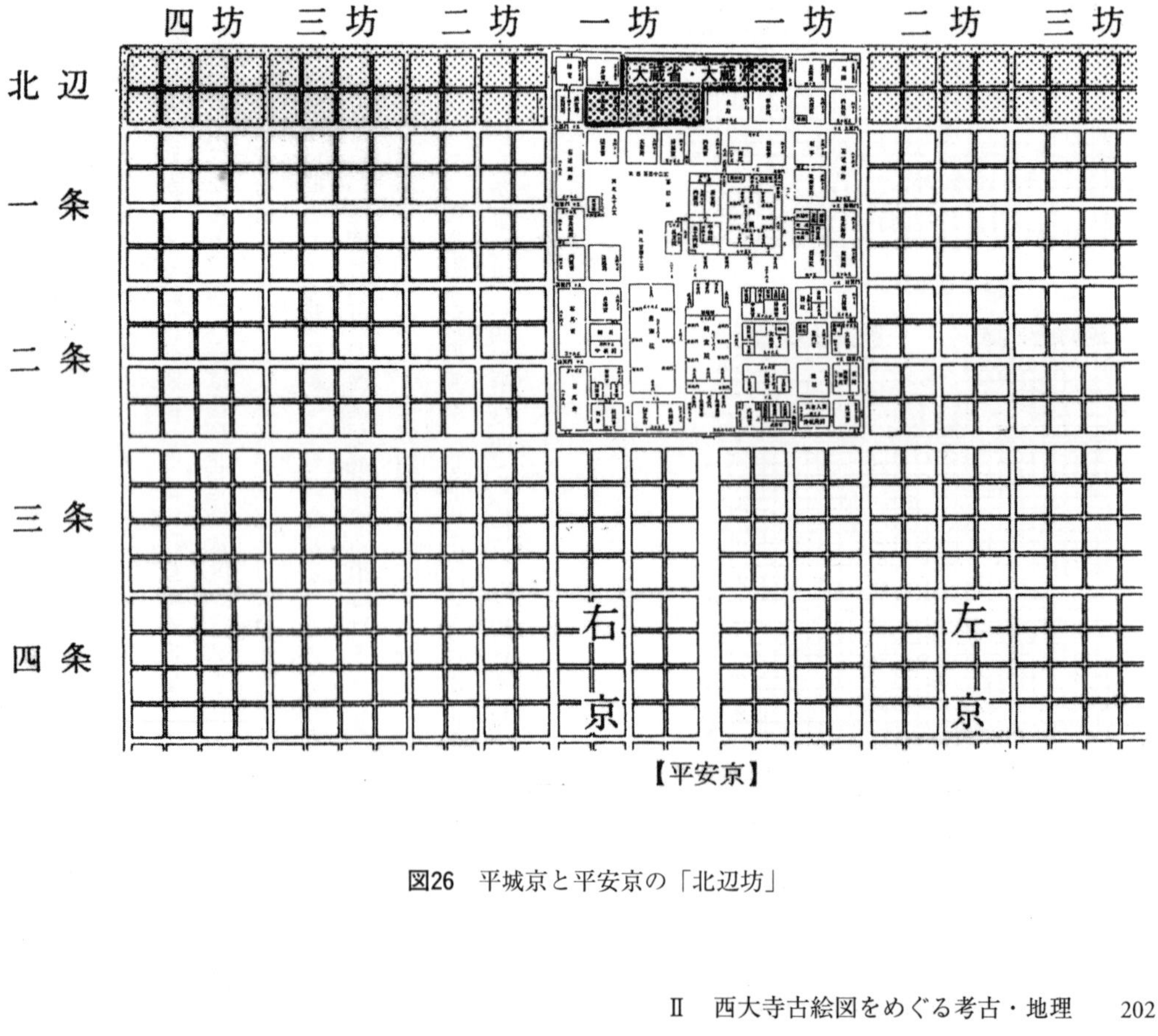

【平安京】

図26　平城京と平安京の「北辺坊」

を京北条里区の全域に敷衍しうるとすれば、また異なる評価の可能性をおびてくる。この点については、とくに京北班田図の記載内容の周到な分析研究を通じて解明すべきと考えるが、今の私の力量に余る作業であり、後考にまちたいと思う。

平安京にあって、北辺坊は当初から条坊区域として設定された区画であり、平城宮とは異なり、南北に長い平安宮域の東西に設定されていた。ただし、南北の規模は二町（坪）幅であり、平城京北辺坊の規矩と基本的には同じ規模で設定されていた。平城京に後続する、平安京の直前の都城、長岡京では、最終的には平安京と同じ北辺坊の形制をとっていたことが明らかにされているが、長岡京造営の当初段階では北辺坊は造営されていなかったとみられている。(57)ただ、その場合、全く計画すらなかったのではなく、前期と後期に分けられている長岡宮の造営が、本来の全体計画を段階を踏んで完成させるための工程の区別であったとする理解に準ずれば、(58)北辺坊区画も長岡京の当初からの造営構想にあったものと考えられよう。それは平城京にあって、平城宮の北側に営まれた大蔵省倉庫区画と、結果的にはその西側に展開することになった北辺坊の経営の実績、実態を長岡京で、より企画的に実現したものであったと評価したい（図25・26）。

先に紹介したように、「右京一条北辺〇坊」という表記が平城京の時代の文字史料にないことをもって、北辺坊非在説の一つの根拠ともみなされたこともあるが、奈良時代における平城京条坊表記史料自体きわめて限られているのであり、平城京の時代に「北辺坊」という呼称が行われていなかったという確証はない。「左京三条七坊」などという平城京通有の呼称が可能であった外京域に比べると、通常の条坊表現の方法の無かったことを勘案すると、すでに平城京にあって「北辺坊」と呼ばれていたこともありうるのではないかと考える。

(1) 関野貞『平城京及大内裏考　東京帝国大学紀要工科第3冊』（一九〇七年）。
(2) 井上和人『条里制研究の一視点―奈良盆地における条里地割の施工年代についての再検討―』（一九九四年）。
(3) 石上英一「2　大和a大和国添下郡京北班田図」（『日本古代荘園図』東京大学出版会、一九九六年）。
(4) 関野貞、前掲注1『平城京及大内裏考』。
(5) 喜田貞吉「平城京の四至を論ず（二）～（七）」（『歴史地理』八ノ二～四・五・七～九、一九〇六年）。
(6) 大井重二郎『平城京と条坊制度の研究』（一九六六年）。
(7) 奈良県立橿原考古学研究所編『大和国条里復原図』（一九八七年）。
(8) 工藤圭章「平城京とその後の推移」（『奈良市史　建築編』奈良市、一九七四年）。
(9) 大井重二郎、前掲注6『平城京と条坊制度の研究』。
(10) 奈良県立橿原考古学研究所『平城京右京一条北辺二坊三坪・四坪　奈良県史跡名勝天然記念物調査報告』第六七冊、一九九四年。
(11) 奈良県立橿原考古学研究所『松林苑跡Ⅰ　奈良県史跡名勝天然記念物調査報告』第六四冊、一九九〇年。
(12) 平城宮北面大垣の座標：X＝－144,973.32　Y＝－18,488.68（奈良国立文化財研究所『平城宮発掘調査報告Ⅸ―宮城門・大垣の調査―』一九七八年）。
(13) 松林苑南面大垣については平城第一二三―一二次調査および松林苑跡第五五次調査で築地跡が確認されている。第一二三―一二次調査地点での築地心座標：X＝－144,733.6　Y＝－18,503.0（奈良国立文化財研究所『昭和五五年度平城宮跡　発掘調査概報』一九八一年、奈良県立橿原考古学研究所「奈良市松林苑跡　第五二～五五次発掘調査概報」『奈

良県遺跡発掘調査概報 一九九五』一九九五年）。

(14) 平城第二二七次調査で西隆寺北面築地跡が確認され、築地東北隅心の位置はX＝－144,966.10 Y＝－19,399.80と報告されている（奈良国立文化財研究所『西隆寺発掘調査報告書』一九九三年）。

(15) 奈良県立橿原考古学研究所『奈良市松林苑跡 第五六〜五九次発掘調査概報』一九九六年。

(16) 奈良国立文化財研究所『平城宮発掘調査報告XIV 第二次大極殿の調査』一九九三年。

(17) 奈良国立文化財研究所「北辺三坊一・二・三・四坪の調査（第一一二—四次）」『昭和53年度平城宮跡発掘調査部 発掘調査概報』一九七九年。

(18) 奈良国立文化財研究所『平城宮北辺地域発掘調査報告書』一九八一年。

(19) 村田修三「超昇寺城」（『日本城郭大系 第一〇巻』一九八〇年）。上記の文献に掲載されている超昇寺城の縄張図は二七メートル×三〇メートルの方形郭の主郭を中心とした東西一〇〇メートル、南北一五〇メートルほどの範囲であるが、村田氏は「西側から濠を隔てた台地の北に堀跡らしい幅一四—一八メートルの水田が東西約七〇メートルにわたって直線状に走っている」ことを指摘している。これが運河ないしは道路跡とされている地割に相当する。一九八八年に実施した発掘調査では、主郭の南方二〇〇メートルの一段低くなった場所で東西方向の堀跡が確認されており、城域はさらに広かったことが明らかにされつつある（奈良国立文化財研究所「平城宮北辺地域の調査—第二九三—三次・第二九三—四次」『奈良国立文化財研究所年報一九九九』Ⅲ、一九九九年）。

(20) 石上英一、前掲注3「2 大和a大和国添下郡京北班田図」。

(21) 角田文衞「平安京」（『国史大事典』一九九一年）を引用するが、そこではそのような指摘は行われていない。しかも、角田の記述では、瀧浪貞子の見解を受けて、平安京が北に二町分拡張されるのは、元慶年間（八七七—八八五）のこととしており、「天下の儀式、男女の衣服、宮殿、院堂、門閣の名称を唐風に改め」た弘仁九年（八一八）よりも半世紀あとのこととされる。ただし、瀧浪の北辺坊に関する所見の錯誤は、すでに山中章により明確に論証されている（瀧浪貞子「初期平安京の構造—第一次平安京と第二次平安京—」『京都市歴史資料館紀要』創刊号、一九八四年。のち瀧浪『日本古代宮廷社会の研究』に収載・山中章「初期平安京の造営と構造」『古代文化』四六—一、一九九四年。のち山中『日本古代都城の研究』一九九七年に収載）。

(22) 松本修自「西大寺伽藍の変遷」一九九〇年、西大寺（奈良国立文化財研究所・奈良県教育委員会編）『西大寺防災施設工事・発掘調査報告書』。

(23) 岩本次郎「西大寺資財流記帳 西大寺本」『仏教芸術』六二、一九六六年。

(24) 西大寺寺域各説
イ関野貞『平城京及大内裏考』一九〇七年。

喜田貞吉「平城京の四至を論ず（二）〜（七）」『歴史地理』八ノ二〜四・五・七〜九、一九〇六年。

大井重二郎『平城京と条坊制度の研究』一九六六年。

工藤圭章（A案）「付記」（大岡実「西大寺」『南都七大寺の研究』一九六六年）。

ロ大岡実「西大寺の寺地について」『史跡名勝天然記念物』第八集第四号、一九三三年。

ハ中郷敏夫「西大寺の占地」『考古学雑誌』第25巻第12号、一九三五年。

田村吉永「西大寺の居地」『大和志』第八巻第一〇号、一九四一年。

ニたなかしげひさ「西大寺創立の研究」『考古学評論』第三号、一九四一年（たなか『奈良朝以前寺院址の研究』一九八七年に収載）。

ホ工藤圭章（B案）「付記」（大岡実「西大寺」『南都七大寺の研究』一九六六年）。

(25) 福山敏男「西大寺の創建」『仏教芸術』六二、一九六六年、太田博太郎『南都七大寺の歴史と年表』一九七九年。

(26) 奈良市『平城京朱雀大路発掘調査報告』付図「遺存地割・地名による平城京復原図（八千分の一）」一九七四年、および前掲注7奈良県立橿原考古学研究所編『大和国条里復原図』。

(27) 平城村史編集委員会『平城村史』一九七一年、伏見町史刊行委員会『伏見町史』一九八一年。
(28) 奈良市教育委員会「平城京右京一条北大路・西三坊大路の調査　第四三〇次」『平成一一年度　奈良市埋蔵文化財調査概要報告書』一九九九年。
(29) 朱雀大路造営方位は、かつて、平城宮朱雀門、六条付近での朱雀大路、羅城門周辺の朱雀大路に関わる遺構の位置関係から、国土方眼方位に対して北で○度一五分四一秒西にふれている（＝N○度一五分四一秒W）とされていたが、羅城門遺構の再検討を通じて、正しくはN○度一五分三九秒Wであることを明らかにした（井上和人「平城京羅城門再考—平城京の羅城門・羅城と京南辺条条里—」『条里制古代都市研究』通巻一四号、一九九八年）。
(30) 奈良国立文化財研究所「北辺坊の調査（第一〇三—一六次）」『昭和五二年度　平城宮跡発掘調査部発掘調査概報』一九七八年。
(31) 奈良市教育委員会「平城京左京二条五坊北郊の調査　第一七一次」『昭和六三年度　奈良市埋蔵文化財調査概要報告書』一九八九年。
(32) 井上和人「古代都城制地割再考」『奈良国立文化財研究所研究論集Ⅶ』一九八四年。
(33) 奈良市教育委員会「平城京右京一条北辺三坊七坪の調査　第三三二次」『平成七年度　奈良市埋蔵文化財調査概要報告書』一九九五年。
(34) 長岡篤「草創期の秋篠寺をめぐって—とくに京北班田図との関連において—」（民衆史研究会編『民衆史の課題と方向』一九八七年、のち『日本古代社会と荘園図』二〇〇一年に収載）。
(35) 石上英一、前掲注3「2　大和a大和国添下郡京北班田図」、「荘園絵図調査報告九　西大寺　荘園図群—2」（荘園絵図研究グループ）『東京大学史料編纂所研究紀要』第六号、一九九六年）。
(36) 松本修自、前掲注22「西大寺伽藍の変遷」。
(37) 平安遺文二三〇二号。
(38) 鎌倉遺文七三九八号。
(39) 石上英一、前掲注3「2　大和a大和国添下郡京北班田図」。
(40) 平城宮西面中門である佐伯門の発掘調査で確認された門心の位置を基準にして、1尺＝〇・二九六メートル、　造営方位N○度一五分三九秒Wで試算した場合。
(41) 井上和人「条里制と開発の歴史—条里地割の施工年代をめぐって—」（『月刊文化財』No.三九八、一九九六年）及び前掲注2『条里制研究の一視点』。
(42) 井上和人、前掲注2『条里制研究の一視点』。
(43) 岩本次郎「斑鳩地域における地割の再検討」『文化財論叢　奈良国立文化財研究所創立三〇周年記念論文集』一九八三年。
(44) 秋山日出雄「条里制施行期の問題」前掲注7奈良県立橿原考古学研究所編『大和国条里復原図（解説）』一九八七年。
(45) 実際の状況としては、河川あるいは丘陵などの測量の障害となる自然地形の両側において、ある地点では地割の計測の基準ラインを共有しているものの、そこからそれぞれ別々の計測を進めていった結果食い違いが生じるのだと考えられる。
(46) 関野貞、前掲注1『平城京及大内裏考』。
(47) 大井重二郎、前掲注6『平城京と条坊制度の研究』。
(48) 西隆寺調査委員会『西隆寺発掘調査報告』一九七六年。
(49) 今泉隆雄「八世紀造宮官司考」『文化財論叢　奈良国立文化財研究所創立三〇周年記念論文集』一九八三年（のち今泉『古代宮都の研究』一九九三年に収載）。
(50) 松原弘宣「修理職についての一考察」『ヒストリア』七八、一九七八年。
(51) 岸俊男「飛鳥から平城へ」『古代の日本　第五巻』一九七〇年（のち岸『日本古代宮都の研究』一九八八年に収載）。
(52) 小澤毅「古代都市「藤原京」の成立」『考古学研究』第四四巻第三号、一九九七年（のち小澤『日本古代宮都構造の研究』二〇〇三年に収載）など。

(53) 森郁夫「平城宮の文字瓦」『奈良国立文化財研究所　研究論集Ⅳ』一九八〇年。
(54) 舘野和己「西隆寺の造営」奈良国立文化財研究所『西隆寺発掘調査報告書』一九九三年。
(55) つとに北辺坊の存在を肯定的に論じた大岡実は、「北辺坊は西大寺を造営するために造られたものと考えることによって、それが右京だけにしか存在しなかった理由を理解することができよう」と指摘している(大岡実「第六編　西大寺」『南都七大寺の研究』一九六六年)。
(56) 山本崇「秋篠庄と京北条里」『続日本紀研究』第三二四号、二〇〇〇年。
(57) 山中章「長岡宮城南面と北辺の造営」『条里制研究』第八号、一九九二年。のち「宮城の改造と「北苑」の建設」と改稿して山中『長岡京研究序説』二〇〇一年に収載。
(58) 山中章「長岡京の初段階」(『長岡京研究序説』二〇〇一年)。

2 発掘資料からみた西大寺荘園絵図群

佐藤亜聖

はじめに

西大寺を中心とする荘園絵図群は、中世前期における荘園経営に関連して描かれた絵図群である。この絵図群に描かれた地域では当時の荘園経営に関連する遺構が発掘調査により多く見つかっている。かつて筆者はこれらの遺構について、各種絵図や文献を用いて検討を行った事がある〔佐藤、一九九九、二〇〇〇a〕。本稿では前稿において詳述する事ができなかった情報も含めて、主に発掘資料を中心に検討を行う。

一　中世の西大寺北辺

東京大学所蔵「西大寺与秋篠寺堺相論絵図」（原色図版8）には、京内一条北大路から、十五所大明神までの間に多くの家が描かれており、集村村落の可能性が説かれている〔石上、一九九七〕。残念ながらこの付近の発掘調査の例は少なく、描かれている村落の実態は不明である。ただ、断片的な情報であるが、奈良市教育委員会による平城京右京一条北大路・西三坊大路の調査では、室町時代の溝ＳＤ〇二が見つかっている（図１）〔奈良市教育委員会、二〇〇一〕。

調査地は西大寺新田町四七五―一に位置し、九三平方メートルの小規模な調査である。溝ＳＤ〇二は幅六・四メートル、深さ最深部一・五メートルを測り、下層から平安時代の土器が少量、中・上層からは室町時代の土器が出土している。この溝については、一条北大路北側築地の雨落溝であるという調査者、大窪淳司の説〔奈良市教育委員会、二〇〇一〕と、一条北大路側溝であるとする本書所収の井上和人氏の説がある。筆者は一条北大路北側溝と考えているが、溝そのものの性格については、古代の地割を踏襲した中世の屋敷、集落関連の溝と考える事はできないであろうか。絵図に描かれた集落の存在をうかがわせる遺構である。

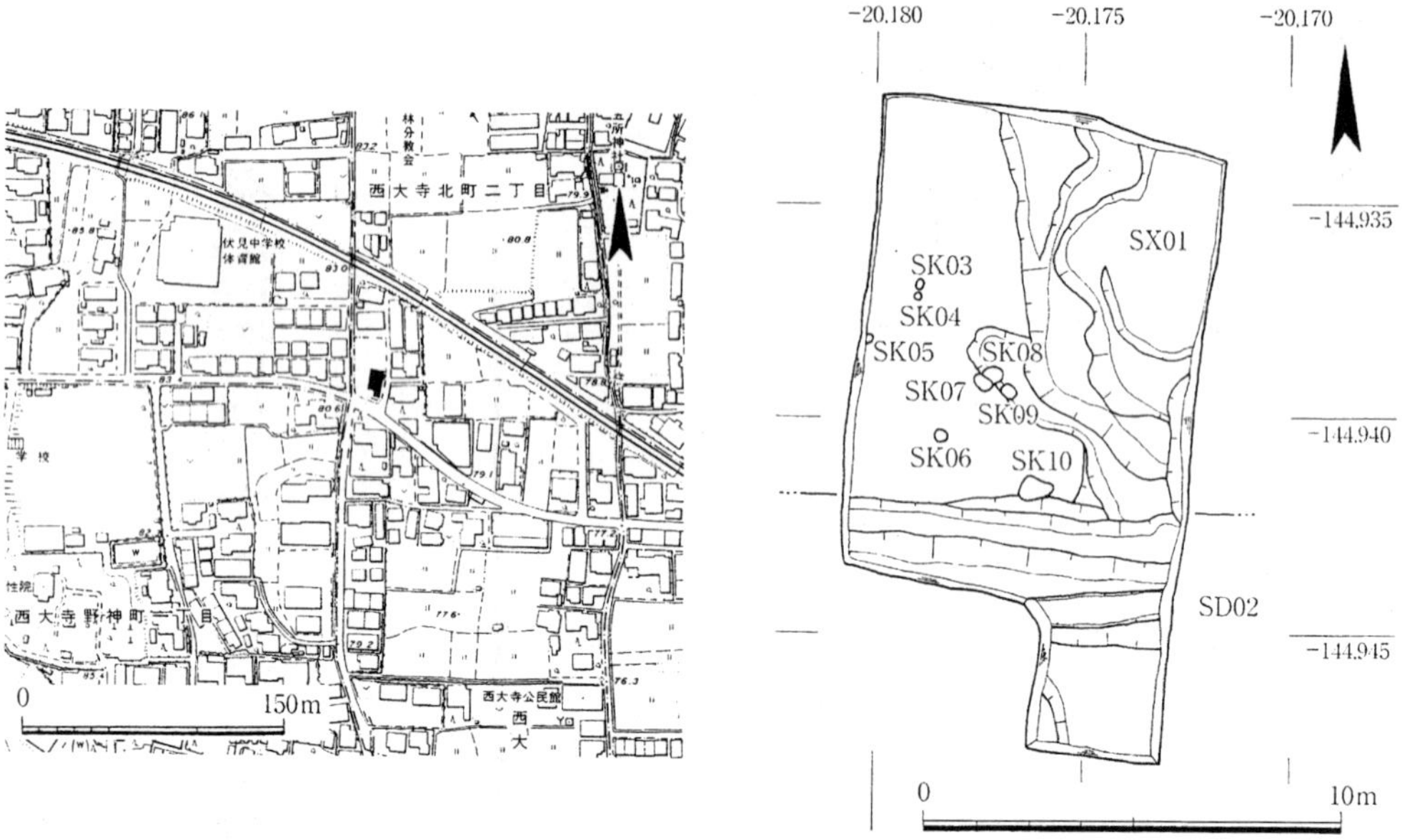

図1　平城京第430次調査位置図および調査区平面図

二　京北条里地域の遺跡（図2）

京北条里地域における調査としてまずあげられるのは、一九八一年に行われた京北条里推定地の調査である（図3）〔奈良市教育委員会、一九八二〕。

条里復元図中の二条二里と二条三里の境界付近を対象として行われた。数本の溝、土坑、旧河道が検出されている。調査面積が狭く情報は限られるが、検出された溝は現状畦畔の方向と同様の配置を持つものと、正方位を指向するものの大きく二種類に分かれる。後者のうち区画溝と考えられる鈎状に屈曲する溝からは、瓦器椀が出土している。一二世紀頃に正方位を指向する開発が行われたものの、何らかの事情で現在の地割に変更されたものと考えられる。

次に、京北条里地域における最も広範囲な調査として、秋篠・山陵遺跡をあげる（図4）。秋篠・山陵遺跡は奈良市秋篠町、山陵町に位置し、奈良大学付属高校の移転に伴い約一万平方メートルが調査されている〔奈良大学文学部考古学研究室ほか、一九九八、佐藤、一九九九〕。調査地は秋篠川が開削する谷底平野の縁辺にあたり、北東部分は丘陵部の延長が形成する微高地にかかる。六世紀後半から七世紀にかけて自然地形に制約された斜行する地割を持った土地利用が行われ、北東部の微高地上には井戸や溝、土坑など遺物・遺構が集中する生活区域が展開する。

その後七世紀半ば～八世紀半ばまでの空白期間を経て、八世紀半ば～後半には五度前後東偏する区画溝[1]を有する建物群や井戸、土坑が展開する。ここからは米の支給木簡や円面硯、緑釉瓦、製塩土器など

図2　京北条里地域の現状景観と過去の発掘調査地　S＝1/10000
（橿原考古学研究所編『大和国条里復原図』を一部改変）

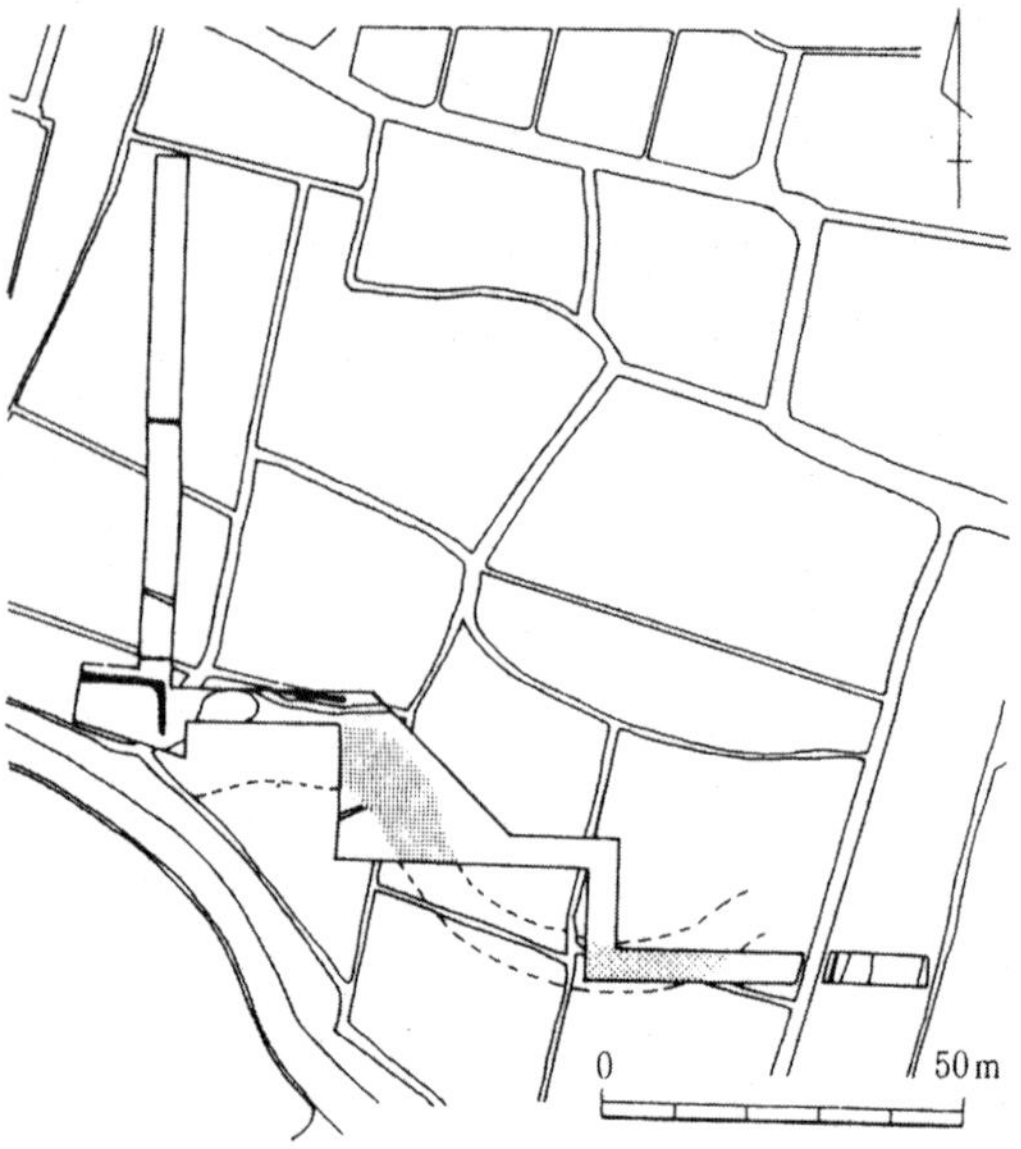

図3　奈良市教育委員会調査京北条里推定地遺構全体図
（奈良市教育委員会，1982を一部改変．S＝1/2000）

通常集落には見られない遺物が出土している。また、「寺」「司」字の墨書土器なども出土しており、七八〇年創建の秋篠寺との関係を窺わせる。なお、この段階でできた地割の一部は現在の地割に一致する。その後、九世紀初頭には遺構が消滅し、以後一二世紀前半までは全くの空白であるが、一二世紀前半〜半ばになると、低地部分を中心として散発的に遺構が展開する。先述の様に調査地から北西に約一キロメートルほど離れた地点で奈良市教育委員会が行った調査では、一二世紀の瓦器を出土する区画溝に方向を合わせた素掘り溝が新規に出現することが確認でき、当遺跡の散発的な遺構群もこの時期低地部分を中心に開発が進展したことを物語る。

一三世紀後半には最北の第一調査区において柱穴の集中と小規模な区画溝が出現する。この区画を元に一四世紀以降溝区画を持つ集村形態の村落が形成される。また、同じ一三世紀後半頃この調査区において径四メートル前後の溜井状の水利施設（ＡＳＧ〇一）が開削される。さらに、詳細な時期決定はできないが、一三世紀後半頃調査地北東の微高地上に、やや東偏する幅三・三〜四・五メートルで比較的等間隔の素掘り溝が開削される。この溝は一四世紀以降の瀬戸卸皿を包含する斜行溝に切られ、また現状の水田地割にも合わない。おそらく水田開発の第一段階で条里に沿った耕地開発を志し、土地改良を行ったものの、条里型水田維持の困難さから地形に沿った地割に改変されたのであろう。

三　西大寺南側の遺跡[2]（図5・6）

次に西大寺南側の遺跡群を取り上げ、水田開発を中心とした耕作地の展開について考察する。

奈良市の西部に位置する西大寺の南側は、区画整備事業に伴って広域の発掘調査が行われている。現在も調査は継続中であり、調査の成果については概要のみが報告されている。このため分析は主に概報に記載されているものを中心とし、主な調査区については遺物と遺構実測図の実見、調査者からのご教示をいただいた。なお、今回の考察においては建物遺構の扱いを保留し、土坑、溝、井戸を検討の対象とした。

当遺跡の平安京遷都以降の景観について見てみると、遷都後も遺構

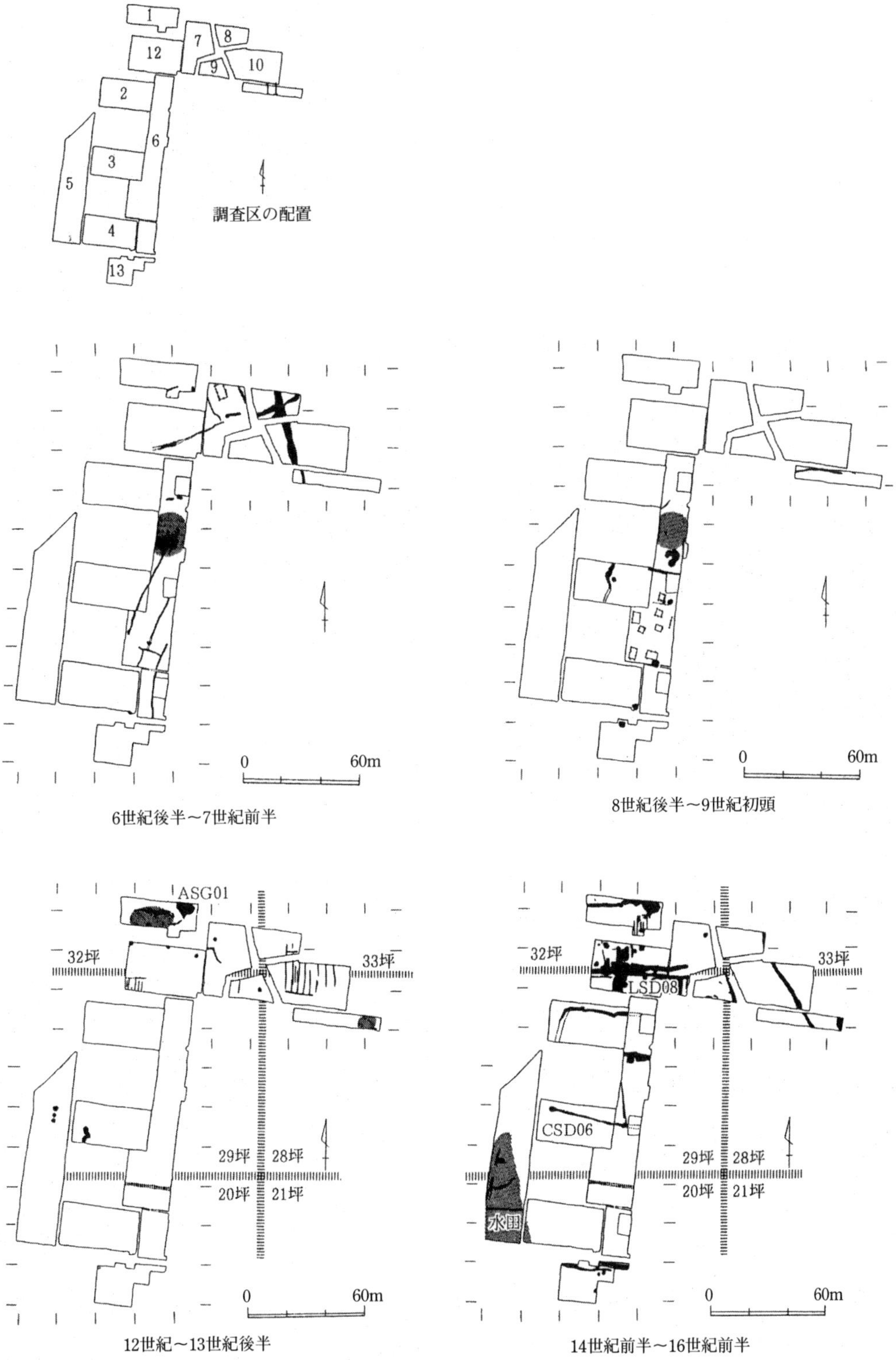

図4　秋篠・山陵遺跡遺構変遷図

（トーンは柱穴集中部および水田，破線部分は推定年代）

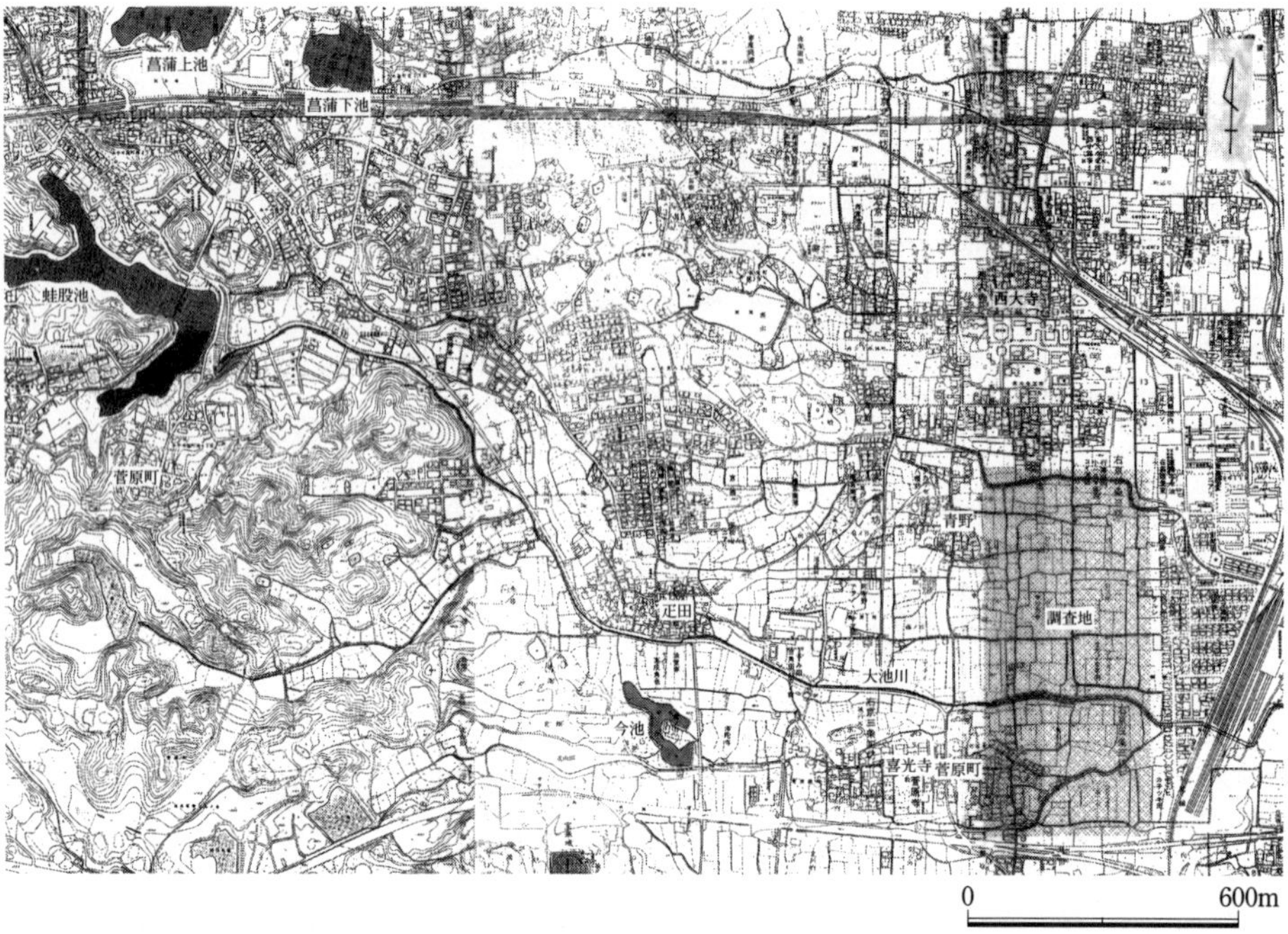

図5　西大寺周辺地図（橿原考古学研究所編『大和国条里復原図』を一部改変）

は見られ、その立地は主に二条三坊一〇坪付近に集中する。また、三七八―四・五、三六四次調査では条坊側溝が見つかっているが、これらは九世紀代に一度埋没した後、一二世紀を前後する時期に、掘りなおして堰を持つ基幹水路として整備される。

その後、一〇世紀代の遺構はほとんど見られない。この空白の状況は京北条里地域とも共通する。一一世紀後半頃になると再び遺構が出現し、以降一二世紀の半ばまで二条側の標高七二～七三メートル付近に遺構が散在するようになる。この時期の耕作地は北東部に広がる標高七二メートル以下の低地部分を主体としていたと推定される。

一二世紀半ばになるとそれまでの基幹水路であった道路側溝が廃絶し、遺構の分布が南の三条側へと拡散する。この三条側は浅谷が貫入し、現地に立つと地図で見る以上に複雑な地形を呈し、微地形を越えた灌漑網を持つ面的な水田造成の困難な部分であったことが推定される。一二世紀半ばの三条側への遺構の拡大は、地形的制約を受けていた部分への新規もしくは再開発の試みであったと考えることができよう。これを裏付けるように二三六次調査や三四八次調査において、後述する土地改良用と考えられる等間隔の素掘り溝が、一二世紀前～半ばの瓦器椀を出土する溝に取り付く状態で検出されている（図7）。しかしこの段階では現状景観に見られるような、計画的な灌漑体系が存在していたとは考えにくい。これを間接的に証明するのは、二条側の三二七―一・三五一―二次調査区において検出されているSK六〇二とこれにとりつく溝SD一一〇である。この遺構は東西一一・〇メートル以上、南北一二・五メートル以上、深さ一メートル程度の土坑で、南北方向の溝が取り付く。埋土は灰色粘土が厚く堆積し、遺構底部には植物遺体が存在する。農業経営に関連する水利施設であろう。

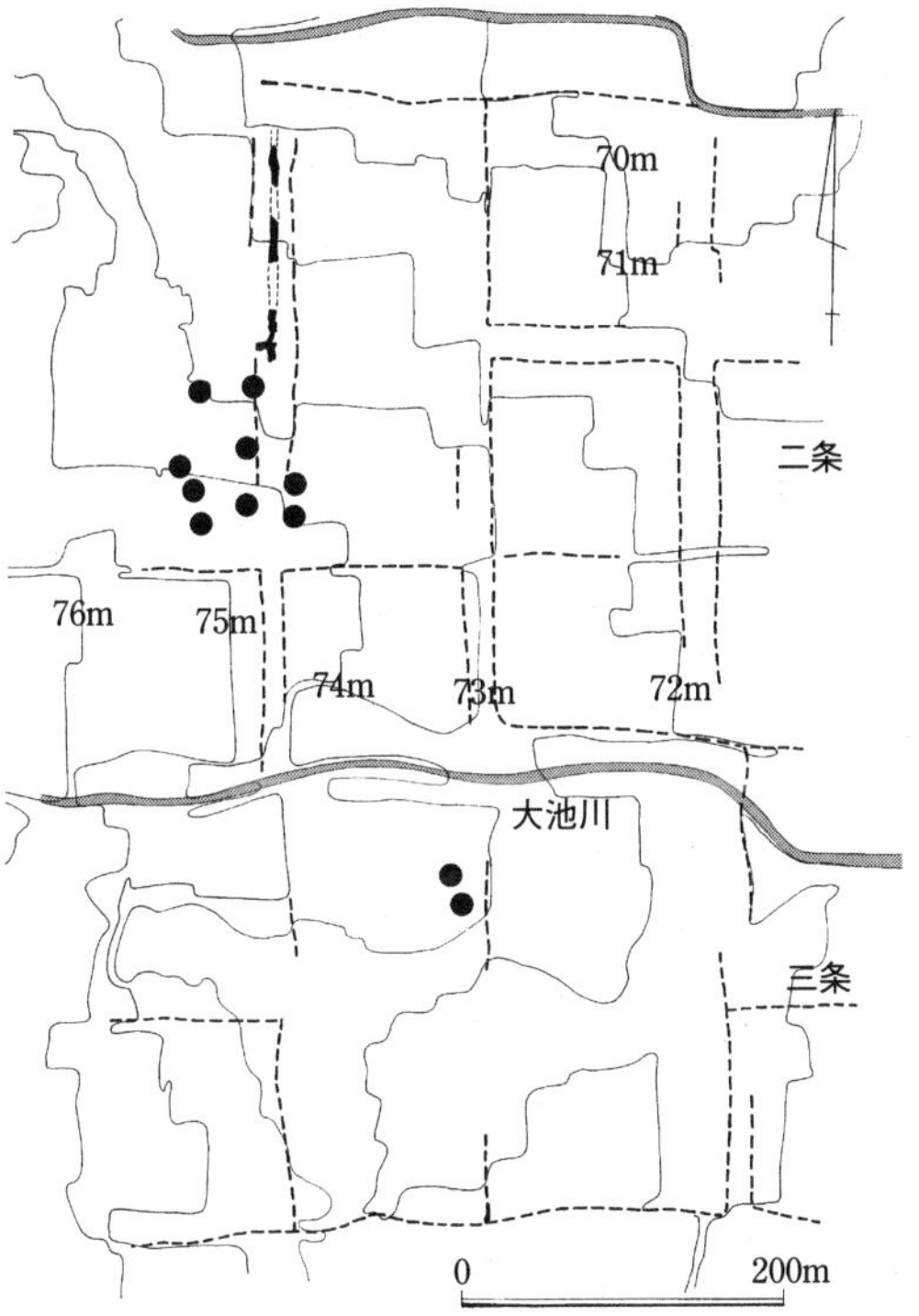

9世紀～10世紀前半

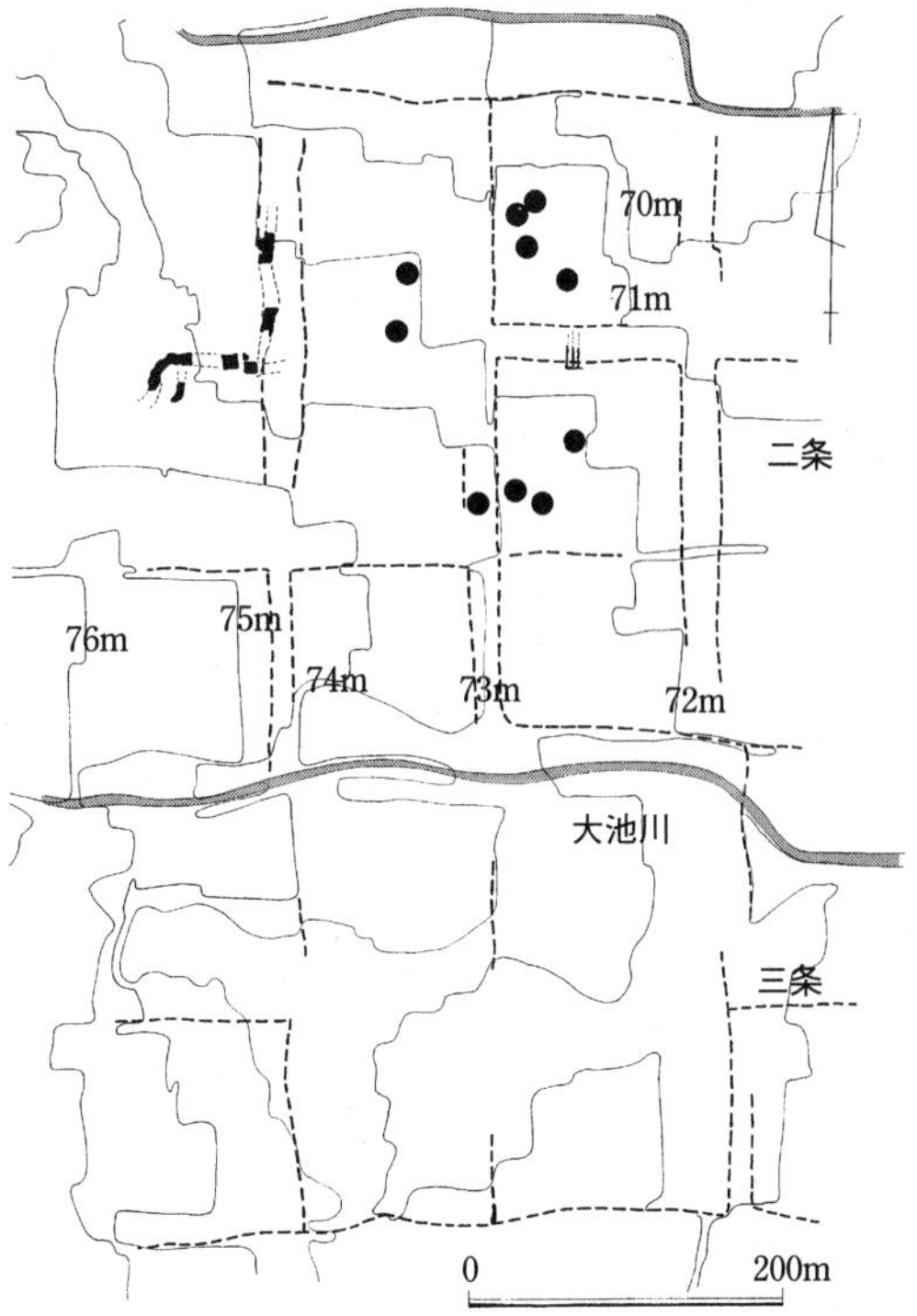

11世紀前半～12世紀前半

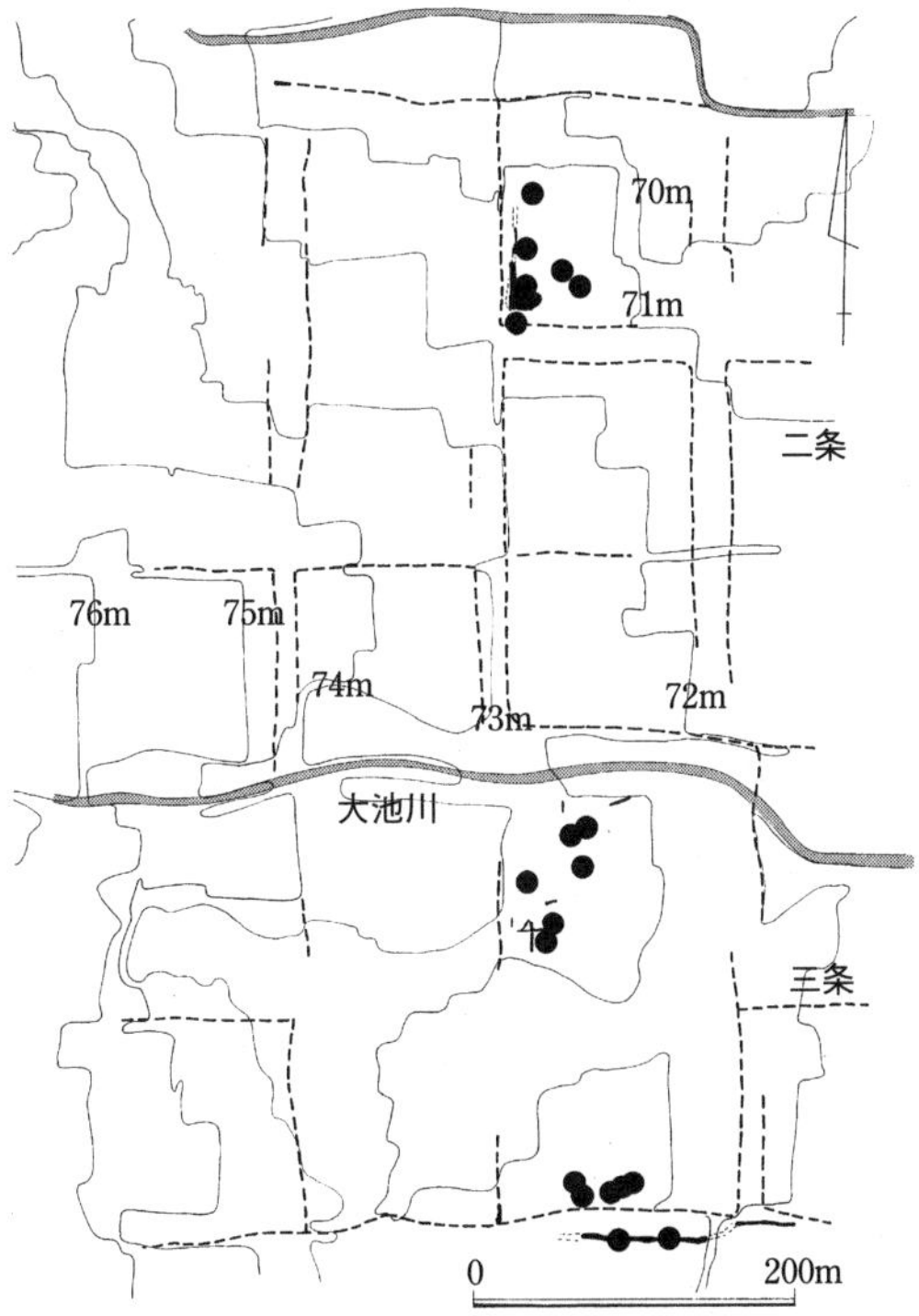

12世紀半ば～13世紀半ば

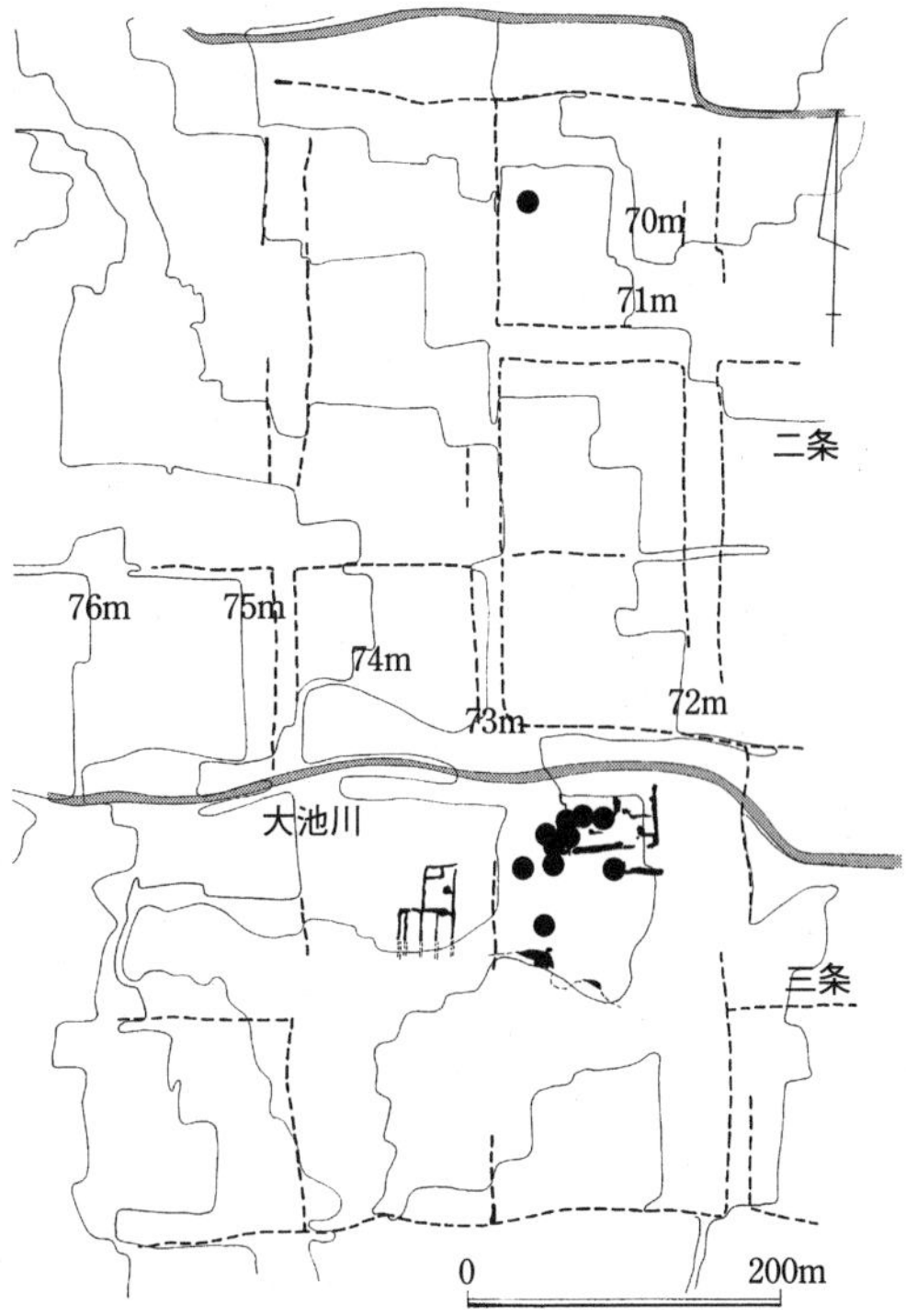

13世紀後半～14世紀

図6　西大寺南側における井戸・土坑の立地（太破線は遺存条坊地割）

この遺構は一二世紀半ばに一旦埋没した後、一三世紀半ば頃掘り返される。このような補助水源を利用する灌漑体系は一三世紀半ばまで継続したようである。

一三世紀前半には村落はほぼ三条側の一六九・一七三・一八二・一八四次調査区に集中するようになる。しかし一三世紀半ばまでは三二七―一・三五一―二次調査区において一二世紀半ばと同様の補助的水利施設とそれに隣接する井戸が検出されており、前段階と変わらぬ経営形態であったことが推察できる。これらが解消される一三世紀半ば以降現在の菅原・青野などの村落への集村が完成され、灌漑システムが整備されるものと考えられる。後述する西大寺東側で検出されてい

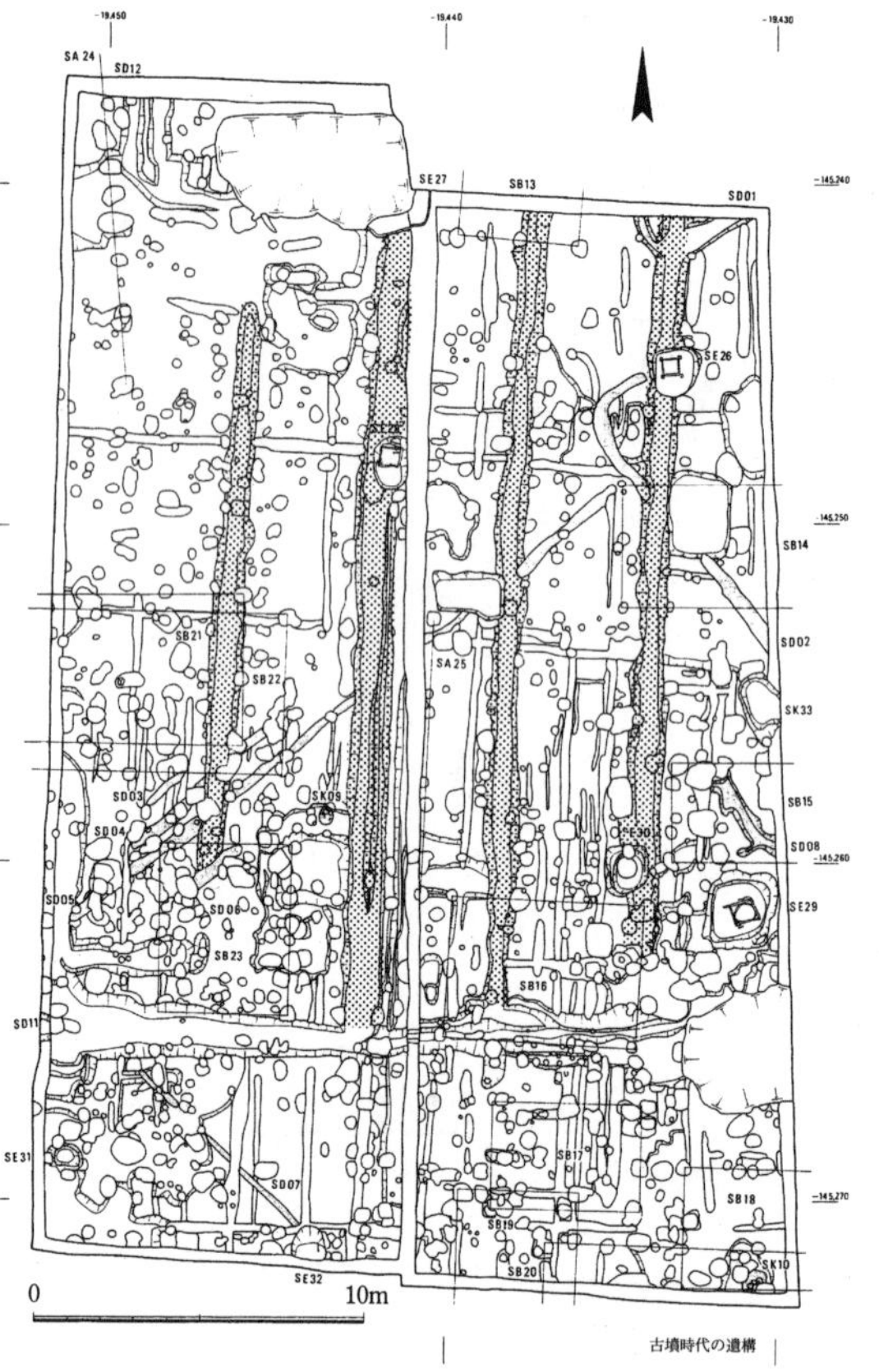

図 7　平城京右京一条二坊十一坪第 348 次調査検出の開発関連遺構
（粗いアミの部分）

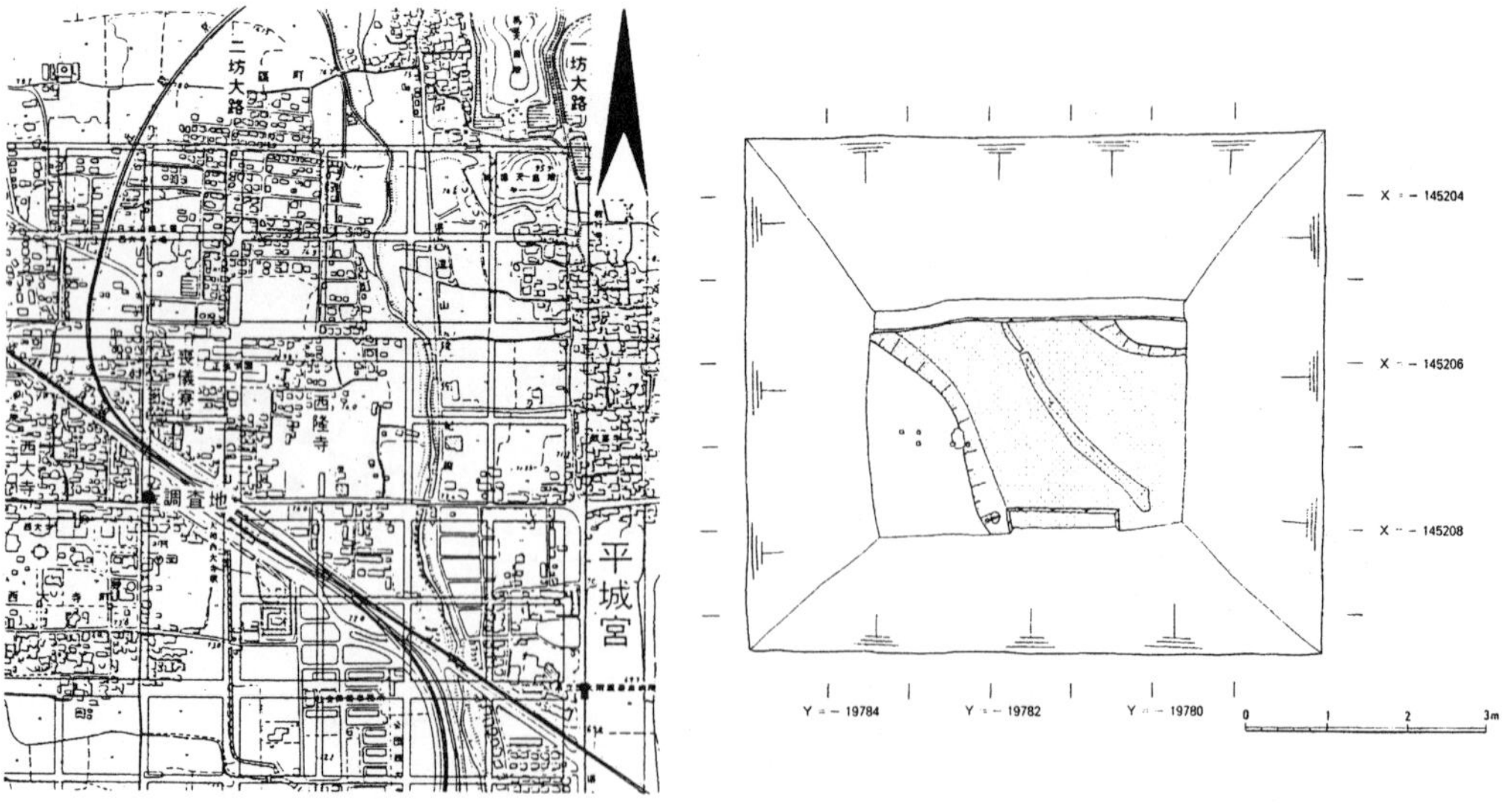

調査位置図　　河道平面図

図 8　西大寺旧境内検出河道

る埋没河道（図8）などはこの時期整備された可能性がある。

　このように西大寺南側地域における耕地利用は一二世紀半ばまでは主に低地部分を対象として営まれていたものと考えられる。そして一二世紀半ばになって地形の複雑な部分への開発が開始されるが、これは規模の大きな等間隔の素掘り溝の存在からも推定できるように主に畠地などの水田化をその目的としていたことが窺える。安井宣也氏や金原正明、金原正子氏らによると、平安時代に埋没したと考えられる西二坊大路西側溝の埋土中よりソバ属の花粉が一定量含まれるとのことである。このことは平安時代では低地部においても一定量の畠地が存在し、水田の比率が低かったことを間接的に物語る〔安井、一九九八、金原正明・金原正子、一九九八〕。

四　西大寺東側の調査（図9）

　西大寺東側においても興味深い遺跡が存在する。平城京右京一条二坊一六坪、三坊一坪、北辺二坊七坪にあたる、推定一条北大路と推定西二坊大路の交差点付近において二〇〇三年、三〇〇〇平方メートル近い広域の調査が行われた〔佐藤、二〇〇四〕。遺跡の概要を述べると、まず西隆寺・西大寺創建以前に当たる奈良時代前～中期の遺構は非常に希薄である。一条北大路南北側溝、西二坊大路東西側溝は平城京建設と同時に設置されているものと考えられるが、この段階では三坊側に坪内道路が設置され、坪内を分割して使用していたようである。

　次に西隆寺・西大寺創建以降にあたる奈良時代後期～平安時代初頭には三坊一坪において、前段階に存在した坪内道路を埋め、新たに規模の大きな建物が複数建設される。また、二坊側では西隆寺に関連すると考える遺構群が多く出現する。これらの遺構はいずれも九世紀末～一〇世紀初頭に消滅する。また、条坊遺構についても西二坊大路東側溝は奈良時代のうちに埋没するが、西側溝は奈良時代に幅を広げ浚渫が繰り返され、九世紀末～一〇世紀初頭前後に埋没する。西二坊大路は壁面の観察から側溝の埋没と同時に耕作地となったと考えられる。

　平安時代以降は一条三坊側を中心として展開する（図10）。建物背面は耕作関連の素掘り溝が面的に広がっており、また水溜めと考えられる大型土坑を有する。これらの集落は一三世紀第Ⅱ四半期頃に廃絶し、以後建物はみられない。

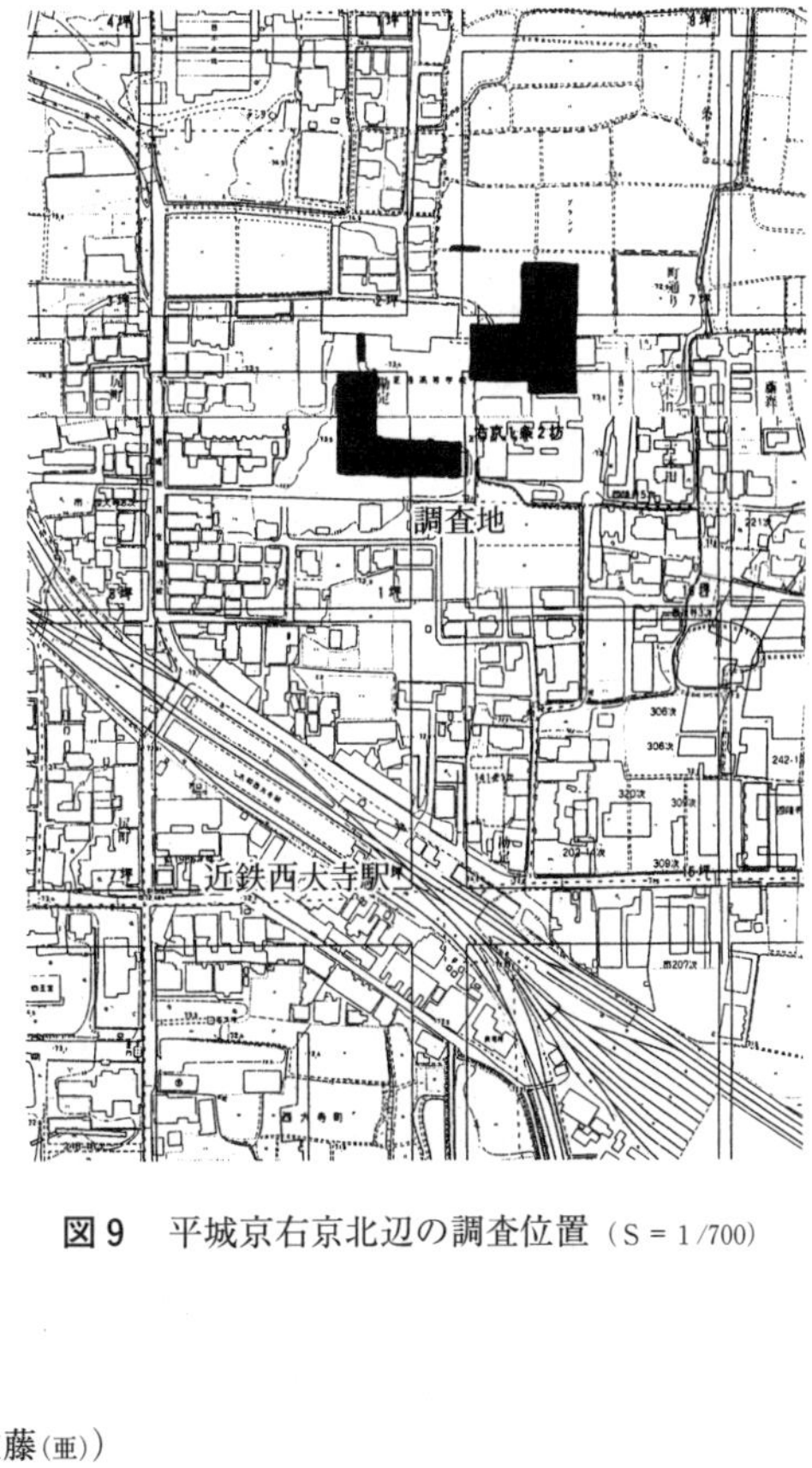

図9　平城京右京北辺の調査位置（S＝1/700）

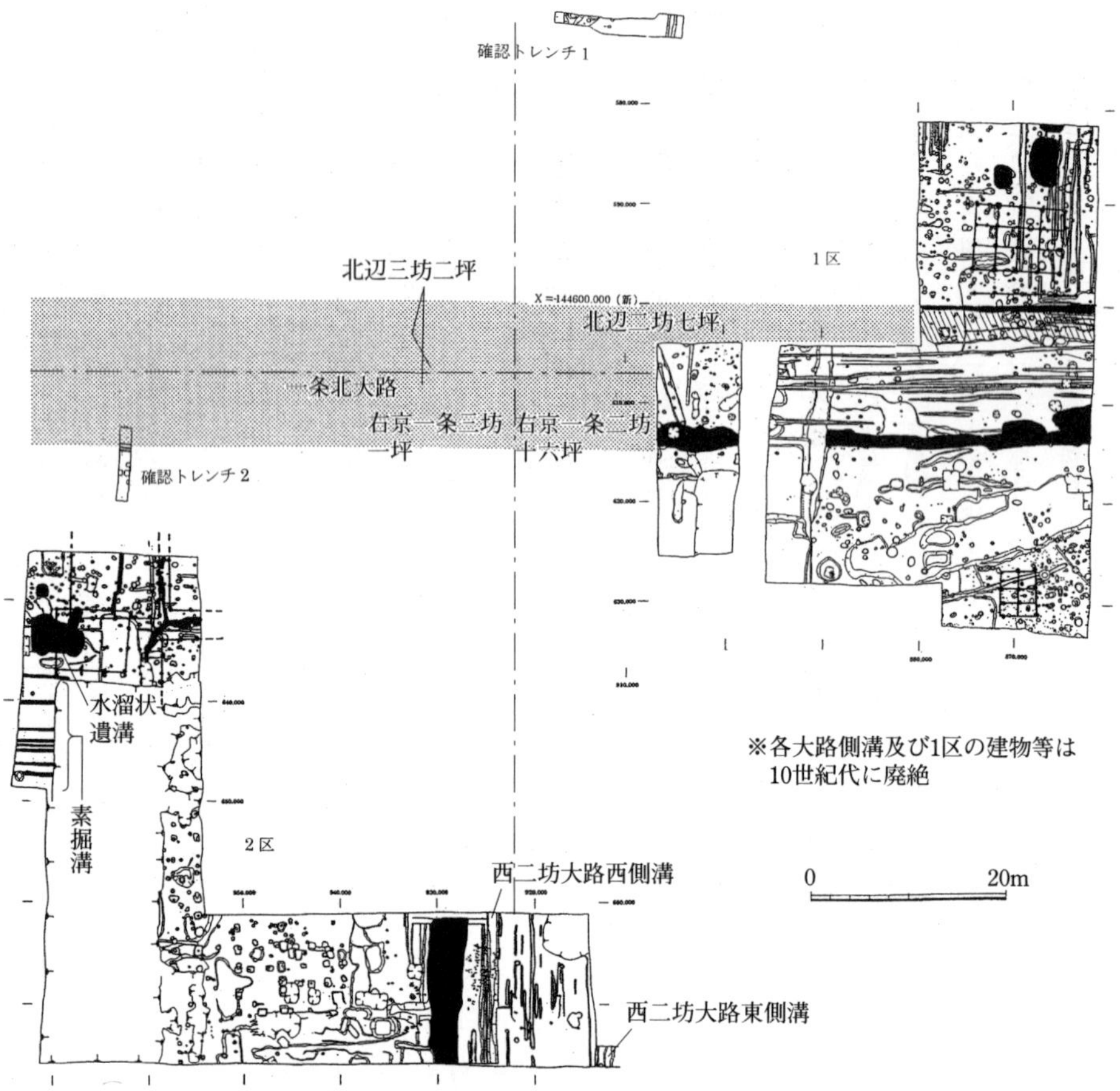

図10　平城京右京北辺遺跡，10〜13世紀の遺構（S＝1/1000）

五　発掘資料からみた西大寺荘園絵図群

以上、西大寺周辺の発掘調査例を概観してきたがいずれの遺跡も一三世紀代に土地利用の変化が起こっていたことを示している。荘園絵図群の描かれた時代、西大寺を巡る開発環境はどういった状況にあったのだろうか。

平安京への遷都の後も当地には遺構が残存していたが、西大寺東側を除いてこれらはいずれも一〇世紀半ばには姿を消す。その後西大寺南側では一一世紀代に、北側では一二世紀に遺構が再び出現する。この段階の遺構の分布を見ると、地形的に平坦で、面的な水利体系を作りやすい部分に広がっている。水路は条坊側溝を改編したものを使用しているようであるが、未完成なものであったと考えられ、部分的に補助的な水利施設を使用している。また、京北条里地域ではこの頃、正方位を指向する地割が谷底平野低地部を中心に広がる。一二世紀半ばになると、西大寺南側地域において、それまで遺構の展開が及んでいなかった三条側へ拡大する。この地域は地形的に起伏が多く、条里型水田が及んでいない部分であったと考えられる。微地形を克服して開田率を上げて行く動きが起こっていたものと考えられるが、低地部でも一三世紀半ばまでは補助水源を残しており、いまだ条里型水田の面的拡大は達成されていなかったものと考えられる。このことはソバの花粉が多く見つかるという花粉分析の結果からもうかがえる。同様の現象は京北条里地域においても見られ、秋篠・山陵遺跡では補助水源の開発と、微高地上への正方位地割の拡張がうかがえる。しかし小規模な谷底平野内では広範囲な条里型水田の完成は困難であったと考えられ、自然地形に沿った地割に戻ってしまっている。

このように、相論が行われた一三世紀から一四世紀初頭という時期、特に一三世紀半ば以降の時期は、それまでにない大規模な開発が進められている時期でもあった。この大規模開発を背景に今池などの大規模な水利施設の整備が行われ、これが相論の対象になっていったものと考えられる。今一度、西大寺周辺の開発について興味深い資料をあげる。

かつて筆者は建長三年(一二五一)「西大寺寺本検注並目録取帳」(『鎌倉遺文』七三九八号、以下「検注帳」と略)の分析から、建長年間の段階に西大寺東側付近にかなりの畠地が存在していることを指摘した。この付近は地形的に起伏が多く、面的な水田化の難しい部分ではあるが、戦後すぐの航空写真ではほぼ全面水田化されており、ある段階で水利網の整備と面的な水田化が達成されたものと考えられる。この地域にあたる西大寺栄町で行われた平城京第三四八次調査(奈良市教育委員会、一九九七)では、瓦器椀片を包含する素掘溝が四・一メートル～四・五メートル間隔で五条検出されている(図7参照)。この種の溝は大和郡山市中付田遺跡(山川、一九九八)や秋篠・山陵遺跡などに見られるように、水田化の初期段階で設定される遺構であり、西大寺辺東側地域での開発画期が中世前期にあることをうかがわせる。詳細な時期決定ができないが、周辺地域の開発状況から考えると今池の開削時期に近い一三世紀代であろう。また、今池の開削は西大寺東側地域における水利状況を一変させたものと考えられる。現在は詳細に水路を辿る事が難しいが、今池から派生する水路は十五所大明神から少し東へ下った地点で尾根を乗り越え、一条北大路方面へと流れこむ。おそらく西大寺寺辺東側の灌漑を担い、一部は西大寺南側へも延びていた可能性がある。西大寺東辺、西大寺派出所の庁舎新築に伴って行われた西大寺旧境内の調査では、埋没河道が検出されている(図8参照)(奈良県立橿原考古学研究所、一九八七)。この河道は巨大な流木や杭列を持つなど、適度な流量を持ち、人為的な利用が行われていた水路であると考えられる。埋土からは平安時代の瓦を含む多くの瓦が出土しているが、平安時代の瓦は、鎌倉時代の堂舎再編に伴って投棄されたものと考える事もでき、河道の時期を決定するものではない。流水の方向は北西から南東へ向けて流れ、現在の地形からも西大寺東辺を東南へと流れていたと考えられる。今池から導水する基幹水路の設置に伴い廃絶した水路であった可能性もある(3)。

このように西大寺東側付近では一三世紀頃に基幹水路の整備と耕地開発が進展していたと考えられるが、平城京右京北辺の調査で判明した集落が一三世紀第Ⅱ四半期に消滅する事実は、このような所領整備が集落の移動を伴う大規模なものであったことを示すと考えられる。

ところで、平城京右京北辺の調査が行われた右京一条三坊一坪は、長承三年(一一三四)「西大寺・西隆寺敷地等注文案」(『平安遺文』二三〇二号)によると「西大寺勅免地」として把握されている。当地における一二世紀代の居住者が、西大寺領の作人であったことは疑いない。さらに西大寺には建長三年(一二五一)の西大寺の所領を書き上げた「西大寺寺本検注帳」が残されている。これにはその土地の利用種類、作人、面積が書き上げられているが、調査地に該当する右京一条三坊一坪には「林覚房」「円信房」「隋慶房」「龍円房」「定忍房」「聖意房」「大夫」「末次」「祇善房」「行林房」「六郎」という名が見られる。いずれも法名を有し、西大寺との強い関係を有した寺辺農民と見ることができる。実際、これらの人物のうち円信房・祇善房は西大寺四王金堂六口浄行衆の役料である供田を与えられており、寺僧から選抜される浄行衆であったことがわかる。石上英一氏は他の人物の供田についても建長三年段階の西大寺四王金堂六口浄行衆の役料である可能性を指摘されている〔石上、一九九七〕。西大寺には他に弘安五年（一二八二）の浄行衆の役料面積・所在地を記録した「西大寺四王堂供田配分状案」（西大寺文書一〇一函二五番五、以下「配分状」と略）が残されている。先の「検注帳」記載の供田の分布と弘安五年「配分状」に見られる供田の分布を見ると、前者が西大寺領内に広く分布しているのに対し、後者は右京一条二坊一〇坪、右京北辺二坊七坪、右京北辺三坊四坪に集約されている（図11）。両者の間には三一年の開きがあり、作人等がすっかり入れ替わったためこのような変化が起きたという見方もできるが、「配分状」に見える「僧実算（明善坊）」は「西大寺当行衆交名注文案」（西大寺文書一〇一函二五番三）によると建長三年「検注帳」において供田を給された「祇善坊」の子息であり、作人の系譜に大きな断絶、改変は考えにくい。さらに、二三年後の嘉元三年（一三〇五）に僧覚性を浄行衆に補任した「西大寺四王金堂六口浄行職補任状」（西大寺文書一〇一函二五番一一）には、覚性がやはり一条二坊一〇坪、北辺三坊四坪に供田を与えられており、弘安年間に供田地として定められた坪が嘉元年間でも継続して供田とされていることがわかる。整理してみると、建長年間に散在していた供田が、弘安年間には三ヵ所にまとめられ、その後この三ヵ所が固定されて四王金堂六口浄行衆の供田として使用されているのである。おそらく建長三年から弘安五年の間に西大寺周辺の土地利用に変化が生じたものと考えられる。[4] 西大寺東側の調査ではこれに先立って集落の移動が起っており、西大寺周辺の複数の遺跡の調査結果からもこの変化が、大規

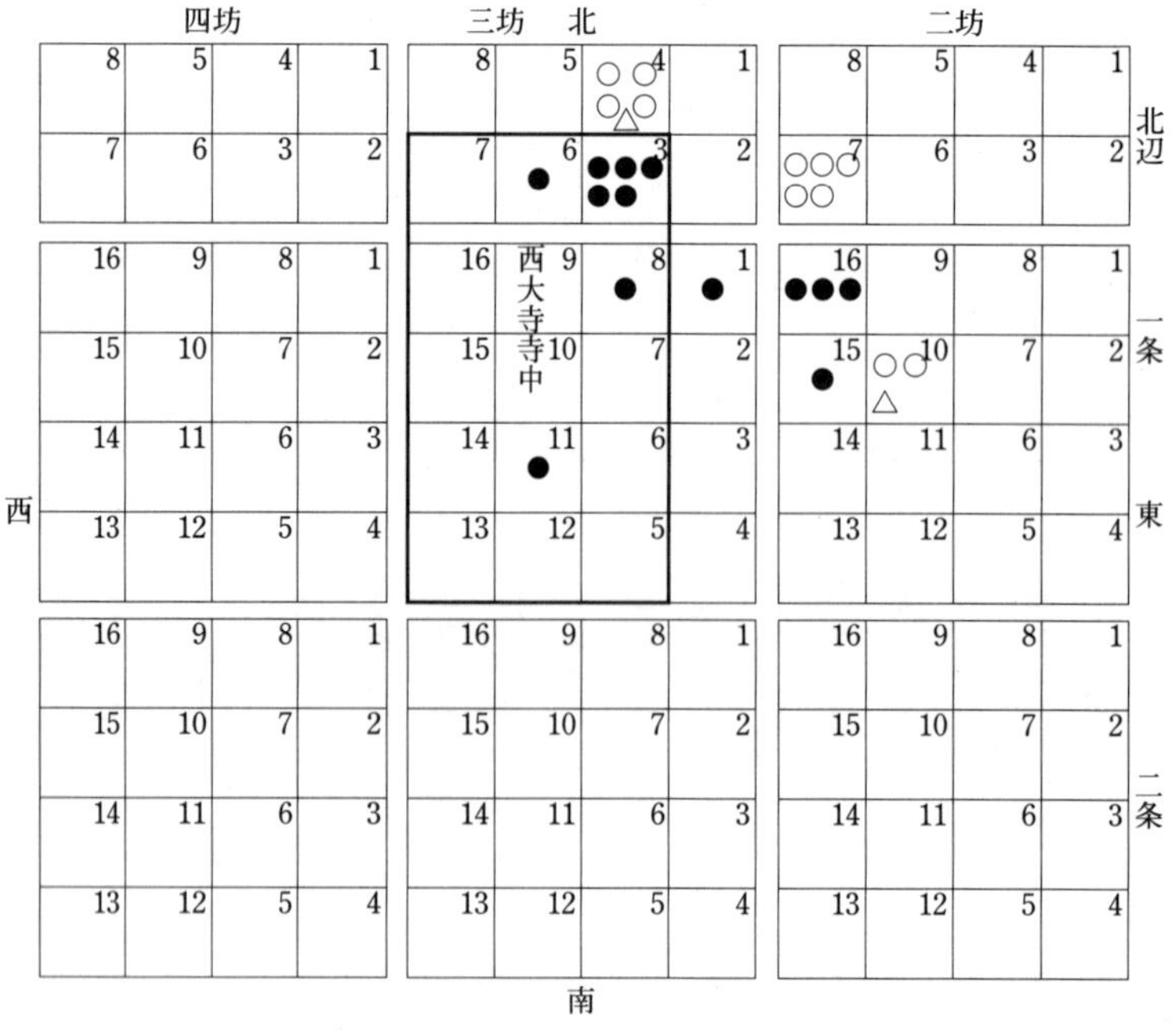

● 建長3年(1251)の浄行衆供田
○ 弘安5年(1282)の浄行衆供田
△ 嘉元3年(1305)の浄行衆供田

図11 西大寺四王堂六口浄行衆供田の変遷

模な開発とそれに伴う村落・耕地の再編に連動した変化であると考えられる。これまでこういった耕地整備の背景としては宝治元年（一二四七）それまで西大寺が得分権を持っていた福益領が本家の謀反に伴って没収された事、寺中郭内における耕作を禁じた弘長三年（一二六三）の太政官牒による寺内耕地の喪失など諸権益の喪失があったことなどがまず考えられてきた。しかし発掘調査の結果からは、一三世紀前半頃にはすでに耕作地の安定した水田化への志向が進んでおり、寺辺耕作地の再編が必要不可欠な状況にあったことも大きな理由であったと思われる。このような情勢が前提にあった上で、永仁五年（一二九七）の福益名回復、一三世紀後半の西大寺と秋篠寺が互いの周辺に散在していた相手方の所領を交換し、自らの寺辺に所領を集約させる相博活動などが行われ、西大寺主導の開発活動が進められたと理解できる。そしてその主体となった者こそ当時西大寺の経営主体であり、絵図群を作成した叡尊教団、西大寺流律宗であった。

　以上発掘事例の紹介と、そこから読み取れる景観の復元を通じて、絵図群の描かれた背景を推察してみた。開発関連の遺構は通常の遺構と異なり非常に解釈が難しい。しかし、その解釈からは文献史学や歴史地理学とは異なった、考古学独自の解釈を提示できる可能性もある。それぞれの分野の成果を突き合わせることで、さらに実態に踏みこんだ研究が可能になることであろう。今後も注意が必要である。

（1）この木簡については『木簡研究』二三号において報告を行っている〔佐藤、二〇〇〇b〕。

（2）西大寺南側の調査において、本稿に関連する報告書は以下のとおりである。

奈良市教育委員会

一九九〇「平城京右京三条三坊一坪の調査　第一六九・一七三・一八二・一八四次調査」『奈良市埋蔵文化財調査概要報告書』平成元年度

一九九一「平城京右京三条二坊十五坪の調査　第二〇〇、二一三―一・二・三次」『奈良市埋蔵文化財調査概要報告書』平成二年度

一九九三a「平城京右京三条三坊二坪・菅原東遺跡の調査　第二五六次」『奈良市埋蔵文化財調査概要報告書』平成四年度

一九九三b「平城京右京三条三坊三坪・菅原東遺跡の調査　第二三六・二三六―二次」『奈良市埋蔵文化財調査概要報告書』平成四年度

一九九四a「平城京右京三条三坊八坪・菅原東遺跡の調査　第二五七―一次」『奈良市埋蔵文化財調査概要報告書』平成五年度

一九九四b「平城京右京二条三坊二・三坪の調査　第二八三次」『奈良市埋蔵文化財調査概要報告書』平成五年度

一九九五「平城京右京二条三坊三坪の調査　第二八六―一次」『奈良市埋蔵文化財調査概要報告書』平成六年度

一九九六a「平城京右京二条三坊三坪の調査　第三一〇次」『奈良市埋蔵文化財調査概要報告書』平成七年度

一九九六b「平城京右京二条二坊六坪の調査・菅原東遺跡の調査　第三一〇・三二六次」『奈良市埋蔵文化財調査概要報告書』平成七年度

一九九六c「平城京右京二条三坊七坪の調査　第三二六次」『奈良市埋蔵文化財調査概要報告書』平成七年度

一九九七a「平城京右京二条三坊二坪の調査　第三二七―一・三五一―二次」『奈良市埋蔵文化財調査概要報告書』平成八年度

一九九七b「平城京右京二条三坊六坪の調査　第三二七―五次」『奈良市埋蔵文化財調査概要報告書』平成八年度

一九九七c「平城京右京二条三坊十一坪の調査　第三二七―五・三五一―一次」『奈良市埋蔵文化財調査概要報告書』平成八年度

一九九八a「平城京右京二条三坊二坪の調査　第三九八次」『奈良市埋蔵文化財調査概要報告書』平成九年度第一分冊

一九九八ｂ「平城京右京二条三坊一坪の調査　第三七八―六次」『奈良市埋蔵文化財調査概要報告書』平成九年度第一分冊

一九九八ｃ「平城京右京二条三坊七坪の調査　第三九八・三六四・三七八―三・四・五次」『奈良市埋蔵文化財調査概要報告書』平成九年度第一分冊

一九九八ｄ「平城京右京二条三坊十一坪の調査　第三七八―一次」『奈良市埋蔵文化財調査概要報告書』平成九年度第一分冊

二〇〇一ａ「平城京右京二条三坊二坪の調査　第四二六次・四三一―一・二次」『奈良市埋蔵文化財調査概要報告書』平成一一年度

二〇〇一ｂ「平城京右京二条三坊三坪の調査　第四三一―三・四次」『奈良市埋蔵文化財調査概要報告書』平成一一年度

（3）『古代荘園絵図群による歴史景観の復元的研究』においては、この河道を今池からの水路そのものと考えていたが、今池からの水路は鎌倉中～後期以降大きな変更を受けたとは考えにくく、検出された河道は、水路整備に伴い廃絶した旧水路と考える事が適当という結論に至った。

（4）石上英一氏は先に同様の見解を示された上、建長三年『検注帳』記載の供田の田数が比較的きりのいい数字になっていることから、『検注帳』記載の供田の位置はそれ以前から固定されていたものであった可能性を指摘されている〔石上、一九九七〕。

参考・引用文献

石上英一　一九九七『古代荘園史料の基礎的研究』下　塙書房

金原正明・金原正子　一九九八「菅原東遺跡の花粉分析」『奈良市埋蔵文化財センター紀要』奈良市教育委員会

佐藤亜聖　一九九九「京北条里地域における開発と灌漑」『中世集落と灌漑』シンポジウム「中世集落と灌漑」実行委員会

佐藤亜聖　二〇〇〇ａ「律宗集団と耕地開発」『叡尊・忍性と律宗系集団』シンポジウム「叡尊・忍性と律宗系集団」実行委員会

佐藤亜聖　二〇〇〇ｂ「秋篠・山陵遺跡」『木簡研究』二三号　木簡学会

佐藤亜聖　二〇〇四「平城京右京一条二・三坊北辺の研究」『条里制・古代都市研究』第20号　条里制・古代都市研究会

奈良県立橿原考古学研究所　一九八七「西大寺旧境内」『奈良県遺跡調査概報』一九八六年度第二分冊

奈良市教育委員会　一九八二「京北条里推定地の調査」『奈良市埋蔵文化財調査概要報告書』昭和五六年度

奈良市教育委員会　一九九七「平城京右京一条二坊十一坪の調査　第三四八次」『奈良市埋蔵文化財調査概要報告書』平成八年度

奈良市教育委員会　二〇〇一「平城京右京一条北大路・西三坊大路の調査　第四三〇次」『奈良市埋蔵文化財調査概要報告書』平成一一年度　奈良市教育委員会

奈良大学文学部考古学研究室、秋篠・山陵遺跡調査会、学校法人正強学園　一九九八『秋篠・山陵遺跡発掘調査報告書』

安井宣也　一九九八「菅原町・青野町の古地理に関する基礎的考察」『奈良市埋蔵文化財センター紀要』奈良市教育委員会

山川　均　一九九八「中世の耕地開発と集落景観―大和国若槻庄の景観復元作業を中心に―」『研究集会報告1　遺物遺構からなにを読み取るか』帝京大学山梨文化財研究所

3　中世の開発
——考古学的視点から——

山川　均

はじめに

近年の歴史考古学の調査・研究の進展により、中世における耕地開発および灌漑に関するデータは、飛躍的とはいえないにせよ着実に増加している。筆者自身もまた、上記したテーマに関して拙い研究を行ってきた者の一人であり、その成果は数編の小稿において公表してきた（稿末の文献リスト参照）。本稿は従前におけるこうした筆者自身による研究成果の紹介を軸とし、これに若干の新出資料とその評価を追加したものである。

一　溜池

本節においては、発掘調査によって確認し得る溜池の事例、および溜池築造の背景や技術が詳細に判明する事例についての紹介を行う。

1　小規模な溜池

現在の奈良盆地で普遍的に見られる、条里の碁盤目に沿った形の方形の溜池（「皿池」とも呼ばれる）は、近世や近代に築造されたものが大半を占める。伊藤寿和は「文禄検地帳」などの詳細な検討を通じて、大和中世の溜池の多くは小規模かつ不整形な溜池から成っていたものと推定し、さらにそうした事例に、広陵町箸尾遺跡における溜井[1]なども含めて考えるべきだとする〔伊藤、一九九三〕。他の発掘事例でこれとよく似た例としては、渋谷高秀が指摘する、「淵」と呼ばれる段丘面の開発を目的として造られた小規模な溜池（堺市平井遺跡）などをあげることができよう〔渋谷、一九九一〕。

ちなみに、こうした小規模な溜池として、大和では近年まで「ドンブリ」と称される石組みや木組みの水溜施設が、耕地の近在だけではなく環濠集落内部においても存在した[2]が、こうした水溜施設は、中世の大和でも同様に耕地周辺だけではなく集落内部においても見られ

図1　大和郡山市馬司遺跡検出の溜池状施設

た。大和郡山市馬司遺跡検出の集落内部の溜池状施設（図1）は、方形の小規模な水溜施設であり、一六世紀～一七世紀初頭にかけて機能したものと思われる。遺構の中心は堤状施設によって画されており、それぞれの導水路も異なることから、各々の貯水の受給者は異なっていた可能性もある。深さは両者共に一・三メートル、東西の幅は両者合せて約一一メートルである〔山川、二〇〇一〕。

2　方形の溜池（皿池）

次に、伊藤らが必ずしも中世においては一般的ではないとした、方形の溜池について見てみよう。次の二節で検討を加える若槻荘では、徳治二年（一三〇七）の土帳の記載から、すでに三坪にまたがる方形の溜池（往古池）の存在が確認できる（図5参照）。これが現在も残る若槻池の前身（現在は一坪分のみ残存）であるが、ここでは堤体の発掘調査が行われており、小片ではあるが一三世紀中葉のものと考えられる瓦器椀が出土した〔服部、一九八七〕。このことから、後述する若槻環濠集落の出現時期とほぼ同時期にこの若槻池が築造されたことが推定され、この地域における灌漑系統が、耕地開発を意図する中で当該時期にきわめて計画的に整備されたことを窺わせる。

3　小規模な谷池

古代～中世にかけての溜池は、上述した方形の溜池よりも、金田章裕〔金田、一九八五〕や伊藤がいうように谷の水をせき止めるタイプの池（谷池）が多い。伊藤が指摘する、天理市に現存する「三池」（図6参照）は神護景雲三年（七六九）からその翌年にかけて、東大寺によって築造された池であることが、中世の史料からではあるが知られる事例である〔伊藤、一九九三〕。このほか中世築造の小規模な谷池の例としては、永仁四年（一二九六）に和歌山県粉河寺膝下の谷間において魚谷池（現存）が築造され、続いて康永元年（一三四二）にはその東の谷に悦谷上池が築造されたことが、史料から明らかにされている〔高木、一九九七・二〇〇二〕。ちなみにこの両池の場合、築造の主体が在地（村）であることが史料から判明しており、貴重である。

4　大規模な谷池―久米田池と西大寺流―

同じ谷池タイプの溜池でも、貯水面積が巨大なことで知られる狭山池（大阪狭山市）は、出土した土器などから七世紀初頭に築造され、「重源狭山池改修碑」によって建仁二年（一二〇二）、重源によって改修されたことが確認されている〔市川、一九九八〕。さらに、狭山池を凌駕する貯水面積を誇る久米田池（岸和田市）は、西大寺流律宗寺院であった久米田寺住持の禅爾が、正応二年（一二八九）に改修を行ったものである。ここでは、西大寺流がその築造に関わったことで知られる久米田池について、少し詳しく見てみたい。

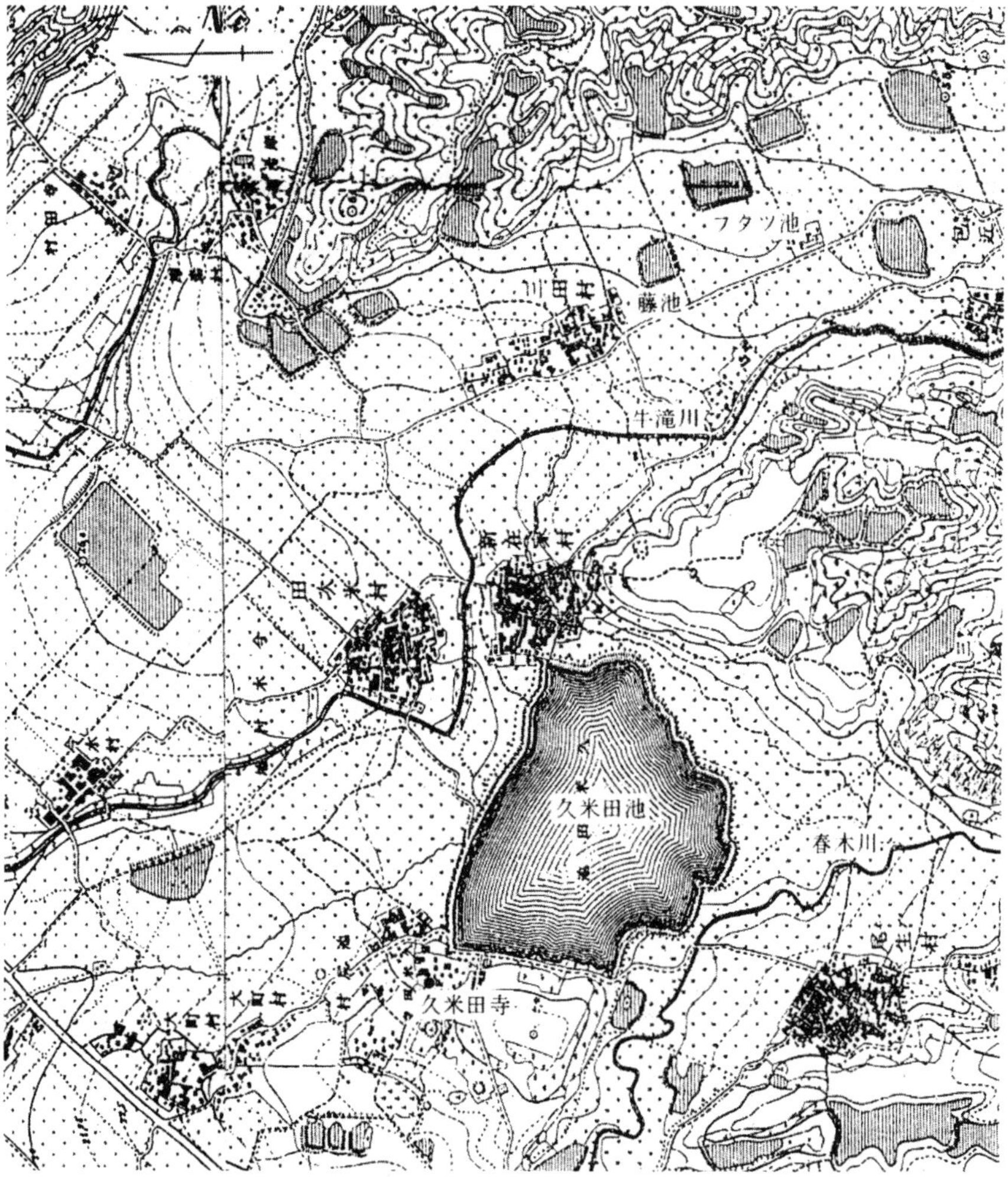

図 2　久米田池周辺地形図（S＝1／25,000）
（明治21年大日本帝国陸軍作成図に加筆）

和泉国久米田寺は、行基開創伝承を持つ在地の有力寺院である。その立地は図2に示す通り牛滝川、春木川に挟まれた低い独立丘陵端部に寺域を置いており、寺門は久米田池に接して建てられている。また、史料中には「池尻堂舍」や「隆池院」という異称が見られ、ここは中世当時から池と寺がセットとして捉えられていることが顕著な特徴である。

この久米田寺は文治四年（一一八八）に源季長の寄進を受けて九条家御堂末寺となり、季長自身は預所となる。(3) その後、預所職は何回か譲与・売却されているが、建治三年（一二七七）、得宗被官の安東蓮聖がこれを買収する。(4) この時に蓮聖は叡尊高弟の顕尊を住持に据えており、久米田寺は西大寺末寺となるのである。

西大寺叡尊は建長七年（一二五五）、「池尻堂舍」（久米田寺）で四三九人に菩薩戒を授けるなど、比較的早くからこの寺と関わりを持っているが、その二七年後の弘安五年（一二八二）には再びこの地を訪れ、堂供養（真言供養）を行ったほか、非人に百貫百石を施行している。(5) この弘安五年前後は久米田寺にとって再興の画期となる時期であったようであり、ここではその時期における久米田寺周辺の動きを、史料から追ってみることにしよう。前出の建治三年（一二七七）の安東蓮聖による久米田寺別当職の買収に続き、弘安二年（一二七九）には六波羅探題兼和泉国守護の北条時村によって久米田寺内の殺生が禁断される。(6) 時村は得宗時宗の補佐役として中央で活躍した北条政村の息であり、蓮聖による久米田寺別当職の買収から殺生禁断に至る経過は鎌倉の意を体したものと考えられる。なお、よく知られているように、安東蓮聖は弘長二年（一二六二）、同年の叡尊東下の謝礼を贈る鎌倉の使として叡尊に会った人物である。(7)

その後、弘安三年（一二八〇）には「隆池院」（久米田寺）の住僧によって堂舍修復の勧進が行われ、(8) 弘安五年（一二八二）五月にこの寺は朝廷の御祈願所となる。(9) 同年九月には安東蓮聖の申請に基づいて六波羅探題が久米田寺近辺の地頭・御家人の殺生を禁断し、(10) 一〇月九日には寺に名鐘が到着、(11) 準備万端整ったところで、同月二〇日に叡尊を迎えることになる。以上の史料から、久米田寺の再興は安東蓮聖及びその背後にある得宗がパトロンとなり、叡尊が事実上の再興者となったことが知られる。ただし、先の太政官牒には、久米田寺は弘安五年の段階においても「僧坊禅室二十余宇、皆欠堂閣徒残礎石」といった状態で、この頃にはその復興は緒に着いたばかりというのが実情であったようだ。また、安東蓮聖による別当職買収後も九条家は久米田寺（安東蓮聖宛）に寺役を課しており、(12) 本所九条家の得分は依然留保されていることにも注意したい。

さて、堂舍の復興のため、あるいは寺領田畠の拡大を意図して、正応二年（一二八九）には顕尊に代わって久米田寺住持となった禅爾によって、久米田池の修築が軌道に乗せられる。少々長いが、興味深い記述を多く含むので、以下に「沙門禅爾勧進帳」(13) を全文引用する。

勧進沙門禅爾敬白

請殊蒙十方檀那助成造立六万本率都（卒塔）婆、以此率都婆築当寺池堤准修営并利益子細状、夫隆池院者、釈迦如来利物之地、行基菩薩建立之砌也、霊験猶儼、五百大願之聖容如在、暦運推移五百余歳之洪基惟久、就中属此勝境有一大池、奇特甚多、勝概惟新、行基菩薩誓願云、為護持王法也、為利益衆生也、乃至為遊戯為往還、若身若手足触此水流、至于微細有情、可成無上菩提良因云々、所以天衆地類之垂納受也、黄牛来而覆簀、神祇冥道之顕加護也、白人至而曳塊加之、大聖老人拾天竺霊山之土壌而加此地、善財童子　震旦五台之塊石而築此堤見縁記、釈尊常在之軌儀可想、文殊化現之利生勿疑、彼漢室昆明之池、広四十里、徒費土民州黎（犂）之功課、此泉州第甲之池（久米田池）、広五十余町、正仰天神地祇之感応、古今未聞如此霊地、梵漢未伝如此名池、而今歳月久積、堤坊〈防〉奇頽彊域已断、両朝之霊塊（魂）奇石空沈、池水早溢、数村之人屋国田悉損、当于此時、不励懇篤之誠、争致修営之功、仍蒙十万檀那之芳助、欲遂一池修造之大功、同造立六万本率都（卒塔）婆、欲引導塵刹数群、類衆一紙不軽、只慕結縁、半紙不慙、専貴助成、若然者一国全其跡堵、万人自満其悉地、乃至一切衆悉為大歓喜、仍勒旨趣奉唱如件、敬白、

正応二年二月　日　　勧進沙門禅爾敬白

※〈　〉内は傍注、（　）内は引用者注。

上掲のように、ここでは六万本に及ぶ卒塔婆造立によって助成金を得、それを池の修築にあてようとしている。久米田池の築造は行基の誓願によるものであり、その築造は「天神地祇之感応」を仰いだものであるという。興味深いことに、この久米田池に対比して中国の昆明池があげられ、彼の池は築造に際して「徒費土民州黎（犂）之功課」、つまり民衆の労力を費やしたのであって、天神地祇―神仏の力によって築造された久米田池のような名池は中国にも例を見ないという独特の論理を展開している。

また、「天神地祇」による堤防築造に関わる表現が、かなり具体的であることも注目される。中国浙江省杭州市南星橋鳳山道口で発見された堤防遺跡（捍海塘）は銭氏治下呉越国段階（九〇七―九七八）に築造され、北宋～南宋を経て元代まで機能したものと考えられているが、本堤防遺跡においては基底部に竹製の籠状ものを置き、内部に石を充填するという手法（「竹籠沈石」）がとられている〔浙江省文物考古研究所、一九八五〕（図3）。「黄牛」が覆せたという「簀」とは、あるいはこの竹籠を指すものではなかろうか。こうした大陸からの技術移入という観点から見た場合、久米田寺では数度にわたり宋人僧侶により教典の書写などが行われている事実が注目される[14]。また禅爾自身、入宋僧である無本覚心（紀伊興国寺開山）と交流があったことが知られている〔中尾、二〇〇三〕。

続けて、史料に記された作業工程を追ってみよう。最初に「黄牛」によって「覆簀」作業（前述）が行われた後、「白人」が「曳塊加之」とある。これは白人が土のうに入れた土か、もしくは石を「簀」の内部に充填したという意味であろうか。その後、「大聖老人」が「天竺霊山」の土壌を拾い、それを「此地」に加えるという。これは堤を構築する粘土中に何らかの混和材を加えたということになるだろうか。おそらく、運ばれた粘土を積み上げる前に、固化材として何らかの物質を加えたものと推定される。そして最後に「善財童子」が「震旦五台」の塊石をもってこの堤を築いたという。これについては、堤の表面を覆う貼石のことを指すと考えてよかろう。

以上に述べた築堤に関わる記述内容は、先述の通り非常に具体的であることから、このような記述を行った禅爾は、自身が築堤に際して相応の知識を持った人物であった可能性が極めて高い。この禅爾による勧進を経て、実際にどのような工事が行われ、またいつそれが完了したのかは史料及び久米田池そのものに関わる発掘資料を欠くので明

瞭ではない。ただし、久米田池の水源のひとつとなる牛滝川が形成した谷底低地の緩斜面開発を目的に造られたと思われる池が二基（藤池及びフタツ池＝図2参照）発掘調査されているので、ここではその成果を見てみたい。まず藤池は堤防の断ち割り調査が実施され、一三世紀末の瓦器を含む「中世包含層」の形成以後に築造されたものであることが判明した〔虎間、一九八八〕。ここでは堤体そのものからの出土遺物を欠くので明確ではないが、それが禅爾による久米田池修築（一二八九）に近い時期であるならば、この藤池の築造は久米田池の修築をはじめとする久米田寺周辺地区の開発、もしくは再開発に関わる一連の事業と考えることができる。

次に、隣接するフタツ池に関しては、池底より条里方向に沿った耕作関連遺構が検出された〔駒井、一九九三〕。残念ながら詳細な時期が判明する出土遺物が得られなかったため詳しい時期は不明であるが、フタツ池はこうした既存の耕地の上に築造されたことがわかる。仮にこのフタツ池の築造が一三世紀末頃のことであれば、先の禅爾による久米田寺周辺地区の開発は新たな耕地の造成のみならず、旧耕地（もしくは現作田）の改編を伴ったものであったことになる。

また、フタツ池の南側に所在する二俣北遺跡では、一三〜一四世紀前葉頃の条里方向に沿ったコの字形の溝が検出されており（1区）、報告者は、この段階に「大規模な区画整理が行われた」ものと推定している〔宮崎、一九八九〕。さらに、同遺跡の4・5区では緩斜面の段切による水平面（水田面）造成が確認されている〔小沢、一九八九〕。

以上の発掘資料によれば、久米田寺の南東に接する谷底低地の緩斜面開発は一三世紀末〜一四世紀にかけて急激に進行したことがわかる。すなわち、禅爾による久米田池の修築とほぼ同時期に、こうした周辺

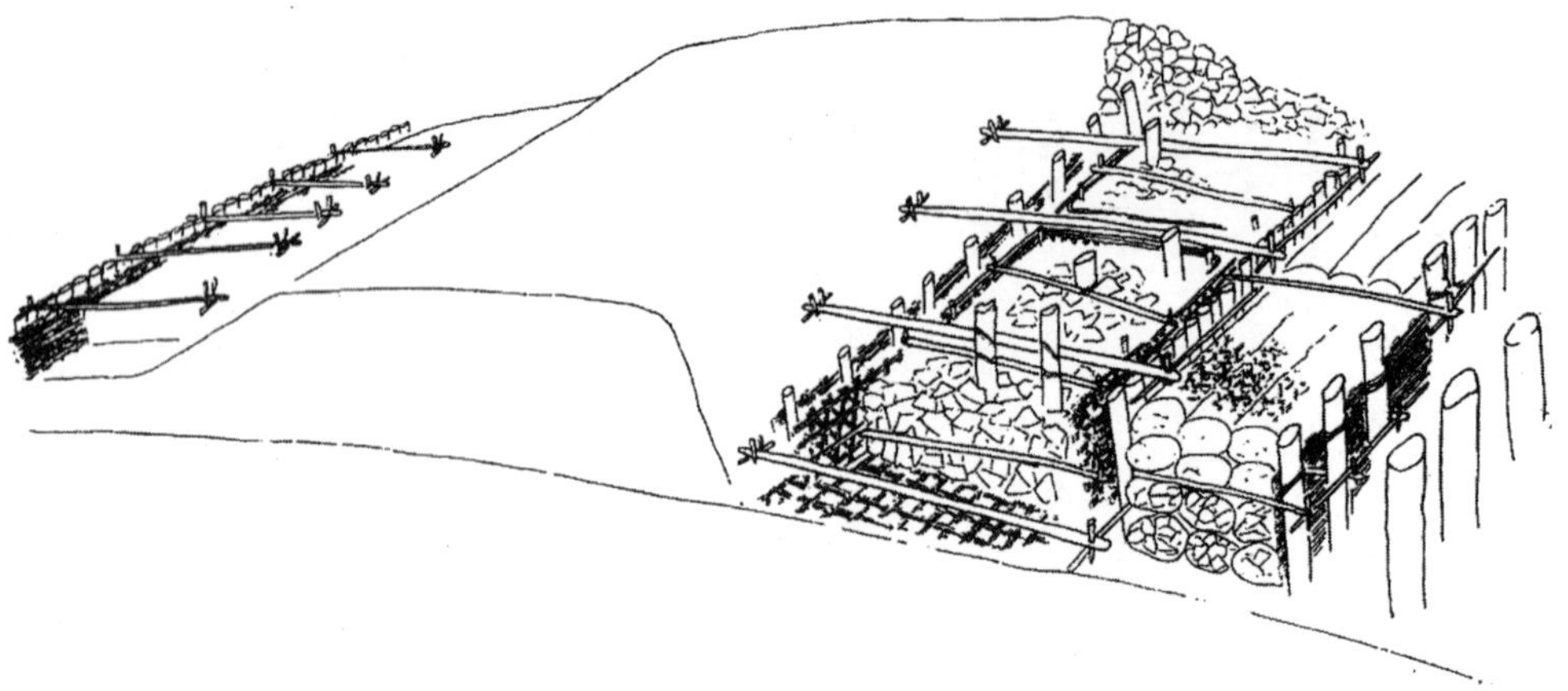

図3　坑州市南星橋風山道口付近発見の堤防遺跡構造図
（浙江省文物考古研究所，1985より）

地区の小規模開発も実施されたものと見てよかろう。その開発は比較的小範囲の灌漑を目的とした溜池の築造、条里形地割に沿った耕地の平坦化（削平）作業を伴うものであった（この点については、三節で述べる中付田遺跡の調査を参照）。

以上を総括すると、九条家御堂を本家とする久米田寺は、その別当職を得宗被官である安東蓮聖によって買収され、寺内及び周辺御家人等による殺生禁断等の過程を経た後、叡尊の止錫を仰ぐなど、西大寺末寺として再興が行われる。しかし、その「再興」は単に寺の堂舎の再建に止まるものではなく、隣接する久米田池の修築やその周辺の中小の溜池の築造を伴うものであった。こうした灌漑施設の整備によって耕地の新規開発や旧来の耕地の再編が行われたものと思われる。すなわち池の修築（築造）→耕地面積の拡大→年貢の増収という図式で久米田寺の復興が成るわけである。従来、単に叡尊の宗教的業績として捉えられがちであった「古代の名刹の再興」〔上田、一九七六〕とそれに伴う西大寺流律宗の教線拡大は、実際には上に述べたような非常に構造的な経過を経て達成されるものであった。こうした開発は安東蓮聖をパトロンとし、九条家を発注者として西大寺流律宗が請け負ったものである可能性が高いものといえよう。そして久米田寺別当職買収後二代目の住持に収まった禅爾は、開発に関する専門的知識を有し、成羽川船路開削や和泉日根荘開発に腕を振るった西大寺僧実専〔三浦、一九七八・山川、二〇〇〇b〕と同種の人物であったようである。

このほか、奈良市の広大寺池は、大和で現存するものとしてはかなり大型の谷池であるが、ここは延久二年（一〇七〇）の「興福寺雑役免帳」によれば現在の池床の南側部分に水田が存在したことが明らかである。この池は『日本書紀』に記載されている「和珥池」に該当するものと考えられているが、少なくともこの当時、池は現在と異なる形態であったことになる。しかし、文治二年（一一八六）の「池田荘丸帳」に見える「細井池」は、ほぼ現在の広大寺池と同規模・同形態であった〔金田、一九八五〕。つまり、先述の狭山池や久米田池の事例も勘案するならば、古代の大規模な谷池タイプの溜池に関しては、中世に大規模な改修を受けている例が意外に多いのではないかと思われる。

以上のように、中世段階の溜池には、その基本的骨格は谷をせき止める形の谷池（小規模なものと大規模なものあり）であり、それを補完するものとして集落内外のひじょうに小規模な池、さらにごく少数の方形溜池が存在するという形であったといえよう(15)。

二　集落の灌漑的要素

中世においては、集落（居館）もまた貯水灌漑の一翼を担ったものと想定される。本節においては、こうした中世集落における主要な構成要素の一つである環濠(16)の灌漑機能について概観してみたい。

1　五條市居伝遺跡

本遺跡においては、一三世紀後葉に溝で囲まれた屋敷地が成立するが、この段階の濠は幅約二・一メートル、深さ約一・二メートルと比較的小規模である。しかし一四世紀中葉には幅約四・九メートル、深さ約三メートルもの規模をもつ濠囲いの屋敷地が出現し（図4）、一五世紀前葉に廃絶する。本遺跡は奈良盆地内における事例ではないが、

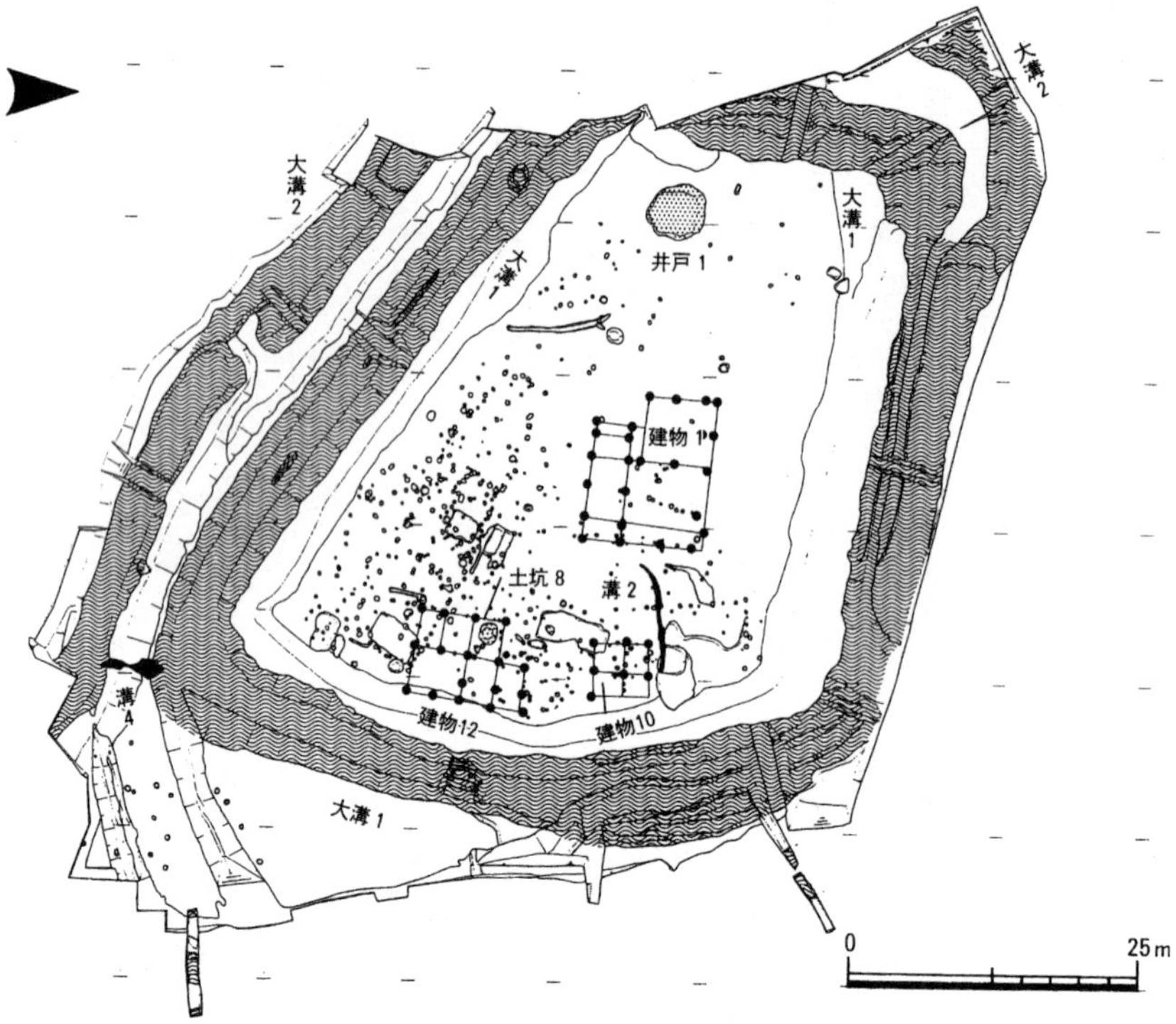

図4　居伝遺跡主要遺構図〔本村，2000より〕

遺跡の南側に隣接して条里形耕地が拡がるなど〔伊藤雅、二〇〇〇a〕、周辺環境の面からは盆地内の例に準じて考えてもほぼ問題のない調査データである。本村充保はこの居伝遺跡の検討から、水量調整機能を持つと想定される溝4（大溝1の水量が一定量を超えると大溝2へ流す施設）、さらにこれと同様の機能を有したと想定される土橋状遺構（大溝1の水が一定量を超えないと北側に行かないようにする施設）の存在に注目し、その灌漑機能的側面を重視するが、反面、防御的機能についてはあまり考えられないとしている〔本村、二〇〇〇〕(17)。

2　大和郡山市若槻環濠集落とその周辺

図5は筆者が「徳治二年大乗院家領若槻庄土帳並同條里坪付図」(18)における記載をもとに復元した一四世紀初頭の若槻荘およびその周辺の集落配置図である。筆者はこの作業を通じ、従来、集村化（環濠集落化）が一五世紀まで下るとした従来の説〔渡辺、一九六九〕を否定し、本集落においても奈良盆地内における他の事例とほぼ同じ時期に集村化が見られることを指摘した〔山川、一九九八〕。

さらにこの作業を通じ、非常に興味深い事実が判明した。それは、各集落が一町半の間隔で整然と「配置」されているという事実である。筆者はこれを集落の計画的配置が行われた結果と判断し、それはこの時期に行われた耕地開発を背景とするものと考えた。より具体的にいえば、荘域の北半は若槻池(19)（この溜池に関しては後述）、同南半に関しては四つの集落の環濠がそれぞれ灌漑用途に用いられたものと想定したのである（図5右上参照）。

この論文の発表後、筆者は若槻環濠そのものを発掘調査する機会に恵まれ、発掘面積はわずか一〇〇平方メートル余りではあったものの

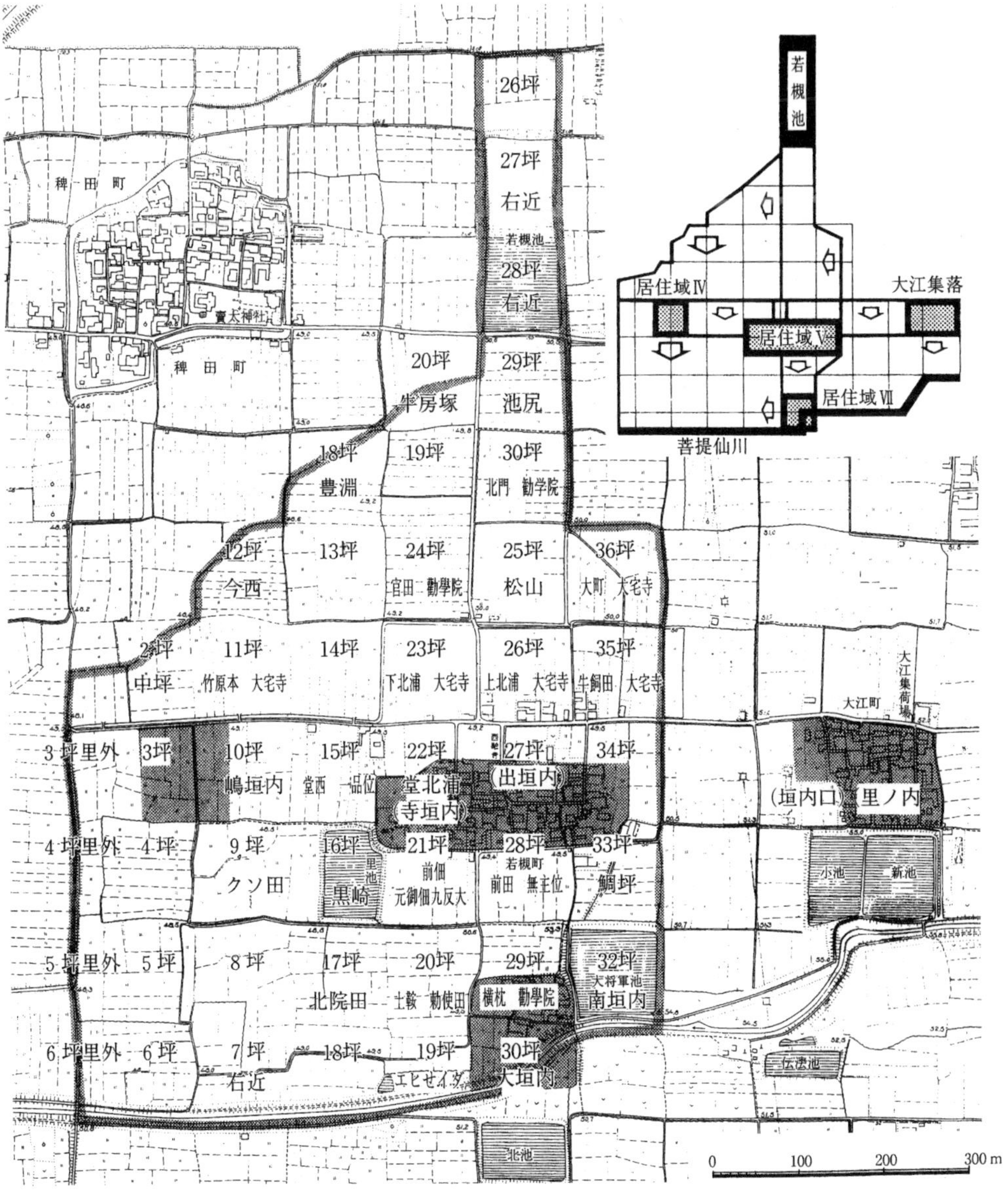

図5　若槻荘における14世紀初頭の復元集落域と灌漑システム模式図（右上）

多くの情報を得ることができた〔山川、二〇〇〇a〕。調査の結果、環濠自体は一八世紀初頭の改修によって床下げされ、中世段階の濠は残存していないことが判明したが、その近世段階の濠幅は約三・五メートル、深さは約一・七メートルを測るものであった。この場合重要な点は、この程度の規模の濠の掘削で完全に消滅してしまった中世段階の濠は、これよりさらに小規模であったと推定される点だろう[20]。また、この近世段階の環濠中からは堰が検出されており、少なくともこの段階において環濠が灌漑機能を有したことは確実である。さらにこの環濠は、上層出土遺物の時期から判断して近代以降に徐々に埋まっていったようだが、その背景としては明治二八年（一八九五）、環濠に隣接する位置に里ノ前池が築造されたことにより、環濠の灌漑機能がこの溜池に移行したためであることも付記しておきたい。

以上の検討の結果、近世段階の環濠が予想より小規模であったという点、さらに近世段階のそれは灌漑的機能を強くもつものであったという点が明らかになった。むろん近世においては防御的機能を有する濠が残存する必然性はあまりないので、このことはある意味当然といえようが、中世段階の濠もまた、この小規模な近世段階の濠掘削によって消滅してしまう程度の規模だったのである。したがってこの調査結果は、従来無批判に環濠集落全体を「自衛の村」としていた一部の説をきわめて疑わしいものとしたといえよう。

さらにこの調査で得られた重要な情報として、環濠にほぼ直行する位置関係の溝など、中世環濠と有機的な関係をもつと考えられる遺構から一三世紀中葉の瓦器椀や土師皿などが大量に出土したという点をあげることができる。この事実より、若槻集落における環濠の開削時期は一三世紀中葉頃となる可能性が強くなったが、このことを裏付けるように近世の濠底付近からも当該時期の瓦器椀の破片等が一定量出土している[21]。すなわち、筆者が先に文献史料を用いて推定した若槻集落の集村化時期は、この発掘調査によってさらに半世紀ほどさかのぼることがほぼ明らかになったものといえよう。

三　耕地開発の具体例—中付田遺跡の発掘調査事例から—

前節において述べた中世集落（居館）の灌漑的側面に関する研究においても、肝心の灌漑用水の具体的な使用状況、あるいは耕地開発の在り方が判明しなければ、研究の枠組み自体は従来とさほど大差ないものになるだろう。こうした状況は、一節で検討を加えた溜池に関しても同様である。換言すれば、われわれはその時代において多彩な灌漑施設が築造された背景を知る必要がある。そこで本節においては、中世における開発の状況を非常に具体的に知り得る事例として、大和郡山市中付田遺跡の調査について見てゆくことにする。

1　櫟荘と中付田遺跡

一節で紹介した三池は、隣接する高瀬川から得た水を溜め、それを再び同川に環流することによって下流域（灌漑域の中心は添上郡五条四里＝図6・7参照）の耕地灌漑を行うという構造であるが〔伊藤、一九九三〕、その高瀬川の灌漑範囲は、基本的に史料で「櫟荘」と呼ばれる範囲に一致する。図7は、その坪並および面積が記載された史料を選択し、その一一世紀後葉から一二世紀にかけてのデータを条里図上に表示したものである。実際に作業を行えば判明することだが、これらの異なる史料が表示する田畠の範囲はそれぞれ重複せず、相互に補完関係にあることから、本図は該期におけるこの地域の開田状況をかなり正確に反映していると考えることができる。もちろんこれらの史料に記載されなかった耕地が存在する可能性はあるが、その可能性が比較的低いと思われる添上郡五条三・四里および六条三・四里における耕地の割合は三〇〜七〇%となり、その平均値は約五〇%である。一一〜一二世紀当時、櫟荘周辺の低地部で耕地として利用されていたのは、おおむねこの程度であったものと思われる。

しかしながら、前掲の「若槻庄土帳」（一四世紀初頭）では集落域や池を除くと、その耕地の割合は一〇〇%に近い値となる。近接するとはいえ、異なる区域のデータを比較することにはやや問題があるが、この数字の差にはやはり何らかの意味があるものと考えられる。では、図7で耕地ではない部分は、どのような場所であったのだろう。図6は図7と同縮尺の図であるが、山地部分は論外として、現在の集落が存在する周辺の部分にも耕地が存在しないことがわかる。これは、一一〜一二世紀においてすでに当該部分に集落が存在したことを示すものではなく、本来その部分に山地から伸びる微高地が存在したことを示すものと考えられる（微高地については後述）。現在見られる集落は、その居住条件や周辺耕地への配水条件の面から、こうした微高地が選択されているのであろう。

2　中付田遺跡と素掘小溝

図7でaと表示した部分（添上郡六条三里一六・二一坪）には一一〜一二世紀の史料によれば耕地は存在しなかったようである

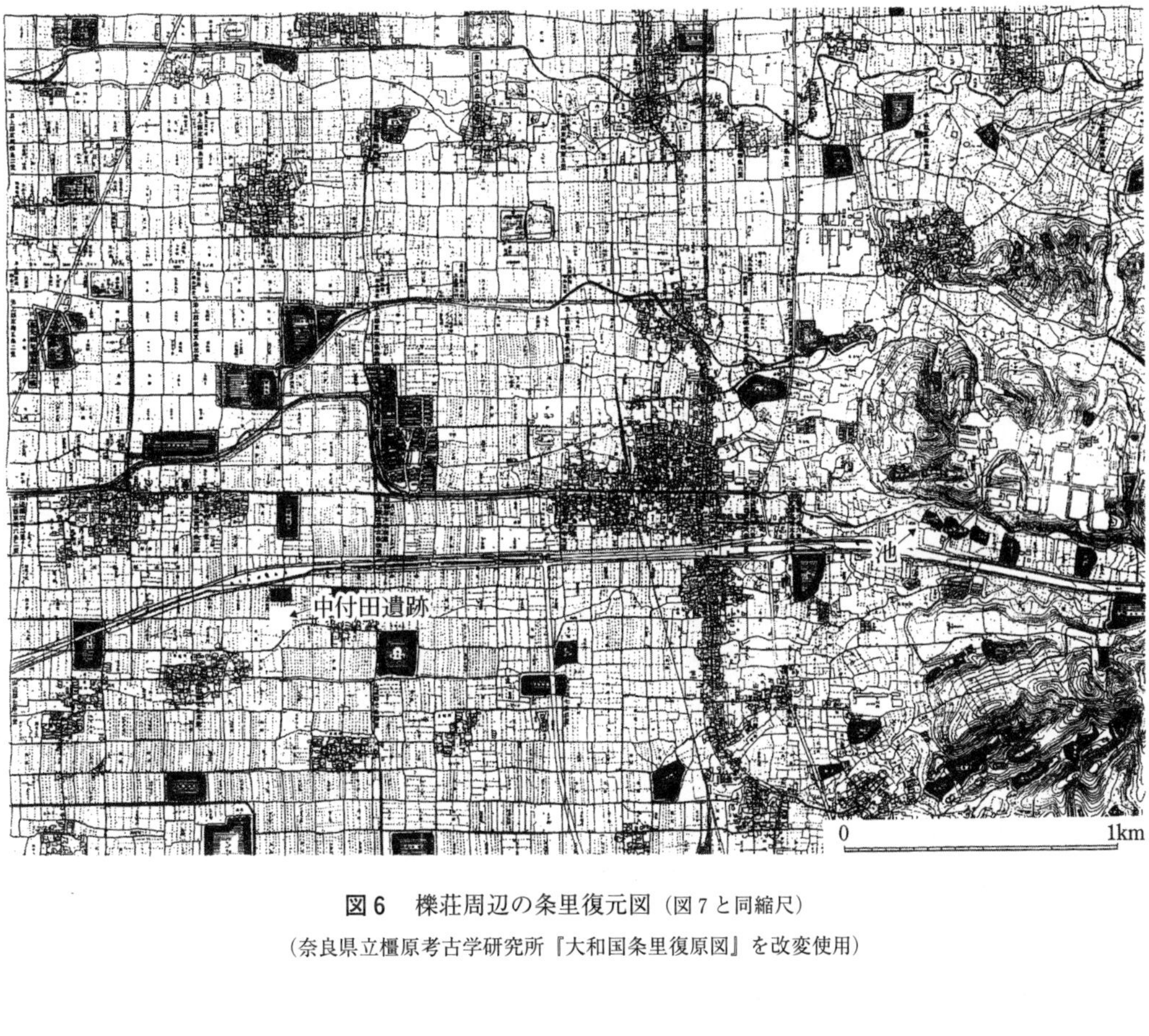

図6　櫟荘周辺の条里復元図（図7と同縮尺）
（奈良県立橿原考古学研究所『大和国条里復原図』を改変使用）

が、ここが以下に触れる中付田遺跡の発掘調査地点である〔山川、二〇〇〇c〕。先に現在の集落は微高地上に存在すると考えたが、調査地はその二つの集落に挟まれる位置にあり、微高地、もしくはその縁辺にあたる部分と想定される。それは現状の水田からもある程度伺えたが、発掘調査で検出された六世紀の水田（図8─上）から、その想定を裏付ける情報を得ることができた。

六世紀代の水田（小区画型水田）の畦畔は洪水砂にパックされた部分でのみ検出されているが、実は当時の水田耕土は調査区のほぼ全域に拡がっていたことが確認されている。つまり、ここでは水田自体はほぼ調査区全域に拡がっていたが、畦畔は比較的低い部分（浅谷部分）にのみ遺存していたということになり、高い部分の凸部（畦畔）は消滅したものと考えられる。すなわち、図8─上の「微高地」部分に堆積した洪水砂や畦畔は、ある時期に削平されたものと考えられ、中付田遺跡周辺の微地形は本来凹凸に富んだものであったと想定されるのである。

その微高地が削平された時期は、中付田遺跡では「素掘小溝」と呼ばれる遺構中に含まれる土器によって、一三世紀代のことであったことが判明している。素掘小溝とは、奈良盆地にお

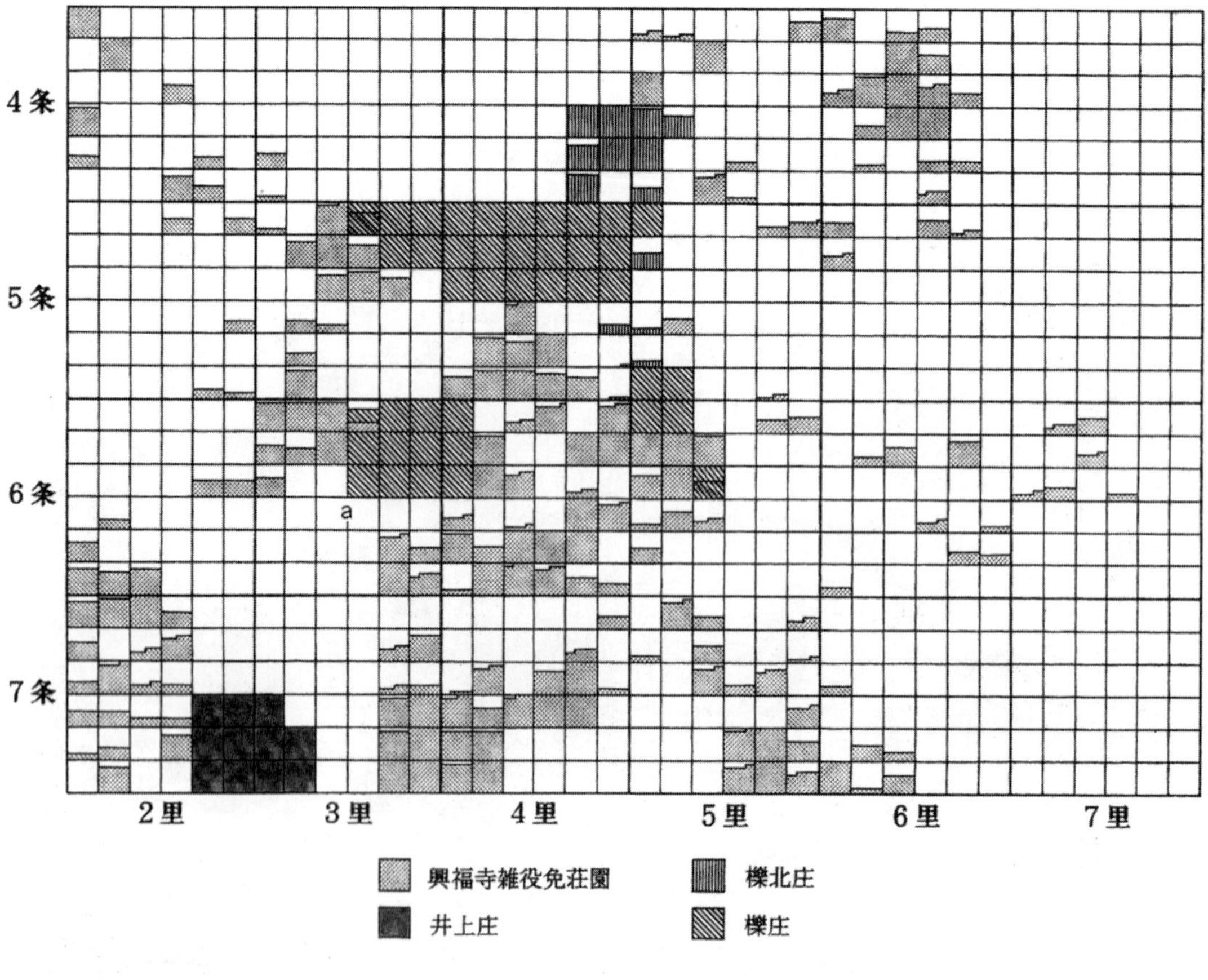

図7　文献史料に見る平安時代後期の櫟荘周辺の開田状況

拠史料：興福寺雑役免荘園＝延久2年（1070）「興福寺雑役免帳」（平安遺文9－4639・4640）
櫟北荘＝康和5年（1103）「大和国櫟北庄稲吉名負田坪付」（平安遺文4－1531）
櫟庄＝保延3（5）年（1137・39）「大和国櫟庄検田（畠）帳」（平安遺文4－1531・2407）
井上庄＝承暦元年（1077）「僧正清解案」（平安遺文9－4642）

いて広域の発掘調査が行われるようになった一九八〇年代以降、多く検出例を見るようになった小規模な溝状の遺構で、今尾文昭らによって、二毛作や田畠輪換農法、すなわち田地の畠地化によって生成された耕作関連の遺構とされた〔今尾、一九八一〕。ただし、素掘小溝と総称される遺構には幅や深さ、さらにその規則性などにいく通りかのパターンが見られる。今尾がその点に若干注意を払ったものの〔今尾、一九九二〕、それぞれの溝の機能差に踏み込んだ議論はなかった。

ところで、伊藤雅和によればこれら素掘小溝から出土する土器は、一二世紀後葉から一四世紀前葉までと若干の時期幅を持つが、特に一三世紀代に集中していることが指摘されている〔伊藤雅、二〇〇〇b〕。また、先述のように中付田遺跡の素掘小溝の時期も一三世紀であり、その他の時期のものは見られなかった。このことは、素掘小溝の生成が一時期に集中したことを示しており、その生成要因として農法的背景を想定することの不適切さを示している。すなわち、そうした解釈に立った場合、二毛作などの田地を畠地化する農法は中世全期間を通じて継続的に行われたのではなく、一三世紀前後というかなり限定された時期にのみ実施されたということになるからである。

それではこの素掘小溝の生成要因として他に何が想定できるかということだが、結論から先にいえば、筆者は若干の起伏を有する地形を広域にわたって平坦化し、そこを耕地とする場合、すなわち条里形をその典型例とするような耕地開発の痕跡こそがこの素掘小溝だと推定する。次に、その想定の根拠となった中付田遺跡のデータを見てゆくことにしよう。

図8-下は中付田遺跡において検出された素掘小溝であるが、子細に観察すれば、それらは以下のような三つの群に大別できる。

①南北小溝

遺構の基底面に農具の痕跡を明瞭に残すもの。その走行方向は南北で、ほぼ現在の条里方向に一致する。比較的浅く、基底面は凹凸に富むと共に、溝相互の間隔などに規則性は認められない。

②東西小溝a

東西方向に一定の間隔(二・一〜二・二メートル=七尺等間)で整然と掘られたもので、溝の底面には農具痕は見られず、平坦である。方向は現在の条里方向にほぼ一致する。この東西小溝aは、一見すると二一坪側にしか存在しないように見えるが、実際は一六坪側にも及んでいる。

③東西小溝b

東西小溝aと同じように東西方向に一定の間隔(三・三メートル〜三・五メートル=一一尺等間)で掘られたもので、現在の条里方向に対して西で北に約四度振る。やはり東西小溝aと同様、溝の底面には農具痕が全く見られず平坦であるが、その掘削深度はaの二倍程度ある。この東西小溝bに関してもやはり一六坪側にのみ存在したように見えるが、実際は二一坪側にも及んでいる。

以上の三群のうち、南北小溝に関しては基底面の農具痕跡やその間隔の不規則性などから考えて、畠作などの耕作活動によって生成されたものとの想定が可能である。しかし、東西小溝aおよび同bに関しては、その尺等間の計画性、および断面の形態などにより、通常の耕作活動において形成されたものと考えることはできない。次に、それぞれの群の形成時期であるが、出土遺物から判断し得るほどの時期差は存在しない。いずれも一三世紀の時期幅で捉えられるものである。そこでこれを遺構相互の重複(切り合い)関係から判断すると、東西

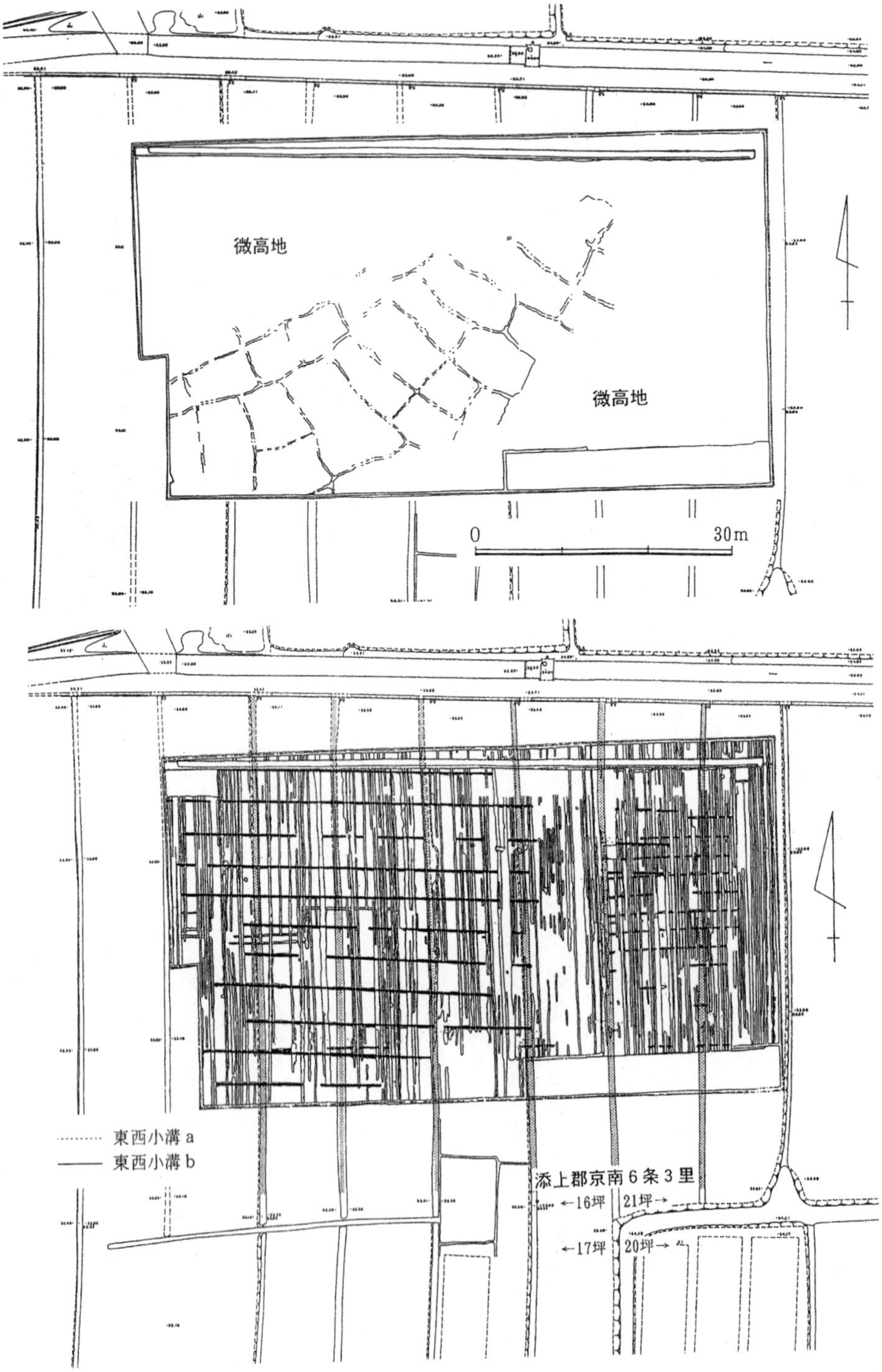

図8　中付田遺跡遺構図（上：下層，下：上層）

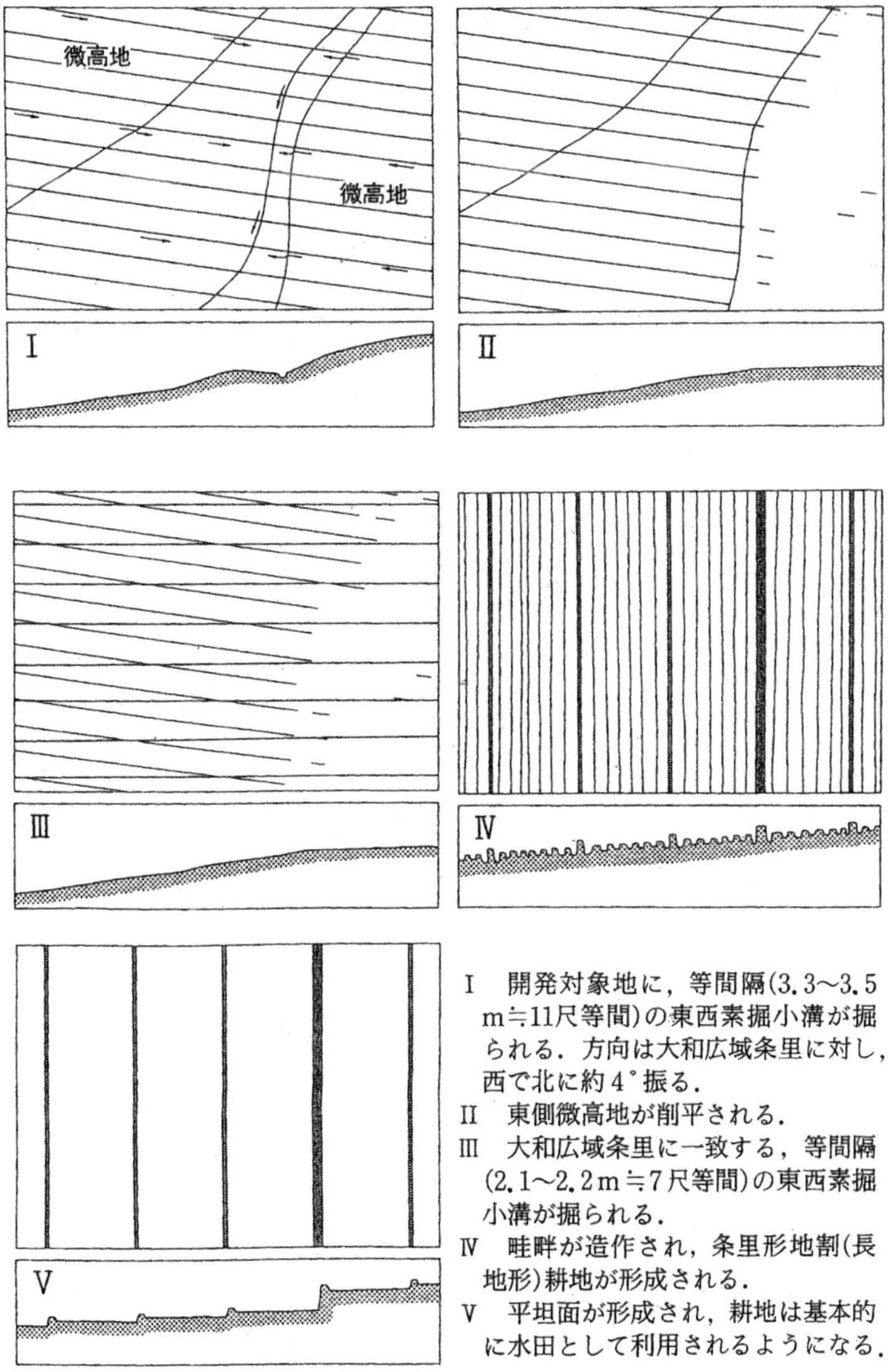

I　開発対象地に，等間隔(3.3〜3.5 m≒11尺等間)の東西素掘小溝が掘られる．方向は大和広域条里に対し，西で北に約4°振る．

II　東側微高地が削平される．

III　大和広域条里に一致する，等間隔(2.1〜2.2 m≒7尺等間)の東西素掘小溝が掘られる．

IV　畦畔が造作され，条里形地割(長地形)耕地が形成される．

V　平坦面が形成され，耕地は基本的に水田として利用されるようになる．

図9　中付田遺跡における開田過程模式図

小溝bが同aに先行することは明らかで、南北小溝はこれらに後出するものである。すなわち、その形成順序は以下のようになる。

東西小溝b→東西小溝a→南北小溝

なお、南北小溝、東西小溝共に坪境の西側の耕地部分で消滅もしくはわずかな痕跡を止めるのみとなっている（図8-下参照）ことに、ここで注意を払っておきたい。

3　中付田遺跡に見る開田過程

前節で述べた旧地形や素掘小溝の状況から、中付田遺跡における開田状況を示したものが図9である。I段階では開発対象地に対して条里とは異なる方向性を有する等間隔の溝（東西小溝b）が掘られるが、その機能としては悪水抜きなどが考えられよう。この東西小溝bが同aより深いのは、こうした機能を背景にしたものと思われる。その後、東側の微高地が削平される（II段階）。続いてIII段階では条里方向と一致する等間隔の溝（東西小溝a）が掘られるが、この遺構は上記したように東西小溝bより浅く、条里形耕地の割付基準線としての意味をもつものと考えられる。IV段階ではこの東西小溝aに直交する方向で畦畔が設定され、条里形（長地形）耕地が形成される。

しかし、注意されるのは、この段階では耕地は畠地としての利用がなされていたと推定される点であり、その痕跡が南北小溝である。先に、坪境の西側で素掘小溝が消滅、もしくはわずかな痕跡を止めるのみとなっていることについて指摘したが、これについては南北小溝の生成以後、水田としての平坦面造作がなされる際、この部分が段切造成されたためと思われる（V段階）。この場合注意されるのは、水平面の形成以後、南北小溝が再び生成されることはなかったという点であろう。すなわち、ここでは継続的な「水田の畠地化」は認められない。

以上のように、中付田遺跡において検出された素掘小溝の検討から、耕地化に際してはまず地盤改良がなされ（東西小溝b）、その後割付（東西小溝a）にしたがって条里形耕地の造成がなされる。しかし、この耕地は当初、畠地としての利用がなされ（南北小溝）、その後平坦化作業を経て条里水田が完成した、という過程が復元できる。

ところで、このように耕地開発の当初において水田以前に畠地利用がなされるという事例については、近年の歴史地理学や文献史学の調査成果からも指摘がなされている。そうした現象の背景としては、堀健彦が旧平城京内の再開発を検討する中で「一気に水田に転換するのではなく、まず畠として利用し、水利条件の整備を経て、水田化することが、現実的方策であった」と説明しており〔堀、一九九八〕、またこうした見解は基本的に備中国賀夜郡服部郷における開発を詳細に検討した前田徹も同様である〔前田、一九九九〕。したがって中付田遺跡においても、前節までで見たような周辺集落の環濠や小規模な溜池の新規築造はもとより、高瀬川や三池などの既存施設の再整備、あるいは前田のいうような「既存用水路との一定の水利をめぐる交渉」（それら全体を「水利条件の整備」と呼ぶことができるだろう）を経て、ようやく畠地の水田化が達成されたものと考えることができよう。

なお、東西小溝a、bが共に尺等間であったこと、さらにその開発が非常に構造的に完成されたものであったことを勘案するならば、その背景には相当高度な技術があったものと考えねばならない。この点については、関東地方（栃木県）の事例だが、一般的な集落における掘立柱建物の柱間が六尺に規格化されるのは近世以降、という齋藤弘の指摘を想起するべきであろう〔齋藤、二〇〇一〕。すなわち、少なくとも中付田遺跡周辺の耕地開発に関与した技術者は在地レベルのものではない。この点については、一節で検討を加えた久米田池の開発背景においても同様であった。このように中世の開発は決して在地のみで完結する事業ではなく、実際は荘園領主としての権門や、その下部構造をなす西大寺流を代表とするような技術者集団によって遂行されたという点にも十分な注意を払う必要があるだろう。

おわりに

以上のように、従前比較的等閑視されていた遺構（素掘小溝など）や、個別のパーツ論が主体を占めた遺構（集落や居館の環濠など）に関しても、これを「耕地開発」というテーマの下に再構築することによって、非常に具体的な解釈が可能となる。本稿は中世の開発に関わる遺構を網羅的に扱ったものではないが、上記した例からも中世における開発の画期は一三世紀を中心とするものであることが明らかである。その背景には重源から西大寺流へと受け継がれた勧進聖としての開発に関わる知識や、それを支える技術者集団があり、かつ実際に開発を可能とならしめた要因として在地領主クラス、さらに大規模なものでは荘園領主クラスの権門によるバックアップを想定せねばならない。すなわち中世考古学において「開発」を扱うことは、それ自体が当時の社会構造復元を目指すための方策でもある。(22) こうした視点の保持こそが、今後一層盛んになるであろう学際的研究を真に実りあるものにするのではないだろうか。

(1) 微高地部分の耕地開発を目的として掘削された灌漑用の井戸。
(2) 筆者の聞き取り調査による。
(3) 文治四年一二月　日、摂政九条兼実政所下文（「久米田寺文書」『岸和田市史第六巻』所収）。
(4) 建治三年一〇月一五日、阿闍梨実玄譲状写（「久米田寺所蔵泉州久米田寺隆池院由緒覚」『岸和田市史第六巻』所収）。
(5) 「金剛仏子叡尊感身学正記」弘安五年一〇月二一日（『西大寺叡尊伝記集成』奈良国立文化財研究所編所収）。なお、以下は「学正記」と略する。
(6) 弘安二年一二月一三日、和泉守護北条時村御教書（「久米田寺文書」）。
(7) 「学正記」弘長二年一一月八日。
(8) 弘安三年四月　日、隆池院堂舎修復勧進状（「久米田寺文書」）。
(9) 弘安五年五月三日、太政官牒（「久米田寺文書」）。
(10) 弘安五年九月　日、六波羅下知状写（「久米田寺所蔵泉州久米田寺隆池院由緒覚」）。
(11) 年月欠、隆池院鐘縁起（「久米田寺文書」）。
(12) 某年正月二六日、九条家御教書（「久米田寺文書」）。
(13) 正応二年二月　日、沙門禅爾勧進帳（「久米田寺文書」）。
(14) 正応三年（一二九〇）に宋人揚邦彦らが久米田寺で教典を書写（「金剛般若経疏論纂要奥書」）、さらに永仁三年（一二九五）およびその翌年にも宋人知恵が教典を書写している（「大方広仏華厳経随疏演義鈔奥書」、「華厳経疎奥書」）ことが記録に見える。なお、上記史料はいずれも『岸和田市史第六巻』所収。
(15) 先に中世の方形池の事例としてあげた若槻池の水源も、この広大寺池である。
(16) 集落を構成する要素としての溝は、後述するように集落や居館の周囲を巡る溝、すなわち環濠のみではない。その他に集落内部を区画する「区画溝」も、こと灌漑機能においては環濠と同様の機能を果たしたものと推定される。ただし本稿では以下の記述において、煩雑化を避けるためにこうした区画溝を含めて「濠」、「環濠」と記すことにする。

(17) 環濠の防御的機能に関しては〔山川、二〇〇三〕参照。

(18) 『大和国若槻庄史料』Ⅰ。

(19) 厳密にいえばその周辺も含む領域。〔山川、一九九八〕参照。

(20) 周辺調査のデータより考えて、中世段階の濠がこの部分以外に存在した可能性はきわめて低い。

(21) 一節で述べたように、若槻池堤体からもこれと同時期の瓦器碗が出土している。

(22) このような問題意識に基づいた論考としては〔山川、二〇〇二〕がある。参照されたい。

参考文献

市川秀之　一九九八　「発掘成果からみた各時代の狭山池」『狭山池埋蔵文化財編』狭山池調査事務所

伊藤寿和　一九九三　「奈良盆地における灌漑用溜池の築造年代と築造主体」『人文地理』四五—二

伊藤雅和　二〇〇〇a　「調査地周辺の環境」『居伝遺跡』奈良県立橿原考古学研究所調査報告七九

伊藤雅和　二〇〇〇b　「擂鉢出現の背景と用途」『居伝遺跡』奈良県立橿原考古学研究所調査報告七九

今尾文昭　一九八一　「『中世』素掘り小溝についての一解釈」『青陵』四七。

今尾文昭　一九九二　「保津・宮古遺跡第六次発掘調査報告書」『奈良県遺跡調査概報一九九一年度』奈良県立橿原考古学研究所

上田さち子　一九七六　「叡尊と大和の西大寺末寺」大阪歴史学会編『中世の成立と展開』吉川弘文館

小沢毅　一九八九　「4・5区の調査」『二俣池北遺跡・上フジ遺跡』大阪府埋蔵文化財協会

金田章裕　一九八五　『条里と村落の歴史地理学研究』大明堂

駒井正明　一九九三　「フタツ池周辺の調査」『上フジ遺跡・三田古墳』大阪府埋蔵文化財協会

齋藤弘　二〇〇一　「栃木県下の中世集落遺跡の展開」『唐沢考古』二〇

渋谷高秀　一九九一　「堺・石津川中流域の平安～近世の集落形成」『関西近世考古学研究』Ⅰ

浙江省文物考古研究所　一九八五　「五代銭氏捍海塘発掘簡報」『文物』一九八五第四期

高木徳郎　一九九七　「中世における村落景観の変容と地域社会」『地方史研究』二六九

高木徳郎　二〇〇二　「粉河荘東村」『きのくに荘園の世界』下　清文堂

虎間英喜　一九八八　「藤池地区の調査」『上フジ遺跡発掘調査報告書』大阪府埋蔵文化財協会

中尾良信　二〇〇三　「比叡山で生まれた日本の禅宗と道元の作法」『道元』吉川弘文館

服部伊久男　一九八七　『若槻池発掘調査報告書』大和郡山市教育委員会

堀健彦　一九九八　「平安期平城京域の空間利用とその支配」『史林』八一—五

前田徹　一九九九　「備中国賀夜郡服部郷の開発」『地方史研究』二八一

三浦圭一　一九七八　「鎌倉時代における開発と勧進」『日本史研究』一九五（『中世民衆生活史の研究』に再録）

宮崎泰史　一九八九　「まとめ」『二俣池北遺跡・上フジ遺跡』大阪府埋蔵文化財協会

本村充保　二〇〇〇　「居伝居館跡に見る中世館跡の性格」『居伝遺跡』奈良県立橿原考古学研究所調査報告七九

山川均　一九九八　「中世集落の論理」『考古学研究』一七八

山川均　一九九九　「居館の出現とその意義」『帝京大学山梨文化財研究所研究報告』九

山川均　二〇〇〇a　『若槻環濠第一次発掘調査報告書』大和郡山市教育委員会

山川均　二〇〇〇b　「西大寺流律宗と開発」『叡尊・忍性と律宗系集団』同

シンポジウム実行委員会
山川均　二〇〇〇c　「大和郡山市中付田遺跡の発掘調査」『条里制・古代都市研究』一六
山川均　二〇〇一　「遺構」『馬司遺跡第一次発掘調査報告』大和郡山市教育委員会
山川均　二〇〇二　「在地の変容とその背景」『中近世土器の基礎研究』XVI
山川均　二〇〇三　「開発・溜池・環濠」『戦国時代の考古学』高志書院
渡辺澄夫　一九六九　「大乗院領若槻庄」『畿内荘園の基礎構造』上、吉川弘文館

Ⅲ 西大寺古絵図をめぐって

1　京北班田図に関する若干の歴史地理学的検討
――京北条里地域の景観をめぐって――

出田和久

はじめに

西大寺（奈良市西大寺芝町）には、「大和国添下郡京北班田図」（原色図版1・2）をはじめとして一一点の「西大寺荘園図群」[1]が伝来し、現在、東京大学文学部に八点、西大寺に三点所蔵されている。これら諸図には「西大寺与秋篠寺堺相論絵図」（東大本・原色図版8）のように彩色により豊かな景観表現がみられるものから、「大和国添下郡京北条里図」（東大本・原色図版7）のように文字注記によるシンプルなものまで区々ある。これらは絵図ごとに個別に表現内容を検討するだけではなく、作成された文脈を考慮して「西大寺荘園図群」の中に位置づけながら読解を試みる必要性が指摘されている[2]。

ところで「西大寺荘園図群」は「西大寺寺中曼荼羅図」（原色図版11）を除くと、平城京内の西大寺を主対象とした条坊区画が中心の西大寺敷地図類と、京北条里区を対象とした京北班田図、および西大寺与秋篠寺堺相論絵図類の三つに大別される。後者以外は地形をはじめとする絵画的景観描写は少なく、文字による景観情報の注記が主となっている。条坊や条里の区画等を記しているため絵図の現地比定は比較的容易なように思われがちであるが、今日、条里地割の遺存が限られるうえに条里地名の遺存が見られないため、京北条里区に関わる京北班田図の位置比定は必ずしも容易ではない。絵図の現地比定は、これらの絵図群の読解を進める際には必須であると考えられるが、平城京右京北辺あたりに関しては、北辺坊の存否をも含めてその施工時期や条坊地割と条里地割の施工の先後関係如何等とも絡んで諸説がみられる状況である。

本稿では、このような状況に鑑み、京北班田図の位置比定を考えるための基礎作業として、古代～中世における京北条里地域の景観への接近を試みることにしたい。そのために先ず、これまでの京北班田図の位置比定に関する諸説の紹介からはじめることにする。

一　京北班田図の現地比定に関する諸説

1　関野貞による現地比定

関野貞は、幕末に平城京研究に大きな足跡を残した北浦定政の諸研究に刺激を受けて、平城京や奈良盆地の条里に関して研究を進めた。北浦定政は京北条里に関して、京北班田図の存在に注目し、「右京北佐貴郷〈今の秋／篠の郷〉班田は四条六里あり　こは弘仁二年十一月二十九日所図今西大寺にあり其を見て知べし〈但大内裏坪割一条北辺を佐貴郷斑田の一里とすされ／と西大寺相伝の地は資財帳になほ北辺一條とあり[3]〉」として、京北班田図によって一条北辺から京北条里が始まるとした。しかし、関野は、このような平城京を基とする条里の設定は地形や古文書記載の地名等と対照してみると齟齬が往々にしてみられ、誤りであるとの立場から、京北班田図に関しては秋篠寺の金堂と講堂の中間に一里と二里の界線が記され、相楽川（山田川）が六里の二列目[4]の坪を西流しているのは古来変化がないものとして、この間の地図上の距離が京北班田図での二六町[5]に当たるとした。したがって、一里と二里の界線の南六町が京北条里区の南端にあたることになるが、それは一条北大路より一町北にあたるとした。南北線については、京北班田図では秋篠寺伽藍中軸線が一条と二条の界線より二町半西にあたるとして一条と二条の界線を求め、これを基準に条界線を引いた。この現地比定に京北班田図の土地利用などを対比させて、新旧の要素がよく一致するとしてその妥当性を主張した。[6] しかし、里と里のあいだの帯状の空白はそのまま現地比定図に移写しており、その理由には触れていないなど不審な点もある。さらに、京北班田図に見える赤皮田池は後世の加筆であるとした。また、相楽川と秋篠寺講堂前との距離を図上計測し、これを京北班田図での距離二六町で除すと、京北条里の一町は曲尺約三七五・二三尺（令の量地尺で三一丈九尺、約一一三・七メートル）となり、やや長いことを指摘した。（図1および図2参照）

このほか、関野は「北浦定政考正大和班田略図」[7]によれば、京北条里の東端は平城京右京一坊大路と一致しているが、これについても京北班田図との矛盾・齟齬があるとして否定している。また、北辺坊の存在について、京北条里と平城京の間の部分に後世に平安京に倣って幅二町の北辺何坊という呼称を用いた区画を設けたとし、北浦定政が平安京同様に二町分の北辺坊を平城京建設当初からのものであると考えたのは誤りだとした。[8]

2　喜田貞吉による検討

関野の説に対して喜田は、まず関野の用いた仮製二万分の一図が秋篠郷や忍熊郷のような山間部においては正確さの点で問題があると指摘し、奈良時代の測量の精度や条里区画の精度について問題にし、実測地形図と条里図とを単純に対照した関野による位置比定の方法を批判した。[9] 喜田は条里図の精度を考慮すると、関野は南端から六町離れた秋篠寺を基準としたが、より南端に近い赤皮田池を取り上げるべきであるとした。そして、喜田はその主張の基礎となる赤皮田池の位置について、関野の位置比定は誤りであるとし、「今西大寺村小字赤田と称する谷間より、約二町北方なる秋篠村の谷間に亘りて存するなり。（中略）ともかくも後世に於ける西大寺と秋篠寺との境界は其の東部にありては明に右に所謂一條北邊の北端を以ってせしなり。而して赤皮田池址は、この東西線（旧西大寺村と旧秋篠村の境界線）を北に距る僅に一町の約三分の一の地より始まれるなり[10]。」として旧秋篠村の大池が所在する谷の入口付近に赤皮田池があったと考えた。つまり、京北条里の南端は西大寺北方の北辺の北界、関野案より一町北に始まるとした[11]。しかし、この解釈には無理がある。すなわち、「西大寺与秋篠寺堺相論絵図」（東大本）および「西大寺領之図」（原色図版9）を見ると、「今池」（後者では「池」として「興正菩薩御興行之池」と付記している）は赤皮田池と同じ谷筋にあり、秋篠寺のすぐ南隣の谷ではなく、さらにその南の谷であることが分かるのである。おそらく喜田は近世藩政村の境界と大治の宣旨との整合性を過大視したのであろう。

また喜田は、関野が赤皮田池は元来班田図にはなく、後世書き加えられたものであると理解したのは誤りであるとした。

3　田村吉永による検討

関野と喜田の論争は決着をみないまま両博士が死去した。その後、暫く経ってから田村吉永が「条里と平城京との先後について」で「京北班田図」について言及した[12]。田村は京北班田図の二条一里二坪から西の坪には文字の記入がないことを、西大寺居地と関連させて解釈するとともに、班田図の右端に

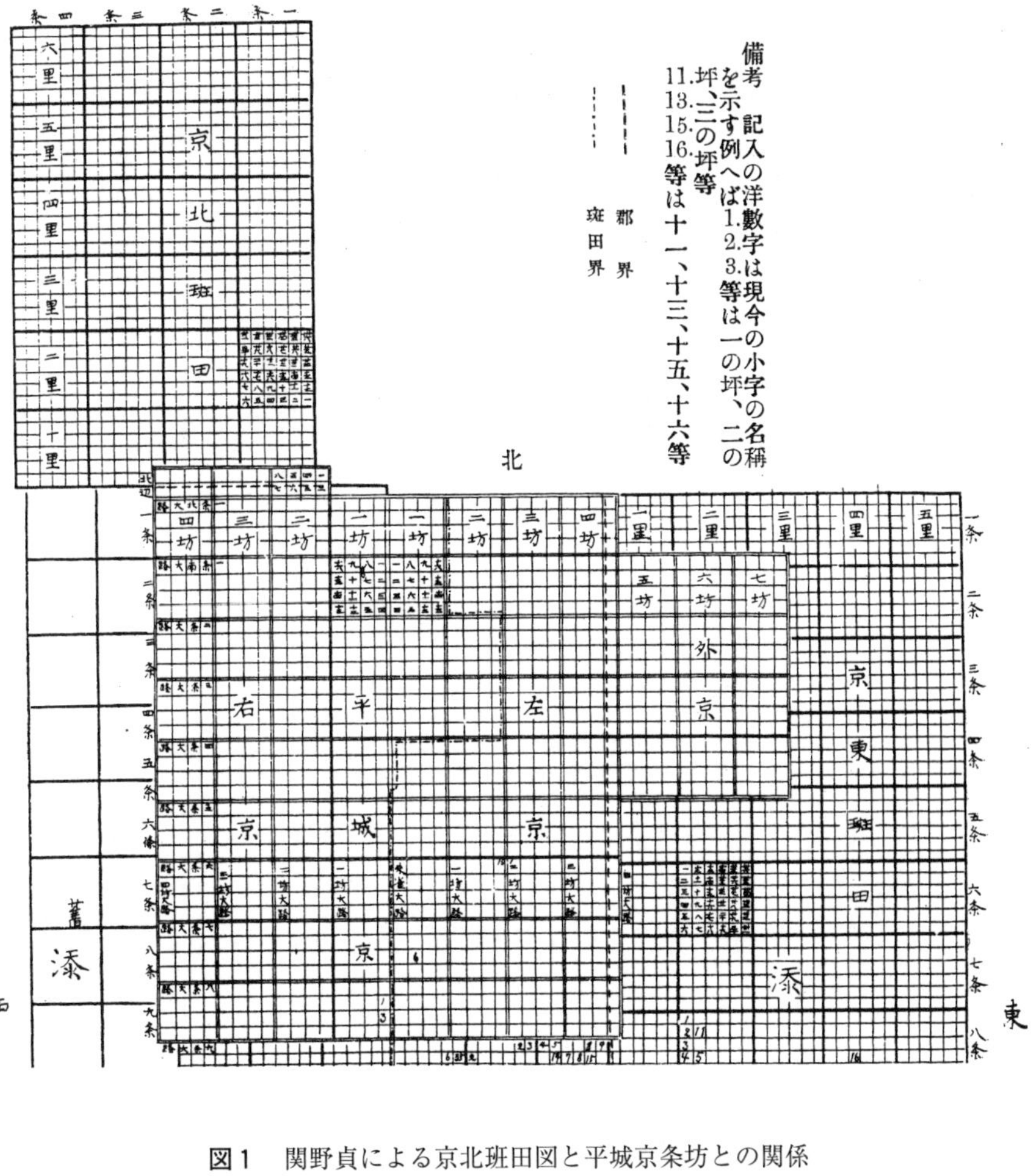

図1　関野貞による京北班田図と平城京条坊との関係

（関野貞：『東京帝国大学紀要　工科第参冊　平城京及大内裏考』より）

「成務天皇山陵敷地」の文字があり、一条一里一二坪及び一三坪に「陵」の文字があることから京北条里の起点は一条北大路北一町にあると関野説を支持した。

4　大井重二郎による現地比定

大井は、京北班田図（西大寺本）の原本調査により釈文の作成など行い、基礎的な研究を進めた(13)。彼は、京北班田図の実見結果と「西大寺三宝料田畠目録」の「添下郡右京西大寺西山赤波田六切東端大字アカウタ」とある記載から、当時既に赤皮田池が埋没していた可能性を指摘し、赤皮田池は後世の加筆とする関野説を支持した。そのうえで、山田川と秋

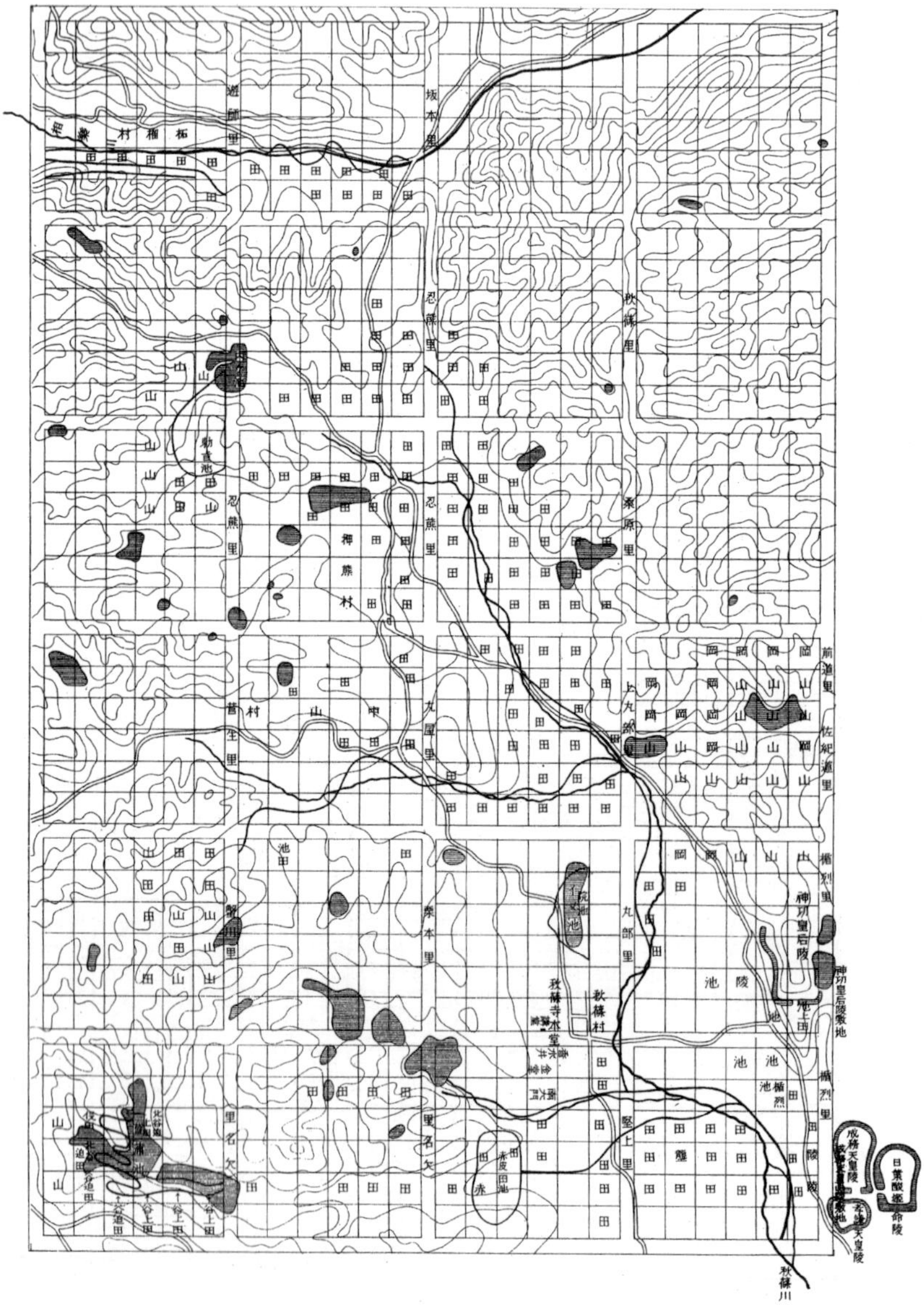

図2　関野貞による「京北班田図古今対比図」

（関野貞：『東京帝国大学紀要　工科第参冊　平城京及大内裏考』より）

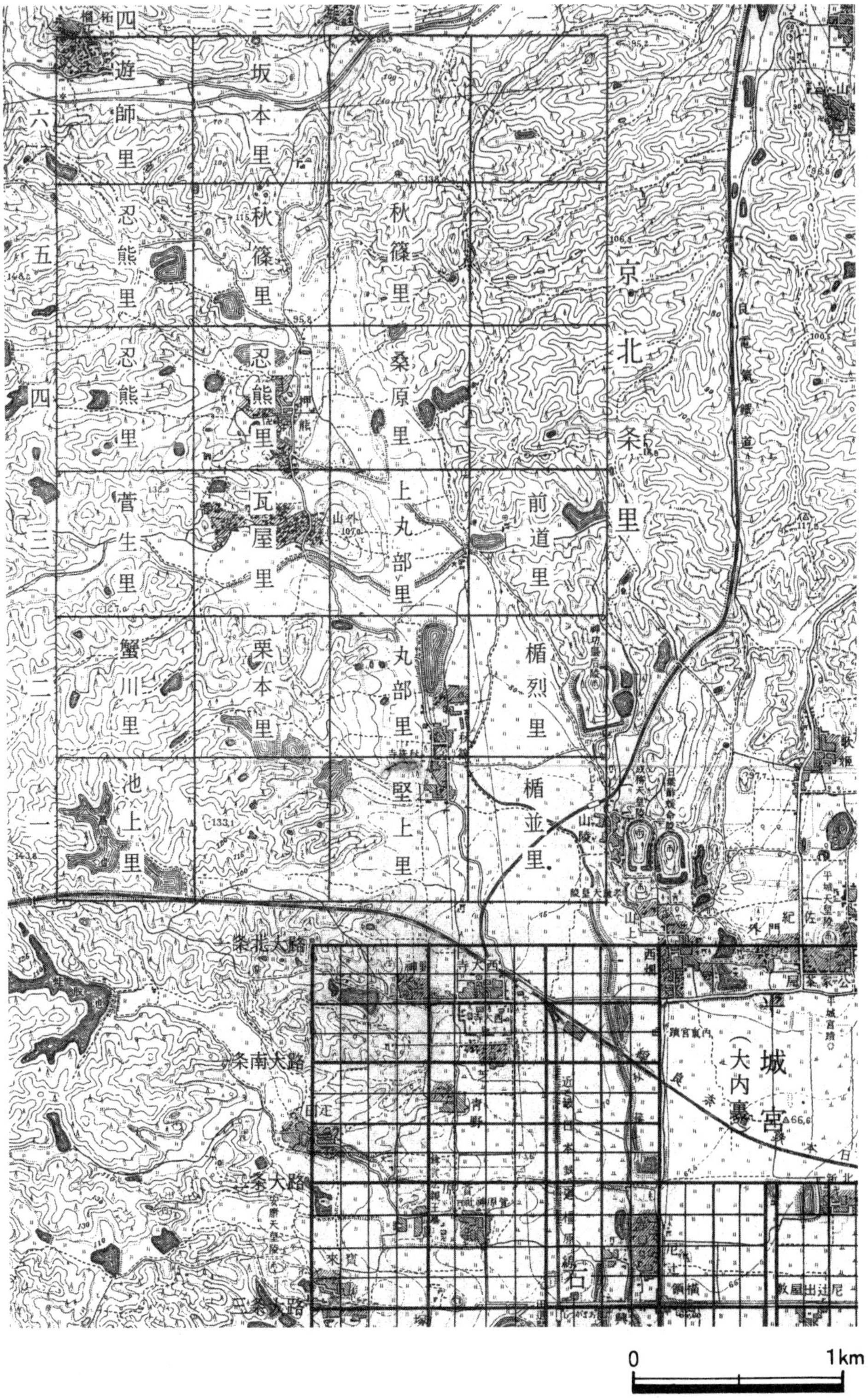

図 3　大井重二郎による京北班田図と平城京条坊との関係

（大井重二郎：『平城京と条坊制度の研究』より）

篠川の流路に移動がほとんどなく、院池（イヌイ池）等も位置に変動がないとして、これらを基準に班田図の方格線を奈良市都市計画図一万分の一図に設定することにより位置比定を行った(14)。また、「北辺」の有無の検討をするなかで、「西大寺が北辺南一町通に築地を築き得たことは、この空間が当初さしたる抵抗にあわず遂行し得たことを示すのであろう。これ即ち北京極の北一町通が秋篠条里の初発点との空白地であったためであり」とし(15)、京北条里の南端が一条北大路北一町にあると関野と同じ結論を得ている。東限については班田図に一条一・二里の東界に「神功皇后山陵敷地」、「成務天皇山陵敷地」とあり、一条一里の「東一行」が田となっていることにあうように設定した。（図3参照）

5　秋山日出雄による現地比定

『平城村史』において秋山は、従来の諸説が現地の地割の検討が不十分なままに現地比定を急ぎ過ぎたと批判して、まず二五〇〇分の一都市計画図から条里地割を抽出した。そのうえで秋篠寺の位置を京北班田図の二条一里三四・三五坪と二里二・三坪として差し支えないこと、院池が現いぬ池（イヌイ池）であること、「西大寺三宝料田畠目録」に見える「添下郡右京北二条二丸部里卅六坪内一段〈字井タリノ田秋篠ニ池ノ尻〉」がいぬ池の東北の位置を占め、坪付に適合することから京北一・二条一・二里の四里についてのみ図示した。それ以外の部分に関しては、地割の方位に僅かな偏差がみられることや地形的に水田が経営できないことなどから、京北条里は丘陵地域をも包含し、ひとつの行政体ではあったとしても方位に差がある里や非農地の里の集合体であったと考えた(16)。

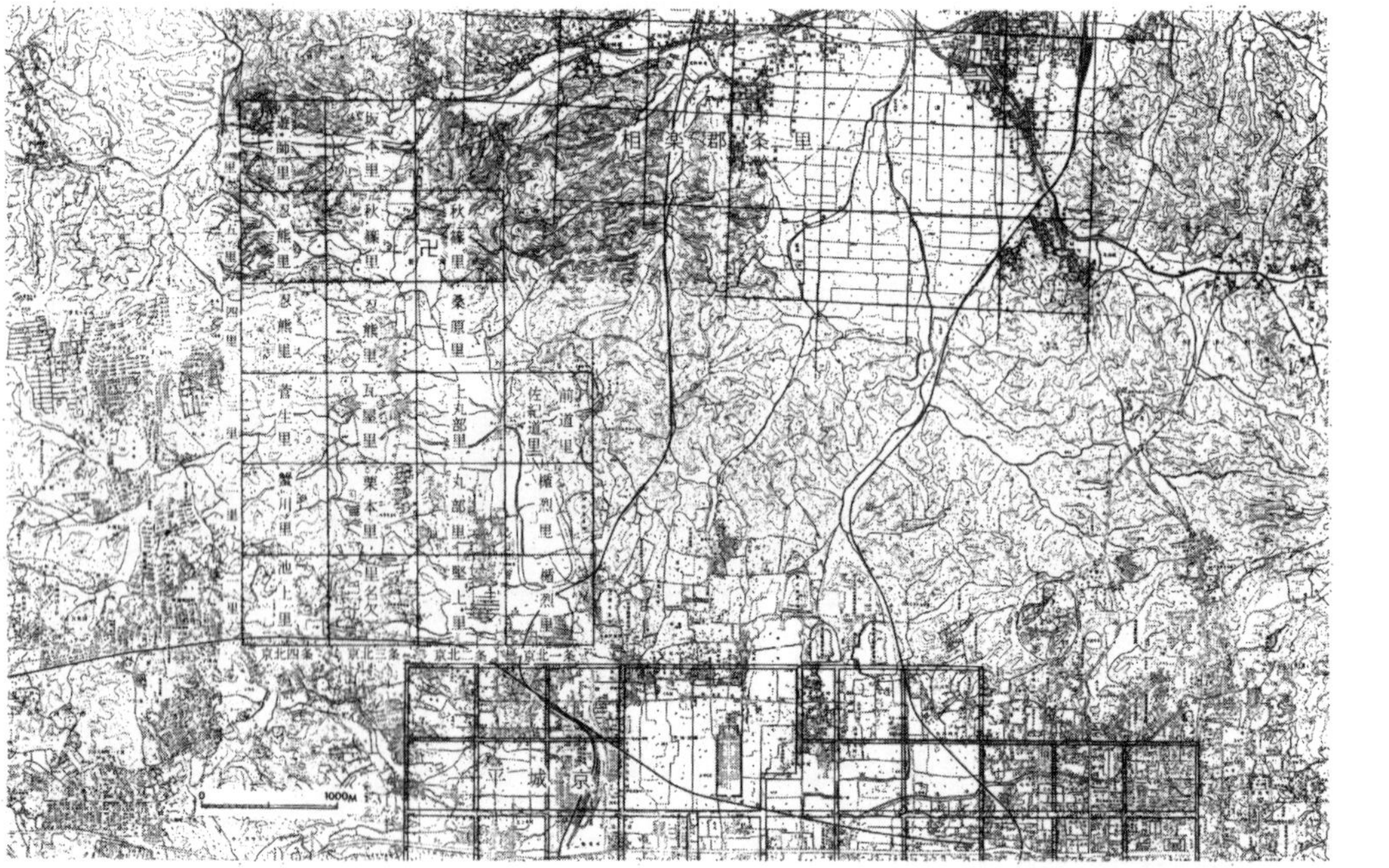

（拠奈良市 $\frac{1}{10,000}$ 都市計画図）

図4　秋山日出雄による京北班田図の位置比定

（秋山日出雄：「京北条里考」（『平城村史』所収）より）

その後、秋山は主任担当者として『大和国条里復原図』の作成に当たり、京北条里は地図上のみの呼称法であった擬制条里の可能性があると指摘したうえで(17)、京北班田図の全体の位置比定を行った。しかし、上記のような認識からか里界線は図示したが、坪界線は示さなかった（図4参照）。

6　山本崇による現地比定

これまでの比定案では京北班田図記載の土地利用と現地形に齟齬が生じるとして、京北二・三条三・四・五里付近の忍熊《おしくま》あたりの秋篠寺と神願寺所領の寺田が存在する坪々の分布状況から谷や尾根の位置を推定し、これと現地形を照合し位置比定を行った（図5参照）。図示したのは、京北二・三条三・四・五里付近にとどまるが、その結果は『大和国条里復原図』に示された京北条里復原案を一町南にずらすとより整合性が高まるとした(18)。つまり、京北条里の南の基準は一条北大路になると示唆した。さらに、京北班田図の田籍記載は古代の実態を示しているのに対して、その地形描写は中世のものであり、現地形と古代田籍記事との齟齬は中世における大和国条里の坪付が北に一町移動したことにより生じたものと推測し、中世における坪付移動を考えることにより問題点を解消しようとした。しかし、なぜ中世に坪付が移動したのかその理由については、正南北方向の大和国統一条里の施行などを契機とした可能性を指摘しているが(19)、京北条里区の条里呼称法が大和国統一条里と異なることの理由等、重要な点については触れるところがない。

これら諸説のなかでは山本の現地比定案が、京北班田図の田籍記事と地形との整合性をもっとも重視したものであるが、夙に喜田が指摘したように内部に多くの丘陵を含んだ地形において、京北班田図に示された条里区画を果たしてどこまで信頼して現地比定を行いうるのか、という根本的な疑問は解決されないままである。

京北班田図に記載された地域が概ね現在の奈良市北部旧西大寺・秋篠・中山・押熊・山陵各村にまたがる地域であることについては諸説一致している。しかし、喜田が指摘したように、古代の測量技術の制約の中で丘陵を含む地域において、どれだけ正確に位置を把握して班田図として記載できたかについては疑問が残る。つまり、平地部で田の位置を把握するのと異なり丘陵部では直接見通せない場合が多いため、現在の地形図に単純に班田図の方格を当てはめようとすることには無理があるのではないかと思われる。

また、経済の高度成長以降、奈良市北部の丘陵地帯即ち奈良山丘陵においては大規模住宅開発が進展し、耕地とともに大小多数の溜池群が潰廃され、地域の状況は大きく変化している。したがって、京北班田図の現地比定を行うには、現在のように大きく土地改変が行われる以前の京北条里地区の土地利用等について把握し、京北班田図記載の土地利用情報と対照させながら丘陵地域を含むことを念頭に置きつつ検討することが必要であろう。

二　京北班田図の景観―地形と土地利用からみた京北班田図―

前節の問題点を踏まえ、京北班田図について地形的に田地が存在した可能性があるか否かについてできるだけ坪レベルで検討することからはじめたい。ここでは『大和国条里復原図』をベースに、奈良国立文化財研究所（現、独立行政法人文化財研究所奈良文化財研究所、以下奈文研と略記）作製の一〇〇〇分の一地形図（昭和三七年八月撮影の空中写真を使用）により、田と溜池の分布を調べ、これによりニュータウンの造成など大規模土地改変が始まる前における土地利用を概ね把握した。

1　溜池と水田の分布と京北班田図の地理的情報

京北班田図の位置比定の困難さは、明確に位置が同定できる地物・地名等が少ないことにある。そのなかにあって池は、今日まで残存し、あるいは消滅したものでもその位置が明確であれば、班田図と対照して個別に同定し、位置比定を行う際に有力な手がかりとなる。京北班田図には西大寺蔵本、東京大学蔵本各一一ヵ所、延べ一二ヵ所に池が描出されている。因みに、西大寺蔵本には三条五里二・三坪に、東京大学蔵本には四条二里九・一〇坪に池が描かれていないという差がある。このほか

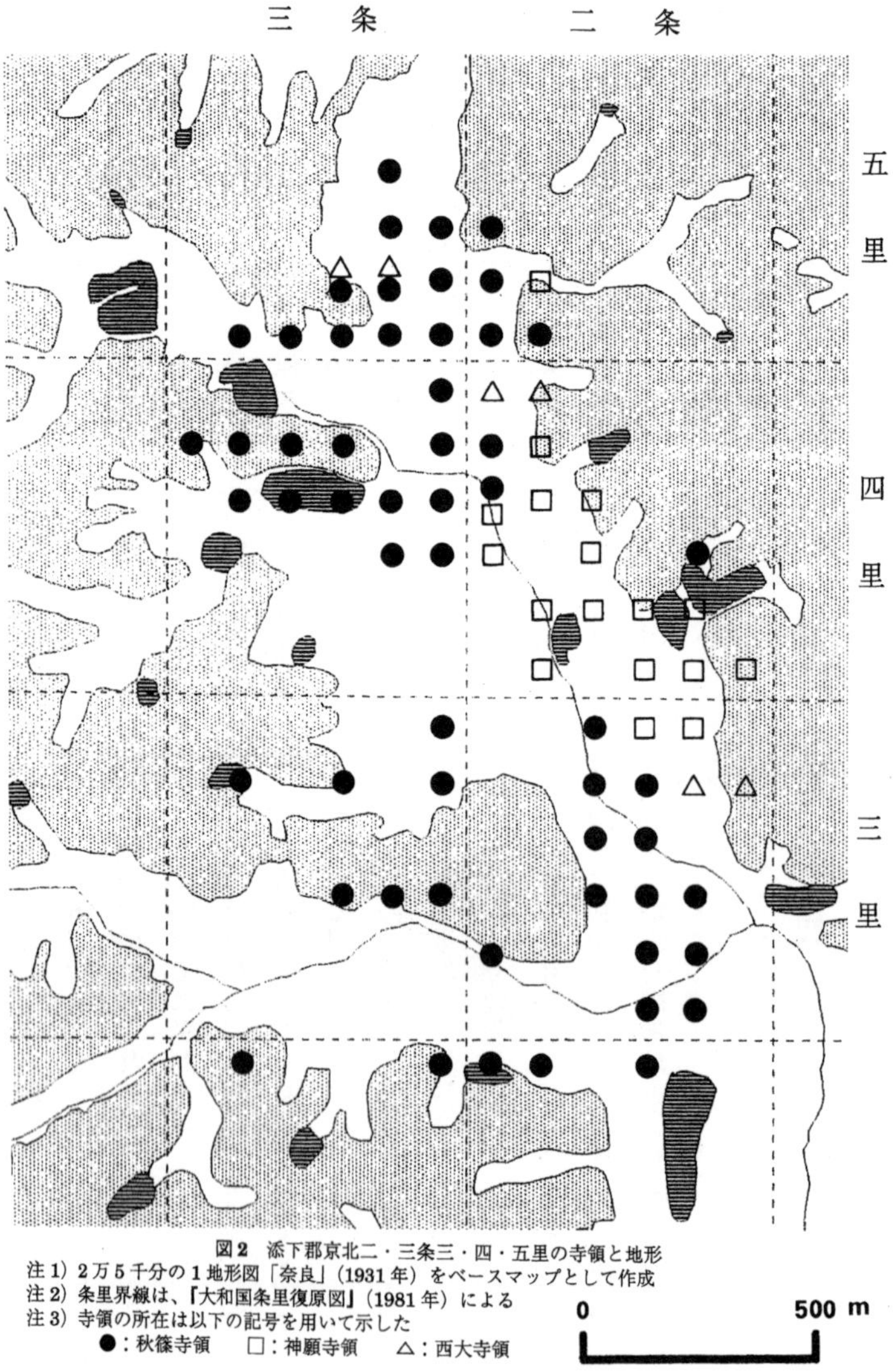

図5　山本崇による添下郡京北二・三条三・四・五里の寺領と地形の対比

（山本崇：「秋篠庄と京北条里」續日本紀研究，324より）

「楯烈池」および「池」という文字のみの記入もある。藍や緑青で着色されたこれらの池は、西大寺蔵本で池名のあるものが三ヵ所、「池」の文字の書き込みがあるものが四ヵ所、着色のみの池が四ヵ所に、東京大学蔵本でそれぞれ三ヵ所、二ヵ所、六ヵ所に描かれている。この記載のあり方の差は、それらの池が班田図作成の当初からあったものであるのか、池の築造年の違いを示すものであるのか等についてさらに検討が必要であるが、『大和国条里復原図』をはじめとする現地比定図でその位置がほぼ一致するのは、消滅した赤皮田池を除くと院池のみで、勅旨池は一町強のずれをみせている。これらはいずれも一坪以上にまたがる比較的大規模な池であり、残りの九池はいずれも一坪のうち、わずかな部分を占めるに過ぎない小規模なもので、丘陵部に所在すると考えられるものが多い。そこで、京北班田図の位置比定に際しては、条里地割が残存する平地に所在し、その位置が最も明確に比定できる院池(イヌイ池)が有力な手がかりとなって、先に見た京北班田図の現地比定にあたって諸説の重要な根拠となった。これらには京北班田図が全体として一つの条里プランを示し、その内部の各里における地割も一連のものであるとする暗黙の共通認識があって、そのまま現在の地形図上に位置をあてはめたものと見られる。しかし、先に指摘したように丘陵地における条里プランと現実の地割との対応関係については、これまで十分に触れられるところがなく、必ずしも明確にはなっていない。この点に関しては、「額田寺伽藍並条里図」に関する金田章裕による復原案が興味深い。金田は地形条件と地目表現を加味して景観復原を行ったが[20]、そこでは丘陵部において部分的に里界線が食い違い、方位も歪みを持ったものとなっているのは示唆的である。というのは、八世紀中葉に作成された同図は、校班田図との関連が深いとされ、大和国の平群郡に所在する額田寺の寺領図であり、作成時期は異なるものの京北班田図と類似した側面を有している。つまり、京北班田図の場合も、特に丘陵部における現地比定にあたっては、同様に部分的に里界線が食い違ったり、方位が歪んだりしている可能性を念頭において検討する必要性があるだろう。

また、これらの池がいつ築造されたものなのかが明確にならないために、仮に鎌倉時代になって築造されたとすれば、京北班田図が現況のように作成された時期における、班田図の条里プランの認識をも検討する必要が生じる。つまり、藤田裕嗣が指摘するように[21]、中世においても古代班田図の記載内容の地理的情報を正確に認識できたのか、という問題が生じる。

したがって、多様な側面からの検討を迫られているということになるが、まずは条里プランと現地比定という点に絞ると、京北班田図のおよその範域のうち、旧秋篠村平地部を中心とする条里地割遺存地域と旧押熊・中山村の押熊・秋篠川谷底平野部、およびそれ以外の丘陵部に分けて検討することが適当と考えられる。そこで、つぎにこの三地区の地割と水田分布状況について、現代における本格的な開発前の状況に焦点をあててみることにする。

①条里地割遺存地区

条里地割が遺存する地区にあっても、都市化の影響で宅地化や道路敷設等により、現在は水田が大きく減少し景観変貌が著しい。そこで、明治中期作製の地籍図から旧秋篠村と旧西大寺村の平地部の土地利用と水路を抽出してみると[22](図6参照)、秋篠川沿いの自然堤防部と西方の秋篠山から延びてくる低台地上の集落部を除いて、秋篠川沿いおよび丘陵部の開析谷はほぼ開田されていることが分かる。畦畔や水路の形状から条里型の地割の広がりは、南は平城京北辺付近からほぼ秋篠村北端の秋篠川右岸まで認められ、さらに奈文研作製の一〇〇〇分の一地形図によると旧押熊村の東川池周辺にも一部認められる。東西には、東南部では秋篠川右岸までほぼ連続して七～八町ほど認められるが、秋篠寺周辺では秋篠川を挟んで四町程度、院池北方では秋篠川右岸に八町程度の範囲で認められ、不明瞭な部分を含めて全体では九〇町前後の広がりとなる。

②押熊・秋篠川谷底平野部

押熊川流域では押熊集落の北から東南側は幅が四〇〇～六〇〇メートル前後の比較的広い谷底平野となっており、一部には条里型地割が認められる。旧中山村域の秋篠川谷底平野は、中山の集落の南では幅が三〇〇メートル前後あるが、条里型地割は認め難い。上流部になると谷幅は一〇〇メートル以下の狭長な谷底平野となる。

③丘陵部における水田

前記二地区以外においては大部分が丘陵であり、丘陵を開析した狭長な谷に水田が部分的に開かれている状況である。

ただし、以上のような水田分布状況は、いわば最も

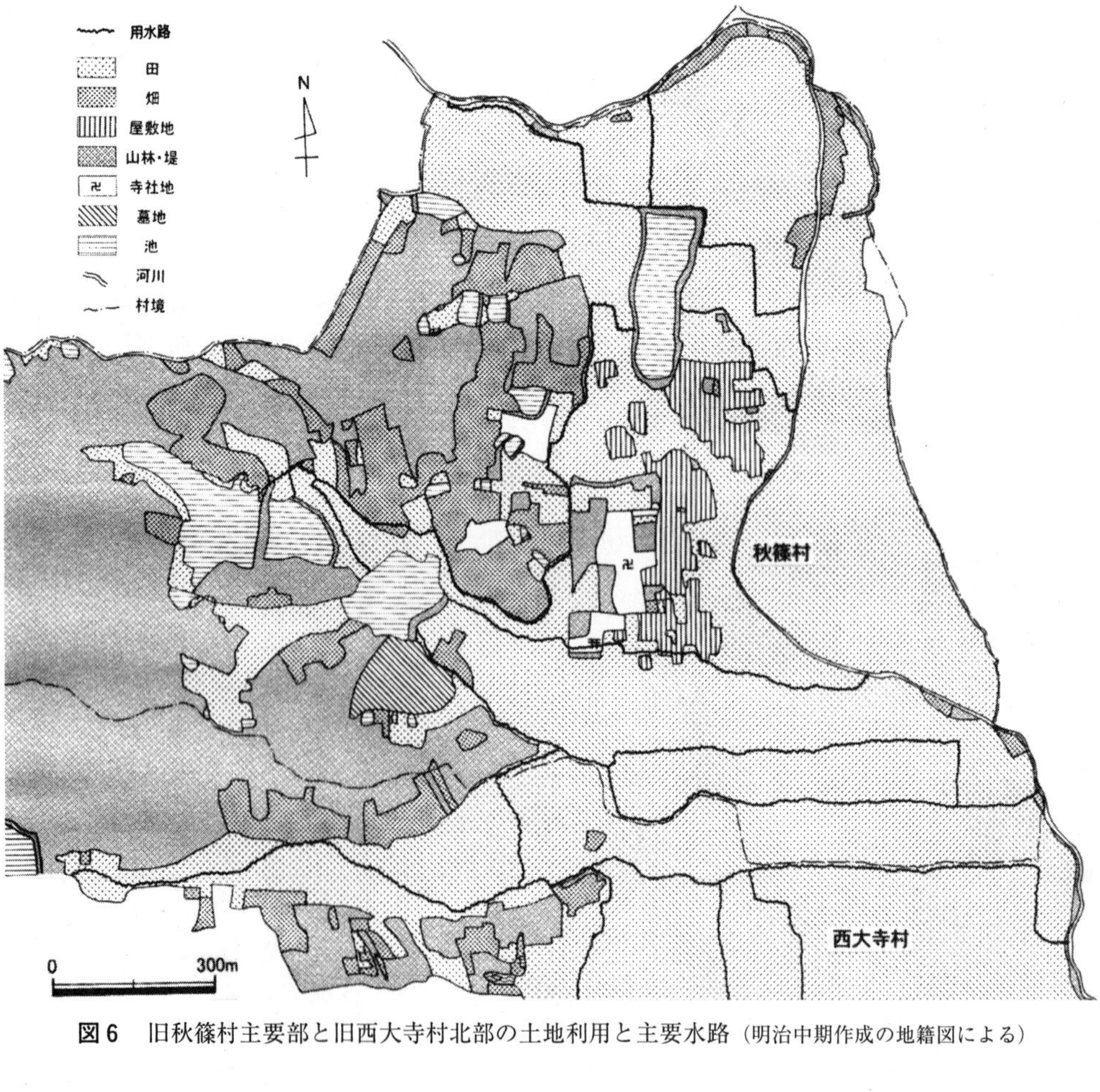

図6　旧秋篠村主要部と旧西大寺村北部の土地利用と主要水路（明治中期作成の地籍図による）

人口圧が高まり開田が進んだ時期に近い、近代初めの状況である。ややもすれば近代の状況を復原のベースに据えがちであるが、古代～中世においては、それほどまで開田されていなかった。さらに、奈良盆地は乏水地域であり、水田経営に大きく影響するのは水利条件ということになるので、つぎに池と水利に関して若干の検討をしたい。

2　溜池と水利

①条里地割遺存地区――院池と秋篠川――

院池は東西幅がちょうど一町で条里地割に規制されているようにみえることから、その築造は条里地割に先行するものではないと判断される。さらに、京北班田図には池に隣接した坪に「池上田」の地名がみえることから、班田図作成当初に存在していたと考えられる。ただ、当初から京北班田図に描かれた規模であったかについては検討しなければならない。聞き取り調査によれば（図7参照）、イヌイ池の北西部から東部にかけては、秋篠川からの取水で直接灌漑することは可能であるが、現在は基本的には中山橋のすぐそばにあるコイデ（図8参照）から一旦イヌイ池に水を込めてから給水しているという。またイヌイ池の灌漑範囲は、本格的な

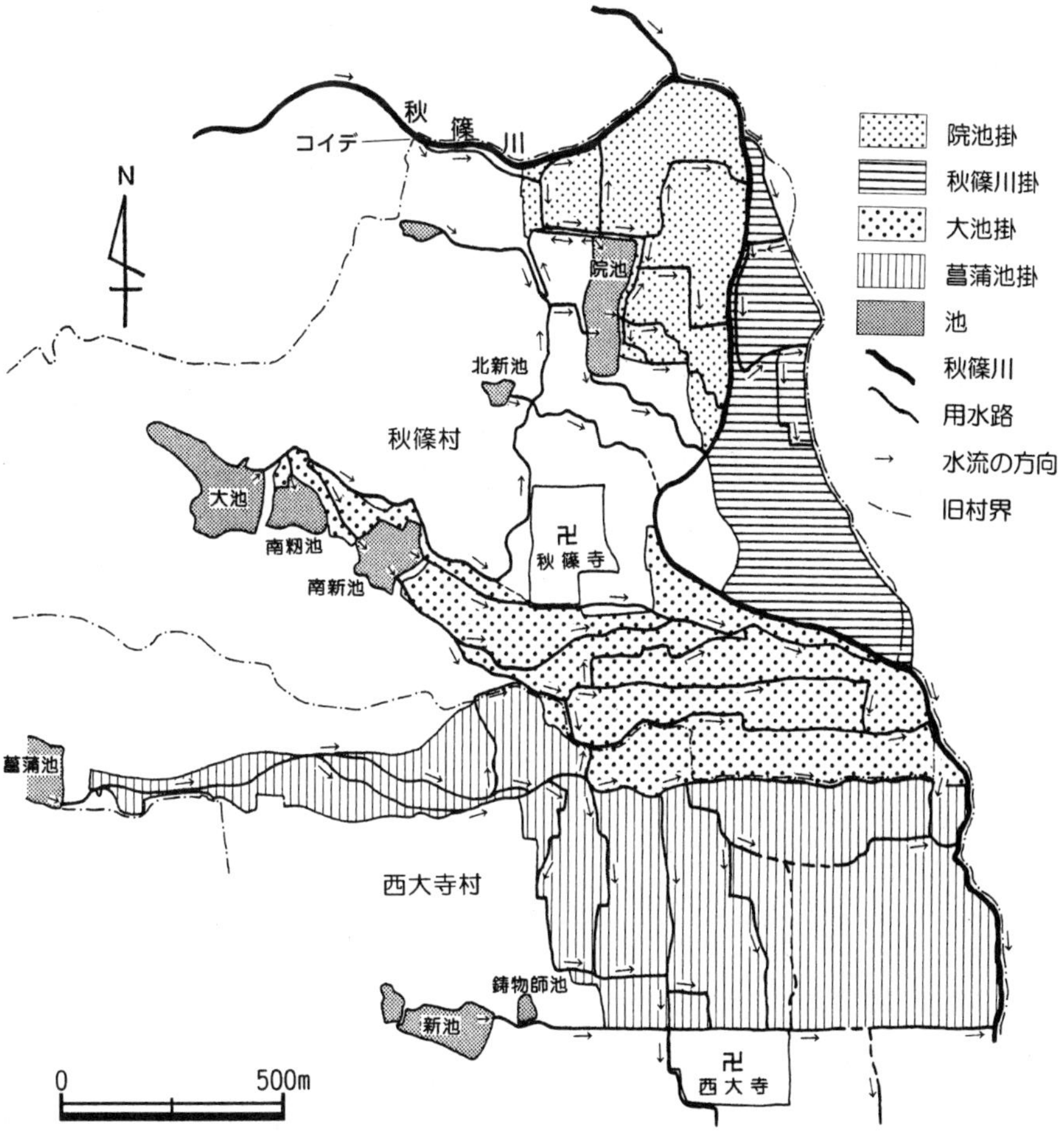

図7　旧秋篠村主要部と旧西大寺村北部の水利系統別灌漑範囲と主要用水路の概況

図8　現在のコイデ

都市化が始まる以前においては、直接灌漑する池の北側から東側にかけての秋篠川右岸の地域と、池水を一旦秋篠川に落としてからハコイゼで取水し、左岸の西ミゾに引いて間接的に灌漑する地域とに広がる。しかし、両者の面積を合わせてもせいぜい二〇ヘクタール程度であり、二・八ヘクタールという池の規模に比して狭い[23]。現在では秋篠村の南半分以上の地域は大池の水掛りとなっている。このようにイヌイ池の水をわざわざ一旦秋篠川に落とし、これを井堰で再び取水し左岸側の灌漑を図っていることは、秋篠川の水量が乏しいことを如実に示し、イヌイ池の灌漑面積が池の規模に比して狭いことはイヌイ池の水量が十分ではないことを示唆している。つまり、秋篠川流域平地部分の条里地割遺存地域の全面的水田化には溜池による灌漑が必須であったが、必ずしも十分ではなかったことが分かるのである。中世後半期における灌漑用溜池としては、北部ではイヌイ池、南部では大池が中心的に機能したと考えられるが、それ以前の状況を示すと考えられる京北班田図に示された京北一条二里の秋篠川左岸側にあたる地域に「田」の記載が少ないことは、用水が不足していたことを示唆するものと考えられる。

　ところで、イヌイ池への水込めは、現在は大池の水がオオミゾによって補給できるようになっているが、池の築造当初は秋篠川からの取水によっていたと考えられる。上流部での開田や古代末期から中世初頭にかけての段丘化の影響もあって、秋篠川の下刻が進行した[24]結果、十分な取水が一層困難になり、大池の築造にともなってその補給を受けるようになったものと推測される[25]。

②赤皮田池の比定地

　赤皮田池についてみると、「西大寺与秋篠寺堺相論絵図」（東大本）の秋篠寺側の主張を示す付箋に、「秋篠方申云、於此池者、四分三ハ秋篠寺進退、今／四分一ハ西大寺進退之由、見于大治宣旨、而當時為西大寺一向被打塞此樋之由、申之」とあり、赤皮田池が大治宣旨に見え、遅くとも大治年間（一一二六～一一三一年）には築造されていたと考えてよいだろう。

　西大寺の西側を中心にした地域は開析扇状地性の段丘面である（図9参照）。空中写真や大縮尺図を見ると、赤皮田池が従来比定されて

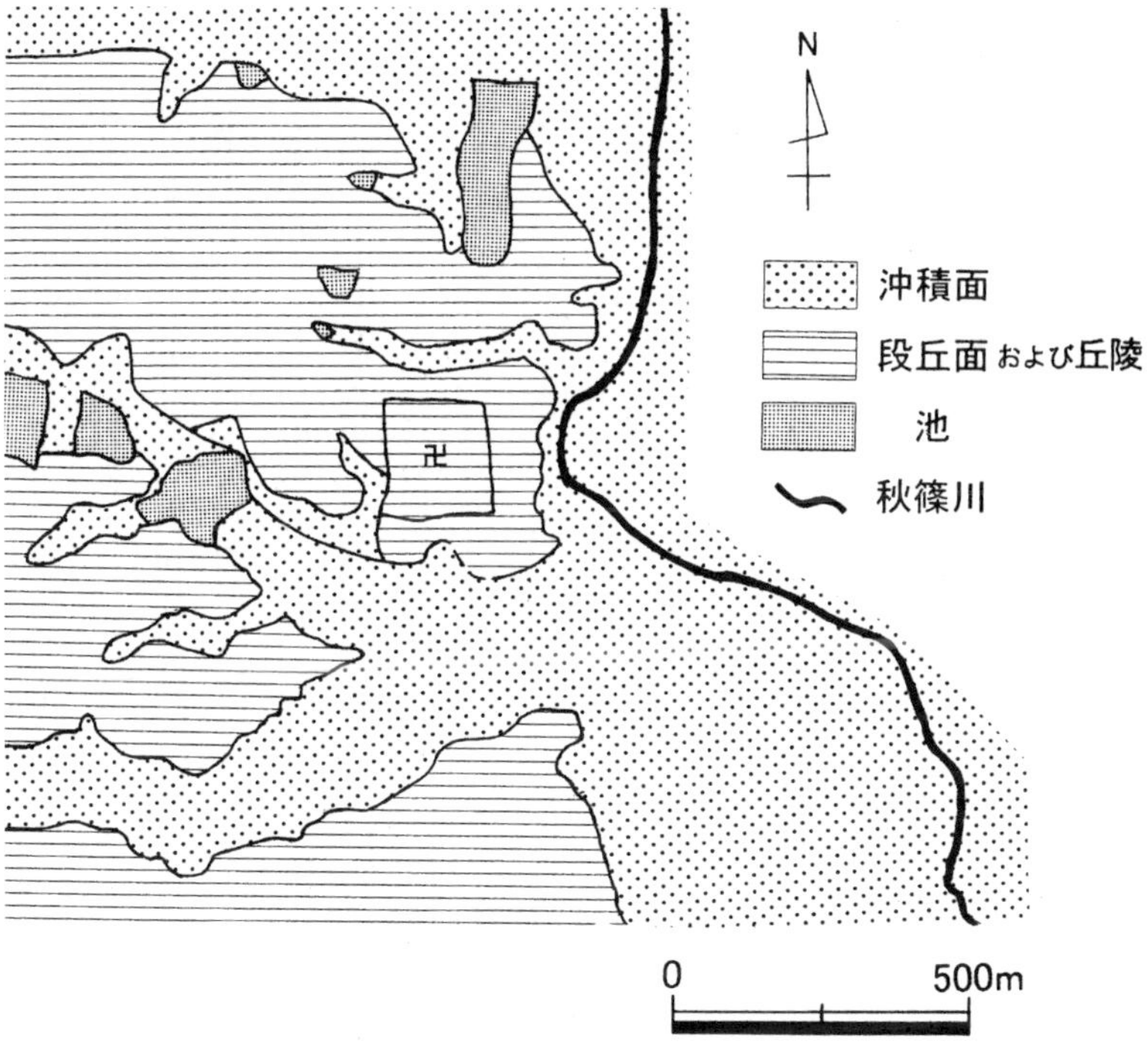

図9　旧秋篠村主要部と旧西大寺村北部の地形分類

いる大字西大寺の字赤田は、付近の谷の断面は、南側が高く、北側に低いことが分り、西大寺辺の段丘面を灌漑するためには必ずしも適切な場所とはいえない。一方秋篠寺からすれば、現在寺の南から東部にかけての、院池の水掛りとなっていない地域の開発には、当然、院池以外の水利を必要としていたと考えられる。

そこで、西大寺辺および秋篠寺辺の灌漑の可能性という視点から、改めて赤皮田池の位置について検討を加えることにする。字赤田の地は、秋篠寺の南側と南東側を灌漑するためには、土地の起伏の関係から都合が良い。しかし、これらの地域のみの灌漑を考えれば、図7に見えるように大池所在の谷に池を構築すればよい。赤皮田池は、西大寺と秋篠寺が合力して築造したというからには、両寺にとって意味のある位置にあったはずである。そこで字赤田付近の標高を詳細に検討すると（図10参照）、谷の出口付近から八四～八五メートルの等高線が東に張り出し、従来説の赤皮田池のすぐ南側の丘陵突出部を回り込み、伏見中学校グラウンド辺りに達している。この辺りから南は西大寺が位置する南東方向に緩やかに傾斜している。仮に、赤皮田池の最高水面高を八五メートル前後であったと想定するならば、字赤田の谷の出口の南側から、丘陵の裾に沿って東から南へ水路をつけると、池の高水位時には西大寺西側の段丘面に水を揚げることが可能になる。水量さえ確保できれば西大寺西方から西南方の部分も含めて灌漑可能であることが分かる。段丘面を灌漑して開発することによる利点を考えると、水を引くことに多少の困難さを伴うが、字赤田付近は赤皮田池が所在した場所としてあり得ない地点ではないことが分かる。さらに、この赤皮田池の谷の奥に所在する菖蒲池の現在の水掛りは（図7参照）、大半が旧西大寺村の田を潤していることから、同じ谷筋の谷頭部付近に位置していたであろう赤皮田池の水は、大部分が旧西大寺村を潤し、一部が旧秋篠村の南東部を灌漑したと推察される。

このようにみてくると「西大寺与秋篠寺相論絵図」に赤皮田池に北樋と南樋が描かれているのは、北樋が秋篠寺領を、南樋が西大寺領を灌漑するためであったとも解釈でき、この谷の地形環境とあわせて示唆的である。なぜなら、既に触れたように赤皮田池に比定されてきた場所が、北側に低い谷地形であるため、西大寺西側を中心とした周辺の段丘面に水を流すことは、池の水面高の関係から北樋からではなく、南樋から、しかも池の水位を高く保っていないと困難であったからである。このことを考えると、同図に秋篠寺が両樋に関して北樋に「元秋篠一円進止／今西大寺打塞之」、南樋に「元両寺通用／今西大寺一向押領」と注記した前記秋篠寺の主張の背景がうかがい知れる。つまり、西大寺辺の段丘面上の灌漑用水を確保するために、池の水位を高く保たなければならないことから、西大寺側は北樋を塞ぎ、南樋を支配したと考えれば、秋篠寺の注記は理解できるのである。

また、このことは樋が破損しているか否かはともかくも、少なくとも秋篠寺の南から南

図10　旧秋篠村南部と旧西大寺村主要部の等高線

東部において必要な池水が不足していたことも示唆している。

赤皮田池が大治宣旨にみえるという、上に引用した秋篠寺側の主張を記した押紙によれば、赤皮田池は秋篠寺に主導権があって築造された池のようにみえる。しかし、地形から判断すると西大寺周辺の段丘上を開発するのでなければ、赤皮田池が現在の菖蒲池の谷を出た地点に築造される必要はない。上述のように必ずしも集水に便宜が大きいという場所でもない。むしろ、現在大池が所在する谷に池を構築しても何ら問題はなかったはずである。このように考えてくると、赤皮田池は基本的には西大寺にとってその位置が重要であった池といえる。そして、秋篠寺の所領がどの辺りに分布していたかということとも関連するが、秋篠寺にとっては必ずしも有利な場所とはいえない。にもかかわらず、その池の主導権を秋篠寺が主張していることは聊か不審ではある。

また、同図において赤皮田池の奥に描かれた今池（菖蒲池）に関して、秋篠寺側は西大寺と合力のうえ築造したとしているが、それに対して西大寺側は寛元五年（一二四七）に興正菩薩叡尊が築造したとして反論している[26]。今池は、西大寺寺辺の耕地の維持・開発に十分な用水を確保するために、上述のように立地に難があり、秋篠寺とも争いが生じた赤皮田池を補完するため、あるいはそれに替わる池として、より標高が高い谷奥に築かれたと考えられる。その結果、集水に便が良く水量も豊富な今池の築造によって、赤皮田池は集水が不十分となり、実質的にその存在意義を失ったものと考えられる。「西大寺三宝料田畠目録」に「添下郡右京西大寺西山赤波田六切東端大字アカウタ」とある記載などからみると、ほどなく埋没ないしは堤塘が撤去され[27]、田に復したかと推定される。

その後、秋篠寺側は用水確保のために大池を築造した。前記したように大池は現在イヌイ池（院池）にも水を込めるようになっているが、それはおそらく古代末期から中世における、いわゆる完新世段丘化の影響によって秋篠川が下刻して院池への水込めが難しくなり、それを大池で補うようにしたものであろう。

以上のような院池や赤皮田池等の水利状況から考えると、条里地割遺存地区においても、北寄りの旧秋篠村領域が平地部でも全面的に開田されたのは、中世の段階において大池が築造されて後のことと考えられる。

③院池と赤皮田池の位置関係

つぎに、京北班田図と『大和国条里復原図』とで院池と赤皮田池の位置について比べてみると概ね両者は一致しているが、若干の齟齬が見られる。すなわち、院池が前者では二条二里二三・二六坪のほぼ全域と一四坪の大部分を占めているのに対して、後者では三五坪相当部分の南半まで及んでおり、南北の長さでおよそ半町の差が見られる。一方、赤皮田池の範囲が後者の図には明示されていないので、赤皮田池と記入のある二条一里八・九坪をその範囲とすると、前者ではさらに北に一・五町、南に〇・五町広いので位置は合致するものの、規模に相当な差が見られる。そこで、京北班田図をみると、西大寺蔵本では赤皮田池の中心部分の九・一六坪の部分が着色されていない[28]。地形を考慮すると、北には阿弥陀谷の山があるので、京北班田図に着色された範囲のおよそ六町の面積の溜池を構築することは『大和国条里復原図』での坪付けそのままの位置では不可能で、池を東に一町ずらさなければならなくなる。しかし、そうすると院池との位置関係がずれてくることになる。なお、この不着色部分の意味について考えるとき、これが赤皮田池の本来の広がりを示しているとすれば、位置、規模両面が院池との位置関係から概ね妥当なものとなり興味深い。

また、喜田が主張するように、現在大池がある谷口に京北班田図に描かれている規模で池を想定することは、地形的に無理である。赤皮田池が不着色部の規模であったとしても、院池との東西・南北の距離が少なくとも一町ずつ接近することになる。さらに、その位置は谷底部にあたり、この位置に池を築造しても、開析扇状地が段丘化して地形的に少し高くなっている西大寺西側の地域に水を導くことは困難であり、西大寺にとって池を築造する意味がほとんどない。すべて秋篠寺に水利権があるとするならばともかく、西大寺にも四分の一の水利権があったとする秋篠寺の主張は理解しがたいものとなる。

④押熊・秋篠川谷底平野部

押熊川や秋篠川は、溜池が多く分布することからも分るように、降雨時とその後の短期間を除くと水量に乏しい。明治一八年測図仮製図「西大寺村」や明治四一年測図正式二万分の一「西大寺」図幅をみると、多くの支谷の最奥部に溜池が築造されており、この谷底平野の開田状況は、用水を確保できるか否か、すなわち溜池築造の程度如何に懸かっている。したがって、古代における開田状況は溜池の存否とあわせて考えることが必要となってくる。

現在、押熊谷には最奥部に入道池と新池があり、新池はその名称から考えて比較的築造が新しいと思われる。聞き取りによれば、入道池は押熊地区の最重要の溜池で、水量が不足した時には二ツ池、山下池および島廻り池の水込めに使用される。また、京北班田図に勅旨池として描かれている池は、『類聚国史』巻百八十二、仏道九、延暦一七年（七九八）一一月二七日条にみえる「大和国添下郡荒廃公田廿四町、旧池一處、入秋篠寺、永為寺田」の旧池に該当する可能性が高いとされている[29]。二ツ池がこの池に比定されているが、京北班田図にみえる「大山田」などの水田の水利を考えると、押熊谷の開田にとって重要な池であったことが考えられ、その可能性は高い。京北班田図に描かれた勅旨池が、この施入された旧池を改修したもので、その後の多少の堤防嵩上げなどの改良があったであろうが、現在の二ツ池であると考えると、京北班田図によればその下流には田地が存在したと考えられる。しかし、上流の坪には池や田地の記載が見られないことから、二ツ池が入道池に先行して築造されたと考えてよいであろう。

⑤丘陵部

明治一八年測図の仮製二万分の一図を見ると、秋篠川の上流部は押熊川の上流部と比べると谷が狭長で、谷の奥に小規模な溜池が見られることが多い。このような狭長な谷の奥の溜池は現在でも個人持ちであるものが多く、谷水田の開発が個人的な行為であったことを示唆している。

三　京北班田図の現地比定の問題

京北班田図のおよその現地比定はさほど困難なことではなく、里の界線に関しては諸説の示すところはほぼ一致している。しかし、既に触れたように京北班田図の全域にわたって条里地割が分布しているわけではなく、むしろ一部分でしかも断片的に見られるに過ぎない。し

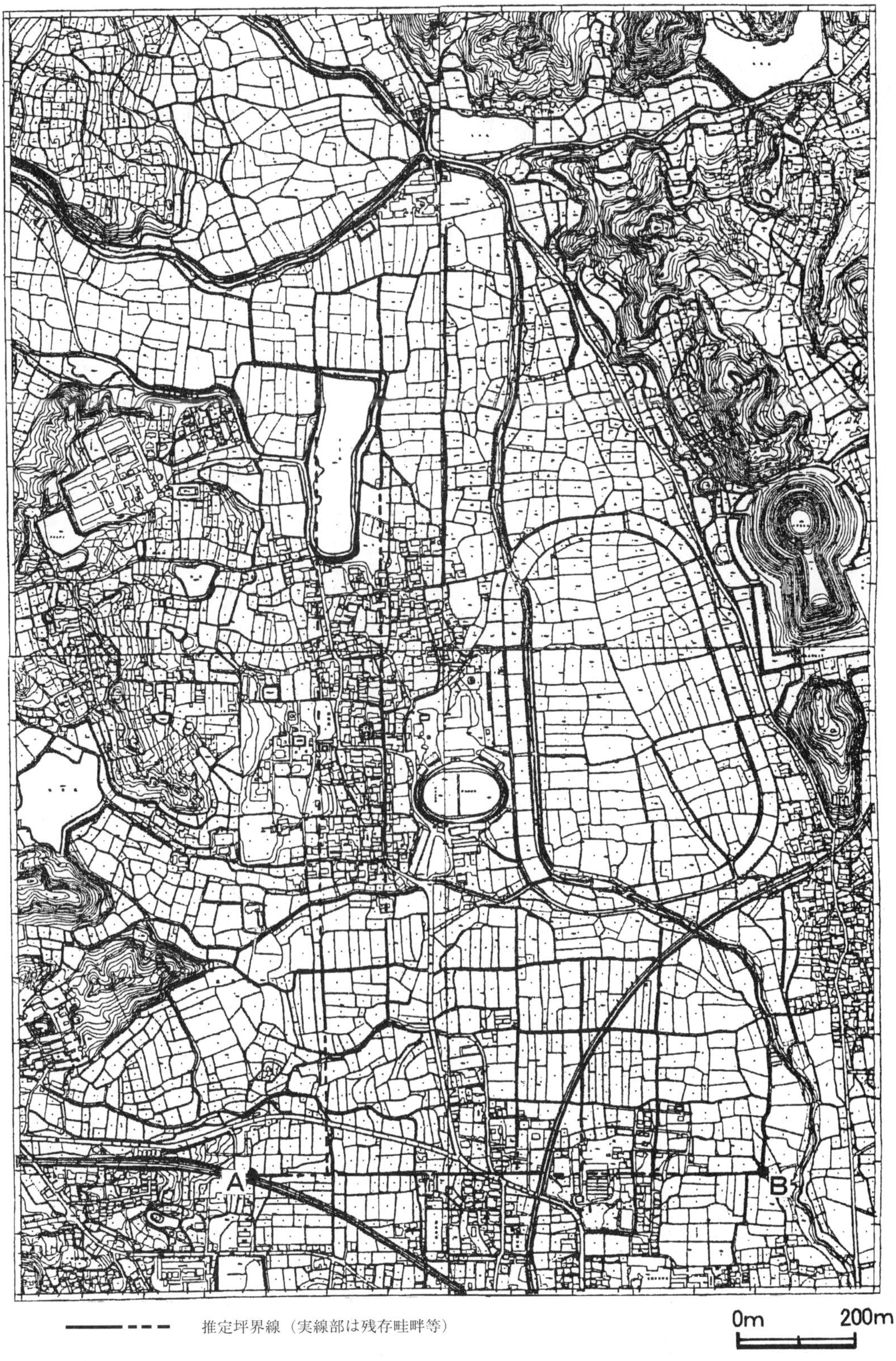

図11　京北条里区東南部の残存地割

（基図は奈良文化財研究所作成1000分の１図を縮小）

たがって、京北班田図の南界の赤皮田池南付近から北界の山田川あたりまでの全域を、条里地割残存地域と同様に坪界線を復原的に示すのは適当ではない。そこでまず条里地割が遺存する地区について、そのおよその広がりを確認したうえで、坪レベルでの比定の可能性について若干検討を試みたい。

京北班田図に描かれた範囲では、南東部に平地部があり比較的明瞭に条里地割が遺存しているので、現地比定のためにはまず京北条里の南と東の限界を明らかにすることが適当であると考えられる。そこでまず、奈文研作製の一〇〇〇分の一地形図によって遺存条里型地割の坪界線を抽出したが、全体的に明瞭さに欠ける(図11参照)。地図上では遺存条里型地割分布の南限はA—Bになる。今仮にこれを京北条里の南限とすると、このラインから北方には秋篠寺の南側まで幅四町分はかなり明瞭に条里地割が遺存し、その北側ではイヌイ池の東~北西側および一〇町ばかり北に離れるが、押熊地区に数町程度のほぼ一町方格の地割が認められるくらいである。東西に比して南北方向の阡線は明瞭さを欠き、特に東限は秋篠川の流路や氾濫との関係から坪界線が明確ではない。地図上であえて抽出するとすれば、近鉄平城駅の南を南下する字界となっている畦畔を東限とできるであろう。しかし京北班田図では、京北条里の東限は一条一里の東辺に成務天皇山陵敷地、二里の東辺に神功皇后山陵敷地となっていること、及び院池(イヌイ池)の東辺が二条二里の東一列目と二列目の坪界線となっていることから、これより東にもう一町分の坪並があることになる。条里地割の西限も明瞭さを欠くが、秋篠寺南側では伽藍中軸線のすぐ東、イヌイ池の北西では若干東偏しているが、秋篠川に沿って池の西三町くらいまで認められ、これより西では方位がかなり東に振れる。北限は押熊地区の奥山田池東方の畦畔とすることができよう。

以上の条里型地割の遺存範囲は、京北班田図のほぼ一条一・二里と二条一・二里の東半分および二条三里の南部、三条四里の北東部に該当し、この範囲での条里プランは秋山などにより明らかにされた通りである。そこで、この範囲で遺存地割と京北班田図を重ね合わせてみると、赤皮田池が描かれた二条一里一七・二〇坪あたりが字阿弥陀谷の丘陵部にも及ぶことになり、地形からみると既に指摘したように赤皮田池を京北班田図に描かれた位置にその規模で存在したと考えることはできない。ただし、内側の不着色の部分であれば概ね一致するといって差し支えない。したがって、赤皮田池は京北班田図に描かれた規模で実在していたとはいえず、なぜ池の規模を大きく描いたかについて検討を加える必要がある。一方、院池は、形状は若干異なるが、位置・規模ともに京北班田図と復原した条里プランの位置とは一致しているといってよい。

つぎに、一条一・二里および二条一・二里の部分に関して、京北班田図に記載されている各坪の情報を比定地と比較してみると(表1参照)、前記の赤皮田池に関連した不都合部分を除外すると、二条二里一七坪において理解し難い点がみられるくらいである。すなわち京北班田図では「池上田」とあり、水田があることを示唆しているが、その比定地には新池があるものの、この池は仮製図には見えない。つまり明治中期以降に築造された新しい池であり、その上方の丘陵は水田が所在したとは考え難い土地条件である。このように見てくると、赤皮田池の規模の問題は残るが、一条一・二里と二条一・二里に関しては坪レベルで検討しても現地比定は概ね妥当なようである。[30]

条里地割が遺存しない四条一里について同様に比較してみると(表

表1　京北一条一・二里および二条一・二里の現地比定

位置 (里)	 (坪)	京北班田図にみえる土地利用の記載等＊	比定地の概要＊＊
一条一里	一坪		田，川原
	二坪	川萌（崩の誤カ）	田，川原
	三坪	色瀬社	田
	四坪	溝辺	田
	五坪	池心〔池止（心の誤り）〕	田
	六坪	「虫損」	田
	七坪	道祖田	田
	八坪	同田	田
	九坪	郡田	田
	十坪	杜本明神，家中田	田
	十一坪	家中田	田，川原
	十二坪	加牟多知田，陵	田，川原
	十三坪	加牟多知田，陵	田，集落
	十四坪	同田	田，川原
	十五坪	家中田	田
	十六坪	牟美本田	田
	十七坪	同，壟	田
	十八坪	道祖田	田
	十九坪	古家田〔田〕	田
	二十坪	古家田	田
	二十一坪	門田	田
	二十二坪	家中田	田，川原
	二十三坪	家，家	田，川原
	二十四坪	加牟多知田	集落，田
	二十五坪	田	集落，田
	二十六坪	家，楯烈池	田
	二十七坪		田
	二十八坪	年荒二段，家	田，川原
	二十九坪	家	田，川原
	三十坪		田，川原
	三十一坪		田，川原
	三十二坪		田
	三十三坪	家	田
	三十四坪	池	田
	三十五坪	池	田
	三十六坪		田，陵
一条二里	一坪	池上田	陵，田
	二坪	池	田
	三坪	池	田
	四坪		田
	五坪	「虫損」〔文字なし〕	田
	六坪	神，「虫損」〔文字なし〕	田
	七坪		田，川原
	八坪		田
	九坪	池	田
	十坪	陵	田
	十一坪		田，陵
	十二坪		陵
	十三坪		陵
	十四坪		田
	十五坪		田
	十六坪	〔陵〕	田
	十七坪	門田	田
	十八坪	門田	田，川原
	十九坪	門田	田，川原
	二十坪	〔門田〕	田
	二十一坪		田
	二十二坪		田
	二十三坪		陵
	二十四坪		陵
	二十五坪		丘陵，陵
	二十六坪		丘陵，陵
	二十七坪		丘陵，田
	二十八坪		田
	二十九坪	門田	田
	三十坪	門田	田，川原
	三十一坪		田，川原
	三十二坪	岡	田
	三十三坪	岡	田，丘陵
	三十四坪	山	丘陵
	三十五坪	山	丘陵
	三十六坪	山	丘陵
一条三里	一坪	〔山〕	丘陵
	二坪	〔山〕	丘陵
	三坪	〔山〕	丘陵
	四坪	〔山〕	丘陵，台地
	五坪		田，川原
	六坪		田
	七坪		田，川原
	八坪	山	田,台地,丘陵,川原
	九坪	山	丘陵
	十坪	山	丘陵
	十一坪	山	丘陵
	十二坪	山	丘陵
	十三坪	岡	丘陵
	十四坪	山	丘陵
	十五坪	山	丘陵
	十六坪	岡	丘陵，谷水田
	十七坪	山	丘陵，谷水田
	十八坪	山	池，川原，田
	十九坪	岡	丘陵
	二十坪	岡	丘陵
	二十一坪	岡	丘陵，谷水田
	二十二坪	山	谷水田，丘陵
	二十三坪	山	池，丘陵，谷水田
	二十四坪	山	丘陵，池
	二十五坪	山	池，丘陵
	二十六坪	山	丘陵，池，谷水田
	二十七坪	山	丘陵
	二十八坪	岡	丘陵，谷水田
	二十九坪		丘陵
	三十坪	岡	丘陵
	三十一坪	(貼り紙)	丘陵
	三十二坪	岡	丘陵
	三十三坪	岡	丘陵
	三十四坪	岡	丘陵
	三十五坪	岡	丘陵
	三十六坪	岡	丘陵
二条一里	一坪	本田〔貼り紙〕	田
	二坪		田
	三坪		田，丘陵
	四坪		丘陵，田
	五坪		田，丘陵
	六坪		田，丘陵
	七坪		田，丘陵
	八坪	赤皮田池〔文字なし〕	田
	九坪		田
	十坪		田，台地
	十一坪		田
	十二坪	家依田	田
	十三坪	草野田	田
	十四坪	同	田
	十五坪	池坂田	田
	十六坪	池尻田	田，丘陵
	十七坪	池上田	丘陵，田
	十八坪	池上田	丘陵

＊西大寺蔵本による．〔　〕内は東京大学蔵本による．

＊＊正式２万分の１地形図による．坪の位置比定は『大和国条里復原図』による（表２も同様）里の位置を基準とした．

表1　京北一条一・二里および二条一・二里の現地比定（つづき）

位置 (里)	位置 (坪)	京北班田図にみえる土地利用の記載等＊	比定地の概要＊＊
二条一里	十九坪		丘陵，谷水田
	二十坪	同田一反廿ト〔内田一反廿ト〕，内経寺	谷水田，丘陵
	二十一坪	山内田，内経寺	田
	二十二坪	〔草野〕	田
	二十三坪	草野田	田
	二十四坪	草野田	田
	二十五坪	古家田	田，集落
	二十六坪	古家田	集落
	二十七坪	山内田〔文字なし〕，南大門内経寺	田，台地
	二十八坪	同寺	谷水田，台地
	二十九坪	同寺	谷水田，台地
	三十坪	同寺	谷水田，丘陵，池
	三十一坪		池，丘陵，谷水田
	三十二坪		丘陵
	三十三坪		丘陵，台地
	三十四坪	金堂，香水井	台地（秋篠寺）
	三十五坪		集落
	三十六坪	秋篠田四反，御井門田	田，川原
二条二里	一坪	秋篠寺田一反〔秋篠田一反〕	田，集落，川原
	二坪		集落
	三坪	講堂	台地（秋篠寺）
	四坪		丘陵
	五坪		丘陵
	六坪		丘陵，谷水田
	七坪		丘陵
	八坪		台地，丘陵
	九坪		台地
	十坪	家依田	台地
	十一坪	新相田〔利相田〕	集落
	十二坪	沢町田	集落，田
	十三坪	井手田	集落，田
	十四坪	芒作田〔文字なし〕	集落，田
	十五坪	同	台地（田）
	十六坪	同	台地（田），池
	十七坪	池上田，新開〔この文字なし〕	丘陵
	十八坪		丘陵
	十九坪		丘陵
	二十坪		丘陵
	二十一坪		丘陵
	二十二坪		田，丘陵
	二十三坪	院池，新海池	池
	二十四坪	上井田	田
	二十五坪	古家田	田
	二十六坪		池
	二十七坪	池上田	田
	二十八坪		丘陵
	二十九坪		丘陵
	三十坪		丘陵
	三十一坪	秋篠田三反二百ト	丘陵，池，田
	三十二坪	秋篠田四反百七十六ト	田，丘陵
	三十三坪	石波田〔古波田〕	田，丘陵
	三十四坪	秋篠田一丁	田
	三十五坪	加比波良田	田，池
	三十六坪	古家田	田

＊西大寺蔵本による．〔　〕内は東京大学蔵本による．

＊＊正式２万分の１地形図による．坪の位置比定は『大和国条里復原図』による里の位置を基準とした．

表2　京北四条一里の現地比定

(里)	(坪)	京北班田図にみえる土地利用等＊	比定地の概要＊＊
四条一里	一坪		丘陵，池
	二坪		丘陵，池
	三坪		丘陵，池
	四坪		丘陵
	五坪		丘陵
	六坪		丘陵
	七坪	山	丘陵，池
	八坪	谷迫田一段中乗〔乗の文字なし〕	池
	九坪	谷迫田二段七十二中乗一段〔乗一段の文字なし〕，同阿古麻呂一段七十二ト〔この記載なし〕	池
	十坪	谷上田二段百ト中，同阿古麻呂既〔この記載なし〕	池
	十一坪	谷上田二段二百九十ト中，同阿古麻呂既〔この記載なし〕	池
	十二坪	谷上田二段七十二〔上田二段七十二ト〕，佐紀郷佐紀勝阿古麻呂百七十四歩〔この記載なし〕，右京六条三坊，「虫損」，野麻呂一段二百五十八歩〔この記載なし〕	池
	十三坪	山	丘陵
	十四坪	山	丘陵
	十五坪	山	丘陵
	十六坪	北谷迫田一段卌歩中，同阿古麻呂既	池
	十七坪		丘陵，池
	十八坪		丘陵
	十九坪	山	丘陵
	二十坪	俣田二段下，同持麻呂既	池，丘陵
	二十一坪	北谷迫上田三百下〔北迫谷上田三百歩下〕，同阿古麻呂八十九ト，右京「虫損」持麻呂二百十一歩〔右京　呂二百十一歩〕	池，丘陵
	二十二坪～三十六坪		丘陵

＊西大寺蔵本による．〔　〕内は東京大学蔵本による．

＊＊正式２万分の１地形図による．坪の位置比定は『大和国条里復原図』による里の位置を基準とした．

2参照）、京北班田図に田の記載がある坪は、現在では住宅地開発により大きく変容しているが、開発以前はその多くが溜池の所在したところとなっており、地形と京北班田図記載の土地利用との間には大きな矛盾はみられない。さらに、坪内の田積が比較的小さいことから谷間に迫田が開発されたことが推定される。

このほか条里地割が遺存しない地区についてみると、京北班田図の三条一里・二里及び四条二里では、記された地名から谷水田が部分的に開かれていたことが分かるが、『大和国条里復原図』のように、ここに単純に里の方格を当てはめても記載内容と一致しない部分が多い。このような丘陵部分では地表に条里の坪界線のように基準となるべきラインを欠いているので、土地の全体的把握は難しかったと考えられる。しかし、谷筋毎に分布する水田を把握できれば、班田図としての機能を果たせたであろうから、それぞれの谷の位置的関係が分かれば良かったと思われる。このように考えると、三条から四条の一里の南辺付近をほぼ東西に走る菖蒲池の谷は、二条一里の南辺に続くものとして捉えると分かりやすく、その支谷の谷水田（迫田）も一町四方の方格の中で把握できたのではないかと考えられる。

しかし、四条二里の部分では京北班田図に記載されている土地利用情報と、『大和国条里復原図』の里区画を三六等分した坪毎にその土地利用を正式二万分の一地形図で比較すると（表1・表2参照）、明らかに秋篠川の流路方向が食い違っている。また、「佐紀川」との記入のある三二坪は丘陵で、川があるはずはない地形であるが、この情報の記載は班田図の当初の情報に由来する土地利用情報とは時期が異なる可能性が高い。つまり、古代班田図が中世にどのように理解・認識されたかという視点からの検討が今後必要といえるであろう。

また、地名は人々の土地に対する認識をある程度反映しているので、現地比定に際しては重要な手がかりになる。藤田[31]は、押熊・中山・秋篠三地区について詳細に地名を収集し、京北班田図の現地比定の厳密化を試みたが、京北班田図が一条一巻の古代班田図を原図としており、古代的性格を色濃く残しているために結局十分に果たせなかったとした。地名は移動したり変化したりすることもあり、その利用は必ずしも容易ではないが、条里地割の遺存が少ないところでは、地名は現地比定の重要な手がかりとなるので、詳細な地名の収集は意義深いことと言える。

おわりにかえて

このようにみてくると根本的な問題として、京北班田図における田積史料は古代のデータ・情報であるとしても、それ以外の道・川・池は班田図原本作成以後のある時点における追加情報であるので、情報追加の時点における京北班田図の地理的情報に関する認識が問われることになる。したがって、中世以降動いていないものを中心に位置比定を行うことが必要となる。従来行われてきたように池を指標とすることは適当であるが、条里地割遺存地区以外の池の比定が困難であるため、京北班田図全体にわたる坪レベルでの現地比定を困難にしている。京北班田図記載の情報を時期別に位置関係について検討し、基本的に正しくなるように京北班田図を里毎にゆがめてみるという作業をすることによって、全体にわたる坪レベルでの位置比定が可能になり、ひいては当時の空間認識あるいは中世における古代班田図の認識の仕方を復原することが可能となるかも知れない。

当初の目的からすると、赤皮田池に拘泥し過ぎて京北班田図全体にわたる検討が果たせなかったが、この点に関しては他日を期すこととして御寛恕願いたい。

(1)　一九七七年に「西大寺寺領絵図」として重要文化財に指定されたものを指し、「西大寺荘園図群」の名称は石上英一が与えた。石上英一「西大寺荘園絵図群の研究—京北班田図研究の前提—」『条里制研究』三、一九八七年、一—二四頁（のち、石上『古代荘園史料の基礎的研究』下、塙書房、一九九七年に収録）。

(2)　石上英一、前掲注（1）および同「京北班田図の基礎的研究—日本古代田図の調査と史料学—」『東洋文化史研究所紀要』第一一二冊。一九九〇年、八三—一七三頁。藤田裕嗣「西大寺・秋篠寺相論絵図読解試論」『奈良大学紀要』一六、一九八七年、一六六—一八三頁、など。

(3)　関野貞『東京帝国大学紀要　工科第参冊　平城京及大内裏考』明治四〇年（一九〇七）一七頁。

(4)　「仮製二万分の一」を使用したものと考えられる。

(5)　関野は三二町としているが（関野、前掲、四一頁）、これは明らかに二六町の誤りである。

(6)　具体的には、①成務天皇陵と神功皇后陵の位置、②赤田は赤皮田の転訛で、それは赤皮田池の位置を示す、③三条一里の池上田は赤皮田の谷筋にあたり、四条一里の谷田は今の菖蒲池にあたり、よく一致している、④イヌ池は院池の転訛で、位置が一致している、⑤四条四・五里の勅旨池は今の内が池（現在は二ツ池）で、位置が一致している、⑥京北班田図中の山・岡・田地の位置は大体一致している、⑦青色〔藍色〕で示した流路は現在の秋篠川の流路によく一致している、と七点をあげた（関野、前掲、四二—四三頁）。しかし、⑥では必ずしも丘陵部では一致しないことには触れていない。

(7)　関野、前掲、一六頁。

(8)　関野、前掲、五五—五六頁

(9)　喜田貞吉「『平城京及大内裏考』評論（三）」『歴史地理』一二—四、明治四一年（一九〇八）一〇月、三一八—三二八頁。地形図自体に測量誤差があることは否定できないが、このレベルで議論するほどには大きくないだろう。

(10)　喜田、前掲、三二二—三二三頁。

(11)　喜田、前掲、三二一—三二八頁。

(12)　田村吉永「条里と平城京との先後について」『大和文化研究』八—六、一九六三年、一—八頁。ちなみに、このなかで田村は喜田の主張する京北条里南端線を関野説よりも南一町と誤解している。

(13)　大井重二郎「大和国添下郡京北班田図について」『續日本紀研究』六—一〇・一一、一九五九年、二三八—二四九頁、同『平城京と条坊制度の研究』初音書房、一九六六年、一二八—一四八頁、同『平城古誌』初音書房、一九七四年、一八五—二一一頁。

(14)　大井、前掲『平城京と条坊制度の研究』一三〇—一三六頁。

(15)　大井、前掲、一三六—一四四頁。

(16)　秋山日出雄「京北条里考」（平城村史編集委員会編・発行『平城村史』所収）一九七一年、四一一—四三二頁。

(17)　秋山『大和国条里復原図　解説』奈良県立橿原考古学研究所編、奈良県教育委員会発行、一九八〇年、二八頁。

(18)　山本崇「秋篠庄と京北条里」『續日本紀研究』三二四、二〇〇〇年、一—一八頁。

(19)　山本、前掲、一一—一二頁。

(20)　金田章裕『古代荘園図と景観』東京大学出版会、一九九八年、一六四—二〇三頁。

(21)　藤田裕嗣「大和国添下郡京北班田図と地名—現地比定に関する覚書—」（奈良大学文学部地理学教室編『地理学の模索』地人書房、所収）一九八九年、一五八頁。

(22)　ただし、これらの地籍図は地図的に精度が必ずしも高くはないため、奈文研作製の一〇〇〇分の一地形図や『大和国条里復原図』を適宜参照して作成した。

(23) 奈良市役所の資料によれば、現在は二・五ヘクタール程度のようである。

(24) 高橋学「地形環境分析からみた条里遺構年代決定の問題点」『条里制研究』六、五—二二頁。同「古代末以降における臨海平野の地形環境と土地開発—河内平野の島畠開発を中心に—」『歴史地理学』一六七、一九九四年、一—一五頁（特に四頁）。同「古代末以降における地形環境の変貌と土地開発」『日本史研究』三八〇、一九九四年、三三—四八頁、など。

(25) 現在では秋篠川の下刻の進行もあり、川の流水面とイヌイ池のレヴェルとはほとんど差がないくらいである。そのため現在の井堰に改修する以前は、池へ水を込めるためには樋門の部分に土俵と杭で堰をたて、かなり水位を上げなければならなかったという。

(26) 「西大寺与秋篠寺相論絵図」の相論付箋により、そのような主張がなされたことが分かる。

(27) 大井、前掲『平城古誌』一九四—一九五頁。

(28) 東京大学蔵本では全体が着色されてはいるが、同部分が墨線で囲まれている。

(29) 山本崇、前掲、四頁。必ずしも二四町すべてではないであろうが、公田の荒廃した理由は、この旧池と関わりがあるのであろう。つまり、池が何らかの理由で十分な機能を果たさなくなり、旧池となってしまったと考えられる。

(30) 二条三里の南部、三条四里の北東部に関しては、山本による検討に譲る。山本、前掲、四—一〇頁。

(31) 藤田、前掲、一四九—一六二頁。

付記

本報告をまとめるに際して、資料収集・調査等で、西大寺水利組合鮫田敏之氏、秋篠水利組合森本正親氏・木村輝雄氏・松谷彰久氏、押熊水利組合中村成男氏、奈良文化財研究所井上和人氏、奈良大学名誉教授野崎清孝氏、および奈良地方法務局に大変お世話になりました。記して謝意を表する次第です。

2 西大寺関係古地図と条里・条坊プランの表現

金田章裕

はじめに

奈良市にある西大寺の成立は、天平宝字八年（七六四）における孝謙太上天皇の発願に由来する。西大寺の敷地は、宝亀一一年（七八〇）作成の「西大寺資財流記帳」[1]に「居地参拾壱町、在右京一条三四坊、東限佐貴路〈除東北角／喪儀寮〉、南限一条南路、西限京極路〈除山稜／八町〉、北限京極路」とあり、平城京の北西端に位置したことになる。ただし、敷地面積は、四至の表現に単純に従えば、二坊分計三二町から一町と八町を減じた二三町となり、通説のように二町分の北辺坊を加えるとすれば三九町となって、いずれも「資財帳」に記された三一町とは合致しないことになる[2]。

「資財帳」には、「寺院一巻白絁二副〈長五尺〉京職所造」と書き上げられている。つまり、右京職が作製した二枚幅、長さ五尺に及ぶ絹本の寺院図が、かつて西大寺に所蔵されていたことが知られる。麻布製ではあるが、天平勝宝八歳（七五六）の東大寺山堺四至図の場合は敷地が明瞭に表現されており、西大寺の寺院図もまたそうであった可能性が高い。しかし、その寺院図が伝存していないので、「資財帳」の記載状況の直接的な検証はできない。

一方、西大寺に関わる数多くの古地図が存在し、八世紀の敷地を直接表現したものではないが、一三世紀から一四世紀にかけての敷地・寺領と、平城京条坊プランならびに平城京西北のいわゆる京北条里の条里プランを表現しているものが含まれている。

小稿の目的は、これらの古地図類における条里プラン・条坊プランの表現をめぐって若干の整理をしておくことにある。これらの古地図類における表現対象や表現方法には、次の三類型がある。

A　大和国添下郡京北班田図（原色図版1・2）
B　西大寺敷地図類（原色図版3〜7）
C　西大寺与秋篠寺堺相論絵図類（原色図版8〜10）

A群は大和国添下郡の平城京北側を描いたもので一三世紀後半頃に西大寺と秋篠寺との間で寺領の相博が行われたことに関わるものである。

B群は旧平城京域内における西大寺の寺域ないし寺領の位置を表現したもので、一三世紀末頃の福益名回復に向けての動向に関わるものが中心となっている。

C群は図名に示されるように西大寺と秋篠寺との相論に関わるもので、一三世紀末から一四世紀にかけての時期のものである。

A群には条里プランが表現され、B群は平城京の条坊プランによって場所が標記されている。C群はこれらと異なって絵画的表現によっている。

以下、A・B・C群別に検討を加えていきたい。

一　大和国添下郡京北班田図

A群の京北班田図には、西大寺所蔵本（原色図版1）と東京大学所蔵本（原色図版2）があり、それぞれの異同、性格についての研究が進んでいる[3]。表現内容に違いはあるが、条里プランの表現の大要は基本的に同一である。表現内容についてはすでに分析したが[4]、要点をまず略記しておきたい。

二点の京北班田図に描かれているのは、いずれも東西四里分、南北六里分である（図1）。各里は一定の間隔をおいて表現され、里の名称はその間隔の部分に記入されている。条は東から西へ京北一条から京北四条へと数詞で数え進み、里は南から北へ数詞で数え進むと共に、それぞれが固有名詞の名称も有している。里名には京北一条一楯烈里・二楯烈里、あるいは京北四条第四忍熊里・第五忍熊里のように、同じ条の中で固有名詞が同一であり、数詞だけが異なっている例がある。さらに、京北三条四忍熊里と京北四条第四忍熊里が東西に並んでいるように、同一里名が別の条に属している場合もある。

里が一定の間隔をあけて表現され、里名がその間隔の部分に標記されており、隣接した条に同一名称の里名が並ぶといった状況は、大和国平群郡の条里プランを描いた額田寺伽藍並条里図（国立歴史民俗博物館蔵、国宝、東京大学史料編纂所『日本荘園絵図聚影』三、近畿二、東京大学出版会、一九八八年に収載の二七）の表現法と全く同様である。これは、これらの基図となった大和国校班田図の表現法に規定されたものと見られる[5]。

京北班田図の三条冒頭部分には「大和国添下郡京北三条班田図」、「大同三年校」、末尾には「長官」らの署名、「弘仁二年十一月廿九日」といった記載が、四条部分冒頭には「大和国添下郡京北四条」、「宝亀三年校」、末尾には「長官」らの署名、「宝亀五年五月十日」などの記載が転写されている。三条部分は大同三年（八〇八）の校田をもとに弘仁二年（八一一）に完了した班田図作成の経緯を、四条部分は宝亀三年（七七二）の校田をもとにして同五年（七七四）の班田結果を記入し、班田図とした経緯を示すものと考えられている。

八世紀後半頃では、校田の翌年に班田が行われるのが通例であった。校班田のいずれも、開始の年をもって校年・班年とするので、宝亀三年の校田と、同四年に始まり同五年に完了した班田は規定通りであるが、大同三年の校田と弘仁元年開始（推定）、同二年完了の班田とでは一年余分に費やしていたことになる。恐らくは校班田の作業が必ずしも規定通りには進まなかったことを反映しているのであろう。

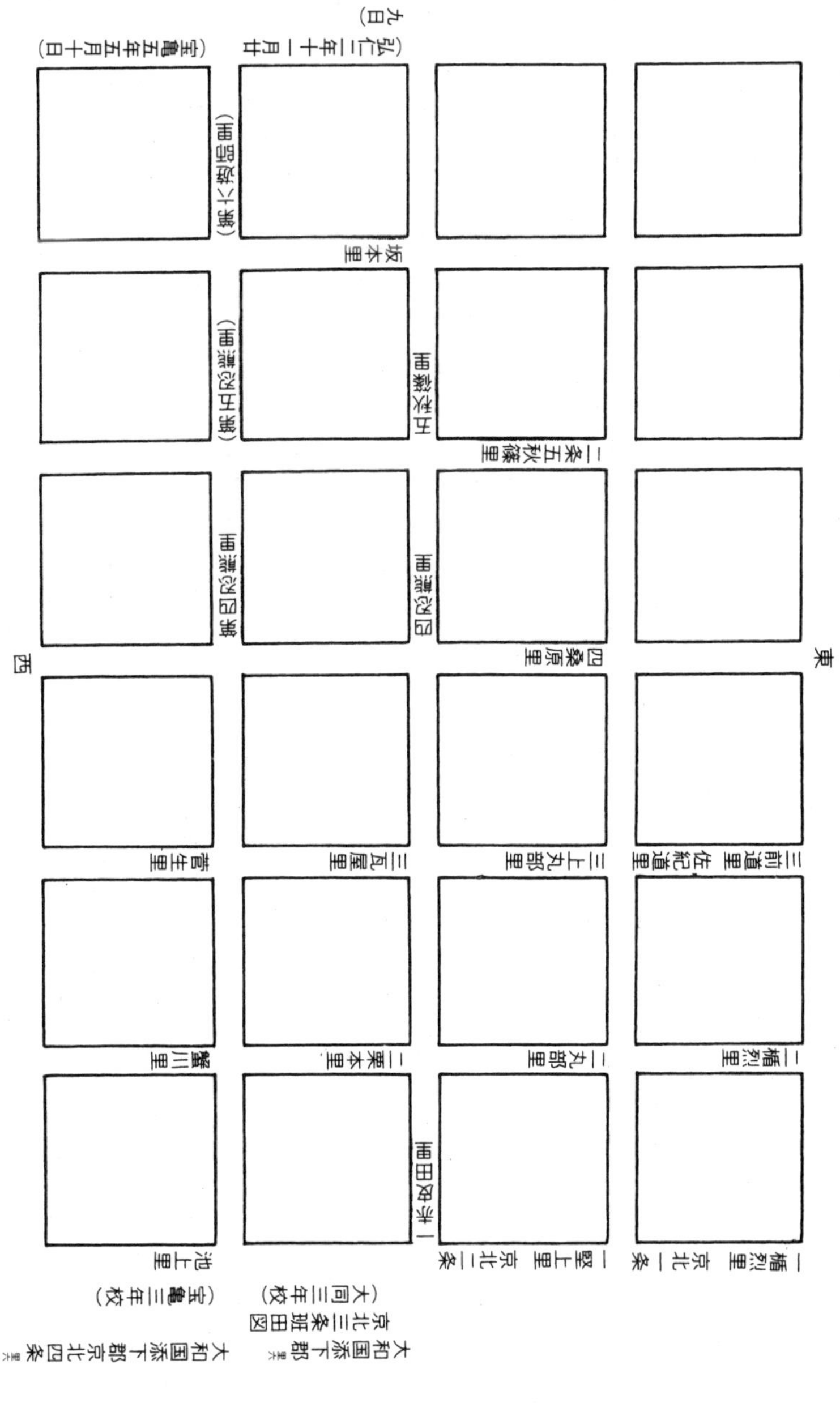

図1　大和国添下郡京北班田図における条里プランの表現
（東京大学本による．（　）の里名は西大寺本で補充．里内の坊・番号を省略）

京北一・二条部分については基図が不明であるが、三・四条は異なった年次の班田図を基図としており、京北班田図がこのような複数の基図を用いて作製されたものであったことが判明する。このことは同時に校班田図が条を単位として作製されていたことをも示していることになる。

大和国では、この京北四条部分の基図に使用された宝亀三年校田図が、完成した様式の条里呼称法の初見例である。恐らく額田寺伽藍並条里図も同年頃のものと推定される。京北三条坂本里部分には「此坂本里、図様ハ天平十五年九月九日勘注図ヲ移也」と注記されており、天平一五年（七四三）にすでに条里プランが完成していたとする説の根拠として使われることがある。しかし、天平一五年「勘注図」と校班田図とは別系統の図であり、前者は「国司図」とでも呼び得る類型の図の一つであると考えるべきであろう。

現存の荘園図としての二点の京北班田図は西大寺と秋篠寺がそれぞれ作製したと考えられていたが、表現内容の取捨選択の状況や水系表現の状況から、西大寺蔵の京北班田図がまず成立し、東京大学文学部蔵のものはそれを基礎とするか、参考にして描写された過程が推定されるに至った。[6]

二　西大寺敷地図類

1　西大寺敷地図（弘安三年）（原色図版3・鎌倉時代）

図名は端裏書であり、図の左下に「弘安三年庚辰歳作之」と書き込まれている。東西は二坊の最も東側の坪（ただし半分程度）から四坊の西端まで、南北は、北辺坊の二坪分から二条の最も北側の坪列まで表現されている。四坊一帯には山や田などが絵画的に表現され、各坊一坪には坊名と坪名が、他の坪に坪番号が朱で記入されている。二坪東端の欠落部はもともとあったものが欠損したのか、もともと表現されなかったものかは不明であるが、坊名、坪番号等の表現の痕跡がみられないことからすれば後者の可能性があり、あるいは前者であっても坊名・坪番号の記入がなかった可能性が高い。

同図の主目的は「福益名」の所在の表現にあることは明らかであるが、朱筆で記入された図2のような道路名が興味深い。「京極路・二坊西大路・三坊西大路・四坊西大路・一条北大路・一条南大路」などの表現は、位置の点からすれば問題はない。しかし、二条の北から一本目の小路に記された「一条南路」の表現は位置が不自然であり、二坊の東から一本目の小路に記された「佐貴路」の名称も特異である。

この「一条南路」および「佐貴路」という道路名は、先に引用した「資財帳」にみえる敷地の四至の表現である。「佐貴路」は福益名分布地の東側に記され、「一条南路」は「小大門跡」の記入の南側に記されている。つまり、西大寺敷地の東と南の四至としての認識があった上での表現と見られる。なお、北の「京極路」もこれと同様であるが、西のみは「資財帳」の表現と異なる。

また、大路・小路の部分にも福益名が及んでいた表現が見られることにも注目しておきたい。（イ）二坊西大路の「福益名三百歩」、（ロ）「一条二《ママ》（三）坊八坪」と北辺三坊三坪の間の「福益名一段小」、（ハ）北辺三坊四坪の「福益名一町二段大五十歩、加東西南路定」、（ニ）一条三坊十四坪の「福益名両坪一町二段長《ママ》」、（ホ）北辺二坊八坪の「福益名一町大〈加南西／路定〉」などである。いずれも道路敷の一部が名に取り込まれていることを示しており、（ハ）のように坪の東・西

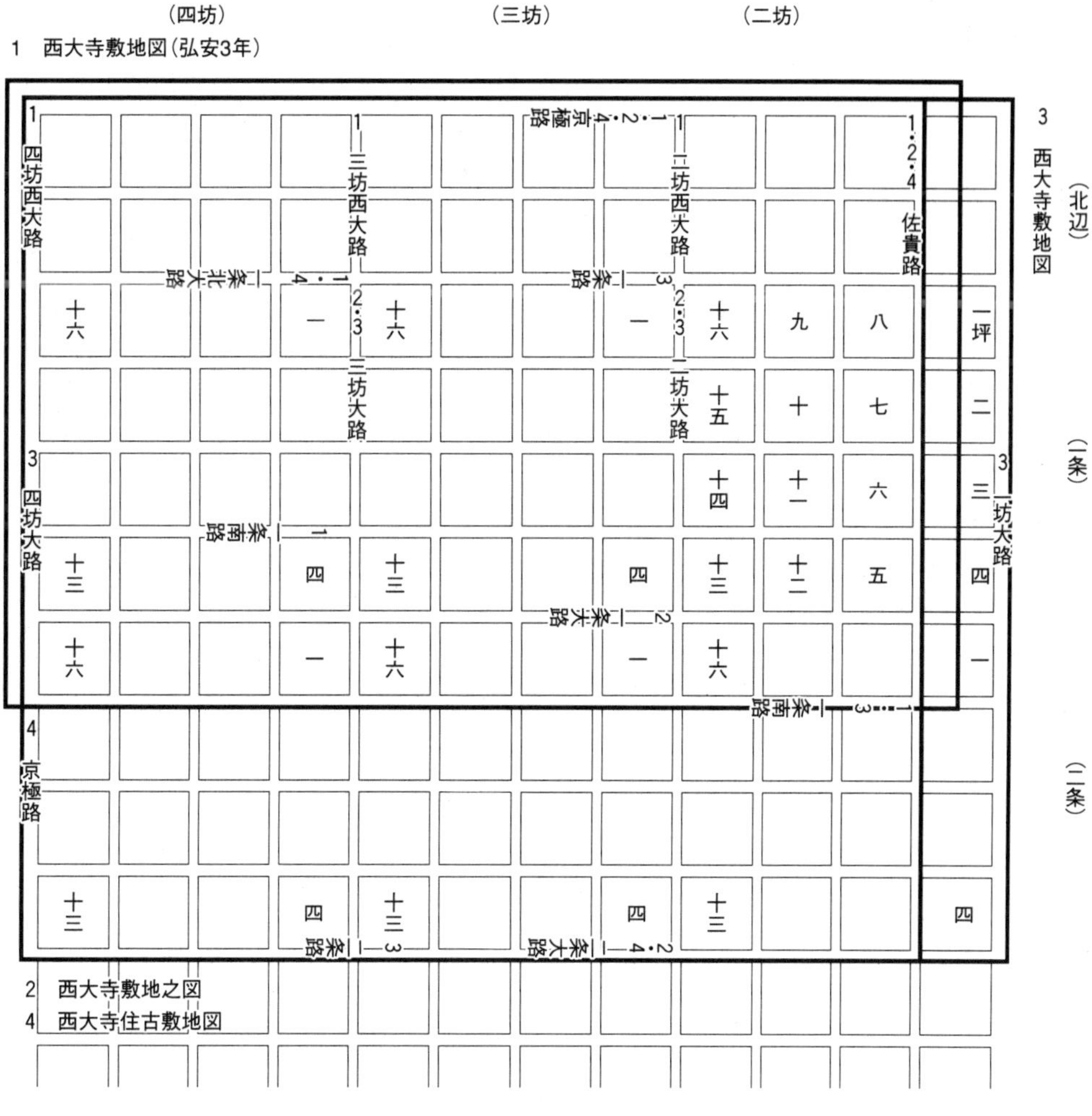

図２　西大寺敷地図類（Ｂ群）表現範囲と道路名

・南の路面、（ホ）のように南・西の路面を取り込んだことを明示している場合ある。名の土地のすべてが耕地であったか否かは別であるが、一般的に道路敷の開拓が進んでいた状況を反映するものであろう。

さらに、北辺三坊八坪の北側に朱筆で「京北二条九坪」と記し「福益名三百歩」の所在を示している点にも留意しておきたい。旧平城京域外に福益名が所在したことを示すことは間違いないが「二条」と「九坪」の間に里名を欠いている点が不完全な表記である。しかも九坪が二条一里と仮定しても里の南側から二列目の坪である。この「二条九坪」が「京極路」に接していたことを示すものであるならば、京北条里プランの比定ともかかわることになる。

2　西大寺敷地之図（原色図版6・鎌倉時代）

南北は北辺・一条・二条、東西は二坊の西側三分の二、三坊・四坊分を表現している。二条二坊相当部分を除けば、坪中央部に坪番号のみが記され、北側に「二坊・三坊・四坊・北辺」と坊の位置の標記があり、例外的に二条三坊一坪に「二条三坊」の記入がある。二条三坊相当部分には「四至内」の標記があり、坪番号と「寺領・寺中・寺山・山」といった標記が多い他の部分とは異なる。二条二坊五坪相当部分に「背西大寺」と記された注記の意味を適確に知るためには関連史料の確認を必要とするが、この図の表現としては、西大寺の四至内であると西大寺側は主張しているが、現実にはその意に反する状況となっていることを示している可能性が高い。

道路名は「京極路・一条大路・二条大路・二坊大路・三坊大路」と記入され、一条大路が一条の南辺に記入されている点を除けば他は正しい位置に記入され、朱筆で東端の小路に「佐貴路」の標記がある。

弘安三年の西大寺敷地図に比べると、表現範囲が南に二坪分広がっていることが本図の特徴であり、「佐貴路」が西至の東限として強く認識されていることは弘安三年図と同様である。

本図にもまた道路敷の占有の表現があり、（イ）北辺三坊三坪と一条三坊八坪の間に「反小〈間田〉」、（ロ）一条二坊一四・一五坪間に「小三十歩僧坊領」、（ハ）北辺三坊四坪に「一丁二反大五十歩〈東南路加定〉」、（ニ）北辺三坊八坪に「一丁大〈南西路／加定〉」、など、基本的に弘安三年の西大寺敷地図と同様である。

さらに、北辺の京極路の北に「京北二条九坪、三百ト」との記入がある点も同様である。

3　西大寺敷地図（原色図版4・鎌倉時代）

南北は北辺から二条まで、東西は二坊から四坊までのすべてを表現し、南・北辺に「二坊・三坊・四坊」、西辺に「一条・二条」の記入がある。北辺の文字の記入はない。一条の三・四坊、二条の二・三・四坊の各一坪には条・坊・坪の表現があり、他は要所要所に坪番号を記入する形となっている。

「一坊大路・二坊大路・三坊大路・四坊大路・一条路・二条路」などの標記があり、位置は正しい。興味深いのは、「一条南路」の表現があり、その一方で「佐貴路」の記入が見られない点である。前掲の「西大寺敷地之図」とは異なって、四至の東限には強い関心がなく、むしろ南限に関心を示す表現である。しかも、「西大寺敷地之図」に「背西大寺」とあった区画に「西大寺四至」と記しており、同様の背景に由来するものと思われる。

4　西大寺往古敷地図（原色図版5・鎌倉時代）

南北は北辺から二条まで、東西は二坊の西側三分の二と三・四坊が描かれ、坊名と坪番号が記入されている。最大の特徴は、西大寺と西隆寺の敷地が明示され、西大寺については主要堂宇、門の表現がされていることである。

道路名は、北と西の「京極路」、「一条大路・二条大路」が正しい位置に記され、また東辺に「佐貴路」が記入されている。つまり、東・北・西は、前掲の「資財帳」の表現に準じ、西大寺敷地内の堂塔についても、ほぼ「資財帳」と同じ表現をしている。

5　大和国添下郡京北条里図（原色図版7・鎌倉時代）

平城京の右京全域を表現した図であり、「京北条里図」という図名は内容とは合致しない。むしろ端裏書にある「奈良京図」の方が適合的である。表現範囲は平城京右京の一条から九条、一坊から四坊の全域であり、北辺坊は表現されていない。三条三坊一五坪に「菅原寺」と記入され、周辺八ヵ坪に「寺領」と記されており、菅原寺にかかわる地図とみるべきであろう。

三　西大寺与秋篠寺堺相論絵図類

6　西大寺与秋篠寺堺相論絵図（東大本）（原色図版8・鎌倉時代）

西大寺・秋篠寺とその周辺を絵画的ないし絵地図的に表現したもので、条坊プラン・条里プランの表現はない。「西大寺」の北側の東西道に「秋篠寺南堺　京内一条」との記入があるのが唯一、平城京条坊プランとの関わりである。

7　西大寺与秋篠寺堺相論絵図（西大寺本）（原色図版10・鎌倉時代）

「秋篠寺」、「西大寺々中、十五所大明神」のそれぞれを囲む方形が描かれ、他は絵地図的ないし絵画的表現である。後者の方形には、後に加筆したと思われる二本の東西線とそれぞれに「一条・二条」、「南北五丁・東西三丁」の文字が記入され、条坊プランによる位置と範囲との照合ないし説明、あるいは確認の作業が行われたことが推定される。

8　西大寺領之図（原色図版9・鎌倉時代）

「秋篠寺」、「西大寺々中」の記入を囲む方形が描かれ、他は絵地図的ないし絵画的な表現である。後者の北側の東西道に「京内一條」の記入がある。

四　条里・条坊プランの表現と認識

京北班田図に表現された条里プランは大和国添下郡一条から四条にかけての部分であり、その表現内容についてはすでに述べたので繰り返さない。ただし、現存の二図はいずれも班田図を基図として、西大寺と秋篠寺との相論の際に作製されたものであり、この点ではB群・C群の鎌倉時代の一連の地図と同様である。

この点からすれば、平城京城坊プランとの関連が加えられる可能性もあったと思われるが現存図にはそれに関わる記載はない。

逆に、西大寺敷地図（弘安三年）（1）、西大寺敷地之図（2）に京北「二条九坪」の寺福益名の所領の所在を記している点は前述の如くである。

さて、西大寺敷地図類（B群）に表現された範囲と道路名の概要を示すと図2のようになる。

まず、注目されるのは、①四点のうち三点までに「佐貴路」が記入されていることである。これは「資財帳」の四至東限にある表現であることはすでに述べた。

さらに、②「一条南路」が二点に記入されていることも同様である。しかし、その位置が「一条南大路」と異なっている点にも注目したい。これには、③北辺の北側に「京極路」と表現され、④「一条路」ないし「一条北大路」がその南に記入されている点ともかかわる。やはり、北京極を「京極路」と表現する「資財帳」の表現に関わり、北辺の南側を「一条大路」と理解したものと思われ、平安京が北辺の北側の北京極を一条大路とするのとは異なる。

これに連動して、⑤一条南辺を「一条大路」、「一条南大路」と表現していることになろう。

道路名が「資財帳」の表現に深くかかわっていると共に、鎌倉時代には、平城京の街路名が必ずしも正確に伝承されていなかった可能性も高い。これには、平城京の街路名が必ずしも固定的に設定され、使用されたものではなかった可能性(7)も考慮する必要がある。

一方、「西大寺与秋篠寺堺相論絵図」（東大本）（前掲6）の「京内一条」と記された東西道、および、「西大寺与秋篠寺堺相論絵図」（西大寺本）（前掲7）の「一条」は、西大寺と十五所大明神との位置関係からすれば、一条の北側に相当し、図2の「1・4　一条北大路、3　一条路」と記した位置に相当する。絵地図的表現を軸としているものの、両図の認識からすれば、「西大寺敷地図」（前掲3）の認識を踏襲していることになる。

以上は、西大寺関係古地図類の対比のみによる条里・条坊プランの表現と認識にかかわる整理であるが、西大寺関係古地図は、同一地にかかわる多くの古地図が伝存している希な例であり、一つの重要な確認事項となろう。

（1）「西大寺資財流記帳」『寧楽遺文』下。本引用は、西大寺本（科研報告書『古代荘園絵図群による歴史景観の復元的研究』（研究代表者　佐藤信、二〇〇三年）による。
（2）寺域の考え方には諸説あり、井上和人による整理と新案の提示がある（「平城京右京北辺坊考」本書所収）。
（3）石上英一「大和国添下郡京北班田図」金田章裕ほか編『日本古代荘園図』東京大学出版会、一九九六年。岩崎しのぶ「西大寺荘園絵図群と相論―文脈的アプローチをもちいて―」『人文地理』五二―一、二〇〇〇年。
（4）金田章裕『古代荘園図と景観』東京大学出版会、一九九八年、一六四―一七三頁。
（5）金田章裕『古代日本の景観』吉川弘文館、一九九三年、七五―九四頁。
（6）岩崎、前掲注（3）。
（7）金田章裕「平城京のプランと土地表示法」『条里と村落の歴史地理学研究』大明堂、一九八五年。

3 西大寺・秋篠寺相論絵図に描かれた景観と現地との対話
――とくに耕地の図像表現に注目して――

藤田裕嗣

はじめに―問題の設定―

本稿では、西大寺荘園絵図群のうち、「西大寺領之図」(原色図版9)も含めた秋篠寺との相論絵図三点にとくに注目する。本書における「歴史景観の復元的研究」という研究課題に対してまず前提となるのは、現地比定であろう。相論絵図については、既に拙稿で私案を提示したところであり[1]、一定の水準にまで達していると考えられる[2]。

そこで、西大寺・秋篠寺相論絵図に描かれた景観について、「歴史景観の復元的研究」を目指して現地との対話をさらに深めるのに、本報告ではとくに耕地に注目したい。絵図が描かれた相論においては耕地の帰属が争点の一つとされたからである。

そして、最近の研究動向として注目したいのは、図1の☆印に位置する秋篠・山陵遺跡の発掘成果である[3]。この発掘成果によれば、一三世紀後半には遺跡の北東部で丘陵の延長に位置する微高地上に等間隔の素掘溝が開削され[4]、開発の初期段階に設定される溝であると想定されている。さらに、一四世紀に入ると、現代にまで踏襲されるような基幹水路の整備がみられる。これは、前世紀までの正方位を志向する地割に対し、自然地形に規制されたもので、真北からやや西に偏しているという[5]。発掘調査によると、相論絵図が描かれた一四世紀におけるこの部分付近の地割は、現代のそれとの間に大きな違いを想定する必要はないと考えられる点が注目される。このような西偏する地割は、上述の研究でも指摘されているように、現状では当遺跡から南南東方向に広く展開している。

このように、上述の研究では発掘成果を位置づけるために現状の地割を基にして論が展開されているが、その現状も実は歴史的に形成されてきたものであることを忘れてはならない。そこで、灌漑水路の設定が当地における開発に大きな意味を持っているとの主張に鑑み、灌漑状況の復原的考察を目指す。これが一である。しかし、本稿では相論絵図に描かれた地区の一部について、せいぜい近世末期～近代初め

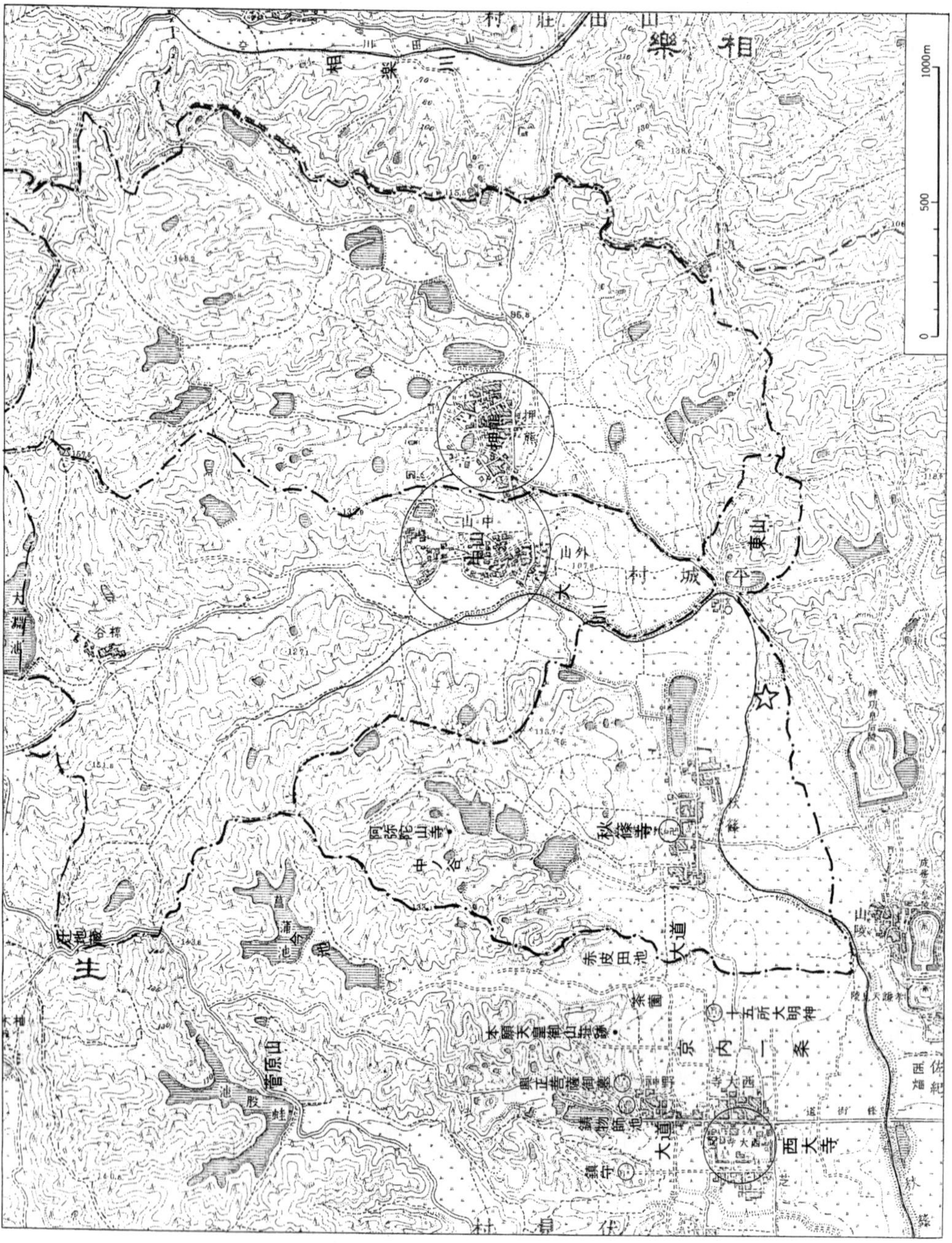

一・一　旧押熊・中山・秋篠村の境界　　☆　秋篠・山陵遺跡

図1　現地比定と旧押熊・中山・秋篠村域

（『中世荘園絵図大成』［注1）②］の図「景観の現地比定」に加筆）

にまで遡れるに過ぎない。相論絵図が描かれた時代については、二で中世荘園絵図総体における耕地の表現をめぐって通絵図的に考察した い。

以下の行論においては、前稿(6)に倣い、「西大寺与秋篠寺堺相論絵図」(東大本・原色図版8)を相論絵図A、「西大寺与秋篠寺堺相論絵図」(西大寺本・原色図版10)を相論絵図B、「西大寺領之図」を相論絵図Cと略記することにする。

一　灌漑状況の復原を目指して

冒頭で紹介した考古学の立場からの研究においては、発掘成果を位置づけるために、遺跡付近一帯における現状の地割を基にして論が展開されていることを確認した。灌漑水路の設定が当地における開発に決定的な意味を持っているとそこでは主張されており、この点を踏まえて、ここではあくまで歴史地理学の立場から灌漑状況の復原を試みる。現状の地割も、実は時代の流れの中で具体的なプロセスを経て形成されてきたものであって、それを考察するには、近世絵図も含む地図的資料を駆使した歴史地理学的考察が有効であろうからである(7)。

図1では北から旧押熊・中山・秋篠村域を示した。本稿では、そのうち旧秋篠村にとくに限定して検討したい。これは考察する史資料が入手できたことによる。

具体的には以下の史資料である。

ア　一九四八年米軍撮影空中写真

イ　明治二二年(一八八九)添下郡秋篠村実測全図(地籍図(8))

ウ　「明治一九年　月大阪府管下大和国添下郡秋篠村字限地図」

エ　「溜池井手絵図(9)」

このうちエには「字大池」が描かれている。大池は、村内の土用塚に建つ碑文によれば、明治一六年の築造と言うが(10)、一方で絵図には「庄屋」と「年寄」の連署がある。このような村役人の名称は、明治五年四月までであって(11)、年次に矛盾が生じる。この点を一旦措けば、絵図の作成時期は近代初めか、ないしは幕末頃と思われる。

以上の史資料を用いて、近世末〜近代初めの灌漑状況について復原を試みたい。

その前提として、灌漑水路の現状を把握する必要がある。秋篠村東南端について示したのが図2―③である。これは、筆者が奈良大学に在職していた一九八九年当時のゼミ生諸君による調査分(12)の水路を一万分の一地形図上に示したものである。そして、参考のた

① 1889 年地籍図　② 1948 年空中写真　③１万分の１地形図(1998 年国土地理院発行「西大寺」図幅)　0　100m

〰〰 水　路

図2　秋篠村東南端の地割と現状

めに、①一八八九年地籍図（上記イ）、②一九四八年空中写真（上記ア）に基づいて地割パターンを表した（②では水路等を割愛）。これらによって、過去一〇〇年間の変化を見て取れるはずである。

この地区は、例えば秋山日出男によって条里制地割の遺構地と見なされてきた。[13] しかし、①で地割を見ると、水路に挟まれ、南北方向を詰まらせた区域が横に帯状に広がっており、条里制地割との通説に疑念が生じる。③では宅地が造成されて大規模な改変が行われているため、もとの地割を考察することは不可能である。つまり、現地調査で把握できる地割などの現状は、過去における状況の一部を継承するに過ぎず、復原のための資料としては限界が大きい。ここに上記の史資料を活用する必然性が生じてくるのである。

そこで、②を検討する。空中写真の判読に基づく②で示されているのは、「地割」というより、当時における土地利用の境界と表現した方がより妥当であると考えられる。この場合の土地利用は水田、その境界とは畦畔であることが多い。但し、②の典拠である空中写真の解像度自体に加え、その古さからくる劣化の問題から、検出できていない畦畔もあろう。とはいえ、①に見える南北方向を詰まらせた帯状の区域にあたる部分も、すぐ南に隣接する南北幅と同じく一町程度であることは明らかである。それゆえ、条里制地割とする先の通説に何ら疑問の余地はないのである。しかも、①よりも古い上記ウの地図に見られる地割のパターンも、②に近い。すなわち、イの一八八九年地籍図は、「本村全図ハ二千分ノ一トス」とある上に、測量者も記名されており、「トランシット」や「竹縄」等による測量に基づいて作成されてはいるが、やや不正確な部分を含んでいるということになる。[14]

最後に、灌漑状況を復原したい。地籍図においては、当時の用水路が全て描かれているとは限らない。この点で上記エの「溜池井手絵図」の有用性が認められる。そこで、この絵図を活用しよう。

図3は、秋篠村東部に限定して、井手（井堰）とそこから引水される用水路を示したものである。この図を作成するに当たって用いた史資料は、井手については主に「溜池井手絵図」用水路は上記イの地籍図とウの字限地図をもとにし、「溜池井手絵図」も適宜参照した。[15] このような幕末～近代の地図に従いながら、現代の大縮尺の地図上に地割を逐一比定し、落としていくことはなお多くの検討を要するので、図3における原図は、上記の問題を含むが、一応イの地籍図としている。その結果、井手としては、秋篠川の本流に設置された小井手、脇田井手、亥ノ神（ママ）、長脇井手、阿弥陀井手、砂原井手、久保田井手の七つ、大池方面から来る支流については五反田井手が復原可能である。長脇井手など一部の井手ではそこから引水される用水路が「溜池井手絵図」には描かれていないために、不分明な点は残るが、上記の地籍図を併用すると、図3のように対応させることができると思われる。

二　荘園絵図における耕地の図像表現の分類

一では中世の相論絵図に描かれた地区について、幕末～近代における灌漑状況の復原を試みた。ここでは相論絵図自体を問題とし、耕地の図像表現を検討したい。

相論絵図三点のうち相論絵図Aでは二つの直線を互いに斜めに交差させることによって耕地が表現されている。これに対し、相論絵図Cでは交差が直交に近く、さらに数本連続する形となっている。これら

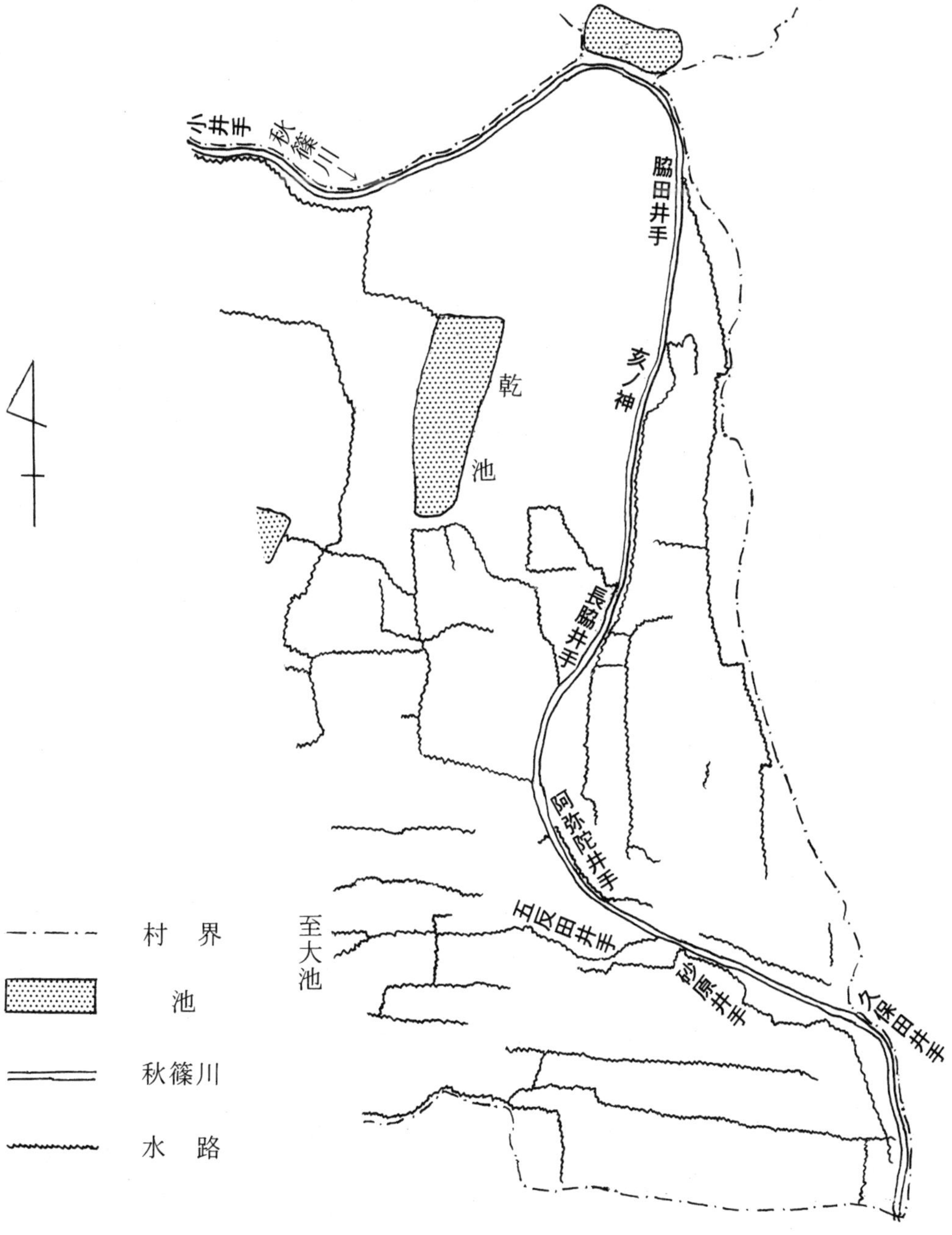

図 3　秋篠村東部における近世末〜近代初めの井手

表1　荘園絵図における耕地の図像表現の分類

分　類	図像表現のパターン	畦道を表すとみられる線状の表現	株状の表現
交差　数本	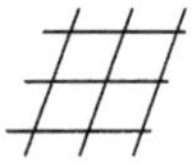	神野真国 神護寺 高山寺 冨家殿山 日根野 カセ田〈宝来山図〉 東郷 出雲神社社領 葛川 鶴見寺尾 東妙寺并妙法寺境内	相論絵図C 敷地図（弘安） 骨寺在家 居多神社 神尾一切経蔵領長谷 高家荘 嵯峨 出雲大社近郷 櫛田川 松尾社 虚空蔵寺領
4本（井桁）	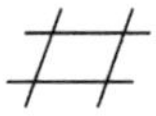		日置
四辺形（ロの字）	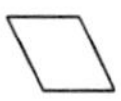	荒川保	骨寺在家
2本（十字）		相論絵図A 日根野 カセ田〈神護寺図〉	井上
線状表現なし			相論絵図B
その他		河上荘四日谷田 河上荘九月廿四日湯田 高向荘 智積与川嶋山田境	稲生三社

図像に着色が認められる絵図に下線を施した．

の直線は両絵図とも畦道を表そうとしたものであろう。そして、後者の絵図において直線による区画の中は数本の短い直線の図像を伴っており、稲株の図像表現と思われる。残る相論絵図Bでは二本線による切り株状の表現のみが絵図の左半分を中心に配されており、拙稿では「西大寺之山林」を表していると考えておいた[16]。しかし、これが耕地を表している可能性も捨て切れない。耕地の図像表現であるとの仮説を一旦たててみると、それらの表現は三点の相論絵図の間で互いに異なると言えることになる。このような仮説の妥当性について考察するには、視点を変えて、中世荘園絵図全般に対象を広げた通絵図的な検討[17]が有効であろう。すなわち、耕地の図像表現を広く問題にして、「荘園絵図というコミュニケーション手段における共通の『ことば』[18]」、ないしは「凡例と考えてもさしつかえないほど一般化された約束事[19]」を見いだせるか、まず検討する。そして、その上で、相論絵図Bにおける図像表現を位置づけようという訳である。絵図の中で「田」とたとえ明示されていなくても、田を表すとくに考えられる図像表現に本稿では注目したい。

　耕地についての既往の通絵図的な研究として、奥野中彦「土地利用」が挙げられる[20]。しかし、主に文献史学による土地利用に関する研究成果を基に、いくつかの絵図における土地利用の描かれ方を整理したに過ぎず、図像そのものからの分類にはなっていない。

そこで、荘園絵図における耕地の図像表現を分類したのが表1である。ここで分類の対象とした「荘園絵図」は、『日本荘園絵図聚影』[21]に収載されているものとしたが、対象から外したものもある。まず、条里が施された地区を描写した土帳・差図の類である。描かれた対象が耕地そのものというよりも条里区画であると見なされるからであり[22]、例としては「丹波国大山荘井手指図」（四―15）[23]が挙げられる。同様に、「絵図」についても、耕地の図像が条里地区のみに限られる場合は表に入れなかった。「備中国足守荘絵図」（五上―6）、「播磨国鵤荘絵図」（四―38・39）、「讃岐国善通寺領絵図」（五上―22）等がその例である。

表の中における絵図名の表記は、他と区別できる程度に略している。

分類の指標としては、まず畦道を表すとみられる線状の表現と株状の表現を取り上げることにした。

前者については、交差、線状表現なしの取りあえず二つに大きく分類した。次に後者は、前者の分類のなかで株状表現が認められる絵図を特記する形とした。例えば「山城国松尾社境内図」（二―22）については、道路や線状表現に与えられたのと同色の黄土色で株状表現が施されている区画も認められる。しかし、それは南と東北の二区画のみに限られる。このような絵図も、表では右側に入れた。

また、「伊勢国櫛田川下流地域絵図」（四―4）では、条里区画が広域に及ぶ形で描かれている一方で、その外側の五ヵ所に数本の線状表現による交差で「新田」（四ヵ所）、「北里外」（一ヵ所）が示されている。これらの表現は、線の間隔が短く、縦線が斜めに引かれていて、条里区画とは明確に描き分けられている。このうち株状表現を伴うのは、「新田」という文字注記を伴う一ヵ所のみである。

「紀伊国井上本荘絵図」（四―32）は、線状の表現のいずれにも稲穂状の図像が随伴する。ユニークな表現であるとともに、実態をスケッチしようとする基本姿勢が認められる。

これに対して、「豊前国野仲郷絵図」（五下―11）は、比較的長い横線に二本の短い縦線を施したり、それを上部に限ったり[24]、という形で株状表現が与えられている。中には縦線が三本のものも認められる。それらが描かれている区画とは別に、それらよりは一様に大きく、横線の上部のみに放射状に短い線を施しているものもある。この表現が認められる区画の中には山稜線らしい線に松のような図像を伴う表現も散見される。文字注記を欠くために決して明示的ではないが[25]、稲と言うよりも、草地を表現しようとしたものと判断されよう。この点も含め、「井上本荘絵図」とは逆に、より記号化が顕著であると考えられる。但し、この絵図における横線は、他の絵図と同様に畦道を表していると見なせるか、判断が付かない。そこで、表1には入れていない。

さらに、「交差」を細分するのに、交差している線の数と形状によって「数本」、「四本（井桁）」、「二本（十字）」、「四辺形（ロの字）」に細分した。その典型例を概略図の形で表1に併せ示した。概略図を描くに当たって念頭に置いた絵図を列挙すると、「数本」は前述の「櫛田川下流地域絵図」、「四本（井桁）」は「薩摩国日置北郷中分絵図」（五下―17）、「二本（十字）」は「紀伊国桛田荘絵図一」[26]（四―28）、「四辺形（ロの字）」は「越後国奥山荘与荒川保堺相論和与絵図」（一上

—6）である。

これらの分類のうち最後者は、他にもう一例、「陸奥国骨寺絵図二」[27]（一上—2）があるのみで、他の分類との弁別は比較的容易である。計二例に過ぎず、「四本（井桁）」とともに類例が少ない。そこで、表1では前者を後者の特殊事例とする形で含めた。

「骨寺在家絵図」では「数本」に分類される図像表現も認められる。それは最も上流部に描かれており、吉田敏弘によって「四角く区画された形状で他と区別される」とされ、「六所新田二反」に比定されている[28]。すなわち、ここで「四辺形（ロの字）」に分類した方の図像は、突出部があったり、楕円状の表現を伴っている場合もあるために典型的とは言えないが、先ほどの連続した「数本」の区画とは明らかに描かれ方が異なっている。

一方、「数本」、「四本（井桁）」、「二本（十字）」の弁別には不分明なところがある。つまり、代表的には数本の線を連続的に交差させながら表現しつつも、その周辺部では井桁状になっていたり、交差が二本線しかない絵図もいくつか指摘される。「伯耆国東郷荘下地中分絵図（写）」（五上—1）や上述した「松尾社境内図」がその例である。

その逆に、上述の「井上本荘絵図」について線状表現の方を観察すると、斜めの十字が末端部分で互いに重なり合っていることも少なくないが、線の長さが一様に長く、交差しているのはほぼ中央同士になっている場合が多い。そこで、一応「二本」に分類した。

また、「紀伊国高家荘絵図」（四—34）の場合は、数本の縦線と横線による交差が基本ではあるが、「大徳寺領池田」の文字注記から下手の二ヵ所では、表1に挙げられた井桁型の典型例に酷似している。とはいえ、縦線と横線各二本が井の字状に交差する四隅のうち、一隅が二ヵ所とも交差しないために、これらで囲まれた区画が開放的になっており、井桁型とも言えない。そこで、表では「数本」の方に分類しておいた。

「四本」の典型例は、上述したように日置北郷絵図である。互いに平行する二本線を交差させた井桁状の表現が原則的であるが、三ヵ所のみ一方が平行する三本線となっている。そして、線で囲まれた区画の一つ一つに株状表現が施されている。

これに対して、「二本」に分類された絵図の表現のうち、直線が最も短いのは「和泉国日根野村近隣絵図」（四—26）であって、十字形が一面に施されている。その十字が相論絵図Aではより長めであり、さらに「井上本荘絵図」は、上述した問題を孕みながらも、最も長いと言える。

さらに、図像に色が与えられている場合も、表1で併せ示すことにした。すなわち、原則として線状表現に注目し、墨以外で着色が認められる場合、絵図名に下線を施した。

線状表現は墨で描かれることが多いものの、線状表現自体が着色されている絵図として、「松尾社境内図」では黄土が用いられていることを既に指摘した。この黄土の上に墨が重ねられている絵図として、「近江国葛川与伊香立荘相論絵図二」[29]（一下—15）、「山城国嵯峨舎那院領絵図」（二—18）がある。他に、「荒川保和与絵図」では緑青の上に薄墨が重ねられている。

地色に色が与えられている絵図もある。例えば、相論絵図Aでは一面に朱・墨（混色）が塗られている。この他に、カッコ内に色ないしは顔料を記しながら絵図名を列挙すると、「大和国虚空蔵寺領絵図」（三—26）（黄土カ）、「日置北郷絵図」（薄墨）、「丹波国出雲神社領牓示絵

図」（四―16）（緑青）、「出雲国出雲大社及近郷絵図」（五上―11）（緑青・黄土カ）、「肥前国東妙寺并妙法寺境内絵図」（五下―8）（藍カ）、「武蔵国鶴見寺尾絵図」（一下―18）（「橙」[30]）となる。

表1で「その他」として別記した絵図がある。畦畔を表すとみられる線状の表現によって取り囲む形で描かれている場合であり、大縮尺の都市計画図類における田の表現に類似している。「大和国河上荘四目谷田差図」（五下―補9）と「大和国河上荘九月廿四日湯田差図」（五下―補10）は室町期、「河内国高向荘図」（五下―補14）、「伊勢国智積与川嶋山田境差図一」（四―1）と右側に配した「伊勢国稲生三社絵図」（四―3）はいずれも戦国期とされている。[31]一筆レベルで個々の耕地の形状とその広がりの範囲まで示している訳で、縮尺が大きい形で表現されていると見なされるのではなかろうか。

ここで冒頭で表1に相論絵図Bを入れる前提として、切り株状の表現が耕地を表しているとの仮説を一旦たててみた点に立ち返ってみよう。すると、表1の「線状表現なし」は、相論絵図Bの他には類例がない。ユニークな表現であると言える。つまり、この分類結果は、上述の仮説それ自体に無理があることを示していよう。「西大寺之山林」の表現であるとの拙論を変更する必要はないと思われる。[32]

最後に、表1で示された線状・株状表現の有無から、相論絵図A～Cの相互関係を示したのが、図4である。線状表現の有（+）・無（−）を横軸、株状表現の有・無を縦軸とし、二つの座標軸を直交させた形になぞらえて表現したものである。但し、横軸が独立変数、縦軸が従属変数というような厳密なものでは決してない。いずれの表現も認められる場合が図4の中で右上の第一象限に位置付くことになる。その反対に、線状表現も株状表現もない絵図は、左下に位置付く。二つの

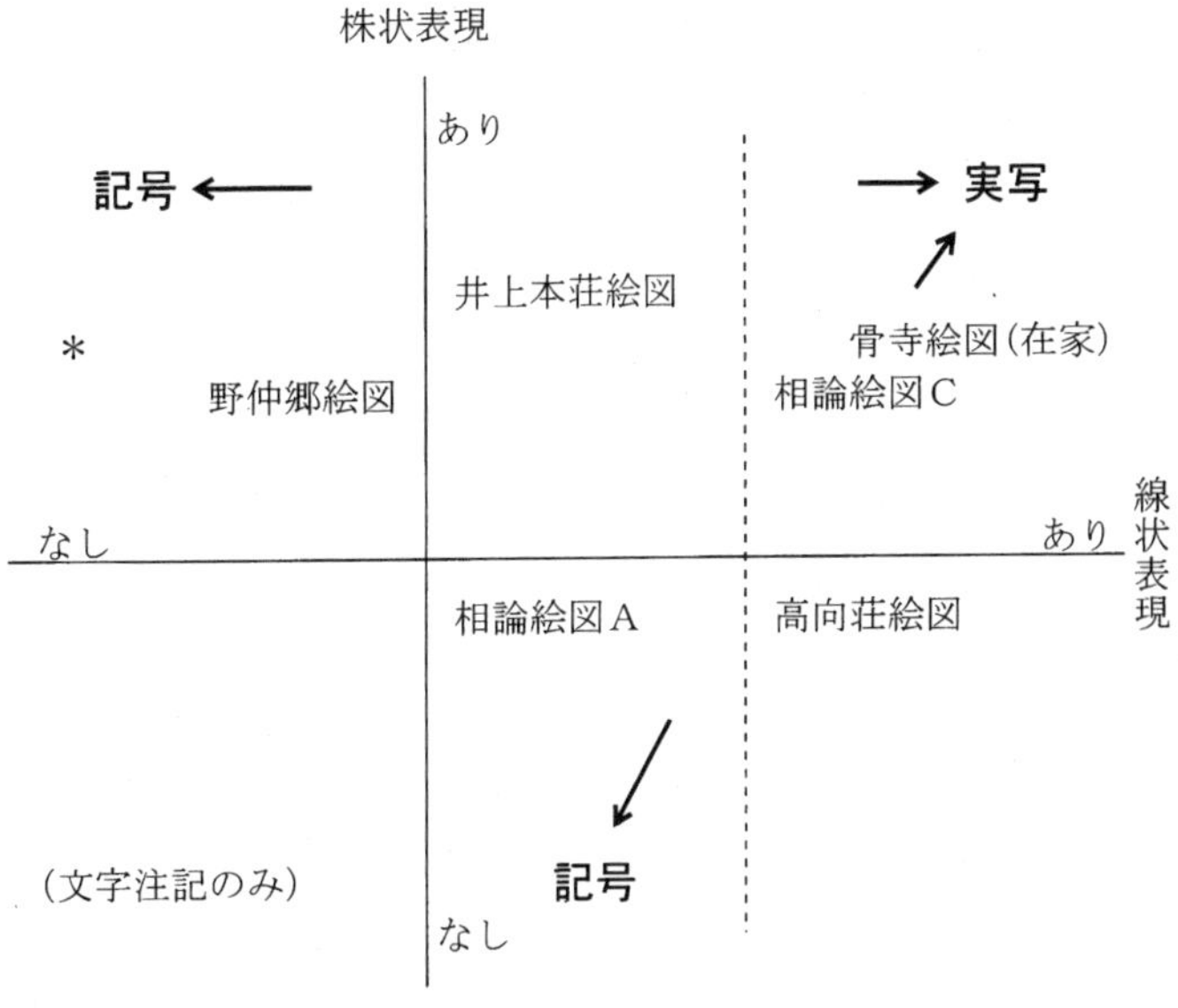

図4 線状・株状表現の有無からみた相論絵図A～C等の相互関係

※相論絵図Bにおける株状表現が稲株を表すとすれば，＊印に位置付くと考えられる．

軸でいずれも－であるにもかかわらず、本研究における対象となるのは、図像表現はないにしても、具体的には「田」などといった文字注記を伴うためである[33]。

横軸にした線状表現については、表1で二本、四本、数本の三つに分類しておいた。このうち「二本」を図4では横軸の＋側（第一と第四象限）の点線より左側に示す形とした。すると、相論絵図Aは図4の位置に示される。そして、相論絵図Cは3点の中では右上である。これに対し、相論絵図Bについては線状の表現が認められないから縦軸よりさらに左側に来る。そして、その株状表現が稲株を表すとすれば、第二象限の＊印に位置付くと考えられる。

小　結

上述の議論の中で、「井上本荘絵図」における稲穂状の表現については、実態をスケッチしようとする基本姿勢であるのに対し、「野仲郷絵図」における表現は地形図における水田の記号と酷似しており、記号化が顕著であると指摘した。このように、近代的な地図における「記号」を考慮に入れた場合、それは「実態」の実写とは反対の極にあると考えられる。この観点から論点を加えたい。

表1に示された分類の中で二本線（十字）では閉じた田の区画をなさないから、実態の「実写」であろうはずがない[34]。すなわち「記号」としての傾向が比較的確からしいと言えよう。四本（井桁）、数本の交差、の順に「記号」の可能性が小さくなり、より「実写」に近づくと考えられるであろう。

これらの関係を整理するために、相論絵図A～Cの他に、二本線による十字の典型例である「井上本荘絵図」などを図4に位置づけることにした。他の例として、上述した「骨寺在家絵図」、「野仲郷絵図」、「高向荘絵図」を該当する位置に置いている。この中では、「記号」の可能性が高い絵図は右下と左上に来て、「実写」の傾向がより強いと右上に位置付くと言える。これらをゴチックで示した。

このようにして、中世荘園絵図ではとくに「田」について地図の「記号」に準じて考えられるような標準的な図像表現が、表1に示された形で多少の幅を持ちながらも、指摘できると思われる。「畠」については標準的な図像表現が認められないことと好対照になっていると見なせよう。すなわち、田と区別される畠の図像表現としては、管見の限り、「日置北郷絵図」に限られる。しかも「野畠」の文字注記がある区画は、「田」に施された着色がないことで区別されるに過ぎないのである[35]。

中世イギリスにおける地域図と比較してみよう。地域図に分類される地図は三〇点を数えるに過ぎない。その中で農業的土地利用または植生に関する図像を検討すると、総じてスケッチ画・絵画風の写実的表現となっている[36]。イギリスの地域図で総記号ないしは記号が登場するのは、一五七九年のC. Saxtonによる州図になってからで、しかもせいぜい森林、パーク（狩猟園—円形の柵で表示）が挙げられる程度であるという[37]。

このように、農業的土地利用に関する「記号」的な図像表現について日英比較をしてみると、日本中世の特徴が浮かび上がってくると思われる。

(1) 現地比定は次の拙稿で行った。①藤田裕嗣「西大寺・秋篠寺相論絵図解読試論」(『奈良大学紀要』一六、一九八七年)②藤田裕嗣「大和国西大寺与秋篠寺堺相論図」ほか(小山靖憲・下坂守・吉田敏弘編『中世荘園絵図大成』河出書房新社、一九九七年)。

なお、具体的な比定作業にあたっては、橋本義則や弓野瑞子の論考などが参考になった。③橋本義則「西大寺古図と『称徳天皇御山荘』」(『平城京右京一条北辺四坊六坪発掘調査報告』奈良国立文化財研究所、一九八四年、のち橋本『平安宮成立史の研究』塙書房、一九九五年に収録)④弓野瑞子「大和国西大寺与秋篠寺堺相論絵図」(荘園絵図研究会編『絵引荘園絵図』東京堂出版、一九九一年)。

さらに拙稿(前掲②)では、現地比定に関する今後の検討課題を二点記しておいた。

まず第一は、その前稿(前掲①)以来積み残している問題で、「(京内)一条」をめぐる問題である。三点の絵図いずれにも描かれていて、一条北大路であるとするのが通説であり、図1もそれに倣ったが、相論絵図Cにおける「京内一條」は、一条北大路に比定できる線より南に走っていることになるのであった。この絵図における表現を重視すれば、一条北大路より二町分南の道に比定される訳で、ことさらこのように描かれた理由については、相論を有利に展開させるためとの試論を前稿の①で展開した。

第二は、相論絵図Aで北端に描かれている川の問題で、弓野瑞子によって提起された。つまり、弓野は、藤田が前稿で提示した山田川ではなく秋篠川を指す可能性を提示している。結論としては、前稿の比定案を撤回する必要はないと考えており、②の拙稿でも指摘しておいたところである。

(2) 西大寺絵図群の最新研究である次の岩崎しのぶの論考でもおおかた踏襲されている。岩崎しのぶ「西大寺荘園絵図群と相論―文脈論的アプローチを用いて―」(『人文地理』五二―一、二〇〇〇年)八頁第1図。

(3) ①秋篠・山陵遺跡調査会、奈良大学考古学研究室編『秋篠・山陵遺跡』(奈良大学考古学研究室調査報告書第一七集、一九九八年)②佐藤亜聖「京北条里地域における開発と灌概」(『中世集落と灌概』シンポジウム「中世集落と灌漑」実行委員会、一九九九年)。

(4) 佐藤(前掲注(3)②)一六七頁(図4―3参照)。

(5) 佐藤(前掲注(3)②)一六七―九頁(図4―4参照)。

(6) 前掲注(1)②。

(7) 考古学との対話・協働を進めるに当たって地割がキーワードの一つになることは、次の拙稿でも指摘しておいた。藤田裕嗣「考古学との接点としての地割―前川要報告によせて―」(『歴史地理学』四一―一、一九九九年)。

(8) 一九八六年度奈良大学特別研究費プロジェクトによって入手された奈良大学文学部地理学教室架蔵の写真。

(9) 「秋篠区有文書」(石上英一他「京北班田図故地の現地調査」『東京大学史料編纂所報』一四、一九八〇年、五八頁)の写真ネガを、石上氏のご厚意によりお借りした。ウとエの写真は、そこにリストアップされたうち、それぞれNo.17とNo.18に当たると考えられる。

(10) 拙稿(前掲注(1)①)一八二頁注26。

(11) 『平城村史』平城村史編集委員会、一九七一年。

(12) 一九八九年五月一九日に実施した。ゼミ生は明野圭司、吾郷郁也、戎雅之、大森祥弘、奥野悟、岸本久哉、北岡政則、木村悟、高岩恵、富山直樹、寺岡新、長崎和泉、鍋倉正明、松崎伸太郎、南智之、宮崎英治、山口和伸、山田勝彦、山田一、山本隆道、吉乃元一也(五十音順、敬称略)の二一名。記して謝意を表します。

(13) 秋山日出男「京北班田図考」『平城村史』(前掲注(11))。

(14) 一八八九年の地籍図における当時の地割が、現在の地割と殆ど同じパターンであると既に指摘したことがあるが、本文のような但し書きが必要である。藤田裕嗣「大和国添下郡京北班田図と地名―現地比定に関する覚書―」(奈良大学地理学教室編『地理学の模索』地人書房、一九八九年)一五七頁。

(15) 図3で乾池付近では、南方を除いて用水路の分布密度が低い。これは、この部分についてウの字限地図の写真が入手できていないためである。これを補足することは、現代の大縮尺地図を原図とする点とともに、今後の課題としたい。

(16) 拙稿（前掲注（1）①）一七四頁。

(17) このような検討の必要性は、次の文献で提示されている。吉田敏弘「中世絵図のランガージュ研究にむけて―その空間表現を中心に―」（水津一朗先生退官記念事業会編『人文地理学の視圏』大明堂、一九八六年）。

(18) 吉田敏弘「概説中世荘園絵図の世界」『中世荘園絵図大成』（前掲注（1）②）四六頁。

(19) 吉田（前掲注（17））二三四頁。

(20) 荘園絵図研究会編『絵引荘園絵図』東京堂出版、一九九一年、「絵図から集める」のうち一九〇―一九八頁。

(21) 東京大学史料編纂所編纂、東京大学出版会、一上、東日本一、一九九五年／一下、東日本二、一九九六年／二、近畿一、一九九二年／三、近畿二、一九八八年／四、近畿三、一九九九年／五上、西日本一、二〇〇一年／五下、西日本二・補遺、二〇〇二年。

(22) 本報告では対象外とした条里の図像表現について検討したものとして、次の文献が挙げられる。服部昌之「条里の図的表現」、金田章裕「古代・中世絵図類における条里プランの表現をめぐって」いずれも『人文地理学の視圏』（前掲注（17））所収、後者は金田『古代日本の景観―方格プランの生態と認識―』吉川弘文館、一九九三年に一部改変して収録。

(23) 『日本荘園絵図聚影』所収絵図について、巻数を漢数字、絵図番号を算用数字で表した。すなわち、四巻№一五の絵図である。以下、同様に略記して示す。

(24) かつての地形図（例えば昭和三五年加除式）における水田の記号とほぼ同じである。

(25) 「断簡」のみが残され、一部が欠けている点が残念である。

(26) 二枚あるうち、『中世荘園絵図大成』（前掲注（1）②）では「［神護寺図］」と区別されている絵図である。

(27) 『中世荘園絵図大成』（前掲注（1）②）一六三頁では「在家絵図」と称されている。以下、「骨寺在家絵図」と記す。なお、もう一方の「仏神絵図」（一上―1）では図像が認められない。

(28) 吉田敏弘「骨寺村絵図の地域像」（葛川絵図研究会編『絵図のコスモロジー』下、地人書房、一九八九年）四三―四四頁。

(29) 次の文献では「彩色絵図」と呼ばれている。下坂守・長谷川孝治・吉田敏弘「葛川絵図―絵図研究法の例解のために―」（葛川絵図研究会編『絵図のコスモロジー』上、地人書房、一九八八年）。

(30) 『中世荘園絵図大成』（前掲注（1）②）一四六頁による。

(31) 『日本荘園絵図聚影』（前掲注（21））における「書写の時代を推定」した記述による。

(32) 「切株状の記号」について岩崎は、樹木を表現しており、とくに「幾分肉太で大きく、荒く描かれている」ものは、正和五年の翌年に行われた秋篠寺側の狼籍を受けた加筆との考えを提示している。本文で述べた点からも、成立しうる指摘と思われる。岩崎（前掲注（2））一五頁。

(33) 図像がなく、「田」と文字注記されただけの例として、「陸奥国岩切分七町荒野絵図」（一上―4）を挙げておく。

(34) 但し、当時の実態は不明であって、「実写」とは想定される可能性の問題である点、断っておきたい。

(35) 「井上本荘絵図」では在家の図像の下部に引かれた緑青による線について、黒田日出男は「在家と一体化した畠をも意味している」可能性を指摘している。この見解が妥当ならば、「畠」の図像表現の事例に加えられる。黒田「荘園絵図上を歩く」（同『姿としぐさの中世史』平凡社、一九八六年）二二九頁。

なお、「虚空蔵寺領絵図」における「山畠」の文字注記が、「田」の文字注記を伴う図像の外側に配されていることも参考になろう。

(36) ①Skelton, R. A. H. & Harvey, P. D. A. (eds.): *Local Maps and Plans from Medieval England*, Oxford University Press, 1986

②長谷川孝治「イギリス荘園図―抽象と具象の世界―」（久武哲也・長谷川孝治編『改訂増補地図と文化』地人書房、一九九三年）一一二―一一三頁も参照した。

（37） 長谷川孝治「サクストン州図―イギリス近代地図の夜明け―」『改訂増補地図と文化』（前掲注（36）②）八〇―八一頁。

4　中世西大寺の建築と伽藍

藤井恵介

はじめに

中世の西大寺は、興正菩薩として讃えられる叡尊によって再興された。西大寺叡尊の大きな事蹟については従来から注目され、多くの研究が積み重ねられてきた。

『金剛仏子叡尊感身学生記』（以下、『学生記』と略す）などの伝記史料[1]からは、各地の寺院に赴き、多くの僧俗に戒を授け、多数の造像を造り、多数の堂宇の造営に関わったことが知られるが、しかしながら、叡尊在住時の西大寺の伽藍の実態については、その詳細については十分明らかにされていない。建築史の分野においては、太田博太郎による簡潔な記述[2]がほとんど唯一のものである。また、小林剛氏は、叡尊の事跡という観点から、建築、仏像、絵画について総合的な記述を試みておられるが[3]、建築について網羅的でなく、その性格の検討という点において必ずしも十分とは言えない。

叡尊は真言宗の僧侶であり、かつ律法興隆のために、各種の法会の創始、そしてそのための諸施設の整備、造立に努めたのであって、叡尊による西大寺における建築活動を知ることは、叡尊の大きな宗教活動の実態を理解する上で重要なことであるのは言うまでもない。

本稿においては、叡尊時代の西大寺における建築と伽藍の実態を、できる限り同時代の史料に基づいて跡づけ、それを宗教儀礼、法会、仏像などと関連づけて、理解してみようと考えている。

一　叡尊入寺以前の西大寺

西大寺は奈良時代後期、藤原仲麻呂との戦勝を祈願して、天平宝字八年（七六四）、孝謙上皇によって発願された。規模は東大寺に次ぐ巨大なものであり、また、建築においては華やかな装飾をもったという。金堂は、薬師金堂、弥勒金堂の二つがあって、また二基の塔も八角七重で計画されたことが明らかにされている。さらにこれらの中心伽藍を取り囲んで、十一面堂院、四王院という二つの子院があった。
これらは双方ともに礼堂を持つ、特徴的なものであった。

さて、このように、大規模にして特徴的な内容を持つ伽藍であったが、平安時代に入ってからは衰退の一途をたどる。年代の明らかにわかるものだけでも以下の通りである。

承和一三年（八四六）　講堂（または金堂）焼失
延長五、六年（九二七、九二八）　塔焼失
応和二年（九六二）　食堂倒壊
永承三年（一〇四八）　鐘楼転倒、のち興福寺再建に際して鐘が持ち去られる。

この他、建築が再建されたという話はない。大江親通の『七大寺巡礼私記』によると、保延四年（一一三八）の時点で、西大寺にあった堂塔は、食堂、四王堂、塔一基だけであったという。鎌倉期に入ると、建永元年（一二〇六）に東大門が建てられ、さらに建保六年（一二一八）に塔の供養が行われている(4)。

このような状況の西大寺に叡尊は移り住んだのである。叡尊の西大寺移住の切っ掛けは、西大寺の宝塔院において、六口の持斎の人を置いて三密の行を修せしむことを風聞したからである。

まず、嘉禎元年（一二三五）に西大寺にいったん入ったのち、東大寺法華堂で自誓受戒による三聚通受を得る。そして海龍王寺に一時住んだが、暦仁元年（一二三八）には西大寺にもどる〔伝集八－一〇頁〕。以後、叡尊の西大寺を拠点とした活動が始まる。

二　叡尊による建築と法会

1　僧堂(5)（僧食）・厨

叡尊は暦応仁元年八月、西大寺に戻り、律院としての体制を整えることになる。『学生記』によると、その次第は以下の通りである〔伝集一三頁〕。

（八月五日）還入西大寺、荒廃過先年、言語非所及、於是倩思惟、往昔与本願成何契約、再入此寺、不惜身命、止住当寺、興隆正法、利益有情
（同八日）於四王院正面礼盤上、転読最勝王経一日終功……、
（九月三十日以降）自爾以来、欲以一室北構牀、擬僧堂、諸事雖蹔時、模住持三宝之軌則、
（十月十五日）始作相、普集凡聖衆僧、無限供養軌則、
（同廿八日）酉時、結界、
（同廿九日）四分布薩、

八月五日の入寺と同時に、荒廃していた西大寺の復興、興隆正法を決意するのだが、そのとき以来、「一室」（いちのむろ、すなわち僧房の一画）の北側に牀（足のついた横長の台、この上に僧が座す）を構え、「僧堂」になぞらえたという。この一室のことを、叡尊の聞書集である『興正菩薩御教誡聴聞集』(6)（以下、『聴聞集』と略す）の「一、此僧法始事」では、「一室ノ北面ヲ僧堂ニシテ、二丈ノ床ヲ二ツ儲テ、二間ニ立テ聖僧ノ御座置テ候、」とさらに詳しく述べている。なお、「牀」と「床」は同義である。

西大寺を律院として開創するための諸事があわただしいなか、「住持三宝の軌則」になぞらえることが目的であった。「僧堂」は律院にはどうしても必要な施設であったのであり、僧房の一室の一部を転用して拵えた「僧堂」は、「僧食」を実現するためであった。

西大寺を律院とする次第は、『聴聞集』「一、西大寺結界布薩初事」では、（十月十五日）始僧食、（同二十八日）結界、（同十四日）四分布薩、（同十五日）梵網布薩、の順に記す。律院を造り上げるとき、その冒頭に開始したのが「僧食」であった。

叡尊は、古代以来絶えて久しい比丘戒を復興させようとしていたが、この前年、海龍王寺に入寺したとき、三口の僧侶に比丘戒、具足戒を授け、叡尊を含めた四名で「僧食」を開始している。この「僧食」は、別食すなわち僧が別々の場所で別の食事を摂る、という当時の通例を厳しく批判して開始したもので、同じ場所で同じ食を摂る、という僧伽集団の原則に立ち戻ろうとする志向を持つ。しかし、海龍王寺では旧住の僧侶から激しい妨害を受けた〔伝集一二頁〕。

西大寺においては、僧食を入寺早々に実施しており、戒律復興のもっとも基本的なこととして、特に実施すべきと考えたのであろう。

なお、以上の記事から、律院としての西大寺の開創の儀礼は、作相、結界、四分布薩、梵網布薩、であったことが判るが、これは鎌倉期の律院に広くみられる定式であるらしい。西大寺においては、一連の儀礼の最初に、特に「始僧食」が含まれていたのである。[7] [8]

このような経過で、僧堂をなぞらえる一画が僧房内に誕生したものの、それが建築として実現するまでには長い時間が必要だった。宝治元年（一二四七）には、五間四面の規模の「厨」（庫裏）が建設され、その内部西側の二間と妻の庇を仮に「僧堂」に用いた〔伝集二一頁〕。僧堂が「一室」から「厨」へと移動したのである。僧堂が僧食を行うところであり、厨が僧食を調えるところであるから、このような仮用があり得たのだろう。[9]

しばらく後、『学生記』の弘安七年（一二八四）九月四日に「僧堂始」〔伝集五七頁〕とある。仮の施設であっても僧堂での「僧食」はすでに実現しているから、この記事は建設が開始されたことを示すと考えられる。以後の経過は不明であって、叡尊没の正応三年（一二九〇）までに完成したかどうかは不明である。

2　一室（僧堂・光明真言）・十二間僧房・北僧房・僧厠・西室・持仏堂

暦仁元年、叡尊が再び西大寺に戻って止住したのは宝塔院であった〔伝集一三頁〕。

すでに述べたように、帰寺直後に僧房の「一室」の北側を「僧堂」として使用するように内部を整えたのだが、これは宝塔院にすでに存在していた僧房の一画であった。また宝治二年（一二四八）には「二室」から舎利が涌出したという〔伝集二二頁〕。

叡尊の創始した法会でもっとも盛大であった光明真言を始修したのも同じ「一室」であって、文永元年（一二六四）のことである〔伝集三〇頁〕。この時、かつて北側に設えられていた「僧堂」は、すでに厨に移っていた。「一室」は僧房の一部ではあるが、しばしば、叡尊の創始した法会に用いられる一画であった。

叡尊が、建治二年（一二七六）に、西大寺別当、旧住の寺僧らとの軋轢で、持戒しての止住がままならない時には、「有縁之勝地」へ移るという決意を述べた置文（「西大寺田園目録」（以下「田園目録」と略す）所収）では、「四王堂仏聖燈油料田、御塔燈油料田」と並んで「十二間僧房」をその後も権利を所有し続けるべきものとして書き加えている〔伝集四一八頁〕。この「十二間僧房」が恐らく宝塔院の僧房のことと思われる。また、正応三年（一二九〇）、叡尊の葬儀を記した『西大寺興正菩薩御入滅之記』（以下、『御入滅之記』と略す）では「北僧房」の存在が確認できる〔伝集二九三頁〕。以上の「一室」、「二室」、「十二間僧房」は、いずれもこの「北僧房」のことであったと思われる。

この僧房に付設した施設に「僧厠」がある。「西大寺毎年七日七夜不断光明真言勤行式」に付された、文永一〇年（一二七三）の光明真言会後の集会の記録では、光明真言、正月陀羅尼（三時秘法）以下の臨時の大仏事のとき、尼衆が多数集まるので、「過失」や「譏謗」のないように、尼衆を「常施院」に寄宿させ、僧厠を通用しないことが決められている[10]〔伝集二六〇頁〕。

西大寺での止住そのものさえ危ぶまれた叡尊以下の律衆であったが、弘安元年（一二七六）に別当乗範から寺院経営の主導権を譲られることによって、寺内における律衆の立場は安定する[11]。その結果、西室という叡尊の住房が誕生する。

叡尊の住房となった西僧房は弘安二年（一二七九）から建設が始まり、未完成ではあったが、叡尊は翌三年六月二六日にそこに移った〔伝集四八頁〕。この新房は律衆のかねてからの願であり、叡尊が制止したものの衆議で建立がきまった。叡尊は「報恩謝徳之志、足可隋喜」〔伝集四八頁〕といって喜んでいるから、高齢（この時、八〇歳）の叡尊のために弟子達が企画したものと思われる。

この年八月に叡尊の寿像が作成された（現存、興生菩薩坐像、愛染堂に安置）。弟子の鏡慧、惣持が中心となり、仏師善春の手にかかる〔伝集三三六頁〕。

本像は以後長く西室に安置された。正応三年（一二九〇）、叡尊の葬儀に際して、西室から荼毘所に運ばれている〔伝集二九四頁〕。また文明元年（一四六九）八月二二日には、大乗院尋尊が、光明真言会を聴聞に訪ね、後に礼堂で仏舎利、西室で「菩薩御影」、「同鉄塔」を拝見している（『大乗院寺社雑事記』同日条）。西室は文亀二年（一五〇二）の火事で焼失したが、本像は救い出され、明和四年（一七六七）、西室の旧地に建立された愛染堂に安置された。なお愛染堂の本尊である愛染明王像は、宝治元年（一二四七）、叡尊が願主となり仏師善円が彫刻したもので〔伝集三二七頁〕、叡尊の念持仏であったと伝えられている。

西室が上棟して、ほぼ完成したのはしばらく後の弘安五年一二月二三日であった〔伝集五三頁〕。

西室には持仏堂があった。ここには、弘安七年（一二八四）に作成供養された鉄宝塔（舎利瓶を内部に安置）、地蔵菩薩が安置されていた[12]〔伝集四二五・四二六頁〕。また、西室の北側に十一面観音像も安置されていた〔伝集四三〇頁〕。

叡尊は、この西室で、正応三年（一二九〇）八月二五日に没した〔伝集六二・二八七頁〕。

叡尊没後の西室の状況であるが、「田園目録」に、「故長老御月忌料」の寄進が載せられている〔伝集四四一頁〕から、月忌法要が営まれていたことが確かである。また、「西室御影毎日ノ御供料施主尼妙法房」という寄進の記事もある〔伝集四四〇頁〕から、叡尊の寿像は西室の「御影」として供養されていたことも確かである。

当初、叡尊が入った宝塔院の僧房（北僧房）は、僧侶の止宿の場であると同時に、一部を不足していた僧堂、光明真言の会場に使用するものであった。また僧厠も付設されていた。後に建設された西室は、叡尊の住房であり、持仏堂もあり、没後には影堂としても機能した施設であった。

3　四王院（最勝王経）

叡尊が暦仁元年（一二三八）に西大寺に戻った直後、八月八日に最勝王経の転読を勤修している。『学生記』には、

（八月八日）於四王院正面礼盤上、転読最勝王経一日終功、以経始終意、案流記之文、即知此殿最勝王経之道場、若如所願、成立衆僧者、当寺衆僧共奉転読講讃此経之由、立誓願畢、〔伝集一三頁〕

とある。「西大寺資財流記帳」から、西大寺（四王堂）が最勝王経の道場であることを知ったからであるという。

次に寛元三年（一二四五）には、

春、始奉転読講讃最勝王経、廿四日畢、為果先年之立願也、〔伝集二〇頁〕

とあって、これは入寺の時の立願を果たすためであったという。

この翌四年、最勝王経の転読は恒例の法会となった。『学生記』には、

自五月八日至六月八日卅ヶ日、奉転読講讃最勝王経一部十巻、衆僧誓期未来際、奉祈聖朝安穏、天下泰平、為奉報国家恩徳也為内裏最勝講御願成就也〔伝集二〇頁〕

とされる。

続いて、宝治二年（一二四八）には、清涼寺釈迦如来を写して、新たな本尊とした〔伝集二二頁〕。清涼寺の釈迦如来像は、一〇世紀末東大寺僧奝然が中国の像を模刻して持ち帰ったもので、当時生身の栴檀釈迦瑞像として信仰をあつめていたものである。四王堂には奈良時代の創立時に造立された四天王像があったのだが、叡尊は新しい法会に新しい本尊を必要とした。

弘安三年（一二八〇）には、「毎年六月八日最勝王経結願僧食料」、「毎年二月八日最勝王経結願僧食料」のために所領の寄進があった〔伝集四二〇・四二一頁〕から、このときには、五月八日から三〇日の勤修に加え、二月八日結願（一月八日から勤修か）、の勤修もあって、年二回の最勝王経の転読が実施されていたことが判る。

最勝王経の転読は、叡尊が開始した新しい法会であったが、西大寺を復興するため、その存在根拠を奈良時代の事跡に求める、という方法で創始した法会であった。

四王堂においての法会は、建長三年（一二五一）の「西大寺寺本検注並目録取帳案」[13]（西大寺文書、一〇一函二一番）から、多くを知ることが出来る。所領の目録の各田畠に付された注し書きを以下列挙する。「四王堂毎月一日仁王講仏供灯明田」「四王堂毎月十六日陀羅尼田」「四王堂正月餅田」「四王堂正月下七日僧供田」「四王堂二月本免檀供田」「四王堂三日御仏供田」「四王堂二月行餅田」「四王堂夏始僧供田」「四王堂十一月二十五日三ケ日仏名供灯明田」「四王堂蓮華会」。

すなわち、四王堂を会場にして、修正会（正月）、下七日（法会名不明）。修二会（二月）、仁王講（毎月一日）、陀羅尼（毎月一六日）、夏安居、仏名会（一一月二五日から三ヵ日）といった法会が開催されていたことと、その期日が判る。

田中稔氏らの西大寺の寺院組織の研究によれば[14]、叡尊入寺以前からの僧侶集団は「寺僧」、叡尊以下は「律衆」と呼ばれ、それぞれ独自に活動を行っていた。そして寺僧は四王堂を、律衆は塔院を活動の拠点にしていた。当文書で判明する四王堂の法会は、寺僧が中心のものであったと考えられる。叡尊の四王堂での法会の関わりは、「田園

目録」によると釈迦如来像・最勝王経への仏供、燈油、僧食〔伝集四一三・四一四・四一八・四二〇―四二四・四三一〕の他は、恒例仏名〔伝集四二六〕のみに限られる。

4 宝塔（三時秘法・授戒）

叡尊の西大寺への帰寺の翌年、延応元年（一二三九）の正月から、塔において七日間の「三時秘法」の勤修が開始された〔伝集一四頁〕。また「供養法」〔伝集二五頁〕、「正月陀羅尼」〔伝集二六〇頁〕とも言う。「聖朝安穏天下泰平」が目的である。一日三時、七日間であるから、計二一時の修法であって、宮中で実施される後七日御修法と同じ時数である。この密教の修法は、文永八年（一二七一）、所労によって替行されるまで、叡尊はみずから三二年間にわたって勤修した。これ以後、叡尊は自房でもって勤修したという〔伝集一四頁〕。

真言僧としての叡尊の活動の代表的なものであるが、修法の場を塔内に求めたことは興味深い。塔の内部はそれに相応するに十分な広さを持っており、それを仏堂として用いたのである。

塔で注目されるのは、出家、授戒関係の儀礼、法会がすべてここを会場として行われたことである。一例では、寛元二年（一二四四）一〇月一三日に「於宝塔庭作法、与剃髪、授五戒、名惣持」〔伝集二〇頁〕というように、「塔庭」で出家の作法が行われた。また、叡尊時代の授戒会についての詳細は判らないが、没後の延文三年（一三五八）の「西大寺別受指図」（以下「延文指図」と略す。のちに詳述）からは、塔を中心とした会場の様子が判る。

宝塔に関してのもう一つの重要な事跡は、一切経が安置されたことである。弘長二年（一二六二）、叡尊は金沢実時から一切経の寄進を受けた。そして一切経を納める厨子を六脚作成した。まず正月二五日に一切経を四王堂に安置し、二六日にその開題供養を行った。その後、参集した僧尼二百余人、在家衆数千人が四王堂から宝塔まで並び、一切経を一巻ずつ手渡しで運び、宝塔内に安置した。前述の厨子六脚は塔内に置かれた〔伝集二九・三〇頁〕。すなわち、塔は一切経蔵としても機能したのである。

5 宝生護国院（灌頂・曼荼羅供）・護摩堂・真言堂・陀羅尼堂

西大寺の本格的な密教建築の創設は、正嘉二年（一二五八）の曼荼羅作成を切っ掛けとしている。この年一一月に、まず金剛界曼荼羅が図絵され、一二月に開眼供養された〔伝集二七頁〕。次いで翌正元元年（一二五九）の秋には真言八祖の御影（画像）、十二天屏風が作成された。いずれも東寺所蔵のものを写している。さらに翌文応元年（一二六〇）一二月に胎蔵界曼荼羅が図絵された〔伝集二八頁〕。

両界曼荼羅は真言宗寺院に必要なものであるし、真言八祖、十二天屏風は、密教特有の師資相承儀礼である伝法灌頂に必須の道具であるが、しばらく後まで、これを必要とする伝法灌頂（具支伝法灌頂）が行われた形跡はない。

建治二年（一二七六）年三月に、京の浄住寺に滞在していた時、叡尊は笠間禅尼に「両界大曼荼羅堂」の造立の意志を問われた。叡尊は両界曼荼羅さえ未完であって、砂金一〇両ほど不足していると返答をしたところ、その日のうちに禅尼がそれを寄進した〔伝集四三・四四頁〕。その結果、翌三年一〇月に両界曼荼羅の彩色が完成し〔伝集四五頁〕、一一月に四王堂の南面にそれを懸けて供養が開かれた。笠間禅尼はこれに臨席しており、四王堂ではいかにも不相応ということで、さらに新しい堂舎が発願された〔伝集四五頁〕。

翌弘安元年（一二七八）二月九日、両界曼荼羅を安置すべき宝生護国院が新始で建設が開始され、四月二四日石居（礎石据）、二八日柱立と進んだ〔伝集四五頁〕。同六年二月一八日に上棟し、二〇日に曼荼羅供が勤修され、さらに翌二一日に西大寺で初めての具支伝法灌頂が開かれた。受者は鏡慧であった〔伝集五三頁〕。

また、「田園目録」によると、この年四月に「宝生護国院并護摩堂毎日仏聖灯油料」の田が寄進されていて〔伝集四三八頁〕、「護摩堂」もそのときに同じく存在していたことが判る。

同年一二月、宝生護国院には、亀山上皇の御幸があった。

なお、同堂には建治元年（一二七五）以来続いていた年始の不動法が移されて勤修された〔伝集二二七頁〕。

「真言堂」については、「田園目録」によると、正応二年（一二八九）、永仁四年（一二九六）に「真言堂通用三宝物」として所領の寄進がある〔伝集四二九・四三六頁〕ので、真言堂がこの頃に存在していたことが判る。また、「延文指図」でも、塔の南東の幔の所に、「真言堂ノ後門ニ対ス」との記入があるから、この時に、塔の南側に建っていたことも確かである。

弘安元年（一二七八）の「西大寺別当乗範置文」（西大寺文書一〇一函二四番六）からは、「陀羅尼堂」の建設が進んでいるらしいことが判る。「陀羅尼堂」は、語義としては「真言堂」と同一である。「真言堂」はこの頃に出来上がったのであろう。

先述の「護摩堂」が密教の修法のための建築であることは、語義から言って間違いなく、また「真言堂」も同じ語義であるから、以上の、「護摩堂」、「真言堂」、「陀羅尼堂」は同一の建築をさしている可能性が高いと思われる。

6　本堂（光明真言

叡尊時代に塔の北側、現在の本堂の位置に建物があったかどうか判然としない。正応三年（一二九〇）年の『御入滅之記』〔伝集二九三頁〕には、登場しないから、叡尊時代にはまだ建立されていなかった可能性が高い。

しかし、延文三年（一三五八）の「延文指図」（図3）には、塔の北側、現在の本堂の位置に正面九間の建物が描かれており、「道場」との書き込みがある。

室町時代中期成立の『菅家本諸寺縁起集』[15]には、本尊を釈迦如来とする「光明真言堂」が四王堂に続いて記載され、ここが毎年恒例の不断光明真言の会場であるとされる。また同記によれば、五重塔が「光明真言堂前」にあり、西室が「光明真言堂西」にあるとされるから、光明真言堂が現在の本堂の位置にあったことが判る。したがって、「延文指図」にみる「道場」は、この光明真言堂の延文年間の姿であったと言ってよいであろう。

なお、現在の本堂の本尊は叡尊の造立にかかる清涼寺式釈迦如来である。叡尊時代には四王堂に安置されていたのであるから、本堂の建立後に、四王堂から移されたのであろう。

7　薬師堂・文殊堂・常施院・沙弥堂・二聖院・西悔過院

薬師堂

建長三年（一二五一）の「西大寺寺本検注並目録取帳案」（前掲）に「薬師堂敷地」があるので、この時薬師堂があったことが確認される。

文殊堂

『学正記』の康元元年（一二五六）には、「造顕文殊御身并身光花実、於塔巽角、造仮屋、奉安置之」〔伝集二六頁〕とあって、塔の東南の角に文殊菩薩像を収める仮屋が造られたことがわかる。「延文指図」では、塔の西南に「文殊堂」が記されている。恐らくこれが、康元元年の仮屋の後身建築なのであろう。

常施院

僧房の項で既に述べたが、光明真言や正月陀羅尼といった臨時の大仏事の際に尼衆の宿所とされた〔伝集二六〇頁〕。文永七年（一二七〇）以前の成立。

沙弥堂

正応三年（一二九〇）年の『御入滅之記』〔伝集二九三頁〕に、西室の南側に在った建物として登場する。「延文指図」にも同位置で描かれる。

二聖院

「田園目録」に、正応五年（一二九二）、当麻曼荼羅を安置する場所として「二聖院」が登場する〔伝集四三〇頁〕。

西悔過院

「田園目録」の永仁四年（一二九六）、同六年に「西悔過院阿弥陀仏」への寄進があったことが判る〔伝集四三六・四四〇頁〕。

三　叡尊没後の建築と伽藍

以上、主として叡尊の伝記関係史料をもとにして、叡尊存命時、もしくは少しく後までに存在していた建築について、逐一検討を加えてきた。

次に、これらの建築の配置あるいは伽藍全体の状況について検討したい。一三世紀末から一四世紀にかけて、三点の有力な史料に恵まれている。

まず、叡尊没の直後の葬儀の様子を克明に記した正応三年（一二九〇）の『御入滅之記』〔伝集二八七頁〕があり、西室、塔その他の施設の様子が判明する。また没後七〇年後ではあるが、延文三年（一三五八）の「西大寺別受指図」（西大寺文書）が残されている。両者をあわせて検討するならば、西大寺の塔を中心とした一画がかなり明らかとなる。そして正安四年（一三〇二）の「西大寺与秋篠寺堺相論絵図」（東大本・原色図版8）は以上の二点ほど詳細ではないものの、伽藍全体の骨格を知るに足る史料である。

1　『西大寺興正菩薩御入滅之記』

本記は、叡尊が正応三年（一二九〇）八月二五日に、西室において没した前後の様子を一〇項目に分けて記述しており、巻末の記載によれば、同年一〇月に記されたものである。以下、西室から茶毘所となった寺西北の林間へ遺骸を移動する次第を詳細に検討する〔伝集二九一－二九四頁〕。

一　葬送並茶毘事

廿七日、去夜深爾、今朝属晴、今日未刻、可有葬送、其儀、卜寺西北林間、為茶毘所、先日行路、其所崛穴、々上張盖、一方付竿、三方張布綱、其東立机置香炉、……、奉乗輿白木造之、上丼、四方垂覆白絹、舁居西室持仏堂之御前、東南二面上簾、塔西北二面去砌七尺計引亘幕、沙弥堂前同引之、為隔仏前也、西室南庭去砌一丈五尺立机二脚東西相去二丈計、上置香炉、其南敷薦、東西二行、禅覚行如於当寺奉行、睿円・尊基行儲基（墓カ）所、令奉行、午半刻、初反作相突小鐘、諸寺尼衆五百余人、先来西室南庭□拝、出自南面四足、行向茶□（毘カ）所、長跪□□、其次第二反作相突洪鐘百二十下、招提寺長老以下南北二京僧七百余人、群衆西室東南二方庭、此時慶印・性瑜・信空・惣持舁輿奉居南広廂、即各下立庭上、其後次第焼香礼拝畢、引頭二人……、門弟廿二人舁輿、降従南面、向北留立、聞三下鐘、出尺迦合殺性海覚証房、次第進行、西室前行、於北僧坊西端折東、出脇門並北四足、折東出八足門、更折南至伏拝辻、折西至八幡之鳥居前、傍当寺西築墻、行北更折西、鋳物池之東堤、次第至□折西、北両面僧侶悉居、東南二面在家男女如雲、奉舁居輿於穴東、

以上のようにして、叡尊の終焉の場所である西室から墓所まで葬列が進んだのであるが、このときの西大寺の建築、伽藍の状況を知る絶好の内容をもつ。以下、建築、伽藍にかかわる部分を丁寧に読むことにしよう。

葬送の儀（荼毘）は、廿七日の今日未刻（午後二時頃）である。トって寺の西北の林間を荼毘所とした。（中略）（叡尊の遺骸を）輿に乗せ、西室持仏堂の前に担ぎだして置いた。持仏堂の東と南の二面の簾を上げた。塔の西と北の二面に、基壇から七尺ほど離して幕を引いた。沙弥堂の前も同じく幕を引いた。仏前からこれらの堂宇を隔てるためである。西室の南庭、基壇から一丈五尺離れたところに机二脚を立てた。（東西に二丈ほど離して置いた。）その上に香炉を置いた。その南には東西二列に薦を敷いた。（中略）、午半刻（午後一時頃）、初の作相（合図）に小鐘を突いた。諸寺から参集した尼衆は五百余人である。まず、西室の南庭から礼拝した。その後、尼衆は南面の四足門から出て、荼毘所に向かった。次の作相（合図）に洪鐘を突いた。唐招提寺長老以下の奈良・京都から参集した僧侶は七百余人である。西室の東と南の二つの庭に群集していた。この合図で、慶印・性瑜・信空・惣持は輿を担いで持仏堂の南広廂に据えた。そしてこの四人は庭に下りて、次々と焼香、礼拝をした。（中略）、門弟二十二人が輿を担ぎ、持仏堂の南面から庭に下りて、北に向かって立った。三下の鐘を聞いて、出尺迦の合殺（性海覚証房）があってから、輿を進めた。西室の前を通って、北僧坊の西端で東に折れ、脇門と北の四足門を出て、東に折れ、八足門を出た。さらに南に折れて、伏拝辻に至った。この辻を西に折れて、八幡宮の鳥居の前に至った。この傍らには当寺の西端の築垣がある。ここを北に進んで、さらに西に折れ、鋳物池の東堤を進み、荼毘所に掘った穴まで行って、輿を穴の東に置いた。

以上の経過で、西室、宝塔、沙弥堂の位置関係、また南面の四足門、北僧房、北の四足門、脇門、東側の八足門、西側の築地という施設の存在と、位置も判明する。まだ、本堂が登場しないことにも留意する必要があるだろう。以上のことを図化すると図2のようになる。

2　「西大寺別受指図」

「西大寺別受指図」は、西大寺文書（第一二五函一三五番一—四）に含まれる指図で、外題に「西大寺別受指図」とあり、延文三年（一三五八）三月三日に始行された別受作法を示した指図を、大永四年（一五二四）に書写したものである（図3・4）。

別受の主たる会場であった塔を中心にして、北側の「道場」、西側の西室の使用法が細かく書き込まれており、さらに沙弥堂、文殊堂、

真言堂、南室、北室を隔てる幔が多数立てられていることが判る。本図から判明する建築と施設について、その特徴を列挙すると以下のとおりである。

（中央）五重塔。

（中央の北）道場。正面九間、縁あり、中央一間に向拝あり。

（西側の北）西室。南に広縁あり、東・南に縁あり、西室の中央に「御影」と書き込まれ、叡尊の影像の安置されていたことが判る。

（西側の中央）沙弥堂。

（西側の南）文殊堂。

（東側北の幔の外）東室。「東室ノ四ノ公所ノ北柱トヲリニ幔クシヲ立」と書き込まれ、この東側に「東室」のあったことが判る。

（東側南の幔の外）南室。「南室ノ西面」とあって、この幔の東側に「南室」のあったことが判る。

（南側西の幔の外）真言堂。「真言堂ノ後門ニ対ス」とあるから、この幔の南側に「真言堂」があり、北側に背を向けている（後門がある）から南を正面とすることもわかる。

以上二点の文献と指図での最も大きな相違点は、後者に本堂（道場）が描かれていることである。正応三年以後、遅くとも延文三年までに本堂は建設されていた。

また、沙弥堂の配置も気になる。正応三年段階では、西室の南庭があって莚を引いて設営することができたのであったが、「延文指図」ではとてもその余地はない。しかし、「延文指図」は南北を縮めて描いているらしいのである。現在の本堂、塔の配置がこの時のままと考えるならば、その可能性が高い。そうであるとするならば、両史料の間にさしたる矛盾はない。

3　「西大寺与秋篠寺堺相論絵図」

「西大寺与秋篠寺堺相論絵図」は、正安四年（一三〇二）の西大寺と秋篠寺との寺領相論の際に、秋篠寺側から院庁に提出されたもので、秋篠寺、西大寺の一帯を示し、建築は斜め上から俯瞰した図で示されている。[16]原色図版8に見るように、ほぼ正方形の築地の中に、塔院と四王堂を描いている。塔院については、『御入滅之記』、「延文指図」の示す配置に従えば、塔の北側に本堂、さらにその北側が北僧房ということになる。また東側の一画は四王堂、築地北側にあるのは食堂（弥勒堂、徳治二年（一三〇七）焼失）であり、東側には八足門が開いている。

以上の様に考えた時、この図が主要な建築を描いていると想定するならば、宝生護国院の描かれていないことが問題となるであろう。そこで位置関係を無視するならば、塔の北側の建築を宝生護国院、さらにその北側のものを本堂と解釈することも可能である。いずれの場合でも、本堂が正安四年までに完成していたことになる。

むしろ、本絵図で注目すべきは、宝塔院と四王堂を隔てる築地の存在であり、これ以前の史料では確認できなかったものである。

4　『菅家本諸寺縁起集』

次に、一五世紀段階での西大寺の状況を示したものに、『菅家本諸寺縁起集』がある。その西大寺の項では、まず食堂（弥勒像を安置）が転倒したことを述べ、さらに現存する建築として以下の六棟を列挙する。以下、各建築の必要な記事を抜粋する。

四王院……自毎年五月一日至晦日、三十ヶ日之間、為天下太平、奉講最勝王経、

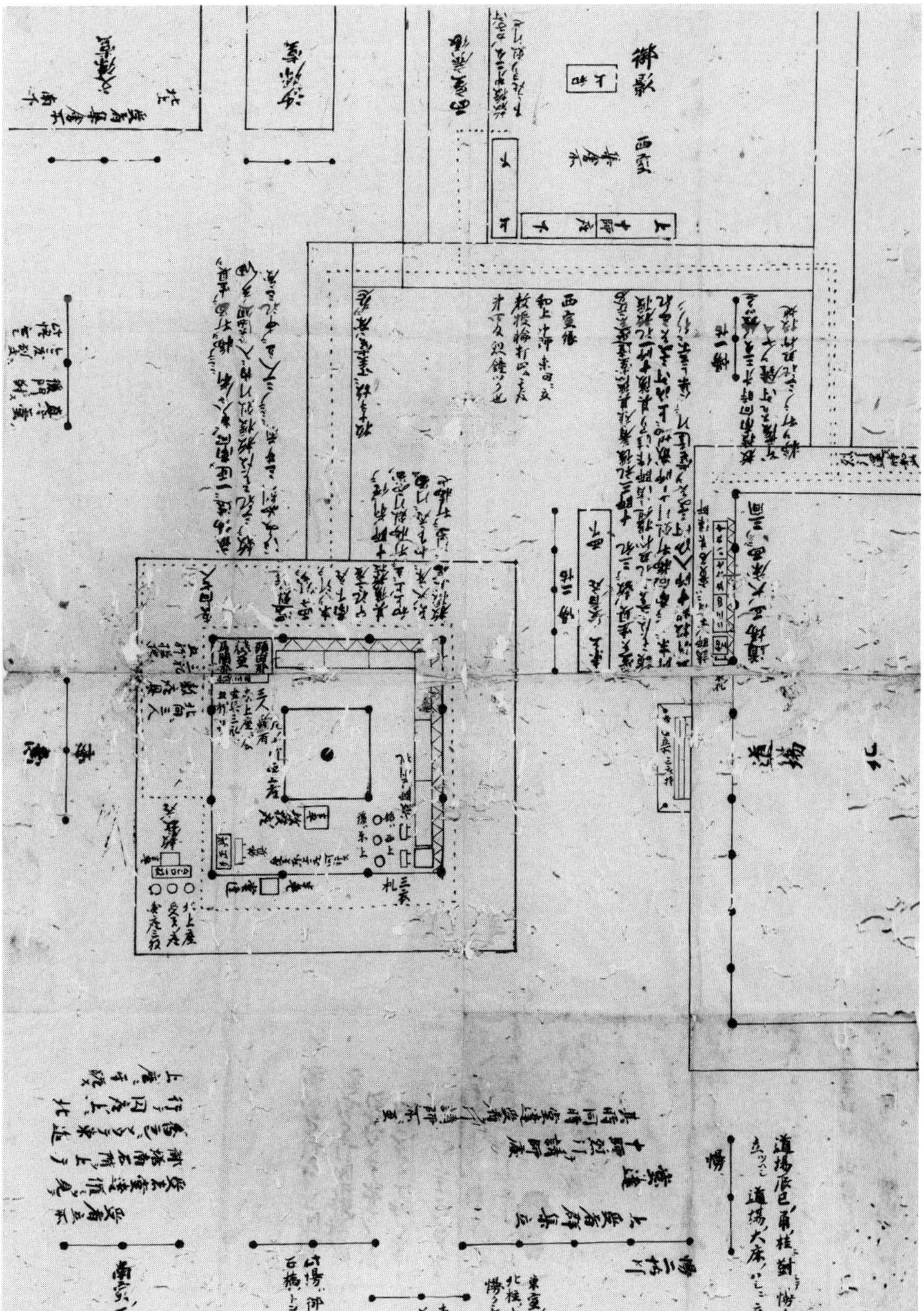

図3　西大寺別受指図

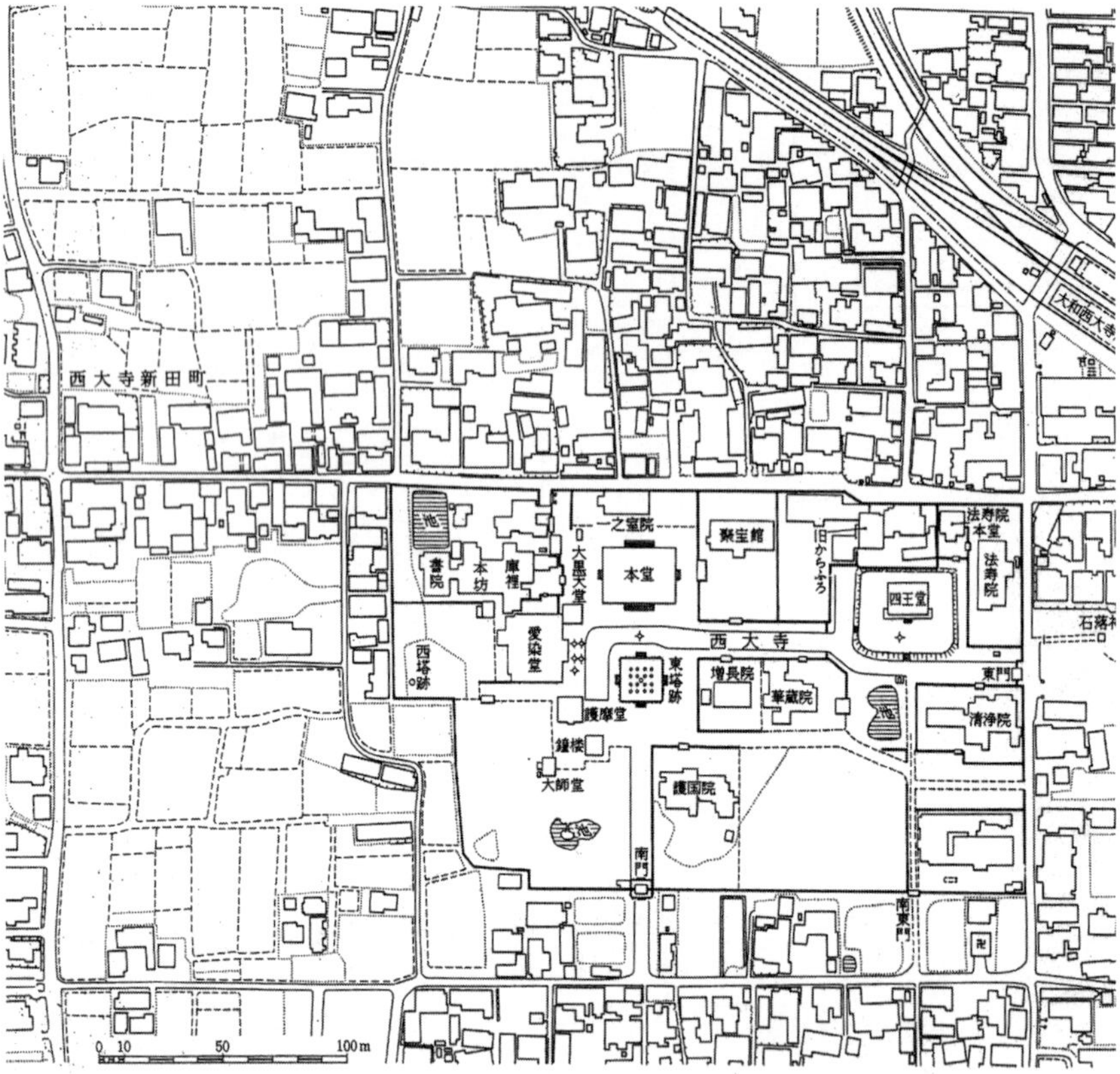

図１　西大寺伽藍図（昭和38年時，『奈良六大寺大観』西大寺，より転載）

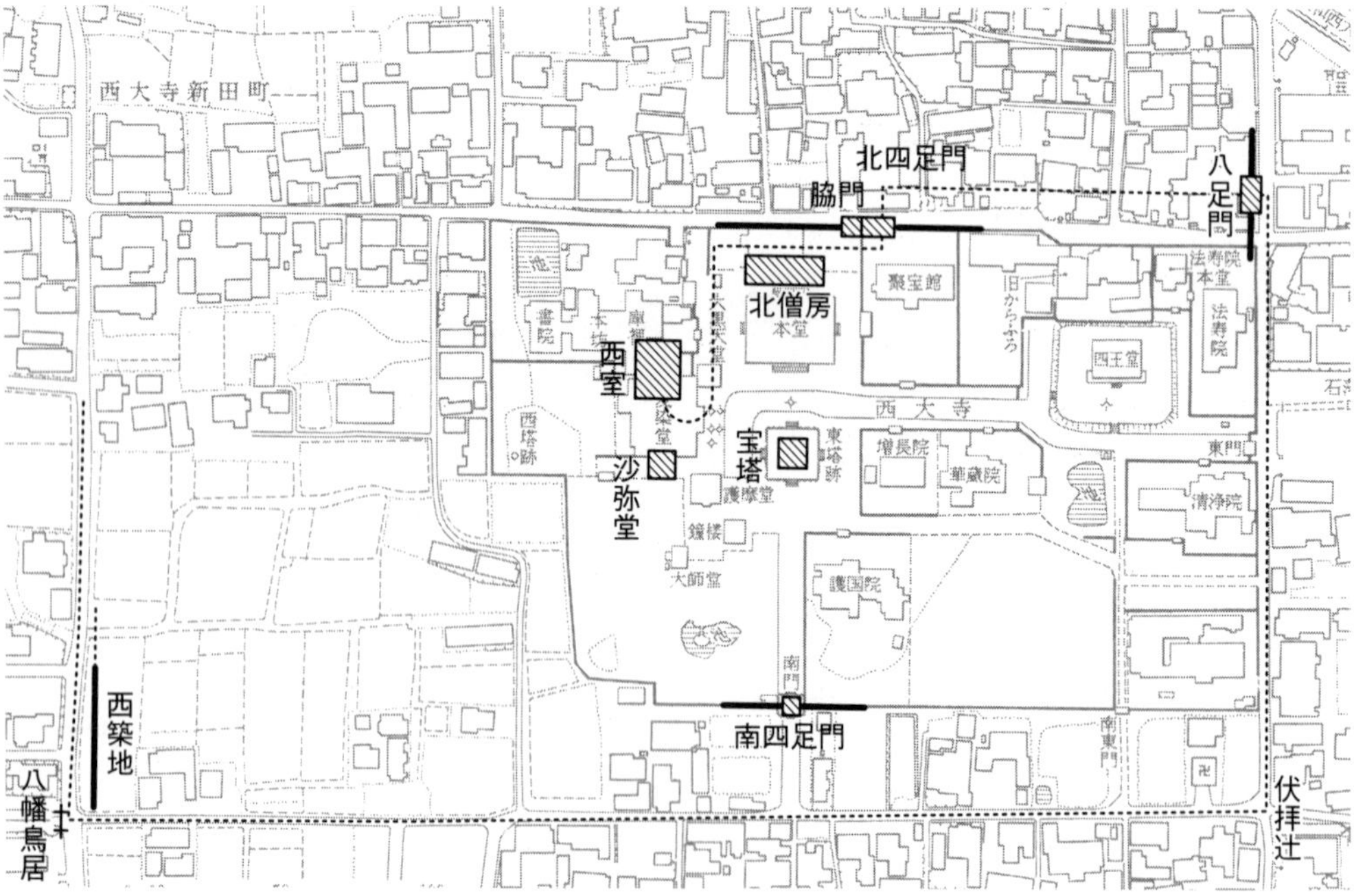

図２　叡尊葬儀の経路

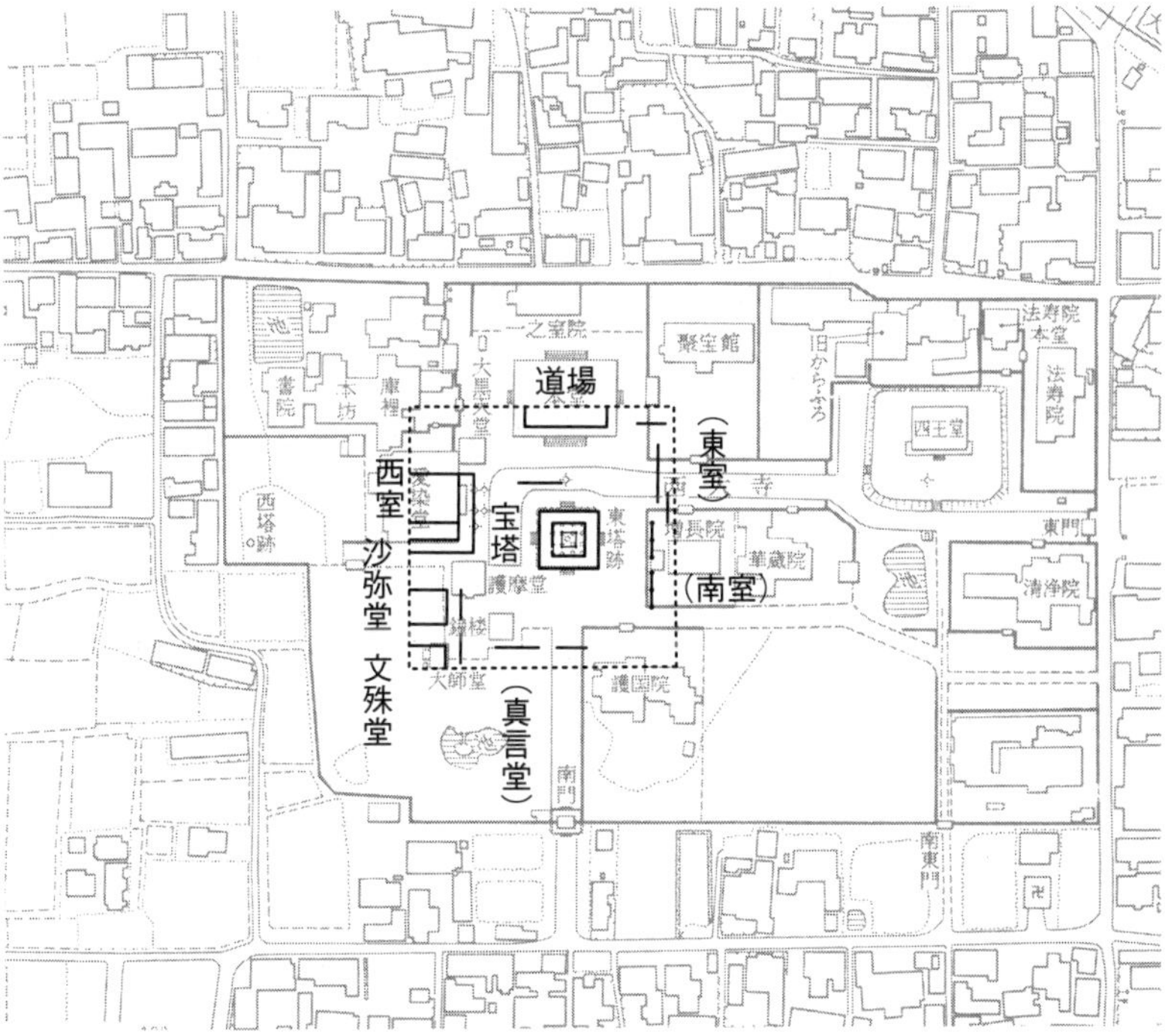

図 4　西大寺別受指図（書起し）

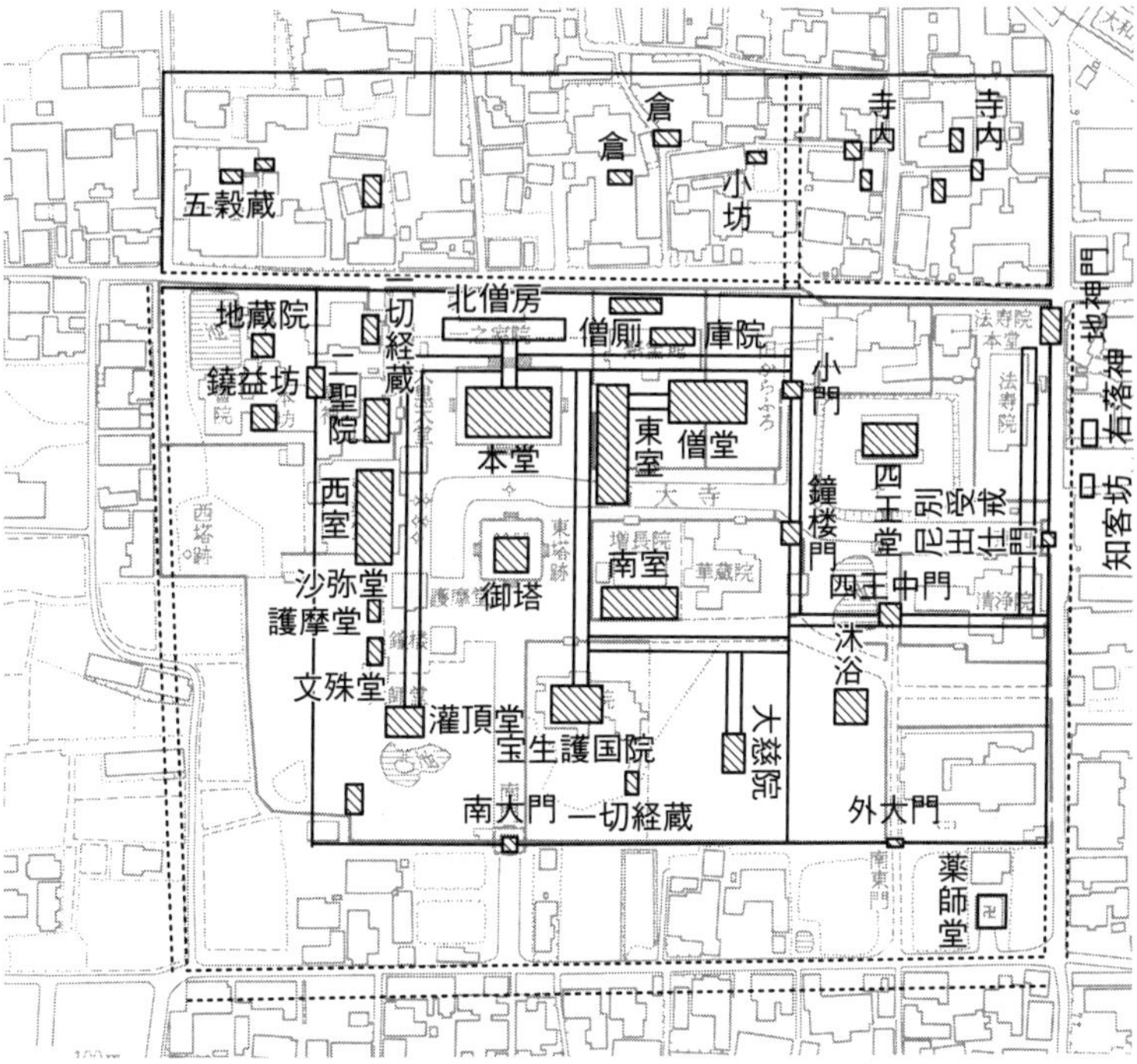

図 5　西大寺寺中曼荼羅（書起し）

光明真言堂……本尊釈迦如来像、……自毎年八月十八日七日夜、不断光明真言在之、
真言堂……両界曼陀羅、八祖影等案之、
五重塔……在光明真言堂前、
文殊堂（記事なし）
西室……件室者、在光明真言堂西、興正菩薩坊也、則案菩薩影、又在五尺鉄塔、案舎利入五瓶也、……又在愛染像二尺許、在口伝、

以上は、本縁起の成立した室町時代中期における主要な施設を列挙したのであろう。ここでの「光明真言堂」は、前述したように所在位置から考えると、現在の本堂の前身建築であるのは確かで、これが「光明真言堂」と呼ばれたのは、光明真言の会場となっていたからである。本堂の建設とともに、光明真言の場が「一室」から移ったと考えられる。また、「真言堂」は、両界曼荼羅、真言八祖影を安置するから、かつての「宝生護国院」を呼び変えていることも確かである。

5　「西大寺寺中曼荼羅」

さて、最後に伽藍を最も詳しく描く絵画史料として、「西大寺寺中曼荼羅」（原色図版11、図5）を検討しよう。本図は室町時代末に制作されたものと考えられている。描かれた内容については、徳治三年（一三〇七）に焼失した食堂がないので、それ以後、伽藍がほぼ全焼した文亀二年（一五〇二）以前の、ある時期の伽藍全体の様子を図化したものと推定されている(17)。

叡尊時代および一四世紀の時点と比較検討してみよう。

描かれた建築のうち、宝塔、本堂、宝生護国院、北室、西室、沙弥堂、文殊堂、二聖院、庫院（厨）、僧厠、東室、南室、四王堂、薬師堂は、いずれも一三、四世紀段階で存在が確認できたものである。従って、中世後期まで、中世前期に成立した建築が良く残っていた、ということになるだろう。

しかしながら、今までの検討結果と比べると多少の異動がある。「灌頂堂」はかつて「真言堂」（延文指図）と呼ばれた建築と同位置にあるので、それと同じものと判断できる。しかし、宝生護国院に両界曼荼羅、真言八祖影など、灌頂の道具がそろっており、それとは別に「灌頂堂」があるのはいささか不審である。次に、西室が南北に長く描かれており、「延文指図」での姿とは異なっている、元々南に広庇があったから、南正面の建物を東正面にして描いた可能性がある。

最も大きな相違点は、回廊で各建築が繋がっていることである。まず、塔院の一画と四王院の一画がそれぞれ築地で囲まれていることは、「相論絵図」と同一である。次に、南側の宝生護国院、灌頂堂から北側に回廊が延びて、本堂の裏側で閉じることは、今まで検討してきた史料では確認できないことである。この結果、宝塔・本堂を回廊で囲み込むようになっており、北室、西室、東室、南室のすべてが、その外側に配置されることになっている。

このような配置は、伽藍内を儀礼の場と、僧の生活の場というように区分しているように見えるのであるが、回廊は一三、四世紀の史料、絵画史料に全く確認できず、実在したかどうか、判断できない。

おわりに

以上、鎌倉時代の史料を中心に、一部に室町時代の指図、絵図を用いて、西大寺の建築と伽藍について検討してきた。最後に以上をとり

まとめ、建築群全体の特徴を検討しておきたい。

一　西大寺を律院化する時の第一には、「僧堂」が重視された。

二　叡尊は、新たな建築を作るのでなく、既存建築においてさまざまな法会、仏事を創始した。特に、塔は、「三時秘法」という密教修法の場となり、また出家、受戒のためにも用いられた。第一に、叡尊が入った塔院において、仏堂として使用できる建築がこれしかなかったのである。また、西大寺塔が二八尺（九メートル弱）四方の平面をもち、仏堂としても十分な広さが確保されたためではなかっただろうか。

三　叡尊が新たに作った本格的仏堂は、宝生護国院だけであった。両界曼荼羅、真言八祖、十二天像などを安置するこの仏堂は、密教僧としての叡尊を表現する。

四　伽藍全体では、塔院と四王堂を中核とする二つの区画で構成されるという特徴を持った。しかし、これもかつて多数の建築があった伽藍の、たまたま偶然に残った二つの建築を使用し続ける、という意図のもとで実現したものであった。

以上の事柄は、西大寺が奈良時代の寺院であり、偶然その時に残存していた建築を核として、真言律院として再構成するという、かなり特殊な例として認識して良いのではないかと思われる。古代以来の建築が、積極的に読み替えられ、転用されたのである。

さて、前述のように、叡尊の入寺以来、寺内における律衆の立場が必ずしも安定したものでなく、弘安元年（一二七八）になってようやく別当乗範から寺院経営の主導権を譲られたことが明らかにされている。

これを建築造営の視点から見ると、西室の建設開始が弘安二年であって、寺内での地位の安定化の結果として企画されたと考えられる。西室には持仏堂があって、叡尊没後には影堂化したことを考えると、律衆の依るべき拠点として、重要な意味をもったというべきであろう。

多少前後するが、両界曼荼羅を安置した宝生護国院は、その前年から準備されており、その完成と同時に具支伝法灌頂も実施された。叡尊が西大寺で実現した唯一の本格的仏堂である。西大寺内で叡尊が確固たる位置を獲得したのも、この造営を進めていたことと無関係ではないであろう。

また、宝塔と四王堂がそれぞれ築地で囲まれて、相互に独立性の強い一画を形成し維持されたのは、旧来の「寺僧」と新しい「律衆」が別個の組織として活動が続いたためであろう。

叡尊は、華々しい対外的な仏教活動に比して、西大寺内では、自らの宗教内容を表現するものとして、最小限の建築を新設するに留った。堂、塔、僧房における各種の法会の創始は、旧伽藍を転用しつつ、再編成してゆく過程をよく示していると言うことが出来る。

（1）　使用史料のほとんどは『西大寺叡尊伝記集成』一九五六、奈良国立文化財研究所、所収のものである。『金剛仏子叡尊感身学生記』については、以下のものも参照した。細川涼一訳注『感身学生記』一九九九、平凡社（東洋文庫）。長谷川誠編『興正菩薩御教誡聴聞集・金剛仏子叡尊感身学生記』一九九〇、西大寺。

主たる伝記史料は、『西大寺叡尊伝記集成』に収録されているのでいちいち注記せず、〔伝集一五頁〕というように略して示し、それ以外のものに関してのみ注記する。

また、西大寺文書に関しては、『古代荘園絵図群による歴史景観の復元的研究』(科学研究費成果報告書、代表佐藤信)二〇〇三、所収の「西大寺文書(稿)」の翻刻による。

(2) 太田博太郎『南都七大寺の歴史と年表』一九七九、岩波書店、二七一〜五頁。

(3) 小林剛「西大寺における興正菩薩叡尊の事蹟」『仏教芸術』六二号(特集西大寺の美術)一九六六。

(4) 太田博太郎『南都七大寺の歴史と年表』(前掲)。

(5) 藤井恵介「律宗における僧食と僧堂」(国立歴史民俗博物館編『中世寺院の姿とくらし—密教・禅僧・湯屋』二〇〇四、山川出版社)において、僧堂と僧食の関係を、西大寺、唐招提寺、東大寺戒壇院において検討したことがある。

(6) 長谷川誠編『興正菩薩御教誡聴聞集・金剛仏子叡尊感身学生記』(前掲)。『鎌倉旧仏教』日本思想大系、一九七一、岩波書店。

(7) 「作相」という語については、『西大寺勅諡興正菩薩行実年譜附録』(『西大寺叡尊伝記集成』収録)所収の「西大寺毎年七日七夜不断光明真言勤行式」に収められた儀礼の次第の一つに、「一勤行間作相事」があり、「作相」は「時の作法」であって、太鼓や洪鐘を打って、儀式の開始、終了の時刻を知らせる作法であることが判る〔伝集二五四頁〕。また、「西大寺興正菩薩御入滅記」に、葬送の次第のなかで、「初反作相突小鐘」、「第二反作相突洪鐘」とあって、作相に鐘を突いていることが判る〔伝集二九三頁〕。

(8) 飯田晶子「中世称名寺における結界と絵図」『建築史学』三三、一九九九。

(9) 南都の律院では、僧堂と厨(庫裏)とは近い位置に設けられ、廊で繋がれるのが通例である。注(5)藤井論文参照。

(10) 僧厠は、東大寺戒壇院、唐招提寺にも設けられていた。注(5)藤井前掲論文。

(11) 田中稔「西大寺における「律家」と「寺僧」」『仏教芸術』六二号、一九六六。のち『中世史料論考』一九九三、吉川弘文館、に収録。

(12) なお、「田園目録」には。文永八年(一二七一)の寄進分として、「西室持仏堂安置地蔵菩薩」〔伝集四二四頁〕とあって、西室とその内の持仏堂が文永八年の時点で存在していたかのように見える。西室完成後に地蔵菩薩がそこに移されたので、「田園目録」が整理された永仁六年の時点で、「西室持仏堂」との文言が付加されたもの、と考えたい。

(13) 綾村宏氏によって本文書の性格が検討されている。同氏「鎌倉中期の西大寺について—「西大寺寺領検注帳」と「西大寺三宝料田畠目録」からみて—」『中世寺院史の研究』下、一九八八、法蔵館。

(14) 注(11)、田中稔氏前掲論文。大石雅章『日本中世社会と寺院』二〇〇四、清文堂、二三〜八七頁。

(15) 藤田経世編『校刊美術史料』上、一九七二、中央公論美術出版、所収。

(16) 藤田裕嗣氏の解説による。小山靖憲・下坂守・吉田敏弘編『中世荘園絵図大成』第一部、一九九七、河出書房新社、九六〜一〇五頁。

(17) 佐伯俊源氏の解説による。東京大学文学部・奈良国立博物館編『西大寺古絵図は語る』二〇〇二、奈良国立博物館、七三頁。

5　「西大寺敷地図（弘安三年）」について

――西大寺荘園絵図調査報告――

野尻　忠
有富純也

一　調査の経緯

ここで取り上げる「西大寺敷地図（弘安三年）」（原色図版3）は、西大寺荘園絵図群のうち東京大学文学部に所蔵される九点のなかに含まれる。今回、東京大学文学部日本史学研究室の了解のもと、これを調査する機会を得たので、調査結果を報告することにした。

二　現　状

1　装訂

もとは折りたたんで保管されていたが、一九七七年の重要文化財指定に際して軸装に改められ、現在にいたっている。本報告における料紙の計測値などはすべて現状でのものであり、軸装される以前の保管形態について推測できる点については後に述べる。

2　採寸図

図1は、絵図の右端・上端から紙継目・折目までの長さを、模式図で示したものである。折目線のなかで痕跡の明確でないものは、およその値で示しておいた。

3　料紙の構成

図1のように、本史料は一〇紙からなる。一〇枚の料紙は大きさがまちまちで（表1参照）、しかも継ぎ合わせ方が非常に複雑であり、作成時に誤記を訂正するために貼られた付箋紙の多さとあいまって、ひと目で料紙構造を理解することは困難である。そこでまずは図1に沿って料紙の構成をみていく。

図1には丸数字で料紙の番号を付けてあるが、これは下層にある紙から順に番号を付けたものである。複数の料紙が貼り継がれている場合、継目の状態をみればどちらの料紙を下にし、どちらの料紙を上か

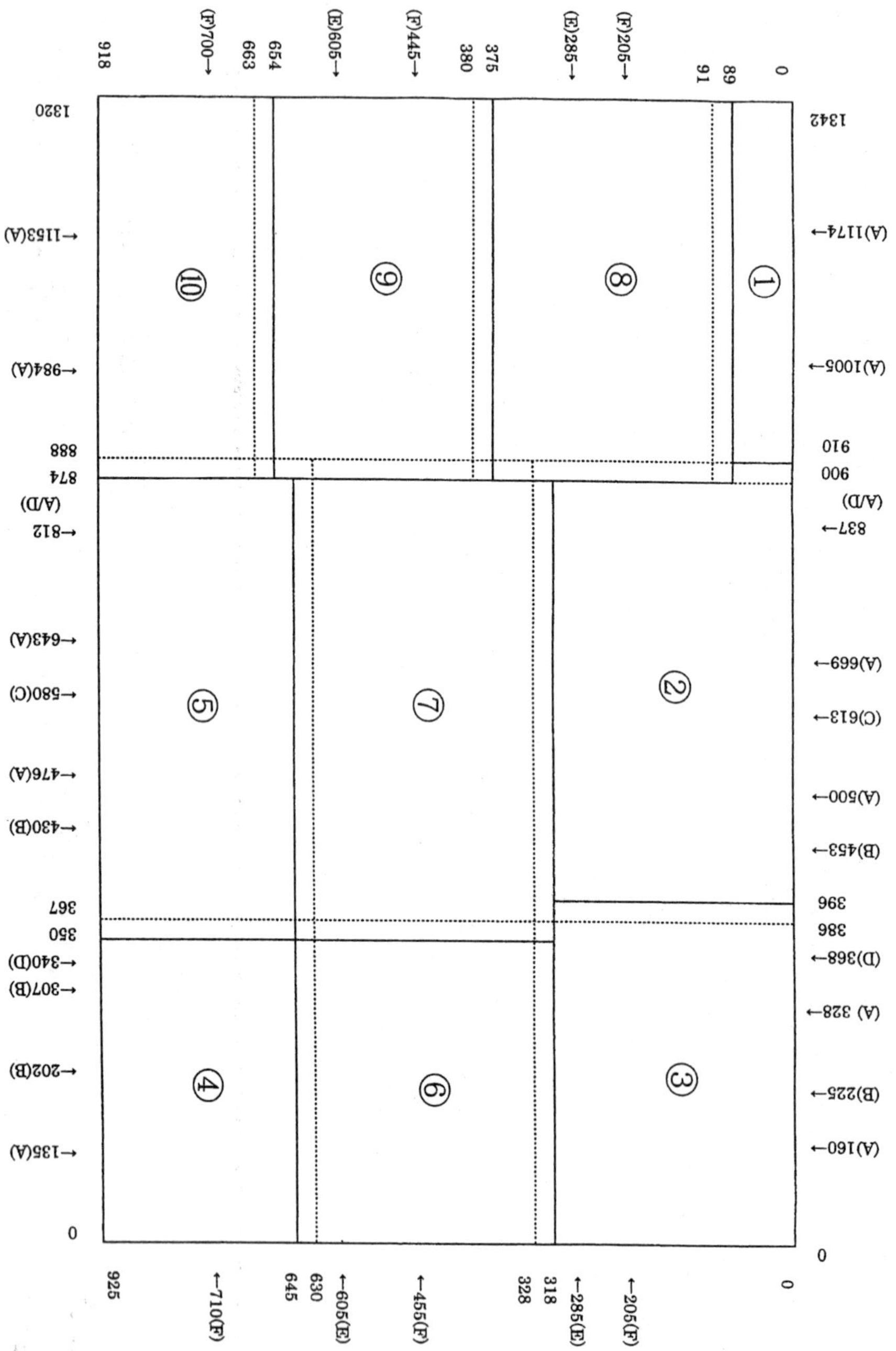

図1　料紙構成（その1）

凡例　1．実線は料紙辺，破線は継目の下に入った料紙辺．
　　　2．←205（F）は，折り目端点の位置を示し，その折目がFであることを示す．
　　　3．単位は mm.

ら貼ったのかがわかる。その上下関係を精査することで、紙を貼り継いだ順序を明らかにすることができる。

まず、料紙はⅠ〔②+③〕、Ⅱ〔④+⑤〕、Ⅲ〔⑦+⑥〕、Ⅳ〔⑧+⑨+⑩〕、Ⅴ〔①〕の五つのブロックに分けられる（図2も参照）。はじめにⅠ・Ⅱ・Ⅲの三つのブロックがそれぞれつくられ、Ⅰ・ⅡがそれぞれⅢの下になるように貼り継がれた。次に、こうして出来上がった〔Ⅰ+Ⅱ+Ⅲ〕が下になるようにⅣを上から貼り継ぎ、最後にⅤを下から貼り継いだ。以上のような過程を経て絵図の料紙が作成されたと考えられる。

三　旧保管形態（軸装以前）に関する所見—折りたたみ方—

本絵図には、旧保管状態を示す折目の痕跡が数多くみられる。上下方向の折目が一一本、左右方向の折目が五本残っている（図1）。折

表1　料紙の大きさ一覧（単位：mm）

	縦	横
①	88	442
②	325	524
③	328	396
④	295	367
⑤	304	538
⑥	327	378
⑦	321	532
⑧	286	444
⑨	298	444
⑩	266	451

なお，紙継が複雑なため精確に計測できない部分は，およその値を示した．

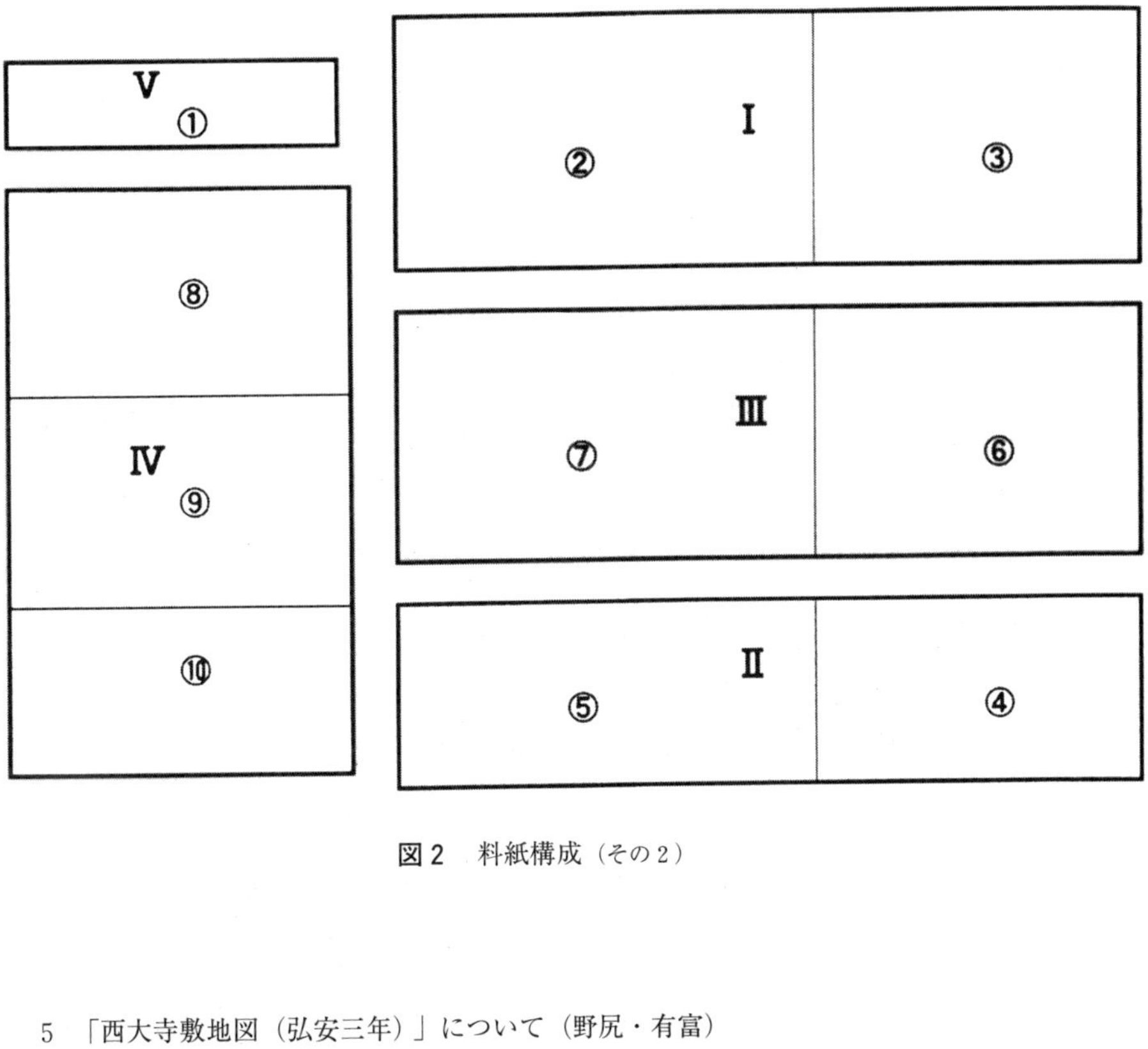

図2　料紙構成（その2）

目のいくつかは同時期に付けられたことが推定できるので、これに同じアルファベットの符号をつけて図に示した。上下方向は四種類（A〜D）、左右方向は二種類（E・F）の折目が付けられている。よって、少なくとも四度は、絵図の折りたたみ方が変えられたのである。推定できる。

左右方向に付いている二種類のうちでは、Eのほうが新しい折目と推定できる。折目Fは、場所によってはほとんど確認できない程度まで痕跡が薄れてしまっており、かなり古い段階の折目と考えられる。いつの時代か不詳だが、FからEの折りたたみ方に変更され、軸装される直前まで三つに折りたたまれていたのであろう。

次に上下方向の四種類では、Aが最も新しい折目と推定される。痕跡の残り具合が明瞭なことが推定根拠の第一であるが、さらに折目の間隔（約一六センチメートル）が、軸装の際に取り外された旧表紙の横幅と一致するので、Aによって軸装の直前まで折りたたまれていたものと考えられる。B・C・Dの三種類の折目が付けられた順序はよくわからない。ただ、以下に述べる理由から、Dが最も古くかつ最も長い期間使用されていた折目ではないかと推測する。

上下方向の折目Dは二本が確認できる。そのうち右（東）側の折目に注目してその周囲を観察すると、興味深い事実が判明する。右京北辺二坊八坪には、坪番号を示す「八」の字が中央やや右上に朱書され、そのすぐ左を折目Dが縦に走っている。さらに折目Dの左側には「八」の反転文字があって、これは折目Dを挟んで坪番号「八」の朱書と線対称の位置関係になる。すなわち、この反転文字は、折目Dを谷折りにして絵図が折りたたまれていた時期に、朱字が写ってしまったものと考えられるのである。同様の現象は右京北辺三坊四坪でもみられる。ここには「四」の反転文字が確認できるが、これは絵図の右端近くにある右京北辺二坊四坪の朱字が、折目Dで絵図が折りたたまれていた際に写ってしまったものと推定される。絵図を注意深くみていけば、さらに多くの反転文字をみつけることができる。

これらの反転文字について、岩崎しのぶ氏〔「西大寺荘園絵図群と相論」『人文地理』五二―一、二〇〇〇年〕は、原形の絵図は現状よりも右方向に長く続いており、その当時に折りたたまれて付いた反転文字だと推定され、のちに絵図が切断されて現状の右端より右側にあった部分が失われたため、反転したもとの文字は現在残っていないとされた。しかし、原本を観察した結果、文字は折目Dを境とする線対称の写像であると推定されるにいたった。後述するように、描画過程からも原形の絵図を切断したとの推定には無理があると思われ、反転文字はDで折りたたまれていた時期に付いたものと考えて間違いなさそうである。

となると、Dで折りたたまれていたのは、作成からあまり時間を置かない時期だったと推測できるのではないだろうか。反転文字が写るくらいだから、絵の具の乾きがまだ完全ではなかった時期に、長期間にわたって同じ状態で保管されていたのではないか。ここでは一応、そのように想定しておきたい。

残ったBとCの折目については、今のところ手掛かりがなく、順序などは推定できない。

四　描画過程に関する所見

図1で天辺と地辺の長さを比較すればわかるように、この荘園絵図の料紙の幅は天から地に向かって狭くなっている。左辺は天辺・地辺

に対してほぼ直角であるが、右辺はそれに対して一～二度ばかり傾いているのである。その結果、描かれた画像にも興味深い現象が起こっており、描画の過程が推測できる。

絵図には平城京の条坊や坪の地割が方格線で描かれている。他の西大寺絵図でもそうであるように、方格線は精密な計測を行ったうえで引かれており、正方形（または長方形）がゆがんでいることは稀である。この絵図でも、ほとんどの坪地割線にはゆがみがみられないのだが、画面右端にある右京二坊の東半を描いた二列（合計一四坪）だけは坪がゆがんでおり、北辺四坪・三坪をみれば分かるように、その一列の坪は右辺が天に向かって広がる台形を呈しているのである。絵図中に数多く描かれている小路のなかで、問題の二列の間にある「佐貴路」だけが斜めに走るような画面構成となっている。

このような画面が出来上がった過程は、次のように想定できよう。絵図の作成者は、横向きの方格線を引くにあたり、はじめ料紙の左辺からモノサシを当てていった。右京二坊の西半まで計り終えると、料紙右端に近づいたこともあって今度は右辺を基準に二坪分を計測した。ところが、料紙じたいの右辺が左辺と平行ではなかったため、左辺・右辺をそれぞれ基準にした線が平行になることはなく、そのゆがみは右端二列目の坪に表れることとなった。その結果、「佐貴路」は料紙右辺と平行に走ることになり、他の南北路とは平行でなくなってしまったのである。

前出の岩崎氏は、この絵図の原形は現状よりも右へ長く続き、より東方の坪まで描かれていたが、ある時期に現状で右端となっている線で切断されたと推測している。しかし、以上に述べたような描画過程から考えて、切断されたことを想定することは困難である。現状の料紙の右端を基準に方格線が引かれている以上、現在の姿が絵図作成当初からのものであると考えざるをえないであろう。

あとがき

本書は、私たち「古代荘園絵図群による歴史景観の復元的研究」研究グループが、一九九九年度から四年間にわたり科学研究費（基盤研究・（A）（2））の補助を得て進めた共同研究の成果をもとにして、研究をさらに発展させたものである。共同研究では、幸いに所蔵者の理解が得られたことから、とくに東京大学文学部と西大寺とに分蔵される西大寺古絵図群（重要文化財計一三幅ほか）について、関連史料や絵図に描かれた現地の調査をもふくめて研究対象とし、西大寺周辺の古代・中世の歴史景観の復元に取り組んだ。古代史学・中世史学・考古学・歴史地理学・建築史学・古文書学・国語学などの多分野にわたる学際的な共同研究として、「西大寺古絵図群による歴史景観の復元的研究」をめざしたのである。

共同研究参加者は、佐藤信（東京大学）を代表として、綾村宏（奈良文化財研究所）、石上英一（東京大学史料編纂所）・出田和久（奈良女子大学）・井上和人（奈良文化財研究所）・金田章裕（京都大学）・五味文彦（東京大学）・近藤成一（東京大学史料編纂所）・佐伯俊源（種智院大学）・舘野和己（奈良女子大学）・月本雅幸（東京大学）・藤井恵介（東京大学）・藤田裕嗣（神戸大学）・村井章介（東京大学）・山口英男（東京大学史料編纂所）の一五名で、その他、佐藤亜聖（元興寺文化財研究所）・山川均（大和郡山市教育委員会）ほかの方々に協力していただいた。また事務局として飯田剛彦（宮内庁正倉院事務所）・野尻忠（奈良国立博物館）・新井重行（東京大学史料編纂所研究員）・有富純也（東京大学大学院生）・佐々田悠（東京大学大学院生）の協力を得た。

西大寺古絵図群は、鎌倉時代に叡尊（興正菩薩）により西大寺が復興される過程を受けて、所領をめぐる争いなどの際にそれぞれ生々しい要請を受けながら描かれたものであり、西大寺周辺の古代・中世の歴史的景観を大変よく伝えている。共同研究の過程では、古代の西大寺の様相がどの程度古絵図群の中に痕跡をとどめるのか、また中世西大寺のあり方として、古代の国家的寺院を引き継ぐ性格と叡尊にはじまる律宗教団の本拠地としての性格との複合的・重層的なあり方が絵図中にどのように描き分けられているのか、といったような課題が、浮かび上がってきた。いずれの絵図も、じっくり見ていると圧倒的な迫力で迫ってくるものであり、豊かな歴史景観の表現を多様な視角から研究することによって、古代・中世の歴史像を具体化していく作業となった。

共同研究の最終段階となった二〇〇二年には、七月に東京大学においてシンポジウム「古代荘園図の語る世界」（九報告）、九月に西大寺において公開シンポジウム「荘園絵図と西大寺」（五報告）を開いて、多くの研究者・市民に向けて西大寺古絵図群に描かれた世界を多角的に復元する研究成果を発信した。また、同年九～一〇月の奈良国立博物館の特別陳列「西大寺古絵図は語る―古代・中世の奈良―」（奈良国立博物館・東京大学文学部・西大寺共催）にも協力した。東京大学文学部蔵の絵図群が「里帰り」して西大寺蔵の絵図群とともに西大寺古絵図群がはじめて一堂に公開された展示や、その図録『西大寺古絵図は語る―古代・中世の奈良―』（奈良国立博物館、二〇〇二年）には、私たちの共同研究の成果もふくまれている。

その後科学研究費の研究成果報告書『古代荘園絵図群による歴史景観の復元的研究』（佐藤信、二〇〇三年）もまとめたが、その成果をさらに展開・補充させた上に、西大寺古絵図群の鮮明な原色図版と合わせてより多くの方々に提供するために本書を編んだ次第である。

西大寺古絵図群や関連史料を所蔵される西大寺・東京大学文学部日本史学研究室の御高配に厚く御礼申し上げるとともに、共同研究の過程でお世話になった東京大学史料編纂所・奈良国立博物館・奈良文化財研究所・奈良女子大学・奈良大学などの諸機関、そして現地調査等に協力していただいた方々に謝意を表したい。本書刊行に際してご尽力いただいた東京大学出版会および同会編集部の高木宏氏・増田三男氏、編集補助・索引作成に当たった新井重行・有富純也両氏にも御礼申し上げる。

佐藤　信

ま　行

や　行

ら　行

わ　行

た　行

な　行

は　行

さ　行

索　引

あ　行

か　行

編者

佐藤　信（さとう　まこと）　東京大学大学院人文社会系研究科
舘野和己（たての　かずみ）　奈良女子大学文学部
山口英男（やまぐち　ひでお）　東京大学史料編纂所
石上英一（いしがみ　えいいち）　東京大学史料編纂所
五味文彦（ごみ　ふみひこ）　東京大学大学院人文社会系研究科
月本雅幸（つきもと　まさゆき）　東京大学大学院人文社会系研究科
近藤成一（こんどう　しげかず）　東京大学史料編纂所
野尻　忠（のじり　ただし）　奈良国立博物館
新井重行（あらい　しげゆき）　東京大学史料編纂所研究機関研究員
井上和人（いのうえ　かずと）　奈良文化財研究所
佐藤亜聖（さとう　あせい）　元興寺文化財研究所
山川　均（やまかわ　ひとし）　大和郡山市教育委員会
出田和久（いでた　かずひさ）　奈良女子大学文学部
金田章裕（きんだ　あきひろ）　京都大学大学院文学研究科
藤田裕嗣（ふじた　ひろつぐ）　神戸大学文学部
藤井恵介（ふじい　けいすけ）　東京大学大学院工学系研究科
有富純也（ありとみ　じゅんや）　東京大学大学院博士課程

西大寺古絵図の世界

発行　二〇〇五年二月二五日　初　版

［検印廃止］

編者　佐藤　信

発行所　財団法人　東京大学出版会

代表者　五味文彦

一一三－八六五四　東京都文京区本郷七－三－一　東大構内
電話　〇三－三八一一－八八一四
振替　〇〇一六〇－六－五九九六四

印刷所　株式会社平文社
製本所　誠製本株式会社

ISBN 4-13-026208-4 Printed in Japan
